U0596375

全國高等院校古籍整理研究工作委員會規劃項目（〇八四九）

禮記注

上册

〔漢〕鄭　玄注
王　鍔點校

中華書局

圖書在版編目(CIP)數據

禮記注/(漢)鄭玄注;王鍔點校. —北京:中華書局,2021.6(2023.6 重印)
ISBN 978-7-101-15130-5

Ⅰ.禮… Ⅱ.①鄭…②王… Ⅲ.①禮儀-中國-古代②《禮記》-注釋 Ⅳ.K892.9

中國版本圖書館 CIP 數據核字(2021)第 052734 號

責任編輯:劉 明
責任印製:管 斌

禮 記 注
(全二册)
〔漢〕鄭 玄 注
王 鍔 點校
*
中 華 書 局 出 版 發 行
(北京市豐臺區太平橋西里 38 號 100073)
http://www.zhbc.com.cn
E-mail:zhbc@zhbc.com.cn
三河市鑫金馬印裝有限公司印刷
*
850×1168 毫米 1/32 · 26⅞印張 · 10 插頁 · 510 千字
2021 年 6 月第 1 版 2023 年 6 月第 2 次印刷
印數:4001-6000 册 定價:88.00 元

ISBN 978-7-101-15130-5

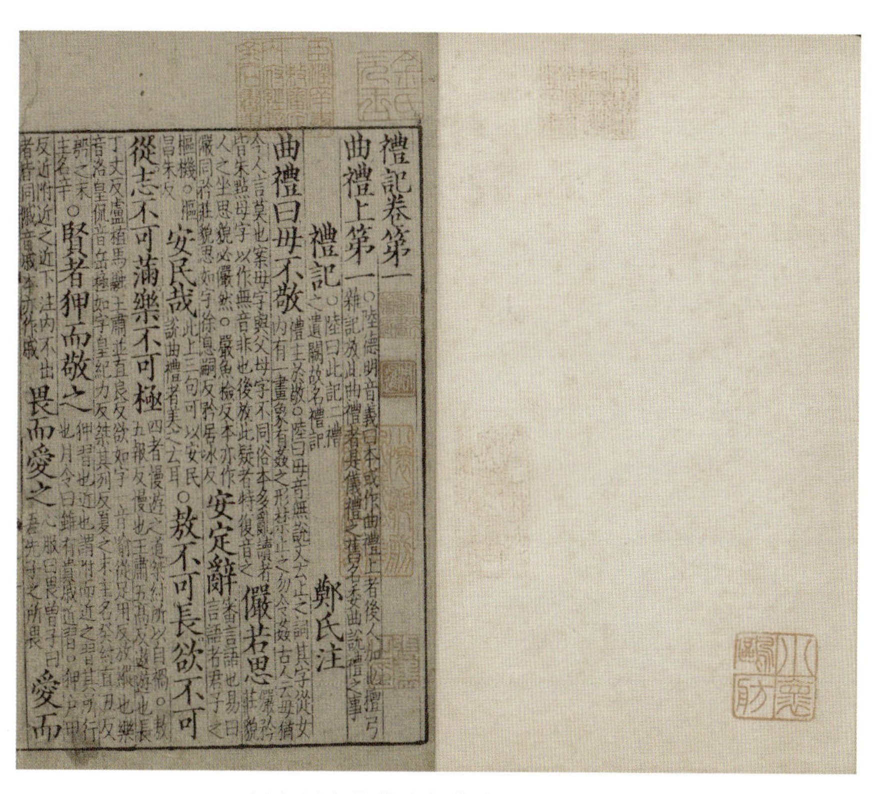

禮記卷第一

曲禮上第一 ○陸德明音義曰本或作曲禮上者後人加也檀弓雜記放此曲禮者是儀禮之舊名委曲說禮之事

禮記 ○陸曰此記二禮之遺闕故名禮記 鄭氏注

曲禮曰毋不敬 禮主於敬○陸曰毋音無說文云止之詞其字從女內有一畫象有姦之形禁止之勿令姦古人云毋猶今人言莫也案毋字與父母字不同俗本多亂讀者皆朱點母字以作無音非也後放此疑者特復音之 儼若思 儼矜莊貌人之坐思貌必儼然○儼魚檢反本亦作儼同矜莊貌思如字徐息嗣反矜居冰反 安定辭 審言語也易曰言語者君子之樞機○樞昌朱反 安民哉 此上三句可以安民○說曲禮者美之云耳○敖不可長欲不可從志不可滿樂不可極 四者慢遊之道桀紂所以自禍○敖五報反慢也王肅五高反遊遊也長丁丈反盧植馬融王肅並直良反欲如字一音喻從足用反放縱也樂音洛皇侃音岳極如字皇紀力反桀其列反夏之末主名癸紂直丑反殷之末主名辛○賢者狎而敬之 狎習也近也謂附而近之習其所行也月令曰雖有貴戚近習○狎戶甲反近附近之近下注內不出者皆同戚音戚本亦作戚 畏而愛之 心服曰畏曾子曰吾先君子之所畏 愛而

國家圖書館藏余仁仲禮記注（一）

仕巾反，木叢也。古本又作朿，音壯巾反，云似梓，實如小栗也。○見賢遍反，彼否紙反，邪彼悲反，下邪也。郯音談，東海縣名。納女於天子曰備百姓，於國君曰備酒漿，於大夫曰備埽灑。納女猶致女也。壻不親迎，則女之家遣人致之，此其辭也。姓之言生也。天子皇后以下百二十人，廣子姓也。酒漿埽灑，賤婦人之職。○埽悉報反，灑所買反，又山寄反。迎魚敬反。賤婦人之職，本又有無婦字者。

禮記卷第一

經伍阡陸伯玖拾字

注捌阡肆伯單壹字

音義陸阡伍拾柒字

余氏刊于萬卷堂

禮記卷第二

檀弓上第三

○陸曰：檀弓，魯人。檀，大丹反，姓也；弓，名。以其善於禮，故以名篇。

禮記　　鄭氏注

公儀仲子之喪，檀弓免焉。故爲非禮以非仲子也。禮，朋友皆在他邦乃袒免。○公儀仲子，公儀氏，仲子字，魯之同姓也，其名未聞。免音問，注同，以布廣一寸，從項中而前交於額上，又却向後繞於髻。袒音但。仲子舍其孫而立其子。此其所立非也。公儀蓋魯同姓。周禮，適子死，立適孫爲後。○舍音捨，下皆同。適多歷反，下皆同。檀弓曰：何居？我未之前聞也。居讀爲姬姓之姬，齊魯之間語助也。前猶故也。○居音姬，下同。趨而就子服伯子於門右，曰：仲子舍其孫而立其子，何也？去賓位，就主人兄弟之賢者而問之。子服伯子蓋仲孫蔑之玄孫子服景伯。蔑，魯大夫。○蔑莫結反。伯子曰：仲子亦猶行古之道也。昔者文王舍伯邑考而立武王，微子舍其孫腯而立衍也。夫仲子亦猶行古

國家圖書館藏余仁仲禮記注（二）

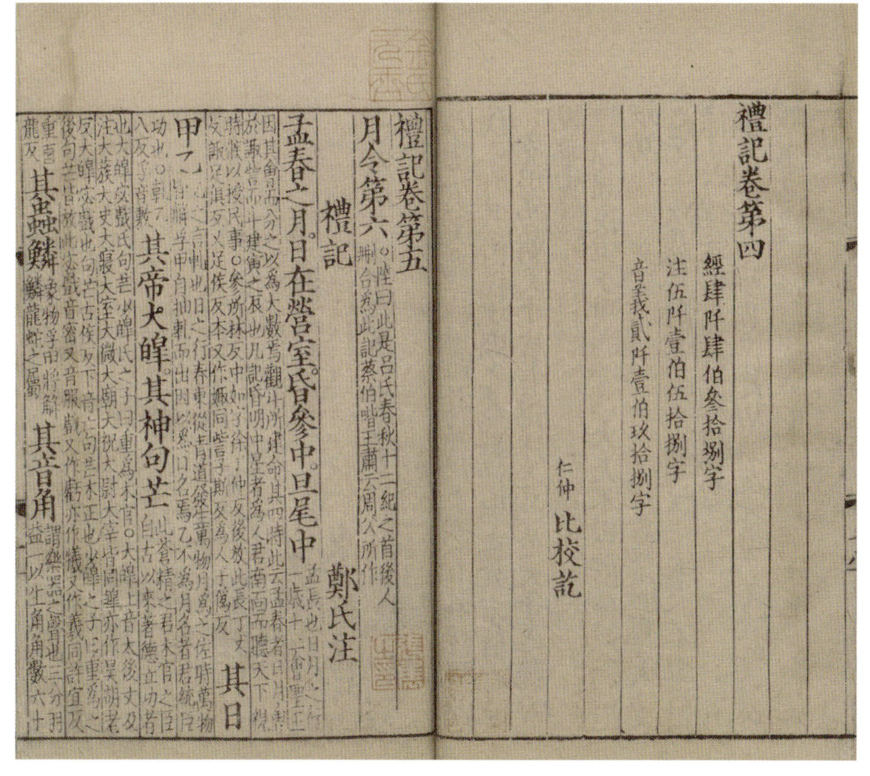

國家圖書館藏余仁仲禮記注（三）

朝夕至于直遙反旦曰朝暮曰夕舊如字朝 朝上如字下文朝夕之食上同下直遙反 內豎曰今日安世
子乃有喜色其有不安節則內豎以告世子世子
色憂不滿容 色憂憂戚也不及 文王行不能正履 內豎言復初然後亦復
初朝夕之食上世子必在視寒煖之節食下問所
膳羞必知所進以命膳宰然後退 羞必知所進必知親 所食○上時掌反 若
內豎言疾則世子親齊玄而養 親猶自也養疾者齊玄玄 冠玄端也○齊側皆反注
同 膳宰之饌必敬視之 疾者之食齊和所欲或異 ○齊才細反和胡卧反 疾之藥必
親嘗之 試毒 味也 嘗饌善則世子亦能食 善謂多 於前 嘗饌寡世
子亦不能飽 又不及武王 一飯再飯 以至于復初然後亦復初 復常 所服

禮記卷第六　經伍阡柒伯柒拾貳字　注伍阡伍伯貳拾伍字
音義貳阡貳伯伍拾貳字

國家圖書館藏余仁仲禮記注（四）

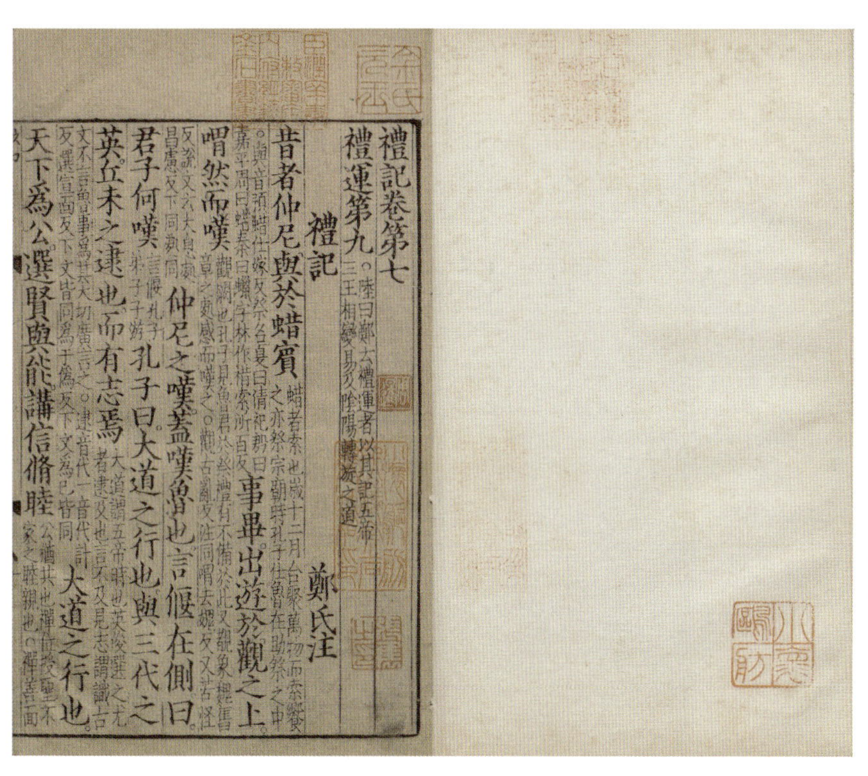

國家圖書館藏余仁仲禮記注（五）

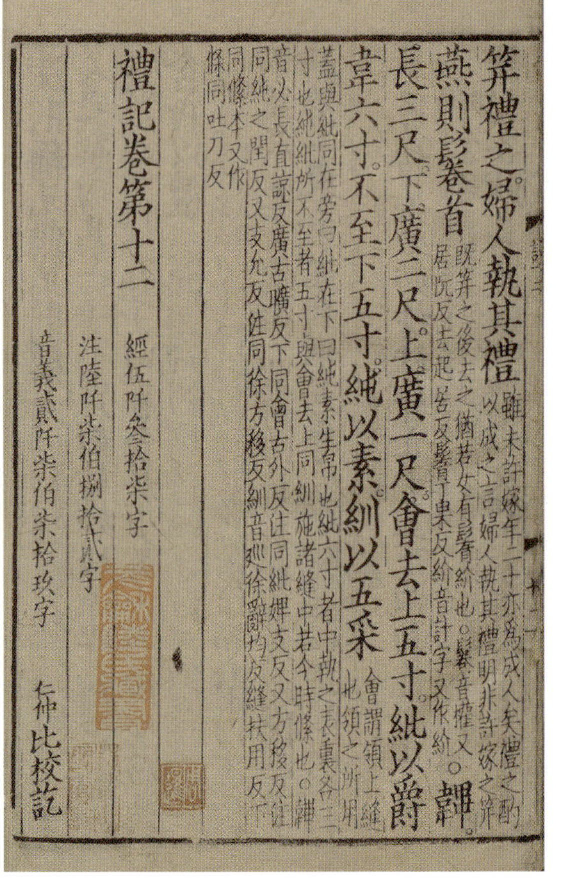

笄禮之。婦人執其禮雖未許嫁年二十亦爲成人矣禮之酌以成之言婦人執其禮明非許嫁之笄。燕則鬈首既笄之後去之猶若女有鬈首紒也。鬈音權又居阮反去起呂反鬈首丁果反紒音計字又作紒。韠長三尺。下廣二尺。上廣一尺。會去上五寸。紕以爵韋六寸。不至下五寸。純以素紃以五采會謂領上縫也領之所用蓋與紕同在旁曰紕在下曰純素生帛也紕六寸者中執之表裏各三寸也純紕所不至者五寸與會去上同紃施諸縫中若今時條也。韠音必長直亮反廣古曠反下同會古外反注同紕婢支反又方移反注同純之閏反又支允反注同徐方移反紃音巡徐辭均反縫扶用反下同條本又作條同吐刀反

禮記卷第十二　經伍阡叁拾柒字

注陸阡柒伯捌拾貳字

音義貳阡柒伯柒拾玖字

仁仲比校訖

國家圖書館藏余仁仲禮記注（六）

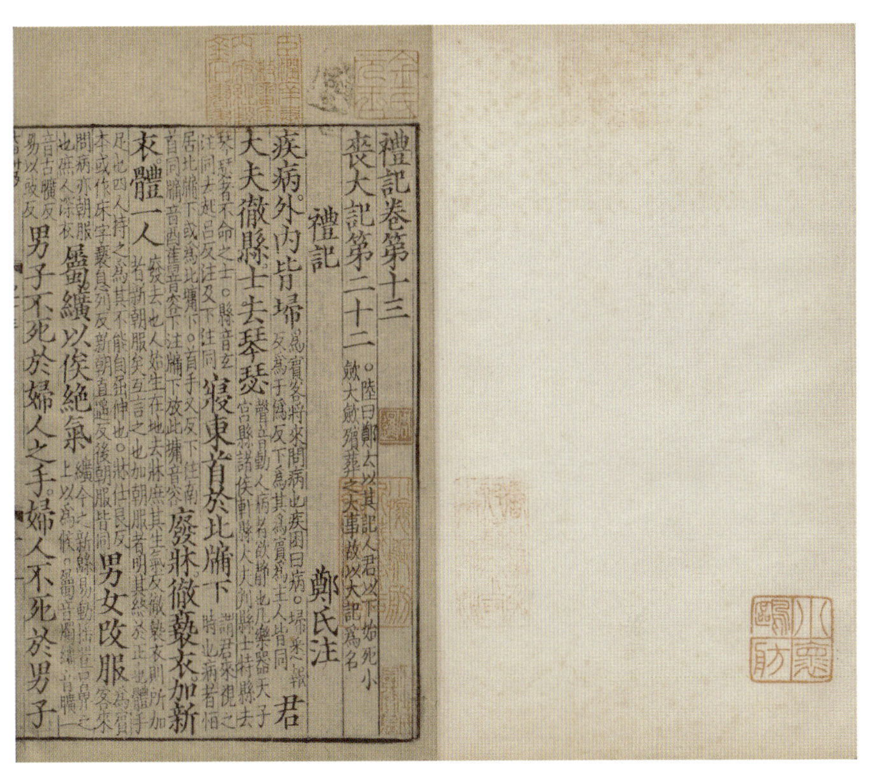

國家圖書館藏余仁仲禮記注（七）

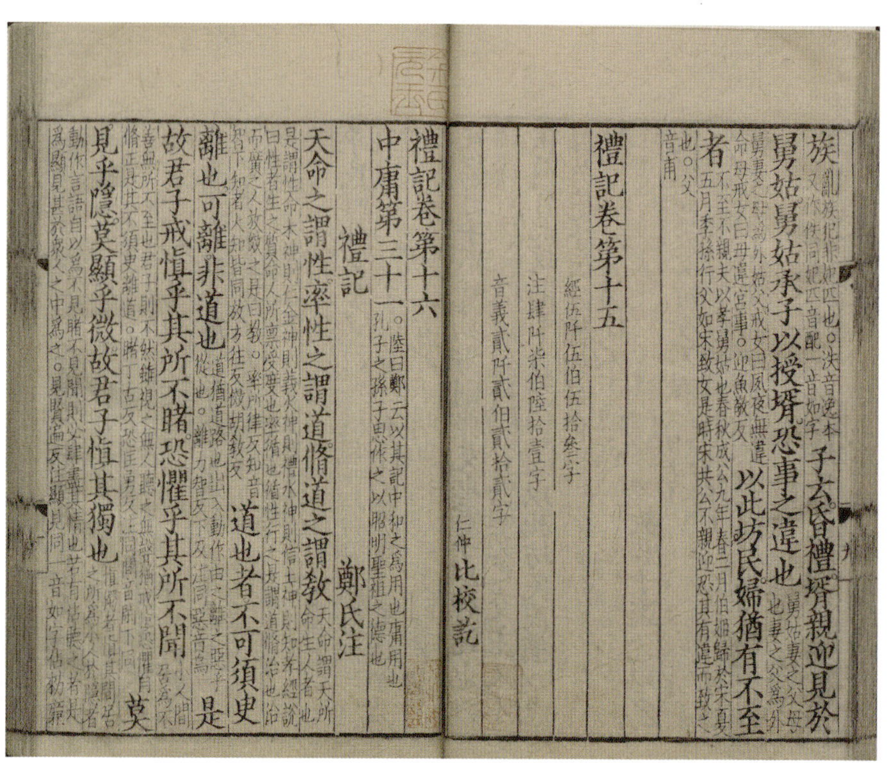

國家圖書館藏余仁仲禮記注（八）

曰言不文者宿士民也○衰色追反傷扶又反下同文如字徐音問辨本又作辯同皮莧反共音恭 禮斬衰之喪
唯而不對齊衰之喪對而不言大功之喪言而不
議緦小功之喪議而不及樂此謂與賓客也唯而不對宿者爲之應耳言謂先發口也
○唯余癸反徐以水反注同齊音咨本又作齋緦佰音又爲于僞反應應對之應 父母之喪衰冠繩纓
菅屨三日而食粥三月而沐期十三月而練冠三
年而祥比終茲三節者仁者可以觀其愛焉知者
可以觀其理焉強者可以觀其志焉禮以治之義
以正之孝子弟弟貞婦皆可得而察焉仁有恩者也理義也
察猶知也○菅古顔反又音姦屨徐紀具反粥之六反期音基比必利反知音智本或作智弟弟上音悌下如字

禮記卷第二十 經伍仟壹伯玖拾陸字 注叁仟貳拾壹字
音義貳仟捌伯伍拾字 仁仲比校訖

國家圖書館藏余仁仲禮記注（九）

宋余仁仲萬卷堂刊禮記二十卷遞藏金元玉安桂坡張文通
家丙子夏從元和陸氏散歸上海來青閣書店懸值奇
昂無敢問鼎者辛巳秋王君欣夫自滬來告此書已貶價為
滬幣二万五六千金向有意收之否余急馳函欣夫許以二万金
未幾得報則先為某估以一万二千金買去此中消息固不
難知中心益怏怏不能平而自歎古緣之慳也旋詢知此書為
王富晉所得函掊之久不至越歲壬午春王某自滬返北京過
天津始攜以見示字畫流美紙墨精良洵宋刻上駟索價之
高更逾於來青閣余時絀於為生方斥去明板書百數十部
盡歸陳一甫丈既得錢乃不遑復計衣食急持與王某成議惟
恐弗及值當滬幣約五万金昔人割莊易漢書之舉或尚不
足以方余癡而支硎山人錢物可得書不可得雖貴當弗校之
言寔可謂先獲我心余氏所刊禮記天祿琳瑯亦著錄一部為
汲古閣舊藏有宋本甲印今不知流落何所此書舊裝精雅
無明以後收藏印記或亦久貢天府儲為副本晚近頒賜臣工始
歸陸氏此固臆測之言了無佐證若詢之陸氏子孫當不難得
其究竟也壬午三月二十四日雨後記　弢翁

國家圖書館藏余仁仲禮記注（十）周叔弢跋

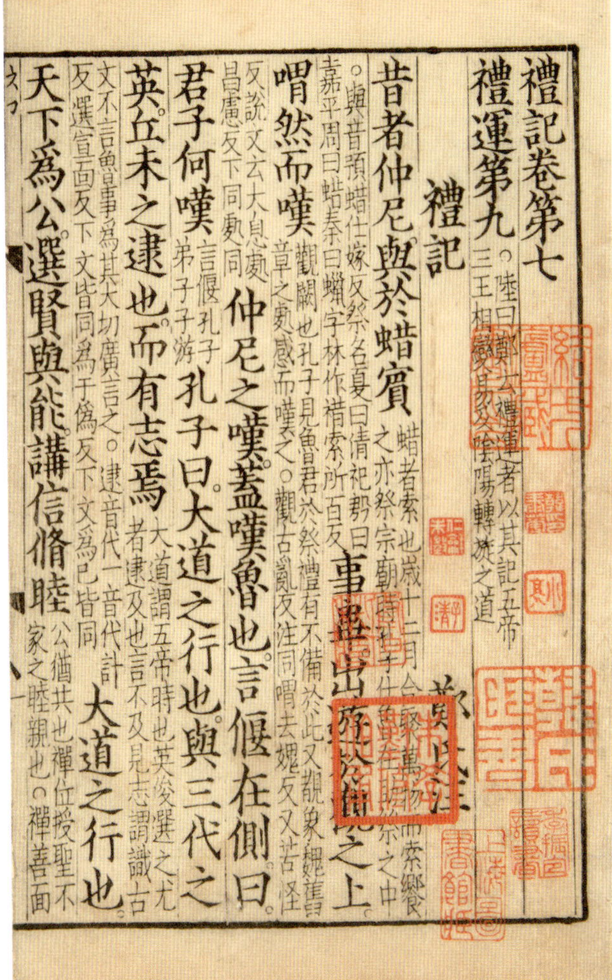

上海圖書館藏余仁仲禮記注初印本

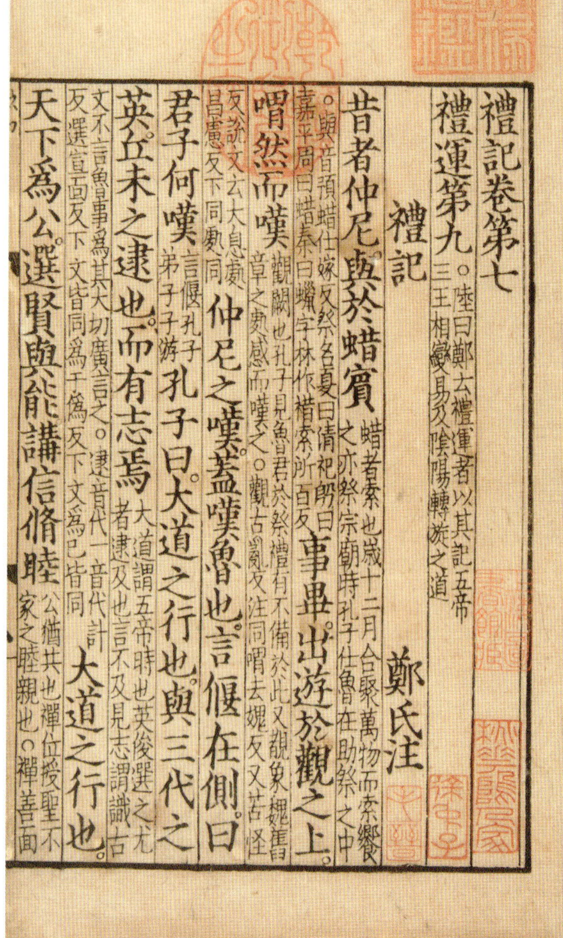

禮記卷第七
禮運第九○陸曰鄭云禮運者以其記五帝三王相變易及陰陽轉旋之道
禮記　　鄭氏注
昔者仲尼與於蜡賓蜡者索也歲十二月合聚萬物而索饗之亦祭宗廟時孔子仕魯在助祭之中事畢出遊於觀之上
○與音預蜡仕嫁反祭名夏曰清祀〔?〕曰嘉平周曰蜡秦曰臘字林作䄍索所百反
喟然而嘆觀闕也孔子見魯君於祭禮有不備於此又覩象魏舊章之處感而嘆之○觀古亂反注同喟去媿反又苦怪
反說文云大息處昌慮反下同處同仲尼之嘆蓋嘆魯也言偃在側曰
君子何嘆言偃孔子弟子子游孔子曰大道之行也與三代之
英丘未之逮也而有志焉大道謂五帝時也英俊選之尤者逮及也言不及見志謂識古
文不言魯事爲其大切廣言之○逮音代一音代計反選宣面反下文皆同爲于僞反下文爲己皆同大道之行也
天下爲公選賢與能講信脩睦公猶共也禪位授聖不家之睦親也○禪善面

上海圖書館藏余仁仲禮記注後印本

序

禮之儀在數，陳俎豆，列方位，喪祭朝聘是也；禮之意在義，理人倫，燮陰陽，經天緯地是也。周公制禮，祝史行事，義存數中，隱而不彰。太史公曰「禮記自孔氏」，其誰曰不然乎？予嘗思之，曩者七十子後學問禮於夫子也，趨而聞，退而記，於簡乎？於牘乎？於帛乎？若子張書諸紳乎？抑簡牘帛紳各隨其便歟？邈矣，今莫能指也。然以發掘所見，固已爲人轉録於簡牘而播傳於戰國間矣。始皇焚書，隱跡於山巖屋壁；漢惠廢律，充積之石渠天禄。高堂傳禮，獨在儀節；徐生善頌，徒能盤辟；迨及后蒼之著曲臺，德、聖之纂戴記，始參據七十子所記，而後禮之義不獨在儀節容貌也。予嘗思之，中秘二百餘篇禮記，由后蒼發而傳之二戴、聞人通漢及慶普，抑二戴自入中秘纂輯散亂簡牘，何以傳慶氏禮之曹褒亦傳禮記四十九篇？邈矣，今莫能指也。方當古文、漢隸轉换之際，后蒼發之，戴聖繼之，師傳異讀，異讀記字，記字輒異；二戴纂輯，各自識記，文豈相同？及聖傳橋仁、楊榮，文字更不能無異。橋氏之學，由仁而景鸞、張純、摯恂、許慎、張恭祖、李咸、蔡邕，傳承不絶。復由摯恂而馬融，而盧植、鄭玄，由張恭祖而鄭玄，是知康成之時，已一源十流，宜其記注云「或爲」别本近二百字也。觀其甲乙從違，似欲爲定本矣，然别本異文，多師並傳，足致經説歧解，則子雍之難康成，又何必定從古文也哉？鄭、王之後，阮諶、宋忠、高堂隆、孫炎、孫毓之流，又從而鼓譟之，是定猶未定也。六朝定本，屢見唐人正義，蓋孫惠蔚、牛弘疏請專精校考，參定字義，校練句讀，以爲定本，似欲爲定本矣。當是時也，隸楷興替，僞體蜂出，碑文别字，歧中見異，更且十源百流，或爲或字，益不可問矣；且派分南北，致江南河北，持本不同，是定猶未定也。李唐肇建，師古再作定本，沖遠奉撰正義，折中南北，一統六朝之紛亂，似欲爲定本矣，而士子科舉抄撮，所欲隨心，正通譌俗，淩雜不分，是定猶未定也。乃復有泥壁木板、碑刻石經，以爲準式。孟蜀鐫版，兼刊大和注文；趙宋校勘，亦參開成經文；唯皆獨取鄭注，遂致盧、王、孫、業之本亡佚不存。定一尊於鄭注，化千百於一身，似欲爲定本矣，然南宋以降，淳熙撫州所刊，淳熙余氏所雕，紹熙浙東所鐫，乃至八行十行、南監北監，岳氏徐氏、李氏毛氏，迭出層見，字畫各有所從，文句别有所承，復因綰合經注音疏，從音從疏，改經改注，顧前瞻後，張皇失措，魯魚並存，益增紛雜，是定猶未定也。夫樸學之興，始於校勘，阮元鳩集英髦，主持鴻業，其禮記所校者開成、紹興石經外，所據僅武英殿仿宋岳本，所恃唯惠松崖宋本禮記正義校勘記，而竟未睹原本。其云「後之爲小戴學者，庶幾有取於是」，儼然有似「欲爲定本矣」之慨。當是時也，撫本、婺本、余本尚存於天壤間，阮校闕然；山井、物觀所指所説，原本猶在東瀛，洪氏未見；皆無從徵驗，是定猶未定也。已矣，經典之易歧而難校也，善本佳刻之不能集，牽於時也；錯譌衍奪之不能斷，繫於識也。定本之出，固將有待焉。

予友王教授鍔者，隴西沉潛篤實士也。昔以獨著三禮研究論著提要而馳譽學林，推爲專家。繼而著禮記成書考，儼然當今禮學名家。彼其乘秘本復出、善本再造、西洋東瀛佳本回傳之勢，以一人之力，匯聚衆本，廣事校讎，將開成石經以下撫州本、余仁仲本二系數十種版本之關係系統梳理，所著校勘條記，不啻千萬，俾文辭衍奪，因承清晰；字畫譌錯，纖細畢陳。其校記萃見所著禮記鄭注彙校一書。乃綜其校記，譔文評述，而後宋刊、元鎸、明刻、清校、優劣斑斑可見矣；復撮其旨要，圖其源流，而後禮記刊刻先後承襲脈絡無復餘藴矣。其版本源流圖見所著禮記版本研究一書。抑有進者，以余仁仲本爲存世衆本最早且佳者，遂挹諸本之是以校其非，俾使成爲今存最佳讀本，是足以「定本」名之。予觀此本曲禮上「葱㴩處末」句，「渫」之作「㴩」，殆避唐太宗李世民諱闕筆改形者也。今見龍龕手鑑之「渫」作「𣹟」，其雖不收「㴩」，然從其牒、諜、蝶、碟諸字之「枼」聲符皆闕筆變形作「𣏾」，寫作「牃」、「諜」、「蝶」、「碟」，仍可證其爲諱字。九經三傳沿革例云：「前輩謂興國于氏本及建安余氏本爲最善。」殆知余本爲宋人所重。仁仲，南宋孝宗時國學進士，余仁仲之爲國學進士，見於黎庶昌影宋紹熙本穀梁傳卷十二末銜名：「國學進士余仁仲校正，國學進士劉子庚同校，國學進士陳幾同校，國學進士張甫同校。」是四人皆國學進士，而今龔延明、祖慧纂輯宋登科記考未收録此四人，似可據補。書亦刻於孝宗時。今其字避唐諱作「淙」，適與開成石經同。沿革例又謂「世所傳九經，自監、蜀、京、杭而下，有建安余氏、興國于氏二本，皆分句讀，稱爲善本」，似暗示二本皆上承監、蜀、京、杭本也。今得「淙」字，信然。是余本固與大和、長興本有淵源也。今以余本爲主，校其非以爲定本，誠慧眼卓識也，非讎對衆本者，孰能與於此哉？予謂今此定本，直可謂南北宋之交面目也。溯而上之，或仿佛於紹興、景德之形製，而得長興、大和之一體焉。書此，以質諸王鍔教授並世之稔於版刻、勤於校讎之博雅君子，幸承下教，不勝榮忭之至云。丁酉杏月十七山陰虞萬里序於榆枋齋。

前言

禮記四十九篇在西漢稱「禮記」，又單稱「禮」，或單稱「記」，魏、晉以後，亦名小戴禮、小戴禮記。漢書藝文志禮類、樂類、論語類、儒家類著録的記百三十一篇、明堂陰陽三十三篇、王史氏二十一篇、明堂陰陽説五篇、樂記二十三篇、孔子三朝七篇、子思二十三篇、曾子十八篇、公孫尼子二十八篇等文獻，均與禮記有關，是編選禮記的主要來源。漢書藝文志著録記百三十一篇曰：「七十子後學者所記也。」記百三十一篇與河間獻王劉德所得禮記，都是闡釋「禮」之「記」文，是同一類型的著作，原本皆用古文書寫，在流傳中，傳習者可能將其隸定爲今文本。記百三十一篇和河間獻王所得禮記，不能與戴聖編選的禮記劃等號。

今傳禮記四十九篇的成篇年代不一，作者並非一人，原本各自流傳，各篇的成篇年代和禮記編選年代，是兩個問題，不能混爲一談。禮記是后倉弟子戴聖編選，編選時間在漢宣帝甘露三年（前五一年）以後，漢成帝陽朔四年（前二一年）以前的三十年中。戴聖編選禮記四十六篇，有選自曾子者，如曾子問；有選自子思者，如坊記、中庸、表記、緇衣；有選自公孫尼子者，如樂記；有選自明堂陰陽記者，如明堂位；有選自逸禮者，如投壺、奔喪。大戴禮記、小戴禮記應該是戴德、戴聖分別從記百三十一篇、曾子、子思、孔子三朝記、明堂陰陽記等文獻中選編而成。

儒家經典周禮、儀禮、禮記合稱「三禮」。周禮六篇通過三百多種職官之職掌，記載周代職官制度和工匠職業。儀禮十七篇記述冠、昏、喪、祭、射、燕、聘、覲禮的具體儀式。樂記曰：「鋪筵席，陳尊俎，列籩豆，以升降爲禮者，禮之末節也，故有司掌之。」這正是儀禮的真實寫照。禮記則不同，關乎人倫，益於世道，不僅記載了許多生活中實用性很强的禮儀細節，關鍵是詳盡地闡述了各種典禮的意義和制禮的精神，極其透徹地宣揚了儒家的禮治思想，爲歷代政府提供了極富彈性的禮治理論。歷史和現實的經驗使歷代政府深刻地認識到，利用「禮治」爲中心的儒家思想，吸引廣大知識階層，規範世人的思想和行爲，是維護統治秩序並獲得長治久安的大政方針，故禮記贏得了歷代政府的青睞，使儒家思想的影響力日益增大。幾千年來，對中華民族意識形態影響最大的書是儒家的書，從所起作用的大小來看，禮記與論語孟子相伯仲，但超過荀子，地位極爲尊貴。

自鄭玄爲「三禮」作注以後，禮記地位日益上升。三國曹魏時，取得經的地位；唐太宗時期，禮記位列五經，成爲科舉考試的教材，與左傳並列大經，備受士人重視。兩宋時期，禮記第四十一篇儒行單刻刷印，成爲皇帝賞賜新科進士的禮品；因程顥、程頤和朱熹等人的提倡，禮記第四十二篇大學、第三十一篇中庸與論語孟子組合成四書。元、明以來，科舉考試以四書五經爲中心，禮記在儒家文獻中的地位，明顯高於周禮、儀禮，當人們熟讀四書五經時，必須研讀禮記。元陳澔禮記集説作爲科舉考試用書，風行六百餘年。儒家經典中，没有任何一部書像禮記一樣，直接影響儒家經典文獻的組合方式，而這種組合方式的出現，對於中國文化的影響，是巨大的。禮記中所蘊含的孔子、曾子、子思等儒家先賢的思想，給我們很多啟示。學記中蘊含的教學思想，樂記中闡述的音樂理論，儒家仁、義、禮、智、信和温、良、恭、儉、讓的處世哲學，中庸之道，明明德、親民、止於至善的追求，「言必先信，行必中正」、「可殺而不可辱」的儒者風範，永遠都是重塑中華民族精神的重要源泉。清焦循禮記補疏序曰：「以余論之，周官、儀禮，一代之書也。禮記，萬世之書也。必先明乎禮記，而後可學周官、儀禮。記之言曰：『禮，以時爲大。』此一言也，以蔽千萬世制禮之法可矣。」説明了禮記在中國文化中的影響力。

在推動中華優秀傳統文化創造性轉化、創新性發展的時代大背景下，欲傳承中華優秀的禮樂文明，構築中國精神，尋找文化自信，就必須重視、研讀禮記，東漢鄭玄的禮記注，必然是重要的讀本之一。

禮記的版本可分白文本、經注本和注疏本三大類。白文本即不附注釋之經文文本，今有國家圖書館藏宋刻遞修本白文八經之禮記二卷。經注本是將禮記經文、鄭玄禮記注合刻者，有附録陸德明經典釋文禮記釋文（下簡稱「釋文」）和不附釋文之别。不附釋文者有宋蜀刻大字本禮記注二十卷（卷一至五藏遼寧省圖書館，卷六至二十藏國家圖書館）、宋婺州義烏蔣宅崇知齋刻本禮記注二十卷（下簡稱「婺州本」）、明嘉靖徐氏刻禮記注二十卷（下簡稱「嘉靖本」）等。附釋文者有宋淳熙四年（一一七七）撫州公使庫刻禮記注二十卷附禮記釋文四卷（下簡稱「撫州本」）、興國于氏本禮記注二十卷（今佚）、宋建安余氏萬卷堂刻本禮記注二十卷（下簡稱「余仁仲本」），南宋紹熙福建刻纂圖互注禮記二十卷（下簡稱「紹熙本」），元岳浚刻九經三傳之禮記注二十卷（下簡稱「岳本」），今傳有清乾隆四十八年（一七八三）武英殿翻刻本（下簡稱「殿本注」）等。

禮記注疏本是將禮記經文、鄭玄禮記注和孔穎達禮記正義合刻者，有不附釋文和附釋文之異。不附釋文者有宋紹熙三年（一一九二）兩浙東路茶鹽司刻宋元遞修本禮記正義七十卷（下簡稱「八行本」）；附釋文者有南宋劉叔剛刻附釋音禮記注疏六十三卷（下簡稱「劉叔剛本」），今存清和珅翻刻本（下簡稱「和本」），元刻明修十三經注疏本附釋音禮記注疏六十三卷（下簡稱「十行本」）、明嘉靖李元陽刻十三經注疏本禮記注疏六十三卷（下簡稱「閩本」）、明北京國子監刻十三經注疏本禮記注疏六十三卷（下簡稱「監本」）、明毛晉汲古閣刻十三經注疏本禮記注疏六十三卷（下簡稱「毛本」）、清乾隆四年（一七三九）武英殿刻十三經注疏本禮記注疏六十三卷（下簡稱「殿本注疏」）、清阮元校刻十三經注疏本禮記注疏六十三卷（下簡稱「阮刻本」）；有清抄本文淵閣四庫全書本禮記注疏六十三卷（下簡稱「四庫本」），另有文津閣本、文溯閣本和文瀾閣本，這些版本附釋文的方式，皆與元十行本相同。

禮記白文本、經注本和注疏本，從閱讀角度而言，附釋文的禮記注和禮記注疏最爲方便。因此，在南宋出現余仁仲本禮記注、劉叔剛本附釋音禮記注疏以後，宋、元、明代就翻刻印刷，明代嘉靖、萬曆和崇禎時期，曾三次翻刻禮記注疏，即閩本、監本和毛本，只是板式有所變化而已。進入清代，武英殿和四庫館又先後翻刻、抄録禮記注疏，可見學術界對儒家經典文獻的重視。禮記注疏在不斷的翻刻過程中，經文、注文、釋文、疏文出現大量殘缺，有些頁面缺文達數百字，幾乎無法閱讀。清嘉慶年間，阮元組織學者校刻十三經注疏，禮記注疏中大量的缺文和錯誤，得以補充和糾正，並撰寫禮記注疏校勘記，最爲詳盡。阮刻本十三經注疏刊刻以後，迅速走紅，取代閩、監、毛本，風行兩百多年。然因條件所限，阮元校刻禮記注疏時，一些重要的禮記版本如余仁仲本、婺州本、紹熙本和八行本等，阮元都没有看到，不無遺憾。

清初以來，宋、元善本諸如撫州本、余仁仲本、岳本、嘉靖本禮記注和八行本禮記正義、十行本禮記注疏，或藏於私家，或庋於秘府，大多數學者最方便閱讀者，惟有閩、監、毛本和阮刻本禮記注疏。乾嘉已降，撫州本、余仁仲本、紹熙本禮記注和劉叔剛本禮記注疏、八行本禮記正義，先後影刻、影印，逐漸被學術界關注。時至今日，隨著古籍善本的大量影印和網絡圖像化，撫州本、婺州本、余仁仲本、紹熙本、岳本、嘉靖本禮記注與閩本、監本、毛本、和珅本禮記注疏、八行本禮記正義，或被選入中華再造善本、國學基本典籍叢刊等叢書影印，或被收藏單位掃描爲圖形文件，上傳網絡，極大地方便了學者比勘研究。彙集衆本之善的禮記注、禮記注疏，水到渠成，亟待整理。

我們通過禮記鄭注彙校工作，大致摸清了禮記的版本關係。整理禮記注，選擇底本，撫州本、余仁仲本是首選，若二選一，非余仁仲本莫屬。原因有三：

一是校勘精良。撫州本是南宋孝宗淳熙四年（一一七七）刻本，余仁仲本刊刻於南宋孝宗時期（一一六三—一一八九），與撫州本刊刻時間接近，就經注文字正誤而言，余仁仲本略遜於撫州本。比勘經注文字，檀弓篇撫州本正確者七十條，錯誤者四條；余仁仲本正確者五十條，錯誤者二十四條。王制篇撫州本正確者二十六條，錯誤者五條；余仁仲本正確者二十三條，錯誤者八條。雜記篇撫州本正確者五十三條，錯誤者十一條；余仁仲本正確者五十五條，錯誤者九條。投壺篇撫州本正確者十六條；余仁仲本正確者十五條，錯誤者一條。諸本比較，二者都是校勘精良的禮記注版本。

二是方便閲讀。撫州本、余仁仲本禮記注均附有釋文，但附録釋文的方式有差異。禮記注附釋文的方式，自宋代以來，大致經歷了五個階段：第一是將禮記釋文四卷整體附刻在禮記注二十卷之後者，撫州本如此；第二是將禮記釋文四卷打散，分段附刻在禮記注經文、注文之後者，興國于氏本如此，九經三傳沿革例謂「于本音義不列於本文之下，率隔數頁，始一聚見，不便尋索」；第三是將禮記釋文四卷打散，逐條附刻在禮記注經注文字之下者，余仁仲本如此；第四是爲適應文字讀音的變化，將余仁仲本所附釋文進一步删改者，岳本、殿本注如此；第五是爲了讀者閲讀的方便，以余仁仲本禮記注爲主，與孔穎達禮記正義配合，彙刻附釋音禮記注疏六十三卷，劉叔剛本、元十行本如此。整理禮記注，岳本、殿本注、劉叔剛本、元十行本禮記注疏即可排除，撫州本附録釋文的方式，雖具有開創性，但不便閲讀，興國于氏本已佚。

比較諸本，余仁仲本禮記注最便於閲讀。

三是影響巨大。余仁仲本附録釋文的方式，自宋代以來，被學術界所廣泛接受，且成爲標準模式，沿用至今。無論是紹熙本、岳本、殿本禮記注，還是劉叔剛本、十行本、閩本、監本、毛本、殿本注疏、四庫本和阮刻本禮記注疏，無不採用這種附釋文的方式，余仁仲本便成爲學術界廣泛認可的附釋文禮記注本之不祧之祖。

有鑒於此，我們整理禮記注定本，以國學基本典籍叢刊影印的余仁仲本爲底本，以撫州本、婺州本、紹熙本、岳本、嘉靖本、八行本、和本、十行本、阮刻本、撫州本釋文等爲對校本，以足利本、閩本、監本、毛本、殿本注疏、黄焯整理經典釋文彙校、日本藏禮記釋文四卷（傅增湘舊藏）等爲參校本，吸收前賢校勘成果，校勘整理。訛者正之，脱者補之，衍者删之，倒者乙之，凡所改正，悉出校記，計三百八十，訂訛脱衍倒，明校改依據。至於是非當否，希冀方家教之。戊戌冬至後一日王鍔識於桂香書屋。

凡例

一、余仁仲本禮記注二十卷是現存最早附釋文禮記注善本之一。今以國家圖書館出版社二〇一七年影印國家圖書館藏余仁仲本爲底本，點校整理。

二、以撫州本、婺州本、紹熙本、岳本、嘉靖本、八行本、和本、十行本、阮刻本、撫州本釋文等爲對校本，以足利本、閩本、監本、毛本、殿本、經典釋文彙校（黄焯彙校）、日本藏禮記釋文四卷（傅增湘舊藏）等爲參校本，吸收前賢校勘成果，進行校勘。

三、對校本、參校本及前賢校勘成果之簡稱：

（一）陝西人民出版社二〇一一年出版十三經辭典禮記卷附唐開成石經禮記二十卷，簡稱「唐石經」；

（二）中華再造善本影印宋淳熙四年撫州公使庫刻禮記注二十卷，簡稱「撫州本」；

（三）中華再造善本影印宋婺州義烏蔣宅崇知齋刻禮記注二十卷，簡稱「婺州本」；

（四）中華再造善本影印宋紹熙年間福建刻纂圖互注禮記二十卷，簡稱「紹熙本」；

（五）國家圖書館藏明嘉靖徐氏刻禮記注二十卷，簡稱「嘉靖本」；

（六）美國哈佛大學哈佛燕京圖書館藏清乾隆四十八年武英殿仿宋相臺岳氏五經本禮記注二十卷，簡稱「岳本」；

（七）中華再造善本影印宋紹熙三年兩浙東路茶鹽司刻宋元遞修本禮記正義七十卷，簡稱「八行本」；

（八）北京大學出版社二〇一四年影印日本足利學校藏禮記正義七十卷，簡稱「足利本」；

（九）日本國立公文書館（内閣文庫）藏清乾隆六十年和珅仿宋刻本附釋音禮記注疏六十三卷，簡稱「和本」；

（一〇）中華再造善本影印元刻明修十三經注疏本禮記注疏六十三卷，簡稱「十行本」；

（一一）日本東京大學東洋文化研究所藏李元陽刻十三經注疏本禮記注疏六十三卷，簡稱「閩本」，該本有殘缺者，以美國哈佛大學哈佛燕京圖書館藏李元陽刻十三經注疏本禮記注疏六十三卷校勘；

（一二）日本國立公文書館（内閣文庫）藏明國子監刻十三經注疏本禮記注疏六十三卷，簡稱「監本」；

（一三）美國哈佛大學哈佛燕京圖書館藏毛晉汲古閣刻十三經注疏本禮記注疏六十三卷，簡稱「毛本」；

（一四）北京綫裝書局二〇一四年影印清乾隆四年武英殿刻十三經注疏本禮記注疏六十三卷，簡稱「殿本」；

（一五）中華書局一九八〇年影印清阮元校刻十三經注疏本禮記注疏六十三卷，簡稱「阮刻本」；

（一六）中華再造善本影印撫州本禮記釋文四卷，簡稱「撫釋一」；

（一七）日本東京大學東洋文化研究所藏禮記釋文四卷（傅增湘舊藏），簡稱「撫釋二」；

（一八）民國施氏醒園本張敦仁撫本禮記鄭注考異二卷，簡稱「考異」；

（一九）日本國立公文書館（内閣文庫）藏日本享保十六年東都書林刻山井鼎、物觀七經孟子考文補遺一百九十九卷，簡稱「考補」；

（二〇）臺北商務印書館影印文淵閣四庫全書本沈廷芳（浦鏜）十三經注疏正字八十一卷，簡稱「正字」；

（二一）臺北商務印書館影印文淵閣四庫全書本清王太岳等纂輯欽定四庫全書考證一百卷，簡稱「考證」；

（二二）中華書局一九八〇年影印清阮元校刻十三經注疏本附禮記注疏校

勘記六十三卷，簡稱「阮校」；

（二三）中華書局二〇〇九年出版雪克輯校孫詒讓十三經注疏校記禮記正義校記六十三卷，簡稱「孫校」；

（二四）廣陵古籍刻印社一九八六年重印潘宗周禮記正義校勘記二卷，簡稱「潘校」；

（二五）中華書局二〇〇六年出版黄焯彙校經典釋文彙校三十卷，簡稱「彙校」。

四、凡底本之譌、脱、衍、倒，悉爲訂正，並在校勘記中説明依據。

五、所有校勘記，均以「脚注」形式置於當頁左端，依次排列。

六、校勘記中各本之排列順序：先唐石經，次經注本，次注疏本，如唐石經、撫州本、婺州本、紹熙本、岳本、嘉靖本、足利本、八行本、和本、十行本、閩本、監本、毛本、殿本、阮刻本之序；有關釋文者，則將彙校、撫釋一、撫釋二置於經注本之前，按彙校、撫釋一、撫釋二、岳本、和本、十行本、閩本、監本、毛本、殿本、阮刻本之序。

七、余仁仲本禮記注在喪大記前，每篇有「○」號，表示一段之開始，此次整理，據以分段；喪大記後之篇，根據上下文意分段。

八、余仁仲本亦用俗字，現除字形與文義相關者酌予保留外，一律改爲規範之繁體字，以便閱讀。

九、禮記注之整理校勘，僅限於傳世刻本文獻，敦煌寫本、出土簡帛中與禮記有關者，不納入本書校勘範圍。

目録

序……虞萬里 一
前言……一
凡例……一
禮記卷第一
曲禮上第一……一
曲禮下第二……三九
禮記卷第二
檀弓上第三……六一
禮記卷第三
檀弓下第四……一〇九
禮記卷第四
王制第五……一五一
禮記卷第五
月令第六……一八七
禮記卷第六
曾子問第七……二四七
文王世子第八……二七〇
禮記卷第七
禮運第九……二八九
禮器第十……三一〇
禮記卷第八

郊特牲第十一……三三一
内則第十二……三五五
禮記卷第九
玉藻第十三……三八九
明堂位第十四……四一六
禮記卷第十
喪服小記第十五……四二九
大傳第十六……四四四
少儀第十七……四五一
禮記卷第十一
學記第十八……四七一
樂記第十九……四八一
禮記卷第十二
雜記上第二十……五一九
雜記下第二十一……五三八
禮記卷第十三
喪大記第二十二……五六三
禮記卷第十四
祭法第二十三……五九一
祭義第二十四……五九八
祭統第二十五……六一九
禮記卷之十五
經解第二十六……六三五
哀公問第二十七……六三九
仲尼燕居第二十八……六四五
孔子閒居第二十九……六五一
坊記第三十……六五六
禮記卷第十六

中庸第三十一……六七三
禮記卷第十七
表記第三十二……七〇一
緇衣第三十三……七二一
禮記卷第十八
奔喪第三十四……七三七
問喪第三十五……七四五
服問第三十六……七五〇
間傳第三十七……七五四
三年問第三十八……七五九
深衣第三十九……七六二
禮記卷第十九
投壺第四十……七六七
儒行第四十一……七七四
大學第四十二……七八三
禮記卷第二十
冠義第四十三……七九七
昏義第四十四……七九九
鄉飲酒義第四十五……八〇四
射義第四十六……八一一
燕義第四十七……八一八
聘義第四十八……八二〇
喪服四制第四十九……八二六

禮記卷第一

曲禮上第一

○陸德明音義曰：本或作「曲禮上」者，後人加也。檀弓、雜記放此。曲禮者，是儀禮之舊名，委曲説禮之事。

禮記○陸曰：此記二禮之遺闕，故名禮記。　　鄭氏注

曲禮曰：「毋不敬，禮主於敬。○陸曰：毋，音無。説文云：「止之詞。其字從女，内有一畫，象有姦之形，禁止之勿令姦。古人云毋，猶今人言莫也。」案：「毋」字，與父母字不同，俗本多亂，讀者皆朱點「母」字，以作「無」音，非也。後放此。疑者特復音之。儼若思，儼，矜莊貌。人之坐思，貌必儼然。○儼，魚檢反。本亦作「儼」，同，矜莊貌。思，如字，徐息嗣反。矜，居冰反。安定辭。審言語也。易曰：「言語者，君子之樞機。」○樞，昌朱反。安民哉！」此上三句，可以安民。説曲禮者，美之云耳。

○敖不可長，欲不可從，志不可滿，樂不可極。四者慢遊之道，桀、紂所以自禍。○敖，五報反，慢也，王肅五高反，遨遊也。長，丁丈反，盧植、馬融、王肅並直良反。欲，如字，一音喻。從，足用反，放縱也。樂，音洛，皇侃音岳。極，如字，皇紀力反。桀，其列反，夏之末主，名癸。紂，直丑反，殷之末主，名辛。

○賢者狎而敬之，狎，習也，近也，謂附而近之，習其所行也。月令曰：「雖有貴戚近習。」○狎，户甲反。近，「附近」之「近」，下注内不出者，皆同。傶，音戚，本亦作「戚」。**畏而愛之。**心服曰畏。曾子曰：「吾先子之所畏。」**愛而知其惡，憎而知其善。**謂凡與人交，不可以己心之愛憎誣人之善惡。○誣，音無，後並同。**積而能散，**謂己有蓄積，見貧窮者，則當能散以賙救之，若宋樂氏。○蓄，勑六反。賙，音周。樂，音岳，謂宋司城樂喜。**安安而能遷。**謂己今安此之安，圖後有害，則當能遷，晉咎犯與姜氏醉重耳而行近之。○害，如字，本亦作「難」，乃旦反。咎，其九反。重，直龍反。**臨財毋苟得，**爲傷廉也。○爲，于僞反，下「爲傷」、「爲近」皆同。**臨難毋苟免，**爲傷義也。○難，乃旦反。**很毋求勝，分毋求多，**爲傷平也。很，鬩也，謂争訟也。詩云：「兄弟鬩於牆。」○很，胡懇反。勝，舒證反。分，扶問反。鬩，呼曆反，猶鬭也。争，「争鬭」之「争」，下文皆同。**疑事毋質，**質，成也。彼己俱疑而己成言之，終不然則傷知。○知，音智。**直而勿有。**直，正也。己若不疑，則當稱師友而正之，謙也。

○若夫，言若欲爲丈夫也。春秋傳曰：「是謂我非夫。」○夫，方于反，丈夫也。**坐如尸，**視貌正。**立如齊，**磬且聽也。齊，謂祭祀時。○齊，側皆反，本亦作「齋」，音同，注同。**禮從宜，**事不可常也。晉士匄帥師侵齊，聞齊侯卒，乃還，春秋善之。○丐，本亦作「匄」，音蓋。還，音旋，後放此。**使從俗。**亦事不可常也。牲幣之屬，則當從俗所出。禮器曰：「天不生，地不養，君子不以爲禮，鬼神不饗。」○使，色吏反。幣，徐扶世反。饗，許兩反。**○夫禮者，所以定親疏，決嫌疑，别同異，明是非也。禮不妄説人，**爲近佞媚也。君子説之，不以其道，則不説也。○夫，音扶，凡發語之端皆然。後放此。疏，所居反，或作「踈」。決，徐古穴反。嫌，户恬反。别，彼列反，下注、下文同。説，音悦，又始悦反，注同。佞，乃定反，口才曰佞。媚，眉忌反，意向曰媚。**不辭費。**爲傷信，君子先行其言而後從之。○辭，本又作「詞」，同。説文以「詞」爲「言詞」之字。辭，不受也。後皆放此。費，芳味反，言而不行爲辭費。禮不踰節，不侵侮，不好狎。爲傷敬也。人則習近爲好狎。○侮，徐亡撫反，輕慢也。好，呼報反，注同。脩身踐言，謂之善行。踐，履也，言履而行之。○行，下孟反，下行脩同。行脩言道，禮之質也。言道，言合於道。質，猶本也。禮爲之文飾耳。禮聞取於人，不聞取人。謂君人者取於人，謂高尚其道。取人，謂制服其身。○取於，舊七樹反，謂趣就師求道也，皇如字，謂取師之道。取人，如字，謂制師使從己。禮聞来學，不聞往教。尊道藝。

道德仁義，非禮不成；教訓正俗，非禮不備；分争辨訟，非禮不決；君臣上下，父子兄弟，非禮不定；宦學事師，非禮不親；班朝治軍，涖官行法，非禮威嚴不行；禱祠祭祀，供給鬼神，非禮不誠不莊。分、辨，皆别也。宦，仕也。班，次也。涖，臨也。莊，敬也。學，或爲「御」。○辨，皮勉反，徐方勉反[一]。上下，上謂公卿，下謂大夫士。宦，音患。朝，直遥反。涖，本亦作「莅」，徐音利，沈力二反，又力位反。禱，丁老

[一]「方」，原訛作「友」，據彙校卷第十一、撫釋一、和本、十行本、閩本、監本、毛本、殿本、阮刻本改。

反。鄭云：「求福曰禱。」祠，音詞，求得曰祠。共，音恭，本或作「供」。莊，側良反，徐側亮反。學，或爲「御」，鄭此注爲見他本也，後放此。是以君子恭敬、撙節、退讓以明禮。撙，猶趨也。○撙，祖本反。趨，七俱反，就也，向也。鸚鵡能言，不離飛鳥；猩猩能言，不離禽獸。今人而無禮，雖能言，不亦禽獸之心乎！夫唯禽獸無禮，故父子聚麀。聚，猶共也。鹿牝曰麀。○嬰，本或作「鸚」，厄耕反。母，本或作「鵡」，同，音武，諸葛恪茂后反。離，力智反，下同。狌，本又作「猩」，音生，禽獸，盧本作「走獸」。麀，音憂，牝鹿也。牝，頻忍反，徐扶盡反，舊扶死反。是故聖人作，爲禮以教人，使人以有禮，知自別於禽獸。大上貴德，大上，帝皇之世，其民施而不惟報。○大，音泰，注同。大上，謂三皇五帝之世。施，始豉反，下同。其次務施報。三王之世，禮始興焉。禮尚往來，往而不來，非禮也；來而不往，亦非禮也。人有禮則安，無禮則危，故曰：禮者，不可不學也。夫禮者，自卑而尊人。雖負販者，必有尊也，而況富貴乎？負販者尤輕恌志利，宜若無禮然。○販，方萬反。恌，吐彫反。富貴而知好禮，則不驕不淫。貧賤而知好禮，則志不懾。懾，猶怯惑。○好，呼報反，下同。懾，之涉反。怯，丘劫反。何胤云：「悼所行爲怯。」○人生十年曰幼，學；名曰幼，時始可學也。內則曰：「十年，出就外傅，居宿於外，學書計。」二十曰弱，冠；三十曰壯，有室；有室，有妻也，妻稱室。○冠，古亂反。四十曰强而仕，五十曰艾，服官政；艾，老也。○艾，五蓋反，謂蒼艾色也，一音刈，治也。六十曰耆，指使；指事使人也。六十不與服戎，不親學。○耆，渠夷反，賀瑒云〔一〕：「至也，至老境也。」與，音預。七十曰老而傳；傳家事，任子孫，是謂宗子之父。○傳，直專反，沈直戀反。八十、九十曰耄，耄，惛忘也。春秋傳曰：「謂老將知，耄又及之。」○旄，本又作「耄」，同亡報反，注同；本或作「八十曰耋，九十曰旄」，後人妄加之。惛，音昏，一音呼困反。忘，亡亮反，又如字。知，音智。七年曰悼，悼，憐愛也。○悼，徒報反。悼與耄，雖有罪，不加刑焉。愛幼而尊老。百年曰期，頤。期，猶要也。頤，養也，不知衣服食味，孝子要盡養道而已。○頤，羊時反。要，於遥反，又如字，下同。養道，羊尚反，又如字。大夫

〔一〕「瑒」，原訛作「場」，據彙校卷第十一、撫釋一、和本、閩本、監本、毛本、殿本、阮刻本改。

七十而致事，致其所掌之事於君而告老。若不得謝，謝，猶聽也。君必有命，勞苦辭謝之。其有德，尚壯，則不聽耳。○聽，吐丁反，後可以意求，皆不音。勞，如字，又力報反。則必賜之几杖，行役以婦人，適四方，乘安車，自稱曰「老夫」，几杖、婦人、安車，所以養其身體也。安車坐乘，若今小車也。老夫，老人稱也。亦明君尊賢。春秋傳曰：「老夫耄矣。」○坐乘，繩證反。稱，尺證反。於其國則稱名。君雖尊異之，自稱猶若臣。越國而問焉，必告之以其制。鄰國来問，必問於老者以荅之。制，法度。

○謀於長者，必操几杖以從之。從，猶就也。○長，丁丈反，下皆同。操，七刀反。長者問，不辭讓而對，非禮也。當謝不敏，若曾子之爲。

○凡爲人子之禮，冬温而夏清，昏定而晨省。定安其牀衽也[一]。省，問其安否，何如？○夏，遐嫁反。清，七性反，字從冫，冰冷也，本或水旁作，非也。衽，而審反，徐而鴆反，席也。在醜夷不爭。醜，衆也。夷，猶儕也。四皓曰：「陛下之等夷。」○儕，仕皆反，

[一]「定安」，原倒作「安定」，據婺州本、岳本、嘉靖本、足利本乙正。

等也；沈才詣反。皓，户老反。四皓：園公、綺季、夏黄公、角里先生。

○夫爲人子者，三賜不及車馬。三賜，三命也。凡仕者，一命而受爵，再命而受衣服，三命而受車馬，車馬，而身所以尊者備矣，卿大夫、士之子不受，不敢以成尊比踰於父，天子諸侯之子不受，自卑遠於君。○遠，于萬反。故州閭鄉黨稱其孝也，兄弟親戚稱其慈也，僚友稱其弟也，執友稱其仁也，交遊稱其信也。不敢受重賜者心也〔一〕，如此而五者備有焉。周禮二十五家爲閭，四閭爲族，五族爲黨，五黨爲州，五州爲鄉。僚友，官同者。執友，志同者。○僚，本又作「寮」，了彫反，同官者。弟，大計反，下、注同。見父之執，不謂之進不敢進，不謂之退不敢退，不問不敢對。敬父同志如事父。此孝子之行也。行，下孟反〔二〕。

○夫爲人子者，出必告，反必面，告、面同耳。反言面者，從外来，宜知親之顔色安否。○告，古毒反。所遊必有常，所習必有業，緣親之意，欲知之。恒言不稱老。廣

〔一〕「受重」，原倒作「重受」，據撫州本、婺州本、岳本、嘉靖本、足利本乙正。

〔二〕「行下孟反」四字，原誤置於經文「反必面」下，據岳本、和本、閩本、監本、毛本、殿本訂正。

敬。年長以倍則父事之，謂年二十於四十者。人年二十弱，冠。成人，有爲人父之端，今四十於二十者，有子道。内則曰：「年二十，惇行孝弟。」○冠，工唤反。惇，都温反。十年以長則兄事之，五年以長則肩隨之。肩隨者，與之並行差退。○差，初佳反，徐初宜反。羣居五人，則長者必異席。席以四人爲節，因宜有所尊。

○爲人子者，居不主奧，坐不中席，行不中道，立不中門。謂與父同宫者也，不敢當其尊處。室中西南隅謂之奧。道有左右。中門，謂棖闑之中央。内則曰：「由命士以上，父子皆異宫。」○奧，烏報反，沈於六反。處，昌慮反，下同。棖，直衡反，闑也。闑，魚列、五結二反。上，時掌反，凡言「以上」皆放此。食饗不爲槩，槩，量也，不制待賓客饌具之所有。○食，音嗣。饗，本又作「享」，香兩反。槩，古愛反。饌，士戀反。祭祀不爲尸。尊者之處爲其失子道[一]，然則尸卜筮無父者。○爲其，于僞反，下注除「不爲孤」，皆同。聽於無聲，視於無形。恒若親之將有教使然。不登高，不臨深，不苟訾，不苟笑。爲

[一]「子」下，原衍「之」字，據撫州本、婺州本、嘉靖本、足利本删。

其近危辱也，人之性，不欲見毀訾，不欲見笑，君子樂然後笑。○訾，音紫，毁也，沈又将知反。樂，音洛。

○孝子不服闇，不登危，懼辱親也。服，事也。闇，冥也。不於闇冥之中從事，爲卒有非常，且嫌失禮也，男女夜行以燭。○暝，本亦作「冥」，莫定反，下同。卒，才忽反。**父母存，不許友以死，**爲忘親也。死爲報仇讎。**不有私財。**

○爲人子者，父母存，冠衣不純素。爲其有喪象也。純，緣也。玉藻曰：「縞冠玄武，子姓之冠也。縞冠素紕，既祥之冠也。」深衣曰：「具父母，衣純以青。」○純，諸允反，又之閏反，下及注皆同。緣，悦絹反。縞，古老反，沈又古到反。紕，婢支反，徐補移反。**孤子當室，冠衣不純采。**早喪親，雖除喪，不忘哀也。謂年未三十者，三十壯，有室，有代親之端，不爲孤也。當室，適子也。深衣曰：「孤子，衣純以素。」○早喪，息浪反。適，丁歷反。

○幼子常視，毋誑。視，今之「示」字。小未有所知，常示以正物，以正教之，無誑欺。○視，音示。誑，本或作「誆」，同九況反，欺也。**童子不衣裘裳，**裘大温，消陰氣，使不堪苦。不衣裘裳，便易。○衣，於既反，下同。大，音泰，徐他佐反。便，婢面反。易，以豉反。**立必**

正方，不傾聽。習其自端正。長者與之提攜，則兩手奉長者之手，習其扶持尊者。提攜，謂牽將行。○提，大兮反。攜，户圭反。奉，芳勇反，又扶恭反，下及注「奉扃」、「奉席」、「奉箕」皆同。負劍辟咡詔之，負謂置之於背，劍謂挾之於旁。辟咡詔之，謂傾頭與語。口旁曰咡。○辟，匹亦反，側也，徐芳益反，沈扶赤反，注同。咡，徐如志反，何云：「口耳之間曰咡。」挾，音協。則掩口而對。習其鄉尊者屏氣也。○掩，於檢反。鄉，許亮反，本又作「嚮」，後文、注皆同。屏，必領反。

○從於先生，不越路而與人言。尊不二也。先生，老人教學者。○從，才用反，下皆同。遭先生於道，趨而進，正立拱手。爲有教使。○拱，俱勇反。先生與之言則對，不與之言則趨而退。爲其不欲與己並行。從長者而上丘陵，則必鄉長者所視。爲遠視不察，有所問。○上，時掌反，下同。登城不指，城上不呼。爲惑人。○呼，火故反，號叫也。將適舍，求毋固。謂行而就人館。固，猶常也。求主人物，不可以舊常，或時乏無。周禮土訓「辨地物原其生，以詔地求」其類。將上堂，聲必揚。警内人也。○警，京領反。户外有二屨，言聞則入，言不聞則不入。將入户，視必下。入户奉扃，視瞻毋回。不干掩人之私也。奉扃，敬也。○屨，紀具反，單下曰屨。聞，音問，又如字，下同。視，常止反，下同，徐音示，沈又市志反。扃，古螢反，何云：「關也。」一云門扇上鐶鈕。瞻毋，徐音如字。户開亦開，户闔亦闔。不以後來變先。○闔，胡臘反。有後入者，闔而勿遂。示不拒人。○拒，其許反。毋踐屨，毋踖席，摳衣趨隅，必慎唯諾。趨隅升席，必由下也。慎唯諾者，不先舉，見問乃應。○踖，在亦反，一音席，躐也。摳，苦侯反，提也，下及注同。趨，七俱反，向也，注同，本又作「奏」，徐音奏，又如字。唯，于癸反，應辭也，注同，徐于比反，沈以水反。諾，乃各反。應，「應對」之應。大夫、士出入君門由闑右，臣統於君。闑，門橛。○闑，魚列反，橛也。橛，求月反，門中木。不踐閾。閾，門限也。○閾，于逼反，一音況域反。

○凡與客入者，每門讓於客。下賓也。敵者迎於大門外。聘禮曰：「君迎賓於大門内。」○下，遐嫁反。客至於寢門，則主人請入爲席，爲，猶敷也，雖君亦然。○敷，芳夫反。然後出迎客；客固辭，又讓先入。主人肅客而入。肅，進也。進客，謂道之。○道，音導。主人入門而右，客入門而左。右，就其右；左，就其左。主人就東階，客就西階。客若降等，則就主人之階，降，下也，謂大夫於君、士於大夫也，不敢輒由其階，卑統於尊，不敢自專。**主人固辭，然後客復就西階。**復其正。○復，音服，後此音更不重出。**主人與客讓登，主人先登，客從之，拾級聚足，**拾，當爲「涉」，聲之誤也。級，等也。涉等聚足，謂前足躡一等，後足從之併。○拾，依注音涉。級，音急，階等。躡，女攝反。併，步頂反。**連步以上，**重蹉跌也。連步，謂足相隨不相過也。○上，時掌反，下皆同。重，直勇反，徐治恭反。蹉，本亦作「差」，同七何反。跌，大結反。過，古卧反。後不音者，放此。**上於東階則先右足，上於西階則先左足。**近於相鄉，敬。

○帷薄之外不趨，不見尊者，行自由，不爲容也。入則容，行而張足曰趨。○帷，位悲反，帷，幔也。薄，平博反，簾也。**堂上不趨，**爲其迫也，堂下則趨。○爲，于僞反，下並同。迫，音伯。**執玉不趨。**志重玉也。聘禮曰：「上介授賓玉於廟門外。」○介，音界。**堂上接武，**武，迹也。迹相接，謂每移足，半躡之。中人之迹，尺二寸。**堂下布武。**謂每移足各自成迹〔一〕，

〔一〕「謂」上，原衍「武」字，據考異删。考異曰：「毛居正六經正誤云：『注「武」字，當作「布」，蓋上句注已云「武，迹也」，此注釋「布」字義，不當又云「武」。』今案：其説非也，此注總解『布武』，亦不容單舉『布』字，乃衍『武』字耳，不復出經文，注例前後如此者多矣，岳本於『武』上增『布』字，亦未是。」

不相躐。室中不翔。又爲其迫也，行而張拱曰翔。並坐不横肱。爲害旁人。○並，如字，又步頂反，後放此。肱，古弘反。授立不跪，授坐不立。爲煩尊者俛仰受之。○跪，求委反，本又作「危」。授坐，本又作「俛仰」。

○凡爲長者糞之禮，必加帚於箕上，如是得兩手奉箕，恭也，謂初執而往時也。弟子職曰：「執箕膺擖，厥中有帚。」○爲，于僞反。擹，本又作「糞」，徐音奮，埽席前曰擹。帚，之手反。箕，音基。膺，於陵反。葉，如字，箕舌。以袂拘而退，其塵不及長者，謂埽時也，以袂擁帚之前，埽而卻行之。○袂，武世反，衣袖末。拘，古侯反，徐音俱。謂埽，先報反，又先早反。擁，於勇反。以箕自鄉而扱之。扱，讀曰「吸」，謂收糞時也。箕去棄物，以鄉尊者則不恭。○扱，依注音「吸」，許急反，歛也。去，丘呂反，下注同。奉席如橋衡。横奉之，令左昂右低，如有首尾然。橋，井上㮶槔，衡上低昂。○橋，居廟反。令，力呈反。卬，本又作「昂」，又作「仰」，同五剛反，又魚丈反，下同。㮶，本又作「契」，又作「絜」，同音結。槔，古毫反。絜皋，依字作「桔槔」，見莊子。請席何鄉？請衽何趾？順尊者所安也。衽，卧席也。坐問鄉，卧問趾，因於陰陽。○衽，而審反。趾，音止。席南鄉、北鄉，以西方爲上；

東鄉、西鄉，以南方爲上。布席無常，此其順之也。上，謂席端也。坐在陽，則上左；坐在陰，則上右。○坐，才卧反，又如字。若非飲食之客，則布席，席間函丈。謂講問之客也。函，猶容也。講問宜相對，容丈，足以指畫也。飲食之客，布席於牖前。丈，或爲杖。○函，胡南反。丈，如字，「丈尺」之「丈」，王肅作「杖」。畫，胡麥反。牖，羊九反。主人跪正席，雖来講問，猶以客禮待之，異於弟子。客跪，撫席而辭。撫之者，荅主人之親正。客徹重席，主人固辭，徹，去也，去重席，謙也。再辭曰固。○重，直龍反，注同。再辭曰固，一本作「曰固辭」。客踐席，乃坐。客安，主人乃敢安也，講問宜坐。主人不問，客不先舉。客自外來，宜問其安否、無恙及所爲來故。○恙，羊尚反。爾雅云：「恙，憂也。」爲，于僞反，下同。将即席，容毋怍，怍，顔色變也。○怍，才洛反，慙也。兩手摳衣，去齊尺，齊，謂裳下緝也。○齊，音咨，注同，本又作「齎」。緝，七立反。衣毋撥，撥，發揚貌。○撥，半末反，發揚。足毋蹶。蹶，行遽貌。○蹶，本又作「蹷」，居衛反，又求月反，行急遽貌。遽，其據反。

○先生書策琴瑟在前，坐而遷之，戒勿越。廣敬也。在前，謂當行之前。○筴，本又作「策」，初革反，編簡也。**虛坐盡後，**謙也。○盡，津忍反，後放此。**食坐盡前。**爲汙席。○汙，「汙辱」之汙，又一故反，後放此。**坐必安，執爾顔。**執，猶守也。**長者不及，毋儳言。**儳，猶暫也，非類雜。○儳，徐仕鑒反，又蒼鑒反，又蒼陷反。**正爾容，聽必恭。**聽先生之言，既説又敬。○説，音悦。**毋勦説，**勦，猶擥也，謂取人之説以爲己説。○勦，初交反，一音初教反，擥取。説，如字，注同，徐舒鋭反。擥，徐力敢反。**毋雷同。**雷之發聲，物無不同時應者。人之言，當各由己，不當然也。孟子曰：「人無是非之心，非人也。」○應，「應對」之「應」，下同。**必則古昔，稱先王。**言必有依據。**侍坐於先生，先生問焉，終則對。**不敢錯亂尊者之言。○坐，才卧反，後放此。**請業則起，請益則起。**尊師重道也。起，若今摳衣前請也。業，謂篇卷也。益，謂受説不了，欲師更明説之。子路問政，子曰：「先之勞之。」請益，曰：「無倦。」○卷，音眷，徐久戀反。**父召無諾，先生召無諾，唯而起。**應辭，「唯」恭於「諾」。○唯，于癸反，徐于比反，注同。**侍坐於所尊，敬毋餘席。**必盡其所近尊者之端，爲有後來者。○爲，于僞反，下「爲饌」同。**見同等不起。**不爲私敬。**燭至起，**異晝夜。**食至起，**爲饌變。**上客起。**敬尊者。**燭不見跋。**跋，本也。燭盡則去之，嫌若燼多，有厭倦。○見，賢遍反。跋，半末反。去，起吕反，下「風去」、「免去」同。燼，才信反。厭，於豔反，下同。**尊客之前不叱狗。**主人於尊客之前，不敢倦，嫌若風去之。○叱，尺質反。狗，古口反。風，芳鳳反。**讓食不唾。**嫌有穢惡。○唾，吐卧反。穢，紆廢反，徐烏外反。惡，烏路反。

○侍坐於君子，君子欠伸、撰杖屨、視日蚤莫，侍坐者請出矣。以君子有倦意也。撰，猶持也。○欠，丘歛反。伸，音身。撰，仕轉反。屨，紀具反，下同。蚤，音早。莫，音暮。**侍坐於君子，君子問更端，則起而對。**離席對，敬異事也。君子必令復坐。○離，力智反。令，力呈反。**侍坐於君子，若有告者曰：「少間，願有復也。」則左右屏而待。**復，白也。言欲須少空間，有所白也。屏，猶退也，隱也。○間，音閑，注同。

○毋側聽，嫌探人之私也。側聽，耳屬於垣。○探，音貪。屬，之玉反。垣，音袁。**毋噭應，毋淫視，毋怠荒，遊毋倨，立毋跛，坐毋箕，寢毋伏，斂髮毋髢，冠毋免，勞毋袒，暑毋褰裳。**皆爲其不敬。噭，號呼之聲也。淫視，睇眄也。怠荒，放散身體也。跛，偏任也。伏，覆也。髢，髲也，毋垂餘如髲也。免，去也。褰，袪也。髢，或爲「肆」。○噭，古弔反。視，如字，徐市志反。倨，音據。跛，彼義反，又波我反，徐方寄反。髢，徒細反，髲垂如髲。袒，徒旱反，露也。褰，起連反。爲，于僞反，下「爲妨」、「爲于」、「皆爲」、「爲其」、「爲後」同。號，户高反，本又作「嗁」字。呼，火故反，又如字。睇，大計反。眄，莫遍反。覆，芳伏反。髲，皮義反。袪，丘魚反。肆，以二反，餘也。

○侍坐於長者，屨不上於堂，屨賤，空則不陳於尊者之側。○上，時掌反。解屨不敢當階。爲妨後升者。○妨，音芳。就屨，跪而舉之，屏於側。謂獨退也。就，猶著也。屏，亦不當階。○著，丁略反。鄉長者而屨，跪而遷屨，俯而納屨。謂長者送之也，不得屏，遷之而已。俯，俛也。納，内也。遷，或爲「還」。離坐離立，毋往參焉。離立者，不出中間。爲干人私也。離，兩也。

○男女不雜坐，不同椸枷，不同巾櫛，不親授。嫂叔不通問，諸母不漱裳。外言不入於梱，内言不出於梱。女子許嫁，纓，非有大故，不入其門。姑、姊、妹，女子子已嫁而反，兄弟弗與同席而坐，弗與同器而食。皆爲重别，防淫亂。不雜坐，謂男子在堂，女子在房也。椸，可以枷衣者。通問，謂相稱謝也。諸母，庶母也。漱，澣也。庶母賤，可使漱衣，不可使漱裳。裳賤，尊之者，亦所以遠别。外言、内言，男女之職也。不出入者，不以相問也。梱，門限也。女子許嫁纓，有從人之端也。大故，宫中有災變，若疾病，乃後入也。女子有宫者，亦謂由命士以上也。春秋傳曰：「羣公子之舍，則已卑矣。」女子十年而不出嫁，及成人，可以出矣，猶不與男子共席而坐，亦遠别也。○椸，羊支反，衣架也。枷，本又作「架」，徐音稼，古本無此字。櫛，側乙反。「嫂」，字又作「嫂」，素早反。漱，悉侯反。梱，本又作「閫」，苦本反。别，彼列反，下及注同。澣，户管反。**父子不同席。**異尊卑也。**男女非有行媒，不相知名，**見媒往来傳昏姻之言，乃相知姓名。○媒，音梅。不相知，本或作「不相知名」，「名」，衍字耳。傳，直專反。**非受幣，不交不親。**重别有禮，乃相纏固。**故日月以告君，**周禮：凡取判妻入子者，媒氏書之以告君，謂此也。○判，普叛反。**齊戒以告鬼神，**昏禮，凡受女之禮，皆於廟爲神席以告鬼神，謂此也。○齊，側皆反。**爲酒食以召鄉黨僚友，**會賔客也。**以厚其别也。**厚，重慎也。**取妻不取同姓，故買妾不知其姓，則卜之。**爲其近禽獸也。妾賤，或時非媵，取之於賤者，世無本繫。○取，七住反，本亦作「娶」，下「賀取妻」同。媵，羊證反，又繩證反。繫，音計，又户計反。**寡婦**

之子，非有見焉，弗與爲友。辟嫌也。有見，謂有奇才卓然，衆人所知。○見，賢遍反。辟，音避，本亦作「避」，下同，餘皆放此。

○賀取妻者，曰：「某子使某，聞子有客，使某羞。」謂不在賔客之中，使人往者。羞，進也，言進於客。古者謂候爲進，其禮盖壷酒、束脩若犬也。不斥主人，昏禮不賀。貧者不以貨財爲禮，老者不以筋力爲禮。禮許儉，不非無也。年五十始杖，八十拜君命，一坐再至。○筋，音斤。

○名子者不以國，不以日月，不以隱疾，不以山川。此在常語之中，爲後難諱也。春秋傳曰：「名終將諱之。」隱疾，衣中之疾也，謂若黑臀、黑肱矣。疾在外者，雖不得言，尚可指擿。此則無時可辟，俗語云：「隱疾難爲醫。」○臀，徒孫反。擿，徐吐曆反，或音的。醫，於其反。

○男女異長。各自爲伯季也。男子二十，冠而字。成人矣，敬其名。○冠，古亂反。父前子名，君前臣名。對至尊，無大小皆相名。女子許嫁，笄而字。以許嫁爲成人。○笄，古兮反。

○凡進食之禮，左殽右胾，食居人之左，羹居人之右；皆便食也。殽，骨體也。胾，切肉也。食，飯屬也。居人左右，明其近也。殽在俎，胾在豆。○殽，户交反，熟肉有骨曰殽。胾，側吏反，大臠。食，音嗣，飯也，注「食飯屬」同，徐音自。羹，古衡反，舊音衡。便，婢面反，下同。近，如字。**膾炙處外，醯醬處内，**殽胾之外内也。近醯醬者，食之主。膾炙皆在豆。○膾，古外反。炙，章夜反，注同。醯，徐音海，本又作「醓」，呼兮反。醬，子匠反。**葱渫處末**[一]，渫，烝葱也，處醯醬之左。言末者，殊加也。渫在豆。○渫，以制反。烝，之承反。**酒漿處右。**處羹之右。此言若酒若漿耳，兩有之，則左酒右漿。此大夫、士與賓客燕食之禮，其禮食，則宜放公食大夫禮云。○漿，子羊反，字亦作「將」。燕，本亦作「宴」，於遍反。放，方兩反。公食，音嗣，此儀禮篇名也，後放此。下文及注「執食」同。**以脯脩置者，左朐右末。**亦便食也。屈中曰朐。○朐，其俱反。**客若降等，執食興辭，**辭者，辭主人之臨己食，若欲食於堂下然。**主人興辭於客，然後客坐。**復坐。**主人延客祭，**延，道也。祭，祭先也。君子有事，不忘本也。客不降等，則先祭。○客祭，禮，飲食必祭，示有所先也。干寶注周禮云：「祭五行六陰之神，與人起居。」道，音導。**祭食，祭所先進。**主人所先進先

[一]「渫」，原訛作「滐」，據撫州本、阮校改

祭之，所後進後祭之，如其次。殽之序，徧祭之。謂胾炙膾也。以其本出於牲體也。公食大夫禮：魚、腊、湆、醬不祭也。○徧，音遍，下注同。腊，音昔。湆，音泣。三飯，主人延客食胾，然後辯殽。先食胾，後食殽，殽尊也。凡食殽，辯於肩，食肩則飽也。○飯，扶晚反，下注「禮飯以手」同。依字書，食旁作卞，扶萬反；食旁作反，符晚反，二字不同，今則混之，故隨俗而音此字。辯，音遍，下同。主人未辯，客不虛口。俟主人也。虛口，謂酳也。客自敵以上，其酳不待主人飽，主人不先飽也。○酳，音胤，又士覲反，漱口也〔一〕。以酒曰酳，以水曰漱。侍食於長者，主人親饋，則拜而食，勸長者食耳。雖賤，不得執食，興辭拜而已，示敬也。○饋，徐其類反。主人不親饋，則不拜而食。以其禮於已不隆。共食不飽，謙也，謂共羹飯之大器也。共飯不澤手。爲汗生不絜也〔二〕。澤，謂挼莎也。禮，飯以手。澤，或爲「擇」。○爲，于僞反。汗，下半反，本或作「汙」。挼，乃禾反，沈耳佳反。莎，息禾反，沈又息隨反。毋摶飯，爲欲致飽，不謙。○摶，徒端反。爲，于僞反，下皆同。毋放飯，去手

〔一〕「漱」，原訛作「嗽」，據彙校卷第十一、岳本、監本、毛本、殿本改。
〔二〕「汗生」，原訛作「汙手」，據撫州本、婺州本、岳本、八行本改。

餘飯於器中，人所穢。○去，起吕反。**毋流歠**，大歠，嫌欲疾。○歠，川悦反。**毋咤食**，嫌薄之。○咤，陟嫁反，叱咤也。**毋齧骨**，爲有聲響，不敬。○齧，五結反。**毋反魚肉**，爲已歷口，人所穢。**毋投與狗骨**，爲其賤飲食之物。**毋固獲**，爲其不廉也，欲專之曰固，争取曰獲。○固獲，並如字，徐云：鄭横霸反，一音護。**毋揚飯**，**飯黍毋以箸**，**毋嚃羹**，亦嫌欲疾也。嚃爲不嚼菜。○飯，扶晚反。箸，直慮反。説文云：「飯攲也。」嚃，他荅反，一音吐計反，又音退。嚼，疾略反，又序略反。**毋絮羹**，爲其詳於味也。絮，猶調也。○絮，勑慮反，謂加以鹽梅也。**毋刺齒**，爲其弄口也。口容止。○刺，七亦反。弄，魯凍反。**毋歠醢**。亦嫌詳於味也。歠者，爲其淡故。○淡，度敢反。**客絮羹**，**主人辭不能亨**；**客歠醢**，**主人辭以窶**。優賓。○亨，普彭反，煑也。窶，其禹反，貧也。**濡肉齒決**，决，猶斷也。○濡，音濡，字亦作「濡」。斷，音短。**乾肉不齒決**。堅，宜用手。**毋嘬炙**。爲其貪食甚也。嘬，謂一舉盡臠。特牲、少牢：嚌之，加于俎。○嘬，初怪反。炙，章夜反。臠，力轉反。少，徐式照反，凡「少牢」皆同。嚌，才細反。**卒食**，**客自前跪**，**徹飯齊以授相者**。謙也。自，從也。齊，醬屬也。相者，主人贊饌者。公食大夫禮：「賓卒食，北面取粱與醬以降也。」○卒，子恤反，後更不音者，同。齏，本又作「齊」，將兮反。相，息亮反，注同。**主人興，辭於客，然後客坐。**不聽親徹。**侍飲於長者，酒進則起，拜受於尊所。**降席拜受，敬也。燕飲之禮鄉尊。○鄉，音嚮。**長者辭，少者反席而飲。長者舉未釂，少者不敢飲。**不敢先尊者。盡爵曰釂。燕禮曰：「公卒爵而後飲也。」○少，式召反，下皆同。釂，子妙反，盡也。先，悉薦反，又如字。**長者賜，少者、賤者不敢辭。**不敢亢禮也。賤者，僮僕之屬。○亢，苦浪反。僮，音同。**賜果於君前，其有核者懷其核。**嫌棄尊者物也。木實曰果。○核，户革反。**御食於君，君賜餘，器之溉者不寫，其餘皆寫。**重汙辱君之器也。溉，謂陶梓之器。不溉，謂萑竹之器也。寫者，傳己器中，乃食之也。勸侑曰御。○溉，古愛反。重，直勇反，徐治龍反。陶，音桃，瓦器也，沈音遥。萑，音丸，葦也。傳，直專反。侑，音又。**餕餘不祭，父不祭子，夫不祭妻。**食人之餘曰餕。餕而不祭，唯此類也。食尊者之餘則祭，盛之。○餕，子閏反。**御同於長者，雖貳不辭，**謂侍食於長者，饌具與之同也。貳，謂重殽膳也。辭之，爲長者嫌。○重，直龍反。**偶坐不辭。**盛饌不爲己。○偶，五口反，配也，一曰副貳也。坐，才卧反，又如字。**羹之有菜者用梜，其無菜者不用梜。**梜，猶箸也，今人或謂箸爲梜提。○梜，古協反，沈又音甲，字林作筴，云「箸也，公洽反。」箸，直慮反。爲天子削瓜者副之，巾以絺；副，析也。既削，又四析之，乃横斷之而巾覆焉。○爲，于僞反，下同。削，息略反。瓜，古華反。副，普逼反。絺，勑宜反，細葛。析，星曆反，下同。斷，音短，下同。爲國君者華之，巾以綌；華，中裂之，不四析也。○華，胡瓜反。綌，去逆反，麤葛。爲大夫累之，累，倮也，謂不巾覆也。○累，力果反，一音如字。倮，力果反，沈胡瓦反。士疐之，不中裂，横斷去疐而已。○疐，音帝。去，丘吕反。庶人齕之。不横斷。○齕，恨没反，徐胡切反。父母有疾，冠者不櫛，行不翔，憂不爲容也。○冠，如字，徐古亂反。爲，如字，徐于僞反。言不惰，憂不在私好[一]。○惰，徒禾反，一音徒卧反。好，呼報反。琴瑟不御，憂不在樂。食肉不至變味，飲酒不至變貌，憂不在味。笑不至矧，怒不至詈，憂在心，難變也。齒本曰矧，大笑則見。○矧，本又作「哂」，失忍反，又詩忍反。詈，力智反，罵詈。則見，賢遍反。疾止復故。自若常也。有憂者側席而坐，側，猶特也。憂不

[一]「私好」下，原衍「惰不正之言」五字，據撫州本、婺州本、八行本删。

在接人，不布他面席。有喪者專席而坐。降居處也。專，猶單也。○水潦降，不獻魚鼈。不饒多也。○潦，音老，雨水謂之潦。獻鳥者佛其首，爲其喙害人也。佛，戾也，蓋爲小竹籠以冒之。○拂，本又作「佛」，扶弗反，下同。爲，于僞反，下「爲其」同。喙，吁廢反，又陟遘反，又知冑反，又丁角反。戾，力計反。籠，力東反。冒，莫報反。畜鳥者則勿佛也。畜，養也，養則馴。○畜，許六反，徐況又反。馴，似遵反，狎也，徐食倫反，沈養純反。獻車馬者執策綏，獻甲者執冑，獻杖者執末，獻民虜者操右袂，獻粟者執右契，獻米者操量鼓，獻孰食者操醬齊，獻田宅者操書致。凡操、執者，謂手所舉以告者也。設其大者，舉其小者，便也。甲，鎧也。冑，兜鍪也。民虜，軍所獲也，操其右袂制之。契，券要也，右爲尊。量鼓，量器名。○綏，音雖，執以登車者。冑，直又反。操，七刀反，持也，下及注皆同。契，苦計反。量，音亮，又音良，升斛。鼓，隱義云：「樂浪人呼容十二石者爲鼓。」齊，本又作「齏」，同子兮反。便，婢面反。鎧，苦愛反。兜，丁侯反。鍪，莫侯反。券，字又作「絭」，音勸。凡遺人弓者，張弓尚筋，弛弓尚角，弓有往來體，皆欲令其下曲，隤然順也。遺人無時，已定體則張之，未定體則弛之。○遺，于季反，與也，注同。弛，本又作「施」，同式是反，謂不張也，注同。隤，本又作「頹」，徒回反，順貌。右手執簫，左手承弣，簫，弭頭也，謂之簫。簫，邪也。弣，把中。○弣，音撫，徐音甫，下同。弭，亡婢反，弓末也。邪，似嗟反。把，音霸，手執處也。尊卑垂帨。帨，佩巾也。磬折則佩垂，授受之儀，尊卑一。○帨，徐始鋭反。磬，徐苦定反。折，徐時列反，又之列反，沈云：「舊音逝。」若主人拜，拜受也。則客還辟，辟拜。辟拜，謙不敢當。○辟辟，上扶亦反，下「辟」音避，注同。主人自受，由客之左，接下承弣，由，從也，從客之左，右客，尊之。接下，接客手下也。承弣，卻手則簫覆手與。○覆，芳服反。與，音餘。鄉與客並然後受。於堂上，則俱南面。禮，敵者並授。進劍者左首。左首，尊也。進戈者前其鐏，後其刃。進矛戟者前其鐓。後刃，敬也。三兵鐏、鐓雖在下，猶爲首。鋭底曰鐏，取其鐏地。平底曰鐓，取其鐓地。○鐏，在困反，舊子困反，注同，一讀注音作管反。矛，本又作「鉾」，音謀，兵器。鐓，本又作「錞」，徒對反，注同，一讀注丁亂反。鋭，以税反。底，丁禮反。進几杖者拂之。尊者所馮依，拂去塵，敬。○拂，如字。馮，皮冰反。去，起吕反。效馬效羊者右牽之，用右手便，效，猶呈見。○效，胡教反，下同。便，婢面反。見，賢遍反。效犬者左牽之。犬齜齧人，右手當禁備之。○齜，本亦作「噬」，常世反。執禽者左首。左首尊。飾羔鴈者以繢。繢，畫也。諸侯大夫以布，天子大夫以畫。○繢，胡對反。受珠玉者以掬，慎也，掬，手中。○掬，九六反。兩手曰掬。受弓劍者以袂，敬也。飲玉爵者弗揮。爲其寶而脆〔一〕。○揮，音輝，何云：「振去餘酒曰揮。」脆〔二〕，七歲反。凡以弓劍、苞苴、簞笥問人者，問，猶遺也。苞苴，裹魚肉或以葦，或以茅。簞笥，盛飯食者，圜曰簞，方曰笥。○苞苴，子餘反。苞，裹也。苴，藉也。簞，音單。笥，思嗣反，字林先自反，沈息里反。簞笥，竹器也。裹，音果。葦，韋鬼反。盛，音成。圜，音員。操以受命，如使之容。謂使者。○使，色吏反，注及下「使者」、「使也」並同。凡爲君使者，已受命，君言不宿於家。急君使也。言，謂有故所問也。聘禮曰：「若有言〔三〕，則以束帛如饗禮。」○爲，于僞反，下注「爲哀樂」、「爲其廢喪事」並同。君言至，則主人出拜君言之辱；使者歸，則必拜送于門外。敬君命也。此謂國君問事於其臣。若使人於君所，則必朝服而命之；使者反，則必

〔一〕「脆」，原訛作「脃」，據撫州本、婺州本、岳本、八行本改。
〔二〕「脆」，原訛作「脃」，據彙校卷第十一、撫釋一改。
〔三〕「若」，原訛作「君」，據聘禮、足利本改。

下堂而受命。此臣有所告請於其君。○朝，直遥反。

○博聞强識而讓，敦善行而不怠，謂之君子。敦，厚。○識，如字，又式異反。行，下孟反，皇如字。怠，音代。君子不盡人之歡，不竭人之忠，以全交也。歡，謂飲食。忠，謂衣服之物。禮曰：「君子抱孫不抱子。」此言孫可以爲王父尸，子不可以爲父尸。以孫與祖昭穆同。○昭，時招反。爲君尸者，大夫、士見之則下之，君知所以爲尸者，則自下之。尊尸也。下，下車也。國君或時幼少，不能盡識羣臣，有以告者，乃下之。○少，式召反。尸必式，禮之。乘必以几。尊者慎也。○乘，繩證反，下注二處「乘車」同。齊者不樂不弔。爲哀樂則失正，散其思也。○齊，側皆反。樂，音洛，下「無容樂」、「非樂所」同。思，絲嗣反，又如字。

○居喪之禮，毁瘠不形，視聽不衰，爲其廢喪事。形，謂骨見。○瘠，在昔反，瘦也。見，賢遍反。升降不由阼階，出入不當門隧。常若親存。隧，道也。○阼，才故反。隧，音遂。居喪之禮，頭有創則沐，身有瘍則浴，有疾則飲酒食肉，疾止復初。不勝喪，乃比於不慈不孝。勝，任也。○創，初良反，又初亮反。瘍，音羊，本或作「痒」。

勝，音升。任，而金反。五十不致毁，六十不毁，七十唯衰麻在身，飲酒食肉，處於内。所以養衰老。人五十，始衰也。○衰，七雷反。生與来日，死與往日。與，猶數也。生數来日，謂成服杖以死明日數也。死數往日，謂殯斂以死日數也。此士禮，貶於大夫者，大夫以上皆以来日數。士喪禮曰：「死日而襲，厥明而小斂，又厥明，大斂而殯。」則死三日。而更言三日成服杖，似異日矣。喪大記曰：「士之喪，二日而殯，三日之朝，主人杖。」二者相推，其然明矣。與，或爲「予」。○數，所主反，下皆同。殯，必刃反，下同。斂，力驗反，下同。貶，彼檢反，字林方犯反。知生者弔，知死者傷。知生而不知死，弔而不傷；知死而不知生，傷而不弔。人恩各施於所知也。弔、傷，皆謂致命辭也。雜記曰：「諸侯使人弔辭曰：『寡君聞君之喪，寡君使某，如何不淑！』」此施於生者，傷辭未聞也。説者有弔辭云：「皇天降災，子遭罹之。如何不淑！」此施於死者，盖本傷辭。辭畢，退，皆哭。○傷，如字，下同，舊式亮反。弔喪弗能賻，不問其所費。問疾弗能遺，不問其所欲。見人弗能館，不問其所舍。賜人者不曰来取，與人者不問其所欲。皆爲傷恩也。見人，見行人。館，舍也。與人不問其所欲，己物或時非其所欲，将不與也。○賻，音附。公羊傳曰：「錢財曰賻。」穀梁傳曰：「歸生者曰賻。」不問其所費，芳味反，一本作「有所費」，下句放此。

遺，于季反，與也。皆爲，于僞反，下「爲其」皆同。

◯適墓不登壟，爲其不敬。壟，冢也。墓，塋域。◯壟，力勇反。塋，音營。助葬必執紼。葬，喪之大事。紼，引車索。◯紼，音弗。引棺，本亦作「引車」。索，悉各反。臨喪不笑。臨喪宜有哀色。揖人必違其位。禮以變爲敬。望柩不歌，入臨不翔。哀傷之，無容樂。◯柩，求又反。臨，如字，舊力鴆反。當食不歎。食或以樂，非歎所。鄰有喪，舂不相；里有殯，不巷歌。助哀也。相，謂送杵聲。◯舂，束容反。相，息亮反，注同。杵，昌呂反。適墓不歌，非樂所。哭日不歌。哀未忘也。送喪不由徑，送葬不辟塗潦。所哀在此。◯徑，經定反，邪路也。辟，音避，本亦作「避」，下注同。臨喪則必有哀色，執紼不笑，臨樂不歎，介冑則有不可犯之色。貌與事宜相配。介，甲也。故君子戒慎，不失色於人。色厲而內荏，貌恭心很，非情者也。◯荏，而審反，柔弱貌。很，胡墾反。國君撫式，大夫下之。大夫撫式，士下之。撫，猶據也。據式小俛，崇敬也。乘車必正立。◯俛，音免。禮不下庶人，爲其遽於事，且不能備物。◯下，遐嫁反，又如字。遽，其庶反，沈又其於反。刑不上大夫。不與賢者犯法，其犯法，則在八議，輕重不在刑書。◯

上，時掌反。與，音預。刑人不在君側。爲怨恨爲害也。春秋傳曰：「近刑人，則輕死之道。」

○兵車不式，尚威武，不崇敬。武車綏旌，盡飾也。綏，謂垂舒之也。武車，亦兵車。○綏，耳隹反。德車結旌。不盡飾也。結，謂收斂之也。德車，乘車。

○史載筆，士載言。謂從於會同，各持其職以待事也。筆，謂書具之屬。言，謂會同盟要之辭。前有水，則載青旌，前有塵埃，則載鳴鳶，前有車騎，則載飛鴻，前有士師，則載虎皮，前有摯獸，則載貔貅。載，謂舉於旌首以警衆也。禮，君行師從，卿行旅從。前驅舉此，則士衆知所有。所舉各以其類象。青，青雀，水鳥。鳶鳴則將風，鴻取飛有行列也。士師，謂兵衆。虎，取其有威勇也。貔貅，亦摯獸也。書曰：「如虎如貔。」士，或爲「仕」。○載，音戴，本亦作「戴」，下及注同。埃，烏来反。鳶，悦專反，鴟也。騎，其寄反。摯，音至。貔，婢支反，徐扶夷反。孔安國云：「貔，執夷〔一〕，虎屬，皆猛健。」貅，本亦作「貅」，許求反，又虚虯反。貔貅，摯獸。警，音景。從，才用反，下同。行，户剛反。行，前朱鳥而後玄

〔一〕「夷」下，原衍「反」字，據彙校卷十一、撫釋一删。

武，左青龍而右白虎，招搖在上，急繕其怒，以此四獸爲軍陳，象天也。急，猶堅也。繕，讀曰「勁」。又畫招搖星於旌旗上，以起居堅勁，軍之威怒，象天帝也。招搖星，在北斗杓端，主指者。○招搖，並如字，北斗第七星。繕，依注音勁，吉政反。陳，直覲反。杓，敷招反，徐必遥反。進退有度，度，謂伐與步數。左右有局，各司其局。局，部分也。○分，扶問反。

○父之讎，弗與共戴天。父者，子之天，殺己之天，與共戴天，非孝子也，行求殺之，乃止。○讎，常由反。兄弟之讎，不反兵。恒執殺之備。交遊之讎，不同國。讎不吾辟，則殺之。交遊，或爲朋友。

○四郊多壘，此卿大夫之辱也。辱其謀人之國，不能安也。壘，軍壁也。數見侵伐則多壘。○壘，徐力軌反，又力水反。辟，本又作「壁」，布狄反。數，色角反。地廣大，荒而不治，此亦士之辱也。辱其親民不能安。荒，穢也。

○臨祭不惰。爲無神也。○爲，于僞反，下「爲不」、「爲其」、「爲有」皆同。祭服敝則焚之，祭器敝則埋之，龜筴敝則埋之，牲死則埋之。此皆不欲人褻之也。焚之，必已不用。埋之，不知鬼神之所爲。○埋，徐武乖反。褻，息列反，慢也。凡祭於公者，必自徹其俎。臣不敢煩君使也。大夫以下，或使人歸之。祭於公，助祭於君也。○使，色吏反。

○卒哭乃諱。敬鬼神之名也。諱，辟也，生者不相辟名。衛侯，名惡，大夫有名惡，君臣同名，春秋不非。○辟，音避，下皆同。禮，不諱嫌名，二名不偏諱。爲其難辟也。嫌名，謂音聲相近，若「禹」與「雨」、「丘」與「區」也。偏，謂二名不一一諱也。孔子之母，名徵在，言「在」不稱「徵」，言「徵」不稱「在」。○禹與雨，並于矩反，一讀雨，音于許反。丘與區，並去求反，一讀區，音羌虯反，又丘于反。案，漢和帝名肇，不改京兆郡；魏武帝名操，陳思王詩云「脩阪造雲日」，是不諱嫌名。逮事父母，則諱王父母，不逮事父母，則不諱王父母。逮，及也，謂幼孤不及識父母。恩不至於祖名，孝子聞名心瞿，諱之由心，此謂庶人。適士以上，廟事祖，雖不逮事父母，猶諱祖。○逮，音代，一音大計反。瞿，本又作「懼」，同俱附反。適，丁歷反。君所無私諱，謂臣言於君前，不辟家諱，尊無二。大夫之所有公諱。辟君諱也。詩、書不諱，臨文不諱，爲其失事正。廟中不諱。謂有事於高祖[一]，則不諱曾祖以下，尊無二也。於下則諱上。夫人之諱，雖質君之前，臣不諱也。臣於夫人之家，恩遠也。質，猶對也。婦諱不出門。婦親遠，於宮中言辟之。大功、小功不諱。入竟而問禁，入國而問俗，入門而問諱。皆爲敬主人也。禁，謂政教。俗，謂常所行與所惡也。國，城中也。○竟，音境。惡，烏路反。

○外事以剛日，順其出爲陽也，出郊爲外事。春秋傳曰：「甲午祠兵。」內事以柔日。順其居內爲陰。凡卜筮日，旬之外曰「遠某日」，旬之內曰「近某日」。旬，十日也。○筮，市制反。喪事先遠日，吉事先近日，孝子之心。喪事，葬與練、祥也。吉事，祭祀、冠、取之屬也。○冠，古亂反。曰：「爲日，假爾泰龜有常，假爾泰筮有常。」命龜筮辭。龜筮於吉凶有常，大事卜，小事筮。○假，古雅反，下同。卜筮不過三。求吉不過三。魯四卜郊，春秋譏之。卜筮不相襲。卜不吉則又筮，筮不吉則又卜，是瀆龜筴也。晉獻公卜取驪姬不吉，公曰「筮之」是也。○瀆，徒木反。驪，力知反。龜爲卜，筴爲筮。卜

[一]「謂」，原訛作「爲」，據考異改。考異曰：「案：正義複舉此注，『爲』作『謂』，是也，各本誤與此同。山井鼎曰：『古本作「謂」，依正義爲之耳』。」

筮者，先聖王之所以使民信時日、敬鬼神、畏法令也，所以使民決嫌疑、定猶與也。故曰：疑而筮之，則弗非也，日而行事，則必踐之。弗非，無非之者。日，所卜筮之吉日也。踐，讀曰「善」，聲之誤也。筴，或爲「蓍」。○與，音預，本亦作「豫」。踐，依注音善，王如字，云「履也」。蓍，音尸。

○君車將駕，則僕執策立於馬前。監駕且爲馬行。○監，古銜反。爲，于僞反。已駕，僕展軨，展軨具視。○軨，歷丁反，一音領，盧云：「車轄頭轄也。」舊云「車闌也」。效駕。白已駕。奮衣由右上，取貳綏，奮，振去塵也。貳，副也。○上，時掌反，下「犬馬不上」、下注「而上車」同。去，羌呂反。跪乘，未敢立，敬也。○乘，繩證反，下「除乘」、「君不乘奇車」、「乘路馬」皆同。執策分轡，驅之五步而立。調試之。○轡，悲位反。四馬八轡，故云分。君出就車，則僕并轡授綏，車上，僕所主。○并，必政反。左右攘辟。謂羣臣陪位侍駕者。攘，卻也。或者攘，古「讓」字。○攘，如羊反，卻也，又音讓。辟，音避，徐扶亦反，本或作「避」字，非也。車驅而騶，至于大門，君撫僕之手，而顧命車右就車。門閭、溝渠，必步。車右，勇力之士，備制非常者。君行則陪乘，君式則下步行。○驅，起俱反，徐起遇反。騶，仕救反，又七須反，徐仕遘反。凡僕人之禮，必授人綏。若僕者降等，則受；不然則否。若僕者降等，則撫僕之手；不然，則自下拘之。撫，小止之，謙也。自下拘之，由僕手下取之也。僕與己同爵，則不受。○拘，古侯反，又音俱。客車不入大門。謙也。婦人不立乘。異於男子。犬馬不上於堂。非摯幣也。○贄，本亦作「摯」，音至。故君子式黃髮，敬老也。發句言「故」，明此衆篇雜辭也。下卿位，尊賢也。卿位，卿之朝位也。君出，過之而上車；入，未至而下車。○朝，直遥反，下同。入國不馳，愛人也。馳，善藺人也。○藺，力刃反。入里必式。不誣十室。君命召，雖賤人，大夫、士必自御之。御，當爲「訝」。訝，迎也。君雖使賤人来，必自出迎之，尊君命也。春秋傳曰：「跛者御跛者，眇者御眇者。」皆訝也，世人亂之。○御，依注音「訝」，五嫁反。跛，波我反。眇，名小反。介者不拜，爲其拜而蓌拜。蓌則失容節。蓌，猶詐也。○爲其，于僞反，下注「爲惑」、「爲掩」同。蓌，子臥反，又側嫁反，挫也，沈租稼反，又子猥反，盧本作「蹲」。祥車曠左。空神位也。祥車，葬之乘車。乘君之乘車，不敢曠左，左必式。君存，惡空其位。○惡，烏路反。僕御婦人，則進左手，後右手。遠嫌。○遠，于萬反。

御國君，則進右手，後左手而俯。敬也。國君不乘奇車。出入必正也。奇車，獵衣之屬。○奇車，居宜反，奇邪不正之車。何云：「不如法之車。」車上不廣欬，爲若自矜。廣，猶弘也。○欬，開代反。不妄指。爲惑衆。立視五巂，立，平視也。巂，猶規也，謂輪轉之度。巂，或爲「縈」。○巂，本又作「嶲」，惠圭反，車輪轉一周爲巂，一周丈九尺八寸地。縈，本又作「蘗」，如捶反，徐而媿反。式視馬尾，小俛。顧不過轂。爲掩在後。國中以策彗卹勿驅，塵不出軌。入國不馳。彗，竹帚。卹勿，搔摩也。○彗，音遂，徐雖醉反，又囚歲反。卹，蘇没反，注同。勿，音没，注同。驅，如字，又羌遇反。搔，素刀反。摩，莫何反。國君下齊牛，式宗廟。大夫、士下公門，式路馬。乘路馬，必朝服，載鞭策，不敢授綏，左必式。步路馬，必中道。以足蹙路馬芻，有誅。齒路馬，有誅。皆廣敬也。路馬，君之馬。載鞭策，不敢執也。齒，欲年也。誅，罰也。○齊，側皆反。鞭，必綿反。蹙，本又作「蹴」，徐采六反，又子六反。芻，初俱反。

曲禮下第二

鄭氏注

凡奉者當心，提者當帶。高下之節。○奉，本亦作「捧」，同芳勇反。提，徒兮反。執天子之器則上衡，謂高於心，彌敬也。此衡，謂與心平。○上，時掌反。國君則平衡，大夫則綏之，士則提之。綏，讀曰「妥」。妥之，謂下於心。○綏，依注音妥，湯果反，又他回反。凡執主器，執輕如不克。重慎之也。主，君也。克，勝也。○勝，音升。執主器，操幣圭璧，則尚左手；行不舉足，車輪曳踵；重慎也。尚左手，尊左也。車輪，謂行不絶地〔一〕。○操，七刀反。行舉足，一本作「行不舉足」。曳，以制反。踵，支勇反。立則磬折，垂佩。主佩倚，則臣佩垂；主佩垂，則臣佩委。君臣俛仰之節。倚，謂附於身。小俛則垂，大俛則委於地。○折，之列反，又市列反，一音逝。佩，步内反，本或作「珮」，非。倚，范於綺反，徐又音其綺反。執玉，其有藉者則裼，無藉者則襲。藉，藻也。裼、襲，

〔一〕「地」，原訛作「也」，據撫州本、婺州本、岳本改。

文質相變耳。有藻爲文，裼見美亦文；無藻爲質，襲充美亦質。圭璋特而襲，璧琮加束帛而裼，亦是也。○藉，在夜反，下同。裼，星曆反。藻，音早，本又作「繅」。見，賢遍反。琮，才冬反。

○國君不名卿老、世婦，大夫不名世臣、姪娣，士不名家相、長妾。雖貴，於其國家，猶有所尊也。卿老，上卿也。世臣，父時老臣。○姪，大節反，字林：丈一反。娣，大計反。相，息亮反。長，丁丈反，下注「長老」同。君大夫之子，不敢自稱曰「余小子」，辟天子之子，未除喪之名。君大夫，天子大夫有土地者。○辟，音避，本又作「避」，下同。大夫、士之子，不敢自稱曰「嗣子某」，亦辟其君之子，未除喪之名。不敢與世子同名。辟僭傚也。其先之生，則亦不改。世，或爲「大」。○僭，作念反。傚，胡孝反。

○君使士射，不能，則辭以疾，言曰：「某有負薪之憂。」射者，所以觀德，唯有疾可以辭也。使士射，謂以備耦也。憂，或爲「疾」。○使，音史。射，市夜反。則辭以疾，如字，本又作「有疾」。「爲疾」，如字，本又作「疚」，音救。侍於君子，不顧望而對，非禮也。禮尚謙也，不顧望，若子路帥爾而對。

○君子行禮，不求變俗。求，猶務也。不務變其故俗，重本也。謂去先祖之國，居他國。祭祀之禮，居喪之服，哭泣之位，皆如其國之故，謹脩其法而審行之。其法，謂其先祖之制度，若夏、殷。去國三世，爵禄有列於朝，出入有詔於國，三世，自祖至孫。踰久可以忘故俗，而猶不變者，爵禄有列於朝，謂君不絶其祖祀，復立其族，若臧紇奔邾，立臧爲矣。詔，告也，謂與卿大夫吉凶往来相赴告。○三世，盧、王云：「世，歲也。萬物以歲爲世。」朝，直遥反，下皆同。復，扶富反，下「復還」同。紇，恨發反，徐胡切反，沈胡謁反。若兄弟宗族猶存，則反告於宗後。謂無列無詔者。反告，亦謂吉凶也。宗後，宗子也。去國三世，爵禄無列於朝，出入無詔於國，唯興之日，從新國之法。以故國與己無恩。興，謂起爲卿大夫。

○君子已孤不更名。亦重本。已孤暴貴，不爲父作謚。子事父，無貴賤。○爲，于僞反。謚，音示。

○居喪未葬，讀喪禮；既葬，讀祭禮。喪復常，讀樂章。爲禮各於其時。居喪不言樂，祭事不言凶，公庭不言婦女。非其時也。

○振書端書於君前，有誅。倒筴側龜於君前，有誅。臣不豫事，不敬也。振，去塵也。端，正也。倒，顛倒也。側，反側也。皆謂甫省視之。○倒，多老反。去，羌呂反，下「徹猶去」、「去琴瑟」同。顛，丁田反。**龜筴、几杖、席蓋、重素、袗絺綌，不入公門。**龜筴，嫌問國家吉凶。几杖，嫌自長老。席蓋，載喪車也。雜記曰：「士輤，葦席以爲屋，蒲席以爲裳帷。」重素，衣裳皆素，喪服也。袗，單也。孔子曰：「當暑，袗絺綌，必表而出之。」爲其形褻。○重素，直龍反，注同。重素，衣裳皆素。袗，之忍反。輤，千見反。葦，于鬼反。爲其，于僞反。**苞屨、扱衽、厭冠，不入公門。**此皆凶服也。苞，藨也。齊衰，藨蒯之菲也。問喪曰：「親始死，扱上衽。」厭，猶伏也，喪冠厭伏。苞，或爲「菲」。○苞，白表反，草也。扱，初洽反。衽，而審反。厭，於涉反。藨，白表反，一音扶苗反。齊衰，本又作「齋」，音咨，下七雷反，下文同。蒯，苦怪反。菲，扶味反，屨也。**書方、衰、凶器，不以告，不入公門。**此謂喪在內，不得不入，當先告君耳。方，板也。士喪禮下篇曰：「書賵於方，若九、若七、若五。」凶器，明器也。○板，字又作「版」，音同。賵，芳仲反，車馬曰賵。**公事不私議。**嫌若姦也。

○君子將營宮室，宗廟爲先，廄庫爲次，居室爲後。重先祖及國之用。○廄，九又反。

○凡家造，祭器爲先，犧賦爲次，養器爲後。大夫稱家，謂家始造事。犧賦，以稅出牲。○凡家造，才早反，一本作「凡家造器」，「器」，衍字。犧，許宜反。養，羊尚反，一如字。無田禄者，不設祭器，有田禄者，先爲祭服。祭器可假，祭服宜自有。君子雖貧，不粥祭器；雖寒，不衣祭服；爲宫室，不斬於丘木。廣敬鬼神也。粥，賣也。丘，壟也。○粥，音育。衣，於既反。大夫士去國，祭器不踰竟。此用君禄所作，取以出竟，恐辱親也。○去國，祭器不踰竟，音境，注及下同，一本作「大夫士去國」，下「去國踰竟」亦然。大夫寓祭器於大夫，士寓祭器於士。寓，寄也。與得用者言寄，覬已後還。○寓，魚具反。覬，音冀。大夫、士去國，踰竟，爲壇位，鄉國而哭，素衣，素裳，素冠，徹緣，鞮屨，素簚，乘髦馬，不蚤鬋，不祭食，不説人以無罪，婦人不當御，三月而復服。言以喪禮自處也。臣無君，猶無天也。壇位，除地爲位也。徹，猶去也。鞮屨，無絇之菲也。簚，覆笭也。髦馬，不鬄落也。蚤，讀爲「爪」。鬋，鬋鬢也。不自説於人以無罪，嫌惡其君也。御，接見也。三月一時，天氣變，可以遂去也。簚，或爲「幕」。○壇，徐音善，注同。

鄉，許亮反。緣，悦絹反。鞮，都兮反，又徒兮反，鞮屨，屨無絇〔一〕。篾，本又作「幭」，莫曆反，注同，白狗皮，覆笭。髦，音毛。蚤，依注音「爪」，謂除爪也。鬋，子淺反。絇，求俱反。笭，力丁反，車闌。鬄，吐曆反，又他計反。説，亦劣反，又如字。惡，烏路反。見，賢遍反，下文「見國君」、注「謂見」同。幦，莫曆反，又音莫。大夫、士見於國君，君若勞之，則還辟，再拜稽首，謂見君既拜矣，而後見勞也。聘禮曰：「君勞使者及介，君皆荅拜。」○勞，力報反，注及下「君勞」同。辟，婢亦反，下同。還辟，逡廵也。使，色吏反。君若迎拜，則還辟，不敢荅拜。嫌與君亢賔主之禮。迎拜，謂君迎而先拜之。聘禮曰：「大夫入門再拜，君拜其辱。」大夫、士相見，雖貴賤不敵，主人敬客，則先拜客；客敬主人，則先拜主人。尊賢。凡非弔喪，非見國君，無不荅拜者。禮尚往来。喪，賔不荅拜，不自賔客也。國君見士，不荅其拜，士賤。○非見，賢遍反，下「大夫見」、「士見」、下注「拜見」同。大夫見於國君，國君拜其辱。士見於大夫，大夫拜其辱。同國始相見，主人拜其辱。自外來而拜，拜見也。自内来而拜，拜辱也。君於士，不荅拜也。非其臣，則荅拜之。不

〔一〕「無」，原訛作「綏」，據彙校卷第十一、撫釋一、和本、殿本、阮刻本改。

臣人之臣。大夫於其臣，雖賤，必荅拜之。辟正君。○辟，音避。男女相荅拜也。嫌遠別不相荅拜，以明之。○相荅拜，一本作「不相荅拜」。皇云：「後人加『不』字耳。」別，彼列反。國君春田不圍澤，大夫不掩羣，士不取麛卵。生乳之時，重傷其類。○麛，音迷。卵，力管反。乳，如注反。

○歲凶，年穀不登〔一〕，登，成也。君膳不祭肺，馬不食穀，馳道不除，祭事不縣；大夫不食粱，士飲酒不樂。皆爲自貶損〔二〕，憂民也。禮，食殺牲則祭先，有虞氏以首，夏后氏以心，殷人以肝，周人以肺。不祭肺，則不殺也。天子食，日少牢，朔月大牢。諸侯食，日特牲，朔月少牢。除，治也。不治道，爲妨民取蔬食也。縣，樂器，鍾磬之屬也。粱，加食也。不樂，去琴瑟。○肺，芳廢反。縣，音玄，下同。爲，如字，舊于僞反。下「爲妨」，于僞反。

君無故玉不去身，大夫無故不徹縣，士無故不徹琴瑟。憂樂不相干也。故，謂災患喪病。○樂，音洛。士有獻於國君，他日，君問之曰：「安取彼？」再拜稽首而后

〔一〕「穀」，原訛作「穀」，據岳本、閩本、監本、毛本、殿本、阮刻本改。
〔二〕「爲自」，原倒作「自爲」，據撫州本、婺州本、八行本乙正。

對。起敬也。大夫私行、出疆，必請，反必有獻。士私行、出疆，必請，反必告。臣不敢自專也。私行，謂以己事也。士言告者，不必有其獻也，告反而已。○疆，居良反，下同。君勞之，則拜，問其行，拜而后對。亦起敬也。問行，謂道中無恙及所經過。○恙，羊尚反。

○國君去其國，止之曰：「奈何去社稷也？」大夫，曰：「奈何去宗廟也？」士，曰：「奈何去墳墓也？」皆民臣殷勤之言。國君死社稷，死其所受於天子也，謂見侵伐也。春秋傳曰：「國滅，君死之，正也。」大夫死衆，士死制。死其所受於君。衆，謂君師。制，謂君教令所使爲之。

○君天下曰「天子」。朝諸侯，分職授政任功，曰「予一人」。皆擯者辭也。天下，謂外及四海也。今漢於蠻夷稱天子，於王侯稱皇帝。覲禮曰：「伯父寔来，予一人嘉之。」[一]余、予，古今字。○分，方云反，徐扶問反。擯，必刃反。予一人，依字音羊汝反。鄭云：「余、予，古今字。」則同音餘。踐阼，臨祭祀，內事曰「孝王某」，外事曰「嗣王

[一]「予」，原訛作「余」，據覲禮、撫州本、婺州本、紹熙本、八行本、考異改。

某」。皆祝辭也。唯宗廟稱孝，天地社稷祭之郊內，而曰「嗣王」，不敢同外內。○皆祝辭，本或作「皆祝祝辭也」，下祝字，之又反，又之六反。臨諸侯，畛於鬼神，曰「有天王某甫」。畛，致也。祝告致于鬼神辭也。曰「有天王某甫」。某甫，且字也。不名者，不親往也。周禮：大會同，過山川，則大祝用事焉。鬼神，謂百辟卿士也。畛，或爲「祗」。○畛，之忍反。父，音甫，注同。大祝，音泰，下文注除「大宗」，皆同。辟，必亦反。崩，曰「天王崩」。史書策辭。復，曰「天子復矣」。始死時，呼魄辭也。不呼名，臣不名君也。諸侯呼字。告喪，曰「天王登假」。告，赴也。登，上也。假，已也。上已者，若僊去云耳。○假，音遐，注同。登上，時掌反，下同。僊，音仙。措之廟，立之主，曰「帝」。同之天神。春秋傳曰：「凡君，卒哭而祔，祔而作主。」○措，七故反，置也。祔，音附。天子未除喪，曰「予小子」。謙，未敢稱一人。春秋傳曰：「以諸侯之踰年即位，亦知天子之踰年即位。以天子三年然後稱王，亦知諸侯於其封內三年稱子。」生名之，死亦名之。生，名之曰「小子王」；死，亦曰「小子王」也。晉有小子侯，是僭取於天子號也。

○天子有后，有夫人，有世婦，有嬪，有妻，有妾。妻，八十一御妻，周禮謂之女御，以其御序於王之燕寢。妾，賤者。○嬪，音頻。天子建天官，先六大，曰大宰、大宗、大史、大祝、大士、大卜，典司六典。典，法也。此盖殷時制也，周則大宰爲天官，大宗曰宗伯，宗伯爲春官，大史以下屬焉。大士以神仕者。天子之五官，曰司徒、司馬、司空、司士、司寇，典司五衆。衆，謂羣臣也。此亦殷時制也，周則司士屬司馬，大宰、司徒、宗伯、司馬、司寇、司空，爲六官。

○天子之六府，曰司土、司木、司水、司草、司器、司貨，典司六職。府，主藏六物之稅者。此亦殷時制也，周則皆屬司徒。司土，土均也。司木，山虞也。司水，川衡也。司草，稻人也。司器，角人也。司貨，丱人也。○丱，華猛反，又虢猛反，徐故孟反。丱人，掌金玉錫石未成器者。天子之六工，曰土工、金工、石工、木工、獸工、草工，典制六材。此亦殷時制也，周則皆屬司空。土工，陶、旊也。金工，築、冶、鳧、栗、鍜、桃也。石工，玉人、磬人也。木工，輪、輿、弓、廬、匠、車、梓也。獸工，函、鮑、韗、韋、裘也。唯草工職亡，盖謂作萑葦之器。○陶，音桃，陶人爲瓦器也。旊，方往反，旊人爲簠簋之屬。築，音竹，築氏爲書刀。冶，音也，冶氏爲箭鏃。鳧，音符，鳧氏爲鍾也。鍜，本又作「鍛」，多亂反，鍜氏爲錢鎛。函，音含。函人爲甲鎧。韗，况萬反，一音運，一音况運反，韗人爲鼓。萑，音丸。五官致貢曰享。貢，功也。享，獻也。致其歲終之功於王，謂之獻也。周禮大宰：「歲終，則令百官府各正其治，受其會，聽其致事，而詔王廢置。」○享，許兩反，舊許亮反，後皆放此，不復重出。治，直吏反。會，古外反。

○五官之長曰伯，謂爲三公者。周禮：「九命作伯。」○長，丁丈反，後皆同。是職方。職，主也。是伯分主東西者。春秋傳曰：「自陝以東，周公主之；自陝以西，召公主之，一相處乎內。」是，或爲「氏」。○陝，式冉反，依字當作「陜」。何休注公羊傳云：「弘農陝縣是也。」一云當作「郟」，古洽反，謂王城郟鄏也。召，時照反，又作「邵」，音同。相，息亮反。其擯於天子也，曰「天子之吏」。擯者辭也。春秋傳曰：「王命委之三吏。」謂三公也。○擯，本又作「儐」，必刃反。天子同姓謂之「伯父」，異姓謂之「伯舅」。自稱於諸侯曰「天子之老」，於外曰公，於其國曰君。稱之以父與舅，親親之辭也。外，自其私土之外，天子畿內。○天子谓之伯父，本或有「同姓」二字，衍文。九州之長，入天子之國曰牧。每一州之中，天子選諸侯之賢者，以爲之牧也。周禮曰：「乃施典於邦國而建其牧。」○牧，牧養之牧，徐音目。天子同姓謂之「叔父」，異姓謂之「叔舅」，於外曰「侯」，於其國曰「君」，牧，尊於大國之君，而謂之叔父，辟二伯也，亦以此爲尊。禮或損之而益，謂此類也。外，自其國之外，九州之中曰侯者，本爵也。二王之後不爲牧。○辟，音避，下同。其在東夷、北狄、西戎、南蠻，雖大曰「子」，謂九州之外長也。天子亦選其諸侯之賢者以爲之子。子，猶牧也。入天子之國曰子，天子亦謂之子，雖有侯伯之地，本爵亦無過子，是以同名曰子。於内自稱曰「不穀」，與民言之，謙稱。穀，善也。○謙稱，尺證反。於外自稱曰「王老」。威遠國也。外，亦其戎狄之中。庶方小侯，入天子之國曰「某人」，於外曰「子」，自稱曰「孤」。謂戎狄子、男君也。男者，於外亦曰子〔一〕，舉尊言之。天子當依而立，諸侯北面而見天子曰「覲」。天子當宁而立，諸公東面、諸侯西面曰「朝」。諸侯春見曰朝，受摯於朝，受享於廟，生氣文也。秋見曰覲，一受之於廟，殺氣質也。朝者，位於内朝而序進；覲者，位於廟門外而序入。王南面，立於依宁而受焉。夏宗依春，冬遇依秋。春秋時，齊侯唁魯昭公，以遇禮相見，取易略也。覲禮今存，朝、宗、遇禮今亡。○依，本又作「扆」，同於豈反，注同，狀如屏風，畫爲黼文，高八尺。見，賢遍反，下文注除「相見」皆同。覲，其

〔一〕「子」，原訛作「男」，據考證改。考證曰：「此釋經『於外曰子』，下『男』字當是『子』字之訛。」

斬反。宁，徐珍呂反，又音儲，門屏之間曰宁。夏，户嫁反。唁，音彦。穀梁傳云：弔失國曰唁。易，以豉反。諸侯未及期相見曰「遇」，相見於郤地曰「會」，諸侯使大夫問於諸侯曰「聘」，約信曰「誓」，涖牲曰「盟」。及，至也。郤，間也。涖，臨也。坎用牲，臨而讀其盟書。聘禮今存，遇、會、誓、盟禮亡。誓之辭，尚書見有六篇。○郤，丘逆反。涖，音利，徐力二反，又音類。盟，音明，徐音亡幸反。郤間，如字，又音閑。坎，苦感反，徐又苦敢反，後同。

○諸侯見天子曰「臣某侯某」，謂嗇夫承命，告天子辭也。其爲州牧，則曰「天子之老臣某侯某奉圭請覲。」○嗇，音色。其與民言，自稱曰「寡人」，謙也，於臣亦然。○自謂，一本作「自稱」。其在凶服曰「適子孤」，凶服，亦謂未除喪。○適，音的。臨祭祀，内事曰「孝子某侯某」，外事曰「曾孫某侯某」。稱國者，遠辟天子。死曰「薨」，亦史書策辭。復曰「某甫復矣」。某甫，且字。既葬，見天子曰「類見」，代父受國。類，猶象也。執皮帛，象諸侯之禮見也。其禮亡。言謚曰「類」。使大夫行，象聘問之禮也。言謚者，序其行及謚所宜，其禮亡。○其行，下孟反。諸侯使人使於諸侯，使者自稱曰「寡君之老」。繫於君，以爲尊也。此謂諸侯之卿上大夫。○使於，色吏反，下同。天子穆穆，諸侯皇皇，大夫濟濟，士蹌蹌，庶人僬僬。皆行容止之貌也。聘禮曰：「賓入門皇。」又曰：「皇且行。」又曰：「衆介北面鏘焉[一]。」凡行容，尊者體盤，卑者體蹙。○濟，子禮反。蹌，本又作「鶬」，或作「鏘」，同七良反。僬，子妙反。盤，步丹反。蹙，將六反。○天子之妃曰后，后之言後也。○妃，芳非反。諸侯曰夫人，夫之言扶。大夫曰孺人，孺之言屬。○孺，而樹反。士曰婦人，婦之言服。庶人曰妻。妻之言齊。公侯有夫人，有世婦，有妻，有妾。貶於天子也。無后與嬪，去上中。○貶，皮檢反。去，羌呂反。夫人自稱於天子曰「老婦」，自稱於天子，謂畿內諸侯之夫人助祭，若時事見。自稱於諸侯曰「寡小君」，謂饗来朝諸侯之時。自稱於其君曰「小童」，自世婦以下自稱曰「婢子」。小童，若云未成人也。婢之言卑也，於其君稱此，以接見體敵，嫌其當。○童，本或作「僮」。子於父母，則自名也。名，父母所爲也。言子者，通男女。列國之大夫，入天子之國，曰「某士」；亦謂諸侯之卿也。三命以下，於天子爲士。曰「某士者」，若

[一]「鏘焉」，原重一「鏘」字，據撫州本、婺州本、八行本、考異刪。

晉韓起聘於周。擯者曰：「晉士起。」自稱曰「陪臣某」，陪，重也。○重，直恭反。於外曰「子」，子，有德之稱。魯春秋曰：「齊高子來盟。」○稱，尺證反。於其國曰「寡君之老」。使者自稱曰「某」。使，謂使人於諸侯也。某，名也。○使自稱，色吏反，注「使謂」同，本或作「使者自稱」。

○天子不言出，諸侯不生名，君子不親惡。天子之言出，諸侯之生名，皆有大惡。君子所遠，出、名以絶之。春秋傳曰「天王出居於鄭」、「衛侯朔入於衛」是也。○遠，于萬反。諸侯失地，名；滅同姓，名。絶之。爲人臣之禮，不顯諫。爲奪美也。顯，明也，謂明言其君惡，不幾微。○爲奪，于僞反。三諫而不聽，則逃之。逃，去也。君臣有義則合，無義則离。子之事親也，三諫而不聽，則號泣而隨之。至親無去，志在感動之。○號，户刀反。

○君有疾飲藥，臣先嘗之。親有疾飲藥，子先嘗之。嘗，度其所堪。○度，待各反。醫不三世，不服其藥。慎物齊也。○齊，才細反。儗人必於其倫。儗，猶比也。倫，猶類也。比大夫當於大夫，比士當於士，不以其類，則有所褻。○儗，魚起反，注同。

褻，息列反。

○問天子之年，對曰：「聞之，始服衣若干尺矣。」既不敢言年，又不敢斥至尊所能。問國君之年，長，曰：「能從宗廟社稷之事矣。」幼，曰：「未能從宗廟社稷之事也。」問大夫之子，長，曰：「能御矣」。幼，曰：「未能御也。」問士之子，長，曰：「能典謁矣。」幼，曰：「未能典謁也。」問庶人之子，長，曰「能負薪矣。」幼，曰：「未能負薪也。」皆言其能，則長幼可知。御，猶主也。書曰：「越乃御事。」謂主事者。謁，請也，謂能擯贊出入，以事請告也。禮，四十强而仕，五十命爲大夫。

○問國君之富，數地以對，山澤之所出。問大夫之富，曰：「有宰食力，祭器衣服不假。」問士之富，以車數對。問庶人之富，數畜以對。皆在其所制，以多少對。宰，邑士也。食力，謂民之賦稅。○數，色主反，下「數畜」同。畜，許又反。鄭注周禮云：「始養曰畜。」

○天子祭天地，祭四方，祭山川，祭五祀，歲徧。諸侯方祀，祭山川，祭五祀，歲徧。大夫祭五祀，歲徧。士祭其先。祭四方，謂祭五官之神於四郊也。句芒在東，祝融、后土在南，蓐收在西，玄冥在北。詩云：「來方禋祀。」方祀者，各祭其方之官而已。五祀，户、竈、中霤、門、行也。此蓋殷時制也。祭法曰：「天子立七祀，諸侯立五祀，大夫立三祀，士立二祀。」謂周制也。○徧，音遍，本亦作「遍」，下同。句芒〔一〕，古侯反，下音亡。蓐，音辱。冥，亡丁反。禋，音因。霤，力救反。

○凡祭，有其廢之，莫敢舉也；有其舉之，莫敢廢也。爲其瀆神也。廢、舉，謂若殷廢農祀棄，後不可復廢棄祀農也。後有德者繼之，不嫌也。○爲，于僞反。復，扶又反。非有所祭而祭之，名曰淫祀，淫祀無福。妄祭，神不饗。○妄祭，本亦作「無福」。

○天子以犧牛，諸侯以肥牛，大夫以索牛，士以羊、豕。犧，純毛也。肥，養於滌也。索，求得而用之。○索，所百反，注同，求也。牷，音全，一本作「純」。滌，直的反，養牲宫也，徐又同弔反。支子不祭，祭必告于宗子。不敢自專。謂宗子有故，支子當攝而祭者也。五宗皆然。

○凡祭宗廟之禮，牛曰一元大武，豕曰剛鬣，豚曰腯肥，羊曰柔毛，雞曰

〔一〕「芒」，原脱，據彙校卷第十一、撫釋一補。

翰音，犬曰羹獻，雉曰疏趾，兔曰明視；脯曰尹祭，槀魚曰商祭，鮮魚曰脡祭；水曰清滌，酒曰清酌；黍曰薌合，粱曰薌萁，稷曰明粢，稻曰嘉蔬，韭曰豐本，鹽曰鹹鹺；玉曰嘉玉，幣曰量幣。號牲物者，異於人用也。元，頭也。武，迹也。腯，亦肥也，春秋傳作「腯」，腯，充貌也。翰，猶長也。羹獻，食人之餘也。尹，正也。商，猶量也。脡，直也。萁，辭也。嘉，善也。稻，菰蔬之屬也。豐，茂也。大鹹曰鹺，今河東云。幣，帛也。○大武，如字，一音泰。鬣，力輒反。豚，徒門反。腯，徒忽反，注同，本或作「豚」。翰，户旦反。羹，古衡反，徐又音衡。槀，苦老反，乾魚。鮮，音仙。脡，他頂反，徐唐頂反。薌，音香。合，如字，或音閤。萁，字又作「箕」，同音姬，語辭也；王音期，期，時也。稷曰明粢，音咨，一本作「明粢」，古本無此句。疏，本又作「蔬」，色魚反。韭，音久。鹹，本又作「醎」，音咸。鹺，才何反。量，音亮，又音良。作腯，徒忽反。翰長，如字，菰音孤，本亦作「苽」，音同。

○天子死曰崩，諸侯曰薨，大夫曰卒，士曰不禄，庶人曰死。異死名者，爲人褻其無知，若猶不同然也。自上顛壞曰崩。薨，顛壞之聲。卒，終也。不禄，不終其禄。死之言澌也，精神澌盡也。○爲，于僞反。傎，音顛。澌，本又作「𣩠」，同音賜。在牀曰尸，尸，陳也，言形體在。在棺曰柩。柩之言究也。○柩，音舊。白虎通云：「久也。」羽鳥曰降，四足曰漬。異於人也。降，落也。漬，謂相瀸汙而死也〔一〕。春秋傳曰：「大災者何？大漬也。」○降，户江反，又音絳，注同。漬，辭賜反。瀸，子廉反。汙，「穢汙」之汙，一作「汗」，户旦反。死寇曰兵。異於凡人，當饗禄其後。祭王父曰皇祖考，王母曰皇祖妣，父曰皇考，母曰皇妣，夫曰皇辟。更設稱號，尊神，異於人也。皇，君也。考，成也，言其德行之成也。妣之言媲也，媲於考也。辟，法也，妻所取法也。○妣，必履反。辟，婢亦反，徐扶亦反。稱，尺證反，下之「稱」皆同。行，下孟反，下同。媲，普計反。生曰父，曰母，曰妻；死曰考，曰妣，曰嬪。嬪，婦人有法度者之稱也。周禮：「九嬪掌婦學之法，教九御婦德、婦言、婦容、婦功。」壽考曰卒，短折曰不禄。謂有德行任爲大夫、士而不爲者〔二〕，老而死從大夫之稱，少而死從士之稱。○折，市設反。任，音壬，又如字。

○天子視不上於袷，不下於帶。袷，交領也。天子至尊，臣視之，目不過此。○

〔一〕「瀸」，原訛作「纖」，據撫州本、婺州本、岳本、八行本、和本、十行本、閩本、監本、殿本、阮刻本改。

〔二〕「謂」上，原衍「禄」字，據考異删。考異曰：「案正義云：『鄭知有德行云云』，是此句首無『禄』字明甚，有者衍耳。」

上，時掌反，下及注同。袷，音劫。**國君，綏視。**視國君彌高。綏，讀爲「妥」，妥視，謂視上於袷。○綏，依注音「妥」，他果反。**大夫，衡視。**視大夫又彌高也。衡，平也。平視，謂視面也。**士，視五步。**士視，得旁遊目五步之中也。視大夫以上，上下遊目不得旁。○遊，如字，徐音流。**凡視，上於面則敖，**敖則仰。○敖，五報反。**下於帶則憂，**憂則低。**傾則姦。**辟頭旁視，心不正也。傾，或爲側。○辟，本或作「僻」，匹亦反。

○君命，大夫與士肄。肄，習也。君有命，大夫則與士展習其事，謂欲有所發爲也。○君命，絶句。肄，本又作「肆」，同以二反。**在官言官，在府言府，在庫言庫，在朝言朝。**唯君命所在，就展習之也。官，謂板圖文書之處。府，謂寶藏貨賄之處也。庫，謂車馬兵甲之處也。朝，謂君臣謀政事之處也。○處，昌慮反，下皆同。藏，才浪反。賄，呼罪反，字林音悔。**朝言不及犬馬。**非公議也。**輟朝而顧，不有異事，必有異慮。**心不正，志不在君。輟，猶止也。○輟，丁劣反。**故輟朝而顧，君子謂之固。**固，謂不達於禮也。**在朝言禮，問禮對以禮。**於朝廷言，無所不用禮。**大饗不問卜，**祭五帝於明堂，莫適卜也。郊特牲曰：「郊血，大饗腥。」○適，丁歷反。腥，音星。**不饒富。**富之言備也。備而已，勿多於禮也。

○凡摯，天子鬯，諸侯圭，卿羔，大夫鴈，士雉，庶人之摯匹。童子委摯而退。摯之言至也。天子無客禮，以鬯爲摯者，所以唯用告神爲至也。童子委摯而退，不與成人爲禮也。説者以匹爲鶩。○摯，音至，徐之二反，本又作「贄」，同。鬯，勑亮反，香酒。摯匹，依注作「鶩」，音木，鴨也。野外軍中無摯，以纓、拾、矢可也。非爲禮之處，用時物相禮而已。纓，馬繁纓也。拾，謂射韝。○樊，本又作「繁」，步丹反。韝，徐音溝，又古侯反，一音古豆反。婦人之摯：椇、榛、脯、脩、棗、栗。婦人無外事，見以羞物也。椇、榛，木名。椇，枳也，有實，今邳、郯之東食之。榛，實似栗而小。○椇，俱羽反。榛，側巾反，字林云：「仕巾反，木叢也。」古本又作「亲」，音壯巾反，云似梓，實如小栗也。見，賢遍反。枳，居紙反。邳，被悲反，下邳也。郯，音談，東海縣名。

○納女於天子曰「備百姓」，於國君曰「備酒漿」，於大夫曰「備埽灑」。納女，猶致女也。壻不親迎，則女之家遣人致之，此其辭也。姓之言生也。天子，皇后以下百二十人，廣子姓也。酒漿、埽灑，賤婦人之職。○埽，悉報反。灑，所買反，又山寄反。迎，魚敬反。賤婦人之職，本又有無「婦」字者。

禮記卷第一

經伍仟陸伯玖拾字
注捌仟肆伯單壹字
音義陸仟伍拾柒字

余氏刊于萬卷堂

禮記卷第二

檀弓上第三

○陸曰：檀弓，魯人。檀，大丹反，姓也。弓，名，以其善於禮，故以名篇。

禮記　　鄭氏注

公儀仲子之喪，檀弓免焉。故爲非禮，以非仲子也。禮，朋友皆在他邦，乃袒、免。○公儀仲子，公儀，氏；仲子，字。魯之同姓也，其名未聞。免，音問，注同，以布廣一寸，從項中而前交於額上，又卻向後繞於髻。袒，音但。仲子舍其孫而立其子。此其所立非也。公儀，蓋魯同姓。周禮，適子死，立適孫爲後。○舍，音捨，下皆同。適，多曆反，下皆同。檀弓曰：「何居？我未之前聞也。」居，讀爲「姬姓」之「姬」，齊、魯之間語助也。前，猶故也。○居，音姬，下同。趨而就子服伯子於門右，曰：「仲子舍其孫而立其子，何也？」去賓位，就主人兄弟之賢者而問之。子服伯子，蓋仲孫蔑之玄孫子服景伯。蔑，魯大夫。○蔑，芒結反。伯子曰：「仲子亦猶行古之道也。昔者文王舍伯邑考而立武王，微子舍其孫腯而立衍也。夫仲子亦猶行古之道也。」伯子爲親者隱耳。立子非也，文王之立武王〔一〕，權也；微子適子死，立其弟衍，殷禮也。○腯，徐本作「遁」，徒本反，又徒遜反。衍，以善反。爲，于僞反，下「爲晉」、「禮爲」、「爲師」同。子游問諸孔子，孔子曰：「否，立孫。」據周禮。○「孔子曰否」絶句。

○事親有隱而無犯，隱，謂不稱揚其過失也。無犯，不犯顔而諫。論語曰：「事父母幾諫。」左右就養無方，左右，謂扶持之。方，猶常也。子則然，無常人。○左右，徐上音佐，下音佑，今並如字，下同。養，以尚反，下同。服勤至死，致喪三年。勤，勞辱之事也。致，謂戚容稱其服也。凡此以恩爲制。○稱，尺證反。事君有犯而無隱，既諫，人有問其國政者，可以語其得失，若齊晏子爲晉叔向言之。○語，魚據反，又如字。向，香亮反。叔向，羊舌

〔一〕「文」下，原脱「王」字，據撫州本、婺州本、岳本、嘉靖本、八行本、和本補。

胻。左右就養有方，不可侵官。服勤至死，方喪三年。方喪，資於事父，凡此以義爲制。事師無犯無隱，左右就養無方，服勤至死，心喪三年。心喪，戚容如父而無服也。凡此以恩義之間爲制。

○季武子成寢。武子，魯公子季友之曾孫季孫夙。杜氏之葬，在西階之下，請合葬焉，許之。入宫而不敢哭。武子曰：「合葬，非古也。自周公以來，未之有改也。自見夷人冢墓以爲宅，欲文過之。○葬，徐才浪反，又如字。合，如字，徐音閤，後「合葬」皆同。文，如字，徐音問。吾許其大而不許其細，何居？」命之哭。記此者，善其不奪人之恩。

○子上之母死而不喪。子上，孔子曾孫，子思伋之子，名白，其母出。○不喪，如字，下同，徐息浪反，下放此。伋，音急，子思名也，孔子之孫。門人問諸子思曰：「昔者子之先君子喪出母乎？」曰：「然。」禮，爲出母期；父卒，爲父後者不服耳。○期，居宜反，本又作「朞」，後放此。「子之不使白也喪之，何也？」子思曰：「昔者吾先君子無所失道，道隆則從而隆，道污則從而污。污，猶殺也。有隆有殺，進退如禮。○隆，力中反，盛也。污，音烏，下同。殺，所戒反，又所例反，下同。伋則安能？自予不能及。○予，羊許反，許也，一云我也，又音餘。爲伋也妻者，是爲白也母；不爲伋也妻者，是不爲白也母。」故孔氏之不喪出母，自子思始也。記禮所由廢，非之。

○孔子曰：「拜而后稽顙，頽乎其順也。此殷之喪拜也。頽，順也。先拜賓，順於事也。○顙，素黨反。稽顙，觸地無容。頽，徒回反。稽顙而后拜，頎乎其至也。此周之喪拜也。頎，至也，先觸地無容，哀之至。○頎，音懇，惻隱之貌，又音畿。觸，昌欲反。三年之喪，吾從其至者。」重者尚哀戚，自期如殷可。

○孔子既得合葬於防，言既得者，少孤，不知其墓。○少，詩召反，下文同。曰：「吾聞之，古也墓而不墳，墓，謂兆域，今之封塋也。古，謂殷時也。土之高者曰墳。○墳，扶云反。今丘也，東西南北之人也，不可以弗識也。」於是封之，崇四尺，東西南北，言居無常處也。聚土曰封。封之，周禮也。周禮曰：「以爵等爲丘封之度。」崇，高也。高四尺，蓋周之士制。○識，式志反，又如字。處，昌慮反。之度，本又作「之數」。孔子先反，當脩虞事。門人後，雨甚，至，後，待封也。孔子問焉，曰：「爾來何遲也？」

曰：「防墓崩。」言所以遲者，脩之而來。○防墓，防地之墓也。庾云：「防衛墓崩。」孔子不應。以其非禮。○應，「應對」之「應」。三，三言之，以孔子不聞。○三，息暫反，又如字。孔子泫然流涕曰：「吾聞之，古不脩墓。」脩，猶治也。○泫，胡犬反。涕，音體。

○孔子哭子路於中庭。寢中庭也。與哭師同，親之。有人弔者，而夫子拜之。爲之主也。既哭，進使者而問故。使者，自衛來赴者。故，謂死之意狀。○使，色吏反，下及注同。使者曰：「醢之矣！」時衛世子蒯聵篡輒而立，子路死之。醢之者，示欲啗食以怖衆。○醢，音海。蒯，苦怪反。聵，五怪反。蒯聵，衛靈公之太子，出公輒之父，莊公也。篡輒，初患反。輒，出公名也。啗，本又作「啖」，待敢反。怖，普故反。遂命覆醢。覆，棄之不忍食。○覆，芳服反，注同。

○曾子曰：「朋友之墓有宿草而不哭焉。」宿草，謂陳根也。爲師心喪三年，於朋友期，可。○期，音朞。

○子思曰：「喪三日而殯，凡附於身者，必誠必信，勿之有悔焉耳矣。三月而葬，凡附於棺者，必誠必信，勿之有悔焉耳矣。言其日月，欲以盡心脩備之。

附於身，謂衣衾；附於棺，謂明器之屬。○衾，音欽。**喪三年以爲極亡，**去已久遠，而除其喪。○以爲極亡，並如字。極，已也，徐紀力反。王以「極」字絶句，「亡」作「忘」，向下讀；孫依鄭作「亡」，而如王分句。**則弗之忘矣。**則之言曾。**故君子有終身之憂，**念其親。**而無一朝之患，**毁不滅性。**故忌日不樂。**」謂死日，言忌日不用舉吉事。○樂，如字，又音岳。

○**孔子少孤，不知其墓，**孔子之父郰叔梁紇與顏氏之女徵在野合而生孔子，徵在耻焉，不告。○郰，側留反，又作「鄹」。紇，恨發反，徐胡切反，又胡没反。**殯於五父之衢。**欲有所就而問之，孔子亦爲隱焉。殯於家則知之者，無由怪己，欲發問端。五父，衢名，蓋郰曼父之鄰。○父，音甫，注及下同。衢，求于反。爲，如字，又于僞反。曼，音萬。**人之見之者，皆以爲葬也。**見柩行於路。**其慎也，蓋殯也。**慎，當爲「引」，禮家讀「然」，聲之誤也。殯引，飾棺以輤；葬引，飾棺以柳翣。孔子是時以殯引，不以葬引，時人見者，謂不知禮。○慎，依注作「引」，羊刃反。輤，七見反。翣，所甲反。**問於郰曼父之母，然後得合葬於防。**曼父之母，與徵在爲鄰，相善。

○**鄰有喪，舂不相。里有殯，不巷歌。**皆所以助哀也。相，謂以音聲相勸。○

相，息亮反，注同。**喪冠不緌**。去飾。○緌，本又作「綏」，同耳佳反。去，起吕反。

○**有虞氏瓦棺**，始不用薪也。有虞氏上陶。○陶，大刀反。**夏后氏堲周**，火孰曰堲，燒土冶以周於棺也，或謂之土周，由是也。弟子職曰：「右手折堲。」○即周，本又作「堲」，同子栗反，又音稷，注下同。何云：「冶土爲甎，四周於家。」燒，叔招反。折，之設反。管子云：「左手執燭，右手折即。」即，燭頭燼也。弟子職，其篇名。**殷人棺槨**，槨，大也，以木爲之，言槨大於棺也。殷人上梓。○棺，音官。槨，音郭。梓，音子。**周人牆置翣**。牆，柳也〔一〕。凡此言後王之制文。○牆，在良反。**周人以殷人之棺槨葬長殤，以夏后氏之堲周葬中殤、下殤，以有虞氏之瓦棺葬無服之殤**。略未成人。○長殤，丁丈反，下式羊反。十六至十九爲長殤，十二至十五爲中殤，八歲至十一爲下殤，七歲已下爲無服之殤。生未三月，不爲殤。

○**夏后氏尚黑**，以建寅之月爲正，物生色黑。○正，音征，下同，又如字。**大事斂用**

〔一〕「柳」下，原衍「衣」字，據考異、正字删。考異曰：「案此當衍『衣』字。下文『飾棺牆置翣』注之正義有明文，不知者，誤以彼注『衣』字入此耳。」正字曰：「『衣』，衍字。從下『飾棺牆』疏校。」

昏，昏時亦黑。此大事，謂喪事也。○斂，力驗反，下皆同。戎事乘驪，戎，兵也。馬黑色曰驪。爾雅曰：「騋牝驪牡玄。」○驪，力知反，徐郎兮反，純黑色馬。騋，音來，馬七尺已上爲騋。牲用玄。玄，黑類也。殷人尚白，以建丑之月爲正，物牙色白。大事斂用日中，日中時亦白。戎事乘翰，翰，白色馬也。易曰：「白馬翰如。」○翰，字又作「䮧」〔一〕，胡旦反，又音寒。牲用白。周人尚赤，以建子之月爲正，物萌色赤。○萌，亡耕反。大事斂用日出，日出時亦赤。戎事乘騵，騵，騮馬白腹。○騵，音原。騮，力求反，赤馬黑鬣尾。牲用騂。騂，赤類。○騂，息營反，徐呼營反，純赤色也，一云「赤黃色」。

○穆公之母卒，穆公，魯哀公之曾孫。使人問於曾子曰：「如之何？」問居喪之禮。曾子，曾參之子，名申。○參，所金反，一音七南反，後同。對曰：「申也聞諸申之父曰：『哭泣之哀，齊斬之情，饘粥之食，自天子達。子喪父母，尊卑同。○齊，音咨，本亦作「齎」，「齎衰」之字，後皆放此。饘，本又作「飦」，之然反。說文云：「糜也，周謂之饘，宋、衛謂之餰。」粥，之六反，徐又音育，字林云：「淖糜也。」布幕，衛也。縿幕，魯也。』」

〔一〕「䮧」，原訛作「鶾」，據十行本、閩本、監本、毛本、殿本、阮刻本改。

幕，所以覆棺上也。縿，縑也。縿，讀如綃。衛，諸侯禮。魯，天子禮。兩言之者，僭已久矣。幕，或爲「帟」。○幕，本又作「幂」，音莫，徐音覓，下同。縿，音綃，徐又音蕭。縑，古謙反。綃，音消，徐本又作「綃」，桑堯反。僭，子念反。帟，莫曆反。

○晉獻公將殺其世子申生。信驪姬之譖。○孋，本又作「麗」，亦作「驪」，同力知反。公子重耳謂之曰：「子蓋言子之志於公乎？」蓋，皆當爲「盍」，盍，何不也。志，意也。重耳欲使言見譖之意。重耳，申生異母弟，後立爲文公。○重，直龍反，注皆同。子蓋，依注音盍，户臘反，下同。世子曰：「不可，君安驪姬，是我傷公之心也。」言其意，則驪姬必誅也。驪姬，獻公伐驪戎所獲女也。申生之母蚤卒，驪姬嬖焉。○蚤，音早。嬖，必計反。曰：「然則蓋行乎？」行，猶去也。世子曰：「不可。君謂我欲弑君也。天下豈有無父之國哉！吾何行如之？」言人有父，則皆惡欲弑父者。○弑，本又作「煞」，音試，注同，徐云：字又作「嗣」，音同。惡，烏路反。使人辭於狐突曰：「申生有罪，不念伯氏之言也，以至于死。申生不敢愛其死。辭，猶告也。狐突，申生之傅，舅犯之父也。前此者，獻公使申生伐東山皋落氏，狐突謂申生，欲使之行。今言此者，謝之。伯氏，狐突別氏。○突，徒忽反。傅，音富。咎，其九反。皋，古刀反。雖然，吾君老矣，子少，國家多難，子，驪姬之子奚齊。○少，詩召反。難，乃旦反。伯氏不出而圖吾君，圖，猶謀也。不出爲君謀國家之政。然則自皐落氏反後，狐突懼，乃稱疾。○爲，于僞反，下「爲時」同。伯氏苟出而圖吾君，申生受賜而死！」賜，猶惠也。再拜稽首乃卒。既告狐突，乃雉經。○雉經，如字，徐古定反，如雉之自經也。是以爲恭世子也。言行如此可以爲恭於孝則未之有。○共，音恭，本亦作「恭」，注同。行，下孟反。

○魯人有朝祥而莫歌者，子路笑之。笑其爲樂速。○莫，音暮。樂，音洛，又音岳。夫子曰：「由！爾責於人，終無已夫？三年之喪，亦已久矣夫！」爲時如此，人行三年喪者希，抑子路以善彼。○已夫，音扶，絶句，本或作「已矣夫」。子路出，夫子曰：「又多乎哉？踰月則其善也。」又，復也。○復，扶又反。

○魯莊公及宋人戰于乘丘，十年夏。○乘，繩證反。夏，户嫁反。縣賁父御，卜國爲右。縣、卜，皆氏也。凡車右，勇力者爲之。○縣，音玄，卷内皆同。賁父，上音奔，下音甫，人名字皆同。馬驚敗績，驚奔失列。○馬驚敗，一本無「驚」字。公隊，佐車授綏，戎車之貳曰佐，授綏乘公。○隊，直類反。綏，息佳反。公曰：「末之，卜也。」末之，猶微哉，言卜國無勇。縣賁父曰：「他日不敗績，而今敗績，是無勇也。」公他日戰，其御馬，未嘗驚奔。遂死之。二人赴敵而死。圉人浴馬，有流矢在白肉。圉人，掌養馬者。白肉，股裏肉。○圉，魚呂反。股裏，上音古，下音里。公曰：「非其罪也。」流矢中馬，非御與右之罪。○中，丁仲反。遂誄之。誄其赴敵之功，以爲謚。○誄，力軌反，謚也。士之有誄，自此始也。記禮失所由來也。周雖以士爲爵，猶無謚也。殷大夫以上爲爵。○上，時掌反。

○曾子寢疾，病。病，謂疾困。樂正子春坐於牀下，子春，曾參弟子。曾元、曾申坐於足，元、申，曾參之子。童子隅坐而執燭。隅坐，不與成人竝。○成人竝，音並，絶句。童子曰：「華而睆，大夫之簀與！」華，畫也。簀，謂牀第也。説者以睆爲刮節目，字或爲「刮」。○睆，華板反，明貌。孫炎云：「睆，漆也。」徐又音刮。簀，音責。與，音餘，下同。畫，衡賣反。牀第，上音牀，下側吏反。刮，古滑反。子春曰：「止！」以病困，不可動。曾子聞之，瞿然曰：「呼！」呼，虛憊之聲。○瞿，紀具反，下同。曰吁，音虛，注同，吹氣聲也，一音況于反。憊，皮拜反，羸困也。曰：「華而睆，大夫之簀與？」曾子曰：

「然！斯季孫之賜也，我未之能易也。元，起易簀！」未之能易，已病故也。曾元曰：「夫子之病革矣，不可以變，幸而至於旦，請敬易之。」言夫子者，曾子親没之後，齊嘗聘以爲卿而不爲也。革，急也。變，動也。幸，覬也。○革，紀力反，徐又音極，注同。請，七領反。覬，音冀。曾子曰：「爾之愛我也，不如彼。彼，童子也。君子之愛人也以德，成己之德。細人之愛人也以姑息。息，猶安也。言苟容取安也。吾何求哉〔一〕？吾得正而斃焉，斯已矣！」斃，仆也。○斃，音弊。仆，蒲北反，又音赴。舉扶而易之，反席未安而没。言病雖困，猶勤於禮。○没，音殁。

○始死，充充如有窮。既殯，瞿瞿如有求而弗得。既葬，皇皇如有望而弗至。練而慨然，祥而廓然。皆憂悼在心之貌也。求，猶索物。○慨，苦愛反。廓，苦郭反，何云：「開也。」索，所白反。

○邾婁復之以矢，蓋自戰於升陘始也。戰於升陘，魯僖二十二年秋也。時師雖

〔一〕「吾」，原訛作「君」，據唐石經、撫州本、婺州本、岳本、八行本、和本、閩本、監本、毛本、殿本、阮刻本改。

勝，死傷亦甚，無衣可以招魂。○邾，音誅。婁，力俱反，或如字。邾人呼邾聲曰婁，故曰邾婁。公羊傳與此記同，左氏、穀梁但作「邾」。陘，音形。僖，許宜反。魯婦人之髽而弔也，自敗於臺鮐始也。敗於臺鮐，魯襄四年秋也。臺，當爲「壺」，字之誤也。春秋傳作「狐鮐」。時家家有喪，髽而相弔。去纚而紒曰髽。禮，婦人弔服，大夫之妻錫衰，士之妻則疑衰與？皆吉笄無首素總。○髽，側瓜反。臺鮐，上音胡，下音臺。去，羌吕反。纚，所買反，又所綺反，黑繒韜。紒，音計。錫衰，上悉歷反，下七雷反。與，音餘。笄，音雞。總，音揔。

○南宫縚之妻之姑之喪，南宫縚，孟僖子之子南宫閲也，字子容，其妻，孔子兄女。○縚，吐刀反。閲，音悦。夫子誨之髽，曰：「爾毋從從爾，爾毋扈扈爾。」誨，教也。爾，女也。從從，謂大高。扈扈，謂大廣。爾，語助。○毋，音無，後同。從，音揔，高也，一音崇，又仕江反。扈，音户，廣也，大也。女，音汝。大，音泰，一音勑佐反，下「大廣」、「已猶大」、「大重」同。蓋榛以爲笄，長尺，而總八寸。」總，束髮垂爲飾。齊衰之總八寸。○榛，側巾反，木名，又士鄰反。長，直亮反，凡度長短曰長，皆同此音。

○孟獻子禫，縣而不樂，比御而不入。可以御婦人矣，尚不復寢。孟獻子，魯大夫仲孫蔑。○禫，大感反。比，必利反，下「比及」同。蔑，迷結反。夫子曰：「獻子加於人一等矣！」加，猶踰也。

○孔子既祥，五日彈琴而不成聲，哀未忘。○彈，徒丹反。十日而成笙歌。踰月且異旬也。祥亦凶事，用遠日。五日彈琴，十日笙歌，除由外也。琴以手，笙歌以氣。○笙，音生。

○有子蓋既祥而絲屨組纓。譏其早也。禮，既祥，白屨無絇，縞冠素紕。有子，孔子弟子有若。○屨，音句。組，音祖。絇，其俱反。縞，古老反，又古報反。

○死而不弔者三：謂輕身忘孝也。畏，人或時以非罪攻已，不能有以說之死之者，孔子畏於匡。厭，行止危險之下。○厭，于甲反。溺。不乘橋船。○溺，奴狄反。

○子路有姊之喪，可以除之矣而弗除也。孔子曰：「何弗除也？」子路曰：「吾寡兄弟而弗忍也。」孔子曰：「先王制禮，行道之人皆弗忍也。」行道，猶行仁義。○弗除，如字，徐治慮反。子路聞之，遂除之。

○大公封於營丘，比及五世，皆反葬於周。齊大公受封，留爲大師，死葬於周，子孫生焉，不忍離也，五世之後，乃葬於齊。齊曰營丘。○大，音泰。注及下注「大史公」皆同。

離，力智反，下「相離」同。君子曰：「樂，樂其所自生。禮，不忘其本。」言其似禮樂之義。○樂樂，並音岳，一讀下五教反，又音洛。古之人有言曰：「狐死正丘首，仁也。」正丘首，正首丘也。仁，恩也。○首，手又反，注同。

○伯魚之母死，期而猶哭。伯魚，孔子子也，名鯉。猶，尚也。○期，音基。鯉，音里。夫子聞之，曰：「誰與哭者？」門人曰：「鯉也。」夫子曰：「嘻！其甚也。」嘻，悲恨之聲。○與，音餘，下「餘閣也與」同。嘻，許其反，又於其反。伯魚聞之，遂除之。

○舜葬於蒼梧之野，舜征有苗而死，因留葬焉。書說舜曰：「陟方乃死。」蒼梧，於周南越之地，今爲郡。○梧，音吾。陟，知力反，升也。蓋三妃未之從也。古者不合葬。帝嚳而立四妃矣，象后妃四星，其一明者爲正妃，餘三小者爲次妃。帝堯因焉。至舜不告而取，不立正妃，但三妃而已，謂之三夫人。離騷所歌湘夫人，舜妃也。夏后氏增以三三而九，合十二人。春秋說云：「天子取十二。」即夏制也。以虞、夏及周制差之，則殷人又增以三九二十七，合三十九人。周人上法帝嚳，立正妃，又三二十七爲八十一人以增之，合百二十一人。其位，后也，夫人也，嬪也，世婦也，女御也，五者相參，以定尊卑。○嚳，苦毒反，高辛氏帝也。騷，素刀反，一音蕭。湘，音相。差，初佳反，又初宜反。嬪，婢人反。季武子曰：「周公蓋祔。」祔，謂合葬。合葬自周公以來。○祔，音父。曾子之喪，浴於爨室。見曾元之辭易簀，矯之以謙儉也。禮，死浴於適室。○爨，七亂反。矯，居表反。儉，其檢反。適，丁歷反。

○大功廢業。或曰：大功，誦可也。許其口習故也。

○子張病，召申祥而語之曰：「君子曰終，小人曰死。申祥，子張子，欲使執喪，成己志也。死之言澌也，事卒爲終，消盡爲澌。太史公傳曰：「子張姓顓孫。」今曰申祥，周、秦之聲，二者相近，未聞孰是。○語，魚據反。澌，本又作「斯」，音賜，下同。顓，音專。近，「附近」之「近」。吾今日其庶幾乎！」言易成也。○易，以豉反。

○曾子曰：「始死之奠，其餘閣也與？」不容改新。閣，庋藏食物。○奠，田練反。閣，音各。庋，字又作「庪」，同九毁反，又居僞反。曾子曰：「小功不爲位也者，是委巷之禮也。譏之也。位，謂以親疏叙列哭也。委巷，猶街里委曲所爲也。○街，音佳。

子思之哭嫂也爲位，善之也。禮，嫂叔無服。○嫂，悉早反，注同。婦人倡踊。有服者，娣姒婦小功。倡，先也。○倡，昌尚反，注同。踊，音勇。娣姒，大計反，下音似。申祥之哭言思也亦然。」説者云：言思，子游之子，申祥妻之昆弟，亦無服。過此以往，獨哭不爲位。

○古者冠縮縫，今也衡縫。縮，從也。今禮制，衡，讀爲「横」。今冠横縫，以其辟積多。○縮，所六反。縫，音逢，又扶用反，下同。衡，依注音横，華彭反。從，子容反。故喪冠之反吉，非古也。解時人之惑。喪冠縮縫，古冠耳。○解，佳買反。曾子謂子思曰：「伋！吾執親之喪也，水漿不入於口者七日。」言己以疾時禮而不如。○伋，音急。漿，子良反。子思曰：「先王之制禮也，過之者俯而就之，不至焉者跂而及之。故君子之執親之喪也，水漿不入於口者三日，杖而后能起。」爲曾子言難繼，以禮抑之。○俯，音甫。跂，丘豉反。爲，于僞反。

○曾子曰：「小功不税，據禮而言也。日月已過，乃聞喪而服曰税。大功以上然。小功輕，不服。○税，徐他外反，注同。上，時掌反。則是遠兄弟終無服也，言相離遠者，聞之恒晚。而可乎？」以己恩怪之。

○伯高之喪，伯高死時在衛，未聞何國人。孔氏之使者未至，謂賻賵者。○使，色吏反。賻，音附。賵，芳用反。冉子攝束帛乘馬而將之。冉子，孔子弟子冉有。攝，猶貸也。○乘，繩證反，四馬曰乘。貸，他代反。孔子曰：「異哉！徒使我不誠於伯高。」徒，猶空也。禮，所以副忠信也，忠信而無禮，何傳乎？○副，音仆。傳，直專反，一本作「傅」，音附。伯高死於衛，赴於孔子。赴，告也。凡有舊恩者，則使人告之。孔子曰：「吾惡乎哭諸？以其交會尚新。○惡，音烏。惡乎，猶於何也。兄弟，吾哭諸廟；父之友，吾哭諸廟門之外；别親疏也。○别，彼列反，下同。師，吾哭諸寢；朋友，吾哭諸寢門之外；所知，吾哭諸野。别輕重也。於野則已疏，於寢則已重，已，猶大也。夫由賜也見我，吾哭諸賜氏。」本於恩，哭於子貢寢門之外。○夫，舊音扶，皇如字，謂丈夫，即伯高。見，如字，皇賢遍反。遂命子貢爲之主，明恩所由。曰：「爲爾哭也，來者拜之，知伯高而來者，勿拜也。」異於正主。○爲，于僞反，下注「爲其疾」、「爲褻」、「爲我」、「我爲」皆同。來者，一本作「爲爾哭也來者」。

○曾子曰：「喪有疾，食肉飲酒，必有草木之滋焉。」增以香味，爲其疾不嗜食。

○滋，音咨。嗜，市志反。以爲薑桂之謂也。爲記者正曾子所云「草木滋」者，謂薑桂。○薑，居良反。

○子夏喪其子而喪其明。明，目精。○而喪，息浪反，下「喪明」、「喪爾明」同。曾子弔之曰：「吾聞之也，朋友喪明則哭之。」痛之。曾子哭，子夏亦哭。曰：「天乎！予之無罪也。」怨天罰無罪。曾子怒曰：「商！女何無罪也？吾與女事夫子於洙、泗之間，言其有師也。洙、泗，魯水名。○女，音汝，下同。洙，音殊。泗，音四。洙、泗，二水名。退而老於西河之上，西河，龍門至華陰之地。○華，徐胡化反。使西河之民疑女於夫子，爾罪一也；言其不稱師也。喪爾親，使民未有聞焉，爾罪二也；言居親喪無異稱。○稱，尺證反。喪爾子，喪爾明，爾罪三也。言隆於妻子。而曰女何無罪與？」子夏投其杖而拜，曰：「吾過矣！吾過矣！謝之！且服罪也。○與，音餘。吾離羣而索居，亦已久矣！」羣，謂同門朋友也。索，猶散也。○離羣，羣，朋友也，上音詈。索，悉各反，猶散也，下注「索居」同。

○夫晝居於內，問其疾可也。似有疾。○晝，知又反。夜居於外，弔之可也。

似有喪。是故君子非有大故，不宿於外；大故，謂喪憂。非致齊也，非疾也，不晝夜居於内。内，正寢之中。○齊，側皆反。

○高子皋之執親之喪也，子皋，孔子弟子，名柴。泣血三年，言泣無聲，如血出。未嘗見齒。言笑之微。○見，賢遍反。君子以爲難。言人不能然。

○衰，與其不當物也，寧無衰。惡其亂禮。不當物，謂精麄廣狹不應法制。○衰，七雷反，下同，後五服之衰，皆放此，不復音。當，丁浪反，注同。惡，烏路反。麄，本又作「麤」，七奴反。狹，音洽。應，「應對」之「應」。齊衰，不以邊坐；大功，不以服勤。爲褻喪服。邊，偏倚也。○褻，息列反。倚，於彼反，又於寄反。

○孔子之衛，遇舊館人之喪，前日，君所使舍己。入而哭之哀。出，使子貢說驂而賻之。賻，助喪用也。騑馬曰驂。○稅，本又作「説」，同他活反，徐又始鋭反，下及注同。驂，七南反，夾服馬也。騑，芳非反。子貢曰：「於門人之喪，未有所説驂。説驂於舊館，無乃已重乎？」言説驂大重，比於門人，恩爲偏頗。○頗，破多反。夫子曰：「予鄉者入而哭之，遇於一哀而出涕。遇，見也。舊館人恩雖輕，我入哭，見主人爲我盡一哀，是以厚恩待我，我爲出涕。恩重，宜有施惠。○鄉，本又作「嚮」，許亮反。出，如字，徐尺遂反。涕，音體。施，始豉反。予惡夫涕之無從也，小子行之！」客行無他物可以易之者，使遂以往。○惡，烏路反。夫，音扶。

○孔子在衛。有送葬者，而夫子觀之，曰：「善哉爲喪乎！足以爲法矣！小子識之。」子貢曰：「夫子何善爾也？」曰：「其往也如慕，其反也如疑。」慕，謂小兒隨父母啼呼。疑者，哀親之在彼，如不欲還然。○識，式志反，又音式，下及注「章識」皆同。呼，火故反。子貢曰：「豈若速反而虞乎？」速，疾。子曰：「小子識之，我未之能行也。」哀戚，本也。祭祀，末也。

○顏淵之喪，饋祥肉。饋，遺也。○饋，其位反。遺，于季反。孔子出受之，入，彈琴而后食之。弹琴，以散哀也。

○孔子與門人立，拱而尚右，二三子亦皆尚右。傚孔子也。○拱，恭勇反。傚，本又作「效」，胡教反，下同。孔子曰：「二三子之嗜學也，嗜，貪。○嗜，市志反，注同。我則有姊之喪故也。」二三子皆尚左。復正也。喪尚右，右，陰也。吉尚左，左，陽也。

○孔子蚤作，作，起。○蚤，音早。負手曳杖，消摇於門。欲人之怪己。○抴，羊世反，亦作「曳」。消摇，本又作「逍遥」。歌曰：「泰山其頹乎！泰山，衆山所仰。○頹，徒回反。梁木其壞乎！」梁木，衆木所放。○放，方兩反。哲人其萎乎！哲人，亦衆人所仰放也。以上二句喻之。萎，病也。詩云：「無木不萎。」○委，本又作「萎」，同紆危反，注同。既歌而入，當户而坐。蚤坐，急見人也。子貢聞之，曰：「泰山其頹，則吾將安仰？梁木其壞，哲人其萎，則吾將安放？夫子殆將病也？」覺孔子歌意。殆，幾也。○幾，音祈，又音機。遂趨而入。夫子曰：「賜！爾來何遲也！坐則望之。夏后氏殯於東階之上，則猶在阼也。殷人殯於兩楹之間，則與賓主夾之也。周人殯於西階之上，則猶賓之也。以三王之禮占己夢。○阼，才故反。楹，音盈。夾，本又作「俠」，古洽反，下注同。而丘也，殷人也。予疇昔之夜，夢坐奠於兩楹之間，是夢坐兩楹之間而見饋食也。言奠者，以爲凶象。疇，發聲也。昔，猶前也。○食，如字，又音嗣。疇，直留反。夫明王不興，而天下其孰能宗予？予殆將死也。」孰，誰也。宗，尊也。兩楹之間，南面鄉明，人君聽治正坐之處。今無明王，誰能尊我以爲人君乎？是我殷家奠殯之象，以此自知將死。○嚮，本又作「鄉」，同許亮反。治，直吏反。坐，才臥反，又如字。處，昌慮反。**蓋寢疾七日而没。**明聖人知命。

○孔子之喪，門人疑所服。無喪師之禮。**子貢曰：「昔者，夫子之喪顔淵，若喪子而無服，喪子路亦然，請喪夫子若喪父而無服。」**無服，不爲衰，弔服而加麻，心喪三年。

○孔子之喪，公西赤爲志焉。公西赤，孔子弟子，字子華。志，謂章識。**飾棺牆**[一]，**置翣，**牆，柳衣。翣，以布衣木，如攝與。○置，知吏反。翣，所甲反。衣，於既反。攝，所甲反，又所洽反。與，音餘。**設披，周也；設崇，殷也；綢練設旐，夏也。**夫子雖殷人，

〔一〕「飾棺牆」下，原衍「牆之障柩猶垣牆障家」九字，據婺州本、考補、阮校、考異刪。考補曰：「『牆之障柩猶垣牆障家』，無此九字，謹按：下注云『牆柳衣』，此注衍文，古本近是。」阮校曰：「『牆之障柩猶垣牆障家』閩、監、毛本同，岳本、嘉靖本同，衛氏集説亦有，考文古本無此九字。盧文弨云：『牆下注九字，古本無，乃疏中語也。』山井鼎云：『下注「牆柳衣」，此注爲衍文，明矣。』」考異云：「撫本初刻並無此九字，最是。修版時誤於他本剜擠入之，故其添補痕跡，今猶宛然。」

兼用三王之禮，尊之。披，柩行夾引棺者。崇，崇牙。旌，旗飾也。綢練，以練綢旌之杠。此旌，葬乘車所建也。旌之旒，緇布，廣充幅，長尋曰旐。爾雅説旌旗曰：「素錦綢杠」。○披，彼義反。綢，吐刀反，韜也，徐直留反，注同。旐，直小反。杠，音江，竿也。乘，繩證反。廣，光浪反，凡度廣狹曰廣，他皆放此。幅，方木反。

○子張之喪，公明儀爲志焉。志，亦謂章識。褚幕丹質，以丹布幕爲褚，葬覆棺，不牆不翣。○褚，張吕反。幕，音莫。褚幕，覆棺者。蟻結于四隅，畫褚之四角，其文如蟻行，往來相交錯。蟻，蚍蜉也。殷之蟻結，似今蛇文畫。○蟻，魚綺反，又作「蛾」。蚍，避尸反，徐扶夷反。蜉，音浮。殷士也。學於孔子，傚殷禮。

○子夏問於孔子曰：「居父母之仇，如之何？」夫子曰：「寢苫，枕干，不仕，雖除喪，居處猶若喪也。干，盾也。○仇，音求，讎也。苫，始占反，草也。枕，之鴆反。楯，本又作「盾」，食允反，又音允。弗與共天下也。不可以並生。遇諸市朝，不反兵而鬭。」言雖適市朝，不釋兵。○朝，直遥反，注同。曰：「請問居昆弟之仇，如之何？」曰：「仕，弗與共國，銜君命而使，雖遇之不鬭。」爲負而廢君命。○銜，音咸。使，色吏反。爲，于僞反，下「爲其負」、「相爲」同。曰：「請問居從父昆弟之仇，如之何？」曰：「不爲魁。魁，猶首也。天文北斗，魁爲首，杓爲末。○從，如字，徐才用反。魁，苦回反。杓，必遥反，又匹遥反。主人能，則執兵而陪其後。」爲其負，當成之。○陪，步回反。

○孔子之喪，二三子皆絰而出。尊師也。出，謂有所之適，然則凡弔服加麻者，出則變服。○絰，大結反。羣居則絰，出則否。羣，謂七十二弟子相爲朋友服。子夏曰：「吾離羣而索居。」

○易墓，非古也。易，謂芟治草木。不易者，丘陵也。○易，以豉反，注同。芟，所銜反。

○子路曰：「吾聞諸夫子，喪禮，與其哀不足而禮有餘也，不若禮不足而哀有餘也。喪主哀。祭禮，與其敬不足而禮有餘也，不若禮不足而敬有餘也。」祭主敬。

○曾子弔於負夏，負夏，衛地。主人既祖，填池，祖，謂移柩車去載處，爲行始也。

填池，當爲「奠徹」，聲之誤也。奠徹，謂徹遣奠，設祖奠。○填池，依注音「奠徹」[一]，盧、王並如字。處，昌慮反，下同。遣奠，棄戰反，本或作「遷奠」，非。推柩而反之，反於載處，榮曾子弔，欲更始。○推，昌隹反，又吐回反。柩，其久反。降婦人而后行禮。禮，既祖而婦人降。今反柩，婦人辟之，復升堂矣。柩無反而反之，而又降婦人，蓋欲矜賓於此婦人，皆非。○辟，音避，下「辟賢」、「辟不懷」並同。復，扶又反。從者曰：「禮與？」怪之。○從，才用反，下同。與，音餘，下同。曾子曰：「夫祖者，且也。」且，未定之辭。○夫，音扶。且胡爲其不可以反宿也？」給説。從者又問諸子游曰：「禮與？」疑曾子言非。子游曰：「飯於牖下，小斂於户内，大斂於阼，殯於客位，祖於庭，葬於墓，所以即遠也，故喪事有進而無退。」明反柩非[二]。○飯，煩晚反。牖，羊久反。斂，力驗反。禮家凡小斂、大斂之字皆同，不重出。阼，才故反。曾子聞之曰：「多矣乎！予出祖者。」善子游言，且服。○且服，本或作「且服過」。

[一]「徹」，原訛作「徐」，據和本、閩本、監本、毛本、殿本、阮刻本改。

[二]「明反」，原訛作「朋友」，據撫州本、八行本、和本、閩本、監本、毛本、殿本、阮刻本改。

○曾子襲裘而弔，子游裼裘而弔。曾子指子游而示人曰：「夫夫也，爲習於禮者，如之何其裼裘而弔也？」曾子蓋知臨喪無飾。夫夫，猶言此丈夫也。子游於時名爲習禮。○裼，星曆反。夫夫，上音扶，下如字，一讀並如字，注及下同。主人既小斂，袒，括髮，子游趨而出，襲裘帶絰而入。於主人變，乃變也。所弔者，朋友。○袒括，徒旱反，下古活反。曾子曰：「我過矣！我過矣！夫夫是也。」服且善子游。

○子夏既除喪而見，見於孔子。○見，賢遍反，注及下同。予之琴，和之而不和〔一〕，彈之而不成聲。樂由人心。○予，羊汝反，下同。和，音禾，或胡卧反，下同。樂，音岳，又音洛。作而曰：「哀未忘也。先王制禮，而弗敢過也。」作，起。○忘，音亡。子張既除喪而見，予之琴，和之而和，彈之而成聲。作而曰：「先王制禮，不敢不至焉。」雖情異，善其俱順禮。

〔一〕「而」，原脱，據唐石經、撫州本、婺州本、岳本、嘉靖本、八行本、和本、閩本、監本、毛本、殿本、阮刻本補。

○司寇惠子之喪，惠子，衛將軍文子彌牟之弟惠叔蘭也，生虎者。○彌，亡卑反。牟，莫侯反。子游爲之麻衰、牡麻絰。惠子廢適立庶，爲之重服以譏之。麻衰，以吉服之布爲衰。○爲之，于僞反，注「爲之重服」、下「爲之服」皆同。適，丁曆反，下文及注同。文子辭曰：「子辱與彌牟之弟游，謝其存時。又辱爲之服，敢辭！」止之服也。子游曰：「禮也！」文子退，反哭。子游名習禮，文子亦以爲當然，未覺其所譏。子游趨而就諸臣之位。深譏之。大夫之家臣，位在賓後。文子又辭曰：「子辱與彌牟之弟游，又辱爲之服，又辱臨其喪，敢辭！」止之在臣位。子游曰：「固以請！」再不從命。文子退，扶適子南面而立，曰：「子辱與彌牟之弟游，又辱爲之服，又辱臨其喪。虎也，敢不復位！」覺所譏也。虎，適子名。文子親扶而辭，敬子游也。南面而立，則諸臣位在門内北面明矣。子游趨而就客位。所譏行。

○將軍文子之喪，既除喪，而后越人來弔。主人深衣練冠，待于廟，垂涕洟。主人，文子之子簡子瑕也。深衣練冠，凶服變也。待于廟，受弔不迎賓也。○涕，他計反。洟，音夷，自目曰涕，自鼻曰洟。瑕，音遐，本又作「瘕」，古雅反。子游觀之曰：「將軍文氏之子，其庶幾乎！亡於禮者之禮也，其動也中。」中禮之變。○中，丁仲反，注及下注「禮中」之「中」同。

○幼名，冠字，五十以伯仲，死謚，周道也。絰也者，實也。所以表哀戚。○冠，古亂反。掘中霤而浴，毀竈以綴足；及葬，毀宗躐行，出于大門，殷道也。明不復有事於此。周人浴不掘中霤，葬不毀宗躐行。毀宗，毀廟門之西而出。行神之位，在廟門之外。○掘，求月反，又求勿反。霤，力救反。綴，丁劣反，又丁衛反。躐，良輒反。復，扶又反。學者行之。學於孔子者行之，傚殷禮。

○子柳之母死，子碩請具。具，葬之器用。子柳，魯叔仲皮之子，子碩兄。○碩，音石。子柳曰：「何以哉？」言無其財。子碩曰：「請粥庶弟之母。」粥，謂嫁之也。妾賤，取之曰買。○鬻，本又作「粥」，音育，賣也，注同。子柳曰：「如之何其粥人之母以葬其母也？不可。」忠恕。既葬，子碩欲以賻布之餘具祭器。古者謂錢爲泉布，所以通布貨財。子柳曰：「不可！吾聞之也，君子不家於喪。惡因死者以爲利。○惡，烏路反。請班諸兄弟之貧者。」以分死者所矜也，禄多則與鄰里鄉黨。

○君子曰："謀人之軍師，敗則死之。謀人之邦邑，危則亡之。"利己亡衆，非忠也。言亡之者，雖辟賢，非義退。

○公叔文子升於瑕丘，蘧伯玉從。二子[一]，衛大夫。文子，獻公之孫，名拔。○蘧，本又作"璩"，其魚反。從，才用反，又如字。拔，皮八反，徐蒲末反。文子曰："樂哉斯丘也！死則我欲葬焉。"蘧伯玉曰："吾子樂之，則瑗請前。"刺其欲害人良田。瑗，伯玉名。○樂，音洛，下同，一讀下音五教反。瑗，于卷反，又於願反。刺，七賜反。

○弁人有其母死而孺子泣者。言聲無節。○弁，皮彥反。孺，而注反。孔子曰："哀則哀矣，此誠哀。而難爲繼也。失禮中。夫禮，爲可傳也，爲可繼也。故哭、踊有節。"○傳，直專反。

○叔孫武叔之母死，武叔，公子牙之六世孫，名州仇，毀孔子者。既小斂，舉者出户，出户袒，且投其冠，括髮。尸出户，乃變服，失哀節。冠，素委貌。○括，古活反。子

〔一〕"二"，原訛作"三"，據撫州本、婺州本、岳本、嘉靖本、八行本、和本、十行本、閩本、監本、毛本、殿本、阮刻本改。

游曰：「知禮！」嗤之。○嗤，昌之反。

○扶君，卜人師扶右，射人師扶左。謂君疾時也。卜，當爲「僕」，聲之誤也。僕人、射人，皆平生時贊正君服位者。○卜人師，依注音「僕」，師，長也，謂大僕也，本或無「師」字者，非也。前儒如字，卜人及醫師也。君薨以是舉。不忍變也。周禮射人：「大喪，與僕人遷尸。」

○從母之夫，舅之妻，二夫人相爲服，君子未之言也。二夫人，猶言此二人也。時有此二人同居，死相爲服者。甥居外家而非之。○從，才用反。夫人，音扶，注同。爲，于僞反，注及下注「夫爲妻」同。或曰：「同爨緦。」以同居，生緦之親，可。○爨緦，上七亂反，下音絲。

○喪事欲其縱縱爾，趨事貌。縱，讀如「揔領」之「揔」。○縱，依注音「揔」，急遽貌。吉事欲其折折爾。安舒貌。詩云：「好人提提。」○折，大兮反，注同。故喪事雖遽不陵節，吉事雖止不怠。陵，躐也。止，立俟事時也。怠，惰也。○躐，力輒反。惰，徒卧反。故騷騷爾則野，謂大疾。○騷，素刀反，急疾貌。大，音泰，一音他佐反〔一〕，下注同。鼎鼎

〔一〕「他」，原訛作「地」，據彙校卷第十一、撫釋一、和本、十行本、閩本、監本、毛本、殿本、阮刻本改。

爾則小人。謂大舒。君子蓋猶猶爾。疾舒之中。

○喪具，君子恥具。辟不懷也。喪具，棺衣之屬。一日二日而可爲也者，君子弗爲也。謂絞、紟、衾、冒。○絞，户交反，後同。紟，其蔭反。冒，莫報反。

○喪服，兄弟之子猶子也，蓋引而進之也。嫂叔之無服也，蓋推而遠之也。或引或推，重親遠别。○遠，于萬反。别，彼列反。姑、姊、妹之薄也，蓋有受我而厚之者也。欲其一心於厚之者〔一〕。姑、姊、妹嫁，大功。夫爲妻，期。○期，音基。

○食於有喪者之側，未嘗飽也。助哀戚也。

○曾子與客立於門側，其徒趨而出。徒，謂客之旅。曾子曰：「爾將何之？」曰：「吾父死，將出哭於巷。」以爲不可發凶於人之館。曰：「反哭於爾次。」次，舍也。禮，館人使專之，若其自有然。曾子北面而弔焉。

○孔子曰：「之死而致死之，不仁而不可爲也；之死而致生之，不知而

〔一〕「二」下，原衍「人」字，據撫州本、婺州本、岳本、嘉靖本、八行本、和本、十行本、閩本、監本、毛本、殿本、阮刻本删。

不可爲也。之，往也。死之、生之，謂無知與有知也。爲，猶行也。○知，音智。是故竹不成用，瓦不成味，木不成斲，成，猶善也。竹不可善用，謂邊無縢。味，當作「沫」。沫，靧也。○味，依注音「沫」，亡曷反。斲，陟角反。縢，本又作「滕」，徒登反。靧，音悔，洗面。琴瑟張而不平，竽笙備而不和，無宫商之調。○竽笙，音于，下音生。和，胡卧反。調，直弔反。有鐘磬而無簨虡，不縣之也。横曰簨，植曰虡。○簨，息允反。虡，音巨。植，時力反，又音值。其曰明器，神明之也。」言神明死者也。神明者，非人所知，故其器如此。

○有子問於曾子曰：「問喪於夫子乎？」有子，孔子弟子有若也。夫子卒後問此，庶有異聞也。喪，謂仕失位也。魯昭公孫於齊曰：「喪人其何稱？」○問喪，問，或作「聞」。喪，息浪反，注及下皆同。孫，音遜。曰：「聞之矣。喪欲速貧，死欲速朽。」有子曰：「是非君子之言也。」貧、朽，非人所欲。○朽，許久反。曾子曰：「參也聞諸夫子也。」有子又曰：「是非君子之言也。」曾子曰：「參也與子游聞之。」有子曰：「然！然則夫子有爲言之也。」曾子以斯言告於子游。子游曰：「甚哉！有子之言似夫子也。昔者，夫子居於宋，見桓司馬自爲石椁，三年而不成，桓司馬，宋向戌之孫，名魋。○有爲，于僞反，下「爲桓司馬」、「爲敬叔」、「則爲之」、注「爲民作」、「爲嫁母」皆同。向，式上反。戌，音恤。魋，大回反。夫子曰：『若是其靡也，死不如速朽之愈也。』死之欲速朽，爲桓司馬言之也。靡，侈。○侈，昌氏反，又申氏反。南宮敬叔反，必載寶而朝。敬叔，魯孟僖子之子仲孫閱，蓋嘗失位去魯，得反，載其寶來朝於君。○朝，直遥反，注同。僖，許宜反。閱，音悦。夫子曰：『若是其貨也，喪不如速貧之愈也。』喪之欲速貧，爲敬叔言之也。」曾子以子游之言告於有子。有子曰：「然！吾固曰『非夫子之言也』。」曾子曰：「子何以知之？」有子曰：「夫子制於中都，四寸之棺，五寸之椁，以斯知不欲速朽也。中都，魯邑名也。孔子嘗爲之宰，爲民作制。孔子由中都宰爲司空，由司空爲司寇。昔者，夫子失魯司寇，將之荆，將應聘於楚。○應，「應對」之「應」。蓋先之以子夏，又申之以冉有，以斯知不欲速貧也。」言汲汲於仕得禄。○汲，音急。

○陳莊子死，赴於魯，魯人欲勿哭。君無哭鄰國大夫之禮。陳莊子，齊大夫陳恒之孫，名伯。繆公召縣子而問焉。縣子曰：「古之大夫，束脩之問不出竟，雖欲哭之，安得而哭之？以其不外交。○繆，音木。竟，音境。今之大夫，交政於中國，雖欲勿哭，焉得而弗哭。言時君弱臣强，政在大夫，專盟會以交接。○焉，於虔反。且臣聞之，哭有二道，有愛而哭之，有畏而哭之。」以權微勸之。公曰：「然！然則如之何而可？」縣子曰：「請哭諸異姓之廟。」明不當哭。於是與哭諸縣氏。

○仲憲言於曾子曰：「夏后氏用明器，示民無知也。所謂致死之。仲憲，孔子弟子原憲。殷人用祭器，示民有知也。所謂致生之。周人兼用之，示民疑也。」言使民疑於無知與有知。曾子曰：「其不然乎！其不然乎！非其説之非也。夫明器，鬼器也；祭器，人器也。夫古之人，胡爲而死其親乎！」言仲憲之言，三者皆非。此或用鬼器，或用人器。

○公叔木有同母異父之昆弟死，問於子游。木，當爲「朱」，春秋作「戍」，衛公叔文子之子，定公十四年奔魯。○木，音式樹反，又音朱，徐之樹反。子游曰：「其大功乎？」疑所服也。親者屬，大功是。狄儀有同母異父之昆弟死，問於子夏。子夏曰：「我未之前聞也。魯人則爲之齊衰。」狄儀行齊衰。今之齊衰，狄儀之問也。

○子思之母死於衛。子思，孔子孫，伯魚之子。伯魚卒，其妻嫁於衛。柳若謂子思曰：「子，聖人之後也。四方於子乎觀禮，子蓋慎諸！」柳若，衛人也。見子思欲爲嫁母服，恐其失禮，戒之。嫁母，齊衰期。子思曰：「吾何慎哉！吾聞之，有其禮，無其財，君子弗行也。謂時可行，而財不足以備禮。有其禮，有其財，無其時，君子弗行也。謂財足以備禮，而時不得行者。吾何慎哉！」時所止則止，時所行則行，無所疑也。喪之禮，如子贈襚之屬，不踰主人。○襚，音遂。

○縣子瑣曰：「吾聞之：古者不降，上下各以其親。古，謂殷時也。上不降遠，下不降卑。○瑣，息果反，依字作「瑣」。滕伯文爲孟虎齊衰，其叔父也；爲孟皮齊衰，其叔父也。」伯文，殷時滕君也，爵爲伯，名文。○滕，徒登反。爲，于僞反，下及下注「爲人」同。

○后木曰：「喪，吾聞諸縣子曰：『夫喪，不可不深長思也。后木，魯孝公子，惠伯鞏之後。○鞏，恭勇反。買棺外内易。』我死則亦然。」此孝子之事，非所託。○易，以豉反。

○曾子曰：「尸未設飾，故帷堂，小斂而徹帷。」仲梁子曰：「夫婦方亂，故帷堂，小斂而徹帷。」斂者，動摇尸。帷堂，爲人褻之。言方亂，非也。仲梁子，魯人也。○帷，意悲反。

○小斂之奠。子游曰：「於東方。」曾子曰：「於西方，斂斯席矣。」曾子以俗説，非。又大斂奠於堂，乃有席。小斂之奠在西方，魯禮之末失也。末世失禮之爲。

○縣子曰：「綌衰繐裳，非古也。」非時尚輕凉慢禮。○綌衰，去逆反，麤葛也，下七回反。繐，音歲，布細而疏曰繐。凉，音良。

○子蒲卒，哭者呼「滅」。滅，蓋子蒲名。子皋曰：「若是野哉！」非之也，唯復呼名。子皋，孔子弟子高柴。○皋，音高。哭者改之。

○杜橋之母之喪，宫中無相，以爲沽也。沽，猶略也。○相，息亮反。沽，音古。

○夫子曰：「始死，羔裘玄冠者，易之而已。」羔裘玄冠，夫子不以弔。不以吉服弔喪。○易，音亦，徐以豉反。

○子游問喪具。夫子曰：「稱家之有亡。」子游曰：「有無惡乎齊？」惡乎齊，問豐省之比。○稱，尺證反。有亡，皇如字，無也，一音無，下同。惡，音烏，注同。齊，才細反，又如字，注同。省，所領反。比，必利反。夫子曰：「有，毋過禮。苟亡矣，斂首足形，形，體。○毋，音無。還葬，還之言便也。言已斂即葬，不待三月。○還，音旋。斂，力驗反。縣棺而封，不設碑繂，不備禮。封，當爲「窆」。窆，下棺也。春秋傳作「堋」。○縣，音玄。封，依注作「窆」，彼驗反，徐又甫鄧反。碑，彼皮反。繂，音律。堋，北鄧反。人豈有非之者哉！」不責於人所不能。

○司士賁告於子游曰：「請襲於牀。」時失之也。禮，唯始死廢牀。○賁，音奔，人名。子游曰：「諾！」縣子聞之曰：「汰哉！叔氏專以禮許人。」當言禮然，言諾，非也。叔氏，子游字。○汰，本又作「大」，音泰，自矜大。

○宋襄公葬其夫人，醯醢百甕。曾子曰：「既曰明器矣，而又實之。」言名之爲明器，而與祭器皆實之，是亂鬼器與人器。○醯，呼兮反。醢，音海。甕，烏弄反。

○孟獻子之喪，獻子，魯大夫仲孫蔑。司徒旅歸四布。旅，下士也。司徒使下士歸四方之賻布。夫子曰：「可也。」時人皆貪，善其能廉。○讀賵。曾子曰：「非古也，是再告也。」曾子言非。禮，祖而讀賵[一]。賓致命，將行主人之史又讀賵[二]，所以存録之。

○成子高寢疾，成子高，齊大夫，國成伯高父也。慶遺入請曰：「子之病革矣！如至乎大病，則如之何？」觀其意。革，急也。遺，慶封之族。○遺，于季反，又如字。革，紀力反。子高曰：「吾聞之也，生有益於人，死不害於人。吾縱生無益於人，吾可以死害於人乎哉？我死，則擇不食之地而葬我焉。」不食，謂不墾耕。○墾，苦很反。

○子夏問諸夫子曰：「居君之母與妻之喪，居處、言語、飲食衎爾。」衎爾，自得貌。爲小君惻隱，不能至。○衎，苦旦反，注同。爲，于僞反，下「爲之殷」、「爲其久」、「爲

〔一〕「祖」，原訛作「袓」，據撫州本、婺州本、八行本、阮刻本改。

〔二〕「史」，原訛作「吏」，據岳本、十行本、閩本、監本、毛本、殿本、考異改。考異曰：「『吏』當作『史』，此撫本之誤，嘉靖本、岳本亦然，十行本改爲『史』，是矣，在既夕有明文。又，雜記注不誤也。」

君服」同。

○賔客至，無所館。夫子曰：「生於我乎館，死於我乎殯。」仁者不戹人。

○國子高曰：「葬也者，藏也。藏也者，欲人之弗得見也。是故衣足以飾身，棺周於衣，椁周於棺，土周於椁。言皆所以爲深邃，難人發見之也。國子高，成子高也。成，謚也。○邃，先遂反。難，乃旦反。見，如字，又賢遍反。反壤樹之哉！」反，覆也。怪不如大古也。而反封樹之，意在於儉，非周禮。○壤，而丈反。復，扶又反，舊音服，非。大，音泰。

○孔子之喪，有自燕來觀者，舍於子夏氏。子夏曰：「聖人之葬人，與人之葬聖人也，子何觀焉？與，及也。○燕，烏田反。昔者夫子言之曰：『吾見封之若堂者矣，封，築土爲壠。堂形四方而高。○壠，力勇反。見若坊者矣，坊形旁殺，平上而長。○坊，音防。殺，色戒反，下同。見若覆夏屋者矣，覆，謂茨瓦也。夏屋，今之門廡也，其形旁廣而卑。○茨，徐在私反，茅覆屋。廡，音武。卑，如字，又音婢。見若斧者矣，斧形旁殺，刃上而長。從若斧者焉。』孔子以爲刃上難登，狹又易爲功。○狹，户甲反。易，以豉反。**馬鬣封之謂也。**俗間名。○鬣，力輒反。**今一日而三斬板，而已封，**板，蓋廣二尺，長六尺。斬板，謂斷其縮也。三斷上之〔一〕，旁殺，蓋高四尺，其廣袤未聞也。詩云：「縮板以載。」○斷，音短，下同。上，時掌反，下「以上」同。廣袤，古曠反，下音茂，徐又亡侯反。**尚行夫子之志乎哉？」**尚，庶幾也。

○婦人不葛帶，婦人質，不變重者，至期除之。卒哭，變絰而已。

○有薦新，如朔奠。重新物，爲之殷奠。

○既葬，各以其服除。卒哭，當變衰麻者變之，或有除者，不視主人。

○池視重霤。如堂之有承霤也。承霤以木爲之，用行水，亦宫之飾也〔二〕。柳，宫象也。以竹爲池，衣以青布，縣銅魚焉。今宫中有承霤，云以銅爲之。○重，直容反。衣，于既反。

○君即位而爲椑，椑，謂杝棺親尸者。椑，堅著之言也，言天子椑内，又有水、兕革棺。

〔一〕「上」，原訛作「正」，據八行本改。

〔二〕「亦」，原訛作「以」，據撫州本、婺州本、岳本、嘉靖本、八行本、和本、十行本、閩本、監本、毛本、殿本、阮刻本改。

○椑，蒲歷反，徐房益反，櫬尸棺。杝，音移。著，直略反。兕，徐里反。**歲壹漆之，**若未成然。○漆，音七。**藏焉。**虛之不合。○令，力政反，本又作「合」。

○復，楔齒，綴足，飯，設飾，帷堂，並作。設飾，謂遷尸，又加新衣。○楔，悉節反。綴，丁劣反，又丁衛反。飯，煩晚反，唅也。**父兄命赴者。**謂大夫以上也。士，主人親命之。

○君復於小寢、大寢、小祖、大祖、庫門、四郊。尊者求之備也，亦他日所嘗有事。

○喪不剥，奠也與？祭肉也與？剥，猶倮也。有牲肉則巾之，爲其久設，塵埃加也。脯醢之奠不巾。○剥，邦角反。與，音餘，下同。倮，力果反，謂不巾覆也。埃，音哀。

既殯旬，而布材與明器。木工宜乾腊，且豫成。材，椁材也。○腊，音昔。**朝奠日出，夕奠逮日。**陰陽交接，庶幾遇之。○逮，音代，或大計反。**父母之喪，哭無時，使必知其反也。**謂既練，或時爲君服金革之事，反必有祭。**練，練衣黄裏、縓緣，**小祥練冠，練中衣，以黄爲内，縓爲飾。黄之色，卑於纁。縓，纁之類，明外除。○縓，七絹反，淺赤色，今之紅也。緣，悦絹反，下注同。熏，本又作「纁」，許云反。**葛要絰，繩屨無約，角瑱，**瑱，充耳也，吉時以玉，人君有瑱。○要絰，一遥反，下注「小要」同，下大結反。絇，其俱反，屨頭飾。瑱，吐練反。**鹿裘衡、長、袪。**衡，當爲「横」，字之誤也。袪，謂褎緣袂口也〔一〕。練而爲裘，横廣之，又長之，又爲袪，則先時狹短，無袪可知。吉時麛裘。○衡，依注作「横」，華彭反，下「衡三」同。袪，起魚反，一音丘據反。褎，本又作「袖」，音徐秀反。袂，面世反。**袪，裼之可也。**裼，表裘也。有袪而裼之，備飾也。玉藻曰：「麛裘青豻褎，絞衣以裼之。」鹿裘，亦用絞乎？○裼，音昔。麛，音迷，本又作「麑」，同鹿子也。豻，音岸，胡地野犬。絞，户交反。

○有殯，聞遠兄弟之喪，雖緦必往。親骨肉也。**非兄弟，雖鄰不往。**疏無親也。**所識，其兄弟不同居者皆弔。**就其家弔之，成恩舊也。

○天子之棺四重，尚深邃也。諸公三重，諸侯再重，大夫一重，士不重。○重，直龍反，注皆同。邃，雖遂反。**水、兕革棺被之，其厚三寸，**以水牛、兕牛之革以爲棺被，革各厚三寸，合六寸也，此爲一重。○被，皮寄反，注同。厚，胡豆反，度厚薄曰厚，皆同此音。**杝棺一，**所謂椑棺也。爾雅曰：「椴，杝。」○杝，羊支反，木名。椴，徒亂反。**梓棺二。**所謂屬

〔一〕「褎」，原訛作「褏」，據撫州本、婺州本、岳本、八行本改，下釋文、注文同。

與大棺。○梓，音子。屬，音燭。四者皆周。周，帀也。凡棺，用能濕之物。○帀，本又作「匝」，同子合反。能濕，乃代反。棺束，縮二衡三，衽每束一。衡，亦當爲「横」。衽，今小要衽，或作「漆」，或作「髹」。○衽，而審反，又而鴆反。髹，又作「髤」，許求反。柏椁以端長六尺。以端，題湊也，其方蓋一尺。○題，徒低反，頭也。湊，七豆反，聚也。

○天子之哭諸侯也，爵弁、絰、紂衣。服士之祭服以哭之，明爲變也。天子至尊，不見尸柩，不弔服，麻不加於采。此言絰，衍字也。時人聞有弁絰，因云之耳。周禮：王弔諸侯，弁絰、緦衰也。○紂，本又作「緇」，又作「純」，同側其反。爲，于僞反，下文及注「爲其變」皆同。衍，以善反。或曰：使有司哭之，非也，哀戚之事，不可虚。爲之不以樂食。盖謂殯斂之間。

○天子之殯也，菆塗龍輴以椁。菆木以周龍輴如椁而塗之〔一〕。天子殯以輴車，

〔一〕「如」，原訛作「加」，據撫州本、婺州本、岳本、八行本、阮校改。阮校曰：「菆木以周龍輴加椁而塗之　閩、監、毛本同，嘉靖本同，衛氏集説同，惠棟校宋本『加』作『如』，宋監本、岳本同，續通解同。案：作『如』是也。正義云『象椁之形』，正申此『如』字之義。○按：穀梁僖九年疏引作『如』。」

畫輴爲龍。○菆，才官反。輴，勑倫反。輴，音袁。加斧于椁上，畢塗屋。斧，謂之黼，白黑文也。以刺繡於縿幕，加椁以覆棺，已，乃屋其上，盡塗之。○黼，音甫。刺，七亦反。縿，音消。幕，音莫。天子之禮也。

○唯天子之喪，有别姓而哭。使諸侯同姓、異姓、庶姓相從而爲位，别於朝覲來時。朝覲，爵同同位。○别，彼列反，注同。朝，直遥反，下同。

○魯哀公誄孔丘曰：「天不遺耆老，莫相予位焉。嗚呼！哀哉，尼父！」誄其行以爲謚也。莫，無也。相，佐也。言孔子死，無佐助我處位者。尼父，因且字以爲之謚〔一〕。

〔一〕「且」，原訛作「其」，據撫州本、岳本、阮校改。阮校曰：「尼父因其字以爲之謚　閩、監、毛本同，嘉靖本同，衛氏集説同。惠棟校宋本『其』作『且一』。岳本亦作『且』，無『一』字，宋監本同，考文引古本與宋本同，足利本與岳本同。段玉裁云：『「且」字見儀禮者四，見禮記者三，見公羊傳者三，疏家多不得其解。今案説文：「且，薦也。」凡承藉於下曰且。凡冠而字，祇有一字耳，必五十而後以伯仲，故下一字，所以承藉伯仲也，言伯某、仲某，是稱其字；單言某甫，是稱其且字。若韓非子於孔子單言「尼」，蓋五十以前事也。此注家「且」字之説也，其説甚詳，不可備録。』又云：『檀弓注「且字」，俗本訛作「其字」字，今本左傳哀十六年疏引訛作「目字」，宋本禮記注疏訛作「且一字」三字，惟南宋禮記監本及慶元本左傳哀十六年疏作「且字」，不誤。』」

○誄，力軌反。耆，巨支反。相，息亮反，注同。父，音甫。行，下孟反。

○國亡大縣邑，公、卿、大夫、士皆厭冠，哭於大廟三日，君不舉。軍敗失地，以喪歸也。厭冠，今喪冠，其服未聞。○大縣，「郡縣」之「縣」。厭，于葉反，注同。大，音泰。或曰：「君舉而哭於后土。」后土，社也。

○孔子惡野哭者。爲其變衆。周禮銜枚氏：掌禁野叫呼、歎呼於國中者，行歌哭於國中之道者。○惡，烏路反。銜枚，上音咸，下木杯反。呼，火故、火胡二反。

○未仕者，不敢税人。如税人，則以父兄之命。不專家財也。税，謂遺予人〔一〕。○税，始鋭反，謂以物遺人也。遺，維季反。

○士備入而后朝夕踊。備，猶盡也。國君之喪，嫌主人哭，入則踊。

○祥而縞，縞冠素紕也。○縞，古老反，注同。紕，避支反。是月禫，徙月樂。言禫，明月可以用樂。○禫，大感反。樂，音岳。

○君於士，有賜帟。帟，幕之小者，所以承塵。賜之，則張於殯上。大夫以上，幕人

〔一〕「予」，原訛作「于」，據撫州本、婺州本、岳本、八行本改。

職供焉。○帟，音亦。共，音恭，本亦作「供」。

禮記卷第二

禮記卷第三

檀弓下第四

禮記　　鄭氏注

君之適長殤，車三乘；公之庶長殤，車一乘；大夫之適長殤，車一乘。皆下成人也。自上而下，降殺以兩。成人遣車五乘，長殤三乘，下殤一乘，尊卑以此差之。庶子言公，卑遠之。傳曰：「大功之殤，中從上。」○適，丁歷反，下及下「適室」同。長殤，丁丈反，下及注同，下式羊反。乘，繩證反，下及注同。皆下，户嫁反。殺，色戒反。遣，棄戰反。差，初佳反，又初宜反。遠，于萬反。

○公之喪，諸達官之長杖。謂君所命，雖有官職，不達於君，則不服斬。

○君於大夫，將葬，弔於宮，及出，命引之，三步則止。以義奪孝子。宮，殯宫。出，謂柩已在路。如是者三，君退。退，去也。三命引之，凡移九步。朝亦如之，哀次亦如之。君弔不必於宫。朝喪，朝廟也。次，他日賓客所受大門外舍也。孝子至此而哀，君或於是弔焉。○朝，直遥反，注同。

○五十無車者，不越疆而弔人。氣力始衰。○疆，居良反，本又作「壃」，下「越疆」同。

○季武子寢疾，蟜固不説齊衰而入見，曰：「斯道也，將亡矣！士唯公門説齊衰。」季武子，魯大夫季孫夙也。世爲上卿，强且專政，國人事之如君。蟜固能守禮，不畏之，矯失俗也。道，猶禮也。○蟜，居表反。蟜固，人姓名。説，他活反，本亦作「税」，徐又音申鋭反，下同。見，賢遍反。矯，居表反。武子曰：「不亦善乎！君子表微。」時無如之何，佯若善之。表，猶明也。及其喪也，曾點倚其門而歌。明己不與也。點，字晳，曾參父。○點，多忝反。倚，于綺反，徐其綺反。晳，星曆反。

○大夫弔，當事而至，則辭焉。辭，猶告也。擯者以主人有事告也，主人無事，則爲大夫出。○擯，必刃反，本又作「儐」，同，後放此。爲，于僞反，下「亦爲」、「爲之變」同。弔於人，是日不樂。君子哀樂不同日。子於是日哭，則不歌。○日，人一反。樂，音岳，又音洛，注同。婦人不越疆而弔人。不通於外。行弔之日，不飲酒食肉焉。以全哀也。弔於葬者，必執引，若從柩及壙，皆執紼。示助之以力。車曰引，棺曰紼。從柩，贏者。○引，音胤，注同，車索。壙，苦晃反，又音曠，後同。紼，音弗，棺索。贏，音盈。

○喪，公弔之，必有拜者。往謝之。雖朋友、州里、舍人可也。謂無主後。弔曰：「寡君承事。」示亦爲執事來。主人曰：「臨。」君辱臨其臣之喪。○臨，如字，徐力鴆反。君遇柩於路，必使人弔之。君於民臣，有父母之恩。大夫之喪，庶子不受弔。不以賤者爲有爵者主。

○妻之昆弟爲父後者死，哭之適室。以其正也。子爲主，袒、免、哭、踊。親者主之。○免，音問。夫入門右，北面，辟正主。○辟，音避，下「辟難」同。使人立于門外告來者，狎則入哭。狎，相習知者。○使，色吏反，又如字。狎，户甲反。父在，哭於妻之室。不以私喪干尊。非爲父後者，哭諸異室。

○有殯，聞遠兄弟之喪，哭于側室。嫌哭殯。無側室，哭于門内之右。近南者，爲之變位。○近，「附近」之「近」。同國，則往哭之。喪無外事。

○子張死，曾子有母之喪，齊衰而往哭之。或曰：「齊衰不以弔。」以其無服，非之。曾子曰：「我弔也與哉！」於朋友哀痛甚而往哭之，非若凡弔。○與，音餘。

○有若之喪，悼公弔焉。悼公，魯哀公之子。○悼，音道。子游擯由左。擯，相侑喪禮者。喪禮廢亡，時人以爲此儀當如詔辭，而皆由右相，是善子游正之。孝經說曰：「以身擯侑。」○擯，必刃反，注同。相，息亮反，下同。詔，音照。侑，音又。

○齊穀王姬之喪，穀，當爲「告」，聲之誤也。王姬，周女，齊襄公之夫人。○穀，音告，又古毒反。魯莊公爲之大功。或曰：「由魯嫁，故爲之服姊妹之服。」或曰：「外祖母也，故爲之服。」春秋周女由魯嫁，卒，服之如內女服姊妹是也。天子爲之無服。嫁於王者之後，乃服之。莊公，齊襄公女弟文姜之子，當爲舅之妻，非外祖母也。外祖母，又小功也。○爲之，于僞反，下及注同。王，如字，徐于況反。

○晉獻公之喪，秦穆公使人弔公子重耳。獻公殺其世子申生，重耳辟難出奔，是時在翟，就弔之。○重，直龍反，注及下皆同。難，乃旦反。翟，音迪，本又作「狄」。且曰：「寡人聞之，亡國恒於斯，得國恒於斯，言在喪代之際。雖吾子儼然在憂服之中，喪亦不可久也，時亦不可失也，孺子其圖之。」勸其反國，意欲納之。喪，謂亡失位。孺，稺也。○嚴，魚檢反，本亦作「儼」，同。喪，息浪反，注及下皆同。孺，如樹反，後同。稺，直吏反，本又作「稚」，同。以告舅犯。舅犯，重耳之舅狐偃也，字子犯。舅犯曰：「孺子其辭焉！喪人無寶，仁親以爲寶。寶，謂善道可守者。仁親，親行仁義。父死之謂何？又因以爲利，欲反國求爲後，是利父死。而天下其孰能説之？孺子其辭焉！」説，猶解也。公子重耳對客曰：「君惠弔亡臣重耳，身喪父死，不得與於哭泣之哀，以爲君憂。謝之。○與，音預。父死之謂何？或敢有他志，以辱君義？」稽顙而不拜，哭而起，起而不私。他志，謂私心。○稽，音啟。顙，桑黨反。子顯以致命於穆公。使者公子縶也。盧氏云：「古者名字相配，『顯』當作『韅』。」○顯，依注音「韅」，呼遍反，徐苦見反。使，色吏反。縶，陟立反，後同。穆公曰：「仁夫公子重耳！夫稽顙而不拜，則未爲後也，故不成拜〔一〕。哭而起，則愛父也。起而不私，則

〔一〕「不」，原重，據唐石經、撫州本、婺州本、紹熙本、岳本、嘉靖本、八行本、和本、十行本、閩本、監本、毛本、殿本、阮刻本刪一「不」字。

遠利也。」○夫，音符。遠，于萬反。

○帷殯，非古也，自敬姜之哭穆伯始也。穆伯，魯大夫季悼子之子公甫靖也。敬姜，穆伯妻，文伯歜之母也。禮，朝夕哭，不帷。○歜，昌燭反。

○喪禮，哀戚之至也。節哀，順變也，君子念始之者也。始，猶生也。念父母生己，不欲傷其性。復，盡愛之道也，有禱祠之心焉。復，謂招魂，且分禱五祀，庶幾其精氣之反。○禱，丁老反，一音丁報反。祠，音詞。望反諸幽，求諸鬼神之道也。鬼神處幽闇，望其從鬼神所來。北面，求諸幽之義也。鄉其所從來也。禮，復者升屋，北面。○鄉，本又作「嚮」，同許亮反。拜稽顙，哀戚之至隱也。稽顙，隱之甚也。隱，痛也。稽顙者，觸地無容。飯用米貝，弗忍虛也。不以食道，用美焉爾。尊之也。食道褻，米、貝美。○飯，扶晚反。褻，息列反。銘，明旌也。神明之旌〔一〕。○銘，音名。旌，音精。以死者爲不可別已，故以其旗識之。不可別，形貌不見。○別已，彼列反，注同，本或

〔一〕「旌」，原訛作「精」，據撫州本、婺州本、岳本、八行本、考補改。

無「已」字，非。識，式至反，皇如字。愛之，斯録之矣；敬之，斯盡其道焉耳。謂重與奠。○重與奠也，與，音如字，一本作「重與奠與」，二「與」，並音餘。重，主道也。始死，未作主，以重主其神也。重，既虞而埋之，乃後作主。春秋傳曰：「虞主用桑，練主用栗。」殷主綴重焉，綴，猶聯也。殷人作主而聯其重，縣諸廟也，去顯考，乃埋之。○綴，丁劣反，又丁衛反。聯，音連。縣，音玄。周主重徹焉。周人作主，徹重埋之。奠以素器，以生者有哀素之心也。哀素，言哀痛無飾也。凡物無飾曰素。唯祭祀之禮，主人自盡焉爾，豈知神之所饗，亦以主人有齊敬之心也。哀則以素，敬則以飾，禮由人心而已。○齊，側皆反。辟踊，哀之至也。有筭，爲之節文也。筭，數也。○辟踊，婢亦反，下音勇。筭，桑亂反。袒、括髮，變也。愠，哀之變也。去飾，去美也。袒、括髮，去飾之甚也。有所袒，有所襲，哀之節也。弁絰葛而葬，與神交之道也，接神之道，不可以純凶。天子諸侯變服而葬，冠素弁，以葛爲環絰。既虞，卒哭，乃服受服也。雜記曰：「凡弁絰，其衰侈袂。」○括，觀闊反。愠，庾、皇紆粉反，積也，又紆運反，怨恚也，徐又音鬱。去，羌呂反，下及注「去樂」、「去桃茢」並同。衰，七雷反。侈袂，昌氏反，下彌世反。有敬心焉。踰時哀衰而敬生，敬則服有飾。大夫、士三月而葬，未踰時。○衰，所追反。周人弁而葬，殷人冔而葬，周弁殷冔，俱象祭冠而素，禮同也。○冔，況甫反。歠主人、主婦、室老，爲其病也。君命食之也。尊者奪人易也。歠，歠粥也。○歠，徐昌悅反，一音常悅反。爲其，于僞反，下注「爲父母」、「爲有凶」、「爲人甚」同。食，音嗣。易，以豉反。粥，之六反，後同。反哭，升堂，反諸其所作也。親所行禮之處。○處，昌慮反，下同。主婦入于室，反諸其所養也。親所饋食之處。○養，徐羊尚反。反哭之弔也，哀之至也。反而亡焉，失之矣，於是爲甚。哀痛甚。殷既封而弔，周反哭而弔。封，當爲「窆」，窆，下棺也。○封，依注音窆，彼驗反，下同。孔子曰：「殷已慤，吾從周。」慤者，得哀之始，未見其甚。○慤，本又作「殼」，苦角反，注及後同。葬於北方北首，三代之達禮也，之幽之故也。北方，國北也。○首，手又反。既封，主人贈，而祝宿虞尸。贈，以幣送死者於壙也。於主人贈，祝先歸。既反哭，主人與有司視虞牲，日中將虞，省其牲。有司以几筵舍奠於墓左，反，日中而虞。所使奠墓，有司來歸，乃虞也。舍奠墓左，爲父母形體在此，禮其神也。周禮冢人：「凡祭墓，爲尸。」○舍奠，音釋，注同。葬日虞，弗忍一日離也。弗忍其無所歸。○離，力智反，下同。是日也，以虞易奠。虞，喪祭也。卒哭曰成事。既虞之後，卒哭而祭，其辭蓋曰：「哀薦成事。」成祭事也。祭以吉爲成。○卒，遵聿反。是日也，以吉祭易喪祭，卒哭，吉祭。○易，以豉反，徐音亦。明日，祔于祖父。祭告於其祖之廟。○祔，音附。其變而之吉祭也，比至於祔，必於是日也接，不忍一日末有所歸也。末，無也。日有所用接之，虞禮所謂「他用剛日」也[一]。其祭，祝曰「哀薦」，曰「成事」。○比，必利反。末，莫曷反。殷練而祔，周卒哭而祔，孔子善殷。期而神之，人情。○期，音基。

○君臨臣喪，以巫祝桃茢執戈，惡之也，爲有凶邪之氣在側，君聞大夫之喪，去樂，卒事而往，未襲也。其已襲，則止巫，去桃茢。桃，鬼所惡。茢，萑苕，可埽不祥。○茢，音列，徐音例，杜預云：「黍穰也。」鄭注周禮云：「苕帚。」惡，烏路反，注及下注同。凶邪，似嗟反，下注同。萑，音完。苕，大彫反。所以異於生也。生人無凶邪。

○喪有死之道焉，言人之死，有如鳥獸死之狀，鳥獸之死，人賤之。先王之所難言

[一]「也」，原訛作「者」，據岳本、和本、十行本、閩本、監本、毛本、殿本、阮刻本改。

也。聖人不明説，爲人甚惡之。○難，乃旦反。

○喪之朝也，順死者之孝心也。朝，謂遷柩於廟。○朝，直遥反，注及下皆同。其哀離其室也，故至於祖考之廟而后行。殷朝而殯於祖，周朝而遂葬。

○孔子謂爲明器者，知喪道矣，備物而不可用也。神與人異道，則不相傷。哀哉！死者而用生者之器也，不殆於用殉乎哉？殆，幾也。殺人以衛死者曰殉〔一〕。用其器者，漸幾於用人。○殉，辭俊反，以人從死曰殉。幾，音祈，又音機，下同。其曰明器，神明之也。神明死者，異於生人。塗車芻靈，自古有之，芻靈，束茅爲人馬，謂之靈者，神之類。○芻，初拘反。明器之道也。言與明器同。孔子謂爲芻靈者善，謂爲俑者不仁，不殆於用人乎哉？俑，偶人也。有面目機發，有似於生人。孔子善古而非周。○俑，音勇。

○穆公問於子思曰：「爲舊君反服，古與？」仕焉而已者。穆公，魯哀公之曾

〔一〕「殉」，原訛作「徇」，據撫州本、婺州本、岳本、八行本、和本、十行本、閩本、監本、毛本、殿本、阮刻本改。

孫。○爲，于僞反，下「爲君」、「爲使人」皆同。與，音餘，下同。子思曰：「古之君子，進人以禮，退人以禮，故有舊君反服之禮也。今之君子，進人若將加諸膝，退人若將隊諸淵，毋爲戎首，不亦善乎？又何反服之禮之有？」言放逐之臣，不服舊君也。爲兵主來攻伐曰戎首。○膝，音悉。隊，本又作「墜」，直媿反。

○悼公之喪，季昭子問於孟敬子曰：「爲君何食？」悼公，魯哀公之子。昭子，康子之曾孫，名强。敬子，武伯之子，名捷。○捷，在接反。敬子曰：「食粥，天下之達禮也。吾三臣者之不能居公室也，四方莫不聞矣。言鄰國皆知吾等不能居公室，以臣禮事君也。三臣，仲孫、叔孫、季孫氏。勉而爲瘠，則吾能，毋乃使人疑夫不以情居瘠者乎哉！我則食食。」存時不盡忠，喪又不盡禮，非也。孔子曰：「喪事不敢不勉。」○瘠，徐在益反。夫，音扶。食食，上如字，下音嗣。

○衛司徒敬子死，司徒，官氏。公子許之後。子夏弔焉，主人未小斂，絰而往。子游弔焉，主人既小斂，子游出，絰，反哭。皆以朋友之禮往，而二人異。子夏曰：「聞之也與？」曰：「聞諸夫子：主人未改服則不絰。」

○曾子曰：「晏子可謂知禮也已，恭敬之有焉。」言禮者，敬而已矣。有若曰：「晏子一狐裘三十年，遣車一乘，及墓而反。國君七个，遣車七乘；大夫五个，遣車五乘。晏子焉知禮？」言其大儉偪下，非之。及墓而反，言其既窆則歸，不留賓客有事也。人臣賜車馬者，乃得有遣車。遣車之差，大夫五，諸侯七，則天子九。諸侯不以命數，喪數略也。个，謂所包遣奠牲體之數也。雜記曰：「遣車視牢具。」○遣，棄戰反，下文及注同。乘，繩證反，下同。个，古賀反，下及注同。焉，於虔反。大，音泰，或他佐反。偪，音逼，本或作「逼」。包，伯交反。曾子曰：「國無道，君子恥盈，禮焉。國奢則示之以儉，國儉則示之以禮。」時齊方奢，矯之是也。

○國昭子之母死，問於子張曰：「葬及墓，男子、婦人安位？」國昭子，齊大夫。子張曰：「司徒敬子之喪，夫子相，男子西鄉，婦人東鄉。」夾羨道爲位。夫子，孔子也。○相，息亮反，下注同。鄉，許亮反，下皆同。俠，古洽反，一音頰。羨，徐音賤，音義隱云：「羨，車道。」曰：「噫！毋。」噫，不寤之聲。毋，禁止之辭。○噫，本又作「意」，同于其反。毋，音無。曰：「我喪也，斯沾。斯，盡也。沾，讀曰「覘」。覘，視也。

國昭子自謂齊之大家，有事人盡視之，欲人觀之，法其所爲。○斯，音賜。沾，依注音覘，勑廉反。**爾專之，賓爲賓焉，主爲主焉，**專，猶同也〔一〕。時子張相。**婦人從男子，皆西鄉。**」非也。

○**穆伯之喪，敬姜晝哭。文伯之喪，晝夜哭。孔子曰：「知禮矣！」**喪夫，不夜哭，嫌思情性也。**文伯之喪，敬姜據其牀而不哭，曰：「昔者吾有斯子也，吾以將爲賢人也，**盖見其有才藝，**吾未嘗以就公室。**未嘗與到公室，觀其行也。季氏，魯之宗卿。敬姜有會見之禮。○行，下孟反。見，賢遍反，下文「不敢見」同。**今及其死也，朋友諸臣未有出涕者，而内人皆行哭失聲。斯子也，必多曠於禮矣夫！」**内人，妻妾。○夫，音扶，下同。本亦有無「夫」字者。

〔一〕「同」，原訛作「司」，據撫州本、婺州本、岳本、八行本、閩本、監本、毛本、殿本、考異改。考異曰：「毛居正曰：『「司」作「同」，誤。建本作「司」。』案：此説最誤。正義云：『專，猶同也。爾當同此婦人與男子一處。若婦女之賓爲賓位焉，與男子之賓同處；婦女之主爲主位焉，與男子之主同處』云云。正義三言『同處』，以釋注之『同』字，其不作『司』，的然無疑。建本有特爲譌錯，誼父依之，非矣。嘉靖本、十行本作『司』，其出於建本與。」

○季康子之母死，陳褻衣。褻衣，非上服，陳之將以斂。敬姜曰：「婦人不飾，不敢見舅姑。將有四方之賓來，褻衣何爲陳於斯？」命徹之。言四方之賓，嚴於舅姑。敬姜者，康子從祖母。○從，才用反。

○有子與子游立，見孺子慕者。有子謂子游曰：「予壹不知夫喪之踊也，予欲去之久矣。情在於斯，其是也夫！」喪之踊，猶孺子之號慕。○去，羌吕反。號，户刀反。子游曰：「禮有微情者，節哭踊。有以故興物者。衰絰之制。有直情而徑行者，戎狄之道也。哭踊無節，衣服無制。○徑，古定反。禮道則不然。與戎狄異。人喜則斯陶，陶，鬱陶也。○陶，徒刀反。陶斯咏，咏，謳也。○咏，音詠。謳，本亦作「嘔」，烏侯反。咏斯猶，猶，當爲「搖」，聲之誤也。搖，謂身動搖也。秦人「猶」、「搖」聲相近。○猶，依注作「搖」，音遥。近，「附近」之「近」。猶斯舞，手舞之。舞斯愠，愠，猶怒也。愠斯戚，戚，憤恚。○愠斯戚，紆運反。此喜怒哀樂相對。本或於此句上有「舞斯愠」一句并注，皆衍文。憤，扶粉反。恚，一瑞反。戚斯歎，歎，吟息。○吟，本或作「唫」，魚今反。歎斯辟，辟，拊心。○辟，婢亦反，撫心也。辟斯踊矣。踊，躍。○躍，羊灼反。品節斯，斯之謂禮。舞踊皆有節，乃成禮。人死，斯惡之矣，無能也，斯倍之矣。無能，心謂之無所復能。○惡，烏路反。倍，音佩，下同。復，扶又反。是故制絞衾，設蔞翣，爲使人勿惡也。絞衾，尸之飾。蔞翣，棺之牆飾。周禮「蔞」作「柳」。○絞衾，户交反，下音欽。蔞，音柳。翣，所甲反。始死，脯醢之奠；將行，遣而行之；既葬而食之，將行，將葬也。葬有遣奠。食，反虞之祭。○食，音嗣，注同，謂虞祭也。未有見其饗之者也。自上世以來，未之有舍也。爲使人勿倍也。舍，猶廢也。○舍，音捨，注同。故子之所刺於禮者，亦非禮之訾也。」訾，病也。○訾，似斯反。

○吴侵陳，斬祀殺厲。祀，神位有屋樹者。厲，疫病。吴侵陳，以魯哀元年秋。○疫，音役。師還出竟，陳大宰嚭使於師，夫差謂行人儀曰：「是夫也多言，盍嘗問焉？師必有名，人之稱斯師也者，則謂之何？」大宰、行人，官名也。夫差，吴子光之子。盍，何不也。嘗，猶試也。夫差修舊怨，庶幾其師有善名。○還，音旋。竟，音境。大，音泰，注及下文注「大宰」、「大師」、「大史」、「大廟」、「大傅」皆同。嚭，普彼反。使，色吏反。夫差，音扶，下初佳反，吴王名，闔廬子。盍，户臘反。大宰嚭曰：「古之侵伐者，不斬祀，不殺厲，不獲二毛。獲，謂係虜之。二毛，鬢髮斑白。○斑，伯山反，本又作「頒」，音同。今斯師也，殺厲與？其不謂之殺厲之師與？」欲微切之，故其言似若不審然，正言殺厲，重人。○與，音餘，下及注「有此與」同。曰：「反爾地，歸爾子，則謂之何？」子，謂所獲民臣。曰：「君王討敝邑之罪，又矜而赦之，師與，有無名乎？」又微勸之，終其意。吴、楚僭號稱王。

○顏丁善居喪：顏丁，魯人。始死，皇皇焉，如有求而弗得；及殯，望望焉，如有從而弗及；既葬，慨焉，如不及其反而息。從，隨也。慨，憊貌。○慨，皆愛反。憊，皮拜反。

○子張問曰：「書云：『高宗三年不言，言乃讙。』有諸？」時人君無行三年之喪禮者，問有此與？怪之也。讙，喜説也。言乃喜説，則民臣望其言久。○讙，音歡。説，音悦，下同。仲尼曰：「胡爲其不然也！古者天子崩，王世子聽於冢宰三年。」冢宰，天官卿，貳王事者。三年之喪，使之聽朝。

○知悼子卒，未葬。悼子，晉大夫荀盈，魯昭九年卒。○知，音智，下同。平公飲酒，與羣臣燕。平公，晉侯彪。○彪，彼虯反。師曠、李調侍，侍，與君飲也。燕禮記曰：「請旅侍臣。」○李調，如字，左傳作「外嬖嬖叔」。鼓鐘。樂作也。燕禮：賓入門，奏肆夏，既獻而樂闋。獻君亦如之。○闋，苦穴反，止也。杜蕢自外來，聞鐘聲，曰：「安在？」怪之也。杜蕢，或作「屠蒯」。○蕢，苦怪反，注「蒯」同。屠，音徒。曰：「在寢。」燕於寢。杜蕢入寢，歷階而升，酌，曰：「曠飲斯。」又酌，曰：「調飲斯。」又酌，堂上北面，坐飲之，降，趨而出。三酌皆罰。○曠飲，於鴆反，下「飲斯」、「飲之」、「飲曠」、「飲調」、「飲寡人」皆同。平公呼而進之，曰：「蕢，曩者，爾心或開予，是以不與爾言。曩，曏也，謂始來入時。開，謂諫争有所發起。○曩，乃黨反。嚮，本亦作「曏」，同許亮反。争，「争鬭」之「争」。爾飲曠何也？」曰：「子卯不樂。紂以甲子死，桀以乙卯亡，王者謂之疾日，不以舉樂爲吉事，所以自戒懼。○子卯不樂，如字。賈逵云：「桀以乙卯日死，受以甲子日亡，故以爲戒。」鄭同。漢書翼奉説則不然。張晏云：「子刑卯，卯刑子，相刑之日，故以爲忌。而云夏、殷亡日，不推湯、武以興乎？」疾日，人一反。知悼子在堂，斯其爲子卯也大矣。言大臣喪，重於疾日也。雜記曰：「君於卿大夫，比葬不食肉，比卒哭，不舉樂。」○比，必利反，下同。曠也，大師也，不以詔，是以飲之也。」詔，告也。大師典奏樂。「爾飲調何也？」曰：「調也，君之褻臣也，爲一飲一食，忘君之疾，是以飲之也。」言調貪酒食。褻，嬖也。近臣，亦當規君疾憂。○爲，于僞反。嬖，必計反。「爾飲何也？」曰：「蕢也，宰夫也。非刀匕是共，又敢與知防，是以飲之也。」防，禁放溢。○匕，必李反。共，音供。與，音預。防，音房，又扶放反。平公曰：「寡人亦有過焉，酌而飲寡人。」聞義則服。杜蕢洗而揚觶，舉爵於君也。禮「揚」作「騰」。揚，舉也；騰，送也，「揚」近得之。○觶，之豉反，字林音支，又云「酒器」。近，「附近」之「近」，下「聲相近」同。公謂侍者曰：「如我死，則必毋廢斯爵也。」欲後世以爲戒。至于今，既畢獻，斯揚觶，謂之杜舉。此爵遂因杜蕢爲名。畢獻，獻賓與君。

○公叔文子卒，文子，衛獻公之孫，名拔，或作「發」。○拔，蒲八反。其子成請謚於君。曰：「日月有時，將葬矣，請所以易其名者。」謚者，行之迹。有時，猶言有數也。大夫、士，三月而葬。○行，下孟反。君曰：「昔者衛國凶饑，夫子爲粥，與國之餓者，是不亦惠乎？君，靈公也。○粥，音祝。昔者衛國有難，夫子以其死衛寡人，不亦貞乎？難，謂魯昭公二十年，盜殺衛侯之兄縶也，時齊豹作亂，公如死鳥。○難，乃旦反，注同。夫子聽衛國之政，脩其班制，以與四鄰交，衛國之社稷不辱，不亦文乎？班制，謂尊卑之差。故謂夫子『貞惠文子』。」後不言「貞惠」者，文足以兼之。

○石駘仲卒，駘仲，衛大夫石碏之族。○駘，大來反。碏，七略反。無適子，有庶子六人，卜所以爲後者。莫適立也。○適，丁歷反，注同。曰：「沐浴佩玉則兆。」言齊絜則得吉兆。○齊，側皆反。五人者皆沐浴佩玉。石祁子曰：「孰有執親之喪而沐浴佩玉者乎？」不沐浴佩玉。心正且知禮。石祁子兆，衛人以龜爲有知也。

○陳子車死於衛，其妻與其家大夫謀以殉葬，子車，齊大夫。定而后陳子亢至，以告曰：「夫子疾，莫養於下，請以殉葬。」子亢，子車弟，孔子弟子。下，地下。○亢，音剛，又苦浪反。養，羊尚反，下皆同。子亢曰：「以殉葬，非禮也。雖然，則彼疾當養者孰若妻與宰？得已則吾欲已，不得已則吾欲以二子者之爲之也。」度諫之，不能止。以斯言拒之。已，猶止也。○度，大洛反。於是弗果用。果，決。

○子路曰：「傷哉貧也！生無以爲養，死無以爲禮也。」孔子曰：「啜菽歠水，盡其歡，斯之謂孝。斂手足形，還葬而無椁，稱其財，斯之謂禮。」還，猶疾也，謂不及其日月。○啜，昌劣反。叔，或作「菽」，音同，大豆也。王云：「熬豆而食曰啜叔。」斂，力檢反。還，音旋，後同。稱，尺證反，下注「之稱」同。

○衛獻公出奔，反於衛，及郊，將班邑於從者而后入。欲賞從者，以懼居者。獻公以魯襄十四年出奔齊，二十六年復歸於衛。○從，才用反，注下同。柳莊曰：「如皆守社稷，則孰執羈靮而從？如皆從，則孰守社稷？言從守若一。靮，紖也。○羈，音基。靮，丁歷反。紖，陳忍反。君反其國而有私也，毋乃不可乎？」言有私，則生怨。弗果班。

○衛有大史曰柳莊，寢疾。公曰：「若疾革，雖當祭，必告。」革，急也。○革，本又作「亟」，居力反，注同。公再拜稽首，請於尸曰：「有臣柳莊也者，非寡人之臣，社稷之臣也。聞之死，請往。」急弔賢者。不釋服而往，遂以襚之，脱君祭服以襚臣，親賢也。所以此襚之者，以其不用襲也。凡襚以斂。○襚，音遂。脱，本亦作「説」，又作「税」，同他活反。與之邑裘氏與縣潘氏，書而納諸棺曰：「世世萬子孫毋變也！」所以厚賢也。裘、縣潘，邑名。○縣，音玄，注同。潘，普干反。

○陳乾昔寢疾，屬其兄弟而命其子尊己曰：「如我死，則必大爲我棺，使吾二婢子夾我。」婢子，妾也。○乾，音干。屬，之玉反。夾，古洽反。陳乾昔死，其子曰：「以殉葬，非禮也，況又同棺乎？」弗果殺。善尊己，不陷父於不義。

○仲遂卒于垂，壬午猶繹，萬入去籥。春秋經在宣八年。仲遂，魯莊公之子東門襄仲。先日辛巳，有事於太廟而仲遂卒，明日而繹，非也。萬，干舞也。籥，籥舞也。傳曰：「去其有聲者，廢其無聲者。」○繹，音亦。去，羌吕反，注同。籥，羊勺反。仲尼曰：「非禮也，卿卒不繹。」

○季康子之母死，公輸若方小。公輸若，匠師。方小，言年尚幼，未知禮也。斂，般請以機封，斂，下棺於椁。般，若之族，多技巧者。見若掌斂事而年尚幼，請代之而欲嘗其技巧。○般，音班，注及下同。封，彼驗反。技，其綺反，下同。將從之。時人服般之巧。公肩假曰：「不可。夫魯有初，初，謂故事。公室視豐碑，言視者，時僭天子也。豐碑，斲大木爲之，形如石碑，於椁前後四角樹之，穿中於間爲鹿盧，下棺以繂繞。天子六繂四碑，前後各重鹿盧也。○碑，彼皮反。僭，子念反，後皆同。斲，丁角反。繂，音律。繞，而沼反。重，直龍反。**三家視桓楹。**時僭諸侯，諸侯下天子也。斲之，形如大楹耳。四植謂之桓。諸侯四綍二碑，碑如桓矣。大夫二綍二碑，士二綍無碑。○下，户嫁反。植，時力反。**般，爾以人之母嘗巧，則豈不得以？**以，已字。言寧有强使女者與〔一〕。僭於禮，有似作機巧，非也。「以」與「已」字本同。○爾目，古「以」字。强，其丈反。女，音汝。與，音餘，下「苦與」同。**其毋以嘗巧者乎，則病者乎？**毋，無也。於女寧有病苦與？止之。○毋，音無。**噫！**不寤之聲。○噫，於其反。**弗果從。**

○戰于郎。郎，魯近邑也。哀十一年，「齊國書帥師伐我」是也。**公叔禺人遇負杖入保者息，**遇，見也。見走辟齊師，將入保，罷倦，加其杖頸上，兩手掖之休息者。保，縣邑小城。禺人，昭公之子。春秋傳曰「公叔務人」。○禺，音遇，又音務，注同。辟〔二〕，音避。罷，音皮。倦，其卷反。頸，吉領反。掖，音亦。**曰：「使之雖病也，**謂時繇役。○繇，本亦作「徭」，音遥。**任之雖重也，**謂時賦稅。**君子不能爲謀也，士弗能死也，不可。**君子，

〔一〕「寧」，原訛作「强」，據撫州本、婺州本、岳本、嘉靖本、八行本、和本、阮刻本改。
〔二〕「辟」，原訛作「避」，據彙校卷十一、撫釋一、岳本、和本、閩本、監本、毛本、殿本、阮刻本改。

謂卿大夫也。魯政既惡，復無謀臣，士又不能死難，禺人耻之。○弗能，「弗」亦作「不」。爲，于僞反，下注「國爲」、下「爲懿」同。復，扶又反，下「復射」、「謂不復」同。難，乃旦反。我則既言矣！」欲敵齊師，踐其言。與其鄰重汪踦往，皆死焉。奔敵，死齊寇。鄰，鄰里也。重，皆當爲「童」。童，未冠者之稱，姓汪名踦。鄰，或爲「談」。春秋傳曰「童汪踦」。○重，依注音「童」，下同。汪，烏黄反。踦，魚綺反。冠，古亂反。魯人欲勿殤重汪踦，見其死君事，有士行，欲以成人之喪治之。言魯人者，死君事，國爲歛葬。○行，下孟反。問於仲尼。仲尼曰：「能執干戈以衛社稷，雖欲勿殤也，不亦可乎？」善之。

○子路去魯，謂顔淵曰：「何以贈我？」贈，送。曰：「吾聞之也：去國，則哭于墓而后行；反其國，不哭，展墓而入。」無君事，主於孝。哭，哀去也。展，省視之。謂子路曰：「何以處我？」處，猶安也。子路曰：「吾聞之也：過墓則式，過祀則下。」居者，主於敬。

○工尹商陽與陳棄疾追吴師，及之。工尹，楚官名。棄疾，楚公子棄疾也。以魯昭八年帥師滅陳，縣之，楚人善之，因號焉。至十二年，楚子狩於州來，使蕩侯、潘子、司馬督、囂尹午、陵尹喜圍徐以懼吴，於時有吴師。陳，或作「陵」，楚人聲。○馬裻，音篤，本亦作「督」。陳棄疾謂工尹商陽曰：「王事也，子手弓而可。」手弓。「子射諸！」商陽仁，不忍傷人，以王事勸之。○射，食亦反，下同。射之，斃一人，韔弓。不忍復射。斃，仆也。韔，韜也。○斃，本亦作「弊」，婢世反，下同。韔，勑亮反。仆，蒲北反，又音赴。韜，吐刀反。又及，謂之，又斃二人。每斃一人，揜其目。揜其目，不忍視之。○又及，本或作「又及一人」。又一人，後人妄加耳。止其御曰：「朝不坐，燕不與，殺三人，亦足以反命矣！」朝燕於寢，大夫坐於上，士立於下。然則商陽與御者，皆士也。兵車參乘，射者在左，戈盾在右，御在中央。○朝，直遥反。與，音預。乘，繩證反。盾，食允反，又音允。孔子曰：「殺人之中，又有禮焉。」善之。

○諸侯伐秦，曹桓公卒于會，魯成十三年，「曹伯盧卒於師」是也。盧，謚宣，言桓，聲之誤也。○桓〔一〕，依注音「宣」。諸侯請含，以朋友有相啖食之道。○含，胡闇反。啖，徒

〔一〕「○」，原脱，據彙校卷第十一、撫釋一、和本、閩本、監本、毛本、殿本補。

暫反。食，音嗣，徐音自。使之襲。非也。襲，賤者之事。

○襄公朝于荆，康王卒。在魯襄二十八年。康王，楚子昭也。楚言荆者，州言之。荆人曰：「必請襲。」欲使襄公衣之。○衣，於既反。魯人曰：「非禮也。」荆人强之，欲尊康王。○强，其丈反，下注同。巫先拂柩，荆人悔之。巫祝桃茢，君臨臣喪之禮。○拂，芳勿反。柩，其久反。茢，音列。

○滕成公之喪，魯昭三年。使子叔敬叔弔，進書，子叔敬叔，魯宣公弟叔肸之曾孫叔弓也。進書，奉君弔書。○肸，許乙反。子服惠伯爲介。惠伯，慶父玄孫之子，名椒。介，副也。○介，音界，注及後同。及郊，爲懿伯之忌不入。郊，滕之近郊也。懿伯，惠伯之叔父。忌，怨也。敬叔有怨於懿伯，難惠伯也。春秋傳曰：「敬叔不入。」○難，乃旦反。惠伯曰：「政也，不可以叔父之私不將公事。」政，君命所爲。敬叔於昭穆，以懿伯爲叔父。○昭，常遥反。遂入。惠伯强之，乃入。

○哀公使人弔蕢尚，遇諸道，辟於路，畫宫而受弔焉。哀公，魯君也。畫宫，畫地爲宫象。○蕢，苦怪反。辟，音避，又婢亦反。畫，音獲，注同。曾子曰：「蕢尚不如杞梁之妻之知禮也。行弔禮於野，非。齊莊公襲莒于奪，杞梁死焉。魯襄二十三年〔一〕，「齊侯襲莒」是也。春秋傳曰：「杞殖、華還載甲，夜入且于之隧。」隧、奪，聲相近，或爲「兑」。梁即殖也。○于奪，徒外反，注并「兑」同。杞，音豈。殖，時職反。華，胡化反。且，子餘反。其妻迎其柩於路而哭之哀。莊公使人弔之。對曰：『君之臣不免於罪，則將肆諸市朝而妻妾執。肆，陳尸也。大夫以上於朝，士以下於市。執，拘也。○肆，殺三日，陳尸，音四。朝，直遥反。上，詩掌反。拘，音俱。君之臣免於罪，則有先人之敝廬在，君無所辱命。』無所辱命，辭不受也。春秋傳曰：「齊侯弔諸其室。」○廬，力居反。

○孺子䵒之喪，魯哀公之少子。○䵒，吐孫反。哀公欲設撥，撥，可撥引輴車，所謂綍。○撥，半末反。輴，勑倫反。問於有若。有若曰：「其可也，君之三臣猶設之。」猶，尚也。以臣況子也。三臣，仲孫、叔孫、季孫氏。顔柳曰：「天子龍輴而椁幬，輴，殯車也，畫轅爲龍。幬，覆也。殯，以椁覆棺而塗之，所謂菆塗龍輴以椁。○椁，音郭。幬，大報反。櫕塗，才丸反，下音徒。諸侯輴而設幬，輴不畫龍。爲榆沈，故設撥。以水澆榆白

〔一〕「三」，原訛作「二」，據撫州本、婺州本、岳本、八行本、監本、毛本、殿本改。

皮之汁，有急以播地，於引輴車滑。○沈，本又作「瀋」，同昌審反。澆，古堯反。汁，之十反。滑，于八反。三臣者廢輴而設撥，竊禮之不中者也，而君何學焉？」止其學非禮也。廢，去也。紼繫於輴，三臣於禮去輴。今有紼，是用輴，僭禮也。殯禮，大夫菆置西序，士掘肂見衽。○中，丁仲反，又如字。學，如字，或音户教反，非，注同。去，羌吕反，下同。掘，求勿反，又求月反，又户忽反。肂，本又作「肆」，以二反，棺坎也。見，賢遍反。衽，而審反。

○悼公之母死，母，哀公之妾。哀公爲之齊衰。有若曰：「爲妾齊衰，禮與？」譏而問之。妾之貴者，爲之緦耳。○爲，于僞反，下「爲妾」、注「爲之」、下「弗爲服」皆同。與，音餘。公曰：「吾得已乎哉？魯人以妻我。」言國人皆名之爲我妻，重服嬖妾，文過，非也。○嬖，必計反。

○季子皋葬其妻，犯人之禾。季子皋，孔子弟子高柴。孟氏之邑成宰，或氏季。犯，躐也。○躐，力輒反。申祥以告曰：「請庚之。」申祥，子張子。庚，償也。○庚，古衡反。償，徐音尚。子皋曰：「孟氏不以是罪予，時僭侈。○僭，子念反。侈，昌氏反，又赤氏反。朋友不以是棄予，言非大故。以吾爲邑長於斯也，買道而葬，後難繼也。」

恃寵虐民，非也。○長，丁丈反。

○仕而未有禄者，君有饋焉曰「獻」，使焉曰「寡君」。見在臣位，與有禄同也。君有饋，有饋於君。○餽，本又作「饋」，其位反，遺也。使，色吏反。見，賢遍反。違而君薨，弗爲服也。以其恩輕也。違，去也。

○虞而立尸，有几筵，卒哭而諱，諱，辟其名。○辟，音避。生事畢而鬼事始已。謂不復饋食於下室，而鬼神祭之。已，辭也。既卒哭，宰夫執木鐸以命于宫曰：「舍故而諱新。」故，謂高祖之父當遷者也〔一〕。易説帝乙曰：「易之帝乙爲成湯，書之帝乙六世王。」天之錫命，疏可同名。○鐸，大各反。舍，音捨。自寢門至于庫門。百官所在。庫門，宫外門。明堂位曰：「庫門，天子臯門。」

○二名不偏諱，夫子之母名徵在，言「在」不稱「徵」，言「徵」不稱「在」。稱，舉也。雜記曰：「妻之諱，不舉諸其側。」

○軍有憂，則素服哭於庫門之外。憂，謂爲敵所敗也。素服者，縞冠也。○敗，

〔一〕「謂」，原訛作「爲」，據撫州本、婺州本、岳本、八行本改。

必邁反。赴車不載櫜韔。兵不戢，示當報也。以告喪之辭言之，謂還告於國。櫜，甲衣。韔，弓衣。○櫜，音羔。韔，本亦作「韔」，敕亮反。戢，側立反。

○有焚其先人之室，則三日哭。謂火燒其宗廟[一]，哭者哀精神之有虧傷。故曰：「新宮火，亦三日哭。」火，人火也。新宮火，在魯成三年。

○孔子過泰山側，有婦人哭於墓者而哀，夫子式而聽之。怪其哀甚。使子貢問之曰[二]：「子之哭也，壹似重有憂者。」而曰：「然！昔者吾舅死於虎，吾夫又死焉，今吾子又死焉！」而，猶乃也。夫之父曰舅。○重，直用反。夫子曰：「何爲不去也？」曰：「無苛政。」夫子曰：「小子識之，苛政猛於虎也。」○苛，音何，

[一]「火」，原訛作「人」，據撫州本、八行本改。

[二]「子貢」，原訛作「子路」，據唐石經、撫州本、婺州本、岳本、八行本、阮校改。阮校曰：「使子路問之　閩、監、毛本同，嘉靖本同，衛氏集説同，惠棟校宋本『路』作『貢』，石經、宋監本、岳本同。石經考文提要云：『案九經三傳沿革例云：「實使子貢。」而興國本及建諸本皆作子路，疏亦不明言何人。及考石本、舊監本、蜀大字本、越上注疏本，皆作「子貢」。以文選李善注及藝文類聚、白孔六帖、太平御覽、孔子家語所引證之，則作「子貢」是也。』」

本亦作「荷」。識，申志反，又如字[一]。

○魯人有周豐也者，哀公執摯請見之，下賢也。摯，禽摯也。諸侯而用禽摯，降尊就卑之義。○贄，音志。下，户嫁反。而曰：「不可。」辭君以尊見卑。士禮，先生異爵者，請見之，則辭。公曰：「我其已夫？」已，止也。重强變賢。○夫，音符。强，其丈反。使人問焉。曰：「有虞氏未施信於民而民信之，夏后氏未施敬於民而民敬之，何施而得斯於民也？」時公與三桓始有惡，懼將不安。對曰：「墟墓之間，未施哀於民而民哀。社稷宗廟之中，未施敬於民而民敬。言民見悲哀之處則悲哀，見莊敬之處則莊敬，非必有使之者。墟，毀滅無後之地。○虚，本亦作「墟」，同起魚反，注同。處，昌慮反，下同。殷人作誓而民始畔，周人作會而民始疑，會，謂盟也。盟誓，所以結衆以信，其後外恃衆而信不由中，則民畔疑之。孔子曰：「其身正，不令而行。其身不正，雖令不從。」苟無禮義、忠信、誠慤之心以涖之，雖固結之，民其不解乎？」涖，臨。○涖，

[一]「苛音何本亦作荷識申志反又如字」十四字，原誤置於經文「哀公執摯請見之」下，據彙校卷第十一、撫釋一、閩本、監本、毛本、阮刻本訂正。

音利，又音類。解，佳買反，舊胡買反。

○喪不慮居，謂賣舍宅以奉喪。毁不危身，謂憔悴將滅性。○憔，在遥反。悴，在醉反。喪不慮居，爲無廟也。毁不危身，爲無後也。

○延陵季子適齊，於其反也，其長子死，葬於嬴、博之間。季子，名札，魯昭二十七年，「吴公子札聘於上國」是也。季子讓國居延陵，因號焉。春秋傳謂延陵，延州來。嬴、博，齊地，今泰山縣是也。○爲，于僞反，下同。長，丁丈反，下「官長」并注同。嬴，音盈。札，側八反。孔子曰：「延陵季子，吴之習於禮者也。」往而觀其葬焉。往弔之。其坎深不至於泉，以生恕死。○深，式鴆反。其斂以時服。以行時之服，不改制節。既葬而封，廣輪揜坎，其高可隱也。亦節也[一]。輪，從也。隱，據也。封可手據，謂高四尺所[二]。○廣，古曠反。揜，本又作「掩」，於檢反。隱，於刃反，注同。從，子容反。既封，左袒，右還其封，且號者三，曰：「骨肉歸復于土，命也。若魂氣，則無不之也，

〔一〕「亦」，原訛作「示」，據撫州本、婺州本、岳本、嘉靖本、八行本改。

〔二〕「所」，原脱，據撫州本、婺州本、岳本、足利本、和本、閩本、監本、毛本、殿本補。

無不之也。」還，圍也。號，哭且言也。命，猶性也。○號，户高反，注同。而遂行。行，去也。孔子曰：「延陵季子之於禮也，其合矣乎！」

○邾婁考公之喪，考公，隱公益之曾孫。考，或爲「定」。○婁，力俱反，下同。徐君使容居來弔、含。弔且含。○含，胡闇反，注及下同。曰：「寡君使容居坐含，進侯玉，其使容居以含。」欲親含，非也。含不使賤者。君行則親含，大夫歸含耳。言侯玉者，時徐僭稱王，自比天子。○僭，子念反。有司曰：「諸侯之來辱敝邑者，易則易，于則于，易于雜者，未之有也。」易，謂臣禮。于，謂君禮。雜者，容居以臣欲行君禮。徐自比天子，使大夫敵諸侯，有司拒之。○易則易，並以豉反，下及注同。拒，本又作「距」。容居對曰：「容居聞之，事君不敢忘其君，亦不敢遺其祖。昔我先君駒王西討，濟於河，無所不用斯言也。容居，魯人也，不敢忘其祖。」言我祖與今君，於諸侯初如是，不聞義則服。駒王，徐先君僭號。容居，其子孫也。濟，渡也。言西討渡於河，廣大其國。魯，魯鈍也。言魯鈍者，欲自明不妄。○頓，徒困反，本亦作「鈍」。

○子思之母死於衛，嫁母也，姓庶氏。赴於子思，子思哭於廟。門人至，曰：「庶氏之母死，何爲哭於孔氏之廟乎？」門人，弟子也。嫁母與廟絶族。子思曰：「吾過矣！吾過矣！」遂哭於他室。

○天子崩，三日，祝先服；祝佐含斂，先病。○祝，之六反。五日，官長服；官長，大夫、士。七日，國中男女服；庶人。三月，天下服。諸侯之大夫。虞人致百祀之木，可以爲棺椁者斬之。虞人，掌山澤之官。百祀，畿内百縣之祀也。以爲棺椁，作棺椁也。斬，伐也。○畿，音祈。不至者，廢其祀，刎其人。○刎，勿粉反，徐亡粉反〔一〕。

○齊大饑，黔敖爲食於路，以待餓者而食之。有餓者蒙袂輯屨，貿貿然來。蒙袂，不欲見人也。輯，斂也。斂屨，力憊不能屨也。貿貿，目不明之貌。○饑，居宜反，字林九衣反，本又作「飢」，同。黔，其廉反，徐渠嚴反。而食，音嗣，下「奉食」同。袂，彌世反。輯，側立反。貿，徐亡救反，又音茂，一音牟。斂，力檢反，下同。黔敖左奉食，右執飲，曰：「嗟！來食！」揚其目而視之，曰：「予唯不食嗟來之食，以至於斯也！」

〔一〕「刎勿粉反徐亡粉反」八字，原誤置於「目不明之貌」下，據閩本、監本、毛本、殿本、阮刻本訂正。

嗟！來食！雖閔而呼之，非敬辭。○奉，芳勇反。從而謝焉，終不食而死。從，猶就也。曾子聞之，曰：「微與！其嗟也可去，其謝也可食。」微，猶無也。無與，止其狂狷之辭。○與，音餘，注同。狷，音絹。

○邾婁定公之時，有弑其父者。定公，貜且也，魯文十四年即位。○有殺，本又作「弑」，同式志反，下「臣殺」、「子殺」同。貜，俱縛反。且，子餘反。有司以告，公瞿然失席，曰：「是寡人之罪也！」民之無禮，教之罪。○瞿，本又作「懼」，紀具反。曰：「寡人嘗學斷斯獄矣：臣弑君，凡在官者殺無赦；子弑父，凡在宮者殺無赦〔一〕。言諸臣子孫，無尊卑皆得殺之，其罪無赦。○斷，丁亂反。殺其人，壞其室，洿其宮而豬焉。明其大逆，不欲人復處之。豬，都也。南方謂都爲豬。○殺，如字。壞，音怪。洿，音烏。豬，音誅。復，扶又反。蓋君踰月而后舉爵。」自貶損。

○晉獻文子成室，晉大夫發焉。文子，趙武也。作室成，晉君獻之，謂賀也。諸大

〔一〕「宮」，原訛作「官」，據唐石經、岳本、八行本、和本、十行本、閩本、監本、毛本、殿本、阮刻本改。

夫亦發禮以往。張老曰：「美哉輪焉！美哉奐焉！心譏其奢也。輪，輪囷，言高大。奐，言衆多。○奐，音喚，本亦作「煥」，奐爛，言衆多也。囷，起倫反。歌於斯，哭於斯，聚國族於斯。」祭祀、死喪、燕會於此足矣。言此者，欲防其後復爲。文子曰：「武也得歌於斯，哭於斯，聚國族於斯，是全要領以從先大夫於九京也。」北面，再拜稽首。全要領者，免於刑誅也。晉卿大夫之墓地在九原。京，蓋字之誤，當爲「原」。○要，一遥反，注及下注「要君」同。京，音原，下同，下亦作「原」字。君子謂之善頌善禱。善頌，謂張老之言。善禱，謂文子之言。禱，求也。○禱，丁老反，祈也。

○仲尼之畜狗死，畜狗，馴守。○畜，許六反，又許又反。馴守，上音巡，下如字，又手又反。使子貢埋之。曰：「吾聞之也，敝帷不棄，爲埋馬也。敝蓋不棄，爲埋狗也。丘也貧！無蓋。於其封也，亦予之席，毋使其首陷焉。」封，當爲「窆」。陷，謂没於土。○貢，本亦作「贛」，音同。爲埋，于僞反，下亡皆反，下並同。狗，古口反。封，彼劍反，出注。路馬死，埋之以帷。路馬，君所乘者。其他狗馬，不能以帷蓋。

○季孫之母死，哀公弔焉。曾子與子貢弔焉，閽人爲君在，弗内也。閽人，守門者。○閽，音昏。弗内，上如字，下音納。曾子與子貢入，於其廄而脩容焉。更莊飾。○廄，九又反。子貢先入。閽人曰：「鄉者已告矣！」既不敢止，以言下之。○鄉，許亮反。下，户嫁反。曾子後入，閽人辟之。見兩賢相隨，彌益恭也。○辟，音避，下同。涉内霤，卿大夫皆辟位，公降一等而揖之。禮之。○霤，力又反。君子言之曰：「盡飾之道，斯其行者遠矣！」

○陽門之介夫死，陽門，宋國門名。介夫，甲衛士。司城子罕入而哭之哀。宋以武公諱「司空」爲「司城」。子罕，戴公子樂甫術之後樂喜也。○罕，吁旱反。晉人之覘宋者，反報於晉侯曰：「陽門之介夫死，而子罕哭之哀，而民説，殆不可伐也。」覘，闚視也。○覘，勑廉反，下同。説，音悦，下注同。窺，去規反。孔子聞之曰：「善哉，覘國乎！」善其知微。詩云：『凡民有喪，扶服救之。』救，猶助也。○扶服，並如字，又上音蒲，下音蒲北反，本又作「匍匐」，音同。雖微晉而已，天下其孰能當之？」微，猶非也。○當，丁郎反。

○魯莊公之喪，既葬，而絰不入庫門。時子般弑，慶父作亂，閔公不敢居喪。葬已，吉服而反，正君臣，欲以防遏之，微弱之至。○般，音班。弑，音試。遏，於葛反。士大夫既卒哭，麻不入。麻，猶絰也。羣臣畢虞、卒哭，亦除喪也。閔公既吉服，不與虞、卒哭。○與，音預。

○孔子之故人曰原壤，其母死，夫子助之沐槨。沐，治也。○壤，如丈反。原壤登木曰：「久矣！予之不託於音也。」木，槨材也。託，寄也。謂叩木以作音。○材，音才。歌曰：「貍首之斑然，執女手之卷然！」説人辭也。○貍，力知反。女，如字，徐音汝。卷，音權，本又作「拳」。夫子爲弗聞也者而過之。佯不知。○佯，音羊。從者曰：「子未可以已乎？」已，猶止也。○從，才用反。以、已，並音以。夫子曰：「丘聞之，親者毋失其爲親也，故者毋失其爲故也。」

○趙文子與叔譽觀乎九原。叔譽，叔向也，晉羊舌大夫之孫，名肸。○譽，音預。向，許亮反。肸，許乙反。文子曰：「死者如可作也，吾誰與歸？」作，起也。叔譽曰：「其陽處父乎！」陽處父，襄公之大傅。○父，音甫，注同。傅，音賦。文子曰：「行并植於晉國，不没其身，其知不足稱也。」并，猶專也。謂剛而專己，爲狐射姑所殺。

没，終也。植，或爲「特」。○行，舊下孟反，皇如字。并，必正反，注同。植，直吏反，又時力反，注同。知，音智。射，音亦，又音夜。「其舅犯乎？」文子曰：「見利不顧其君，其仁不足稱也。謂久與文公辟難，至將反國，無安君之心。及河授璧，詐請亡，要君以利是。○難，乃旦反。要，一遥反。我則隨武子乎！利其君，不忘其身；謀其身，不遺其友。」武子，士會也。食邑於隨、范，字季。晉人謂文子知人。見其所善於前，則知其來所舉。文子其中退然如不勝衣，中，身也。退，柔和貌。鄉射記曰：「弓二寸以爲侯中。」退，或爲「妥」。○追然，音退，本亦作「退」。勝，音升。妥，他果反。其言吶吶然如不出諸其口。吶吶，舒小貌。○吶，如悦反，徐奴劣反。所舉於晉國管庫之士七十有餘家，管庫之士，府史以下，官長所置也。舉之於君，以爲大夫士也。管，鍵也，庫物所藏。○長，丁丈反。鍵，其展反，徐其偃反，籥也。生不交利，廉也。死不屬其子焉。絜也。○屬，音燭。

○叔仲皮學子柳。叔仲皮，魯叔孫氏之族。學，教也。子柳，仲皮之子。○學，户教反，注同。叔仲皮死，其妻魯人也，衣衰而繆絰。衣，當爲「齋」，壞字也。繆，讀爲「不繆垂」之「繆」〔一〕。士妻爲舅姑之服也。言雖魯鈍，其於禮勝學。○衣衰，依注「衣」作「齋」，音咨。繆，依注讀曰「繆」，音居虯反。爲舅，于僞反，下「爲舅」、「爲天子」、「不爲兄」、「不爲蠶」同。魯頓，徒困反，又作「鈍」。叔仲衍以告，告子柳，言此非也。衍，蓋皮之弟。衍，或爲「皮」。○衍，以善反，注同。請繐衰而環絰。繐衰，小功之縷而四升半之衰。環絰，弔服之絰。時婦人好輕細而多服此者，衍既不知禮之本，子柳亦以爲然，而請於衍，使其妻爲舅服之。○繐衰，上音歲，下七雷反。縷，力主反。好，呼報反。曰：「昔者吾喪姑姊妹亦如斯，末吾禁也。」衍荅子柳也。姑姊妹在室，齊衰，與婦爲舅姑同。末，無也。言無禁我，欲其言行。○喪，如字。末，莫曷反。退使其妻繐衰而環絰。婦以諸侯之大夫爲天子之衰、弔服之絰服其舅，非。

○成人有其兄死而不爲衰者，聞子皋將爲成宰，遂爲衰。成人曰：「蠶則績而蟹有匡，范則冠而蟬有緌，兄則死而子皋爲之衰。」蚩兄死者，言其衰之不爲兄

〔一〕「不」，原訛作「木」，據岳本、閩本、監本、毛本、殿本改。

死。如蟹有匡、蟬有緌，不爲蠶之績、范之冠也。范，蜂也。蟬，蜩也。緌謂蜩喙〔一〕，長在腹下。○成，本或作「郕」，音承。蠶，七南反。蟹，户買反。緌，耳佳反。蚩，昌之反。蜂，孚逢反。蜩，音條。喙，呼惠反，又丁角反。

○樂正子春之母死，五日而不食。曰：「吾悔之！勉强過禮。子春，曾子弟子。○强，其丈反。自吾母而不得吾情，吾惡乎用吾情！」惡乎，猶於何也。○惡，音烏，注同。

○歲旱，穆公召縣子而問然。然之言焉也。凡穆，或作「繆」。○旱，音汗。縣，音懸。繆，音穆。曰：「天久不雨，吾欲暴尪而奚若？」奚若，何如也。尪者面鄉天，覬天哀而雨之。○雨，于付反，注及下同。暴，步卜反，下同。尪，烏光反。鄉，許亮反。覬，音冀，本又作「幾」，音同。曰：「天則不雨而暴人之疾子，虐，毋乃不可與？」錮疾，人之所哀，暴之是虐。○暴人之疾子，一讀以「子」字向下。與，音餘。錮，音固。「然則吾欲暴巫而奚若？」曰：「天則不雨而望之愚婦人，於以求之，毋乃已疏乎？」已，猶甚也。

〔一〕「謂」，原訛作「爲」，據撫州本、岳本、八行本改。

巫，主接神，亦覬天哀而雨之。春秋傳説巫曰：「在女曰巫，在男曰覡。」周禮女巫：「旱暵則舞雩。」○覡，胡狄反。旱暵，呼旦反。雩，音于。「徙市則奚若？」曰：「天子崩，巷市七日；諸侯薨，巷市三日。爲之徙市，不亦可乎？」徙市者，庶人之喪禮。今徙市，是憂戚於旱若喪。○徙市，上音死，下音是。爲，于僞反。不亦可乎，「可」，或作「善」。

○孔子曰：「衛人之袝也，離之。袝，謂合葬也。離之，有以間其椁中。○袝，音附，下同。合，音閤，下同。間，「間厠」之「間」。魯人之袝也，合之，善夫！」善夫，善魯人也。袝葬當合也。○善夫，音扶。

禮記卷第三

經伍仟柒拾肆字

注肆仟捌佰玖拾捌字

音義貳仟玖佰壹拾陸字

余仁仲刊于家塾

禮記卷第四

王制第五

〇陸曰："如字，徐于況反。盧云：『漢文帝令博士諸生作此篇。』"

禮記　　鄭氏注

王者之制禄爵，公、侯、伯、子、男，凡五等。諸侯之上大夫卿、下大夫、上士、中士、下士，凡五等。二五，象五行剛柔十日。禄，所受食。爵，秩次也。上大夫曰卿。〇王者，如字，徐于況反。十日，人一反。

〇天子之田方千里，象日月之大，亦取晷同也。此謂縣内，以禄公、卿、大夫、元士。〇晷，音軌，日景。公、侯田方百里，伯七十里，子、男五十里。不能五十里者，不合於天子，附於諸侯曰附庸。天子之三公之田視公、侯，天子之卿視伯，天子之大夫視子、男，天子之元士視附庸。皆象星辰之大小也。不合，謂不朝會也。小城曰附庸。附庸者，以國事附於大國，未能以其名通也。視，猶比也。元，善也。善士，謂命士也。此地，殷所因夏爵三等之制也。殷有鬼侯、梅伯，春秋變周之文，從殷之質，合伯、子、男以爲一，則殷爵三等者，公、侯、伯也。異畿内謂之子。周武王初定天下，更立五等之爵，增以子、男，而猶因殷之地，以九州之界尚狹也。周公攝政，致太平，斥大九州之界，制禮成武王之意，封王者之後爲公，及有功之諸侯，大者地方五百里，其次侯四百里，其次伯三百里，其次子二百里，其次男百里。所因殷之諸侯，亦以功黜陟之，其不合者，皆益之地爲百里焉，是以周世有爵尊而國小、爵卑而國大者，唯天子畿内不增，以禄羣臣，不主爲治民。○朝，直遥反，卷内皆同。畿，求衣反。狹，音洽，後文同。大平，音泰。斥，昌石反。黜陟，上丑律反，下竹力反。主爲，于僞反，下「爲有」、「亦爲有」同。

○制：農田百畝。百畝之分，上農夫食九人，其次食八人，其次食七人，其次食六人，下農夫食五人。庶人在官者，其禄以是爲差也。農夫皆受田於公，田肥墽有五等，收入不同也。庶人在官，謂府史之屬，官長所除，不命於天子〔一〕、國君者。分，

〔一〕「天」，原訛作「夫」，據撫州本、婺州本、岳本、嘉靖本、八行本、和本、十行本、閩本、監本、毛本、殿本、阮刻本改。

或爲「糞」。○分，扶問反。食，音嗣，下同，徐音自。差，初佳反，徐初宜反，下注同。墝，本又作「墽」，苦交反。長，丁丈反，下文、注皆同。糞，方運反。諸侯之下士視上農夫，禄足以代其耕也。中士倍下士，上士倍中士，下大夫倍上士。卿四大夫禄，君十卿禄。次國之卿三大夫禄，君十卿禄。小國之卿倍大夫禄，君十卿禄。此班禄尊卑之差。

○次國之上卿，位當大國之中，中當其下，下當其上大夫。小國之上卿，位當大國之下卿，中當其上大夫，下當其下大夫。此諸侯使卿大夫覜聘并會之序也。其位，爵同小國在下〔一〕，爵異固在上耳。○頫，吐弔反。其有中士、下士者，數各居其上之三分。謂其爲介，若特行而并會也。居，猶當也。此據大國而言，大國之士爲上，次國之士爲中，小國之士爲下。士之數，國皆二十七人，各三分之，上九、中九、下九，以位相當，

〔一〕「位爵」，原倒作「爵位」，據撫州本、婺州本、岳本、八行本、考異乙正。考異曰「其位爵同：岳本同此。嘉靖本、十行本以來本，『爵』字在『位』上，誤。案此讀當以『其位』斷句，『爵』字下屬，『爵同』與下句『爵異』相對，正義可證也。」

則次國之上士當大國之中，中當其下，小國之上士當大國之下。凡非命士，亦無出會之事。春秋傳謂士爲微。○三分，如字。介，音界。

○凡四海之内九州。州方千里，州建百里之國三十，七十里之國六十，五十里之國百有二十，凡二百一十國。名山大澤不以封，其餘以爲附庸閒田。八州，州二百一十國。建，立也。立大國三十，十，三公也。立次國六十，十，六卿也。立小國百二十，十，十二小卿也[一]。名山大澤不以封者，與民同財，不得障管，亦賦税之而已。此大界方三千里，三三而九，方千里者九也。其一爲縣内，餘八各立一州，此殷制也。周公制禮，九州大界方七千里，七七四十九，方千里者四十有九也。其一爲畿内，餘四十八，八州各有方千里者六，設法一州，封地方五百里者不過四，謂之大國。又封方四百里者不過六，又封方三百里者不過十一，謂之次國；又封方二百里者不過二十五，及餘方百里者，謂之小

［一］「十」，原脱，據阮校、考異補。阮校曰：「立小國百二十十二小卿也　閩、監、毛本同，岳本同，嘉靖本同，衛氏集説同，惠棟校宋本『十』、『十』二字下又重『十』字。○按：正義云『當十於十二小卿也』，是正義本『十』字當重。又云『定本云十十二小卿，重有十字，俗本直云十二小卿，俗本誤也』。今各本脱一『十』字，反同於正義所譏之俗本，大謬也。」考異曰：「又各本盡然，蓋沿譌久矣。」

國。盈上四等之數，并四十六，一州二百一十國，則餘方百里者百六十四也。凡處地，方千里者五，方百里者五十九，其餘方百里者四十一，附庸地也。○間，音閑，下同。章，之尚反，又如字，本又作「障」，音同。

○天子之縣內，方百里之國九，七十里之國二十有一，五十里之國六十有三，凡九十三國。名山大澤不以朌，其餘以禄士，以爲間田。縣內，夏時天子所居州界名也。殷曰畿。詩殷頌曰：「邦畿千里，維民所止。」周亦曰畿。畿內大國九者，三公之田三，爲有致仕者副之爲六也，其餘三，待封王之子弟。次國二十一者，卿之田六，亦爲有致仕者副之爲十二，又三爲三孤之田，其餘六，亦待封王之子弟。小國六十三，大夫之田二十七，亦爲有致仕者副之爲五十四，其餘九，亦以待封王之子弟。三孤之田不副者，以其無職，佐公論道耳。雖其致仕〔一〕，猶可即而謀焉。朌，讀爲「班」。○朌，音班，賦也。

○凡九州，千七百七十三國。天子之元士、諸侯之附庸不與。不與，不在數中也。春秋傳曰：「禹會諸侯於塗山，執玉帛者萬國。」言執玉帛，則是唯謂中國耳。中國而

〔一〕「其」，原訛作「有」，據撫州本、婺州本、岳本、八行本改。

言萬國，則是諸侯之地，有方百里，有方七十里，有方五十里者。禹承堯、舜而然矣。要服之內，地方七千里，乃能容之。夏末既衰，夷狄内侵，諸侯相并，土地減，國數少。殷湯承之，更制中國，方三千里之界，亦分爲九州，而建此千七百七十三國焉。周公復唐、虞之舊域，分其五服爲九，其要服之内，亦方七千里，而因殷諸侯之數，廣其土，增其爵耳。孝經説曰：「周千八百諸侯，布列五千里内。」此文改周之法，關盛衰之中，三七之間，以爲説也。終此説之意，五五二十五，方千里者二十五，其一爲畿内，餘二十四州各有方千里者三，其餘諸侯之地，大小則未得而聞。○與，音預，注及下注「不與」同。塗，音徒。要，一遥反，下「要服」皆同。并，必政反，又如字。減，古斬反。關盛衰，並讀如字。

○天子百里之内以共官，千里之内以爲御。謂此地之田税所給也。官，謂其文書財用也。御，謂衣食。○共，音恭。

○千里之外，設方伯五國以爲屬，屬有長。十國以爲連，連有帥。三十國以爲卒，卒有正。二百一十國以爲州，州有伯。屬、連、卒、州，猶聚也。伯、帥、正，亦長也。凡長，皆因賢侯爲之。殷之州長曰伯，虞、夏及周皆曰牧。○帥，色類反，注及下同。卒，子忽反，下及注同。牧，音木。八州八伯，五十六正，百六十八帥，三百三十六長。八伯各以其屬屬於天子之老二人，分天下以爲左右，曰二伯。老，謂上公。周禮曰：「九命作伯。」春秋傳曰：「自陝以東，周公主之。自陝以西，召公主之。」○陝，失冉反，一音古洽反。召，詩照反。

○千里之内曰甸，能治田，出穀税。○甸，大薦反。千里之外曰采，九州之内地，取其美物，以當穀税。○采，蒼改反。當，丁浪反，又如字。曰流。謂九州之外也。夷狄流移，或貢或不。禹貢荒服之外，「三百里蛮，二百里流。」○蠻，莫還反。

○天子三公，九卿，二十七大夫，八十一元士。此夏制也。明堂位曰：夏后氏之官百。舉成數也。

○大國三卿，皆命於天子，下大夫五人，上士二十七人。

○次國三卿，二卿命於天子，一卿命於其君，下大夫五人，上士二十七人。

○小國二卿，皆命於其君，下大夫五人，上士二十七人。命於天子者，天子選用之，如今詔書除吏矣。小國亦三卿，一卿命於天子，二卿命於其君，此文似誤脱耳。或者欲見畿内之國二卿與？○選，宣戀反。見，賢遍反。與，音餘。天子使其大夫爲三監，監於方伯之國，國三人。使佐方伯，領諸侯。○監，古蹔反。監於，古銜反，卷末同。○天子之縣内諸侯，禄也。選賢置之於位，其國之禄如諸侯，不得世。外諸侯，嗣也。有功乃封之，使之世也。冠禮記曰：「繼世以立諸侯，象賢也。」○冠，古亂反。

○制：三公一命卷，若有加，則賜也，不過九命。次國之君不過七命，小國之君不過五命。卷，俗讀也，其通則曰衮。三公八命矣，復加一命，則服龍衮，與王者之後同。多於此，則賜非命服也。虞、夏之制，天子服有日月星辰。周禮曰：「諸公之服，自衮冕而下，如王之服。」○命卷，音衮，古本反。復，扶又反。冕，音勉。

○大國之卿不過三命，下卿再命，小國之卿與下大夫一命。不著次國之卿者，以大國之下互明之，此卿命則異，大夫皆同。周禮公、侯、伯之卿三命，其大夫再命，子、男之卿再命，其大夫一命。

○凡官民材，必先論之。論，謂考其德行道藝。○行，下孟反。論辨，然後使之。辨，謂考問得其定也。易曰：「問以辨之。」任事，然後爵之。爵，謂正其秩次。○任，而鴆反。位定，然後禄之。與之以常食。○與，如字，又音預。

○爵人於朝，與士共之。刑人於市，與衆棄之。必共之者，所以審慎之也。書曰：「克明德慎罰。」是故公家不畜刑人，大夫弗養，士遇之塗，弗與言也。屏之四方，唯其所之，不及以政，亦弗故生也。屏，猶放去也。已施刑，則放之棄之。役賦不與，亦不授之以田，困乏又無賙餼也。虞書曰：「五流有宅，五宅三居」是也。周則墨者使守門，劓者使守關，宫者使守内，刖者使守囿，髡者使守積。○畜，許六反。涂，音徒，本又作「塗」。屏，必政反。去，羌吕反。賙，音周。餼，許既反。有宅，王肅注尚書如字，鄭音知嫁反，懲艾也，下同。劓，魚氣反。刖，五刮反，又音月。囿，音又。髡，五忽反，本又作「完」，音同，徐户官反。積，子智反。

○諸侯之於天子也，比年一小聘，三年一大聘，五年一朝。比年，每歲也。小聘使大夫，大聘使卿，朝則君自行。然此大聘與朝，晉文霸時所制也。虞、夏之制，諸侯歲朝。周之制，侯、甸、男、采、衛、要服六者，各以其服數來朝。○一朝，直遥反。數，色角反，又所具反。

○天子五年一巡守。天子以海内爲家，時一巡省之。五年者，虞、夏之制也。周則十二歲一巡守。○守，手又反，本或作「狩」，後「巡守」皆同。省，色景反。○歲二月東巡守，至于岱宗，岱宗，東嶽。○岱，音代。柴而望祀山川。柴，祭天告至也。○柴，仕佳反，依字作「祡」。覲諸侯，覲，見也。○覲見，如字，舊賢遍反。問百年者就見之。就見老人。命大師陳詩，以觀民風。陳詩，謂采其詩而視之。○大，音泰，後「大學」、「大祖」、「大子」、「大樂正」、「大史」皆同。命市納賈，以觀民之所好惡、志淫好辟。市，典市者。賈，謂物貴賤厚薄也。質則用物貴，淫則侈物貴，民之志淫邪，則其所好者不正。○賈，音嫁，注同。好，呼報反，下及注同。惡，烏路反。辟，匹亦反，徐芳亦反。侈，昌氏反，又式氏反。邪，似嗟反。命典禮考時月，定日、同、律、禮、樂、制度、衣服，正之。同，陰律也。山川神祇有不舉者爲不敬，不敬者君削以地。舉，猶祭也。○削，息約反。宗廟有不順者爲不孝，不孝者君絀以爵。不順者，謂若逆昭穆。○絀，丑律反，退也。昭，常遥反，凡言昭穆，放此。變禮易樂者爲不從，不從者君流。流，放也。○樂，音岳。革制度衣服者爲畔，畔者君討。討，誅也。有功德於民者，加地進律。律，法也。五月南巡守，至于南嶽，如東巡守之禮。八月西巡守，至于西嶽，如南巡守之禮。十有一月北巡守，至于北嶽，如西巡守之禮。歸假于祖、禰，用特。假，至也。特，特牛也。祖下及禰，皆一牛。○嶽，音岳，下同。假，音格。禰，乃禮反，父廟也。

○天子將出，類乎上帝，宜乎社，造乎禰。諸侯將出，宜乎社，造乎禰。帝，謂五德之帝，所祭於南郊者。類、宜、造，皆祭名，其禮亡。○禷，音類。造，七報反，下及注同。

○天子無事，與諸侯相見曰朝。事，謂征伐。○與，如字。朝，直遥反。考禮、正刑、一德，以尊于天子。天子賜諸侯樂，則以柷將之；賜伯、子、男樂，則以鼗將之。將，謂執以致命。柷、鼗，皆所以節樂。○柷，昌六反。樂，音岳。鼗，音桃。

○諸侯，賜弓矢然後征，賜鈇鉞然後殺，賜圭瓚然後爲鬯，未賜圭瓚，則資鬯於天子。得其器，乃敢爲其事。圭瓚，鬯爵也。鬯，秬酒也。○鈇〔一〕，方于反，又音斧。鉞，音越。圭，字又作「珪」。案説文，珪，古字；圭，今字。瓚，才旦反。鬯，勑亮反。秬，

〔一〕「鈇」，原訛作「鈌」，據彙校卷第十一、撫釋一、岳本、和本、十行本、閩本、監本、毛本、殿本、阮刻本改。

音巨，黑黍也。

○天子命之教，然後爲學。小學在公宮南之左，大學在郊。學，所以學士之宮。尚書傳曰：「百里之國，二十里之郊；七十里之國，九里之郊；五十里之國，三里之郊。」此小學、大學，殷之制。天子曰辟廱，諸侯曰頖宫。尊卑學異名。辟，明也。雍，和也。所以明和天下。頖之言班也，所以班政教也。○辟，音璧，注同。頖，音判。

○天子將出征，類乎上帝，宜乎社，造乎禰，禡於所征之地；禡，師祭也。爲兵禱，其禮亦亡。○禡，馬怕反，又音百，注同。爲，于僞反，下「爲盡物」同。禱，丁老反。受命於祖，告祖也。受成於學，定兵謀也。出征，執有罪，反釋奠于學，以訊馘告。釋菜奠幣，禮先師也。訊馘，所生獲斷耳者。詩曰：「執訊獲醜。」又曰：「在頖獻馘。」馘，或爲「國」。○訊，本又作「誶」，音信，注同。馘，古獲反，截耳。斷，音短，下「斷殺」同。

○天子、諸侯無事，則歲三田，一爲乾豆，二爲賔客，三爲充君之庖。三田者，夏不田，蓋夏時也。周禮：「春曰蒐，夏曰苗，秋曰獮，冬曰狩。」乾豆，謂腊之以爲祭祀豆實也。庖，今之厨也。○乾，音干。庖，步交反。蒐，所求反。獮，息淺反。腊，音昔。無事而不田曰不敬，田不以禮曰暴天物。不敬者，簡祭祀，略賔客。天子不合圍，諸侯不掩羣。爲盡物也。○合，如字，徐音閤。揜，音掩，本又作「掩」。天子殺則下大綏，諸侯殺則下小綏，綏，當爲「緌」。緌，有虞氏之旌旗也。下，謂弊之。○緌，依注音「緌」〔一〕，耳佳反，下注同。大夫殺則止佐車。佐車止，則百姓田獵。佐車，驅逆之車。○獵，力輒反。驅，丘于反，又丘遇反。獺祭魚，然後虞人入澤梁。豺祭獸，然後田獵。鳩化爲鷹，然後設罻羅。草木零落，然後入山林。昆蟲未蟄，不以火田。取物必順時候也。梁，絶水取魚者。罻，小網也。昆，明也。明蟲者，得陽而生，得陰而藏。○獺，徐他達反，又他瞎反。豺，仕皆反。罻，音尉，一音鬱。零，本又作「苓」，音同。説文云：「草曰苓，木曰落。」蟲，直隆反，下同。蟄，直立反。不麛，不卵，不殺胎，不殀夭，重傷未成物。殀，斷殺。少長曰夭。○麛，本又作「麑」，音迷，同。卵，力管反。胎，吐來反。殀夭，上於表反，下烏老反。斷，丁亂反，又音叚。少長，上詩召反，下丁丈反。不覆巢。覆，敗也。○覆，芳服反，注同。

○冢宰制國用，必於歲之杪。五穀皆入，然後制國用。制國用，如今度支經

〔一〕「綏」，原訛作「緌」，據彙校卷第十一、撫釋一、岳本、閩本、監本、毛本、殿本、阮刻本改。

用。杪，末也。○杪，亡小反。度支，大各反，下音之。用地小大，視年之豐耗。小國大國，豐凶之年，各以歲之收入，制其用多少，多不過禮，少有所殺。○耗，呼報反。殺，色戒反，又色列反。以三十年之通制國用，量入以爲出。通三十年之率，當有九年之蓄。出，謂所當給爲。○量，音亮。率，音律，又音類，本又作「綷」。之畜，勑六反，後皆同。祭用數之仂。筭今年一歲經用之數，用其什一。○仂，音勒，又音力。什，音十。喪三年不祭，唯祭天地社稷爲越紼而行事。不敢以卑廢尊。越，猶躐也。紼，輴車索。○紼，音弗。躐，力輒反。輴，勑倫反。索，悉各反。喪用三年之仂，喪大事，用三歲之什一。喪祭，用不足曰暴，有餘曰浩。暴，猶耗也。浩，猶饒也。○浩，胡老反。祭，豐年不奢，凶年不儉。常用數之仂。國無九年之蓄曰不足，無六年之蓄曰急，無三年之蓄曰國非其國也。三年耕，必有一年之食。九年耕，必有三年之食。以三十年之通，雖有凶旱水溢，民無菜色，然後天子食，日舉以樂。菜色，食菜之色。民無食菜之飢色，天子乃日舉樂以食。○日，人一反，下同。

○天子七日而殯，七月而葬。諸侯五日而殯，五月而葬。大夫、士、庶人三日而殯，三月而葬。尊者舒，卑者速。春秋傳曰：「天子七月而葬，同軌畢至。諸侯五月，同盟至。大夫三月，同位至。士踰月，外姻至。」三年之喪，自天子達。下通庶人，於父母同。天子、諸侯降期。○期，居宜反。庶人縣封，葬不爲雨止，不封不樹。喪不貳事，縣封，當爲「縣窆」。縣窆者，至卑，不得引紼下棺。雖雨猶葬，以其禮儀少。封，謂聚土爲墳。不封之，不樹之，又爲至卑，無飾也。周禮曰：「以爵等爲丘封之度與其樹數。」則士以上乃皆封、樹。貳之言二也，庶人終喪無二事，不使從政也。喪大記曰：「大夫、士既葬，公政入於家。既卒哭，弁絰帶，金革之事無辟也。」○縣封，上音玄，下音窆，彼驗反。不爲，于僞反，注「又爲」同。紼，音弗。上，時掌反，下「大夫以上」同。辟，音避。自天子達於庶人。喪從死者，祭從生者。支子不祭。從死者，謂衣、衾、棺、椁。從生者，謂奠祭之牲器。

○天子七廟，三昭三穆，與大祖之廟而七。此周制。七者，大祖及文王、武王之祧，與親廟四。大祖，后稷。殷則六廟，契及湯與二昭二穆。夏則五廟，無大祖，禹與二昭二穆而已。○祧，他彫反。契，息列反。諸侯五廟，二昭二穆，與大祖之廟而五。大祖，始封之君。王者之後，不爲始封之君廟。大夫三廟，一昭一穆，與大祖之廟而三。大祖，別子始爵者。大傳曰：「別子爲祖。」謂此雖非別子，始爵者亦然。士一廟，謂諸侯之中士、下士，名曰官師者。上士二廟。庶人祭於寢。寢，適寢也。○適，丁歷反。

○天子、諸侯宗廟之祭，春曰礿，夏曰禘，秋曰嘗，冬曰烝。此蓋夏、殷之祭名。周則改之，春曰祠，夏曰礿，以禘爲殷祭。詩小雅曰：「礿祠烝嘗，于公先王。」此周四時祭宗廟之名。○礿，余若反。夏曰，户嫁反，注「夏曰礿」、「夏祭曰」、下云「夏薦」同。禘，大計反。烝，之承反。祠，音詞。

○天子祭天地，諸侯祭社稷，大夫祭五祀。五祀，謂司命也、中霤也、門也、行也、厲也。此祭，謂大夫有地者。其無地，祭三耳。○霤，力救反。天子祭天下名山大川，五嶽視三公，四瀆視諸侯。視，視其牲器之數。諸侯祭名山大川之在其地者。魯人祭泰山、晉人祭河是也。

○天子、諸侯祭因國之在其地而無主後者。謂所因之國先王先公有功德，宜享世祀，今絕無後爲之祭主者。昔夏后氏郊鯀，至杞爲夏後而更郊禹。晉侯夢黃熊入國而祀夏郊，此其禮也。○鯀，古本反。能，乃登反，本又作「熊」，音雄。

○天子犆礿、祫禘、祫嘗、祫烝。犆，猶一也。祫，合也。天子、諸侯之喪畢，合先君之主於祖廟而祭之，謂之祫。後因以爲常，天子先祫而後時祭，諸侯先時祭而後祫。凡祫之歲，春一礿而已。不祫，以物無成者，不殷祭。周改夏祭曰礿，以禘爲殷祭也。魯禮，三年喪畢，而祫於大祖。明年，春禘於羣廟。自爾之後，五年而再殷祭。一祫一禘。○犆，音特。祫，音洽。諸侯礿則不禘，禘則不嘗，嘗則不烝，烝則不礿。虞、夏之制，諸侯歲朝，廢一時祭。○朝，直遥反。諸侯礿犆，互明犆礿文。○互，音户，又户故反。禘，一犆一祫。下天子也。祫歲不禘。○下，户嫁反。嘗祫，烝祫。

○天子社稷皆大牢，諸侯社稷皆少牢。大夫、士宗廟之祭，有田則祭，無田則薦。有田者，既祭又薦新。祭以首時，薦以仲月。士薦牲用特豚。大夫以上用羔，所謂「羔豚而祭，百官皆足」。詩曰：「四之日其早，獻羔祭韭。」○大牢，如字，又音泰。少，詩照反。日，人一反。庶人春薦韭，夏薦麥，秋薦黍，冬薦稻。韭以卵，麥以魚，黍以豚，稻以鴈。庶人無常牲，取與新物相宜而已。○稻，音盜。卵，力管反。祭天地之牛角繭栗，宗廟之牛角握，賓客之牛角尺。握，謂長不出膚。○繭，字又作「蠒」，公典反。握，厄角反。長，丁丈反。膚，方于反。諸侯無故不殺牛，大夫無故不殺羊，士無故不殺犬、豕，庶人無故不食珍。故，謂祭饗。○庶羞不踰牲。祭以羊，則不以牛肉爲羞。燕衣不踰祭服，寢不踰廟。○古者公田藉而不稅，藉之言借也。借民力治公田，美惡取於此，不稅民之所自治也。孟子曰："夏后氏五十而貢，殷人七十而助，周人百畝而徹。"則所云"古者"，謂殷時。○燕，伊見反。藉，在亦反。稅，式鋭反。借，子亦反。市廛而不稅，廛，市物邸舍，稅其舍，不稅其物。○廛，直連反。邸，丁禮反。關譏而不征，譏，譏異服，識異言。征，亦稅也。周禮："國凶札則無門關之征，猶譏"也。○譏，居宜反。征，本又作"正"，音同，注、下皆同。札，側八反，又音截。林麓川澤以時入而不禁。麓，山足也。○麓，音鹿。夫圭田無征。夫，猶治也。征，稅也。孟子曰："卿以下必有圭田。"治圭田者不稅，所以厚賢也。此則周禮之士田，以任近郊之地，稅什一。○圭，音珪。用民之力，歲不過三日。治宮室、城郭、道渠。田里不粥，墓地不請。皆受於公，民不得私也。粥，賣也。請，求也。○粥，音育，後皆同。

○司空執度度地，司空，冬官卿，掌邦事者。度，丈尺也。○度度，上如字，下大洛反，量也。居民，山川沮澤，時四時，觀寒煖燥濕。沮，謂萊沛。○沮，將慮反。沮，沮洳也。煖，乃管反，又況袁反，下文同。萊，音來。何胤云：「草所生曰萊。」庾云：「草也。」沛，蒲貝反。何胤云：「水所生曰沛。」何休注公羊傳云：「草棘曰沛。」量地遠近，制邑井之處。○處，昌慮反。興事任力。事，謂築邑廬宿市也。○任，而鴆反。築，音竹。凡使民，任老者之事，食壯者之食。寬其力，饒其食。○食壯，音嗣，又如字，下側狀反。

○凡居民材，必因天地寒煖燥濕。使其材藝堪地氣也。○燥，素老反。廣谷大川異制，謂其形象。民生其間者異俗，謂其所好惡。○好惡，上呼報反，下烏路反。剛柔、輕重、遲速異齊，謂其情性緩急。○齊，才細反。緩，户管反。五味異和，謂香臭與鹹苦。○和，胡卧反，下同。臭，尺救反。器械異制，謂作務之用。○械，户戒反。何休注公羊云：「攻守之器曰械。」鄭注大傳云：「禮樂之器及兵甲也。」郭璞三蒼解詁云：「械，器之揔名。」衣服異宜。謂旃裘與絺綌。○旃裘，上之然反，下音求。絺，勑宜反。綌，去逆反。脩其教，不易其俗。齊其政，不易其宜。教謂禮義，政謂刑禁。中國戎夷五方之民，皆有性也，不可推移。地氣使之然。東方曰夷，被髮文身，有不火食者矣。南方曰蠻，雕題交趾，有不火食者矣。彫文，謂刻其肌，以丹青涅之。交趾，足相鄉然。浴則同川，卧則僢。不火食，地氣煗，不爲病。○被，皮義反，下同。雕，本又作「彫」，同。彫，刻鏤也。題，大兮反。趾，音止。刻，音克。肌，音飢。涅，乃結反。相嚮，許亮反。僢，昌戀反。西方曰戎，被髮衣皮，有不粒食者矣。北方曰狄，衣羽毛穴居，有不粒食者矣。不粒食，地氣寒，少五穀。○衣，於既反，下同。粒，音立。中國、夷、蠻、戎、狄，皆有安居、和味、宜服、利用、備器。其事雖異，各自足。五方之民，言語不通，嗜欲不同。達其志，通其欲，東方曰寄，南方曰象，西方曰狄鞮，北方曰譯。皆俗間之名，依其事類耳。鞮之言知也，今冀部有言「狄鞮」者。○嗜欲，市志反。寄，京義反。鞮，丁兮反。譯，音亦。間，如字，又「間厠」之「間」。

○凡居民，量地以制邑，度地以居民，地邑民居，必參相得也。得，猶足也。○度，大洛反。參，七南反。無曠土，無游民，食節事時，民咸安其居，樂事勸功，尊君親上，然後興學。立小學、大學。○咸，行緘反。樂，音岳，又音洛。

○司徒脩六禮以節民性，明七教以興民德，齊八政以防淫，一道德以同俗，養耆老以致孝，恤孤獨以逮不足。上賢以崇德，簡不肖以絀惡。司徒，地官卿，掌邦教者。逮，及也。簡，差擇也。○防，本又作「坊」，音同。恤，辛律反。逮，音代，又大計反。肖，音笑。絀，勑律反。命鄉簡不帥教者以告，帥，循也。不循教，謂敖很不孝弟者。司徒使鄉簡擇以告者，鄉屬司徒。○帥，音率。循，音巡。敖，本又作「傲」，同五報反。很，胡墾反。弟，大計反，本又作「悌」。耆老皆朝于庠，元日習射上功，習鄉上齒，大司徒帥國之俊士與執事焉。將習禮以化之，使之觀焉。耆老，致仕及鄉中老賢者。朝，猶會也。此庠，謂鄉學也。鄉，謂飲酒也。鄉禮，春秋射，國蜡而飲酒養老。○朝，直遥反。庠，音祥。與，音預。蜡，仕詐反。不變，命國之右鄉，簡不帥教者移之左；命國之左鄉，簡不帥教者移之右，如初禮。中年考校，而又不變，使轉徙其居，覬其見新人，有所化也。亦復習禮於鄉學，使之觀焉。○覬，音冀。復，扶又反，下「又復」、「復移」、「復與」同。不變，移之郊，如初禮。郊，鄉界之外者也，稍出遠之，後中年，又爲之習禮於郊學。○

爲，于僞反，下「又爲」〔一〕、「親爲」、「爲其大」、「亦爲」皆同。不變，移之遂，如初禮。遠郊之外曰遂。遂，大夫掌之，又中年復移之使居遂，又爲習禮於遂之學。不變，屏之遠方，終身不齒。遠方，九州之外。齒，猶録也。命鄉論秀士，升之司徒，曰選士。移名於司徒也。秀士，鄉大夫所考有德行道藝者。○選，宣戀反，下皆同。行，下孟反。司徒論選士之秀者而升之學，曰俊士。可使習禮者。學，大學。升於司徒者，不征於鄉；升於學者，不征於司徒，曰造士。不征，不給其繇役。造，成也。能習禮，則爲成士。○給，音急。徭，本又作「繇」，音遥。樂正崇四術，立四教，樂正，樂官之長，掌國子之教。虞書曰：「夔命汝典樂，教胄子。」崇，高也。高尚其術以作教也。幼者，教之於小學。長者，教之於大學。尚書傳曰：「年十五始入小學，十八入大學。」○樂，音岳。長，丁丈反，下同。夔，求龜反。命女，音汝。順先王詩、書、禮、樂以造士。順此四術而教，以成是士也。春秋教以禮、樂，冬夏教以詩、書。春夏，陽也。詩、樂者聲，聲亦陽也。秋冬，陰也。書、禮者

〔一〕「又」，原脱，據彙校卷第十一、撫釋一補。

事，事亦陰也。互言之者，皆以其術相成。○夏，户嫁反，注及下注「夏官」同。王大子、王子、羣后之大子，卿大夫、元士之適子，國之俊選，皆造焉。皆以四術成之。王子，王之庶子也。羣后，公及諸侯。○適，丁歷反，下注同。造，才早反，徐七到反。凡入學以齒。皆以長幼受學，不用尊卑。將出學，小胥、大胥、小樂正簡不帥教者以告于大樂正，大樂正以告于王。此所簡者，謂王大子、王子、羣后之大子，卿大夫、元士之適子。大胥、小胥，皆樂官屬也。出學，謂九年大成，學止也。○胥，息餘反，又息吕反，下同。王命三公、九卿、大夫、元士皆入學。不變，王親視學。亦謂使習禮以化之。不變，王又親爲之臨視，重棄賢者子孫。此習禮皆於大學也。不變，王三日不舉，去食樂，重棄人。○去，丘吕反。屏之遠方，西方曰棘，東方曰寄，終身不齒。棘，當爲「僰」，僰之言偪，使之偪寄於夷戎，不屏於南北，爲其大遠。○屏，必郢反。棘，依注音僰，又作「僰」，蒲北反，偪也。偪，彼力反。大，音太，舊他佐反。大樂正論造士之秀者以告于王，而升諸司馬，曰進士。移名於司馬。司馬，夏官卿，主邦政者。進士，可進受爵禄也。司馬辨論官材，辨其論，官其材，觀其所長。○其論，如字，舊力困反。論進士之賢者以告於王，而定其論。各署其所長。論定然後官之，使之試守。任官然後爵之，命之。○任，而金反，下注同。位定然後禄之。大夫廢其事，終身不仕，死以士禮葬之。以不任大夫也。有發，則命大司徒教士以車甲。乘兵車衣甲之儀。有發，謂有軍師發卒。○衣，於既反。卒，子忽反。凡執技，論力。適四方，贏股肱，决射御。謂擐衣出其臂脛，使之射御，决勝負，見勇力。○技，其綺反，本或作「伎」，後同。贏，本又作「羸」，力果反。肱，古弘反。擐，舊音患，今讀宜音「宣」，依字作「揎」。字林云：「揎，揎臂也。」先全反。脛，胡定反。見，賢遍反。凡執技以事上者，祝、史、射、御、醫、卜及百工。言技，謂此七者。凡執技以事上者，不貳事，不移官，欲專其事，亦爲不德。出鄉不與士齒。賤也。於其鄉中則齒，親親也。仕於家者，出鄉不與士齒。亦賤。

○司寇正刑明辟，以聽獄訟。司寇，秋官卿，掌刑者。辟，罪也。○辟，婢亦反，注同。必三刺。以求民情，斷其獄訟之中，一曰訊羣臣，二曰訊羣吏，三曰訊萬民。○刺，七智反，殺也。斷，丁亂反，下「制斷」、「斷計」同。中，如字，又丁仲反。有旨無簡，不聽。簡，誠也。有其意無其誠者，不論以爲罪。附從輕，附，施刑也。求出之，使從輕。赦從重。

雖是罪可重，猶赦之。

○凡制五刑，必即天論。制，斷也。即，就也。必即天論，言與天意合。閔子曰：「古之道，不即人心。」即，或爲「則」。論，或爲「倫」。○論，音倫，理也，注同。郵罰麗於事。郵，過也。麗，附也。過人、罰人，當各附於其事，不可假他以喜怒。○郵，音尤，俗作「郵」。麗，郎計反。當，丁郎反。假，古雅反。

○凡聽五刑之訟，必原父子之親、立君臣之義以權之，權，平也。意論輕重之序、慎測淺深之量以別之，意，思念也。淺深，謂俱有罪，本心有善惡。○量，徐音亮，後皆同。別，彼列反。悉其聰明、致其忠愛以盡之。盡其情。疑獄，氾與衆共之。衆疑，赦之。必察小大之比以成之。小大，猶輕重。已行故事曰比。○氾，本又作「汎」，孚劒反。比，必利反，注同，例也。

○成獄辭，史以獄成告於正，正聽之。史，司寇吏也。正，於周鄉、師之屬。今漢有正平丞，秦所置。○平，彼命反。正以獄成告于大司寇，大司寇聽之棘木之下。周禮鄉、師之屬，「辨其獄訟，異其死刑之罪而要之」。「職聽於朝，司寇聽之」。朝，王之外朝也。左九棘，孤卿大夫位焉。右九棘，公、侯、伯、子、男位焉。面三槐，三公位焉。○棘，紀力反。要之，於妙反，謂要最，舊一遥反。槐，回、懷二音。大司寇以獄之成告於王，王命三公參聽之。王使三公復與司寇及正共平之，重刑也。周禮：王欲免之，乃命公會其期。三公以獄之成告於王，王三又，然後制刑。又，當作「宥」。宥，寬也。一宥曰不識，再宥曰過失，三宥曰遺忘。○又，義作「宥」。忘，音妄。

○凡作刑罰，輕無赦。法雖輕，不赦之，爲人易犯。○爲，于僞反。易，以豉反，後「易犯」同。刑者，侀也。侀者，成也，一成而不可變，故君子盡心焉。變，更也。○侀，音刑。

○析言破律，亂名改作，執左道以亂政，殺。析言破律，巧賣法令者也。亂名改作，謂變易官與物之名，更造法度。左道，若巫蠱及俗禁。○析，思歷反。亂名，如字，王肅作「循名」。巧，起教反，又如字。蠱，音古。作淫聲、異服、奇技、奇器以疑衆，殺。淫聲，鄭、衛之屬也。異服，若聚鷸冠、瓊弁也。奇技、奇器，若公輸般請以機窆。○鷸，伊必反，徐音述。弁，皮戀反。般，百間反。行僞而堅、言僞而辯、學非而博、順非而澤以疑衆，殺。皆謂虛華捷給，無誠者也。○行，下孟反。華，户瓜反，又如字。假於鬼神、時日、卜筮以疑衆，殺。今時持喪葬、築蓋、嫁取、卜數文書，使民倍禮違制。○日，人一反。此四誅者，不以聽。爲其爲害大，而辭不可明。凡執禁以齊衆，不赦過。亦爲人將易犯。有圭璧金璋，不粥於市。命服、命車，不粥於市。宗廟之器，不粥於市。犧牲，不粥於市。戎器，不粥於市。尊物非民所宜有。戎器，軍器也。粥，賣也。○璋，之羊反。用器不中度，不粥於市。兵車不中度，不粥於市。布帛精麤不中數，幅廣狹不中量，不粥於市。姦色亂正色，不粥於市。凡以其不可用也。用器，弓矢、耒耜、飲食器也。度，丈尺也。數，升縷多少。○中，丁仲反，下皆同。幅，方服反。耒耜，上力對反，下音似。錦文珠玉成器，不粥於市。衣服飲食，不粥於市。不示民以奢與貪也。成，猶善也。五穀不時，果實未孰，不粥於市。物未成，不利人。木不中伐，不粥於市。伐之非時，不中用。周禮：仲冬斬陽木，仲夏斬陰木。○夏，户嫁反，下「春夏」同。禽獸魚鼈不中殺，不粥於市。殺之非時，不中用。月令：季冬始漁。周禮：春獻鼈蜃。○蜃，常忍反，雉化爲之。關執禁以譏，禁異服，識異言。關，竟上門。譏，呵察。○竟，音境。苛，音何，又呼河反，本亦作「呵」。

○大史典禮，執簡記，奉諱惡。簡記，策書也。諱，先王名。惡，忌日，若子卯。○惡，烏路反，注同。策書，側八反。天子齊戒受諫。歲終，羣臣奏歲事，諫王當所改爲也。○齊，側皆反，本亦作「齋」，下皆同。司會以歲之成質於天子。司會，冢宰之屬，掌計要者。成，計要也。質，猶平也[一]。平其計要。○會，古外反，注同。冢宰齊戒受質。贊王受之。大樂正、大司寇、市三官以其成從質於天子。大樂正，於周宗伯之屬。市，司市也，於周司徒之屬。從，從於司會也。大司徒、大司馬、大司空齊戒受質。百官各以其成質於三官。大司徒、大司馬、大司空以百官之成質於天子。百官，此三官之屬。百官齊戒受質，受平報也。然後休老勞農，饗養之。○勞，力報反。成歲事，斷計要也。制國用。

○凡養老，有虞氏以燕禮，夏后氏以饗禮，殷人以食禮，周人脩而兼用

[一]「猶」，原脱，據撫州本、婺州本、八行本補。

之。兼用之，備陰陽也。凡飲，養陽氣。凡食，養陰氣。陽用春夏，陰用秋冬。○食，音嗣，注及下注并下文「食之」，並同。養，如字，徐以尚反，下同。五十養於鄉，六十養於國，七十養於學，達於諸侯。天子、諸侯養老同也。國，國中小學，在王宮之左。學，大學也，在郊。小學在國中，大學在郊，此殷制明矣。

○八十拜君命，一坐再至，瞽亦如之。九十使人受。命，謂君不親饗食，必以其禮致之。○瞽，音古。五十異粻，六十宿肉，七十貳膳，八十常珍，九十飲食不離寢，膳飲從於遊可也。粻，粮也。貳，副也。遊，謂出入止觀。○粻，陟良反。離，力智反。觀，古亂反。六十歲制，七十時制，八十月制，九十日脩，唯絞紟衾冒，死而后制。絞紟衾冒，一日二日而可爲者。○絞，户交反。紟，其鴆反。冒，亡報反。五十始衰，六十非肉不飽，七十非帛不煖，八十非人不煖，九十雖得人不煖矣。煖，温。○煖，乃管反，下同。五十杖於家，六十杖於鄉，七十杖於國，八十杖於朝，九十者，天子欲有問焉，則就其室，以珍從。尊養之。○從，才用反，又如字。七十不俟朝，大夫、士之老者，揖君則退。八十月告存，每月致膳。九十日有秩，秩，常也，有常膳。五十不從力政，六十不與服戎，七十不與賔客之事，八十齊喪之事弗及也。力稍衰也。力政，城道之役也。與，及也。八十不齊，則不祭也，子代之祭，是謂宗子不孤。○與，音預，下及注同。五十而爵，賢者命爲大夫。六十不親學，不能備弟子禮。七十致政，唯衰麻爲喪。致政，還君事。

○有虞氏養國老於上庠，養庶老於下庠。夏后氏養國老於東序，養庶老於西序。殷人養國老於右學，養庶老於左學。周人養國老於東膠，養庶老於虞庠。虞庠在國之西郊。皆學名也。異者，四代相變耳。或上西，或上東，或貴在國，或貴在郊。上庠、右學，大學也，在西郊。下庠、左學，小學也，在國中王宮之東。東序、東膠，亦大學，在國中王宮之東。西序、虞庠，亦小學也，西序在西郊。周立小學於西郊。膠之言糾也，庠之言養也。周之小學，爲有虞氏之庠制，是以名庠。云其立鄉學亦如之。膠，或作「絿」。○糾，居黝反，徐居酉反。絿，音求，又音虯。

○有虞氏皇而祭，深衣而養老。夏后氏收而祭，燕衣而養老。殷人冔而祭，縞衣而養老。周人冕而祭，玄衣而養老。皇，冕屬也，畫羽飾焉。凡冕屬，其服皆玄上纁下。有虞氏十二章〔一〕，周九章，夏、殷未聞。凡養老之服，皆其時與羣臣燕之服。有虞氏質，深衣而已。夏而改之，尚黑而黑衣裳。殷尚白而縞衣裳。周則兼用之，玄衣素裳，其冠則牟追〔二〕、章甫、委貌也。諸侯以天子之燕服爲朝服。燕禮曰：「燕，朝服。」服是服也，王者之後，亦以燕服爲之。魯季康子朝服以縞，僭宋之禮也。天子皮弁，以日視朝也。○翌，音皇，本又作「皇」。冔，況甫反。縞，古老反，又古報反。纁，許云反。牟，亡侯反。追，丁雷反。凡三王養老皆引年，已而引户校年，當行復除也。老人衆多，非賢者，不可皆養。○復除，上音福，下如字，又直慮反。八十者，一子不從政。九十者，其家不從政。廢疾非人不養者，一人不從政。廢，廢於人事。○養，如字，又以尚反。父母之喪，三年不從政。齊衰、大功之喪，三月不從政。將徙於諸侯，三月不從政。自諸侯來徙家，期不從政。自，從也。○期，音基。

○少而無父者謂之孤，老而無子者謂之獨，老而無妻者謂之矜，老而無

〔一〕「二」，原訛作「三」，據撫州本、婺州本、岳本、八行本、和本、十行本、閩本、監本、毛本、殿本、阮刻本改。

〔二〕「牟」，原訛作「弁」，據撫州本、婺州本、岳本、嘉靖本、八行本、和本、閩本、監本、毛本、殿本改。

夫者謂之寡。此四者，天民之窮而無告者也，皆有常餼。餼，廩也。○少，詩照反，下注「少者」同。矜，本又作「鰥」，同古頑反。廩，兵品反。

瘖、聾、跛、躃、斷者、侏儒、百工，各以其器食之。斷，謂支節絶也。侏儒，短人也。器，能也。○瘖，於金反，啞也。聾，力東反。跛，彼我反。躄，必亦反，兩足不能行也。侏，音朱。

○道路，男子由右，婦人由左，車從中央。道有三塗，遠別也。○別，彼列反，下文并注同。父之齒隨行，兄之齒鴈行，朋友不相踰。廣敬也，謂於塗中。○行，如字，一音户剛反。下「鴈行」同。輕任并，重任分，斑白者不提挈。皆謂以與少者。雜色曰斑。○并，必性反，本又作「倂」。提，音啼。契，本亦作「挈」，苦結反。君子耆老不徒行，庶人耆老不徒食。徒，猶空也。

○大夫祭器不假。祭器未成，不造燕器。造，爲也。

○方一里者，爲田九百畝。一里，方三百步。方十里者，爲方一里者百，爲田九萬畝。方百里者，爲方十里者百，爲田九十億畝。億，今十萬。○億，於力反。

方千里者，爲方百里者百，爲田九萬億畝。萬億，今萬萬也。○自恒山至於南河，千里而近。冀州域。自南河至於江，千里而近。豫州域。自江至於衡山，千里而遥，荆州域。自東河至於東海，千里而遥，徐州域。自東河至於西河，千里而近，亦冀州域。自西河至於流沙，千里而遥，雍州域。○雍〔一〕，於用反。西不盡流沙，南不盡衡山，東不盡東海，北不盡恒山，凡四海之内，斷長補短，方三千里，爲田八十萬億一萬億畝，九州之大計。○斷，音短。方百里者爲田九十億畝，山陵、林麓、川澤、溝瀆、城郭、宫室、塗巷，三分去一，其餘六十億畝。以一大國爲率，其餘所以授民也。山足曰麓。○去，羌吕反。率，音律，又音類。○古者以周尺八尺爲步，今以周尺六尺四寸爲步。古者百畝，當今東田百四十六畝三十步。古者百里，當今百二十一里六十步四尺二寸二分。周尺之數，未詳聞也。案禮制，周猶以十寸爲尺。蓋六國時，多變亂法度。或言周尺八寸，則步更

〔一〕「雍」，原脱，據彙校卷第十一、撫釋一、岳本、和本、閩本、監本、毛本、殿本、阮刻本補。

爲八八六十四寸。以此計之，古者百畝，當今百五十六畝二十五步。古者百里，當今百二十五里。

○方千里者，爲方百里者百。封方百里者三十國，其餘方百里者七十。又封方七十里者六十，爲方百里者二十九，方十里者四十。其餘方百里者四十，方十里者六十。又封方五十里者百二十，爲方百里者三十。其餘方百里者十，方十里者六十。名山大澤不以封，其餘以爲附庸、閒田。諸侯之有功者，取於閒田以禄之；其有削地者，歸之閒田。○閒田，音閑，下同〔一〕

○天子之縣内方千里者，爲方百里者百。封方百里者九，其餘方百里者九十一。又封方七十里者二十一，爲方百里者十，方十里者二十九。其餘方百里者八十，方十里者七十一。又封方五十里者六十三，爲方百里者十五，方十里者七十五。其餘方百里者六十四，方十里者九十六。

〔一〕「閒田音閑下同」六字，原誤置於注文「沐用潘」下，據閩本、監本、毛本、殿本訂正。

○諸侯之下士禄食九人，中士食十八人，上士食三十六人。下大夫食七十二人，卿食二百八十八人，君食二千八百八十人。次國之卿食二百一十六人，君食二千一百六十人。小國之卿食百四十四人，君食千四百四十人。次國之卿命於其君者，如小國之卿。天子之大夫爲三監，監於諸侯之國者，其禄視諸侯之卿，其爵視次國之君，其禄取之於方伯之地。○禄食，音嗣，又如字，下皆同〔一〕。

○方伯爲朝天子，皆有湯沐之邑於天子之縣内，視元士。給齊戒，自絜清之用，浴用湯，沐用潘，○爲朝，于僞反。清，如字，徐才性反。潘，芳袁反，米汁也。

○諸侯世子世國，象賢也。大夫不世爵，使以德，爵以功。謂縣内及列國諸侯爲天子大夫者。不世爵而世禄，辟賢也。○辟，音避。未賜爵，視天子之元士，以君其國。列國及縣内之國也。

〔一〕「禄食音嗣又如字下皆同」十字，原誤置於注文「沐用潘」下，據上下文訂正。

○諸侯之大夫，不世爵禄。

○六禮：冠、昏、喪、祭、鄉、相見。鄉，鄉飲酒、鄉射。○冠，古亂反。

○七教：父子、兄弟、夫婦、君臣、長幼、朋友、賓客。

○八政：飲食、衣服、事爲、異别、度、量、數、制。飲食爲上，衣服次之。事爲，謂百工技藝也。異别，五方用器不同也。度，丈尺也。量，斗斛也。數，百十也。制，布帛幅廣狹也。○長，丁丈反。斛，洪谷反。幅，芳服反。狹，户甲反。

禮記卷第四

經肆仟肆佰叁拾捌字

注伍仟壹伯伍拾捌字

音義貳仟壹佰玖拾捌字

仁仲比校訖

禮記卷第五

月令第六○陸曰：此是吕氏春秋十二紀之首，後人删合爲此記。蔡伯喈、王肅云：「周公所作。」

禮記　　　　鄭氏注

孟春之月，日在營室，昏參中，旦尾中。孟，長也。日月之行，一歲十二會，聖王因其會而分之，以爲大數焉。觀斗所建，命其四時。此云孟春者，日月會於諏訾，而斗建寅之辰也。凡記昏明中星者，爲人君南面而聽天下，視時候以授民事。○參，所林反。中，如字，徐丁仲反，後放此。長，丁丈反。諏，足俱反，又足侯反，本又作「娵」，同。訾，子斯反。爲人，于僞反。其日甲乙。乙之言軋也。日之行，春，東從青道，發生萬物，月爲之佐。時萬物皆解孚甲，自抽軋而出，因以爲日名焉。乙不爲月名者，君統臣功也。○軋，乙八反。孚，音敷。

其帝大皡，其神句芒。此蒼精之君，木官之臣，自古以來著德立功者也。大皡，宓戲氏。句芒，少皡氏之子，曰重，爲木官。○大皡，上音太，後文及注「大簇」、「大史」、「大寢」、「大室」、「大微」、「大廟」、「大祝」、「大尉」、「大宰」皆同；皡，亦作「昊」，胡老反。大皡，宓戲也。句芒，古侯反，下音亡。句芒，木正也，少皡之子曰重爲之，後「句芒」皆放此。宓戲，音密，又音服；戲，又作「虧」，亦作「犧」，又作「羲」，同許宜反。重，直龍反。**其蟲鱗。**象物孚甲將解。鱗，龍蛇之屬。**其音角。**謂樂器之聲也，三分羽益一以生角，角數六十四，屬木者，以其清濁中，民象也，春氣和，則角聲調。樂記曰：「角亂則憂，其民怨。」凡聲尊卑，取象五行，數多者濁，數少者清，大不過宫，細不過羽。**律中大蔟。**律，候氣之管，以銅爲之。中，猶應也。孟春氣至，則大蔟之律應。應，謂吹灰也。大蔟者，林鍾之所生，三分益一，律長八寸。凡律，空圍九分。周語曰：「大蔟，所以金奏，贊陽出滯。」○律中，丁仲反，後放此。凡如此之例，十二月文、注，皆可以類求之。蔟，七豆反，奏也。應，「應對」之「應」，下皆放此。長，直亮反，又如字，後皆放此。律空，徐音孔。**其數八，**數者，五行佐天地生物、成物之次也。易曰：「天一地二，天三地四，天五地六，天七地八，天九地十。」而五行自水始，火次之，木次之，金次之，土爲後。木，生數三，成數八。但言八者，舉其成數。**其味酸，其臭羶。**木之臭味也。凡酸羶者，皆屬焉。○擅，失然反。其祀户，祭先脾。春，陽氣出，祀之於户，内陽也。祀之先祭脾者，春爲陽中，於藏直脾，脾爲尊。凡祭五祀，於廟用特牲，有主有尸，皆先設席于奥。祀户之禮，南面設主于户内之西，乃制脾及腎爲俎，奠于主北。又設盛于俎西，祭黍稷，祭肉，祭醴，皆三。祭肉，脾一，腎再。既祭，徹之，更陳鼎俎，設饌于筵前。迎尸略如祭宗廟之儀。○脾，婢支反。藏，才浪反，後放此。直，丈吏反，又如字，下「宿直」同，後放此。奥，烏報反。腎，時忍反。

○東風解凍，蟄蟲始振，魚上冰，獺祭魚，鴻鴈來。皆記時候也。振，動也。夏小正：「正月啟蟄，魚陟負冰。」漢始亦以驚蟄爲正月中。此時魚肥美，獺將食之，先以祭也。鴈自南方來，將北反其居。今月令「鴻」皆爲「候」。○凍，東送反。蟄，直立反。上，時掌反，下注「以上」同。獺，他達反，又他瞎反。

○天子居青陽左个，乘鸞路，駕倉龍，載青旂，衣青衣，服倉玉，食麥與羊，其器疏以達。皆所以順時氣也。青陽左个，大寢東堂北偏。鸞路，有虞氏之車，有鸞和之節而飾之以青，取其名耳。春言鸞，冬夏言色，互文。馬八尺以上爲龍。凡所服玉，謂冠飾及所佩者之衡璜也〔一〕。麥實有孚甲，屬木。羊，火畜也。時尚寒，食之以安性也。器疏者，刻鏤之，象物當貫土而出也。凡此車馬衣服，皆所取於殷時而有變焉，非周制也。周禮朝、祀、戎、獵，車服各以其事，不以四時爲異。又玉藻曰：「天子龍衮以祭，玄端而朝日，皮弁以日視朝。」與此皆殊。○个，古賀反，後放此。鸞，力官反。路，本又作「輅」。載，音戴，後放此。旂，巨機反，後放此。衣青，於既反，後放此，下注「衣甲」、「保猶衣」同。罟，本又作「器」，同。冬夏，此卷内可以意求之。璜，音黄。畜，許又反。貫，古亂反。朝，直遥反，下文注同。卷，本又作「衮」，古本反。玄端，音冕。

○是月也，以立春。先立春三日，大史謁之天子曰：「某日立春，盛德在木。」天子乃齊。太史，禮官之屬，掌正歲年以序事。謁，告也。○先，悉薦反。齊，側皆反，本亦作「齋」，卷内放此〔二〕。

○立春之日，天子親帥三公、九卿、諸侯、大夫以迎春於東郊。還，乃賞

〔一〕「佩」，原訛作「珮」，據撫州本、婺州本、八行本、閩本、監本、毛本、殿本改。

〔二〕「卷」，原訛作「巻」，據撫州本、婺州本、岳本、和本、閩本、監本、毛本、殿本、阮刻本改。

公[一]、卿、諸侯、大夫於朝。迎春，祭倉帝靈威仰於東郊之兆也。王居明堂禮曰：「出十五里迎歲。」蓋殷禮也。周近郊五十里。賞，謂有功德者有以顯賜之也。朝，大寢門外。○還，音旋，後放此。

○命相布德和令，行慶施惠，下及兆民。相，謂三公，相王之事也。德，謂善教也。令，謂時禁也。慶，謂休其善也。惠，謂恤其不足也。天子曰兆民。○相，息亮反，注同，下「善相」并注放此。施，如字，又始豉反。休，許收、許虯二反，美也。慶賜遂行，毋有不當。遂，猶達也，言使當得者皆得，得者無非其人。○毋，音無，本亦作「無」，下同。當，丁浪反。

○乃命大史守典奉法，司天日月星辰之行，宿離不貸，毋失經紀，以初爲常。典，六典。法，八法也。離，讀如「儷偶」之「儷」。宿儷，謂其屬馮相氏、保章氏掌天文者，相與宿偶，當審候伺，不得過差也。經紀，謂天文進退度數。○宿，息六反，徐音秀。離，依注音「儷」，吕計反，偶也。貸，吐得反，徐音二。馮，音憑。相，息亮反，又如字。伺，音司，又息

[一]「乃」，原訛作「反」，據唐石經改。

嗣反。

○是月也，天子乃以元日祈穀于上帝。謂以上辛郊祭天也。春秋傳曰：「夫郊祀后稷以祈農事，是故啟蟄而郊，郊而後耕。」上帝，大微之帝也。乃擇元辰，天子親載耒耜措之于參保介之御間，帥三公、九卿、諸侯、大夫躬耕帝藉，天子三推，三公五推，卿、諸侯九推。元辰，蓋郊後吉亥也[一]。耒，耜之上曲也。保介，車右也。置耒於車右與御者之間，明己勸農，非農者也。人君之車，必使勇士衣甲居右而參乘，備非常也。保，猶衣也。介，甲也。帝藉，爲天神借民力所治之田也。○耒，力對反。字林云：「耕曲木，垂所作，力隹反。」又力水反。耜，音似。措，七故反，置也。介，音界，注同。藉，在亦反，說文作「耤」，云「帝耤千畝」。推，出隹反，又吐回反，下同。推，謂伐也。乘，繩證反。爲，于僞反，下「爲仲春」、「爲傷」、「爲死氣」皆同。反，執爵于大寢，三公、九卿、諸侯、大夫皆御，命曰勞酒。既耕而宴飲，以勞羣臣也。大寢，路寢。御，侍也。○勞，力報反，注同。

○是月也，天氣下降，地氣上騰，天地和同，草木萌動。此陽氣蒸達，可耕之

[一]「亥」，原訛作「辰」，據岳本、八行本改。

候也。農書曰：「土上冒橛，陳根可拔，耕者急發。」○上，時掌反，注「土上」同。萌，莫耕反。蒸，音證，又之丞反。冒，莫報反，覆也。橛，求月反。**王命布農事，命田舍東郊，皆脩封疆，審端經術**〔一〕。田，謂田畯，主農之官也。舍東郊，順時氣而居，以命其事也。封疆，田首之分職。術，周禮作「遂」。夫間有遂，遂上有徑。遂，小溝也。步道曰徑。今尚書曰：「分命羲仲，宅嵎夷」也。○疆，居良反，注皆同。經術，古定反，注同。術，依注音「遂」。畯，音俊。分，扶問反。嵎，音愚。**善相丘陵、阪險、原隰土地所宜，五穀所殖，以教道民，必躬親之。**相，視也。○阪險，上音反，又蒲版反，下許檢反。道，音導。**田事既飭，先定準直，農乃不惑。**説所以命田舍東郊之意也。準直，謂封疆徑遂也。夏小正曰：「農率均田。」○飭，音敕。率，所類反，謂田正。

○是月也，命樂正入學習舞。爲仲春將釋菜。**乃脩祭典，**重祭禮，歲始省録也〔二〕。

〔一〕「經」，紹熙本、十行本、阮刻本同，唐石經、撫州本、婺州本、岳本、嘉靖本、八行本、和本、閩本、監本、毛本、殿本作「徑」。阮校曰：「閩、監、毛本『經』作『徑』，岳本同，嘉靖本同，衛氏集説同。釋文出『經術』云：『古定反，注同。』吕覽亦作『經』，此注疏俱作『經』。」

〔二〕「也」，原脱，據撫州本、婺州本、岳本、八行本、阮刻本補。

命祀山林川澤，犧牲毋用牝。爲傷妊生之類。○牝，頻忍反。妊，而林、而鴆二反。

○禁止伐木，盛德所在。毋覆巢，毋殺孩蟲、胎、夭、飛鳥，毋麛，毋卵。爲傷萌幼之類。○覆，芳服反。孩，户哀反。胎，吐來反。夭，烏老反。麛，音迷。卵，力管反。毋聚大衆，毋置城郭。爲妨農之始。掩骼埋胔。爲死氣逆生也[一]。骨枯曰骼，肉腐曰胔。○骼，江百反。胔，才賜反。蔡云：「露骨曰骼，有肉曰胔。」胔，亦作「骴」。腐，扶矩反。

○是月也，不可以稱兵，稱兵必有天殃[二]。逆生氣。兵戎不起，不可從我始。爲客不利，主人則可。毋變天之道，以陰政犯陽。毋絶地之理，易剛柔之宜。毋亂人之紀。仁之時而舉義事。

○孟春行夏令，則雨水不時，巳之氣乘之也。四月，於消息爲乾。草木蚤落，生日促。○蚤，音早。國時有恐。以火訛相驚。○恐，丘勇反。行秋令，則其民大疫，申之氣乘之也。七月始殺。○疫，音役。猋風暴雨摠至，正月宿直尾、箕，箕好風，其氣逆也。

[一]「爲」，原訛作「謂」，據婺州本、岳本、八行本改。

[二]「有」，原脱，據唐石經、考補補。

回風爲猋。○猋，必遥反，徐芳遥反，本又作「飄」。宿，音秀。好，呼報反。藜莠蓬蒿並興。生氣亂，惡物茂。○藜，力兮反。莠，音酉。行冬令，則水潦爲敗，雪霜大摯，首種不入。亥之氣乘之也。舊説，首種謂稷。○潦，音老。摯，音至，蔡云：「傷折。」種，章勇反，蔡云：「宿麥。」

仲春之月，日在奎，昏弧中，旦建星中。仲，中也。仲春者，日月會於降婁，而斗建卯之辰也。弧在輿鬼南，建星在斗上。○奎，苦圭反。弧，音胡。降，户江反。其日甲乙，其帝大皞，其神句芒。其蟲鱗。其音角，律中夾鍾。其數八，其味酸，其臭羶。其祀户，祭先脾。夾鍾者，夷則之所生，三分益一，律長七寸二千一百八十七分寸之千七十五。仲春氣至，則夾鍾之律應。周語曰：「夾鍾出四隙之細。」○夾，古洽反，一音頰。隙，去逆反。始雨水，桃始華，倉庚鳴，鷹化爲鳩。皆記時候也。倉庚，驪黄也。鳩，搏穀也。漢始以雨水爲二月節。○倉庚，並如字，本或加「鳥」，非。驪，力知反。搏，音博。

○天子居青陽大廟，乘鸞路，駕倉龍，載青旂，衣青衣，服倉玉，食麥與羊，其器疏以達。青陽大廟，東堂當大室。

○是月也，安萌牙，養幼少，存諸孤，助生氣也。○少，詩召反。擇元日，命民社。社，后土也，使民祀焉，神其農業也。祀社，日用甲。命有司省囹圄，去桎梏，毋肆掠，止獄訟。順陽寬也。省，減也。囹圄，所以禁守繫者，若今别獄矣。桎梏，今械也，在手曰梏，在足曰桎。肆，謂死刑暴尸也。周禮曰：「肆之三日。」掠，謂捶治人。○省，所景反，注同，徐所幸反。囹，音零。圄，魚吕反。囹圄，今之獄。去，羌吕反。桎，音質，今之械也。梏，古毒反，今之杻也。掠，音亮，考捶。械，户戒反。暴，步卜反。捶，之橤反。是月也，玄鳥至。至之日，以大牢祠于高禖，天子親往，玄鳥，燕也。燕以施生時來，巢人堂宇而孚乳，嫁娶之象也，媒氏之官以爲候。高辛氏之世，玄鳥遺卵，娀簡吞之而生契，後王以爲媒官嘉祥而立其祠焉。變媒言禖，神之也。○禖，音梅。施，始豉反。孚乳，上如字，一音芳付反，下而樹反，季春同。娀簡，夙中反。簡狄，有戎氏女。契，息列反。后妃帥九嬪御。御，謂從往侍祠。周禮：天子有夫人、有嬪、有世婦、有女御，獨云「帥九嬪」，舉中言也。○嬪，毗人反。從，才用反。乃禮天子所御，帶以弓韣，授以弓矢于高禖之前。天子所御，謂今有娠者。於祠，大祝酌酒，飲於高禖之庭，以神惠顯之也。帶以弓韣，授以弓矢，求男之祥也。王居明堂禮曰：「帶以弓韣，禮之禖下，其子必得天材。」○韣，大木反，弓衣。娠，音身，一音震，謂懷妊。

○是月也，日夜分，雷乃發聲，始電。蟄蟲咸動，啟户始出。又記時候。發，猶出也。○電，大練反。

○先雷三日，奮木鐸以令兆民曰：「雷將發聲，有不戒其容止者，生子不備，必有凶災。」主戒婦人有娠者也。容止，猶動静。○先，悉薦反，奮，方問反。鐸，大各反。日夜分，則同度、量，鈞、衡、石，角斗甬，正權概。因晝夜等而平當平也。同、角、正，皆謂平之也。丈尺曰度，斗斛曰量，三十斤曰鈞，稱上曰衡，百二十斤曰石。甬，今斛也。稱錘曰權。概，平斗斛者。○度量，上音杜，下音亮，注同。甬，音勇。權概，古代反。稱，尺證反，下同。錘，丈僞反，又丈爲反。是月也，耕者少舍，乃脩闔扇，寢廟畢備。舍，猶止也。因蟄蟲啟户，耕事少閒而治門户也。用木曰闔，用竹葦曰扇。畢，猶皆也。凡廟前曰廟，後曰寢。○闔，户臘反。閒，音閑。毋作大事，以妨農之事。大事，兵、役之屬。是月也，毋竭川澤，毋漉陂池，毋焚山林。順陽養物也。畜水曰陂，穿地通水曰池。○漉，音鹿，竭也。陂池，彼宜反。尚書傳云：「澤障曰陂，停水曰池。」畜，勑六反。

○天子乃鮮羔開冰，先薦寢廟。鮮，當爲「獻」，聲之誤也。獻羔，謂祭司寒也，祭其藏冰也，深山窮谷，固陰沍寒，於是乎取之。其出之也，朝之禄位，賓、食、喪、祭，於是乎用之。其藏之也，黑牡秬黍，以饗司寒。其出之也，桃弧棘矢，以除其災。其出入也時，食肉之禄，冰皆與焉。大夫命婦，喪浴用冰，祭寒而藏之，獻羔而啟之，公始用之。火出而畢賦，自命夫命婦，至于老疾，無不受冰。」○鮮，依注音獻。覿，大歷反。沍，户故反。朝，直遥反。秬，音巨。與，音預。祭寒，本或作「祭司寒」，案左氏傳無「司」字。**上丁，命樂正習舞、釋菜。**樂正，樂官之長也。命習舞者，順萬物始出地鼓舞也。將舞，必釋菜於先師以禮之。夏小正曰：「丁亥，萬用入學〔一〕。」○長，丁丈反。**天子乃帥三公、九卿、諸侯、大夫，親往視之。**順時達物也。**仲丁，又命樂正入學習樂。**爲季春將合樂也〔二〕。習樂者，習歌與八音。○中丁，音仲，本亦作「仲」。爲，于僞反，下注同。

○是月也，祀不用犧牲，用圭璧，更皮幣。爲季春將選而合騰之也。更，猶易

司寒而出冰，薦於宗廟，乃後賦之。春秋傳曰：「古者，日在北陸而藏冰，西陸朝覿而出之。其

〔一〕「用」，原訛作「舞」，據撫州本、婺州本、岳本、八行本、和本改。

〔二〕「將」下，原衍「習」字，據撫州本、婺州本、岳本、八行本删。

也。當祀者古以玉帛而已。

○仲春行秋令，則其國大水，寒氣揔至，西之氣乘之也。八月宿直昴、畢，畢好雨。○好，呼報反。寇戎來征。金氣動也。畢又爲邊兵。行冬令，則陽氣不勝，麥乃不孰。子之氣乘之也。十一月爲大陰。○大，音泰。民多相掠。陰姦衆也。行夏令，則國乃大旱，煖氣早來，午之氣乘之也。○煖，乃緩反，又音暄。蟲螟爲害。暑氣所生，爲災害也。○螟，亡丁反。爾雅云：「食苗心，螟。」

季春之月，日在胃，昏七星中，旦牽牛中。季，少也。季春者，日月會於大梁，而斗建辰之辰。○胃，音謂。少，詩召反。其日甲乙，其帝大皞，其神句芒。其蟲鱗。其音角，律中姑洗。其數八，其味酸，其臭羶。其祀户，祭先脾。姑洗者，南吕之所生也。三分益一，律長七寸九分寸之一，季春氣至，則姑洗之律應。周語曰：「姑洗，所以脩絜百物，考神納賓。」○洗，素典反。

○桐始華，田鼠化爲鴽，虹始見，蓱始生[一]。皆記時候也。鴽，母無。螮蝀謂

[一]「蓱」，原訛作「萍」，據撫州本、婺州本、岳本、嘉靖本、八行本改。

之虹。蓱，萍也，其大者曰蘋。○鴽，音如，母無也，蔡云：「鶉鴿之屬。」虹，音紅，又音絳，螮蝀也。見，賢遍反。蓱，步丁反，水上浮萍也。母無，上音牟，又如字。蝃，本又作「螮」，丁計反，亦作「蜥」，同。蝀，本亦作「東」，同丁孔反。萍，音平。蘋，毗人反。

○天子居青陽右个，乘鸞路，駕倉龍，載青旂，衣青衣，服倉玉，食麥與羊，其器疏以達。青陽右个，東堂南偏。

○是月也，天子乃薦鞠衣于先帝，爲將蠶，求福祥之助也。鞠衣，黄桑之服。先帝，大皞之屬。○鞠，居六反，如菊華也，又去六反，如麴塵。爲，于僞反，下文「乃爲」、注「爲鳥」同。命舟牧覆舟，五覆五反，乃告舟備具于天子焉。舟牧，主舟之官也。覆反舟者，備傾漏也。○覆，芳服反，下及注同。天子始乘舟，薦鮪于寢廟，進時美物。○鮪，于軌反。乃爲麥祈實。於含秀求其成也。不言所祈，承寢廟可知。

○是月也，生氣方盛，陽氣發泄，句者畢出，萌者盡達，不可以内。時可宣出，不可收斂也。句，屈生者。芒而直曰萌。○泄，息列反。句，古侯反。天子布德行惠，命有司發倉廩，賜貧窮，振乏絶，振，猶救也。○廩，力甚反。開府庫，出幣帛，周天

下，勉諸侯，聘名士，禮賢者。周，謂給不足也。勉，猶勸也。聘，問也。名士，不仕者。

○是月也，命司空曰：「時雨將降，下水上騰，循行國邑，周視原野，修利隄防，道達溝瀆，開通道路，毋有障塞。」廣平曰原。國也，邑也，平野也，溝瀆與道路，皆不得不通，所以除水潦，便民事也。古者，溝上有路。○上，時掌反，下注「以上」同。行，下孟反。隄，丁兮反。防，音房。道，音導。障，之亮反，又音章。便，婢面反。

○田獵罝罘、羅罔、畢翳、餧獸之藥，毋出九門。爲鳥獸方孚乳，傷之，逆天時也。獸罟曰罝罘，鳥罟曰羅罔。小而柄長謂之畢。翳，射者所以自隱也。凡諸罟及毒藥，禁其出九門，明其常有時，不得用耳。天子九門者：路門也，應門也，雉門也，庫門也，皋門也，城門也，近郊門也，遠郊門也，關門也。今月令無「罘」，「翳」爲「弋」。○罝，子斜反。罘，音浮。翳，於計反。餧，於僞反。罟，音古。弋，羊職反。

○是月也，命野虞無伐桑柘，愛蠶食也。野虞，謂主田及山林之官。○柘，之夜反。**鳴鳩拂其羽，戴勝降于桑，**蠶將生之候也。鳴鳩飛且翼相擊，趨農急也。戴勝，織紝之鳥，是時恒在桑。言降者，若時始自天來，重之也。○戴，音帶，注同，本亦作「載」。戴勝，鳥名。紝，女今反。**具曲植籧筐，**時所以養蠶器也。曲，薄也。植，槌也。○植，直吏反。籧筐，居呂反，亦作「筥」，下丘狂反。方曰筐，圓曰筥。槌，直追反，又直類反，又丈僞反。**后妃齊戒，親東鄉躬桑，禁婦女毋觀，省婦使，以勸蠶事。**后妃親採桑，示帥先天下也。東鄉者，鄉時氣也。是明其不常留養蠶也。留養者，所卜夫人與世婦。婦，謂世婦及諸臣之妻也。内宰職曰：「仲春，詔后帥外内命婦始蠶于北郊。」女，外内子女也。夏小正曰：「妾子始蠶，執養宫事。」毋觀，去容飾也。婦使，縫線組紃之事。○鄉，許亮反，注同。觀，古喚反，注同。省，所景反。去，起呂反。線，息賤反。組，音祖。紃，音旬。**蠶事既登，分繭稱絲效功，以共郊廟之服，無有敢惰。**登，成也。敕往蠶者，蠶畢將課功，以勸戒之。○繭，古典反。效，户教反。共，音恭。惰，徒卧反。

○是月也，命工師，令百工審五庫之量：金、鐵，皮、革、筋，角、齒，羽、箭、幹，脂、膠、丹、漆，毋或不良。工師，司空之屬官也。五庫，藏此諸物之舍也。量，謂物善惡之舊法也。幹，器之木也。凡輮幹，有當用脂。良，善也。○量，音亮，注同。筋，音斤。幹，古旦反。輮，如九反。

○百工咸理，監工日號：「毋悖于時，毋或作爲淫巧，以蕩上心！」咸，皆也。於百工皆理治其事之時，工師則監之，日號令之，戒之以此二事也。悖，猶逆也。百工作器物各有時，逆之則不善。時者，若弓人「春液角，夏治筋，秋合三材，冬定體」之屬也。淫巧，謂僞飾不如法也。蕩，謂動之使生奢泰也。今月令無「于時」，「作爲」爲「詐僞」。○監，古銜反，注同。悖，必内反。巧，如字，又苦孝反，注同。液，音亦。

○是月之末，擇吉日，大合樂。天子乃率三公、九卿、諸侯、大夫親往視之。大合樂者，所以助陽達物、風化天下也。其禮亡，今天子以大射、郡國以鄉射禮代之。

○是月也，乃合累牛騰馬遊牝于牧。累、騰，皆乘匹之名。是月所合牛馬，謂繫在廐者。其牝欲遊，則就牧之牡而合之。○累，力追反，注同。騰，大登反。牝，毗忍反，徐扶死反。乘，繩證反。廐，居又反。犧牲駒犢，舉書其數。以在牧而校數書之，明出時無他故，至秋當録内，且以知生息之多少也。○數，所主反。

○命國難，九門磔攘，以畢春氣。此難，難陰氣也。陰寒至此不止，害將及人，所以及人者，陰氣右行，此月之中，日行歷昴，昴有大陵積尸之氣，氣佚則厲鬼隨而出行，命方相氏帥百隸索室毆疫以逐之[一]。又磔牲以攘於四方之神，所以畢止其災也。王居明堂禮曰：

[一]「毆」，原訛作「歐」，據撫州本、岳本、和本、閩本、監本、毛本、殿本改。

「季春，出疫于郊，以攘春氣。」○難，乃多反，後及注同，驅疫鬼。磔，竹伯反。穰，本又作「攘」，如羊反。佚，音逸，後同。索，所白反。毆疫，丘于反。

○季春行冬令，則寒氣時發，草木皆肅，丑之氣乘之也。肅，謂枝葉縮栗。國有大恐。以水訛相驚。○恐，丘勇反。行夏令，則民多疾疫，時雨不降，未之氣乘之也。六月宿直鬼，鬼爲天尸，時又有暑也。山陵不收。高者暵於熱也。○暵，呼旱反，又呼旦反。行秋令，則天多沈陰，淫雨蚤降，戌之氣乘之也。九月多陰。淫，霖也，雨三日以上爲霖，今月令曰「衆雨」。○蚤，音早。兵革並起。陰氣勝也。

孟夏之月，日在畢，昏翼中，旦婺女中。孟夏者，日月會於實沈而斗建巳之辰。○婺，音務。其日丙丁，丙之言炳也。日之行，夏，南從赤道，長育萬物，月爲之佐，時萬物皆炳然著見而强大，又因以爲日名焉。易曰：「齊乎巽，相見乎離。」○炳，音丙。長，丁丈反。此月內，除「律長」、「長大」、「繼長」[一]，皆同。著見，賢遍反。其帝炎帝，其神祝融。此赤精之君，火官之臣，自古以來著德立功者也。炎帝，大庭氏也。祝融，顓頊氏之子，曰黎，爲火官。

〔一〕「繼」，原訛作「維」，據彙校卷第十一、撫釋一、和本、監本、毛本、殿本、阮刻本改。

○炎，于廉反。炎帝，神農也。顓頊，上音專，下音勗。**其蟲羽。**象物從風鼓葉，飛鳥之屬。**其音徵，**三分宮去一以生徵，徵數五十四，屬火者，以其徵清，事之象也。夏氣和則徵聲調。樂記曰：「徵亂則哀，其事勤。」○徵，張里反，後放此。去，起呂反。**律中中呂。**孟夏氣至，則中呂之律應。中呂者，無射之所生，三分益一，律長六寸萬九千六百八十三分寸之萬二千九百七十四。周語曰：「中呂宣中氣。」○中呂，音仲，又如字。射，音亦。**其數七。**火，生數二，成數七。但言七者，亦舉其成數。**其味苦，其臭焦。**火之臭味也，凡苦、焦者，皆屬焉。○焦，子遥反。**其祀竈，祭先肺。**夏，陽氣盛，熱於外，祀之於竈，從熱類也。祀之先祭肺者，陽位在上，肺亦在上，肺爲尊也。竈在廟門外之東。祀竈之禮，先席於門之奥，東面，設主于竈陘，乃制肺及心肝爲俎，奠于主西。又設盛于俎南，亦祭黍三，祭肺、心、肝各一，祭醴三〔一〕。亦既祭徹之，更陳鼎俎，設饌于筵前。迎尸，如祀户之禮。○肺，芳廢反。陘，音刑。

○**螻蟈鳴，蚯蚓出，王瓜生，苦菜秀。**皆記時候也。螻蟈，蛙也。王瓜，萆挈也。今月令云：「王萯生。」夏小正云：「王萯秀。」未聞孰是。○螻，音樓。蟈，古獲反。螻蟈，蛙

〔一〕「三」，原訛作「二」，據婺州本、岳本、八行本、殿本、阮刻本改。

也。蔡云：「螻，螻蛄。蟈，蛙也。」蛙，烏蝸反，即蝦蟇也。蚓，以忍反。蓽挈，上皮八反，下起八反。萯，房九反。

○天子居明堂左个，乘朱路，駕赤騮，載赤旂，衣朱衣，服赤玉，食菽與雞，其器高以粗。明堂左个，大寢南堂東偏也。菽實孚甲堅合，屬水。雞，木畜，時熱食之，亦以安性也。粗，猶大也。器高大者，象物盛長。○騮，音留，本又作「駵」。菽，本又作「叔」，音同。粗，七奴反。畜，許又反，下「水畜」同。

○是月也，以立夏。先立夏三日，大史謁之天子曰：「某日立夏，盛德在火。」天子乃齊。謁，告也。○先，悉薦反。立夏之日，天子親帥三公、九卿、大夫以迎夏於南郊。還反，行賞，封諸侯，慶賜遂行，無不欣說。迎夏，祭赤帝赤熛怒於南郊之兆也。不言「帥諸侯」，而云「封諸侯」，諸侯時或無在京師者，空其文也。祭統曰：「古者於禘也，發爵賜服，順陽義也。於嘗也，出田邑，發秋政，順陰義也。」今此行賞可也，而封諸侯則違於古。封諸侯、出土地之事，於時未可，似失之。○欣說，上許斤反，下音悅。熛怒，必遥反，下奴故反。

○乃命樂師習合禮樂。爲將飲酎。○爲，于僞反，下「爲逆」、「爲妨」、「爲傷」，下文

「爲天子」，皆同。酎，直又反，重釀之酒。命大尉贊桀俊，遂賢良，舉長大。助長氣也。贊，猶出也。桀俊，能者也。遂，猶進也。三王之官，有司馬，無大尉。秦官則有大尉，今俗人皆云周公作月令[一]，未通於古。○長大，如字，下「繼長」同，或丁丈反，非也。行爵出禄，必當其位。使順之也。○當，丁浪反。

○是月也，繼長增高，謂草木盛蕃廡。○蕃廡，音煩，下亡甫反，下同。毋有壞墮，亦爲逆時氣。○壞，音怪，注同。墮，許規反，又作「隳」，下注同。毋起土功，毋發大衆，爲妨蠶農之事。毋伐大樹。亦爲逆時氣。是月也，天子始絺，初服暑服。○絺，勑其反。命野虞出行田原，爲天子勞農勸民，毋或失時。重敕之。○行，下孟反，下同。勞，力報反。

○命司徒巡行縣鄙，命農勉作，毋休于都。急趨於農也。縣鄙，鄉遂之屬，主民者也。王居明堂禮曰：「毋宿于國。」今月令「休」爲「伏」。

[一]「俗」，原訛作「後」，和本、閩本、監本、毛本、殿本、阮刻本改。

○是月也,驅獸毋害五穀,毋大田獵。爲傷蕃廡之氣。農乃登麥,天子乃以彘嘗麥,先薦寢廟。登,進也。麥之新,氣尤盛,以彘食之,散其熱也。彘,水畜。

○是月也,聚畜百藥。蕃廡之時,毒氣盛。○畜,丑六反,又許六反。靡草死,麥秋至,斷薄刑,決小罪,舊説云:「靡草,薺、亭歷之屬。」祭統曰:「草艾則墨。」謂立秋後也。刑無輕於墨者。今以純陽之月,斷刑決罪,與「毋有壞墮」自相違,似非。○斷,丁亂反,注同。薺,才禮反。艾,魚廢反,後皆同。出輕繫。崇寬。

○蠶事畢,后妃獻繭,乃收繭税,以桑爲均,貴賤長幼如一,以給郊廟之服。后妃獻繭者,内命婦獻繭於后妃。收繭税者,收於外命婦。外命婦雖就公桑蠶室而蠶,其夫亦當有祭服以助祭,收以近郊之税耳。貴賤長幼如一,國服同。

○是月也,天子飲酎,用禮樂。酎之言醇也,謂重釀之酒也。春酒至此始成,與羣臣以禮樂飲之於朝,正尊卑也。孟冬云:「大飲蒸。」此言用禮樂,互其文。○醇,音純。重,直龍反,或直用反。釀,女亮反。朝,直遥反。蒸,之承反,後皆同。

○孟夏行秋令,則苦雨數來,五穀不滋,中之氣乘之也。苦雨,白露之類,時物得雨傷。○數，所角反。四鄙入保。金氣爲害也。鄙，界上邑。小城曰保。行冬令，則草木蚤枯，長日促。後乃大水，敗其城郭。亥之氣乘之也。行春令，則蝗蟲爲災，暴風來格。寅之氣乘之也。必以蝗蟲爲災者，寅有啟蟄之氣，行於初暑，則當蟄者大出矣。格，至也。○蝗，徐華孟反，范音擴，字林音黄。

仲夏之月，日在東井，昏亢中，旦危中。仲夏者，日月會於鶉首而斗建午之辰也。○亢，音剛，又苦浪反。其日丙丁，其帝炎帝，其神祝融。其蟲羽。其音徵，律中蕤賓。其數七，其味苦，其臭焦。其祀竈，祭先肺。蕤賓者，應鍾之所生，三分益一，律長六寸八十一分寸之二十六，仲夏氣至，則蕤賓之律應。周語曰：「蕤賓，所以安静神人，獻酬交酢。」○蕤，人誰反。應，「應對」之「應」。酢，才各反。

○小暑至，螳蜋生，鵙始鳴，反舌無聲。皆記時候也。螳蜋，螵蛸母也。鵙，搏勞也。反舌，百舌鳥。○螳，音堂。蜋，音郎。鵙，古闃反，字林工役反。反舌，蔡伯喈云：「蝦蟇。」螵，匹遥反。蛸，音消。搏，音博，又作伯。

○天子居明堂太廟，乘朱路，駕赤騮，載赤旂，衣朱衣，服赤玉，食菽與雞，其器高以粗，明堂大廟，南堂當大室也。養壯佼。助長氣也。○佼，古卯反。長，丁丈反，下「長氣」同。

鍾磬柷敔。○是月也，命樂師脩鞀鞞鼓，均琴瑟管簫，執干戚戈羽，調竽笙箎簧，飭鍾磬柷敔。爲將大雩帝，習樂也。脩、均、執、調、飭者，治其器物，習其事之言。○鞀，大刀反，本亦作「鞉」，同。鞞，步西反。竽，音于。箎，音池，本又作「篪」，同。簧，音黄。飭，音勑。柷，昌六反。敔，魚吕反，本又作「圉」。爲，于僞反，下文「爲民」，注「爲傷」、「爲其」皆同。雩，音于。

○命有司爲民祈祀山川百源，大雩帝，用盛樂。乃命百縣雩祀百辟、卿士有益於民者，以祈穀實。陽氣盛而常旱，山川百源，能興雲雨者也。衆水始所出爲百源。必先祭其本乃雩。雩，吁嗟求雨之祭也。雩帝，謂爲壇南郊之旁，雩五精之帝，配以先帝也。自「鞀鞞」至「柷敔」皆作曰盛樂。凡他雩，用歌舞而已。百辟卿士，古者上公〔一〕，若句龍、后稷之類也。春秋傳曰：「龍見而雩。」雩之正，當以四月。凡周之秋，三月之中而旱，亦脩雩

〔一〕「上公」，原訛作「上古」，據撫州本、婺州本、岳本、八行本、和本、閩本、殿本、阮刻本改。

禮以求雨，因著正雩此月，失之矣。天子雩上帝，諸侯以下雩上公。周冬及春夏雖旱，禮有禱無雩。○辟，必亦反，注同。句，古侯反〔一〕。見，賢遍反，下「御見」同。

○農乃登黍。登，進也。

○是月也，天子乃以雛嘗黍，羞以含桃，先薦寢廟。此嘗雛也。而云以「嘗黍」，不以牲主穀也。必以黍者，黍，火穀，氣之主也。含桃，櫻桃也。○雛，仕于反，又仕俱反，雞也。爾雅云：「生啄，雛。」含桃，本又作「函」，湖南反。含桃，櫻桃也。櫻，於耕反。

○令民毋艾藍以染，爲傷長氣也。此月藍始可別。夏小正曰：「五月，啟灌藍蓼。」○藍，力甘反。別，彼列反，下文「別羣」同。毋燒灰，爲傷火氣也，火之氣於是爲盛，火之滅者爲灰。毋暴布。不以陰功干大陽之事。○暴，步卜反。大，音太。

○門閭毋閉，關市毋索。順陽敷縱，不難物。○索，所白反。難，乃旦反，又如字。

○挺重囚，益其食。挺，猶寬也。○挺，大頂反。

○游牝別羣，孕妊之欲止也。則縶騰駒，爲其牡氣有餘，相蹄齧也。○執，如字，蔡

〔一〕「反」，原訛作「同」，據彙校卷第十一、撫釋一、和本、閩本、監本、毛本、殿本改。

本作「縶」。蹄，大計反，蹋也，本或作「踶」，音同。**班馬政**。馬政，謂養馬之政教也。廋人職曰：「掌十有二閑之政教，以阜馬、佚特、教駣、攻駒。」此之謂也。○廋，所留反。駣，音兆，又音道，字林音桃。

○是月也，日長至，陰陽争，死生分。争者，陽方盛，陰欲起也。分，猶半也。○争，「争鬭」之「争」，注同。**君子齊戒，處必掩身，毋躁**，掩，猶隱翳也。躁，猶動也。今月令「毋躁」爲「欲静」。**止聲色，毋或進**，進，猶御見也。聲，謂樂也。易及樂、春秋説：「夏至，人主與羣臣從八能之士作樂五日。」今止之，非其道也。○從，子用反。**薄滋味，毋致和**，爲其氣異，此時傷人。○和，户卧反。**節耆欲，定心氣**。微陰扶精，不可散也。○嗜，市志反。**百官静事毋刑**，罪罰之事，不可以聞。今月令「刑」爲「徑」。**以定晏陰之所成**。晏，安也，陰稱安。○晏，伊見反。

○鹿角解，蟬始鳴，半夏生，木堇榮。又記時候也。半夏，藥草。木堇，王蒸也。○解，户買反。始，市志反。夏，户嫁反。堇，音謹，一名舜華。蒸，之承反。

○是月也，毋用火南方。陽氣盛，又用火於其方，害微陰也。**可以居高明，可以**

遠眺望，可以升山陵，可以處臺榭。順陽在上也。高明，謂樓觀也。闍者，謂之臺。有木者，謂之榭。○榭，音謝。觀，古喚反。闍，音都。

○仲夏行冬令，則雹凍傷穀，子之氣乘之也。陽爲雨，陰起脅之，凝爲雹。○雹，步角反。凍，丁貢反。道路不通，暴兵來至。盜賊攻劫，亦雹之類。行春令，則五穀晚孰，卯之氣乘之也，生日長。百螣時起，其國乃饑。螣，蝗之屬。言「百」者，明衆類並爲害。○螣，音特，食苗葉蟲。饑，居疑反，又音機。行秋令，則草木零落，酉之氣乘之也。八月宿直昴、畢，爲天獄，主殺。○零，本又作「苓」，音同。果實早成，生日短。民殃於疫。大陵之氣來爲害也。○殃，於良反。疫，音役。

季夏之月，日在柳，昏火中，旦奎中。季夏者，日月會於鶉火而斗建未之辰也。其日丙丁，其帝炎帝，其神祝融。其蟲羽。其音徵，律中林鍾。其數七，其味苦，其臭焦。其祀竈，祭先肺。林鍾者，黄鍾之所生，三分去一，律長六寸。季夏氣至，則林鍾之律應。周語曰：「林鍾和展百物，俾莫不任肅純恪。」○去，起吕反，後放此。任，音壬，又如字。恪，苦各反。温風始至，蟋蟀居壁，鷹乃學習，腐草爲螢。皆記時候也。

鷹學習，謂攫搏也。夏小正曰：「六月，鷹始摯。」螢，飛蟲，螢火也。○蟋蟀，上音悉，下音率。腐，扶矩反。熒，本又作「螢」，户扃反，或作「腐草化爲螢」者，非也。攫，俱縛反，一音九碧反。搏，音博。摯，音至，本亦作「鷙」，同。

○天子居明堂右个，乘朱路，駕赤騮，載赤旂，衣朱衣，服赤玉，食菽與雞。其器高以粗。明堂右个，南堂西偏也。

○命漁師伐蛟、取鼉、登龜、取黿。四者，甲類，秋乃堅成。周禮曰：「秋獻龜魚。」又曰：「凡取龜，用秋時。」是夏之秋也。作月令者，以爲此秋據周之時也，周之八月，夏之六月，因書於此，似誤也。蛟言「伐」者，以其有兵衛也。龜言「登」者，尊之也。鼉黿言「取」，羞物賤也。鼉皮又可以冒鼓。今月令「漁師」爲「榜人」。○蛟，音交。鼉，大多反，又徒丹反。黿，音元。冒，亡報反。榜，必孟反。命澤人納材葦。蒲葦之屬，此時柔刃，可取作器物也。○葦，于鬼反。刃，而慎反。

○是月也，命四監大合百縣之秩芻，以養犧牲，令民無不咸出其力。四監，主山林川澤之官。百縣，鄉、遂之屬。地有山林川澤者也。秩，常也。百縣給國養犧牲之芻，多少有常，民皆當出力爲艾之。今月令「四」爲「田」。○爲艾，于僞反，下文「爲民」、注「爲求福」、「爲其」同。以共皇天上帝、名山大川、四方之神，以祠宗廟社稷之靈，以爲民祈福。牲以供祠神靈，爲民求福，明使民艾芻，是不虚取也。皇天，北辰耀魄寶，冬至所祭於圓丘也。上帝，太微五帝。○共，音恭。

○是月也，命婦官染采，黼黻文章，必以法故，無或差貸。婦官，染人也。采，五色。○黼，音甫。黻，音弗。差貸，音二，又他得反。黑黄倉赤，莫不質良，毋敢詐僞。質，正也。良，善也。所用染者，當得真采正善也。以給郊廟祭祀之服，以爲旗章，以别貴賤等級之度[一]。旗章，旌旗及章識也。○别，彼列反。旗，音其。識，申志反，又如字。

○是月也，樹木方盛，乃命虞人入山行木，毋有斬伐。爲其未堅刃也。○行，下孟反。不可以興土功，不可以合諸侯，不可以起兵動衆。土將用事，氣欲静。毋舉大事，以摇養氣。大事，興繇役以有爲。○徭役，音遥。毋發令而待，以妨神農之

[一]「級」，原譌作「給」，據唐石經、岳本改。

事也。發令而待，謂出繇役之令，以預驚民也。民驚則心動，是害土神之氣。土神稱曰「神農」者，以其主於稼穡。**水潦盛昌，神農將持功，舉大事則有天殃。**言土以受天雨澤，安静養物爲功，動之則致害也。孝經説曰：「地順受澤，謙虚開張。含泉任萌，滋物歸中。」

○是月也，土潤溽暑，潤辱，謂塗溼也[一]。○辱，如字，本或作「溽」，音同，濕也。**大雨時行，燒薙行水，利以殺草，如以熱湯，**薙，謂迫地芟草也[二]。此謂欲稼萊地，先薙其草，草乾燒之，至此月大雨，流水潦畜於其中，則草死不復生，而地美可稼也。薙人「掌殺草」，職曰：「夏日至而薙之。」又曰：「如欲其化也，則以水火變之。」○薙，他計反，又直履反。芟，所銜反。萊，音來。畜，勑六反。復，扶又反。夏日，人一反。**可以糞田疇，可以美土彊。**土潤溽，膏澤易行也。糞、美，互文耳。土彊，强檃之地。○糞，方問反。彊，其丈反，注同。易，以豉反。强，其兩反。檃，好覽反。

○季夏行春令，則穀實鮮落，國多風欬，辰之氣乘之也。未屬巽，辰又在巽位，二

[一]「溼」，原訛作「温」，據岳本、嘉靖本、八行本、監本、毛本、殿本、阮刻本改。

[二]「地」，原訛作「也」，據撫州本、婺州本、岳本、嘉靖本、八行本、和本、殿本、阮刻本改。

氣相亂爲害。○鮮，音仙，又仙典反。欬，苦代反。**民乃遷徙。**象風轉移物也。**行秋令，則丘隰水潦，**戌之氣乘之也。九月宿直奎，奎爲溝瀆，溝瀆與此月大雨并，而高下皆水。**禾稼不孰，**傷於水也。**乃多女災。**含任之類敗也。**行冬令，則風寒不時，**丑之氣乘之也。**鷹隼蚤鷙，**得疾厲之氣也。○隼，息允反。蚤鷙，上音早，下音至，亦作「摯」，擊也。**四鄙入保。**象鳥雀之走竄也。都邑之城曰保。○竄，七亂反。

中央土。火休而盛德在土也。○央，於相反。**其日戊己，**戊之言茂也，己之言起也。日之行，四時之間從黃道，月爲之佐，至此，萬物皆枝葉茂盛，其含秀者抑屈而起，故因以爲日名焉。**其帝黃帝，其神后土。**此黃精之君，土官之神，自古以來著德立功者也。黃帝，軒轅氏也。后土，亦顓頊氏之子，曰黎，兼爲土官。**其蟲倮。**象物露見，不隱藏，虎豹之屬恒淺毛。○倮，力果反，又乎瓦反。見，賢遍反。**其音宮，**聲始於宮，宮數八十一。屬土者，以其最濁，君之象也。季夏之氣和，則宮聲調。樂記曰：「宮亂則荒，其君驕。」**律中黃鍾之宮。**黃鍾之宮最長也。十二律轉相生，五聲具，終於六十焉。季夏之氣至，則黃鍾之宮應。禮運曰：「五聲、六律、十二管，還相爲宮。」**其數五，**土，生數五，成數十。但言五者，土以生爲本。

其味甘，其臭香。土之臭味也。凡甘香者，皆屬之。**其祀中霤，祭先心。**中霤，猶中室也。土主中央，而神在室。古者複穴，是以名室爲霤云。祀之先祭心者，五藏之次，心次肺，至此，心爲尊也。祀中霤之禮，設主於牖下，乃制心及肺、肝爲俎，其祭肉，心、肺、肝各一，他皆如祀户之禮。○霤，力又反。複，方服反。藏，才浪反。**天子居大廟大室，乘大路，駕黄駵，載黄旂，衣黄衣，服黄玉，食稷與牛。其器圜以閎。**大廟大室，中央室也。大路，殷路也。車如殷路之制，而飾之以黄。稷，五穀之長。牛，土畜也。器圜者，象土周帀於四時[一]。閎，讀如紘。紘，謂中寬，象土含物。○圜，于權反。閎，音宏。長，丁丈反。畜，呼又反，下「金畜」同。

孟秋之月，日在翼，昏建星中，旦畢中。孟秋者，日月會於鶉尾而斗建申之辰也。**其日庚辛，**庚之言更也，辛之言新也。日之行，秋，西從白道，成孰萬物，月爲之佐，萬物皆肅然改更，秀實新成，又因以爲日名焉。**其帝少皞，其神蓐收。**此白精之君，金官之臣，自古以來著德立功者也。少皞，金天氏。蓐收，少皞氏之子，曰該，爲金官。○少，詩召反，注下放

[一]「帀」，原訛作「布」，據撫州本、岳本、八行本、十行本、阮刻本改。

此。少皞，黄帝之子。蓐，音辱。**其蟲毛。**象物應涼氣而備寒，狐貉之屬，生旃毛也。○應，「應對」之「應」。貉，户各反，依字作「貈」。旃，之然反。**其音商，**三分徵益一以生商，商數七十二。屬金者，以其濁次宫，臣之象也。秋氣和則商聲調。樂記曰：「商亂則陂，其官壞。」○陂，彼義反。**律中夷則。**孟秋氣至，則夷則之律應。夷則者，大吕之所生也。三分去一，律長五寸七百二十九分寸之四百五十一。周語曰：「夷則，所以詠歌九則，平民無貳。」**其數九，**金，生數四，成數九，但言九者，亦舉其成數。**其味辛，其臭腥。**金之臭味也。凡辛、腥者，皆屬焉。**其祀門，祭先肝。**秋，陰氣出，祀之於門，外陰也。祀之先祭肝者，秋爲陰中，於藏直肝，肝爲尊也。祀門之禮，北面，設主于門左樞，乃制肝及肺、心爲俎，奠于主南，又設盛于俎東，其他皆如祭竈之禮。○樞，昌朱反。**涼風至，白露降，寒蟬鳴，鷹乃祭鳥，用始行戮。**皆記時候也。寒蟬，寒蜩，謂蜺也。鷹祭鳥者，將食之，示有先也，既祭之後，不必盡食，若人君行刑，戮之而已。○戮，音六。蜩，大彫反。蜺，五兮反，寒蜇。

○天子居總章左个，乘戎路，駕白駱，載白旂，衣白衣，服白玉，食麻與犬。其器廉以深。總章左个，大寢西堂南偏。戎路，兵車也，制如周革路而飾之以白。白馬黑鬣曰駱。麻，實有文理，屬金。犬，金畜也。器廉以深，象金傷害，物入藏。○總，子孔反。駱，音洛。鬣，音獵，本亦作「髦」，音毛，又一本作「旄」，尾也〔一〕。

○是月也，以立秋。先立秋三日，大史謁之天子曰：「某日立秋，盛德在金。」謁，告。○先，悉薦反。天子乃齊。立秋之日，天子親帥三公、九卿、諸侯、大夫以迎秋於西郊。還反，賞軍帥、武人於朝。迎秋者，祭白帝白招拒於西郊之兆也。軍帥，諸將也。武人，謂環人之屬，有勇力者。○帥，所類反，下同，本或作「師」，注放此。朝，直遥反。拒，音矩。將，子匠反，下同。天子乃命將帥選士厲兵，簡練桀俊，專任有功，以征不義，征之言正也，伐也。詰誅暴慢，以明好惡，順彼遠方。詰，謂問其罪，窮治之也。順，猶服也。○詰，去吉反。好惡，並如字，又上呼報反，下烏路反。

○是月也，命有司脩法制，繕囹圄，具桎梏，禁止姦，慎罪邪，務搏執。順秋氣，政尚嚴。○繕，市戰反。邪，似嗟反。搏，音博。命理瞻傷、察創、視折，理，治獄官也。有虞氏曰士，夏曰大理，周曰大司寇。創之淺者曰傷。○創，初良反，注同。審斷，決獄

〔一〕「尾」，原訛作「毛」，據彙校卷第十一、撫釋一、殿本改。

訟，必端平，端，猶正也。○審斷决，丁亂反，下同，|蔡徒管反，一讀絶句，「决」字下屬。戮有罪，嚴斷刑。天地始肅，不可以贏。肅，嚴急之言也。贏，猶解也。○贏，音盈，注同。解，古賣反。

○是月也，農乃登穀。天子嘗新，先薦寢廟。黍稷之屬，於是始孰。命百官始收斂，順秋氣，收斂物。完隄坊，謹壅塞，以備水潦。備者，備八月也。八月宿直畢，畢好雨。○完，胡官反。隄，本又作「堤」，丁兮反。防，本又作「坊」，音房。壅，於勇反。好，呼報反。脩宫室，坏牆垣，補城郭。象秋收斂，物當藏也。○坏，步回反。垣，音袁。

○是月也，毋以封諸侯、立大官，毋以割地、行大使、出大幣。古者於嘗，出田邑，此其月也，而禁封諸侯、割地，失其義。○使，色吏反。

○孟秋行冬令，則陰氣大勝，亥之氣乘之也。介蟲敗穀，介，甲也。甲蟲屬冬，敗穀者，稻蟹之屬。○介，音界，注同。蟹，胡買反。戎兵乃來。十月宿直營室，營室之氣爲害也，營室主武事。行春令，則其國乃旱，寅之氣乘之也。雲雨以風除也。陽氣復還，五穀無實。陽氣能生而不能成。○復還，扶又反，下音環，又音旋。行夏令，則國多火災，巳之氣乘之也。寒熱不節，民多瘧疾。瘧疾，寒熱所爲也。今月令「瘧疾」爲「疾疫」。○瘧，魚略反。

仲秋之月，日在角，昏牽牛中，旦觜觿中。仲秋者，日月會於壽星而斗建酉之辰也。○觜，子斯反，又子髓反。觿，户圭反，又户規反。其日庚辛，其帝少皡，其神蓐收。其蟲毛。其音商，律中南吕。其數九，其味辛，其臭腥。其祀門，祭先肝。南吕者，大蔟之所生，三分去一，律長五寸三分寸之一。仲秋氣至，則南吕之律應。周語曰：「南吕者，贊陽秀物。」

○盲風至，鴻鴈來，玄鳥歸，羣鳥養羞。皆記時候也。盲風，疾風也。玄鳥，燕也。歸，謂去蟄也。凡鳥隨陰陽者，不以中國爲居。羞，謂所食也。夏小正曰：「九月，丹鳥羞白鳥。」説曰：「丹鳥也者，謂丹良也。白鳥也者，謂閩蚋也。其謂之鳥者，重其養者也。有翼爲鳥。養也者，不盡食也。」二者文異，羣鳥、丹良，未聞孰是。○盲，亡庚反。閩，音文，依字作「𧖅」，又作「蚊」。蚋，人鋭反，又如悦反。養，餘亮反，下同。

○天子居總章大廟，乘戎路，駕白駱，載白旂，衣白衣，服白玉，食麻與犬，其器廉以深。總章大廟，西堂當大室也。

○是月也，養衰老，授几杖，行麋粥飲食。助老氣也。行，猶賜也。○麋，亡皮反。粥，之六反，字林羊六反。

○乃命司服，具飭衣裳，文繡有恒，制有小大，度有長短，此謂祭服也。文，謂畫也。祭服之制，畫衣而繡裳。○飭，丑力反，後放此。衣服有量，必循其故，此謂朝、燕及他服。凡此，爲寒益至也。詩云：「七月流火，九月授衣。」於是作之可也。○量，音亮，下「度量」同。朝，直遥反。爲，于僞反，下「爲民」同。冠帶有常。因制衣服而作之也。

○乃命有司申嚴百刑，斬殺必當，毋或枉橈，枉橈不當，反受其殃。申，重也。當，謂值其罪。○當，丁浪反，下「不當」及注同。枉，紆往反。橈，女教反，又乃絞反，字林作「撓」，非。重，直用反。

○是月也，乃命宰、祝循行犧牲，視全具，案芻豢，瞻肥瘠，察物色，必比類，量小大，視長短，皆中度。五者備當，上帝其饗。於鳥獸肥充之時，宜省羣牲也。宰、祝，大宰、大祝，主祭祀之官也。養牛羊曰芻，犬豕曰豢。五者，謂所視也、所案也、所瞻也、所察也、所量也。此皆得其正，則上帝饗之。上帝饗之，而無神不饗也。○行，下孟反。芻，初俱反，草也。豢，音患，養也，以所食得名。瞻，音占。瘠，在亦反。中，丁仲反。

○天子乃難，以達秋氣。此難，難陽氣也。陽暑至此不衰，害亦將及人。所以及人者，陽氣左行，此月宿直昴、畢，昴、畢亦得大陵積尸之氣，氣佚則厲鬼亦隨而出行，於是亦命方相氏帥百隸而難之。王居明堂禮曰：「仲秋，九門磔攘，以發陳氣，禦止疾疫。」○難，乃多反，注同。以犬嘗麻，先薦寢廟。麻始孰也。

○是月也，可以築城郭，建都邑，穿竇窖，脩囷倉。爲民將入，物當藏也。穿竇窖者，入地隋曰竇[一]，方曰窖。王居明堂禮曰：「仲秋，命庶民畢入于室。」曰：『時殺將至，毋罹其災。』」○竇，音豆。窖，古孝反。囷，丘倫反。隋，他果反，謂狹而長。

○乃命有司趣民收斂，務畜菜，多積聚。始爲禦冬之備。○趣，七住反，本又作「趨」，又七緑反。務畜，丑六反。乃勸種麥，毋或失時；其有失時，行罪無疑。麥者，接絶續乏之穀，尤重之。

○是月也，日夜分，雷始收聲，蟄蟲坏户，殺氣侵盛，陽氣日衰，水始涸。

〔一〕「隋」，原訛作「圓」，據婺州本、岳本、八行本、毛本、殿本、阮刻本改。

又記時候也。雷始收聲在地中，動内物也。坏，益也。蟄蟲益户，謂稍小之也。涸，竭也。此甫八月中，雨氣未止而云水竭〔一〕，非也。周語曰：「辰角見而雨畢，天根見而水涸。」又曰：「雨畢而除道，水涸而成梁。」辰角見，九月本也。天根見，九月末也。王居明堂禮曰：「季秋除道致梁，以利農也。」○坏，音陪。浸，子鴆反。涸，户各反。見，賢遍反，下同。**日夜分，則同度量，平權衡，正鈞石，角斗甬。是月也，易關市，來商旅，納貨賄，以便民事。四方來集，遠鄉皆至，則財不匱，上無乏用，百事乃遂。**易關市，謂輕其税，使民利之。商旅，賈客也。匱，亦乏也。遂，猶成也。○易，以豉反，注同。便，婢面反。匱，其位反，注同。賈，音古，又古雅反。

○凡舉大事，毋逆大數，必順其時，慎因其類。事，謂興土功、合諸侯、舉兵衆也。季夏禁之，孟秋始征伐，此月築城郭，季秋教田獵，是以於中爲之戒焉。

○仲秋行春令，則秋雨不降，卯之氣乘之也。卯宿直房、心，心爲大火〔二〕。**草木**

〔一〕「雨氣」，原倒作「氣雨」，據撫州本、婺州本、岳本、八行本、和本、十行本、閩本、監本、殿本、阮刻本乙正。

〔二〕「大」，原訛作「天」，據撫州本、婺州本、岳本、嘉靖本、和本、閩本、監本、毛本、殿本、阮刻本改。

生榮，應陽動也。○應，「應對」之「應」。國乃有恐。以火訛相驚。○恐，丘勇反。行夏令，則其國乃旱，蟄蟲不藏，五穀復生。午之氣乘之也。○復，扶又反。行冬令，則風災數起，子之氣乘之也。北風殺物。○數，所角反。收雷先行，先，猶蚤也。冬主閉藏。草木蚤死。寒氣盛也。

季秋之月，日在房，昏虛中，旦柳中。季秋者，日月會於大火而斗建戌之辰也。其日庚辛，其帝少皞，其神蓐收。其蟲毛。其音商，律中無射。其數九，其味辛，其臭腥。其祀門，祭先肝。無射者，夾鍾之所生。三分去一，律長四寸六千五百六十一分寸之六千五百二十四。季秋氣至，則無射之律應。周語曰：「無射，所以宣布喆人之令德，示民軌儀〔一〕。」○射，音亦。喆，貞列反。

○鴻鴈來賓，爵入大水爲蛤，鞠有黄華，豺乃祭獸戮禽。皆記時候也。來賓，言其客止未去也。大水，海也。戮，猶殺也。○「來賓」，高誘注呂氏春秋則云「賓雀」，與鄭異。蛤，古荅反。鞠，本又作「菊」，九六反。豺，音柴。僇，音六，本或作「戮」。

〔一〕「民」上，原衍「小」字，據撫州本、八行本删。

〇天子居總章右个，乘戎路，駕白駱，載白旂，衣白衣，服白玉，食麻與犬，其器廉以深。總章右个，西堂北偏。

〇是月也，申嚴號令，申，重。〇重，直用反。命百官貴賤無不務内，以會天地之藏，無有宣出。内，謂收斂入之也。會，猶聚也。

〇乃命冢宰，農事備收，備，猶盡也。舉五穀之要，定其租税之簿。〇簿，步古反，徐步各反。藏帝藉之收於神倉，祗敬必飭。重粢盛之委也。帝藉，所耕千畝也。藏祭祀之穀爲神倉。祗，亦敬也。〇收，如字，又守又反。委，紆僞反。

〇是月也，霜始降，則百工休。寒而膠漆之作不堅好也。

〇乃命有司曰：「寒氣總至，民力不堪，其皆入室。」總，猶猥卒。〇猥卒，温罪反，下七忽反。

〇上丁，命樂正入學習吹。爲將饗帝也。春夏重舞，秋冬重吹也。〇吹，昌睡反，注同。爲，于僞反，下文「縣爲」、注「主爲」、「又爲」同。

〇是月也，大饗帝。言大饗者，遍祭五帝也。曲禮曰：「大饗不問卜。」謂此也。〇徧，音遍。**嘗，犧牲告備于天子。**嘗者，謂嘗羣神也。天子親嘗帝，使有司祭于羣神〔一〕，禮畢而告焉。

○合諸侯制，百縣爲來歲受朔日，與諸侯所税於民輕重之法、貢職之數，以遠近土地所宜爲度，以給郊廟之事，無有所私。秦以建亥之月爲歲首，於是歲終，使諸侯及鄉、遂之官受此法焉。合諸侯制者，定其國家、宫室、車旗、衣服、禮儀也。諸侯言「合制」，百縣言「受朔日」，互文也。貢職，謂所入天子〔二〕。凡周之法，以正月和之，正歲而縣於象魏。○合諸侯制，絶句。縣，音玄。

○是月也，天子乃教於田獵，以習五戎，班馬政。教於田獵，因田獵之禮，教民以戰法也。五戎，謂五兵，弓矢、殳、矛、戈、戟也。馬政，謂齊其色，度其力，使同乘也。校人職曰：「凡軍事，物馬而頒之。」○殳，音殊。矛，亡侯反。度，大各反。乘，繩證反。校，户教反。頒，音班。**命僕及七騶咸駕，載旌旐，授車以級，整設于屏外。**僕，戎僕及御夫也。

〔一〕「于」，原訛作「乎」，據撫州本、婺州本、八行本、和本、十行本、閩本、監本、毛本、殿本、阮刻本改。
〔二〕「謂」，原脱，據撫州本、婺州本、岳本、八行本補。

七騶，謂趣馬，主爲諸官駕説者也。既駕之，又爲之載旌旗。司馬職曰「仲秋，教治兵，如振旅之陳。辨旗物之用，王載大常，諸侯載旂，軍吏載旗，師都載旜，鄉家載物〔一〕，郊野載旐，百官載旟」是也。級，等次也。整，正列也。設，陳也。屏，所田之地門外之蔽。○騶，側求反。載，丁代反，又如字，注同。旐，音兆。級，九立反。趣，七住反，又七走反。説，始鋭反。陳，直覲反。大，音太。旟，音餘。司徒搢扑，北面誓之。誓衆以軍法也。○搢，如字，又音箭。扑，普卜反。天子乃厲飾，執弓挾矢以獵。厲飾，謂戎服，尚威武也。今月令「獵」爲「射」。○挾，子協反，又音協。命主祠祭禽于四方。以所獲禽，祀四方之神也。司馬職曰：「羅弊，致禽以祀祊。」○祊，鄭注周禮音方。

○是月也，草木黄落，乃伐薪爲炭。伐木必因殺氣。○炭，吐旦反。

○蟄蟲咸俯在内，皆墐其户。墐，爲塗閉之，辟殺氣。○墐，其靳反。辟，音避。乃趣獄刑，毋留有罪。殺氣已至，有罪者即决也。○趣，音促，又七住反。收禄秩之不當、供養之不宜者。天氣殺而萬物咸藏，可以去之也。禄秩之不當，恩所增加也。供養之

〔一〕「家」，原訛作「遂」，據考異、段玉裁周禮漢讀考、孫詒讓周禮正義改。

不宜，欲所貪者，熊蹯之屬，非常食。○當，丁浪反，注同。供養，九用反，下餘亮反，注同。去，起吕反。耆，市志反。熊，乎弓反。蹯，音煩。

○是月也，天子乃以犬嘗稻，先薦寢廟。稻始孰也。

○季秋行夏令，則其國大水，冬藏殃敗，民多鼽嚏。未之氣乘之也。六月宿直東井，氣多暑雨。○鼽，音求。説文云：「病塞鼻窒。」嚏。丁計反。行冬令，則國多盗賊，邊竟不寧，土地分裂。丑之氣乘之也。極陰爲外，邊竟之象也。大寒之時，地隆坼也。○竟，音境，注及後同。隆，六中反。坼，丑白反。行春令，則煖風來至，民氣解惰，辰之氣乘之也。巽爲風。○煖，乃管反，又許元反。解，古買反。惰，徒卧反。師興不居。辰宿直角，角主兵。不居，象風行不休止也。

○孟冬之月，日在尾，昏危中，旦七星中。孟冬者，日月會於析木之津而斗建亥之辰也。○析，思歷反。其日壬癸，壬之言任也，癸之言揆也。日之行，冬〔一〕，北從黑道，閉藏萬物，月爲之佐，時萬物懷任於下，揆然萌牙，又因以爲日名焉。其帝顓頊，其神玄冥。

〔一〕「冬」，原訛作「東」，據撫州本、婺州本、岳本、八行本改。

此黑精之君，水官之臣，自古以來著德立功者也。顓頊，高陽氏也。玄冥，少皞氏之子，曰脩，曰熙，爲水官。○顓，音專。頊，許玉反〔一〕。冥，亡丁反。**其蟲介。**介，甲也。象物閉藏地中，龜鼈之屬。○鼈，必滅反。**其音羽，**三分商去一以生羽，羽數四十八。屬水者，以爲最清，物之象也。冬氣和，則羽聲調。樂記曰："羽亂則危，其財匱。"○匱，其位反。**律中應鍾。**孟冬氣至，則應鍾之律應。應鍾者，姑洗之所生，三分去一，律長四寸二十七分寸之二十。周語曰："應鍾均利器用，俾應復。"○應，"應對"之"應"，注同。**其數六，**水，生數一，成數六，但言六者，亦舉其成數。**其味鹹，其臭朽。**水之臭味也，凡鹹、朽者，皆屬焉。氣若有若無爲朽。○朽，許九反，本亦作"殠"，字林云："殠，腐也。"説文云：殠，或爲"朽"字。**其祀行，祭先腎。**冬，陰盛，寒於外〔二〕，祀之於行，從辟除之類也。祀之先祭腎者，陰位在下，腎亦在下，腎爲尊也。行在廟門外之西，爲軷壤，厚二寸，廣五尺，輪四尺。祀行之禮，北面，設主于軷上，乃制腎及脾爲俎，奠于主南，又設盛于俎東，祭肉，腎一，脾再，其他皆如祀門之禮。

〔一〕"許"上，原衍"音"字，據彙校卷第十一、撫釋一、岳本删。
〔二〕"外"，原訛作"水"，據足利本、考異改。

○辟，必亦反，又婢亦反。軷，步曷反。壤，如丈反。厚，户豆反。廣，古曠反。

○水始冰，地始凍，雉入大水爲蜃，虹藏不見。皆記時候也。大水，淮也。大蛤曰蜃。○蜃，常忍反。見，賢遍反，下注「録見」同。

○天子居玄堂左个，乘玄路，駕鐵驪，載玄旂，衣黑衣，服玄玉，食黍與彘，其器閎以奄。玄堂左个，北堂西偏也。鐵驪，色如鐵。黍秀舒散，屬火，寒時食之，亦以安性也。彘，水畜也。器閎而奄，象物閉藏也。今月令曰：「乘軫路。」似當爲「袗」，字之誤也。○驪，力知反。彘，直吏反。袗，之忍反，又之刃反。

○是月也，以立冬。先立冬三日，太史謁之天子曰：「某日立冬，盛德在水。」天子乃齊。謁，告。○先，悉薦反。立冬之日，天子親帥三公、九卿、大夫以迎冬於北郊。還反，賞死事，恤孤寡。迎冬者，祭黑帝叶光紀於北郊之兆也。死事，謂以國事死者，若公叔禺人、顔涿聚者也。孤寡，其妻子也。有以惠賜之，大功加賞。○叶，本又作「汁」，音協。禺，音遇。椓，丁角反，又作涿，同。

○是月也，命大史釁龜、筴，占兆，審卦吉凶。筴，蓍也。占兆，龜之繇文也。周禮龜人「上春釁龜」，謂建寅之月也。秦以其歲首使大史釁龜筴，與周異矣。卦吉凶，謂易也。審，省録之而不釁筮，筮短，賤於兆也。今月令曰「釁祠」，祠，衍字。○釁，許靳反。筴，初格反。著，音尸。繇，直又反。是察阿黨，則罪無有掩蔽[一]。阿黨，謂治獄吏以私恩曲橈相爲也。○爲，于僞反，下「爲仲冬」、「爲天子」皆同。

○是月也，天子始裘。九月授衣，至此可以加裘。

○命有司曰：「天氣上騰，地氣下降，天地不通，閉塞而成冬。」使有司助閉藏之氣，門户可閉閉之，窗牖可塞塞之。○上，時掌反，又如字，下「上泄」同。命百官謹蓋藏。謂府庫囷倉有藏物。○藏，才浪反，又如字。命司徒循行積聚，無有不斂。謂芻禾薪蒸之屬。○行，下孟反。積聚，子賜反，下才柱反，又並如字，仲冬同。坏城郭，戒門閭，脩鍵閉，慎管籥，固封疆，備邊竟，完要塞，謹關梁，塞徯徑。坏，益也。鍵，牡。閉，牝也。管籥，搏鍵器也。固封疆，謂使有司循其溝樹及其衆庶之守法也。要塞，邊城要害處也。梁，橋橫也。徯徑，禽獸之道也。今月令「疆」，或爲「壐」。○鍵，其輦反，又其偃反。籥，羊灼反。疆，居良反，注及下注同。塞，先代反，注同。塞徯，上先則反，下音奚。徑，

[一]「蔽」，原訛作「敝」，據唐石經、撫州本、婺州本、岳本、八行本、和本、十行本、閩本、監本、毛本、殿本、阮刻本改。

古定反。牡，亡古反，又茂后反。摶，音博，一本作「傳」，直專反。處，尺慮反。壐，音徙。

之等級。○飭喪紀，辨衣裳，審棺椁之薄厚，塋丘壟之大小、高卑、厚薄之度、貴賤之等級。此亦閉藏之具，順時飭正之也。辨衣裳，謂襲、斂、尊卑所用也，所用又有多少。○塋，音營。壟，力勇反。襲，音習。斂，力驗反，又力檢反。

○是月也，命工師效功，陳祭器，案度程，毋或作爲淫巧，以蕩上心，必功致爲上。霜降而百工休，至此物皆成也。工師，工官之長也。效功，録見百工所作器物也。主於祭器，祭器尊也。度，謂制大小也。程，謂器所容也。淫巧，謂奢僞怪好也。蕩，謂摇動生其奢淫。○效，户教反。巧，如字，又苦孝反，注同。致，直吏反，下注同。長，丁丈反。物勒工名，以考其誠，勒，刻也，刻工姓名於其器，以察其信，知其功致不〔一〕。功有不當，必行其罪，以窮其情。功不當者，取材美而器不堅也。○當，丁浪反，注同。

○是月也，大飲烝。十月農功畢，天子、諸侯與其羣臣飲酒於大學，以正齒位，謂之

〔一〕「知其功致不」，原倒作「知其不功致」，據考異乙正。考異曰：「案正義云『於後以考其誠信與不』云云，是其本作『知其功致不』明甚。不者，否也。各本皆誤倒。」

大飲，别之於他。其禮亡。今天子以燕禮、郡國以鄉飲酒禮代之。烝〔一〕，謂有牲體爲俎也。黨正職曰：「國索鬼神而祭祀，則以禮屬民而飲酒于序，以正齒位。」亦謂此時也。詩云：「十月滌場，朋酒斯饗，曰殺羔羊。躋彼公堂，稱彼兕觵，受福無疆。」是頌大飲之詩。○别，彼列反。索，所百反。屬，之玉反，下同。滌，大歷反。場，直良反。躋，子兮反。兕，徐履反。觵，古宏反。

○天子乃祈來年于天宗，大割祠于公社及門閭，臘先祖、五祀。此周禮所謂蜡祭也。天宗，謂日月星辰也。大割，大殺羣牲割之也。臘，謂以田獵所得禽祭也。五祀，門、户、中霤、竈、行也。或言「祈年」，或言「大割」，或言「臘」，互文。○臘，力合反。蜡，仕迓反，字林作「䄍」。勞農以休息之。黨正「屬民飲酒正齒位」是也。○勞，力報反。

○天子乃命將帥講武、習射御、角力。爲仲冬將大閱，簡習之，亦因營室主武士也。凡田之禮，唯狩最備。夏小正：「十一月，王狩。」○將帥，上子匠反，下色類反。閱，音悦。狩，手又反。

〔一〕「烝」，原訛作「燕」，據阮刻本、正義改。

○是月也，乃命水虞、漁師收水泉池澤之賦，毋或敢侵削衆庶兆民，以爲天子取怨于下。其有若此者，行罪無赦。因盛德在水，收其税。

○孟冬行春令，則凍閉不密，地氣上泄，寅之氣乘之也。○泄，息列反，下同。民多流亡。象蟄蟲動。行夏令，則國多暴風，方冬不寒，蟄蟲復出。巳之氣乘之也。立夏巽用事，巽爲風。○復，扶又反。行秋令，則雪霜不時，申之氣乘之也。小兵時起，土地侵削。申，陰氣尚微。申宿直參、伐，參、伐爲兵。○參，所林反，下同。

仲冬之月，日在斗，昏東辟中，旦軫中。仲冬者，日月會於星紀而斗建子之辰也。○辟，必亦反，又必狄反。其日壬癸，其帝顓頊，其神玄冥。其蟲介。其音羽，律中黄鍾。其數六，其味鹹，其臭朽。其祀行，祭先腎。黄鍾者，律之始也，九寸，仲冬氣至，則黄鍾之律應。周語曰：「黄鍾，所以宣養六氣、九德。」○冰益壯，地始坼，鶡旦不鳴，虎始交。皆記時候也。鶡旦，求旦之鳥也。交，猶合也。○壯，莊亮反。曷，本亦作「鶡」，同户割反。鶡旦，鳥名。

○天子居玄堂大廟，乘玄路，駕鐵驪，載玄旂，衣黑衣，服玄玉，食黍與𪈬，其器閎以奄。玄堂大廟，北堂當大室。

○飭死事。飭軍士，戰必有死志。命有司曰：「土事毋作，慎毋發蓋，毋發室屋，及起大衆，以固而閉。」地氣沮泄，是謂發天地之房，諸蟄則死，民必疾疫，又隨以喪。命之曰暢月。而，猶女也。暢，猶充也。大陰用事，尤重閉藏。○暢，勑亮反。女，音汝。大，音太。

○是月也，命奄尹申宫令，審門閭，謹房室，必重閉，奄尹，主領奄豎之官也，於周則爲内宰，掌治王之内政宫令，幾出入及開閉之屬。重閉，外内閉也。○重，直龍反，注同。省婦事，毋得淫。雖有貴戚近習，毋有不禁。省婦事，所以静陰類也。淫，謂女功奢僞怪好物也。貴戚，謂姑、姊、妹之屬。近習，天子所親幸者。○省，所景反。注同。

○乃命大酋：秫稻必齊，麴糵必時，湛熾必絜，水泉必香，陶器必良，火齊必得。兼用六物，大酋監之，毋有差貸。酒孰曰酋。大酋者，酒官之長也，於周則爲酒人。秫稻必齊，謂孰成也。湛，漬也。熾，炊也。火齊，腥孰之調也。物，猶事也。差貸，謂失誤，有善有惡也。古者穫稻而漬米麴，至春而爲酒。詩云：「十月穫稻，爲此春酒，以介眉壽」。○酋，子由反，又在由反。秫，音述。麴，丘六反。蘖，魚列反。湛，子廉反。熾，尺志反。齊，才計反，注「火齊」同。監，古銜反。貸，音二，又他得反，注同。長，丁丈反。穫，户郭反。

○天子命有司祈祀四海、大川、名源、淵澤、井泉。順其德盛之時祭之也。今月令「淵」爲「深」。

○是月也，農有不收藏積聚者，馬牛畜獸有放佚者，取之不詰。此收斂尤急之時，人有取者不罪，所以警懼其主也。王居明堂禮曰：「孟冬之月，命農畢積聚，繫收牛馬。」○畜，許六反。詰，起吉反。山林藪澤，有能取蔬食、田獵禽獸者，野虞教道之。其有相侵奪者，罪之不赦。務收斂野物也。大澤曰藪。草木之實爲蔬食。○藪，素口反。道，音導。

○是月也，日短至，陰陽争，諸生蕩。争者，陰方盛，陽欲起也。蕩，謂物動將萌牙也[一]。○争，「争鬭」之「争」，注同。君子齊戒，處必掩身，身欲寧，去聲色，禁耆

〔一〕「將」，原脱，據撫州本、婺州本、岳本、八行本補。

慾，安形性，事欲静，以待陰陽之所定。寧，安也。聲，謂樂也〔一〕。易及樂、春秋説云：「冬至，人主與羣臣從八能之士作樂五日。」此言「去聲色」，又相反。○去，起吕反，注及下同。耆，市志反。從，子用反。

○芸始生，荔挺出，蚯蚓結，麋角解，水泉動。又記時候也。芸，香草也。荔挺，馬薤也。水泉動，潤上行。○芸，音云。荔，力計反。挺，大頂反。麋，亡悲反。解，音蟹。薤，户介反。上，時丈反。

○日短至，則伐木取竹箭。此其堅成之極時。

○是月也，可以罷官之無事、去器之無用者。謂先時權所建作者也。天地閉藏而萬物休，可以去之。

○塗闕廷門閭，築囹圄，此所以助天地之閉藏也〔二〕。順時氣也。

〔一〕「寧安也聲謂樂也」，原訛作「寧安居不作樂也」，據撫州本、婺州本、岳本、嘉靖本、八行本、和本、十行本、閩本、監本、毛本、殿本、阮刻本改。

〔二〕「所」，原脱，據撫州本、婺州本、殿本、八行本補。

○仲冬行夏令，則其國乃旱，午之氣乘之也。氛霧冥冥，霜露之氣散相亂也〔一〕。○氛，芳云反。雷乃發聲。震氣動也。午屬震。行秋令，則天時雨汁，瓜瓠不成，酉之氣乘之也。酉，宿直昴、畢，畢好雨，雨汁者，水雪雜下也。子，宿直虚、危，虚、危内有瓜瓠。○雨汁，于付反，下音執，注同。瓠，户故反。好，呼報反。國有大兵。兵亦畢之氣〔二〕。行春令，則蝗蟲爲敗，當蟄者出，卯之氣乘之也。水泉咸竭，大火爲旱。民多疥癘。疥癘之病，孚甲象也。○疥，音介。

季冬之月，日在婺女，昏婁中，旦氐中。季冬者，日月會於玄枵，而斗建丑之辰也。○婺，無付反。婁，力侯反。氐，丁兮反，又音丁計反。枵，許驕反。其日壬癸，其帝顓頊，其神玄冥。其蟲介。其音羽，律中大吕。其數六，其味鹹，其臭朽。其祀行，祭先腎。大吕者，蕤賓之所生也，三分益一，律長八寸二百四十三分寸之百四。季冬氣至，則大吕之律應。周語曰：「大吕助陽宣物。」

〔一〕「露」，原訛作「降」，據撫州本、婺州本、岳本、八行本、阮刻本改。
〔二〕「畢」，原訛作「軍」，據考補、考異改。

○鴈北鄉，鵲始巢，雉雊雞乳。皆記時候也。雊，雉鳴也。詩云：「雉之朝雊，尚求其雌。」○鄉，音向。雊，古豆反。乳，如住反。

○天子居玄堂右个，乘玄路，駕鐵驪，載玄旂，衣黑衣，服玄玉，食黍與彘，其器閎以奄。玄堂右个，北堂東偏。

○命有司大難旁磔，出土牛，以送寒氣。此難，難陰氣也。難陰始於此者，陰氣右行，此月之中，日歷虚、危，虚、危有墳墓四司之氣爲厲鬼，將隨强陰出害人也。旁磔，於四方之門磔攘也。出，猶作也。作土牛者，丑爲牛，牛可牽止也。送，猶畢也。○難，乃多反，下注同。磔，竹百反。爲厲，于僞反。

○征鳥厲疾。殺氣當極也。征鳥，題肩也，齊人謂之擊征，或名曰鷹，仲春化爲鳩。○題，大兮反。乃畢山川之祀，及帝之大臣、天之神祇。四時之功成於冬，孟月祭其宗，至此可以祭其佐也。帝之大臣，句芒之屬。天之神祇，司中、司命、風師、雨師。○祇，音祁。

○是月也，命漁師始漁，天子親往，乃嘗魚[一]，先薦寢廟。天子必親往視漁，

〔一〕「魚」，原訛作「漁」，據撫州本、岳本、八行本、和本、閩本、監本、毛本、殿本、阮刻本改。

明漁非常事，重之也，此時魚絜美。

○冰方盛，水澤腹堅，命取冰，腹，厚也。此月日在北陸，冰堅厚之時也。北陸，謂虛也。今月令無「堅」。○腹，本又作「複」，又方服反。冰以入，令告民出五種。冰既入，而令田官告民出五種，明大寒氣過，農事將起也。○種，章勇反，注同。命農計耦耕事，脩耒耜，具田器。耜者，耒之金也。廣五寸，田器，鎡錤之屬。○鎡，音玆。錤，音基。

○命樂師大合吹而罷。歲將終，與族人大飲，作樂於大寢，以綴恩也。言「罷」者，此用禮樂於族人最盛。後年若時，乃復然也。凡用樂，必有禮，用禮則有不用樂者。王居明堂禮：「季冬，命國爲酒，以合三族，君子説，小人樂。」○合，古苔反。吹，昌睡反。罷，如字，又音皮。復，扶又反。子説，音悦。人樂，音洛。

○乃命四監收秩薪柴，以共郊廟及百祀之薪燎。四監，主山林川澤之官也。大者可析，謂之薪；小者合束，謂之柴。薪施炊爨〔一〕，柴以給燎。春秋傳曰：「其父析薪。」今

〔一〕「爨」，原訛作「㸑」，據撫州本、婺州本、岳本、八行本、和本、閩本、監本、毛本、殿本、阮刻本改，釋文同。

月令無「及百祀之薪燎」。○共，音恭，下文「以共」皆同。燎，力召反。析，思歷反，下同。爨，七亂反。

○**是月也，日窮于次，月窮于紀，星回于天，數將幾終。**言日月星辰運行，于此月皆周匝於故處也。次，舍也。紀，會也。○幾，音祈，又音機。處，昌慮反。**歲且更始，專而農民，毋有所使。**而，猶女也。言專一女農民之心，令之豫有志於耕稼之事，不可傜役。傜役之，則志散失業也。○女，音汝。令，力呈反。

○**天子乃與公卿大夫共飭國典，論時令，以待來歲之宜。**飭國典者，和六典之法也。周禮以正月爲之建寅而縣之，今用此月，則所因於夏、殷也。○縣，音玄。

○**乃命太史次諸侯之列，賦之犧牲，以共皇天上帝、社稷之饗。**此所與諸侯共者也。列，國有大小也，賦之犧牲，大者出多，小者出少。饗，獻也。**乃命同姓之邦，共寢廟之芻豢。**此所與同姓共者也〔一〕。芻豢，猶犧牲。**命宰歷卿、大夫至于庶民土**

〔一〕「此所與同姓共者也」，原訛作「此所以與同姓共也」，據考補、考異改。考異曰：「山井鼎曰：『古本作「此所與同姓共者也」。』今案：依前後句例，蓋是矣。」

田之數，而賦犧牲，以共山林名川之祀。此所與卿、大夫、庶民共者也。歷，猶次也。卿、大夫采地，亦有大小，其非采地，以其邑之民多少賦之。凡在天下九州之民者，無不咸獻其力，以共皇天上帝、社稷寢廟、山林名川之祀。民非神之福不生。雖有其邦國、采地，此賦要由民出。

○季冬行秋令，則白露蚤降，介蟲爲妖，戌之氣乘之也。九月初，尚有白露，月中乃爲霜。丑爲鼈蟹。四鄙入保。畏兵、辟寒氣。○辟，毗異反。行春令，則胎夭多傷，辰之氣乘之也。夭，少長也。此月物甫萌牙。季春，乃句者畢出，萌者盡達。胎夭多傷者，生氣早至，不充其性。○胎，吐來反。夭，烏老反，注同。少長，上詩召反，下丁丈反。句，古侯反。國多固疾，生不充性，有久疾也〔一〕。命之曰逆。衆害莫大於此。行夏令，則水潦敗國，時雪不降，冰凍消釋。未之氣乘之也。季夏，大雨時行。○消釋，如字，一本作「液」，音亦。

〔一〕「疾」，原訛作「病」，據撫州本、婺州本、岳本、八行本、和本、十行本、閩本、監本、毛本、殿本、阮刻本改。

禮記卷第五

經伍仟玖拾壹字

注玖仟陸伯陸拾叁字

音義叁仟玖伯捌拾肆字

仁仲比校訖

禮記卷第六

曾子問第七

○陸曰：「曾子，孔子弟子曾參也。以其所問多明於禮，故著姓名以顯之。」

禮記　　鄭氏注

曾子問曰：「君薨而世子生，如之何？」孔子曰：「卿、大夫、士從攝主，北面於西階南；變於朝夕哭位也。攝主，上卿代君聽國政。大祝裨冕，執束帛，升自西階，盡等，不升堂，命毋哭。將有事，宜清静也。裨冕者，接神則祭服也。諸侯之卿、大夫所服裨冕，絺冕也，玄冕也，士服爵弁服。大祝裨冕，則大夫。○大祝，音泰，下文、注「大祝」、「大宰」、「大宗」、「大廟」、「大史」，皆同此音，下之六反。説文云：「祝，祭主贊詞者。」裨，婢支反。毋，音無，本亦作「無」。絺，知里反，本又作「希」，徐張履反。祝聲三，告曰：『某之子生，敢告。』聲，噫歆警神也。某，夫人之氏也。○祝，之六反，下同，徐之又反。三，息暫反，又如字，下「聲三」及「三者三」，皆放此。噫，於其反。歆，許金反。謦，居領反。升，奠幣于殯東几上，哭，降。几筵於殯東，明繼體也。衆主人、卿、大夫、士、房中皆哭，不踊。衆主人，君之親也。房中，婦人。盡一哀，反位，遂朝奠。反朝夕哭位。小宰升，舉幣。所主也。舉而下，埋之階間。三日，衆主人、卿、大夫、士如初位，北面。三日，負子日也。初，告生時。大宰、大宗、大祝皆裨冕，少師奉子以衰，祝先，子從，宰、宗人從，入門，哭者止。宰，宗人詔贊君事者。○少，升召反，下「少喪」并注同。○奉，芳勇反，下注「奉」者同。衰，七雷反，下同。從，才用反，下同。子升自西階，殯前北面，祝立于殯東南隅。祝聲三，曰：『某之子某，從執事敢見。』子拜稽顙，哭。奉子者拜，哭。○見，賢遍反，下「而見伯父」、「廟見」、「旅見」同。祝、宰、宗人、衆主人、卿、大夫、士哭，踊三者三，降，東反位，皆袒。子踊，房中亦踊，三者三，襲、衰、杖，踊、襲、衰杖，成子禮也。奠，出。亦謂朝奠。大宰命祝、史以名徧告于五祀山川。」因負子名之。喪，於禮略也。○徧，音遍，下同。

○曾子問曰：「如已葬而世子生，則如之何？」孔子曰：「大宰、大宗從大祝而告于禰。告生也。○禰，本又作「祢」，乃禮反。三月，乃名于禰，以名徧告及社稷、宗廟、山川。」

○孔子曰：「諸侯適天子，必告于祖，奠于禰。皆奠幣以告之，互文也。冕而出視朝。聽國事也。諸侯朝天子，必裨冕，爲將廟受也。裨冕者，公衮，侯、伯鷩，子、男毳。○朝，直遥反，注及下同。爲，于僞反，下「爲事」同。衮，古本反。鷩，必列反。毳，昌鋭反。命祝、史告于社稷、宗廟、山川。臨行，又徧告宗廟，孝敬之心也。乃命國家五官而后行，五官，五大夫典事者。命者，勑之以其職。道而出，祖道也。聘禮曰：「出祖釋軷，祭酒脯」也。○軷，步末反。告者，五日而徧，過是，非禮也。既告，不敢久留。凡告，用牲幣；反，亦如之。牲，當爲「制」，字之誤也。制幣，一丈八尺。○牲幣，依注「牲」音「制」。諸侯相見〔一〕，必告于禰。道近，或可以不親告祖。朝服而出視朝，朝服，爲事故也。命祝、史告于五廟所過山川。山川，所不過則不告，貶於適天子也。亦命國家

〔一〕「諸侯」上，衍「○」號，「諸侯相見」至「而後聽朝而入」，仍是孔子之語，故删。

五官道而出。反，必親告于祖禰，乃命祝、史告至于前所告者，而后聽朝而入。」反，必親告祖禰，同出入禮。

◯曾子問曰：「並有喪，如之何？何先何後？」並，謂父母若親同者同月死。孔子曰：「葬，先輕而後重，其奠也，先重而後輕，禮也。自啟及葬不奠。不奠，務於當葬者。行葬，不哀次。不哀次，輕於在殯者。反葬奠而后辭於殯，遂脩葬事。殯，當爲「賓」，聲之誤也。辭於賓，謂告將葬啟期也。◯殯，音賓，出注。其虞也，先重而後輕，禮也。」

◯孔子曰：「宗子雖七十，無無主婦，族人之婦，不可無統。非宗子，雖無主婦，可也。」

◯曾子問曰：「將冠子，冠者至，揖讓而入，聞齊衰、大功之喪，如之何？」冠者，賓及贊者。◯冠，古亂反，下及注皆同。孔子曰：「內喪則廢，外喪則冠而不醴，徹饌而埽，即位而哭。如冠者未至，則廢。內喪，同門也。不醴，不醴子也。其廢者，喪成服，因喪而冠。◯饌，仕戀反。埽，悉報反。如將冠子而未及期日，而有齊衰、大功、小功之喪，則因喪服而冠。」廢吉禮而因喪冠，俱成人之服。及，至也。「除喪不改冠乎？」孔子曰：「天子賜諸侯、大夫冕弁服於大廟，歸設奠，服賜服，於斯乎有冠醮，無冠醴。酒爲醮。冠禮，醴重而醮輕。此服賜服，酌用酒，尊賜也。不醴，明不爲改冠，改冠當醴之。○醮，子妙反。酌而無獻酬曰醮。父没而冠，則已冠，埽地而祭於禰，已祭而見伯父、叔父，而后饗冠者。」饗，謂禮之。

○曾子問曰：「祭，如之何則不行旅酬之事矣？」孔子曰：「聞之，小祥者，主人練祭而不旅，奠酬於賓，賓弗舉，禮也。奠無尸，虞不致爵，小祥不旅酬，大祥無無筭爵，彌吉。昔者魯昭公練而舉酬，行旅，非禮也。孝公大祥，奠酬弗舉，亦非禮也。」孝公，隱公之祖父。

○曾子問曰：「大功之喪，可以與於饋奠之事乎？」饋奠，在殯時也。○與，音預，下至「説衰與奠」皆同。孔子曰：「豈大功耳！自斬衰以下皆可，禮也。」曾子曰：「不以輕服而重相爲乎？」怪以重服而爲人執事。○爲，于僞反，注「爲人」、「其所爲服」、「爲君」、「爲其」皆同。孔子曰：「非此之謂也。非謂爲人，謂於其所爲服也。天子諸侯之喪，斬衰者奠。爲君服者皆斬衰，唯主人不奠。大夫，齊衰者奠。服斬衰者不奠，辟正君也。齊衰者，其兄弟。○辟，音避，下同。士則朋友奠，不足則取於大功以下者，不足則反之。」服齊衰者不奠，辟大夫也。言不足者，謂殷奠時。○「士則朋友」，一本作「士則朋友奠」。

○曾子問曰：「小功可以與於祭乎？」祭，謂虞、卒哭時。孔子曰：「何必小功耳！自斬衰以下與祭，禮也。」曾子曰：「不以輕喪而重祭乎？」怪使重者執事。孔子曰：「天子、諸侯之喪祭也，不斬衰者不與祭。大夫齊衰者與祭。士祭不足，則取於兄弟大功以下者。」

○曾子問曰：「相識，有喪服，可以與於祭乎？」問已有喪服，可以助所識者祭否？孔子曰：「緦不祭，又何助於人？」

○曾子問曰：「廢喪服，可以與於饋奠之事乎？」謂新除喪服也。孔子曰：「說衰與奠，非禮也。執事於人之神，爲其忘哀疾也。○說，湯活反。以擯相，可也。」

○曾子問曰：「昏禮既納幣，有吉日，女之父母死，則如之何？」吉日，取女之吉日。○相，息亮反。取，七住反，本亦作「娶」，下文「取婦」、「取女」同。孔子曰：「壻使人弔。如壻之父母死，則女之家亦使人弔。必使人弔者，未成兄弟。父喪稱父，母喪稱母；禮，宜各以其敵者也。父使人弔之，辭云：「某子聞某之喪，某子使某，如何不淑。」母則若云：「宋蕩伯姬聞姜氏之喪，伯姬使某，如何不淑。」凡弔辭一耳。父母不在，則稱伯父、世母。弔禮不可廢也。伯父母又不在，則稱叔父母。壻已葬，壻之伯父致命女氏曰：『某之子有父母之喪，不得嗣爲兄弟，使某致命。』女氏許諾而弗敢嫁，禮也。必致命者，不敢以累年之喪，使人失嘉會之時。○累，力弭反。壻免喪，女之父母使人請，壻弗取而后嫁之，禮也。請，請成昏。女之父母死，壻亦如之。」女免喪，壻之父母亦使人請，其已葬時，亦致命。

○曾子問曰：「親迎，女在塗，而壻之父母死，如之何？」孔子曰：「女改服，布深衣，縞總，以趨喪。布深衣，縞總，婦人始喪未成服之服。○迎，魚敬反，下同。縞，古老反。總，音揔。女在塗，而女之父母死，則女反。」奔喪，服期。○期，居宜反，下同。「如壻親迎，女未至而有齊衰、大功之喪，則如之何？」孔子曰：「男不入，改服於外次，女入，改服於內次，然後即位而哭。」不聞喪，即改服者，昏禮重於齊衰以下。曾子問曰：「除喪則不復昏禮乎？」復，猶償也。○償，音尚。孔子曰：「祭，過時不祭，禮也。又何反於初？」重喻輕也。同牢及饋饗，相飲食之道。○過，古卧反。飲，於鴆反。食，音寺。

○孔子曰：「嫁女之家，三夜不息燭，思相離也。親骨肉也。○離，力智反。取婦之家，三日不舉樂，思嗣親也。重世變也。三月而廟見，稱來婦也。擇日而祭於禰，成婦之義也。謂舅姑没者也。必祭成婦義者，婦有供養之禮，猶舅姑存時，盥饋特豚於室。○供，九用反。養，羊尚反。盥饋，音管，下其位反。

○曾子問曰：「女未廟見而死，則如之何？」孔子曰：「不遷於祖，不祔於皇姑，壻不杖、不菲、不次，歸葬于女氏之黨，示未成婦也。」遷，朝廟也。壻雖不備喪禮，猶爲之服齊衰也。○菲，一本作「扉」，扶畏反，草屨。朝，直遥反。爲，于僞反，下「爲庶母」、「爲其」，下文「君爲」，皆同。

○曾子問曰：「取女有吉日而女死，如之何？」孔子曰：「壻齊衰而弔，既葬而除之。夫死亦如之。」未有期、三年之恩也。女服斬衰。

○曾子問曰：「喪有二孤，廟有二主，禮與？」怪時有之。○與，音餘，下「禮與」同。孔子曰：「天無二日，土無二王。嘗禘郊社，尊無二上，未知其爲禮也。尊喻卑也。神雖多，猶一一祭之。昔者齊桓公亟舉兵，作僞主以行，及反，藏諸祖廟[一]。僞，猶假也。舉兵，以遷廟主行，無則主命。爲假主，非也。○亟，徐起吏反。廟有二主，自桓公始也。喪之二孤，則昔者衛靈公適魯，遭季桓子之喪，衛君請弔，哀公辭，不得命。公爲主，客入弔，康子立於門右，北面。公揖讓，升自東階，西鄉。客升自西階，弔。公拜，興，哭，康子拜稽顙於位，有司弗辯也。今之二孤，自季康子之過也。」辯，猶正也。若康子者，君弔其臣之禮也。鄰國之君弔，君爲之主，主人拜稽顙，非也，當哭踊而已。靈公先桓子以魯哀公二年夏卒，桓子以三年秋卒，是出公也。○鄉，許亮反。先，悉薦反。夏，户嫁反。

[一]「藏」，原訛作「葬」，據唐石經、撫州本、岳本、八行本、阮刻本改。

○曾子問曰：「古者師行，必以遷廟主行乎？」孔子曰：「天子巡守，以遷廟主行，載于齊車，言必有尊也。今也取七廟之主以行，則失之矣。齊車，金路。○守，手又反，本亦作「狩」。齊，側皆反，本亦作「齋」，注及下同。齊車，祭祀所乘金輅也。當七廟、五廟無虛主。虛主者，唯天子崩，諸侯薨，與去其國，與祫祭於祖，爲無主耳。吾聞諸老聃曰：『天子崩，國君薨，則祝取羣廟之主而藏諸祖廟，禮也。卒哭成事，而后主各反其廟。老聃，古壽考者之號也，與孔子同時。藏諸主於祖廟，象有凶事者聚也。卒哭成事，先祔之祭名也。○祫，音洽。聃，他甘反。老聃，即老子也。祔，音附。君去其國，大宰取羣廟之主以從，禮也。鬼神依人者也。○從，才用反，下「椑從」、「而從」同。祫祭於祖，則祝迎四廟之主。祝，接神者也。主出廟入廟，必蹕。』蹕，止行也。○蹕，音畢。老聃云。」

○曾子問曰：「古者師行無遷主，則何主？」孔子曰：「主命。」問曰：「何謂也？」孔子曰：「天子、諸侯將出，必以幣帛皮圭告于祖禰，遂奉以出，載于齊車以行。每舍，奠焉而后就舍。以脯醢禮神，乃敢即安也。所告而不以出，即埋之。

反必告，設奠；卒，斂幣玉藏諸兩階之間，乃出。蓋貴命也。」

○子游問曰：「喪慈母如母，禮與？」如母，謂父卒三年也。子游意，以爲國君亦當然。禮所云者，乃大夫以下，父所使妾養妾子。孔子曰：「非禮也。古者男子外有傅，內有慈母，君命所使教子也，何服之有？言無服也。此指謂國君之子也。大夫、士之子爲庶母慈己者服小功，父卒，乃不服。昔者魯昭公少喪其母，有慈母良，及其死也，公弗忍也，欲喪之。有司以聞曰：『古之禮，慈母無服。據國君也。良，善也。謂之慈母，固爲其善。國君之妾，子於禮不服也。昭公年三十，乃喪齊歸，猶無慼容，是不少，又安能不忍於慈母？此非昭公明矣，未知何公也。○少喪，如字，下及注皆同，讀者亦息浪反。今也君爲之服，是逆古之禮而亂國法也。若終行之，則有司將書之，以遺後世，無乃不可乎！』公曰：『古者天子練冠以燕居。』公弗忍也，遂練冠以喪慈母。喪慈母，自魯昭公始也。」公之言又非也。天子練冠以燕居，蓋謂庶子王爲其母。○遺，如字，猶垂反，又于季反。

○曾子問曰：「諸侯旅見天子，入門，不得終禮，廢者幾？」旅，衆。○幾，居豈反，下同。孔子曰：「四。」「請問之。」曰：「大廟火，日食，后之喪，雨霑服失容，則廢。大廟，始祖廟。宗廟皆然，主於始祖耳。○霑，竹廉反。如諸侯皆在而日食，則從天子救日，各以其方色與其兵。示奉時事有所討也。方色者，東方衣青，南方衣赤，西方衣白，北方衣黑，兵未聞也。○衣，於既反，又如字，下同。大廟火，則從天子救火，不以方色與兵。」

○曾子問曰：「諸侯相見，揖讓入門，不得終禮，廢者幾？」孔子曰：「六。」「請問之。」曰：「天子崩，太廟火，日食，后、夫人之喪，雨霑服失容，則廢。」夫人，君之夫人。

○曾子問曰：「天子嘗、禘、郊、社、五祀之祭，簠簋既陳，天子崩，后之喪，如之何？」孔子曰：「廢。」既陳，謂夙興陳饌牲器時也。天子七祀，言五者，關中言之。○禘，大計反。簠，音甫，徐方于反，又音蒲。簋，音軌。饌，仕戀反，又仕轉反，下同。

○曾子問曰：「當祭而日食、大廟火，其祭也如之何？」孔子曰：「接祭而已矣。如牲至未殺，則廢。接祭而已，不迎尸也。天子崩，未殯，五祀之祭不行。

既殯而祭，其祭也，尸入，三飯不侑，酳不酢而已矣。自啟至于反哭，五祀之祭不行，已葬而祭，祝畢獻而已。」既葬彌吉。畢獻祝而後止，郊、社亦然。唯嘗、禘宗廟，俟吉也。○飯，扶晚反，下同。不侑，音又，絶句，下皆放此。酳，音胤，又仕覲反。酢，才各反。

○曾子問曰：「諸侯之祭社稷，俎豆既陳，聞天子崩、后之喪、君薨、夫人之喪，如之何？」孔子曰：「廢。」亦謂夙興陳饌牲器時也。自薨比至于殯，自啟至于反哭，奉帥天子。」帥，循也。所奉循如天子者，謂五祀之祭也。社稷亦然。○比，必利反。

○曾子問曰：「大夫之祭，鼎俎既陳，籩豆既設，不得成禮，廢者幾？」孔子曰：「九。」「請問之。」曰：「天子崩，后之喪，君薨，夫人之喪，君之大廟火，日食，三年之喪，齊衰，大功，皆廢。外喪自齊衰以下，行也。齊衰，異門則祭。其齊衰之祭也，尸入，三飯不侑，酳不酢而已矣。大功，酢而已矣。小功、緦，室中之事而已矣。室中之事，謂賓長獻。○長，知丈反，下文「誄長」同。士之所以異者，緦不祭。」然則士不得成禮者十一。所祭，於死者無服則祭。」謂若舅、舅之子、從母昆弟。曾子問曰：「三年之喪，弔乎？」孔子曰：「三年之喪，練不羣立，不旅行。爲其苟語忘哀也。○爲，于僞反，下「爲彼」、「爲親」、「妻爲」、「婦爲」、「爲已病」皆同。君子禮以飾情，三年之喪而弔哭，不亦虚乎！」爲彼哀則不專於親也，爲親哀則是妄弔。

○曾子問曰：「大夫、士有私喪，可以除之矣，而有君服焉，其除之也如之何？」孔子曰：「有君喪，服於身，不敢私服，又何除焉！」重喻輕也。私喪，家之喪也。喪服四制曰：「門外之治義斷恩。」○治，直吏反。斷，丁亂反。於是乎有過時而弗除也，君之喪服除，而后殷祭，禮也。」謂主人也。支子則否。○除，如字，徐直慮反。

○曾子問曰：「父母之喪，弗除可乎？」以其有終身之憂。孔子曰：「先王制禮，過時弗舉，禮也。非弗能勿除也，患其過於制也，故君子過時不祭，禮也。」言制禮以爲民中，過其時，則不成禮。○中，如字，又丁仲反。

○曾子問曰：「君薨既殯，而臣有父母之喪，則如之何？」孔子曰：「歸居于家，有殷事則之君所，朝夕否。」居家者，因其哀後隆於父母。殷事，朔月、月半薦新之奠也。曰：「君既啟，而臣有父母之喪，則如之何？」孔子曰：「歸哭而反，送君。」言送君，則既葬而歸也。歸哭者，服君服而歸，不敢私服也。曰：「君未殯，而臣有父母之喪，則如之何？」孔子曰：「歸殯，反于君所。有殷事則歸，朝夕否。其哀雜，主於君。大夫、室老行事，士則子孫行事。大夫、士，其在君所之時，則攝其事。大夫內子，有殷事，亦之君所，朝夕否。」謂夫之君既殯而有舅姑之喪者。內子，大夫適妻也。妻爲夫之君，如婦爲舅姑，服齊衰。○適，丁歷反。

○賤不誄貴，幼不誄長，禮也。誄，累也，累列生時行迹，讀之以作謚。謚當由尊者成。○誄，力水反，謂謚也。行，下孟反。謚，音示，徐又以二反。唯天子，稱天以誄之。以其無尊焉。春秋公羊說以爲，讀誄制謚於南郊，若云受之於天然。諸侯相誄，非禮也。禮，當言誄於天子也。天子乃使大史賜之謚。

○曾子問曰：「君出疆，以三年之戒，以椑從。君薨，其入如之何？」其出有喪備，疑喪入必異也。戒，猶備也，謂衣衾也。親身棺曰椑，其餘，可死乃具也。○疆，居良反。椑，薄曆反，櫬身棺，謂杝棺也。孔子曰：「共殯服，此謂君已大斂[一]。殯服，謂布深衣，苴經，散帶垂。殯時主人所服，共之以待其來也。其餘殯事，亦皆具焉。○共殯，音恭，注同，下必刃反。苴經，七餘反，下大結反。散，息但反。則子麻弁經、疏衰、菲、杖，棺柩未安，不忍成服於外也。麻弁經者，布弁而加環經也。布弁，如爵弁而用布。杖者，爲已病。○弁，皮彦反。柩，其又反。如爵，「如」或作「加」，誤也。爲已，音以。入自闕，升自西階。闕，謂毀宗也。柩毀宗而入，異於生也。升自西階，亦異生也。所毀宗，殯宮門西也。於此正棺，而服殯服，既塗而成服。殷柩出毀宗，周柩入毀宗，禮相變也。如小斂，則子免而從柩，謂君已小斂也。主人布深衣。不括髮者，行遠不可無飾。○免，音問。入自門，升自阼階。親未在棺，不忍異入，使如生來反。君、大夫、士一節也。」曾子問曰：「君之喪既引，聞父母之喪，如之何？」孔子曰：「遂，既封而歸，不俟子。」遂，遂送君也。封，當爲「窆」。子，嗣君也。○引，以刃反，下皆同。既封，依注音「窆」，彼驗反[二]。

[一]「已」，原訛作「以」，據撫州本、殿本、八行本、和本、十行本、閩本、監本、毛本、殿本、阮刻本改。
[二]「既封依注音窆彼驗反」，原訛作「封音窆彼驗反」，據彙校卷第十二、撫釋一改。

○曾子問曰：「父母之喪，既引及塗，聞君薨，如之何？」孔子曰：「遂，既封，改服而往。」封，亦當爲「窆」。改服，括髮，徒跣，布深衣，扱上衽，不以私喪包至尊。○塗〔一〕，音徒。扱，初洽反。衽，而審反，又而鴆反。

○曾子問曰：「宗子爲士，庶子爲大夫，其祭也如之何？」孔子曰：「以上牲祭於宗子之家。貴禄重宗也。上牲，大夫少牢。祝曰：『孝子某，爲介子某，薦其常事。』介，副也。不言庶，使若可以祭然。○祝，皇之六反，舊之又反，下同。爲，于僞反，下注「爲有異居」、「爲無日」同。介，音界，副也，下同。若宗子有罪，居于他國，庶子爲大夫，其祭也，祝曰：『孝子某，使介子某，執其常事。』此之謂宗子攝大夫。○「其祭也」，本或此下有「如之何」三字，非也。攝主不厭祭，不旅、不假、不綏祭，不配。皆辟正主。厭，厭飫神也。厭有陰有陽。迎尸之前，祝酌奠，奠之且饗，是陰厭也；尸謖之後，徹薦俎、敦，設於西北隅，是陽厭也。此不厭者，不陽厭也。不旅，不旅酬也。假，讀爲「嘏」，不嘏，不嘏主人也。不綏祭，謂今主人也。綏，周禮作「墮」。不配者，祝辭不言「以某妃配某氏」。○厭，本或作「懕」，於

〔一〕「塗」上，原衍「既封依注音窆彼驗反」九字，據岳本、殿本删。

豔反，注、下皆同。綏，注作「墮」，同許垂反，徐又況垂反，注同。辟，音避，下同。飫，於去反。謖，色六反，起也。敦，音對，又東論反。椵，古雅反。布奠於賓，賓奠而不舉，布奠，謂主人酬賓，奠觶於薦北。賓奠，謂取觶奠於薦南也。此酬之始也。奠之不舉，止旅。○觶，之豉反。字林音支。不歸肉。肉，俎也。諸與祭者留之共燕[一]。○歸，如字，徐其位反。與，音預。其辭于賓曰：『宗兄、宗弟、宗子在他國，使某辭。』辭，猶告也。宿賓之辭，與宗子爲列，則曰「宗兄」若「宗弟」；昭穆異者，曰「宗子」而已。其辭若云「宗兄某在他國，使某執其常事，使某告。」○其辭，如字，告也，下及注同。昭穆，常遥反，下音木，後放此。

○曾子問曰：「宗子去在他國，庶子無爵而居者，可以祭乎？」孔子曰：「祭哉！」有子孫存，不可以乏先祖之祀。請問：「其祭如之何？」孔子曰：「望墓而爲壇，以時祭。不祭于廟，無爵者賤，遠辟正主。○壇，大丹反，下注同，注或作「墠」，音善。遠，徐于萬反。若宗子死，告於墓，而后祭於家。言祭於家，容無廟也。宗子死，稱名不言『孝』，孝，宗子之稱。不敢與之同其辭，但言「子某薦其常事」。

[一]「諸」，原訛作「謂」，據足利本改。

○稱，尺證反。身没而已。」至子可以稱孝。子游之徒有庶子祭者以此，以，用也，用此禮祭也。若義也。若，順。今之祭者不首其義，故誣於祭也。首，本也。誣，猶妄也。

○曾子問曰：「祭必有尸乎？言無益，無用爲。若厭祭亦可乎？」厭時無尸。孔子曰：「祭成喪者必有尸，尸必以孫，孫幼則使人抱之。無孫則取於同姓可也。人以有子孫爲成人，子不殤父，義由此也。祭殤必厭，蓋弗成也。厭飫而已，不成其爲人。祭成喪而無尸，是殤之也。」與不成人同。孔子曰：「有陰厭，有陽厭。」言祭殤之禮，有於陰厭之者，有於陽厭之者。曾子問曰：「殤不祔祭，何謂陰厭、陽厭？」祔，當爲「備」，聲之誤也。言殤乃不成人，祭之不備禮，而云「陰厭、陽厭乎」？此失孔子指也。祭成人，始設奠於奥，迎尸之前，謂之陰厭；尸謖之後，改饌於西北隅，謂之陽厭。殤則不備。○附，依注音「備」，本或作「祔」，亦同。奥，於報反。孔子曰：「宗子爲殤而死，庶子弗爲後也。族人以其倫代之，明不序昭穆立之廟。其祭之，就其祖而已，代之者主其禮。其吉祭，特牲。尊宗子，從成人也。凡殤則特豚。自卒哭成事之後爲吉祭。祭殤不舉，無肵俎，無玄酒，不告利成，此其無尸，及所降也。其他如成人。舉肺脊、肵俎、利成，禮之施於尸者。○肵，音其，又忌依反，敬也。是謂陰厭。是宗子而殤，祭之於奧之禮；小宗爲殤，其祭禮亦如之。凡殤與無後者，祭於宗子之家，當室之白，尊于東房，是謂陽厭。」凡殤，謂庶子之適也，或昆弟之子，或從父昆弟。無後者如有昆弟及諸父，此則今死者，皆宗子大功之内親，共祖、禰者。言「祭於宗子之家」者，爲有異居之道也。無廟者，爲墠祭之。親者，共其牲物，宗子皆主其禮。當室之白，尊於東房，異於宗子之爲殤。當室之白，謂西北隅得户明者也，明者曰陽。凡祖廟在小宗之家，小宗祭之亦然，宗子之適亦爲，凡殤，過此以往，則不祭也。祭適者，天子下祭五，諸侯下祭三，大夫下祭二，士以下祭子而止。○適，丁曆反，下同。「如有昆弟」，一本作「如有」〔一〕。共其，音恭。

○曾子問曰：「葬引至于堩，日有食之，則有變乎，且不乎？」堩，道也。變，謂異禮。○堩，古鄧反。且，如字，徐子餘反。孔子曰：「昔者吾從老聃助葬於巷黨，

〔一〕「如」，原訛作「加」，據紹熙本改。

及堩，日有食之。老聃曰：『丘，止柩就道右，止哭以聽變。既明反而后行，曰：「禮也。」』巷黨，黨名也。就道右者，行相左也。變，日食也。反，復也。○從，才用反，又如字。既明反，絶句。反葬，而丘問之曰：『夫柩，不可以反者也。日有食之，不知其已之遲數〔一〕，則豈如行哉？』已，止也。數，讀爲「速」。老聃曰：『諸侯朝天子，見日而行，逮日而舍奠。大夫使，見日而行，逮日而舍。舍奠，每將舍，奠行主。○朝，直遥反。使，色吏反，下「君使」、「所使」同。夫柩不蚤出，不莫宿，侵晨夜，則近姦寇。○蚤，音早。莫，音暮。近，「附近」之「近」。見星而行者，唯罪人與奔父母之喪者乎！日有食之，安知其不見星也？爲無日而慝作，豫止也。○慝，他得反，惡也。且君子行禮，不以人之親痁患。』痁，病也。以人之父母行禮而恐懼其有患害，不爲也。○痁，始占反，病也。恐，丘勇反。吾聞諸老聃云。」

○曾子問曰：「爲君使而卒於舍。禮曰：『公館復，私館不復。』凡所使之

〔一〕「知」，原訛作「如」，據唐石經、撫州本、八行本改。

國，有司所授舍，則公館已，何謂私館不復也？」復，始死招魂。○爲君，于僞反，又如字。孔子曰：「善乎問之也！善其問難明也。自卿、大夫、士之家〔一〕，曰私館；公館與公所爲曰公館。『公館復』，此之謂也。」公館，若今縣官宮也。公所爲〔二〕，君所命使舍己者。

○曾子問曰：「下殤土周，葬于園，遂輿機而往，塗邇故也。土周，堲周也。周人以夏后氏之堲周，葬下殤於園中，以其去成人遠，不就墓也。機，輿尸之牀也，以繩絙其中央，又以繩從兩旁鉤之。禮，以機舉尸，輿之以就園而斂葬焉，塗近故耳。輿機，或爲「餘機」。○邇，音迩，近也。即，本又作「堲」，子栗反，下同。絙，本又作「緪」，古鄧反，一音古恒反。鉤，本又作「拘」，古侯反。斂，力驗反，下同。今墓遠，則其葬也如之何？」今人斂下殤於宮中而葬於墓，與成人同，墓塗乃遠，其葬當輿其棺乎？載之也？問禮之變也。孔子曰：「吾聞諸老聃曰：『昔者史佚有子而死，下殤也，墓遠。蓋欲葬墓如長殤，從成人

〔一〕「士」，原脱，據唐石經、撫州本、八行本、閩本、監本、毛本、殿本補。

〔二〕「公」，原訛作「宮」，據撫州本、岳本、嘉靖本、八行本、和本、監本、毛本、殿本、阮刻本改。

也。長殤有送葬車者，則棺載之矣。史佚，武王時賢史也〔二〕。賢，猶有所不知。○佚，音逸。長，丁丈反，下同。則棺，古患反，下文「棺斂」、「衣棺」、注「棺謂」皆同。召公謂之曰：何以不棺斂於宮中？欲其斂於宮中，如成人也。斂於宮中，則葬當載之。○召，本又作「邵」，同上照反，下同。史佚曰：吾敢乎哉？畏知禮也。召公言於周公。爲史佚問。○爲，于僞反，下「爲辟」、下文「有爲」並同。周公曰：豈？不可。言是豈，於禮不可。不許也。○周公曰豈，絶句。言是豈，絶句。於禮不可，絶句。史佚行之。失指以爲許也。遂用召公之言。下殤用棺衣棺，自史佚始也。」棺，謂斂於棺。

○曾子問曰：「卿、大夫將爲尸於公，受宿矣，而有齊衰内喪，則如之何？」孔子曰：「出舍於公館以待事，禮也。」吉凶不可以同處。○處，昌慮反。孔子曰：「尸弁冕而出，爲君尸或弁者，先祖或有爲大夫、士者。卿、大夫、士皆下之，見而下車。尸必式，小俛禮之。必有前驅。爲辟道。○辟，婢亦反。

〔二〕「武王」，原訛作「成王」，據撫州本、考異改。

○子夏問曰：「三年之喪，卒哭，金革之事無辟也者，禮與？初有司與？」疑有司初使之然。○辟，音避，下同。與，音餘，下皆同。孔子曰：「夏后氏三年之喪，既殯而致事，殷人既葬而致事。致事，還其職位於君。周卒哭而致事〔一〕。記曰：『君子不奪人之親，亦不可奪親也。』此之謂乎！」二者，恕也，孝也。子夏曰：「金革之事無辟也者，非與？」疑禮當有然。孔子曰：「吾聞諸老聃曰：『昔者魯公伯禽有爲爲之也。』伯禽，周公子，封於魯，有徐戎作難，喪，卒哭而征之，急王事也。征之，作費誓。○難，乃旦反。費，音祕。今以三年之喪，從其利者，吾弗知也。」時多攻取之兵，言非禮也。

文王世子第八

○陸曰：「文王，周文王昌也。鄭云：『以其善爲世子之禮，故著謚號標篇，言可法也。』」

禮記　　鄭氏注

文王之爲世子，朝於王季日三。三皆曰朝，以其禮同。○朝，直遥反。三，如字，

〔一〕「周」，原訛作「則」，據八行本、阮刻本改。

又息暫反。雞初鳴而衣服，至於寢門外，問内豎之御者曰：「今日安否？何如？」内豎，小臣之屬，掌外内之通命者。御，如今小史直日矣。○衣，徐於既反，又如字。豎，上主反。内豎曰：「安！」文王乃喜。孝子恒兢兢。及日中，又至，亦如之。又，復也。○復，扶又反。及莫，又至，亦如之。莫，夕也。○莫，音暮，注及篇末皆同。其有不安節，則内豎以告文王，文王色憂，行不能正履。節，謂居處故事。履，蹈地也。○蹈，徒報反。王季復膳，飲食安也。然後亦復初。憂解。○解，胡買反。食上，必在視寒煖之節；在，察也。○上，時掌反。煖，乃管反，徐況煩反。食下，問所膳。問所食者。命膳宰曰：「末有原。」應曰：「諾！」然後退。末，猶勿也。原，再也，勿有所再進，爲其失飪，臭味惡也。退，反其寢。○末，亡曷反。應，「應對」之「應」。爲，于僞反。飪，而審反，生孰之節。武王帥而行之，不敢有加焉。庶幾程式之。帥，循也。文王有疾，武王不説冠帶而養。言常在側。○税，本亦作「脱」，又作「説」，同音他活反。養，羊尚反。文王一飯，亦一飯；文王再飯，亦再飯。欲知氣力箴藥所勝。○壹，本亦作「一」。飯，扶晚反，下及篇末皆同。箴，本亦作「鍼」〔一〕，之林反。勝，音升。**旬有二日，乃間。**間，猶瘳也。○瘳，丑由反。差也。**文王謂武王曰：「女何夢矣？」**間後容臥。○女，音汝，後同。**武王對曰：「夢帝與我九齡。」**帝，天也。○聆，音零，本或作「齡」。**文王曰：「女以爲何也？」武王曰：「西方有九國焉，君王其終撫諸？」**撫，猶有也。言「君王」，則此受命之後也。**文王曰：「非也。古者謂年齡，齒亦齡也。我百，爾九十，吾與爾三焉。」**年，天氣也。齒，人壽之數也。九齡，九十年之祥也。文王以勤憂損壽，武王以安樂延年，言「與爾三」者，明傳業於女，女受而成之。○壽，音受，後同。樂，音洛。予爾，羊汝反。傳，直專反。**文王九十七乃終，武王九十三而終。**君子曰終，終其成功。**成王幼，不能涖阼，**涖，視也。不能視阼階，行人君之事。○涖，音吏，又音類，下同。莅視，本或作「莅臨也」。**周公相，踐阼而治，**踐，履也。代成王履阼階，攝王位治天下也。○相，息亮反。治，徐直吏反，下注「治定」同，一音如字。**抗世子法於伯**

〔一〕「鍼」，原訛作「誠」，據彙校卷第十二、撫釋一、殿本改。

禽，欲令成王之知父子、君臣、長幼之道也。抗，猶舉也，謂舉以世子之法，使與成王居而學之。○抗，苦浪反。長，丁丈反，後皆同。成王有過，則撻伯禽，所以示成王世子之道也。以成王之過擊伯禽，則足以感喻焉。○撻，他達反，擊也。文王之爲世子也。題上事。

○凡學世子及學士，必時。四時各有宜學。士，謂司徒論俊選所升於學者。○學，户孝反，教也。下「小樂正學干」、「籥師學戈」、「學舞干戚」同。選，息戀反，後同。春夏學干戈，秋冬學羽籥，皆於東序。干，盾也。戈，句孑戟也〔一〕。干戈，萬舞，象武也，用動作之時學之。羽籥，籥舞，象文也，用安靜之時學之。詩云：「左手執籥，右手秉翟。」○夏，户嫁反，下放此。籥，羊灼反。楯，食準反，又音尹。句，古侯反。翟，大曆反。小樂正學干，大胥贊之；籥師學戈，籥師丞贊之。四人皆樂官之屬也。通職，秋冬亦學以羽籥。小樂正，樂師也。周禮樂師：「掌國學之政，教國子小舞。」大胥：「掌學士之版，以待致諸子。」春

〔一〕「孑」，原訛作「矛」，據撫州本、岳本、八行本、和本、閩本、監本、毛本、殿本改。

入學，舍菜，合舞；秋頒學，合聲。」籥師：「掌教國子舞羽、吹籥。」○大，如字，又音太。胥，息余反，又息吕反，注皆放此。版，音板，本又作「板」。舍菜，音釋，後「舍菜」同。頒，音班。**胥鼓南。**南，南夷之樂也。胥掌以六樂之會正舞位，旄人教夷樂，則以鼓節之。詩云：「以雅以南，以籥不僭。」○旄，音毛。僭，七尋反，又子念反。**春誦夏弦，大師詔之。瞽宗秋學禮，執禮者詔之。冬讀書，典書者詔之。禮在瞽宗，書在上庠。**誦，謂歌樂也。弦，謂以絲播詩。陽用事則學之以聲，陰用事則學之以事。因時順氣，於功易成也。周立三代之學，學書於有虞氏之學，典、謨之教所興也；學舞於夏后氏之學，文武中也；學禮、樂於殷之學，功成治定，與己同也。○大，音太，下文、注「大樂正」、「大學」、「大傅」、「大祖」、「大寢」皆同。瞽，音古。瞽宗，殷學名。庠，音詳。上庠，虞學名。播，波我反。易，以豉反。

○凡祭與養老乞言、合語之禮，皆小樂正詔之於東序。學以三者之威儀也。養老乞言，養老人之賢者，因從乞善言可行者也。合語，謂鄉射、鄉飲酒、大射、燕射之屬也。鄉射記曰：「古者於旅也語。」○合，如字，徐音閤，注同，下「大合樂」放此。**大樂正學舞干戚、語説、命乞言，皆大樂正授數。**學以三者之義也。戚，斧也。語説，合語之説也。

數，篇數。○説，如字，徐始鋭反，注「語説」同。**大司成論説在東序。**論説，課其義之深淺、才能優劣。此云「樂正司業，父師司成」，則大司成，司徒之屬師氏也。師氏掌以美詔王，教國子以三德、三行及國中失之事也。○論，力門反，徐力頓反，注同。行，下孟反，下文「德行」同。**凡侍坐於大司成者，遠近間三席，可以問，**間，猶容也。容三席，則得指畫相分别也。席之制，廣三尺三寸三分，則是所謂函丈也。○坐，才卧反，又如字。遠近間，並如字。間，猶容也，注同，徐古辨反，同。畫，乎麥反。别，彼列反。廣，古曠反，又如字。三寸，一本作「廣三尺三寸三分」。函，胡南反。**終則負牆。**卻就後席相辟。○辟，音避，下「辟君」同。**列事未盡，不問。**錯尊者之語，不敬也。

○凡學，春，官釋奠于其先師，秋冬亦如之。官，謂禮、樂、詩、書之官。周禮曰：「凡有道者有德者，使教焉，死則以爲樂祖，祭於瞽宗。」此之謂先師之類也。若漢，禮有高堂生，樂有制氏，詩有毛公，書有伏生，億可以爲之也。不言夏，夏從春可知也。釋奠者，設薦饌酌奠而已，無迎尸以下之事。○億，本又作「噫」，音抑。**凡始立學者，必釋奠于先聖、先師，及行事，必以幣。**謂天子命之教，始立學官者也。先聖，周公若孔子。**凡釋奠者，必有合也，**國無先聖、先師，則所釋奠者，當與鄰國合也。**有國故則否。**若唐、虞有夔、伯夷，周有周公，魯有孔子，則各自奠之，不合也。○夔，求龜反。

○凡大合樂，必遂養老。大合樂，謂春入學舍菜，合舞；秋頒學，合聲。於是時也，天子則視學焉。遂養老者，謂用其明日也。鄉飲酒、鄉射之禮：「明日，乃息司正。徵唯所欲，以告於先生、君子可也。」是養老之象類。凡語于郊者，語，謂論說於郊學。必取賢斂才焉。或以德進，或以事舉，或以言揚。「大樂正論造士之秀者，升諸司馬，曰進士」，謂此矣。曲藝皆誓之，曲藝，謂小技能也〔一〕。誓，謹也。皆使謹習其事。○技，其彼反。以待又語，又語，謂後復論說也。○復，扶又反。三而一有焉，三說之中，有一善則取之。以有曲藝，不必盡善。乃進其等，進於衆學者。以其序，又以其藝爲次。謂之郊人，遠之，俟事官之缺者以代之。遠之者，不曰俊選，曰郊人，賤技藝。○遠，于萬反，注同。於成均以及取爵於上尊也。董仲舒曰：「五帝名大學曰成均。」則虞庠近是也。天子飲酒于虞庠，則郊人亦得酌于上尊以相旅。○近，「附近」之「近」。

〔一〕「謂」，原訛作「爲」，據考異改。考異曰：「案正義云：『謂小小技術。』則『爲』當作『謂』，各本皆誤，下注『爲後復論說也』同。凡古書『爲』、『謂』多互譌。」

○始立學者，既興器用幣，興，當爲「釁」，字之誤也。禮樂之器成，則釁之。又用幣告先聖、先師以器成。○興，依注爲「釁」，音虚覲反。然後釋菜。告先聖、先師以器成，有時將用也。不舞，不授器。釋菜禮輕也。釋奠則舞，舞則授器。司馬之屬，司兵、司戈盾〔一〕。祭祀授舞者，兵也。乃退，儐于東序，一獻，無介、語，可也。言乃退者，謂得立三代之學者。釋菜于虞庠，則儐賔于東序。魯之學有米廩、東序、瞽宗也。○儐，必刃反，本亦作「擯」，注同。介，如字，下注同，副也。廩，力甚反。教世子。亦題上事。

○凡三王教世子，必以禮樂。樂，所以脩内也；禮，所以脩外也。禮樂交錯於中，發形於外，是故其成也懌，恭敬而温文。中，心中也。懌，説懌。○懌，音亦。立大傅、少傅以養之，欲其知父子、君臣之道也。養，猶教也。言養者，積浸成長之。○少傅，詩召反，下音賦，後同。浸，子鴆反。大傅審父子、君臣之道以示之，謂爲之行其禮。○爲，于僞反，下「爲説其」、「爲君」皆同。少傅奉世子以觀大傅之德行而

〔一〕「戈」下，原衍「司」字，據撫州本、孫校删。

審喻之。爲説其義。大傅在前，少傅在後，謂其在學時。入則有保，出則有師，謂燕居出入時。是以教喻而德成也。以有四人維持之。師也者，教之以事而喻諸德者也。保也者，愼其身以輔翼之而歸諸道者也。愼其身者，謹安護之。記曰：「虞、夏、商、周有師保，有疑丞，記所云，謂天子也，取以成説。設四輔及三公，不必備，唯其人。」語使能也。語，言也。得能則用之，無則已，不必備其官也。小人處其位，不如且闕。君子曰：「德，德成而教尊，教尊而官正，官正而國治，君之謂也。」仲尼曰：「昔者周公攝政踐阼而治，抗世子法於伯禽，所以善成王也。聞之曰：『爲人臣者，殺其身有益於君則爲之。』況于其身以善其君乎！周公優爲之。」聞之者，聞之於古也。于，讀爲「迂」，迂，猶廣也，大也。○治，直吏反，下「而治」、「國治」並同。于，依注作「迂」，音同，又音紆。是故知爲人子，然後可以爲人父；知爲人臣，然後可以爲人君；知事人，然後能使人。成王幼，不能涖阼，以爲世子，則無爲也。以爲世子，若爲世子時。是故抗世子法於伯禽，使之與成王居，亦學此禮於成王側。欲令成王之知父子、君臣、長幼之義也。君之於世子也，親則父也，尊則君也。有父之親，有君之尊，然後兼天下而有之。是故養世子不可不慎也。處君父之位，覽海内之士，而近不能教其子，則其餘不足觀矣。○令，力呈反。行一物而三善皆得者，唯世子而已，其齒於學之謂也。物，猶事也。故世子齒於學，國人觀之，曰：「將君我而與我齒讓，何也？」曰：「有父在，則禮然。」然而衆知父子之道矣。其二曰：「將君我而與我齒讓，何也？」曰：「有君在，則禮然。」然而衆著於君臣之義也。其三曰：「將君我而與我齒讓，何也？」曰：「長長也。」然而衆知長幼之節矣。故父在斯爲子，君在斯謂之臣，居子與臣之節，所以尊君親親也。故學之爲父子焉，學之爲君臣焉，學之爲長幼焉。學，教。○學，音效，下及注同。父子、君臣、長幼之道得而國治。語曰：「樂正司業，父師司成，一有元良，萬國以貞。」世子之謂也。司，主也。一，一人也。元，大也。良，善也。貞，正也。周公踐阼。亦題上事。

○庶子之正於公族者，教之以孝弟、睦友、子愛，明父子之義、長幼之序。正者，政也。庶子，司馬之屬，掌國子之倅，爲政於公族者。○弟，大計反，又作「悌」，下「孝弟」

皆同。倅，七對反，副也。其朝于公，内朝則東面，北上，臣有貴者以齒；内朝，路寢庭。○朝，直遥反，後不出者，並同。其在外朝則以官，司士爲之。外朝，路寢門之外庭。司士，亦司馬之屬也，掌羣臣之班，正朝儀之位也。其在宗廟之中，則如外朝之位，宗人授事，以爵以官。宗人，掌禮及宗廟也。以爵，貴賤異位也。以官，官各有所掌也，若司徒奉牛，司馬奉羊，司空奉豕。其登餕、獻、受爵，則以上嗣。上嗣，君之適長子。以特牲饋食禮言之，受爵，謂上嗣舉奠也。獻，謂舉奠、洗爵、酌、入也；餕，謂宗人遣舉奠，盥，祝命之餕也。大夫之嗣無此禮，辟君也。○餕，音俊。適，丁歷反。盥，音管。庶子治之，雖有三命，不踰父兄。治之，治公族之禮也。唯於内朝則然，其餘會聚之事，則與庶姓同。一命齒于鄉里，再命齒于父族，三命不齒。不齒者，特爲位，不在父兄行列中。○行，户剛反。其公大事，則以其喪服之精麤爲序，雖於公族之喪，亦如之，以次主人。大事，謂死喪也。其爲君雖皆斬衰，序之必以本親也。主人，主喪者。次主人者，主人恒在上，主人雖有父兄，猶不得下齒。若公與族燕，則異姓爲賓，同宗，無相賓客之道。膳宰爲主人。君尊，不獻酒。公與父兄齒，親親也。族食，世降一等。親者稠，疏者希。○稠，直由反，密也。

○其在軍，則守於公禰。謂從軍者。公禰，行主也。行以遷主，言禰，在外親也。公若有出疆之政，謂朝、覲、會、同也。○疆，居良反。庶子以公族之無事者守於公宮，正室守大廟。正室，適子也。大廟，大祖之廟。○守，如字，又手又反，下同。諸父守貴宮、貴室，謂守路寢。○守貴室，本或作「守貴宮貴室」。諸子諸孫守下宮、下室。下宮，親廟也。下室，燕寢。或言宮，或言廟，通異語。

○五廟之孫，祖廟未毁，雖爲庶人，冠、取妻必告，死必赴，練、祥則告。赴，告於君也。實四廟孫，而言五廟者，容顯考爲始封子也。○冠，古亂反。取，七喻反，後放此。族之相爲也，宜弔不弔，宜免不免，有司罰之。弔，謂六世以往。免，謂五世。○爲，于僞反，下「爲君」同。免，音問，下及注同。至于賵、賻、承、含，皆有正焉。承，讀爲「贈」，聲之誤也。正，正禮也。○賵，芳鳳反，下同。賻，音附。承，音贈，出注。含，胡暗反，本又作「唅」。賵、賻、唅、遂，皆贈喪之物也。車馬曰賵，布帛曰賻，珠玉曰唅，衣服曰襚，總謂之贈。贈，猶送也。公族其有死罪，則磬于甸人。不於市朝者，隱之也。甸人，掌郊野之官。縣縊殺之曰磬。○甸，大遍反。縣，音玄。縊，一智反。其刑罪，則纖剸，亦告于甸人。纖，讀爲「殲」。殲，刺也。剸，割也。宮割、臏、墨、劓、刖，皆以刀鋸刺割人體也。告，讀爲「鞠」，讀書用法曰鞠。○纖，依注音「鍼」，之林反，徐子廉反，注本或作「纖讀爲殲」者，是依徐音而改也。剸，之免反。告，依注作「鞠」，久六反。刺，七以反，又七智反，下同。臏，頻忍反，徐扶忍反。劓，魚器反。鋸，徐音據。公族無宮刑。宮，割淫刑。獄成，有司讞于公。其死罪，則曰：「某之罪在大辟。」其刑罪，則曰：「某之罪在小辟。」成，平也。讞之言白也。辟，亦罪也。○讞，徐魚列反，言也。辟，婢亦反，後不音者，放此。公曰：「宥之。」宥，寬也。欲寬其罪，出於刑也。○宥，音又。有司又曰：「在辟。」公又曰：「宥之。」又，復也。○復，扶又反，下「不復」、「復自行」皆同。有司又曰：「在辟。」及三宥，不對，走出，致刑于甸人。對，荅也。先者，君每言「宥」，則荅之，以將更寬之，至於三，罪定，不復荅。走往刑之。爲君之恩無已。公又使人追之，曰：「雖然，必赦之。」有司對曰：「無及也。」罪既正，不可宥。乃欲赦之，重刑殺其類也。反命于公。白已刑殺。公素服不舉，爲之變，如其倫之喪，無服。素服，於凶事爲吉，於吉事爲凶，非喪服也。君雖不服臣，卿大夫死，則皮弁、錫衰以居。往弔，當事則弁絰。於士盖疑衰，同姓則緦衰，以弔之。今無服者，不往弔也。倫，謂親疏之比也。素服，亦皮弁矣。○爲之，于僞反，下「不爲服」、「爲忝祖」、注「非爲」、「又爲之舞」同。比，必利反。親哭之。不往弔，爲位哭之而已。君於臣，使有司哭之。

○公族朝于內朝，內親也。雖有貴者以齒，明父子也。謂以宗族事會。外朝以官，體異姓也。體，猶連結也。

○宗廟之中，以爵爲位，崇德也。崇，高也。宗人授事以官，尊賢也。官各有能。登餕、受爵以上嗣，尊祖之道也。上嗣，祖之正統。喪紀以服之，輕重爲序，不奪人親也。紀，猶事也。公與族燕則以齒，而孝弟之道達矣。以至尊不自異於親之列。其族食，世降一等，親親之殺也。殺，差也。○殺，色戒反，徐所例反。差，初佳反，徐初宜反。戰則守於公禰，孝愛之深也。行主，君父之象。正室守大廟，尊宗室而君臣之道著矣。以其不敢以庶守君所重。諸父諸兄守貴室，子弟守下室，而讓道達矣。以其貴者守貴，賤者守賤，上言父子孫，此言兄弟，互相備也。

○五廟之孫，祖廟未毁，雖及庶人，冠、取妻必告，死必赴，不忘親也。親未絶而列於庶人，賤無能也。敬弔、臨、賻、賵，睦友之道也。古者庶子之官治而邦國有倫，邦國有倫而衆鄉方矣。鄉方，言知所鄉。○臨，如字，徐力鴆反。治，直吏反。鄉，許亮反，注同。公族之罪，雖親不以犯有司，正術也，所以體百姓也。犯，猶干也。術，法也。○百姓，本或作「異姓」，非。刑于隱者，不與國人慮兄弟也。弗弔，弗爲服，哭于異姓之廟，爲忝祖，遠之也。素服居外，不聽樂，私喪之也，骨肉之親無絶也。公族無宮刑，不翦其類也。翦，割截也。○遠，于萬反。

○天子視學，大昕鼓徵，所以警衆也。早昧爽擊鼓，以召衆也。警，猶起也。周禮：「凡用樂」，大胥「以鼓徵學士。」○昕，音欣，説文云：「旦明日將出也，讀若希。」警，音景。衆至，然後天子至，乃命有司行事，興秩節，祭先師、先聖焉。興，猶舉也。秩，常也。節，猶禮也。使有司攝其事，舉常禮，祭先師、先聖。不親祭之者，視學，觀禮耳，非爲彼報也。有司卒事，反命，告祭畢也。祭畢，天子乃入。始之養也。又之養老之處。凡大合樂，必遂養老，是以往焉。言「始」，始立學也。○養，如字，徐羊尚反，後皆依徐音。處，昌慮反，下同。適東序，釋奠於先老，親奠之者，己所有事也。養老東序，則是視學於上庠。

遂設三老、五更、羣老之席位焉。三老、五更，各一人也，皆年老更事致仕者也。天子以父兄養之，示天下之孝悌也。名以三、五者，取象三辰五星，天所因以照明天下者。羣老無數，其禮亡。以鄉飲酒禮言之，席位之處，則三老如賔，五更如介，羣老如衆賔必也。○更，江衡反，注同，蔡作叟，音素口反。適饌，省醴、養老之珍具，親視其所有。遂發咏焉。退脩之以孝養也。發咏，謂以樂納之。退脩之，謂既迎而入，獻之以醴，獻畢而樂闋。○咏，音詠。闋，苦穴反，終也。反，登歌清廟，反，謂獻羣老畢，皆升就席也。反就席，乃席工於西階上〔一〕，歌清廟以樂之。○樂，音洛。既歌而語，以成之也。言父子、君臣、長幼之道，合德音之致，禮之大者也。既歌，謂樂正告「正歌備」也。語，談説也。歌備而旅，旅而説父子、君臣、長幼之道，説合樂之所美，以成其意。鄉射記曰：「古者於旅也語〔二〕。」下管象，舞大武，大合衆以事，達有神，興有德也。象，周武王伐紂之樂也。以管播其聲，又爲之舞。皆於堂下。衆，謂所合學士也。達有神，明天授命周家之有神也。興有德，美

〔一〕「工」，原訛作「正」，據撫州本、岳本、八行本、和本、閩本、監本、毛本、殿本改。
〔二〕「旅」，原訛作「族」，據撫州本、岳本、嘉靖本、八行本、和本、閩本、監本、毛本、殿本、阮刻本改。

文王、武王有德。師樂爲用，前歌後舞〔二〕。正君臣之位、貴賤之等焉，而上下之義行矣。由清廟與武也。有司告以樂闋。闋，終也。告君以歌舞之樂終。此所告者，謂無筭樂。王乃命公、侯、伯、子、男及羣吏曰：「反，養老幼于東序。」終之以仁也。羣吏，鄉、遂之官。王於燕之末而命諸侯時朝會在此者，各反養老如此禮，是終其仁心。孝經説所謂「諸侯歸，各帥於國，大夫勤於朝，州里驩於邑」是也。○驩，皇音冀，及也，本又作「愷」，又作「駿」，「駿」亦作「驥」。

○是故聖人之記事也，慮之以大，謂先本於孝弟之道。愛之以敬，謂省其所以養老之具。行之以禮，謂親迎之，如見父兄。脩之以孝養，謂親獻之薦之。紀之以義，謂既歌而語之。終之以仁。謂又以命諸侯歸於國，復自行之。

○是故古之人一舉事而衆皆知其德之備也。古之君子舉大事必慎其終始，而衆安得不喻焉？言其爲之，本末露見，盡可得而知也。喻，猶曉也。兑命曰：「念終始典于學。」兑，當爲「説」，説命，書篇名，殷高宗之臣傅説之所作。典，常也。念事

〔二〕「舞」，原訛作「武」，據撫州本、紹熙本、岳本、嘉靖本、八行本、殿本、阮刻本改。

之終始，常於學，學，禮義之府。○兑，注作「説」，同音悦。

○世子之記曰：「朝夕至于大寢之門外，問於内豎曰：『今日安否？何如？』朝夕，朝朝暮夕也。日中又朝，文王之爲世子，非禮之制。世子之禮亡，言此存其記。○朝夕至于，直遥反。旦曰朝，暮曰夕，舊如字。朝朝，上如字，下文「朝夕之食上」同，下直遥反。内豎曰：『今日安。』世子乃有喜色。其有不安節，則内豎以告世子，世子色憂不滿容。色憂，憂淺也。不及文王行不能正履。内豎言『復初』，然後亦復初。朝夕之食上，世子必在視寒煖之節；食下，問所膳，羞必知所進，以命膳宰，然後退。羞必知所進，必知親所食。○上，時掌反。若内豎言『疾』，則世子親齊玄而養。親，猶自也。養疾者齊，玄，玄冠、玄端也。○齊，側皆反，注同。膳宰之饌，必敬視之。疾者之食，齊和所欲或異。○齊，才細反。和，胡卧反。疾之藥，必親嘗之。試毒味也。嘗饌善，則世子亦能食。善，謂多於前。嘗饌寡，世子亦不能飽。又不及武王一飯、再飯。以至于復初，然後亦復初。」復常所服。

禮記卷第六

經伍仟柒伯柒拾貳字

注伍仟伍伯貳拾伍字

音義貳仟貳伯伍拾貳字

禮記卷第七

禮運第九○陸曰：「鄭云：『禮運者，以其記五帝、三王相變易及陰陽轉旋之道。』」

禮記　　鄭氏注

昔者仲尼與於蜡賓，蜡者，索也。歲十二月合聚萬物而索饗之，亦祭宗廟，時孔子仕魯，在助祭之中。○與，音預。蜡，仕嫁反，祭名，夏曰清祀，殷曰嘉平，周曰蜡，秦曰臘，字林作「䄍」。索，所百反。事畢，出遊於觀之上，喟然而嘆。觀，闕也。孔子見魯君於祭禮有不備，於此又覩象魏舊章之處，感而嘆之。○觀，古亂反，注同。喟，去媿反，又苦怪反，説文云：「大息。」處，昌慮反，下「同處」同。仲尼之嘆，蓋嘆魯也。言偃在側，曰：「君子何嘆？」言偃，孔子弟子子游。孔子曰：「大道之行也，與三代之英，丘未之逮也，而有志焉。大道，謂五帝時也。英，俊選之尤者。逮，及也，言不及見。志，謂識古文。不言魯事，爲其大切，廣言之。○逮，音代，一音代計反。選，宣面反，下文皆同。爲，于僞反，下文「爲已」皆同。大道之行也，天下爲公，選賢與能，講信脩睦。公，猶共也。禪位授聖，不家之。睦，親也。○禪，善面反。故人不獨親其親，不獨子其子，孝慈之道廣也。使老有所終，壯有所用，幼有所長，矜寡孤獨廢疾者，皆有所養，無匱乏也。○長，丁丈反。矜，古頑反。匱，其媿反。男有分，分，猶職也。○分，扶問反，注同。女有歸。皆得良奧之家。○奧，烏報反。貨惡其棄於地也，不必藏於己；力惡其不出於身也，不必爲己。勞事不憚，施無吝心，仁厚之教也。○惡，烏故反，下同。憚，大旦反。吝，力刃反，又力覲反。是故謀閉而不興，盗竊亂賊而不作，尚辭讓之故也。故外户而不閉，禦風氣而已。○禦，魚呂反。是謂大同。同，猶和也，平也。今大道既隱，隱，猶去也。天下爲家，傳位於子。○傳，丈專反。各親其親，各子其子，貨、力爲己，俗狹嗇。○狹，音洽。嗇，音色。大人世及以爲禮，城郭溝池以爲固，亂賊繁多，爲此以服之也。大人，諸侯也。禮義以爲紀，以正君臣，以篤父子，以睦兄弟，以和夫婦，以設制度，以立田里，以賢勇知，以功爲己，故謀用是作，而兵由此起。以其違大道敦朴之本也。教令之稠，其弊則然。老子曰：「法令滋章，盜賊多有。」○知，音智。朴，普角反。稠，直由反。禹、湯、文、武、成王、周公，由此其選也。由，用也。能用禮義以成治。○治，直吏反。此六君子者，未有不謹於禮者也，以著其義，以考其信，著有過，刑仁講讓，示民有常。考，成也。刑，猶則也。如有不由此者，在埶者去，衆以爲殃。埶，埶位也。去，罪退之也。殃，猶禍惡也。○埶，音世，本亦作「勢」。去，羌吕反，注同。殃，於良反。是謂小康。」康，安也。大道之人，以禮於忠信爲薄。言小安者，失之則賊亂將作矣。

○言偃復問曰：「如此乎禮之急也？」孔子曰：「夫禮，先王以承天之道，以治人之情，故失之者死，得之者生。詩曰：『相鼠有體，人而無禮。人而無禮，胡不遄死？』」相，視也。遄，疾也。言鼠之有身體，如人而無禮者矣。人之無禮，可憎賤如鼠，不如疾死之愈。○復，扶又反，下「復問」同。相，息亮反，注同。遄，市專反。是故夫禮，必本於天，殽於地，列於鬼神，聖人則天之明，因地之利，取法度於鬼神，以制禮下教令也。既又祀之，盡其敬也，教民嚴上也。鬼者，精魂所歸；神者，引物而出，謂祖廟山川五祀之屬也。○殽，户教反，法也，徐户交反。達於喪、祭、射、御、冠、昏、朝、聘，民知嚴上，則此禮達於下也。○冠，古亂反。朝，直遥反。故聖人以禮示之，故天下國家可得而正也。」民知禮則易教。○易，以豉反。

○言偃復問曰：「夫子之極言禮也，可得而聞與？」欲知禮終始所成。○極，如字，徐紀力反。與，音餘。孔子曰：「我欲觀夏道，欲行其禮，觀其所成。是故之杞，杞，夏后氏之後也。而不足徵也，徵，成也。無賢君，不足與成也。吾得夏時焉。得夏四時之書也。其書存者，有小正。○有小正，音征，本或作「有夏小正」。我欲觀殷道，是故之宋，而不足徵也，宋，殷人之後也。吾得坤乾焉。得殷陰陽之書也。其書存者，有歸藏。○坤，苦門反。乾，其連反。坤乾之義，夏時之等，吾以是觀之。觀於二書之意。

○「夫禮之初，始諸飲食，其燔黍捭豚，汙尊而抔飲，蕢桴而土鼓，猶若可以致其敬於鬼神。言其物雖質略，有齊敬之心，則可以薦羞於鬼神，鬼神饗德，不饗味也。中古未有釜、甑，釋米捭肉，加於燒石之上而食之耳，今北狄猶然。汙尊，鑿地爲尊也。抔飲，手掬之也。蕢，讀爲「凷」，聲之誤也。凷，堛也，謂摶土爲桴也。土鼓，築土爲鼓也。○燔，音煩。捭，卜麥反，注作「擗」，又作「擘」，皆同。汙尊，烏華反，注同，一音作烏。抔，步侯反。蕢，依注音凷，苦對反，又苦怪反，土塊也。桴，音浮，鼓槌。齊，側皆反。釜，本又作「鬴」，音父。甑，即孕反。燒，如字，又舒照反。鑿，在洛反。掬，九六反，本亦作「臼」，音蒲侯反。塯，普逼反。摶，徒端反。築，徐音竹。**及其死也，升屋而號，告曰：『皋某復！』**招之於天。○號，户毛反。皋，音羔。**然後飯腥而苴孰。**飯以稻米。上古未有火化。苴孰，取遣奠有火利也。苴，或爲「俎」。○飯，扶晚反，注同。腥，音星。苴，子餘反，苞也，徐争初反。遣，棄戰反。**故天望而地藏也，體魄則降，知氣在上，**地藏謂葬。○知，音智。**故死者北首，**首，陰也。○首，手又反，注同。**生者南鄉。**鄉，陽也。○鄉，許亮反，注同。**皆從其初。**謂今行之然也。

○**「昔者先王未有宫室，冬則居營窟，夏則居橧巢；**寒則累土，暑則聚薪柴居其上。○窟，苦忽反。橧，本又作「增」，又作「曾」，同則登反。樔，本又作「巢」，助交反。**未有火化，**食腥也。**食草木之實、鳥獸之肉，飲其血，茹其毛；未有麻絲，衣其羽皮。**此上古之時也。○茹，音汝。衣，於既反。

○**「後聖有作，**作，起。**然後脩火之利，**孰冶萬物。**范金，**鑄作器用。○鑄，之樹反。合土，瓦瓴、甓及甒、大。○合，如字，徐音閤。令，音零。甓，步歷反。甒，音武。大，音泰。甒、大，皆樽名。以爲臺榭宮室牖户，榭，器之所藏也。○榭，音謝，本亦作「謝」。牖，音酉。以炮，裹燒之也。○炮，薄交反，徐扶交反。裹，音果。以燔，加於火上。○燔，音煩。以亨，煑之鑊也。○亨，普伻反，煑也，下「合亨」同。鑊，户郭反。以炙，貫之火上。○炙，之石反。貫，古亂反。以爲醴酪。烝釀之也。酪，酢截。○醴，音禮。酪，音洛。烝，之承反。釀，女亮反。酢，七故反。截，才再反，徐祖冀反。治其麻絲，以爲布帛，以養生送死，以事鬼神上帝，皆從其朔。朔，亦初也，亦謂今行之然。

○「故玄酒在室，醴醆在户，粢醍在堂，澄酒在下，陳其犧牲，備其鼎俎，列其琴瑟管磬鍾鼓，脩其祝嘏，以降上神與其先祖，以正君臣，以篤父子，以睦兄弟，以齊上下，夫婦有所。是謂承天之祜。此言今禮饌具所因於古及其事義也。粢，讀爲「齊」，聲之誤也。周禮：「五齊，一曰泛齊，二曰醴齊，三曰盎齊，四曰醍齊，五曰沈齊。」字雖異，醆與盎、澄與沈，蓋同物也。奠之不同處，重古略近也。祝，祝爲主人饗神辭也。嘏，祝爲尸致福於主人之辭也。祜，福也，福之言備也。○醆，側眼反。粢，依注爲「齊」，才細反，注「五齊」皆同。醍，音體。椵，本或作「假」，古雅反。祜，音户。粢讀，音咨。泛，芳歛反，徐音汎。盎，烏浪反。爲主人，于僞反，下同。

○「作其祝號，玄酒以祭，薦其血毛，腥其俎，孰其殽，與其越席，疏布以冪，衣其澣帛，醴醆以獻，薦其燔炙，君與夫人交獻，以嘉魂魄，是謂合莫。此謂薦上古中古之食也。周禮祝號有六：「一曰神號，二曰鬼號，三曰祇號，四曰牲號，五曰齍號〔一〕，六曰幣號。」號者，所以尊神顯物也。腥其俎，謂豚解而腥之，及血毛，皆所以法於大古也。孰其殽，謂體解而爓之。此以下，皆所法於中古也。越席，翦蒲席也。冪，覆尊也。澣帛，練染以爲祭服。嘉，樂也。莫，虚無也。孝經説曰：「上通無莫。」○祝，之六反，徐之又反，注同。殽，本或作「肴」，户交反。越席，音活，注同，字書作「趏」，杜元凱云：「結草。」冪，本又作「鼏」，同莫歷反。衣其，於既反。澣，户管反。示號，音祇，本又作「祇」。齍，音咨，皇云：「黍稷。」大古，音太，下「大史」同。爓，似廉反。染，如豔反，又如琰反。樂也，音洛。

○「然後退而合亨，體其犬豕牛羊，實其簠簋籩豆鉶羹，祝以孝告，嘏以

〔一〕「齍」，原訛作「齎」，據岳本、八行本、和本、閩本、監本、毛本、殿本改。

慈告，是謂大祥。此謂薦今世之食也。體其犬豕牛羊，謂分別骨肉之貴賤，以爲衆俎也。祝以孝告，嘏以慈告，各首其義也。祥，善也。今世之食，於人道爲善也。○鈃〔一〕，本又作「鉶」，音刑，盛和羹器，形如小鼎。羹，音庚，舊音衡。別，彼列反，下文同。此禮之大成也。」解子游以禮所成也。

○孔子曰：「嗚呼哀哉！我觀周道，幽、厲傷之，吾舍魯何適矣！政亂禮失，以爲魯尚愈。○於，音烏。乎，好奴反。舍，音捨，下「舍禮」皆同。魯之郊、禘，非禮也。周公其衰矣！非，猶失也。魯之郊，牛口傷，鼷鼠食其角，又有四卜郊不從，是周公之道衰矣。言子孫不能奉行興之。○禘，大計反。鼷，音兮。杞之郊也，禹也；宋之郊也，契也。是天子之事守也。先祖法度，子孫所當守。○契，息列反。故天子祭天地，諸侯祭社稷。

○「祝嘏莫敢易其常古，是謂大假。假，亦大也。不敢改其常古之法度，是謂大

〔一〕「鈃」，原訛作「鉶」，據彙校卷十二、撫釋一、岳本、和本、殿本、阮刻本改。

大也，將言今不然。

○「祝嘏辭説，藏於宗祝巫史，非禮也，是謂幽國。藏於宗祝巫史，言君不知有也。幽，闇也。國闇者，君與大夫俱不明也。醆斝及尸君，非禮也，是謂僭君。僭禮之君也。醆、斝，先王之爵也，唯魯與王者之後得用之耳，其餘諸侯用時王之器而已。○醆斝，古雅反，又音嫁，爵名也，夏曰醆，殷曰斝，周曰爵。僭，子念反，注同。

○「冕弁兵革，藏於私家，非禮也，是謂脅君。劫脅之君也。冕弁，君之尊服。兵革，君之武衛及軍器也。○脅，許劫反。

○「大夫具官，祭器不假，聲樂皆具，非禮也，是謂亂國。臣之奢富，儗於國君，敗亂之國也。孔子謂：「管仲官事不攝，焉得儉？」○儗，音擬。焉，於虔反。

○「故仕於公曰臣，仕於家曰僕。三年之喪與新有昏者，期不使。以衰裳入朝，與家僕雜居齊齒，非禮也，是謂君與臣同國。臣有喪昏之事而不歸，反服其衰裳以入朝，或與僕相等輩而處，是謂君臣共國，無尊卑也。有喪昏不歸，唯君耳。臣有喪昏，當致事而歸。僕又不可與士齒。○期，居其反。朝，直遥反，注同。或與僕相，息亮反，一讀如字，則連下爲句。等輩，卜内反。故天子有田以處其子孫，諸侯有國以處其子孫，大夫有采以處其子孫，是謂制度。言今不然也。春秋昭元年：「秦伯之弟鍼出奔晉。」刺其有千乘之國，不能容其母弟。○鍼，其廉反，又祇廉反。乘，時證反。故天子適諸侯，必舍其祖廟，而不以禮籍入，是謂天子壞法亂紀。以禮籍入，謂大史典禮執簡，記奉諱惡也。天子雖尊，舍人宗廟，猶有敬焉，自拱勑也。○壞，音怪。惡，烏路反。拱，徐居勇反，後「拱持」同。諸侯非問疾弔喪而入諸臣之家，是謂君臣爲謔。無故而相之，是戲謔也。陳靈公與孔甯、儀行父數如夏氏，以取弒焉。○謔，許約反。甯，本又作「寧」，案左傳作「寧」，公羊作「甯」，各依字讀。父，音甫。數，色角反。取弒，申志反，又如字。

○「是故禮者，君之大柄也，所以別嫌明微，儐鬼神，考制度，別仁義，所以治政安君也。疾今失禮如此，爲言禮之大義也。柄，所操以治事。○柄，兵命反。儐，必刃反。治政，皇如字，徐直吏反，下文注「以治事」同。爲，于僞反，下「又爲」、「遂爲」皆同。操，七刀反。故政不正則君位危，君位危則大臣倍、小臣竊，刑肅而俗敝，則法無常；法無常而禮無列，禮無列則士不事也。刑肅而俗敝，則民弗歸也，是謂疵國。又爲言政失君危之禍敗也。肅，駿也。疵，病也。○倍，步內反。敝，音弊，本亦作「弊」。

疪，才斯反。峻，恤俊反。

◯「故政者，君之所以藏身也。於此，又遂爲之言政也。藏，謂煇光於外，而形體不見，若日月星辰之神。◯煇，音暉。見，賢遍反。是故夫政，必本於天，殽以降命。降，下也。殽天之氣，以下教令，天有運移之期，陰陽之節也。◯殽，户教反，注及下同。命降于社之謂殽地，謂教令由社下者也。社，土地之主也。周禮土會之法，有五地之物生。◯會，古外反。降于祖廟之謂仁義，謂教令由祖下者。大傳曰：自禰率而上至于祖，遠者輕，仁也。自祖率而下至于禰，高者重，義也。◯上，時掌反。下「上配」、「上生」皆同。降於山川之謂興作，謂教令由山川下者也。山川有草木禽獸，可作器物，共國事。◯共，音恭。降於五祀之謂制度。謂教令由五祀下者。五祀，有中霤、門、户、竈、行之神，此始爲宫室制度。此聖人所以藏身之固也。政之行如此，何用城郭溝池之爲？

◯「故聖人參於天地，並於鬼神，以治政也。處其所存，禮之序也；玩其所樂，民之治也。並，并也，謂比方之也。存，察也。治，所以樂其事居也。◯所樂，音岳，又音洛，又五孝反，好也，注同。治，直吏反，注同。下「以自治」、注「身治」、「成治」，皆放此。

併，步頂反。故天生時而地生財，人，其父生而師教之，四者君以正用之，故君者立於無過之地也。順時以養財，尊師以教民而以治政，則無過差矣。易曰：「何以守位？曰仁。何以聚人？曰財。」〇差，初佳反，一音初買反。曰仁，本亦作「人」。

〇「故君者，所明也，非明人者也。君者，所養也，非養人者也。君者，所事也，非事人者也。故君明人則有過，養人則不足，事人則失位。故百姓則君以自治也，養君以自安也，事君以自顯也。明，猶尊也。〇養，羊尚反，又如字，下同。故禮達而分定，故人皆愛其死，而患其生。則，當爲「明」。人之道，身治、居安、名顯，則不苟生也。不義而死，舍義而生，是不愛死患生也。〇則君，則音明，出注。分，扶問反，後文注「除三分去一」、「三分益一」皆同。舍，音捨。

〇「故用人之知去其詐，用人之勇去其怒，用人之仁去其貪。用知者之謀、勇者之斷、仁者之施，足以成治矣。詐者害民信，怒者害民命，貪者害民財，三者亂之原。〇知，音智，注同。去，羌呂反，後皆同。斷，丁亂反。施，始豉反，下「施生」同。

〇「故國有患，君死社稷，謂之義；大夫死宗廟，謂之變。變，當爲「辯」，聲之誤也。辯，猶正也。君守社稷，臣衛君宗廟者。患，謂見圍入。○之變，音辯，出注。

○「故聖人耐以天下爲一家，以中國爲一人者，非意之也，必知其情，辟於其義，明於其利，達於其患，然後能爲之。耐，古「能」字，傳書世異，古字時有存者，則亦有今誤矣。意，心所無慮也。辟，開也。○耐，音能。辟，婢亦反，徐芳益反。傳，丈專反。

○「何謂人情？喜、怒、哀、懼、愛、惡、欲，七者弗學而能。何謂人義？父慈、子孝、兄良、弟弟、夫義、婦聽、長惠、幼順、君仁、臣忠，十者謂之人義。講信脩睦，謂之人利。爭奪相殺，謂之人患。極言人事。○惡，烏路反，下皆同。弟弟，上如字，下音悌。長，丁丈反。爭，「爭鬭」之「爭」。故聖人之所以治人七情，脩十義，講信脩睦，尚辭讓，去爭奪，舍禮何以治之？唯禮可耳。飲食男女，人之大欲存焉。死亡貧苦，人之大惡存焉。故欲、惡者，心之大端也。人藏其心，不可測度也。美惡皆在其心，不見其色也。欲一以窮之，舍禮何以哉？言人情之難知，明禮之重。○度，大洛反。見，賢遍反。

○「故人者，其天地之德、陰陽之交、鬼神之會、五行之秀氣也。言人兼此，氣性純也。

○「故天秉陽，垂日星；秉，猶持也，言天持陽氣，施生照臨下也。地秉陰，竅於山川。播五行於四時，和而后月生也，是以三五而盈，三五而闕。竅，孔也。言地持陰氣，出内於山川，以舒五行於四時，此氣和，乃后月生而上配日，若臣功成進爵位也。一盈一闕，屈伸之義也。必三五者，播五行於四時也。一曰水，二曰火，三曰木，四曰金，五曰土，合爲十五之成數也。○竅，徐苦弔反。播，彼左反，舒也。五行四時，絶句，本亦作「播五行於四時」。伸，音申。五行之動，迭相竭也。五行、四時、十二月，還相爲本也。五聲、六律、十二管，還相爲宫也。五味、六和、十二食，還相爲質也。五色、六章、十二衣，還相爲質也。竭，猶負戴也，言五行運轉，更相爲始也。五聲，宫、商、角、徵、羽也。其管陽曰律，陰曰吕，布十二辰，始於黄鍾，管長九寸，下生者三分去一，上生者三分益一，終於南吕，更相爲宫，凡六十也。五味，酸、苦、辛、鹹、甘也。和之者，春多酸，夏多苦，秋多辛，冬多鹹，皆有滑、甘，是謂六和。五色、六章，畫繢事也。周禮考工記曰：「土以黄，其象方；天時變，火以圜，山以章，水以龍；鳥、獸、蛇。雜四時五色之位以章之，謂之巧也。」○迭，大計反，又田結反。竭，義作揭，其列反，負擔也〔一〕。還，音旋，下同。六和，户卧反，注同。更，古衡反，下同。徵，張里反。南事，律名，京房律始於執始，終於南事，凡六十。繢，户對反。圜，音環，又音圓。

○「故人者，天地之心也，五行之端也，食味、别聲、被色而生者也。此言兼氣性之効也。○别，彼列反。被，皮義反，徐扶義反。故聖人作則，必以天地爲本，以陰陽爲端，以四時爲柄，以日星爲紀，月以爲量，鬼神以爲徒，五行以爲質，禮義以爲器，人情以爲田，四靈以爲畜。天地以至於五行，其制作所取象也。禮義人情，其政治也。四靈者，其徵報也。此則春秋「始於元，終於麟，包之矣」。吕氏説月令，而謂之「春秋」，事類相近焉。量，猶分也。鬼神，謂山川也。山川助地，通氣之象也。器，所以操事。田，人所捊治也。禮之位，賓主象天地，介僎象陰陽，四面之位象四時，三賓象三光，夫婦象日月，亦是也。○柄，本又作「枋」，兵命反。量，音亮，下同。畜，許又反，下同。治，直吏反。麟，良人反。近，「附近」之「近」。操，七刀反。捊，薄侯反，徐音普溝反。介僎，上音界，下音遵。以

〔一〕「擔」，原訛作「檐」，據彙校卷第十二、撫釋一、和本、十行本、閩本、監本、毛本、殿本、阮刻本改。

天地爲本，故物可舉也；物，天地所養生。以陰陽爲端，故情可睹也；情以陰陽通也。○睹，丁古反。以四時爲柄，故事可勸也；事以四時成。以日星爲紀，故事可列也；事以日與星爲候，興作有次第。月以爲量，故功有藝也；藝，猶才也。十二月各有分，猶人之才各有所長也。藝，或爲「倪」。○倪，五計反，視也。鬼神以爲徒，故事有守也；山川守職不移。五行以爲質，故事可復也；事下竟，復由上始也。禮義以爲器，故事行有考也；考，成也。器利則事成。人情以爲田，故人以爲奥也；奥，猶主也，田無主則荒。四靈以爲畜，故飲食有由也。由，用也。四靈與羞物爲羣。

○「何謂四靈？麟、鳳、龜、龍，謂之四靈。故龍以爲畜，故魚鮪不淰；鳳以爲畜，故鳥不獝；麟以爲畜，故獸不狘；龜以爲畜，故人情不失。淰之言閃也。獝、狘，飛走之貌也。失，猶去也。龜，北方之靈，信則至矣。○鮪，于軌反，魚名。淰，音審，徐舒冉反。獝，字又作「獝」，況必反。狘，況越反。閃，失冉反。

○「故先王秉蓍龜，列祭祀，瘞繒，宣祝嘏辭説，設制度。故國有禮，官有御，事有職，禮有序。皆卜筮所造置也。埋牲曰瘞，幣帛曰繒。宣，猶揚也。繒，或作

「贈」。○著，音尸。瘵，於例反，一音於器反。繒，本又作「增」，同似仍反，又則登反，又似登反。

○「故先王患禮之不達於下也。患下不信也。

○「故祭帝於郊，所以定天位也；祀社於國，所以列地利也；祖廟，所以本仁也；山川，所以儐鬼神也；五祀，所以本事也。故宗祝在廟，三公在朝，三老在學，王前巫而後史，卜筮瞽侑皆在左右，王中心無爲也，以守至正。此所以達禮於下也。教民尊神，慎居處也。宗，宗人也。瞽，樂人也。侑，四輔也。○儐，皇音賓，敬也，舊必信反。朝，直遥反，下同。筮，市制反。瞽，音古。侑，音又。

○「故禮行於郊而百神受職焉，禮行於社而百貨可極焉，禮行於祖廟而孝慈服焉，禮行於五祀而正法則焉。言信得其禮，則神物與人皆應之。百神，列宿也。百貨，金玉之屬。○應，「應對」之「應」。宿，音秀。故自郊社、祖廟、山川、五祀，義之脩而禮之藏也。脩，猶飾也。藏，若其城郭然。○藏，如字，徐才浪反。

○「是故夫禮，必本於大一，分而爲天地，轉而爲陰陽，變而爲四時，列而爲鬼神。其降曰命，聖人象此，下之以爲教令。○大，音泰，下注同。其官於天也。官，猶法也。此聖人所以法於天也。

○「夫禮必本於天，本於大一與天之義。動而之地，後法地也。列而之事，後法五祀。五祀，所以本事也。變而從時，後法四時。協於分藝。協，合也。言禮合於月之分，猶人之才也。○「合於月之分」，本或作「日月之分」。日，衍字。其居人也曰養，養，當爲「義」，字之誤也。下之則爲教令，居人身爲義。孝經説曰：「義由人出。」○養，音義，出注。其行之以貨力、辭讓、飲食、冠、昏、喪、祭、射、御、朝、聘。貨，摯幣庭實也。力，筋骸强者也。不則偃罷。○冠，古亂反。摯，本又作「贄」，音至。罷，音皮。

○「故禮義也者，人之大端也，所以講信脩睦而固人之肌膚之會、筋骸之束也，所以養生、送死、事鬼神之大端也，所以達天道、順人情之大竇也。竇，孔穴也。○竇，音豆。故唯聖人爲知禮之不可以已也，故壞國、喪家、亡人，必先去其禮。言愚者之反聖人也。○壞，音怪，又乎怪反。喪，息浪反。

○「故禮之於人也，猶酒之有糵也，君子以厚，小人以薄。皆得以爲美味，性善者醇耳。○蘖，魚列反。醇，市春反。故聖王脩義之柄、禮之序，以治人情。治者，去瑕穢，養菁華也。○菁，子丁反。故人情者，聖王之田也，脩禮以耕之，和其剛柔。陳義以種之，樹以善道。講學以耨之，存是去非類也。○耨，奴豆反，鉏也。本仁以聚之，合其所盛。○盛，市正反，又音成。播樂以安之。感動使之堅固。故禮也者，義之實也。協諸義而協，協，合也。合禮於義，則與義合，不乖刺。○刺，力達反，本或作「制」。則禮雖先王未之有，可以義起也。以其合於義，可以義起作。義者，藝之分、仁之節也。藝，猶才也。協於藝，講於仁，得之者强。有義則人服之也。仁者，義之本也，順之體也，得之者尊。有仁則人仰之也。故治國不以禮，猶無耜而耕也；無以入也。○耜，音似。爲禮不本於義，猶耕而弗種也；嘉穀無由生也。○種，之用反。不，亦作「弗」；何休注公羊云：「弗者，不之深也。」下皆放此。爲義而不講之以學，猶種而弗耨也；苗不殖，草不除。講之以學而不合之以仁，猶耨而弗穫也；無以知收之豐荒也。○穫，户郭反。收，如字，又手又反。合之以仁而不安之以樂，猶穫而弗食也；不知味之甘苦。安之以樂而不達於順，猶食而弗肥也。功不見也。○見，賢遍反。四體既正，膚革充盈，人之肥也。父子篤，兄弟睦，夫婦和，家之肥也。大臣法，小臣廉，官職相序，君臣相正，國之肥也。天子以德爲車，以樂爲御，諸侯以禮相與，大夫以法相序，士以信相考，百姓以睦相守，天下之肥也。是謂大順。大順者，所以養生、送死、事鬼神之常也。常，謂皆有禮，用無匱乏也。車，或爲「居」。故事大積焉而不苑，並行而不繆，細行而不失，深而通，茂而有間，連而不相及也，動而不相害也，此順之至也。言人皆明於禮，無有蓄亂滯合者，各得其分理，順其職也。○苑，于粉反，積也。繆，音謬。畜，丑六反。故明於順，然後能守危也。能守自危之道也。君子居安如危，小人居危如安。易曰：「危者安其位。」

○「故禮之不同也，不豐也，不殺也，所以持情而合危也。豐、殺，謂天子及士，名位不同，禮亦異數，所以拱持其情，合安其危。○殺，所戒反，徐所例反，注同。故聖王所以順，山者不使居川，不使渚者居中原，而弗敝也。小洲曰渚，廣平曰原。山者利其禽獸，渚者利其魚鹽，中原利其五穀，使各居其所安，不易其利，勞敝之也。民失其業則窮，窮斯盜〔一〕。○渚，之汝反。用水、火、金、木、飲食必時。用水，謂漁人以「時漁爲梁」，「春獻鼈蜃，秋獻龜魚」也。用火，謂司爟「四時變國火，以救時疾」及「季春出火」、「季秋納火」也。用金，謂卝人以時「取金、玉、錫、石」也。用木，謂山虞「仲冬斬陽木，仲夏斬陰木」。飲食，謂「食齊視春時〔二〕，羹齊視夏時，醬齊視秋時，飲齊視冬時」。○漁，音魚。鼈，必列反。蜃，石忍反。爟，古亂反。卝，華猛反，又瓜猛反，徐古猛反。夏，户嫁反，下同。謂食，音嗣。齊，才細反，下皆同。合男女，頒爵位，必當年德。謂媒氏「令男三十而娶，女二十而嫁」。司士「稽士任，進退其爵禄也」。○頒，音班。當，丁浪反。媒，音梅。取，音娶，本又作「娶」。稽，古兮反。用民必順，不奪農時。故無水旱昆蟲之災，民無凶饑妖孽之疾。言大順之時，陰陽和也。昆蟲之災，螟螽之屬也。○烖，音災。妖孽，又作「蠥」，魚列反。妖，又作「祅」，説文云：「衣服歌謡草木之怪謂之祅，禽獸蟲蝗之怪謂之蠥」。螟，亡丁反。螽，徐音終。故天不愛其道，地不愛其寶，人不愛其情。言嘉瑞出，人情至也。故天降

〔一〕「斯盜」，原誤作「則濫」，據撫州本、考異改。考異曰：「窮斯盜：嘉靖本『盜』作『濫』，岳本、十行本以來本『斯盜』作『則濫』。案：『斯盜』是也。坊記云：『約斯盜。』注云：『約，猶窮也。』此取彼文，當依撫本。」

〔二〕「視」，原誤作「見」，據撫州本、紹熙本、岳本、嘉靖本、八行本、和本、十行本、閩本、監本、毛本、殿本、阮刻本改。

膏露，地出醴泉，山出器車，河出馬圖，鳳皇麒麟，皆在郊棷，龜龍在宫沼，其餘鳥獸之卵胎，皆可俯而闚也。膏，猶甘也。器，謂若銀甕丹甑也。馬圖，龍馬負圖而出也。棷，聚草也。沼，池也。○澧，本又作「醴」，音禮。麒麟，音其，下音栗人反。棷，素口反，徐揔會反，澤也，本或作「藪」。沼，之紹反。卵，力管反。胎，土才反。俯，音府。窺，本又作「闚」，去規反。甕，本又作「罋」，烏弄反，徐於弄反。則是無故，非有他事使之然也。先王能脩禮以達義，體信以達順故，此順之實也。」實，猶誠也，盡也。

禮器第十○陸曰：「鄭云：『以其記禮使人成器，孔子謂子貢瑚璉之器是也。』」　鄭氏注

禮器，是故大備。大備，盛德也。禮器，言禮使人成器，如耒耜之爲用也。人情以爲田，脩禮以耕之，此是也。大備，自耕至於食之而肥。禮釋回，增美質，措則正，施則行。釋，猶去也。回，邪辟也。質，猶性也。措，置也。○錯，七路反，本又作「措」，又作「厝」〔一〕，音同。去，起吕反。邪，似嗟反。辟，匹亦反。其在人也，如竹箭之有筠也，如松柏之有

〔一〕「作」，原脱，據彙校卷第十二、撫釋一補。

心也，二者居天下之大端矣，故貫四時而不改柯易葉。箭，篠也。端，本也。四物於天下，最得氣之本，或柔刃於外，或和澤於内，用此不變傷也。人之得禮，亦猶然也。○箭，節見反。筠，于貧反，鄭云「竹之青皮也」。貫，古亂反。柯，古何反。篠，西了反，徐音小。刃，而愼反。故君子有禮，則外諧而内無怨，人協服也。故物無不懷仁，鬼神饗德。懷，歸也。

○先王之立禮也，有本有文。忠信，禮之本也。義理，禮之文也。無本不立，無文不行。言必外内具也。禮也者，合於天時，設於地財，順於鬼神，合於人心，理萬物者也。鬼神所祀，事有德也。是故天時有生也，地理有宜也，人官有能也，物曲有利也，言皆有異。故天不生，地不養，君子不以爲禮，鬼神弗饗也。天不生，謂非其時物也。地不養，謂非此地所生。居山以魚鼈爲禮，居澤以鹿豕爲禮，君子謂之不知禮。不順其鄉之所有也。故必舉其定國之數，以爲禮之大經。定國之數，謂地物所出多少。禮之大倫，以地廣狹；謂貢賦之常差。○狹，音洽，又户夾反。差，初佳反，徐初宜反。禮之薄厚，與年之上下。用年之豐凶也。○上，時掌反。是故年雖大殺，衆不匡懼，則上之制禮也節矣。言用之有節也。殺，謂穀不孰也。匡，猶恐也。○殺，色戒反，徐所例反，注同。恇懼，音匡，又丘往反。恐，丘勇反。○禮，時爲大，順次之，體次之，宜次之，稱次之。言聖人制禮所先後也。○稱，尺證反，後皆同。堯授舜，舜授禹，湯放桀，武王伐紂，時也。言受命，改制度。詩云：「匪革其猶，聿追來孝。」革，急也。猶，道也。聿，述也。言文王改作者，非必欲急行己之道，乃追述先祖之業，來居此爲孝。○革，紀力反，注同。○天地之祭，宗廟之事，父子之道，君臣之義，倫也。倫之言順也。○社稷山川之事，鬼神之祭，體也。天地人之别體也。○喪祭之用，賔客之交，義也。義之言宜也，人道之宜。○羔豚而祭，百官皆足，大牢而祭，不必有餘，此之謂稱也。足，猶得也。稱，稱牲之大小而爲俎，此指謂助祭者耳。而云「百官」，喻衆也。諸侯以龜爲寳，以圭爲瑞，家不寳龜，不藏圭，不臺門，言有稱也。古者貨貝、寳龜，大夫以下有貨耳。易曰：「十朋之龜。」瑞，信也。諸侯執瑞，孤卿以下執摯。闍者謂之臺。○堵，本又作「闍」，音都，又丁古反，徐音常邪反。

○禮有以多爲貴者。天子七廟，諸侯五，大夫三，士一。天子之豆二十有六，諸公十有六，諸侯十有二，上大夫八，下大夫六。諸侯七介、七牢，大夫五介、五牢。天子之席五重，諸侯之席三重，大夫再重。天子崩，七月而葬，五重八翣；諸侯五月而葬，三重六翣；大夫三月而葬，再重四翣。此以多爲貴也。豆之數，謂天子朔食、諸侯相食及食大夫。公食大夫禮曰：「宰夫自東房薦豆六，設于醬東。」此食下大夫而豆六〔一〕，則其餘著矣。聘禮：「致饔餼於上大夫，堂上八豆，設于户西。」則凡致饔餼，堂上之豆數亦如此。周禮：「公之豆四十，其東西夾各十有二；侯伯之豆三十有二，其東西夾各十；子男之豆二十有四，其東西夾各六。」諸侯七介、七牢者，周之侯伯也。大夫五介、五牢者，侯伯之卿使聘者也。周禮，上公九介、九牢，侯伯七介、七牢，子男五介、五牢。聘義所云「上公七介，侯伯五介，子男三介。」乃謂其使者也。天子葬五重者，謂抗木與茵也〔二〕。葬

〔一〕「此」，原訛作「北」，據撫州本、岳本、嘉靖本、足利本、和本、閩本、監本、毛本、殿本、阮刻本改。
〔二〕「抗」，原訛作「杬」，據岳本、八行本、和本、閩本、監本、毛本、殿本改，下注文、釋文同。

者，抗木在上，茵在下。士喪禮下篇陳器曰「抗木，横三縮二，加抗席三。加茵，用疏布，緇翦，有幅，亦縮二横三。」此士之禮一重者。以此差之，上公四重。○介，音界，副也，後皆同，俗讀古賀反，非也。重，直龍反，下及注皆同。翣，所甲反。相食，音嗣，下同。餼，許既反。夾，古洽反，又古協反。使，色吏反。抗木，苦浪反，又音剛，又户剛反。茵，音因。縮，所六反。

○有以少爲貴者。天子無介，祭天特牲。天子適諸侯，諸侯膳以犢。諸侯相朝，灌用鬱鬯，無籩豆之薦。大夫聘禮以脯醢，天子一食，諸侯再，大夫、士三，食力無數。大路繁纓一就，次路繁纓七就。圭璋特，琥璜爵。鬼神之祭單席，諸侯視朝，大夫特，士旅之。此以少爲貴也。天子無介，無客禮也。灌，獻也。一食、再食、三食，謂告飽也。食力，謂工商農也。大路繁纓一就，殷祭天之車也。周禮：王之五路，玉路繁纓十有二就，金路九就，象路七就，革路五就，木路翦繁鵠纓。圭璋特，朝聘以爲瑞，無幣帛也。琥璜爵者，天子酬諸侯，諸侯相酬，以此玉將幣也。大夫特，士旅之，謂君揖之。○犢，音獨，本亦作「特」。朝，直遥反，下及注同。灌，古亂反，注同。鬯，丑亮反。脯醢，上音甫，下音海。繁，步干反，下及注同。琥，音虎，又作「虎」。璜，音黄。單，音丹。翦，子淺反，一音餞。鵠，胡毒反。

○有以大爲貴者。宮室之量，器皿之度，棺椁之厚，丘封之大，此以大爲貴也。

○有以小爲貴者。宗廟之祭，貴者獻以爵，賤者獻以散，尊者舉觶，卑者舉角。五獻之尊，門外缶，門内壺，君尊瓦甒，此以小爲貴也。凡觴：一升曰爵，二升曰觚，三升曰觶，四升曰角，五升曰散。五獻，子男之饗禮也。壺大一石，瓦甒五斗，缶大小未聞也。易曰：「尊酒，簋貳，用缶。」○量，音亮。皿，命景反，字林音猛。散，悉旦反，注同。觶，支豉反。缶，方有反。甒，音武。觚，音孤。

○有以高爲貴者。天子之堂九尺，諸侯七尺，大夫五尺，士三尺，天子、諸侯臺門，此以高爲貴也。

○有以下爲貴者。至敬不壇，埽地而祭。天子、諸侯之尊廢禁，大夫、士棜禁。此以下爲貴也。廢，猶去也。棜，斯禁也。謂之棜者，無足，有似於棜，或因名云耳。大夫用斯禁，士用棜禁。禁[一]，如今方案。隋長局足，高三寸。○壇，大丹反。棜，於據

〔一〕「禁」，原脱，據撫州本、八行本補。

反。去，起吕反。斯禁，如字，劉昌宗音賜。隋，他果反〔一〕。高，如字，又古報反。

○禮有以文爲貴者。天子龍衮，諸侯黼，大夫黻，士玄衣纁裳。天子之冕，朱緑藻，十有二旒，諸侯九，上大夫七，下大夫五，士三。此以文爲貴也。此祭冕服也。朱緑，似夏、殷禮也。周禮，天子五采藻。○卷，本又作「衮」，同古本反。黼，音甫。黻，音弗。熏，字又作「纁」，許云反。繅，本又作「璪」〔二〕，亦作「藻」，同子老反，注同。

○有以素爲貴者。至敬無文，父黨無容，大圭不琢，大羹不和，大路素而越席，犧尊疏布鼏，樿杓，此以素爲貴也。大圭，長三尺，杼上，終葵首。琢，當爲「篆」，字之誤也。明堂位曰：「大路，殷路也。」鼏，或作「幕」。樿，木白理也。○琢，字又作「瑑」，丈轉反，徐又依字丁角反。大羹，音泰。和，胡卧反。越席，音活。犧尊，鄭素何反，王如字。幎，本又作「幕」〔三〕，又作「鼏」，莫歷反。樿，章善反，又市戰反。杓，市約反。長，直亮反。杼，直吕反。幕，音莫。孔子曰：「禮不可不省也，禮不同，不豐，不殺。」此之謂

〔一〕「他」，原訛作「池」，據彙校卷十二、撫釋一、岳本、殿本改。
〔二〕「璪」，原訛作「躁」，據彙校卷第十二、撫釋一、和本、閩本、監本、毛本、殿本、阮刻本改。
〔三〕「幕」，原訛作「冪」，據十行本、閩本、監本、毛本、殿本改。

也，蓋言稱也。省，察也。不同，言異也。○殺，所戒反，又所例反，下「而殺」、注「芟殺」皆同。禮之以多爲貴者，以其外心者也。外心，用心於外，其德在表也。德發揚，詡萬物，詡，猶普也，徧也。○詡，況矩反。徧，音遍。大理物博，如此則得不以多爲貴乎？故君子樂其發也。發，猶見也。樂多其外見也。○樂，五孝反，注同。見，賢遍反，下「外見」、「告見」皆同。禮之以少爲貴者，以其内心者也。内心，用心於内，其德在内。德産之致也精微，致，致密也。○致，直置反，注皆同。觀天下之物，無可以稱其德者。萬物皆天所生，孰可奉薦以稱也。如此，則得不以少爲貴乎？是故君子愼其獨也。少其牲物，致誠慤。○愨，字又作「慤」，苦角反，下文同。

○古之聖人，内之爲尊，外之爲樂，少之爲貴，多之爲美，是故先王之制禮也，不可多也，不可寡也，唯其稱也。

○是故君子大牢而祭謂之禮，匹士大牢而祭謂之攘。君子，謂大夫以上。攘，盗竊也。○樂，音洛。匹士，本或作「正士」。攘，如羊反。上，時掌反。管仲鏤簋、朱紘、山節、藻棁，君子以爲濫矣。濫，亦盗竊也。鏤簋，謂刻而飾之，大夫刻爲龜耳，諸侯飾以象，天子飾以玉。朱紘，天子冕之紘也。諸侯青組紘，大夫、士當緇組紘、纁邊。栭謂之節。梁上楹謂之梲。宮室之飾，士首本，大夫達稜，諸侯斲而礱之，天子加密石焉，無畫山藻之禮也。○鏤簋，力豆反，下音軌。紘，音宏。藻梲，章悦反，依字當作「棳」，梁上侏儒柱。栭，音而。稜，力登反。斲，陟角反。礱，力工反。晏平仲祀其先人，豚肩不揜豆，澣衣濯冠以朝，君子以爲隘矣。隘，猶狹陋也。祀不以少牢，與無田者同，不盈禮也。大夫、士有田則祭，無田則薦。澣衣濯冠，儉不務新。○澣，又作「浣」，户管反。濯，直角反。朝，直遥反。隘，本又作「阨」，於賣反。

○是故君子之行禮也，不可不慎也。衆之紀也，紀散而衆亂。言二大夫皆非也。紀，絲縷之數有紀。孔子曰：『我戰則克，祭則受福。』蓋得其道矣。」我，我知禮者也。克，勝也。君子曰：「祭祀不祈，祈，求也。祭祀不爲求福也。詩云：「自求多福。」福由己耳。○爲，于僞反。下「爲母」、「爲父母」皆同。不麾蚤，麾之言快也。祭有時，不以先之爲快也。齊人所善曰麾。○摩，本又作「麾」，毁皮反。齊人謂快爲麾。蚤，音早。不樂葆大，謂器幣也。葆之言褒也。○葆，音保，又保毛反，本又作「保」。不善嘉事，嘉事之祭，致夫人是也。禮宜告見於先祖耳，不善之而祭。牲不及肥大，薦不美多品。」以禮之義，有以小、少爲貴也。

○孔子曰：「臧文仲安知禮？夏父弗綦逆祀而弗止也。燔柴於奥。文仲，魯公子彄之曾孫臧孫辰也。莊、文之間爲大夫，於時爲賢，是以非之，不正禮也。文二年「八月丁卯，大事于大廟，躋僖公」，始逆祀，是夏父弗綦爲宗人之爲也。奥，當爲「爨」，字之誤也，或作「竈」。禮，尸卒食而祭。饎爨，饔爨也。時人以爲祭火神，乃燔柴。○父，音甫。不綦，音忌。不，亦作「弗」。燔，音煩，又芳云反。奥，依注作「爨」，七亂反，下同。彄，苦侯反。大廟，音太，下注「大平」、下文「大廟」，並同。躋，子西反，升也，本又作「隮」。饎爨，昌志反，下七亂反。夫奥者，老婦之祭也，盛於盆，尊於瓶。」老婦，先炊者也。盆、瓶，炊器也。明此祭先炊，非祭火神，燔柴似失之。○盛，音成。缾，步丁反。

○禮也者，猶體也。若人身體。體不備，君子謂之不成人。設之不當，猶不備也。禮有大，有小，有顯，有微。大者不可損，小者不可益，顯者不可揜，微者不可大也。故經禮三百，曲禮三千，其致一也。致之言至也。一，謂誠也。經禮，謂周禮也，周禮六篇，其官有三百六十。曲，猶事也〔一〕。事禮，謂今禮也。禮篇多亡，本數

〔一〕「猶」，原訛作「從」，據撫州本、岳本、嘉靖本、八行本、和本、十行本、閩本、監本、毛本、殿本、阮刻本改。

未聞，其中事儀三千。○當，丁浪反。未有入室而不由户者。三百三千，皆猶誠也。若，順也。君子之於禮也，有所竭情盡慎，致其敬而誠若，謂以少、小、下、素爲貴也。有美而文而誠若。謂以多、大、高、文爲貴也。君子之於禮也，有直而行也，謂若始死，哭踊無節也。有曲而殺也，謂若父在，爲母期也。○期，音基。有經而等也，謂若天子以下至士、庶人，爲父母三年。有順而討也，討，猶去也。謂若天子以十二、公以九、侯伯以七、子男以五爲節也。○去，起吕反。下「去賓」同。有摲而播也，摲之言芟也，謂芟殺有所與也。若祭者，貴賤皆有所得，不使虚也。○摲，所監反，又所覽反。芟，所咸反。有推而進也，謂若王者之後，得用天子之禮。有放而文也，謂若天子之服，服日月以至黼黻。○放，方往反，下「有放」、「必放」同。有放而不致也，謂若諸侯自山龍以下。○不致，本或作「不至」。有順而摭也。謂若君沐粱，大夫沐稷，士沐粱。○摭，之石反。三代之禮一也，民共由之，或素或青，夏造殷因。一也，俱趨誠也。由，用也。素尚白，青尚黑者也。言所尚雖異，禮則相因耳。孔子曰：「殷因於夏禮，所損益可知也。周因於殷禮，所損益可知也。」變白黑，言素青者，秦二世時，趙高欲作亂，或以青爲黑、黑爲黄，民言從之，至今語猶存也。

○周坐尸，詔侑武方，其禮亦然，其道一也。言此亦周所因於殷也。武，當爲「無」，聲之誤也。方，猶常也。告尸行節，勸尸飲食無常，若孝子之爲也。孝子就養無方。詔侑，或爲「詔囿」。○侑，音又，本或作「宥」。武，音無。養，羊讓反。詔圜，音圓，下「圜丘」同，本亦作「詔圓」。夏立尸而卒祭，夏禮，尸有事乃坐。殷坐尸，無事猶坐。周旅酬六尸。使之相酌也。后稷之尸，發爵不受旅。曾子曰：「周禮其猶醵與！」合錢飲酒爲醵，旅酬相酌似之也。王居明堂之禮：「仲秋，乃命國醵。」○醵，其庶反，又其約反。與，音餘。

○君子曰：「禮之近人情者，非其至者也。」近人情者褻，而遠之者敬。○近，「附近」之近，注同。遠，于萬反。郊血，大饗腥，三獻爓，一獻孰。郊，祭天也。大饗，祫祭先王也。三獻，祭社稷、五祀。一獻，祭羣小祀也。爓，沉肉於湯也。血、腥、爓、孰，遠近備古今也。尊者先遠，差降而下，至小祀孰而已。○爓，似廉反。是故君子之於禮也，非作而致其情也，作，起也。敬非己情也，所以下彼。○下，户嫁反。此有由始也。有所法也。是故七介以相見也，不然則已慤；三辭三讓而至，不然則已蹙。已，猶甚也。慤、蹙，愿貌。大愿則辭不見，情無由至也。○蹙，本又作「慼」，子六反，又音促。愿，音願。大，音泰。見，賢遍反，下「龍見」同。故魯人將有事於上帝，必先有事於頖宮。上帝，周所郊祀之帝，謂蒼帝靈威仰也。魯以周公之故，得郊祀上帝，與周同。先有事於頖宮，告后稷也。告之者，將以配天，先仁也。頖宮，郊之學也。詩所謂「頖宮」也，字或爲「郊宮」。○頖，本或作「泮」，依注音判。晉人將有事於河，必先有事於惡池。惡，當爲「呼」，聲之誤也。呼池、嘔夷〔一〕，并州川。○惡，依注音「呼」，又作「虖」，好故反。池，大河反，注同。嘔夷，烏侯反。齊人將有事於泰山，必先有事於配林。配林，林名。○泰，本或作「大」，音同，下注放此。三月繫，七日戒，三日宿，慎之至也。繫，繫牲于牢也。戒，散齊也。宿，致齊也。將有祭祀之事，必先敬慎如此，不敢切也。○順之至也，「順」當作「慎」。散齊，悉旦反，下側皆反，後放此。故禮有擯詔，樂有相步，温之至也。皆爲温藉重禮也。擯詔，告道賓主者也。相步，扶工也。詔，或爲「紹」。○相，息亮反，注同。温，紆運反，注同。藉，徐子夜反。道，

〔一〕「嘔」，原訛作「漚」，據撫州本、八行本、閩本、監本、殿本、毛本改。

音導。

○禮也者，反本脩古，不忘其初者也。故凶事不詔，朝事以樂。二者反本也。哭泣由中，非由人也。朝廷養賢，以樂樂之也。○朝，直遥反，下「朝夕」、注「視朝」同。樂樂，上音岳，下音洛。醴酒之用，玄酒之尚，割刀之用，鸞刀之貴，莞簟之安，而稾鞂之設。三者脩古。穗去實曰鞂。禹貢「三百里納鞂服」。○鸞，力端反。莞，音官，一音丸。簟，徒點反。稾，字又作「藁」，古老反。鞂，江八反，徐古八反。穗，音遂。是故先王之制禮也，必有主也。主，謂本與古也。故可述而多學也。以本與古求之而已。

○君子曰：「無節於内者，觀物弗之察矣。節，猶驗也。欲察物而不由禮，弗之得矣。故作事不以禮，弗之敬矣。出言不以禮，弗之信矣。故曰：禮也者，物之致也。」致之言至也，極也。

○是故昔先王之制禮也，因其財物而致其義焉爾。故作大事必順天時。爲朝大事，祭祀也。春秋傳曰：「啟蟄而郊，龍見而雩，始殺而嘗，閉蟄而烝。」○烝，之承反。

夕必放於日月，日出東方，月出西方〔一〕。爲高必因丘陵，謂冬至祭天於圜丘之上。爲下必因川澤。謂夏至祭地於方澤之中。是故天時雨澤，君子達亹亹焉。達，猶皆也。亹亹，勉勉也。君子愛物，見天雨澤，皆勉勉勸樂。○亹，亡匪反，徐音尾。樂，音洛。

○是故昔先王尚有德，尊有道，任有能，舉賢而置之，聚衆而誓之。古者將有大事，必選賢誓衆，重事也。是故因天事天，天高，因高者以事也。因地事地，地下，因下者以事也。因名山升中于天，名，猶大也。升，上也。中，猶成也。謂巡守至於方嶽，燔柴祭天，告以諸侯之成功也。孝經説曰：「封乎泰山，考績燔燎；禪乎梁甫，刻石紀號也。」○上，時掌反。守，手又反。燎，力妙反，又力弔反。禪，善戰反。梁父，音甫，本亦作「甫」。因吉土以饗帝于郊。吉土，王者所卜而居之土也。饗帝於郊，以四時所兆，祭於四郊者也。今漢亦四時迎氣，其禮則簡。升中于天而鳳皇降，龜龍假；功成而太平，陰陽氣和，而致象物。○假，音格，至也。饗帝於郊而風雨節，寒暑時。五帝主五行，五行之氣和，而庶

〔一〕「出」，原訛作「生」，據撫州本、考異、考補改。考異曰：「月出西方：各本『出』作『生』。案下注云『月出西方而東行也』，與此相承接，不當改爲『生』。山井鼎曰：『古本作「出」。』」

徵得其序也。五行，木爲雨，金爲暘，火爲燠，水爲寒，土爲風。○暘，音陽。燠，於六反。是故聖人南面而立，而天下大治。南面立者視朝。○治，直吏反，下及注同。○天道至教，聖人至德。目下事也〔一〕。廟堂之上，罍尊在阼，犧尊在西，廟堂之下，縣鼓在西，應鼓在東。禮樂之器，尊西也。小鼓謂之應。犧，周禮作「獻」。○罍，音雷。犧，素河反，注及下同。縣，音玄。應，「應對」之「應」。作獻，本又作「戲」，同素河反，下同。君在阼，夫人在房，人君尊東也。天子諸侯有左右房。大明生於東，月生於西，此陰陽之分，夫婦之位也。大明，日也。○分，扶問反。君西酌犧象，夫人東酌罍尊，象日出東方而西行也，月出西方而東行也。周禮曰：「春祠夏禴，祼用雞彝鳥彝，皆有舟。其朝踐用兩獻尊，其再獻用兩象尊，皆有罍。諸臣之所酢。」○夏禴，户嫁反，下音藥。祼，古亂反。彝，徐音夷。禮交動乎上，樂交應乎下，和之至也。言交乃和。

〔一〕「目」，原訛作「自」，據撫州本、岳本、八行本、和本、閩本、殿本、阮刻本改。

○禮也者，反其所自生。自，由也。制禮者，本己所由，得民心也。樂也者，樂其所自成。作樂者，緣民所樂於己之功。舜之民樂其紹堯而作大韶，湯、武之民樂其濩伐而作濩武。○濩，户故反，本亦作「濩」。是故先王之制禮也以節事，動反本也。脩樂以道志。勸之善也。○道，音導。故觀其禮樂而治亂可知也。國亂禮慢而樂淫也。蘧伯玉曰：「君子之人達。」觀其禮樂，則知治亂也。蘧伯玉，衛大夫也，名瑗。○蘧，其居反。瑗，于卷反。故觀其器而知其工之巧，觀其發而知其人之知。禮樂亦猶是也。○知，音智。故曰：「君子慎其所以與人者。」將以是觀。

○太廟之内敬矣，君親牽牲，大夫贊幣而從；納牲於庭時也，當用幣告神而殺牲。○從，才用反，下同。君親制祭，夫人薦盎；親制祭，謂朝事進血膋時。所制者，制肝洗於欝鬯，以祭於室及主。○盎，烏浪反。膋，了彫反。君親割牲，夫人薦酒；親割，謂進牲孰體時。卿大夫從君，命婦從夫人。洞洞乎其敬也，屬屬乎其忠也，勿勿乎其欲其饗之也。勿勿，猶勉勉也。○洞，音慟。屬，之玉反。納牲詔於庭，血毛詔於室，羹定詔於堂，三詔皆不同位，蓋道求而未之得也。肉謂之羹。道，猶言也。○

定，徐丁磬反，一音如字。**設祭于堂，**設祭之饌於堂，人君禮然。**爲祊乎外，**祊祭，明日之繹祭也。謂之祊者，於廟門之旁，因名焉。其祭之禮，既設祭於室，而事尸於堂，孝子求神，非一處也。周禮曰：「夏后氏世室，門堂三之二，室三之一。」詩頌絲衣曰：「自堂徂基。」○祊，百彭反。繹，音亦。處，昌慮反。**故曰：「於彼乎，於此乎？」**不知神之所在也。

○一獻質，謂祭羣小祀也。**三獻文，**謂祭社稷、五祀。**五獻察，**察，明也。謂祭四望、山川也。**七獻神。**謂祭先公。

○大饗其王事與！盛其饌與貢，謂祫祭先王。○事與，音餘。**三牲魚腊，四海九州之美味也。籩豆之薦，四時之和氣也。**此饌，諸侯所獻。○腊，音昔。**内金，示和也。**此所貢也。内之庭實，先設之。金從革，性和。荆、楊二州貢金三品。○内，音納。**束帛加璧，尊德也。**貢享所執致命者，君子於玉比德焉。**龜爲前列，先知也。**龜知事情者，陳於庭在前。荆州納錫、大龜。**金次之，見情也。**金炤物。金有兩義，先入後設。○見，賢遍反，下注「世一見」同。炤，音照，本亦作「照」。**丹、漆、絲、纊、竹、箭，與衆共財也。**萬民皆有此物，荆州貢丹，兗州貢漆、絲，豫州貢纊，楊州貢篠簜。○纊，音曠，綿也，劉昌宗古曠反。簜，大黨反。其餘無常貨，各以其國之所有，則致遠物也。其餘，謂九州之外夷服、鎮服、蕃服之國。周禮：「九州之外，謂之蕃國，世一見，各以其所貢寶爲摯。」周穆王征犬戎，得白狼、白鹿近之。○蕃，本又作「藩」，方煩反，下同。近，「附近」之「近」。其出也，肆夏而送之，盖重禮也。出，謂諸侯之賔也，禮畢而出，作樂以節之。肆夏，當爲「陔夏」。○肆，依注作「陔」，古來反，注又作「祴」，音同。

○祀帝於郊，敬之至也。言就而祭之，不敢致也。宗廟之祭，仁之至也。仁，恩也。父子主恩也。喪禮，忠之至也。謂哭踊袒襲也。○袒襲，音但，下音習。備服器，仁之至也。謂小歛、大歛之衣服，葬之明器。賔客之用幣，義之至也。謂來賻賵。故君子欲觀仁義之道，禮其本也。言禮有節，於内可以觀也。君子曰：「甘受和，白受采，忠信之人，可以學禮。苟無忠信之人，則禮不虛道。是以得其人之爲貴也。」道，猶由也，從也。○和，户卧反。

○孔子曰：「誦詩三百，不足以一獻。一獻之禮，不足以大饗。大饗之禮，不足以大旅。大旅具矣，不足以饗帝。誦詩三百，喻習多言而不學禮也。大旅，祭五帝也。饗帝，祭天。毋輕議禮。」謂若誦詩者，不可以强言禮。○强，其丈反。

○子路爲季氏宰。宰，治邑吏也。季氏祭，逮闇而祭，日不足，繼之以燭。謂舊時也。雖有强力之容、肅敬之心，皆倦怠矣。以其久也。有司跛倚以臨祭，其爲不敬大矣。偏任爲跛，依物爲倚。○跛，彼義反，注同。倚，於綺反，注同。他日祭，子路與，室事交乎户，堂事交乎階，質明而始行事，晏朝而退。室事，祭時。堂事，儐尸。○與，音預。朝，直遥反，又張遥反。孔子聞之，曰：「誰謂由也而不知禮乎！」多其知禮。

禮記卷第七

經伍仟壹伯玖拾壹字

注伍仟陸伯玖拾伍字

音義貳仟玖伯捌拾伍字

余氏刊于萬卷堂

禮記卷第八

郊特牲第十一

○陸曰：「鄭云：『以其記祭天用騂犢之義也。』郊者，祭天之名；用一牛，故曰特牲。」

禮記　　　　鄭氏注

郊特牲而社稷大牢。天子適諸侯，諸侯膳用犢；諸侯適天子，天子賜之禮大牢，貴誠之義也。故天子牲孕弗食也，祭帝弗用也。犢者，誠慤未有牝牡之情，是以小爲貴也。孕，任子也。易曰：「婦孕不育。」○膳，市戰反。犢，音獨。孕，餘證反。慤，苦角反。大路繁纓一就，先路三就，次路五就。此因小説以少爲貴者。禮器言「次路七就」，與此乖，字之誤也。○繁，步干反。郊血，大饗腥，三獻爓，一獻孰，至敬不饗味而貴氣臭也。血、腥、爓祭用氣。○爓，本亦「膶」，夕廉反。諸侯爲賓，灌用鬱鬯，灌用臭也。大饗尚腶脩而已矣。亦不饗味也。此大饗，饗諸侯也。○灌，本又作「祼」，古喚反。腶脩，丁喚反，鍛脯加薑桂曰腶脩。

○大饗，君三重席而酢焉。言諸侯相饗，獻酢禮敵也。○重，直龍反，下注同。酢，才各反。三獻之介，君專席而酢焉。此降尊以就卑也。三獻，卿大夫來聘，主君饗燕之。以介爲賔，賔爲苟敬，則徹重席而受酢也。專，猶單也。○介，音界，注同。單，音丹，下文注同。饗禘有樂而食嘗無樂，陰陽之義也。凡飲，養陽氣也；凡食，養陰氣也。故春禘而秋嘗，春饗孤子，秋食耆老，其義一也，而食嘗無樂。言義同，而或用樂，或不用樂也。此禘，當爲「禴」，字之誤也。王制曰：「春禴夏禘。」○饗禘，音藥，下「春禘」同。食，音嗣。夏，户嫁反。飲，養陽氣也，故有樂；食，養陰氣也，故無聲。凡聲，陽也。

○鼎俎奇而籩豆偶，陰陽之義也。籩豆之實，水土之品也。水土之品，言非人常所食。○奇，居宜反，下「鼎俎奇」同。不敢用褻味而貴多品，所以交於旦明之義也。「旦」當爲「神」，篆字之誤也。○褻，息列反。旦，音神，出注。篆，直轉反。

○賓入大門而奏肆夏，示易以敬也。賓，朝聘者。易，和説也。○易，以豉反，注同。朝，直遥反，下文注「朝覲」、「朝服」皆同。卒爵而樂闋，孔子屢歎之。美此禮也。○闋，苦穴反，止也。婁，力住反，本又作「屢」。奠酬而工升歌，發德也。以詩之義，發明賓主之德。歌者在上，匏竹在下，貴人聲也。匏，笙也。○匏，步交反。竹，篪笛也。樂由陽來者也，禮由陰作者也，陰陽和而萬物得。得，得其所。

○旅幣無方，所以別土地之宜，而節遠邇之期也。旅，衆也。邇，近也。○別，彼列反，下注「無別」同。龜爲前列，先知也。以鐘次之，以和居參之也。鐘，金也。獻金爲作器，鐘其大者。以金參居庭實之間，示和也。○爲作，于僞反，下文「爲君」同。虎豹之皮，示服猛也。束帛加璧，往德也。○往，皇如字，徐于況反。

○庭燎之百，由齊桓公始也。僭天子也。庭燎之差，公蓋五十，侯伯子男皆三十。○燎，力妙反，徐力弔反。僭，子念反，後同。大夫之奏肆夏也，由趙文子始也。僭諸侯。趙文子，晉大夫，名武。朝覲，大夫之私覿，非禮也。大夫執圭而使，所以申信也。其君親來，其臣不敢私見於主國君也。以君命聘，則有私見。○覿，大歷反，下同。使，色吏反。見，賢遍反，下同。不敢私覿，所以致敬也。而庭實私覿，何爲乎諸侯之庭？非其與君無別。爲人臣者無外交，不敢貳君也。私覿，是外交也。

○大夫而饗君，非禮也。其饗君，由强且富也。大夫强而君殺之，義也，由三桓始也。三桓，魯桓公之子，莊公之弟公子慶父、公子牙、公子友，慶父與牙通於夫人，以脅公，季友以君命鴆牙，後慶父弒二君，又死也。○慶父，音甫。鴆，直蔭反。弒，音試。天子無客禮，莫敢爲主焉。君適其臣，升自阼階，不敢有其室也。明饗君非禮也。○升自阼，才路反，本又作「升自阼階」。覲禮，天子不下堂而見諸侯。正君臣也。下堂而見諸侯，天子之失禮也，由夷王以下。夷王，周康王之玄孫之子也。時微弱，不敢自尊於諸侯。

○諸侯之宮縣而祭以白牡，擊玉磬，朱干設錫，冕而舞大武，乘大路，諸侯之僭禮也。言此皆天子之禮也。宮縣，四面縣也。干，盾也。錫，傅其背如龜也。武，萬舞也。白牡、大路，殷天子禮也。○縣，音玄，注及下同。錫，音陽，注同。盾，本亦作「楯」，純尹反，又音尹。傅，音附。背，補佩反。臺門而旅樹，反坫，繡黼丹朱中衣，大夫之僭禮也。言此皆諸侯之禮也。旅，道也。屏謂之樹。樹所以蔽行道。管氏樹塞門。塞，猶蔽也。禮，天子外屏，諸侯内屏，大夫以簾，士以帷。反坫，反爵之坫也，蓋在尊南。兩君相見，主君既獻，於反爵焉。繡黼丹朱，以爲中衣領緣也。繡，讀爲「綃」，綃，繒名也。詩云：「素衣朱綃。」又云：「素衣朱襮。」襮，黼領也。○坫，丁念反[一]。繡，依注作「綃」，音消，注或作「綃」，亦同。黼，音甫。簾，音廉。於反爵焉，本或作「賔反爵焉」，非。緣，移絹反。繒，似陵反。襮，音博。故天子微，諸侯僭；大夫强，諸侯脅。於此相貴以等，相覿以貨，相賂以利，而天下之禮亂矣。言僭所由。諸侯不敢祖天子，大夫不敢祖諸侯，而公廟之設於私家，非禮也。由三桓始也。言仲孫、叔孫、季孫氏皆立桓公廟。魯以周公之故，立文王廟，三家見而僭焉。

○天子存二代之後，猶尊賢也。尊賢不過二代。過之，遠難法也。二，或爲「三」。○過，古卧反。

○諸侯不臣寓公，故古者寓公不繼世。寓，寄也。寄公之子，非賢者，世不足尊也。寓，或爲「託」也。○寓，音遇。

[一]「丁」，原訛作「于」，據彙校卷十二、撫釋一、岳本、和本、十行本、閩本、監本、毛本、殿本、阮刻本改。

○君之南鄉，荅陽之義也。臣之北面，荅君也。荅，對也。○鄉，許亮反，下「君南鄉」同。

○大夫之臣不稽首，非尊家臣，以辟君也。辟國君也。○辟，音避，注同。大夫有獻弗親，君有賜不面拜，爲君之荅己也。不面拜者，於外告小臣，小臣受以入也。小臣「掌三公及孤卿之復逆也」。

○鄉人裼，裼，强鬼也。謂時儺，索室毆疫，逐强鬼也。裼，或爲「獻」，或爲「儺」。○裼，音傷，鬼名也。强，其丈反。難，乃多反，下同，本又作「儺」。索，色百反，下文、注皆同。毆，字又作「驅」，同起居反。孔子朝服立于阼，存室神也。神依人也。孔子曰：「射之以樂也，何以聽？何以射？」多其射容與樂節相應也。孔子曰：「士，使之射，不能則辭以疾，縣弧之義也。」男子生而設弧於門左，示有射道而未能也。女子設帨。○弧，音胡。帨，始鋭反。

○孔子曰：「三日齊，一日用之，猶恐不敬。二日伐鼓，何居？」居，讀爲「姬」，語之助也。何居，怪之也。伐，猶擊也。齊者止樂，而二日擊鼓，則是成一日齊也。○

齋，本又作「齊」，同側皆反，後放此。何居，音姬。孔子曰：「繹之於庫門内，祊之於東方，朝市之於西方，失之矣。」祊之禮，宜於廟門外之西室，繹又於其堂，神位在西也。此二者同時，而大名曰繹。其祭禮簡，而事尸禮大。朝市，宜於市之東偏。周禮市有三期：「大市，日側而市，百族爲主。朝市，朝時而市，商賈爲主。夕市，夕時而市，販夫販婦爲主。」○繹，音亦。祊，百彭反。賈，音古。販，甫萬反。

○社祭土而主陰氣也。君南鄉於北墉下，荅陰之義也。牆謂之墉。北墉，社内北牆。○庸，本亦作「墉」，音容。日用甲，用日之始也。國中之神，莫貴於社。天子大社，必受霜露風雨，以達天地之氣也。大社，王爲羣姓所立。○大，音太，下文、注「大社」、「大陽」、「大廟」、「大古」、「大王」皆同。爲，于僞反，下文「爲社」、「爲焚」皆同。是故喪國之社屋之，不受天陽也。薄社北牖，使陰明也。絶其陽，通其陰而已。薄社，殷之社。殷始都薄。○喪，息浪反。薄，本又作「亳」，步各反。牖，音酉。社，所以神地之道也。地載萬物，天垂象，取財於地，取法於天，是以尊天而親地也，故教民美報焉。家主中霤而國主社，示本也。中霤，亦土神也。唯爲社事，單出里。唯爲社田，國人畢作。唯社，丘乘共粢盛，所以報本反始也。單出里，皆往祭社於都鄙。二十五家爲里。畢作，人則盡行，非徒羨也。丘，十六井也。四丘，六十四井，曰甸，或謂之乘。乘者，以於車賦出長轂一乘。乘，或爲「鄰」。○乘，時證反，注同，又徒徧反。共，音恭。粢，音資。甸，徒練反，又繩證反。

○季春出火，爲焚也。謂焚萊也。凡出火，以火出，建辰之月火始出。然後簡其車賦而歷其卒伍，而君親誓社，以習軍旅，左之右之，坐之起之，以觀其習變也。簡、歷，謂算具陳列之也。君親誓社，誓吏士以習軍旅，既而遂田以祭社也。言祭社，則此是仲春之禮也。仲春以火田，田止弊火，然後獻禽。至季春火出，而民乃用火。今云「季春出火」，乃誓社，記者誤也。社，或爲「省」。○卒，祖忽反。算，思管反。省，思淺反。而流示之禽，而鹽諸利，以觀其不犯命也。流，猶行也。行，行田也。鹽，讀爲「艶」。行田示之以禽，使歆艶之，觀其用命不也。謂禽爲利者，凡田，大獸公之，小禽私之。○鹽，依注音艶。行行，上如字，下及下「行田」，皆下孟反。歆，許金反。求服其志，不貪其得。失伍而獲，猶爲犯命。故以戰則克，以祭則受福。

○天子適四方，先柴。所到必先燔柴，有事於上帝也。書曰：「歲二月，東巡守，至于岱宗，柴。」○燔，音煩。守，手又反。岱，音代。

○郊之祭也，迎長日之至也，易説曰：「三王之郊，一用夏正。」夏正，建寅之月也。此言迎長日者，建卯而晝夜分，分而日長也。○正，音征，下同。大報天而主日也。大，猶徧也。天之神，日爲尊。○徧，音遍。兆於南郊，就陽位也。日，太陽之精也。埽地而祭，於其質也。器用陶匏，以象天地之性也。觀天下之物，無可以稱其德。○稱，尺證反。於郊，故謂之郊。牲用騂，尚赤也。尚赤者，周也。○騂，息營反，徐呼營反。用犢，貴誠也。郊之用辛也，周之始郊，日以至。言日以周郊天之月而至，陽氣新用事，順之而用辛日，此説非也。郊天之月而日至，魯禮也。三王之郊，一用夏正。魯以無冬至祭天於圜丘之事，是以建子之月郊天，示先有事也。用辛日者，凡爲人君，當齊戒自新耳。周衰禮廢，儒者見周禮盡在魯，因推魯禮以言周事。○圜，本又作「圓」，音員。凡爲，如字，或于僞反，非也。卜郊，受命于祖廟，作龜于禰宮，尊祖親考之義也。受命，謂告之。退而卜。卜之日，王立于澤，親聽誓命，受教諫之義也。澤，澤宮也，所以擇賢之宮也。

既卜，必到澤宮，擇可與祭祀者，因誓勑之以禮也。禮器曰「舉賢而置之，聚衆而誓之」是也。○可與，如字，一音預。**獻命庫門之内，戒百官也。大廟之命，戒百姓也。**王自澤宮而還，以誓命重相申勑也。庫門在雉門之外，入庫門，則至廟門外矣。大廟者，祖廟也。百官，公卿以下也。百姓，王之親也。入廟戒親親也。王自此還，齊路寢之室。庫，或爲「廄」。○還，音旋，下同。重，直用反。廄，九又反。**祭之日，王皮弁以聽祭報，示民嚴上也。**報，猶白也。夙興，朝服以待白祭事者，乃後服祭服而行事也。周禮祭之日，小宗伯「逆粢省鑊，告時于王，告備于王」也。○鑊，户郭反。**喪者不哭，不敢凶服。氾埽反道，鄉爲田燭，**謂郊道之民爲之也。反道，剗令新土在上也。田燭，田首爲燭也。○氾，芳劒反，本亦作「汎」。埽，素報反。剗，初産反，徐又初展反。令〔一〕，力呈反。**弗命而民聽上。**化王嚴上。**祭之日，王被衮以象天，**謂有日、月、星辰之章，此魯禮也。周禮：「王祀昊天上帝，則服大裘而冕，祀五帝，亦如之。」魯侯之服，自衮冕而下也。○被，皮義反。卷，本又作「衮」，同古本反，注「卷冕」同。冕，亡展反，字林亡辨反。**戴冕璪十有二旒，則天數也。**天之大

〔一〕「令」，原訛作「今」，據彙校卷第十二、撫釋一、和本、閩本、監本、毛本、殿本、阮刻本改。

數，不過十二。○載，丁代反，本亦作「戴」。璪，音早。過，古和反。**乘素車，貴其質也。旂十有二旒，龍章而設日月，以象天也。**設日、月畫於旂上。素車，殷路也。魯公之郊，用殷禮也。**天垂象，聖人則之，郊所以明天道也。**明，謂則之以示人也。**帝牛不吉，以爲稷牛。**養牲必養二也。**帝牛必在滌三月，稷牛唯具，所以别事天神與人鬼也。**滌，牢中所搜除處也。唯具，遭時又選可用也。○滌，范音迪，徐徒嘯反。别，彼列反。所搜，本又作「廋」，所流反。處，昌慮反，下「之處」、「同處」皆同。**萬物本乎天，人本乎祖，此所以配上帝也。**言俱本可以配。**郊之祭也，大報本反始也。**

○天子大蜡八。所祭有八神也。○蜡八，仕詐反。蜡祭有八神：先嗇一，司嗇二，農三，郵表畷四，貓虎五，坊六，水庸七，昆蟲八。**伊耆氏始爲蜡，**伊耆氏，古天子號也。○耆，巨夷反。或云即帝堯是也。**蜡也者，索也，**謂求索也。**歲十二月，合聚萬物而索饗之也。**歲十二月，周之正數，謂建亥之月也。饗者，祭其神也。萬物有功加於民者，神使爲之也，祭之以報焉，造者配之也。**蜡之祭也，主先嗇而祭司嗇也，**先嗇，若神農者。司嗇，后稷是也。**祭百種以報嗇也。**嗇，所樹蓺之功，使盡饗之。○種，之勇反，下「之種也」同。

饗農及郵表畷、禽獸，仁之至，義之盡也。農，田畯也。郵表畷，謂田畯所以督約百姓於井間之處也。詩云：「爲下國畷郵。」禽獸，服不氏所教擾猛獸也。○郵，本亦作「尤」，有周反，字或作「卸」。畷，丁劣反，又丁衛反。畯，音俊。督約，因妙反。擾，而沼反，馴也。古之君子，使之必報之。迎貓，爲其食田鼠也；迎虎，爲其食田豕也，迎而祭之也。迎其神也。○猫，字又作「貓」，音苗。爲，于僞反，下同。祭坊與水庸，事也。水庸，溝也。○坊，音房，後注同。曰：「土反其宅，水歸其壑，昆蟲毋作，草木歸其澤。」此蜡祝辭也。若辭同，則祭同處可知矣。壑，猶坑也。昆蟲，暑生寒死，螟螽之屬爲害者也。○壑，火各反。祝，之六反，又之又反。坑，苦衡反。螟，莫經反。螽，音終，又作「蝝」。皮弁素服而祭。素服，以送終也。葛帶榛杖，喪殺也。蜡之祭，仁之至，義之盡也。送終、喪殺，所謂「老物」也。素服，衣裳皆素。○榛杖，側巾反，以榛木爲杖也。殺，所界反，徐所例反，注及下「德之殺」並同。黄衣黄冠而祭，息田夫也。祭，謂既蜡，臘先祖、五祀也。於是勞農以休息之。論語曰：「黄衣狐裘。」○臘，力合反。勞，力報反。野夫黄冠。黄冠，草服也。言祭以息民，服象其時物之色。季秋而草木黄落。大羅氏，天子之掌鳥獸者也，諸侯貢屬焉。草笠而至，尊野服也。諸侯於蜡，使使者戴草笠貢鳥獸也。詩云：「彼都人士，臺笠緇撮。」又曰：「其餉伊黍，其笠伊糾。」皆言野人之服也。○笠，音立。使使，上音史，下及下「使者」，皆色吏反。撮，七活反，又七括反。餉，始尚反。糾，居黝反。羅氏致鹿與女，而詔客告也，以戒諸侯曰：「好田好女者亡其國。」詔，使者使歸，以此告其君，所以戒之。○好，呼報反，下「好女」、「可好」皆同。天子樹瓜華，不斂藏之種也。」華，果蓏也。又詔以天子樹瓜蓏而已，戒諸侯以蓄藏蘊財利也。○蓏，力果反。蓄，丑六反，又許六反。蘊，於粉反。八蜡以記四方。四方，方有祭也。四方年不順成，八蜡不通，以謹民財也。其方穀不孰，則不通於蜡焉，使民謹於用財。蜡有八者：先嗇一也，司嗇二也，農三也，郵表畷四也，貓虎五也，坊六也，水庸七也，昆蟲八也。順成之方，其蜡乃通，以移民也。移之言羡也。詩頌豐年曰：「爲酒爲醴，烝畀祖妣，以洽百禮。」此其羡之與。○移，以豉反，注同。羡，才箭反，又辭見反。烝，之承反。畀，必利反。妣，必履反。與，音餘。既蜡而收，民息已。故既蜡，君子不興功。收，謂收斂積聚也。息民與蜡異，則黃衣、黃冠而祭，爲臘必矣。○既蜡而收，絶句。積聚，並如字，徐上音玆賜反，下才樹反。

○恒豆之菹，水草之和氣也；其醢，陸産之物也。加豆，陸産也；其醢，水物也。此謂諸侯也。天子朝事之豆，有昌本、麋臡、茆菹、麇臡；饋食之豆，有葵菹、蠃醢、豚拍、魚醢，其餘則有雜錯云也。○菹，争居反。醢，音海。麋，音眉。臡，字又作「𦢊」，乃兮反，字林作「腝」，人兮反。茆，音卯，又力首反。麇，九倫反。蠃，力戈反。拍，音博。籩豆之薦，水土之品也，不敢用常褻味而貴多品，所以交於神明之義也，非食味之道也。言禮以異爲敬。○薦，即見反，又作「薦」，同，或作「廌」，非。先王之薦，可食也而不可耆也。卷冕路車，可陳也而不可好也。武，壯而不可樂也。宗廟之威，而不可安也。宗廟之器，可用也而不可便其利也。所以交於神明者，不可以同於所安樂之義也。武，萬舞也。○耆，市志反。路，本亦作「輅」，音同。樂，皇音洛，下同；徐五孝反。便，婢面反，徐扶絹反。酒醴之美，玄酒明水之尚，貴五味之本也。黼黻文繡之美，疏布之尚，反女功之始也。莞簟之安，而蒲越、稾鞂之尚，明之也。大羹不和，貴其質也。大圭不琢，美其質也。丹漆雕幾之美，素車之乘，尊其樸也。貴其質而已矣。所以交於神明者，不可同於所安褻之甚也，如是而后宜。尚質貴本，其至如是，乃得交於神明之宜也。明水，司烜以陰鑑所取於月之水也。蒲越、槀鞂，藉神席也。明之者，神明之也。琢，當爲「篆」，字之誤也。幾，謂漆飾沂鄂也。○莞，音官，徐音丸。簟，大點反。越，音活，注同。槀，又作「稾」，古老反。鞂，簡八反，徐古八反。和，胡卧反。琢，依注爲「篆」〔一〕，丈轉反。雕，多調反，又作「彫」。幾，巨依反，注同。乘，時證反。樸，普角反。烜，音毁。鑑，古暫反。藉，字夜反。沂，魚斤反。鄂，五各反。鼎俎奇而籩豆偶，陰陽之義也。牲，陽也。庶物，陰也。○奇，居宜反。黄目，鬱氣之上尊也。黄者，中也；目者，氣之清明者也，言酌於中而清明於外也。黄目，黄彝也。周所造，於諸侯爲上也。祭天，埽地而祭焉，於其質而已矣。醯醢之美而煎鹽之尚，貴天産也；割刀之用而鸞刀之貴，貴其義也，聲和而后斷也。

○冠義：始冠之，緇布之冠也。始冠三加，先加緇布冠也。○醯，呼兮反，本又作「醓」，同。斷，丁亂反。冠義，古亂反，下文、注「始冠」、「冠而敝之」、「而冠」、「冠於阼」、「冠而字之」、「冠禮」、「士禮冠」皆同。大古冠布，齊則緇之。其緌也，孔子曰：「吾未之聞

〔一〕「篆」，原脱，據紹熙本、撫釋二補。

也。太古無飾，非時人緌也。雜記曰：「大白、緇布之冠不緌。」大白，即太古白布冠，今喪冠也。齊則緇之者，鬼神尚幽闇也。唐、虞以上曰太古也。○齊，側皆反。緌，耳隹反。上，時掌反，後「以上」皆同。冠而敝之可也。」此重古而冠之耳。三代改制，齊冠不復用也。以白布冠質，以爲喪冠也。○敝，本亦作「弊」，婢世反，徐又房列反，棄也。復，扶又反。適子冠於阼，以著代也。東序少北，近主位也。○適，丁歷反。近，「附近」之「近」。醮於客位，加有成也。每加而有成人之道也，成人則益尊。醮於客位，尊之也。○醮，子妙反。三加彌尊，喻其志也。始加緇布冠，次皮弁，次爵弁。冠益尊，則志益大也。冠而字之，敬其名也。重以未成人之時呼之。委貌，周道也。章甫，殷道也。毋追，夏后氏之道也。常所服以行道之冠也。或謂委貌，爲玄冠也。○毋追，上音牟，下多雷反。周弁、殷冔、夏收，齊所服而祭也。○冔，況甫反，字林作「冔」，火于反。三王共皮弁、素積。所不易於先代。無大夫冠禮而有其昏禮，古者五十而后爵，何大夫冠禮之有？言年五十乃爵爲大夫也。其有昏禮，或改取也。諸侯之有冠禮，夏之末造也。言夏初以上，諸侯雖有幼而即位者，猶以士禮冠之，亦五十乃爵命也。至其衰末，未成人者，多見篡弒，乃更即位則爵命之，以正君臣，而有諸侯之冠禮。○篡，初患反。弑，音試。天子之元子，士也，天下無生而貴者也。儲君副主，猶云「士」也，明人有賢行著德，乃得貴也。○行，下孟反，下「德行」同。繼世以立諸侯，象賢也。賢者子孫，恒能法其先父德行。以官爵人，德之殺也。言德益厚，官益尊也。死而謚，今也。古者生無爵，死無謚。古謂殷以前也。大夫以上，乃謂之爵，死有謚也。周制，爵及命士，雖及之，猶不謚耳。今記時死則謚之，非禮也。禮之所尊，尊其義也。言禮所以尊，尊其有義也。失其義，陳其數，祝史之事也。故其數可陳也，其義難知也。知其義而敬守之，天子之所以治天下也。言政之要，盡於禮之義。

○天地合而后萬物興焉。目禮之義〔一〕。夫昏禮，萬世之始也。取於異姓，所以附遠厚别也。同姓則多相褻也。○取，音娶，本又作「娶」。遠，皇于萬反。别，兵列反，下及注皆同。幣必誠，辭無不腆。誠，信也。腆，猶善也。○腆，天典反。告之以直

〔一〕「目」，原訛作「自」，據撫州本、岳本、嘉靖本、八行本、和本、閩本、監本、毛本、殿本、阮刻本改。

信，直，猶正也。此二者，所以教婦正直信也。信，事人也；信，婦德也。事，猶立也。○信事，側吏反，又如字，注同。壹與之齊，終身不改，故夫死不嫁。齊，謂共牢而食，同尊卑也。齊，或爲「醮」。男子親迎，男先於女，剛柔之義也；天先乎地，君先乎臣，其義一也。先，謂倡道也。○迎，魚敬反。先，悉見反，下及注同。倡，昌亮反。道，音導。執摯以相見，敬章别也。言不敢相褻也。摯，所奠鴈也。○贄，音至，本亦作「摯」。男女有别，然後父子親；父子親，然後義生；義生，然後禮作；禮作，然後萬物安。言人倫有别，則氣性醇也。無别無義，禽獸之道也。言聚麀之亂類也。○麀，音憂。壻親御授綏，親之也。親之也者，親之也。言己親之，所以使之親己。敬而親之，先王之所以得天下也。先王，若太王、文王。出乎大門而先，男帥女，女從男，夫婦之義，由此始也。先者，車居前也。○出乎大門而先，如字，絶句，又悉遍反。婦人，從人者也。幼從父兄，嫁從夫，夫死從子。從，謂順其教令。夫也者，夫也。夫也者，以知帥人者也。夫之言丈夫也。夫，或爲「傅」。○知，音智。玄冕齊戒，鬼神陰陽也。將以爲社稷主，爲先祖後，而可以不致敬乎。玄冕，祭服也。陰陽，謂夫婦也。共牢而食，同尊卑也。故婦人無爵，從夫之爵，坐以夫之齒。爵，謂夫命爲大夫，則妻爲命婦。器用陶匏，尚禮然也。此謂大古之禮器也。三王作牢用陶匏。言大古無共牢之禮，三王之世作之，而用大古之器，重夫婦之始也。厥明，婦盥饋。舅姑卒食，婦餕餘，私之也。私之，猶言恩也。○盥，音管。饋，其位反，一本無「婦盥饋」三字。餕，音俊。舅姑降自西階，婦降自阼階，授之室也。明當爲家事之主也。昏禮不用樂，幽陰之義也。樂，陽氣也。幽，深也。欲使婦深思其義，不以陽散之也。昏禮不賀，人之序也。序，猶代也。

○有虞氏之祭也，尚用氣。血、腥、爓祭，用氣也。尚，謂先薦之。爓〔一〕，或爲「膶」。○膶，直輒反。殷人尚聲，臭味未成，滌蕩其聲。樂三闋，然後出迎牲。聲音之號，所以詔告於天地之間也。滌蕩，猶搖動也。○滌，音狄，徐又同弔反。三，如字，徐息暫反。周人尚臭，灌用鬯臭，鬱合鬯，臭陰達於淵泉。灌以圭璋，用玉氣

〔一〕「爓」，原訛作「爛」，據撫州本、紹熙本、岳本、嘉靖本、八行本、和本、十行本、閩本、監本、毛本、殿本、阮刻本改。

也。既灌然後迎牲，致陰氣也。蕭合黍稷，臭陽達於牆屋，故既奠，然後焫蕭合羶薌。灌，謂以圭瓚酌鬯，始獻神也。已，乃迎牲於庭殺之。天子、諸侯之禮也。奠，謂薦孰時也。特牲饋食所云「祝酌，奠于鉶南」是也。蕭，薌蒿也，染以脂，合黍稷燒之。詩云：「取蕭祭脂。」羶，當爲「馨」，聲之誤也。奠，或爲「薦」。○灌用鬯臭，絶句；庾以「鬯」字絶句。鬱，字又作「逌」，同。合鬯，絶句。焫蕭，如悅反，下音簫。合，如字，徐音閤。羶，依注音「馨」，許經反。薌，音香。瓚，在旦反。鉶，音刑。蒿，呼毛反。染，如琰反。羶當，失然反。凡祭慎諸此。魂氣歸于天，形魄歸于地，故祭，求諸陰陽之義也。殷人先求諸陽，周人先求諸陰。此其所以先後異也。

詔祝於室，坐尸於堂，謂朝事時也。朝事，延尸于户西，南面。布主席東面，取牲膟膋，燎于爐炭，洗肝于鬱鬯而燔之〔一〕，入以詔神於室，又出以墮于主，主人親制其肝，所謂制祭也。時尸薦以籩豆，至薦孰，乃更延主于室之奥，尸來升席自北方，坐于主北焉。○祝，之六反，下及注並同，又之又反。膟，音律。膋，力彫反。燎，力妙反，又力弔反，下文同。爐，音盧。

〔一〕「洗」，原訛作「先」，據撫州本、岳本、八行本、和本、殿本改。

墮，許恚反，或許垂反。奥，烏報反。用牲於庭，謂殺之時。升首於室。制祭之後，升牲首於北墉下，尊首尚氣也。○墉，音容。直祭祝于主，謂薦孰時也，如特牲、少牢饋食之爲也。直，正也。祭以孰爲正，則血、腥之屬，盡敬心耳。索祭祝于祊，索，求神也。廟門曰祊。謂之祊者，以於繹祭名也。不知神之所在，於彼乎？於此乎？室與？堂與？○室與堂與，並音餘，下「遠者與」同；本作「室與堂也」，「與」則如字讀。或諸遠人乎？祭于祊，尚曰求諸遠者與？尚，庶幾也。○遠人，徐于萬反。祊之爲言倞也，倞，猶索也。倞，或爲諒。○倞，音亮。肵之爲言敬也。爲尸有肵俎，此訓也。○肵，音祈。爲尸，于僞反。富也者，福也。人君嘏辭有「富」，此訓之也。或曰「福也者，備也」。○嘏，古雅反。首也者，直也。訓所以升首祭也。直，或爲「犆」也。○犆，徒得反。相，饗之也。相，謂詔侑也。詔侑尸者，欲使饗此饌也。特牲饋食禮曰：「主人拜妥尸，尸荅拜，執奠，祝饗。」○相，息亮反，注及下「之相」并注同。侑，音又。妥，他果反。嘏，長也，大也。主人受祭福曰嘏，此訓也。○長，直良反，徐知兩反。尸，陳也。尸，或詁爲主。此尸神象，當從「主」訓之，言「陳」，非也。○詁，音古。毛血，告幽全之物也。幽，謂血也。告幽全之物者，貴純之道也。純，謂中外皆善。**血祭，盛氣也。祭肺肝心，貴氣主也。**氣主，氣之所舍也。周祭肺，殷祭肝，夏祭心。**祭黍稷加肺，祭齊加明水，報陰也。**祭黍稷加肺，謂綏祭也。明水，司烜所取於月之水也。齊，五齊也。五齊加明水，則三酒加玄酒也。○齊，才細反，注及下「説齊」并注同。綏，許恚反。**取膟膋燔燎升首，報陽也。**膟膋，腸間脂也，與蕭合燒之，亦有黍稷也。**明水涚齊，貴新也。**涚，猶清也。五齊濁，泲之使清，謂之涚齊。及取明水，皆貴新也。周禮帨氏：「以涚水漚絲。」涚齊，或爲汎齊。○説齊，始鋭反，字又作「涚」。泲，子禮反，下同。帨，莫剛反。漚，烏豆反。汎，本又作「泛」，同。**凡涚，新之也。其謂之明水也，由主人之絜著此水也。**著，猶成也。言主人齊絜，此水乃成，可得也。○齊，側皆反。篇末文、注同。

○君再拜稽首，肉袒親割，敬之至也。敬之至也，服也。拜，服也；稽首，服之甚也；肉袒，服之盡也。割，解牲體。**祭稱「孝孫」、「孝子」，以其義稱也；**謂事祖禰。**稱曾孫某，謂國家也。**謂諸侯事五廟也。於曾祖以上，稱曾孫而已。**祭祀之相，主人自致其敬，盡其嘉而無與讓也。**相，謂詔侑尸也。嘉，善也。**腥、肆、爓、腍祭，豈知神之所饗也？主人自盡其敬而已矣。**治肉曰肆。腍，孰也。爓，或爲

「䐑」。○肆，勑歷反，注同。腍，而審反。䐑，直輒反。**舉斝角，詔妥尸。古者尸無事則立，有事而后坐也。尸，神象也。祝，將命也。**妥，安坐也。尸始入，舉奠斝，若奠角，將祭之，祝則詔主人拜安尸〔一〕，使之坐。尸即至尊之坐，或時不自安，則以拜安之也。天子奠斝，諸侯奠角。古，謂夏時也。○斝，古雅反。坐，才卧反。**縮酌用茅，明酌也。**謂泲醴齊，以明酌也。周禮曰：「醴齊縮酌。」五齊，醴尤濁，和之以明酌，泲之以茅，縮去滓也。明酌者，事酒之上也，名曰明者。事酒，今之醳酒，皆新成也。春秋傳曰：「爾貢包茅不入，王祭不共，無以縮酒。」酌，猶斟也。酒已泲，則斟之以實尊彝。昏禮曰：「酌玄酒，三注于尊。」凡行酒，亦爲酌也。○縮，所六反，注同。齊，才細反，下皆同。去，起吕反。醳，音亦。共，音恭。斟，章金反。彝，音夷。注，之樹反。**醆酒涗于清，**謂泲醆酒以清酒也。醆酒，盎齊。盎齊差清，和之以清酒，泲之而已。泲盎齊必和以清酒者，皆久味相得。○醆，側産反。盎，烏浪反。差，初賣反，又初佳反。**汁獻涗于醆酒，**謂泲秬鬯以醆酒也。獻，讀當爲「莎」，齊語，聲之誤也。秬鬯者，中有煮鬱，和以盎齊，摩莎泲之，出其香汁，因謂之汁莎。不以三酒泲秬鬯

〔一〕「尸」，原訛作「尺」，據撫州本、岳本、嘉靖本、八行本、和本、十行本、閩本、監本、毛本、殿本、阮刻本改。

者，秬鬯尊也。○汁，之十反。獻，依注爲「莎」，素何反，下注同。猶明、清與醆酒于舊澤之酒也。猶，若也。澤，讀爲「醳」。舊醳之酒，謂昔酒也。泲醴齊以明酌，泲醆酒以清酒，泲汁獻以醆酒，天子、諸侯之禮也。天子、諸侯禮廢，時人或聞此而不審知，云「若今明酌、清酒與醆酒，以舊醳之酒泲之矣」，就其所知以曉之也。泲清酒以舊醳之酒者，爲其味厚腊毒也。○澤，依注讀爲「醳」，音亦，徐詩石反。爲其，于僞反。腊毒，上音昔，隱義云：「腊，久也，久酒有毒。」祭有祈焉，祈，猶求也，謂祈福祥，求永貞也。有報焉，謂若穫禾報社。有由辟焉。由，用也。辟，讀爲「弭」，謂弭灾兵，遠罪疾也。○辟，依注作「弭」，亡娍反。遠，于萬反。齊之玄也，以陰幽思也。故君子三日齊，必見其所祭者。齊三日者，思其居處，思其笑語，思其志意，思其所樂，則見之也。

内則第十二

○陸曰：「鄭云：『以其記男女居室、事父母舅姑之法。』」

鄭氏注

后王命冢宰，降德于衆兆民。后，君也。德，猶教也。萬億曰兆。天子曰兆民，諸侯曰萬民。周禮冢宰掌飲食，司徒掌十二教。今一云「冢宰」，記者據諸侯也。諸侯并六卿爲三，或兼職焉。○后王，鄭云：「后，君也，謂諸侯也。王，天子也。」盧云：「后，王后也。王，天子也。」孫炎、王肅云：「后王，君王也。」并，必政反。兼，如字，一音古念反。

○子事父母，雞初鳴，咸盥、漱、櫛、縰、笄、總、拂髦、冠、緌、纓、端、韠、紳、搢笏。咸，皆也。縰，韜髮者也。總，束髮也，垂後爲飾。拂髦，振去塵著之，髦用髮爲之[一]，象幼時鬌，其制未聞也。緌，纓之飾也。端，玄端，士服也。庶人深衣。紳，大帶，所以自紳約也。搢，猶扱也，扱笏於紳。笏，所以記事也。○盥，音管，洗手。漱，所救反，徐素遘反。漱，漱口也，下同。櫛，側乙反，梳也。縰，所買反，徐所綺反，黑繒韜髮。笄，古兮反。總，子孔反。髦，音毛。緌，耳佳反。韠，音必。紳，音申。搢，徐音箭，又如字，音晉，插也。笏，音忽。韜，吐刀反。去，起呂反。著，丁略反，下文及注同。鬌，多果反。扱，本又作「捷」，又作「插」，初洽反，徐采協反。**左右佩用：**目佩也[二]。必佩者，備尊者使令也。○令，力呈反。**左佩紛帨、**

〔一〕「髮」，原訛作「髦」，據撫州本、岳本、八行本、殿本、阮刻本改。

〔二〕「目」，原訛作「自」，據考異改。

刀礪、小觿、金燧，紛帨，拭物之巾也，今齊人有言「紛」者。刀礪，小刀及礪礱也。小觿，解小結也。觿貌如錐，以象骨爲之。金燧，可取火於日。○紛，芳云反，或作「帉」，同。帨，始鋭反，佩巾也。觿，許規反，本或作「鑴」，音同，解結錐。燧，音遂，火鏡。拭，音式。礱，力工反。右佩玦、捍、管、遰、大觿、木燧。捍，謂拾也，言可以捍弦也。管，筆彄也。遰，刀鞞也。木燧，鑽火也。○捍，户旦反，謂射捍。遰，時世反，徐作滯。彄，苦侯反。鞞，必頂反。鑽，子官反。偪。偪，行縢。○偪，本又作「幅」，彼力反。縢，徒登反。屨，著綦。綦，屨繫也。○屨，九具反。綦，其記反，注及下同。

○婦事舅姑，如事父母。雞初鳴，咸盥、漱、櫛、縰、笄、總、衣紳。笄，今簪也。衣紳，衣而著紳。○「如父母」，一本作「如事父母」。衣紳，如字，又於既反，注同。簪，徐側林反，又作南反。左佩紛帨、刀礪、小觿、金燧，右佩箴、管、線、纊，施縏袠，大觿、木燧，縏，小囊也。縏袠言「施」，明爲箴、管、線、纊有之。○箴，之林反。線，本又作「綫」，息賤反。纊，音曠。縏，字又作「槃」，同步干反。袠，陳乙反，又作「帙」。囊，奴郎反，又作「橐」，徐音託。明爲，于僞反。衿纓，綦屨。衿，猶結也。婦人有纓，示繫屬也。○衿纓，本又作「紟」，其鴆反，注同。嬰，又作「纓」。以適父母舅姑之所。適，之。及所，下氣怡聲，問衣燠寒，疾痛苛癢，而敬抑搔之。怡，説也。苛，疥也。抑，按。搔，摩也。○燠，本又作「奥」，同於六反，暖也。苛，音何。養，本又作「癢」，以想反。搔，素刀反。説，音悦。疥，音界，説文云：「瘙瘍也。」出入，則或先或後，而敬扶持之。先後之，隨時便也。○便，婢面反。進盥，少者奉槃，長者奉水，請沃盥，盥卒授巾。槃，承盥水者。巾以帨手。○少，詩召反，後皆同。奉，芳勇反，本或作「捧」，下同。長，丁丈反，後皆同。帨，始鋭反，拭手也，本又作「挩」，同。問所欲而敬進之，柔色以温之。温，藉也。承尊者，必和顔色。○温，本又作「藴」，又作「愠」，同於運反，注同。藉，字夜反。饘、酏、酒、醴、芼、羹、菽、麥、蕡、稻、黍、粱、秫，唯所欲。酏，粥也。芼，菜也。蕡，熬枲實。○饘，之然反，厚粥也。酏，羊皮反，薄粥也。芼，毛報反。蕡，字又作「黂」，扶云反，徐扶畏反，大麻子，注同。粱，音良。秫，音述。粥，之六反，又羊六反。熬，五羔反。枲，思里反。棗、栗、飴、蜜以甘之，堇、荁、枌、榆、免、薧、滫、瀡以滑之，脂、膏以膏之。謂用調和飲食也。荁，堇類也。冬用堇，夏用荁。榆白曰枌。免，新生者。薧，乾也。秦人溲曰滫，齊人滑曰瀡也。○飴，羊之反，餳也。堇，音謹，菜也。荁，音丸，似堇而葉大也。枌，扶云反。免，音問，注同。薧，字又作「槀」，苦老反。滫，思酒反，溲也。瀡，音髓，滑也。滑，胡八反，又于八反，諸卷皆同。膏之，古報反。調，如字，又徒弔反。和，如字，又胡卧反。夏用，户嫁反。溲，所九反。父母舅姑必嘗之而后退。敬也。

○男女未冠笄者，雞初鳴，咸盥、漱、櫛、縰、拂髦、總角、衿纓，皆佩容臭。總角，收髪結之。容臭，香物也，以纓佩之，爲迫尊者，給小使也。○冠，古亂反。爲迫，于僞反。昧爽而朝，後成人也。○朝，直遥反，下「而朝」同。後，如字，徐胡豆反，下同。問何食飲矣。若已食，則退；若未食，則佐長者視具。具，饌也。

○凡内外，雞初鳴，咸盥漱，衣服，斂枕簟，灑掃室堂及庭，布席各從其事。斂枕簟者，不欲人見己褻者。簟，席之親身也。○衣，如字，又於既反。簟，徒點反。灑，本又作「洒」，所買反，又所賣反。埽，素報反。

○孺子蚤寢晏起，唯所欲，食無時。又後未成人者。孺子，小子也。○孺，如樹反。蚤，音早。由命士以上，父子皆異宫。昧爽而朝，慈以旨甘，日出而退，各從其事；日入而夕，慈以旨甘。異宫，崇敬也。慈，愛敬進之。日出乃從事，食禄不免農也。○以上，以，或作「已」。上，時掌反，後放此。

○父母、舅姑將坐，奉席請何鄉；將衽，長者奉席請何趾，少者執牀與坐。將衽，謂更卧處。○奉，芳勇反，下同。鄉，許亮反。衽，而鴆反，又而甚反，卧席也。止，本又作「趾」，足也。處，昌慮反。御者舉几，斂席與簟，縣衾篋枕，斂簟而襡之。須卧，乃敷之也。襡，韜也。○縣，音玄。篋，口協反。襡，音獨。

○父母舅姑之衣、衾、簟、席、枕、几，不傳；杖、屨，祗敬之，勿敢近；傳，移也。○傳，丈專反，注同。近，「附近」之「近」。敦、牟、巵、匜，非餕，莫敢用。餕乃用之。牟，讀曰「堥」也。巵、匜，酒漿器。敦、牟，黍稷器也。○敦，音對，又丁雷反。牟，木侯反，齊人呼「土釜」爲牟。巵，音支。匜，羊支反，一音以氏反，杜預注左傳云：「沃盥器也。」餕，音俊。堥，字又作「鍪」，木侯反。與恒食飲，非餕，莫之敢飲食。餕乃食之。恒，常也。旦夕之常食。

○父母在，朝夕恒食，子、婦佐餕，婦皆與夫餕也。既食恒餕。每食餕而盡之，末有原也。父没母存，冢子御食，羣子婦佐餕如初。御，侍也，謂長子侍母食也。侍食者不餕，其婦猶皆餕也。旨甘柔滑，孺子餕。

○在父母、舅姑之所，有命之，應「唯」，敬對，進退周旋慎齊，齊，莊也。○唯，于癸反，徐伊水反。齊，側皆反。升降出入揖遊，不敢噦噫、嚏咳、欠伸、跛倚、睇視，不敢唾洟。睇，傾視也。易曰：「明夷，睇于左股。」○噦，於月反。噫，於界反。嚏，音帝。咳，苦愛反。欠，丘劒反。伸，音申。跛，彼義反。倚，於義反，又其寄反。睇，大計反。視，如字，徐市志反。唾，吐卧反。涕，本又作「洟」，同吐細反。寒不敢襲，癢不敢搔。襲，謂重衣。○重，直龍反。不有敬事，不敢袒裼。父黨無容。○袒，音但。裼，思歷反。不涉不撅。撅，揭衣也。○撅，居衛反。揭，起例反，又起列反，一音起言反。褻衣衾不見裏。爲其可穢。○見，賢遍反，下同。爲，于僞反。穢，紆廢反，又烏會反。父母唾洟不見。輒刷去之。○刷，色劣反。去，丘吕反。冠帶垢，和灰請漱；衣裳垢，和灰請澣。手曰漱，足曰澣。和，漬也。○垢，古口反。漱，素侯反，後皆同。澣，本又作「浣」，户管反。漬，似賜反。衣裳綻裂，紉箴請補綴。綻，猶解也。○綻，字或作「䘺」，直莧反，徐治見反。裂，本又作「列」。紉箴，女陳反，徐而陳反，下之林反。綴，丁劣反，又丁衛反。解，胡賣反，又佳買反。五日則燂湯請浴，三日具沐。其間面垢，燂潘請靧；足垢，燂湯請洗。潘，米瀾也。○燂，詳廉反，温也。潘，芳煩反，淅米汁。靧，音悔，洗面。瀾，力旦反。少事長，賤事貴，共帥時。共，猶皆也。帥，循也。時，是也。禮皆如此也。○男不言內，女不言外。謂事業之次序。非祭非喪，不相授器。祭嚴喪遽，不嫌也。○遽，其據反。其相授，則女受以篚；其無篚，則皆坐奠之，而后取之。奠，停地也。○篚，非鬼反。外內不共井，不共湢浴，不通寢席，不通乞假〔一〕，男女不通衣裳。內言不出，外言不入。湢，浴室也。○湢，彼力反，本又作「偪」。男子入內，不嘯不指，夜行以燭，無燭則止。嘯，讀爲「叱」。叱，嫌有隱使也。○嘯，依注音「叱」，尺失反。女子出門，必擁蔽其面，夜行以燭，無燭則止。擁，猶障也。○障，音章。道路，男子由右，女子由左。地道尊右。○子婦孝者敬者，父母舅姑之命，勿逆勿怠。恃其孝敬之愛，或則違解。○

〔一〕「不通乞假」，自此至卷末，余仁仲本書口文字，多有破損。楊氏札記曰：「本卷自十六頁起至二十八頁止，每頁書口下角皆有破損，劣工裝訂填字，間有差誤，因非原書如此，故已改正，并不再行札記，讀者諒之。原書補破處，每半葉少者一字，至多不過五字，開卷時甚了然也。」

解，佳賣反，下「解倦」同。若飲食之，雖不耆，必嘗而待。待後命而去也。○飲，於鴆反。食，音嗣。耆，市志反。去，起吕反，本又作「而食之」。加之衣服，雖不欲，必服而待；待後命釋藏也。加之事，人代之，已雖弗欲，謂難其妨已業。○難，乃旦反。姑與之而姑使之，而后復之。遠懟怨於勞事。姑，猶且也。○姑與，以渚反，下同。遠，于萬反。懟，直類反，本又作「懟」。子婦有勤勞之事，雖甚愛之，姑縱之，而寧數休之。不可愛此而移苦於彼也。○縱，本又作「從」，足用反。數，色角反。子婦未孝未敬，勿庸疾怨，庸之言用也。姑教之；若不可教，而后怒之；怒，譴責也。○譴，棄戰反。不可怒，子放婦出，而不表禮焉。表，猶明也。猶爲之隱，不明其犯禮之過也。○爲，于僞反。父母有過，下氣怡色，柔聲以諫，諫若不入，起敬起孝，説則復諫；子事父母，有隱無犯。起，猶更也。○説，音悦，下同。不説，與其得罪於鄉黨州閭，寧孰諫。子從父之令，不可謂孝也。周禮曰：「二十五家爲閭，四閭爲族，五族爲黨，五黨爲州，五州爲鄉也。」父母怒，不説而撻之流血，不敢疾怨，起敬起孝。撻，擊也。○撻，吐達反。

○父母有婢子若庶子庶孫，甚愛之，雖父母没，没身敬之不衰。婢子，所通賤人之子。子有二妾，父母愛一人焉，子愛一人焉，由衣服飲食，由執事，毋敢視父母所愛，雖父母没，不衰。由，自也。子甚宜其妻，父母不説，出。宜，猶善也。子不宜其妻，父母曰「是善事我」，子行夫婦之禮焉，没身不衰。父母雖没，將爲善，思貽父母令名，必果；將爲不善，思貽父母羞辱，必不果。貽，遺也。果，決也。○貽，以之反。遺，以季反。

舅没則姑老，謂傳家事於長婦也。○傳，丈專反。冢婦所祭祀賔客，每事必請於姑，婦雖受傳，猶不敢專行也。介婦請於冢婦。以其代姑之事。介婦，衆婦。○介，音界，注及下同。舅姑使冢婦，毋怠。雖有勤勞，不敢解倦。○勌，本又作「倦」，其卷反。不友無禮於介婦。衆婦無禮，冢婦不友之也。善兄弟爲友。娣姒，猶兄弟也。舅姑若使介婦，毋敢敵耦於冢婦，雖有勤勞，不敢掉磬。○掉磬，徒弔反。隱義云：「齊人以相絞訐爲掉磬。」崔云：「北海人謂相激事爲掉磬也。」不敢並行，不敢並命，不敢並坐。下冢婦也。命爲使令。○下，户嫁反。令，力呈反。凡婦，不命適私室，不敢退。婦侍舅姑者也。婦將有事，大小必請於舅姑。不敢專行。子婦無私貨，無私畜，無私器，不敢私假，不敢私與。家事統於尊也。〇畜，許六反，又許又反，又勑六反。婦，或賜之飲食、衣服、布帛、佩帨、茝蘭，則受而獻諸舅姑，舅姑受之則喜，如新受賜；或賜之，謂私親兄弟。〇茝蘭，本又作「芷」，昌改反。韋昭注漢書云：「香草也，昌以反。」又説文云：「虈也。」虈，火喬反，齊人謂之茝，昌在反。若反賜之，則辭；不得命，如更受賜，藏以待乏。待舅姑之乏也。不得命者，不見許也。婦若有私親兄弟，將與之，則必復請其故賜而后與之。

適子、庶子，祗事宗子、宗婦，祗，敬也。宗，大宗。〇復，扶又反。適，丁歷反。雖貴富，不敢以貴富入宗子之家；雖衆車徒舍於外，以寡約入。入，謂入宗子家。子弟猶歸器、衣服、裘衾、車馬，則必獻其上，而后敢服用其次也。猶，若也。子弟若有功德，以物見饋賜，當以善者與宗子也。若非所獻，則不敢以入於宗子之門，謂非宗子之爵所當服也。不敢以貴富加於父兄宗族。加，猶高也。若富，則具二牲，獻其賢者於宗子。賢，猶善也。夫婦皆齊而宗敬焉，當助祭於宗子之家。〇齊，側皆反。終事而后敢私祭。祭其祖禰。

○飯：目諸飯也。黍、稷、稻、粱、白黍、黄粱。稰，穛。孰獲曰稰，生穫曰穛。黍，黄黍也。○稰，思吕反。穛，側角反。膳：目諸膳也。膷、臐、膮、醢、牛炙，醢、牛胾、醢、牛膾，羊炙、羊胾、醢、豕炙，醢、豕胾、芥醬、魚膾，雉、兔、鶉、鷃。此上大夫之禮。庶羞二十豆也。以公食大夫禮饌校之，則「膮」、「牛炙」間，不得有「醢」，「醢」，衍字也。又以「鷃」爲「鴽」也。○膷，音香，牛臛也。臐，許云反，羊臛也。膮，許堯反，豕臛也；字林云：「豕羹也。」火攸反。炙，章夜反，下同。胾，側吏反。膾，古外反〔一〕。芥，徐姬邁反。鶉，順倫反。鷃，音晏。食，音嗣，「酏食」、「糝食」並同。鴽，音如，下文同。

○飲：目諸飲也。重醴，稻醴清糟，黍醴清糟，粱醴清糟。重，陪也。糟，醇也。清，泲也。致飲有醇者，有泲者。陪，設之也。○重，直龍反，注同。糟，子曹反，徐徂到反〔二〕。醇，常倫反。泲，子禮反。或以酏爲醴，釀粥爲醴。黍酏，酏粥。漿，酢酨〔三〕。○酢，七故

〔一〕「古」，原訛作「右」，據彙校卷第十二、撫釋一、和本、十行本、閩本、監本、毛本、殿本、阮刻本改。

〔二〕「徂」，原訛作「但」，據彙校卷十二、撫釋一改。

〔三〕「酨」，原訛作「胾」，據撫州本、八行本、阮刻本改。

反。䣱〔一〕，才載反。水，清新。醷，梅漿。○醷，本又作「臆」，於紀反，徐於力反。濫。以諸和水也。以周禮「六飲」校之，則濫，凉也。紀、莒之間，名諸爲濫。○濫，力暫反。以諸，乾桃、乾梅皆曰諸。

○酒：目諸酒也。清、白。白，事酒、昔酒也。

○羞：目諸羞也。糗餌、粉酏。糗，擣熬穀也，以爲粉餌與餈。此記似脱。周禮：「羞籩之實，糗餌、粉餈；羞豆之實，酏食、糝食。」此「酏」當爲「餰」，以稻米與狼臅膏爲餰是也。○糗，起九反，又昌紹反。餌，音二，下同。酏，讀曰「餈」，又作「餰」，之然反，又之善反。擣，本又作「搗」，丁老反，下同。餈，本又作「粢」，自私反，下同。糝，西感反。臅，昌録反，徐又音燭。

○食：目人君燕食所用也。○食，音嗣，飯也。下「苽食」、「麥食」、「食齊」皆同，徐如字。蝸醢而苽食、雉羹，麥食、脯羹、雞羹，折稌、犬羹、兔羹，和糝不蓼。苽，彫胡也。稌，稻也。凡羹齊，宜五味之和，米屑之糝，蓼則不矣。此脯，所謂析乾牛羊肉也。○蝸，力戈反。苽，音孤，字又作「菰」，同。雉羹，絶句。麥食、脯羹、雞羹，絶句。折，之列反。

〔一〕「䣱」，原訛作「𩓿」，據彙校卷十二、撫釋一六、阮刻本改。

稌，音杜，徐他古反。和糁，上胡卧反，下三敢反，注同。蓼，音了。齊，才細反，下文同。析，星曆反，下同。 **濡豚，包苦實蓼；濡雞，醢醬實蓼；濡魚，卵醬實蓼；濡鼈，醢醬實蓼。** 凡濡，謂亨之以汁和也。苦，苦荼也，以包豚殺其氣。卵，讀爲「鯤」。鯤，魚子，或作「攔」也。○濡，音而，下同。苞，伯交反。醢，音海，一本作「醯」，呼兮反，次、下句同。卵，依注音「鯤」，古門反。亨，普彭反，煑也。荼，音徒。「攔」，音關，本又作「捫」，音門。 **腶脩，蚳醢；** 腶脩，捶脯於畺桂也。蚳，蚍蜉子也。○腶，丁亂反。蚳，直其反，蟻子也。捶，徐之蘂反。蜱，本又作「蚍」，音毗。蜉，本又作「蚹」〔一〕，音浮。 **脯羹，兔醢；麋膚，魚醢；魚膾，芥醬；麋腥，醢醬；桃諸、梅諸，卵鹽。** 自「蝸醢」至此，二十六物〔二〕，似皆人君燕所食也，其饌則亂。○膚，切肉也。膚，或爲「胖」。卵鹽，大鹽也。○卵，力管反。胖，音判。

○凡食齊視春時， 飯宜温也。 **羹齊視夏時，** 羹宜熱也。○夏，户嫁反，下放此。 **醬齊視秋時，** 醬宜凉也。 **飲齊視冬時。** 飲宜寒也。

〔一〕「蚹」，原訛作「蜉」，據阮刻本改。

〔二〕「二」，原訛作「一」，據撫州本、岳本、嘉靖本、八行本、和本、殿本、阮刻本改。

○凡和，春多酸，夏多苦，秋多辛，冬多鹹，調以滑甘。多其時味，以養氣也。○牛宜稌，羊宜黍，豕宜稷，犬宜粱，鴈宜麥，魚宜苽。言其氣味相成。○春宜羔豚，膳膏薌；夏宜腒鱐，膳膏臊；秋宜犢麛，膳膏腥；冬宜鮮羽，膳膏羶。此八物，四時肥美也。爲其大盛，煎以休廢之膏，節其氣也。牛膏薌，犬膏臊，雞膏腥，羊膏羶。腒，乾雉也。鱐，乾魚也。鮮，生魚也。羽，鴈也。○薌，音香。腒，其居反，盧云雉腊，説文云：「北方謂鳥腊曰腒。」鱐，本又作「驌」，所求反。臊，素刀反。麛，音迷，鹿子也。腥，音星，雞膏也，説文作「胜」，云犬膏臭也。羶，升然反。爲，于僞反。大盛，音太。

○牛脩、鹿脯、田豕脯、麋脯、麕脯，麋、鹿、田豕、麕，皆有軒，雉、兔皆有芼。脯，皆析乾其肉也。軒，讀爲「憲」，憲，謂藿葉切也。芼，謂菜釀也。軒，或爲「胖」。○麏，九倫反，本又作「麋」，又作「麕」，下「田豕麏」同〔一〕。軒，音憲，出注，後放此。爵、鷃、蜩、范，蜩，蟬也。范，蜂也。○蜩范，上音條，下音犯。范，螽也。螽，本又作「蜂」，芳凶反。芝

〔一〕「麏」，原訛作「麕」，据撫釋一改。

栭、蔆、椇、棗、栗、榛、柹〔一〕、瓜、桃、李、梅、杏、柤〔二〕、梨、薑、桂。蔆，芰也。椇，枳椇也。柤〔三〕，梨之不臧者。自「牛脩」至此，三十一物，皆人君燕食所加庶羞也。周禮天子「羞用百有二十品」，記者不能次録。○芝，音之。栭，音而，本又作「檽」。蔆，音陵。椇，音矩。榛，側巾反。柹，音俟。柤，側加反。芰，其寄反。枳，居氏反。

○大夫燕食，有膾無脯，有脯無膾。士不貳羹胾，庶人耆老不徒食。尊卑差也。

○膾，春用葱，秋用芥。豚，春用韭，秋用蓼。芥，芥醬也。脂用葱，膏用薤。脂，肥凝者。釋者曰膏。○韰，户界反，俗本多作「薤」，非也。三牲用藙，藙，煎茱萸也，漢律，會稽獻焉，尒雅謂之椴。○藙，魚氣反。會，古外反。稽，古兮反。椴，色八反，似茱萸而實赤小。和用醯，畜與家物自相和也。○和，户卧反，注皆同，注又如字。醯，呼兮反，酢也。畜，許又反，又許六反。獸用梅。亦野物自相和。鶉羹、雞羹、鴽，釀之蓼。釀，

〔一〕「柹」，原訛作「柿」，據唐石經、撫州本、岳本、段玉裁説文注、考異改，下釋文同。

〔二〕「柤」，原訛作「樝」，據唐石經、撫州本、岳本、八行本、和本改。

〔三〕「柤」，原訛作「椇」，據撫州本、岳本、八行本、和本改，下釋文同。

謂切雜之也。鴽在「羹」下，烝之不羹也。○鶉雞羹，本又作「鶉羹雞羹」。魴、鱮烝，雛燒，雉，薌無蓼。薌，蘇荏之屬也。燒，煙於火中也。自「膾用葱」至此，言調和菜釀之所宜也。○魴鱮，上音房，下音叙。烝，皇絶句，之丞反。雛字，又作「鶵」〔一〕，仕俱反，又匠俱反。賀讀「魴鱮烝雛」爲句。燒，如字，一音焦，皇絶句。雉，皇此一句，一讀「雉薌」爲句。蘇荏，而甚反。調，徒弔反。不食雛鼈。狼去腸，狗去腎，狸去正脊，兔去尻，狐去首，豚去腦，魚去乙，鼈去醜。皆爲不利人也。雛鼈，伏乳者。乙，魚體中害人者名也，今東海鰫魚有骨名乙，在目旁，狀如篆乙，食之鯁人不可出。醜，謂鼈竅也。○去，起吕反，下並同。尻，苦刀反。腦，奴老反。爲，于僞反，下「皆爲」同。伏，扶又反。乳，而樹反。鰫，音容。篆，直轉反。鯁，本又作「哽」，古猛反，字林云「鯁魚骨也」，又工孟反。竅，苦叫反。肉曰脱之，魚曰作之，棗曰新之，栗曰撰之，桃曰膽之，柤梨曰攢之。皆治擇之名也。○膽，丁敢反。攢，再官反，本又作「鑽」。

○牛夜鳴則庮。羊泠毛而毳，羶。狗赤股而躁，臊。鳥皫色而沙鳴，鬱。

〔一〕「鶵」，原訛作「雛」，據彙校卷第十二、撫釋一改。

豕望視而交睫，腥。馬黑脊而般臂，漏。雛尾不盈握，弗食。舒鴈翠，鵠鴞胖，舒鳧翠，雞肝，鴈腎，鴇奧，鹿胃。亦皆爲不利人也。庮，惡臭也。春秋傳曰：「一薰一庮。」泠毛毳，毛別聚旃不解者也〔一〕。赤股，股裏無毛也。麃色，毛變色也。沙，猶嘶也。鬱，腐臭也。望視，視遠也。腥，當爲「星」，聲之誤也。星，肉中如米者。般臂，前脛般般然也。漏，當爲「螻」，如螻蛄臭也。舒鴈，鶩也。翠，尾肉也。鵠鴞胖，謂脅側薄肉也。舒鳧，鶩也。鴇奧，脾肶也。鵠，或爲「鴇」也。○庮，音由。泠，音零。泠，結毛如氈也。毳，昌鋭反。躁，早報反。麃，本又作「𪆫」，劉昌宗音普保反，徐芳表反，又普表反。沙，如字，一音所嫁反，注同。睫，音接。腥，依注作「星」，説文云：「腥，星見食豕，令肉中生小息肉也。」字林音先定反。般，音班。臂，本又作「辟」，必避反，徐方避反。漏，依注音「螻」，力侯反〔二〕。鵠，胡篤反。鴞，于驕反。胖，音判。鴇，音保。奧，於六反。胃，音謂，字又作「膶」，同。薰，許云反，或作「焄」，又作「葷」。解，胡買反。嘶，音西，字又作「斯」，音同。腐，扶甫反。脛，胡定反。蛄，音姑。鵝，五何反。鶩，音木。脾，扶移反。肶，昌私反。

〔一〕「旃」，原訛作「於」，據撫州本、岳本、八行本改。

〔二〕「力」，原訛作「立」，據彙校卷第十二、撫釋一、和本、十行本、閩本、監本、毛本、殿本、阮刻本改。

○肉腥，細者爲膾，大者爲軒。言大切、細切，異名也。膾者，必先軒之，所謂聶而切之也。○腥，音星，字林作「胜」，云「不熟也」，先丁反。聶，本又作「攝」，又作「牒」，皆之涉反，下同。或曰：麋、鹿、魚爲菹，麕爲辟雞，野豕爲軒，兔爲宛脾，切葱若薤，實諸醯以柔之。此軒、辟雞、宛脾，皆菹類也。釀菜而柔之，以醯殺腥肉及其氣，今益州有鹿臡者，近由此爲之矣。菹、軒，聶而不切。辟雞、宛脾，聶而切之。軒，或爲「胖」。宛，或作「鬱」。○麕爲，九倫反。辟，必益反，徐芳益反，注同。宛，于晚反。脾，婢支反。醯，徐呼兮反，本或作「醓」。臡，於偽反，益州人取鹿殺而埋之地中，令臭乃出食之，名「鹿臡」是也。近，「附近」之「近」。

○羹食，自諸侯以下至於庶人無等。羹食，食之主也。庶羞乃異耳。○食，音嗣，注「羹食」并下文「食禮」同。大夫無秩膳。謂五十始命，未甚老也。秩，常也。大夫七十而有閣，有秩膳也。閣以板爲之，庋食物也。○庋，又作「庪」，九委反，或居彼反，本亦作「庪」。天子之閣，左達五，右達五。公、侯、伯於房中五，大夫於閣三，士於坫一。達，夾室。大夫言「於閣」，與天子同處。天子二五，倍諸侯也。五者，三牲之肉及魚腊也。○坫，丁念反。夾，古洽反，又古協反。處，昌慮反。

○凡養老，有虞氏以燕禮，夏后氏以饗禮，殷人以食禮，周人脩而兼用之。凡五十養於鄉，六十養於國，七十養於學，達於諸侯。八十拜君命，一坐再至，瞽亦如之。九十者使人受。五十異粻，六十宿肉，七十貳膳，八十常珍，九十飲食不違寢，膳飲從於遊可也。六十歲制，七十時制，八十月制，九十日脩，唯絞紟衾冒，死而后制。五十始衰，六十非肉不飽，七十非帛不煖，八十非人不煖，九十雖得人不煖矣。五十杖於家，六十杖於鄉，七十杖於國，八十杖於朝，九十者，天子欲有問焉，則就其室，以珍從。七十不俟朝，八十月告存，九十日有秩。五十不從力政，六十不與服戎，七十不與賓客之事，八十齊喪之事弗及也。五十而爵，六十不親學，七十致政。凡自七十以上，唯衰麻爲喪。凡三王養老，皆引年。八十者，一子不從政。九十者，其家不從政，瞽亦如之。凡父母在，子雖老，不坐。有虞氏養國老於上庠，養庶老於下庠。夏后氏養國老於東序，養庶老於西序。殷人養國老於右學，養庶老於左學。周人養國老於東膠，養庶老於虞庠，虞庠在國之西郊。有虞氏皇而祭，深衣而養老。夏后氏收而祭，燕衣而養老。殷人冔而祭，縞衣而養老。周人冕而祭，玄衣而養老。記王制有此。○粻，知良反，糧也，字林云「量也」。絞，古交反。紟，其鴆反，本又作「衿」，同。冒，亡報反。煖，乃管反。朝，直遥反，下同。珍從，才用反，又如字。與，音預，下同。齊，側皆反。衰，七回反。膠，音交。冔，况甫反。縞，古老反，又古報反。

○曾子曰：「孝子之養老也，樂其心，不違其志，樂其耳目，安其寢處，以其飲食忠養之，孝子之身終。終身也者，非終父母之身，終其身也。是故父母之所愛亦愛之，父母之所敬亦敬之，至於犬馬盡然，而况於人乎？」賤喻貴也。○樂，音洛，下同。養，羊亮反。

○凡養老，五帝憲。憲，法也。養之，爲法其德行。○爲，于僞反。行，下孟反。三王有乞言。有，讀爲「又」，又從之求善言可施行也。○有，音又，出注。五帝憲，養氣體而不乞言，有善則記之爲惇史。三王亦憲，既養老而后乞言，亦微其禮，皆有惇史。惇史，史孝厚者也〔一〕。微其禮者，依違言之，求而不切也。○惇，音敦，敦厚也。

〔一〕「孝」，原訛作「惇」，據撫州本、八行本改。

○淳熬：煎醢加于陸稻上，沃之以膏，曰淳熬。淳，沃也。熬，亦煎也。沃煎成之以爲名。○淳熬，之純反，下五羔反，下及注同。淳毋：煎醢加于黍食上，沃之以膏，曰淳毋。毋，讀曰「模」。模，象也。作此象淳熬。○毋，依注音「模」，莫胡反，下同。食，音嗣。炮：取豚若將，刲之刳之，實棗於其腹中，編萑以苴之，塗之以謹塗，炮之，塗皆乾，擘之，濯手以摩之，去其皽。爲稻粉，糔溲之以爲酏，以付豚，煎諸膏，膏必滅之。鉅鑊湯，以小鼎薌脯於其中，使其湯毋滅鼎。三日三夜毋絶火，而后調之以醯醢。炮者，以塗燒之爲名也。將，當爲「牂」。牂，牝羊也[一]。刲刳，博異語也。謹，當爲「墐」[二]，聲之誤也。墐塗，塗有穰草也。皽，謂皮肉之上魄莫也。糔溲，亦博異語也，糔讀與「滫瀡」之「滫」同。薌脯，謂煑豚若羊於小鼎中，使之香美也。謂之脯者，既去皽，則解析其肉使薄，如爲脯然，唯豚全耳。豚羊入鼎三日，乃内醯醢，可食也。○炮，步交反。將，依注音「牂」，子郎反。刲，苦圭反。刳，口孤反，又口侯反。編，必縣反，又步典

[一]「牝」，原訛作「牡」，據撫州本、八行本改。

[二]「墐」，原訛作「瑾」，據撫州本、岳本、八行本、和本、十行本、閩本、監本、毛本、殿本、阮刻本改。

反。萑，音丸，蘆也。苴，子餘反，苞裹也。謹，依注作「墐」，音斤，徐如字。炮之，絶句。涂皆乾，絶句。涂，本亦作「塗」。擘之，必麥反，絶句。濯，直角反。去，起吕反，注同。皽，章善反。糔，息酒反，又相流反，又息了反。溲，所九反。付，徐音賦。鉅，音巨，其據反。鑊，户郭反。「使湯」，一本作「使其湯」。穰，如羊反，草也。魄莫，上普伯反，或普博反，下亦作「漠」，武博反。析，星曆反。

○擣珍：取牛、羊、麋、鹿、麕之肉，必脄，每物與牛若一，捶反側之，去其餌，孰出之，去其皽，柔其肉。脄〔一〕，脊側肉也。捶，擣之也。餌，筋腱也。柔之，爲汁和也，汁和亦醯醢與？○脄，音每，徐亡代反，夾脊肉。餌，音二，本或作「皽」，下句作「餌」。筋，音斤。腱，徐其偃反，皇紀偃反，一音其言反。隱義云：「筋之大者。」王逸注楚詞云：「筋，頭也。」與，音餘。

○漬：取牛肉必新殺者，薄切之，必絶其理，湛諸美酒，期朝，而食之以醢若醷。湛，亦漬也。○湛，子潛反，直蔭反，又將鴆反，一音陟鴆反，注同。期，音朞。

〔一〕「脄」，原訛作「豚」，據撫州本、岳本、八行本、和本、閩本、監本、毛本、阮刻本、殿本改。

〇爲熬：捶之，去其皽，編萑，布牛肉焉，屑桂與薑以洒諸上而鹽之，乾而食之。施羊亦如之。施麋、施鹿、施麕，皆如牛羊。欲濡肉，則釋而煎之以醢；欲乾肉，則捶而食之。熬，於火上爲之也，今之火脯似矣。欲濡欲乾，人自由也。醢，或爲「醓」。此七者，周禮「八珍」，其一「肝膋」是也。〇洒，所買反，徐西見反。鹽，音豔，又如字。「乾而食之」，一本無「而食之」三字。濡，音儒，下同。膋，音遼，徐音勞。

〇糝：取牛、羊、豕之肉，三如一，小切之，與稻米，稻米二，肉一，合以爲餌，煎之。此周禮「糝食」也。〇食，音嗣，下「酏食」同。

〇肝膋：取狗肝一，幪之以其膋，濡炙之，舉燋其膋，不蓼。膋，腸間脂。舉，或爲「巨」。〇幪，音蒙。燋，字又作「焦」，子消反。取稻米，舉糔溲之，小切狼臅膏，以與稻米爲酏。狼臅膏，臆中膏也。以煎稻米，則以今膏餍矣。此周禮「酏食」也。此「酏」，當從餰。〇酏，讀爲「餈」，之然反，又之善反，注「餈」同。臆，音憶。餍，本又作「餈」，又作「餍」，並同之然反，又音贊。

〇禮始於謹夫婦。爲宮室，辨外内，男子居外，女子居内。深宮固門，閽寺守之，男不入，女不出。閽，掌守中門之禁也。寺，掌內人之禁令也。○閽，音昏。男女不同椸枷，不敢縣於夫之楎椸〔一〕，不敢藏於夫之篋笥，不敢共湢浴。竿謂之椸。楎，杙也。○杝，本又作「椸」，以支反。枷，音嫁。縣，音玄。楎，音輝。笥，息吏反。竿，音干。杙，音弋。夫不在，斂枕篋簟席，襡器而藏之。不敢褻也。少事長，賤事貴，咸如之。咸，皆也。夫婦之禮，唯及七十，同藏無間。衰老無嫌。及，猶至也。○間，徐「間厠」之「間」，皇如字讀。故妾雖老，年未滿五十，必與五日之御。五十始衰，不能孕也，妾閉房，不復出御矣。此御，謂侍夜勸息也。五日一御，諸侯制也。諸侯取九女，姪娣兩兩而御，則三日也；次兩媵，則四日也；次夫人專夜，則五日也。天子十五日乃一御。○「年未五十」，本又作「年未滿五十」。與，音預。復，扶又反，下文「夫復」同。姪，大結反。娣，大計反。媵，羊證反，又繩證反。將御者，齊、漱、澣，慎衣服，櫛、縰、笄、總角、拂髦，衿纓、綦屨。其往如朝也。角，衍字也。拂髦，或爲「繆髦」也。○齊，争皆反，下皆同。澣，音浣。朝，直遥反，下文「朝服」、注「朝於君」皆同。繆，居虯反。雖婢妾，衣服飲食，必

〔一〕「楎」，原訛作「揮」，據唐石經、撫州本、岳本、八行本、和本、閩本、監本、毛本、殿本、阮刻本改，釋文同。

後長者。人貴賤不可以無禮。○後，胡豆反。妻不在，妾御，莫敢當夕。辟女君之御日也。○辟，音避，下「辟人」、「雖辟」皆同。

○妻將生子，及月辰，居側室。側室，謂夫之室〔一〕，次燕寢也。夫使人日再問之。作而自問之。妻不敢見，使姆衣服而對。至于子生，夫復使人日再問之。作，有感動。○見，賢遍反，下及注同。姆，音茂，字林亡又反，女師也，一音母，又音亡久反。夫齊，則不入側室之門。若始時使人問。子生，男子設弧於門左，女子設帨於門右。表男女也。弧者，示有事於武也。帨，事人之佩巾也。三日，始負子，男射女否。始有事也。負之，謂抱之而使鄉前也。○鄉，休亮反，下文「西鄉」皆同。

○國君世子生，告于君，接以大牢，宰掌具。接，讀爲「捷」。捷，勝也，謂食其母，使補虛强氣也。○接，依注音「捷」，字妾反，下「接子」同。食，音嗣，下注「食子」、「食乳」皆同。三日，卜士負之，吉者宿齊，朝服寢門外，詩負之。射人以桑弧蓬矢六，射

〔一〕「夫」，原訛作「夾」，據八行本、阮校、孫校改。

天地四方。詩之言承也。桑弧蓬矢，本大古也。天地四方，男子所有事也。○射天地，食亦反。承，如字，徐音「拯救」之「拯」。大，音泰。保受，乃負之。代士也。保，保母。宰醴負子，賜之束帛。醴，當爲「禮」，聲之誤也。禮以一獻之禮，酬之以幣也。卜士之妻、大夫之妾，使食子。食子不使君妾，適妾有敵義，不相褻以勞辱事也。士妻、大夫之妾，謂時自有子。○嫡，本亦作「適」，同丁歷反。

○凡接子擇日，雖三日之内，尊卑必皆選其吉焉。冢子則大牢，天子世子也。冢，大也。冢子，猶言長子，通於下也。庶人特豚，士特豕，大夫少牢，國君世子大牢。皆謂長子。其非冢子，則皆降一等。謂冢子之弟及衆妾之子生也。天子、諸侯少牢，大夫特豕，士特豚，庶人猶特豚也。

○異爲孺子室於宫中，特埽一處以處之。○一處，尺御反。擇於諸母與可者，必求其寬裕、慈惠、温良、恭敬、慎而寡言者，使爲子師，其次爲慈母，其次爲保母，皆居子室。此人君養子之禮也。諸母，衆妾也。可者，傅、御之屬也。子師，教示以善道者。慈母，知其嗜欲者。保母，安其居處者。士妻食乳之而已。○耆，市志反。他人無事不往。爲兒精氣微弱，將驚動也。○爲，于僞反，下「爲改」、「爲大温」皆同。三月之末，擇日翦髮爲鬌，男角女羈，否，則男左女右。鬌，所遺髮也。夾囟曰角，午達曰羈也〔一〕。○鬌，丁果反，徐大果反。囟，音信，又思忍反。是日也，妻以子見於父，貴人則爲衣服，由命士以下皆漱澣。貴人，大夫以上也。由，自也。男女夙興，沐浴，衣服，具視朔食。朔食，天子大牢，諸侯少牢，大夫特豕，士特豚也。夫入門，升自阼階，立于阼，西鄉。妻抱子出自房，當楣立，東面。入門者，入側室之門也。大夫以下見子，就側室，見妾子於内寢，辟人君也。○楣，音眉。姆先，相曰：「母某敢用時日祗見孺子。」某，妻姓，若言「姜氏」也。祗，敬也，或作「振」。○相，息亮反。夫對曰：「欽有帥。」父執子之右手，咳而名之。欽，敬也。帥，循也。言教之敬使有循也。執右手，明將授之事也。○孩，字又作「咳」，户才反。妻對曰：「記有成。」遂左還，授師。記，猶識也。識夫之言，使有成也。師，子師也。○還，音旋，轉也。子師辯告諸婦諸母名。後告諸母，

〔一〕「午」，原訛作「牛」，據撫州本、岳本、八行本、和本、閩本、監本、毛本、殿本、阮刻本改。

若名成於尊。○辯，音遍，下同。妻遂適寢。復夫之燕寢。夫告宰名，宰辯告諸男名，書曰「某年某月某日某生」而藏之。宰，謂屬吏也。春秋書「桓六年九月丁卯，子同生」。宰告閭史。閭史書爲二，其一藏諸閭府，其一獻諸州史。州史獻諸州伯，州伯命藏諸州府。四閭爲族。族，百家也。閭胥，中士一人。五黨爲州，州二千五百家也。州長，中大夫一人也。皆有屬吏。獻，猶言也。夫入，食如養禮。夫入，已見子入室也。其與妻食，如婦始饋舅姑之禮也。○養，羊尚反。

○世子生，則君沐浴、朝服，夫人亦如之，皆立于阼階，西鄉。世婦抱子，升自西階，君名之，乃降。子升自西階，則人君見世子於路寢也。見妾子，就側室。凡子生，皆就側室。諸侯夫人朝於君，次而褖衣也。○褖，通亂反。適子、庶子，見於外寢，撫其首，咳而名之，禮帥初，無辭。此適子，謂世子弟也。庶子，妾子也。外寢，君燕寢也。無辭，辭謂「欽有帥」、「記有成」也。○適，丁歷反，注及下同。

○凡名子，不以日月，不以國，終使易諱。○易，以豉反。不以隱疾，諱衣中之疾，難爲醫也。大夫、士之子，不敢與世子同名。尊世子也。其先世子生，亦勿爲改。

妾將生子，及月辰，夫使人日一問之。子生三月之末，漱澣夙齊，見於内寢，禮之如始入室。君已食，徹焉，使之特餕，遂入御。内寢，適妻寢也。禮謂已見子，夫食而使獨餕也。如始入室，始來嫁時。妾餕夫婦之餘，亦如之。既見子，可以御。此謂大夫、士之妾也。凡妾稱夫曰君。○「三月之末」，一本作「子生三月之末」〔一〕。

○公庶子生，就側室。三月之末，其母沐浴，朝服見於君，擯者以其子見。君所有賜，君名之。衆子，則使有司名之。擯者，傅姆之屬也。人君尊，雖妾，不抱子。有賜，於君有恩惠也。有司，臣有事者也。魯桓公名子，問於申繻也。○繻，音須。

○庶人無側室者，及月辰，夫出居羣室。其問之也，與子見父之禮，無以異也。夫雖辟之，至問妻及見子，禮同也。庶人或無妾。

○凡父在，孫見於祖，祖亦名之，禮如子見父，無辭。見子於祖，家統於尊也。父在，則無辭。有適子者無適孫，與見庶子同也〔二〕。父卒而有適孫，則有辭，與見冢子同。父

〔一〕「末」，原訛作「未」，據彙校卷第十二、撫釋一、和本、十行本、閩本、監本、毛本、殿本、阮刻本改。
〔二〕「庶子」，原訛作「冢子」，據撫州本、岳本、八行本、和本、十行本、閩本、監本、毛本、殿本、阮刻本改。

雖卒，而庶孫猶無辭也。

○食子者三年而出，見於公宫則劬。劬，勞也。士妻、大夫之妾，食國君之子，三年出歸其家，君有以勞賜之。○食，音嗣，注及下文「食母」同。勞賜，力報反。大夫之子有食母，選於傅、御之中。喪服所謂「乳母」也。士之妻自養其子。賤不敢使人也。

○由命士以上，及大夫之子，旬而見。旬，當爲「均」，聲之誤也。有時適、妾同時生子，子均而見者，以生先後見之。既見乃食，亦辟人君也。易説卦：「坤爲均。」今亦或作「旬」也。○旬，音均，出注。冢子未食而見，必執其右手；適子、庶子已食而見，必循其首。天子、諸侯，尊别世子，雖同母，禮則異矣。未食已食，急正緩庶之義也。○别，彼列反，下「其别」同。

○子能食，食教以右手。能言，男「唯」女「俞」。男鞶革，女鞶絲。俞，然也。鞶，小囊盛帨巾者。男用韋，女用繒，有飾緣之，則是鞶裂與？詩云：「垂帶如厲。」紀子帛名裂繻，字雖今異，意實同也。○食食，上如字，下音嗣。唯，于癸反，徐以水反。俞，以朱反。鞶，步干反。盛，音成。緣，于絹反。裂，音列，或音厲。與，音預。厲，音列。六年，教之數與方名。方名，東西。七年，男女不同席，不共食。蚤其别也。八年，出入門户，及即席飲食，必後長者，始教之讓。示以廉耻。○後，胡豆反。九年，教之數日。朔望與六甲也。○數，所主反。十年，出就外傅，居宿於外，學書計〔一〕。衣不帛襦袴。外傅，教學之師也。不用帛爲襦袴，爲大温，傷陰氣也。禮帥初，朝夕學幼儀，請肄簡諒。禮帥初，遵習先日所爲也。肄，習也。諒，信也。請習簡，謂所書篇數也。請習信，謂應對之言也。○襦，字又作「𧝓」，音儒。袴，苦故反。肄，本又作「肆」，同以二反。大，音泰。十有三年，學樂誦詩，舞勺。成童，舞象，學射御。先學勺，後學象，文武之次也。成童，十五以上。○勺，章略反，注同〔二〕。二十而冠，始學禮，可以衣裘帛，舞大夏，惇行孝弟，博學不教，内而不出。大夏，樂之文武備者也。内而不出，謂人之謀慮也。○冠，古亂反。衣，於既反。行，如字，又下孟反。弟，音悌。三十而有室，始理男事，博學無方，孫友視志。室，猶妻也。男事，受田給政役也。方，猶常也。至此，學無

〔一〕「計」，原訛作「記」，據唐石經、撫州本、岳本、八行本、閩本、監本、殿本改。

〔二〕「勺章略反注同」六字，原亂在釋文「大音泰」下，據閩本、監本、殿本乙正。

常，在志所好也。孫，順也。順於友，視其所志也。○孫，音遜，注同。好，呼報反。四十始仕，方物出謀發慮，道合則服從，不可則去。方，猶常也。物，猶事也。○去，如字。五十命爲大夫，服官政。統一官之政也。七十致事。致其事於君而告老。

○凡男拜，尚左手。左，陽。

○女子十年不出，恒居内也。姆教婉娩聽從，婉，謂言語也。娩之言媚也。媚，謂容貌也。○婉，紆晚反，徐紆願反。娩，音晚，徐音萬。執麻枲，治絲繭，織紝組紃，學女事，以共衣服，紃，絛。○枲，思里反。繭，古典反。紝，女金反，又如林反。組，音祖。紃，音巡。共，音恭。絛，他刀反。觀於祭祀，納酒漿、籩豆、菹醢，禮相助奠。當及女時而知。○相，息亮反。十有五年而笄，謂應年許嫁者。女子許嫁，笄而字之。其未許嫁，二十則笄。○應，「應對」之「應」。二十而嫁。有故，二十三年而嫁。故，謂父母之喪。聘則爲妻，聘，問也。妻之言齊也，以禮見問，則得與夫敵體。奔則爲妾。妾之言接也。聞彼有禮，走而往焉，以得接見於君子也。奔，或爲「衒」。○見，賢遍反。衒，古「縣」字，本又作「御」字，魚據反。凡女拜，尚右手。右，陰也。

禮記卷第八

經陸仟柒伯肆拾叁字

注柒仟叄拾叁字

音義肆仟玖伯捌拾肆字

仁仲比校訖

禮記注

下册

〔漢〕鄭玄注
王鍔點校

中華書局

禮記卷第九

玉藻第十三

〇陸曰：「鄭云：『以其記服冕之事也。冕之旒，以藻紃貫玉爲飾，因以名之。』」

鄭氏注

天子玉藻，十有二旒，前後邃延，龍卷以祭。祭先王之服也。雜采曰藻。天子以五采藻爲旒，旒十有二。前後邃延者，言皆出冕，前後而垂也，天子齊肩。延，冕上覆也，玄表纁裏。龍卷，畫龍於衣，字或作「衮」。〇藻，本又作「璪」，音早。旒，力求反。邃，雖醉反，深也，注同。延，如字，徐餘戰反，字林作「綖」，弋善反。卷，音衮，古本反，注同。玄端而朝日於東門之外，聽朔於南門之外，閏月則闔門左扉，立于其中。端，當爲「冕」，字之誤也。玄衣而冕，冕服之下。朝日，春分之時也。東門、南門，皆謂國門也。天子廟及路寢，皆如明堂制。明堂在國之陽，每月就其時之堂而聽朔焉。卒事，反宿路寢亦如之。閏月，非常月也。聽其朔於明堂門中，還處路寢門，終月。凡聽朔，必以特牲告其帝及神，配以文王、武王。○端，音冕，出注，下諸侯「玄端」同。朝，直遥反，篇内除下注「朝之餘」，皆同。闔，胡獵反。扉，音非，一本作「則闔門左扉。」皮弁以日視朝，遂以食，日中而餕，奏而食。日少牢，朔月大牢。餕，食朝之餘也。奏，奏樂也。○餕，音俊。五飲：上水、漿、酒、醴、酏。上水，水爲上，餘其次之。○酏，以支反。卒食，玄端而居。天子服玄端燕居也。動則左史書之，言則右史書之。其書，春秋、尚書其存者。御瞽幾聲之上下。瞽，樂人也。幾，猶察也，察其哀樂。○瞽，音古。上，時掌反。哀樂，音洛。年不順成，則天子素服，乘素車，食無樂。自貶損也。

○諸侯玄端以祭，祭先君也。端，亦當爲「冕」，字之誤也。諸侯祭宗廟之服，唯魯與天子同。裨冕以朝，朝天子也。裨冕，公衮，侯伯鷩，子男毳也。○裨，婢支反。鷩，必列反。毳，昌鋭反。皮弁以聽朔於大廟，皮弁，下天子也。○大，音泰，後「大廟」同。下，户嫁反。朝服以日視朝於内朝。朝服，冠、玄端、素裳也。此内朝，路寢門外之正朝也。天子、諸侯皆三朝。朝，辨色始入。羣臣也。入，入應門也。辨，猶正也，别也。○辨，如字，徐扶免反。别，彼列反。君日出而視之，退適路寢聽政，使人視大夫，大夫退，然後適小寢，釋服。小寢，燕寢也。釋服，服玄端。又朝服以食，特牲三俎，祭肺。食必復朝服，所以敬養身也。三俎，豕、魚、腊。○復，扶又反。夕深衣，祭牢肉。祭牢肉，異於始殺也。天子言「日中」，諸侯言「夕」，天子言「餕」，諸侯言祭「牢肉」，互相挾。○挾，户頰反。朔月少牢，五俎四簋。五俎，加羊與其腸胃也。朔月四簋，則日食粱、稻各一簋而已。○簠，音甫，本或作「簋」。腸也，音胃。子卯，稷食菜羹。忌日貶也。○食，音嗣。夫人與君同庖。不特殺也。○庖，步交反，徐扶交反，下同。君無故不殺牛，大夫無故不殺羊，士無故不殺犬、豕。故，謂祭祀之屬。君子遠庖厨，凡有血氣之類，弗身踐也。踐，當爲「翦」，聲之誤也。翦，猶殺也。○遠，于萬反。踐，音翦，子淺反，出注。至于八月不雨，君不舉。爲旱變也。此謂建子之月不雨，盡建未月也。春秋之義，周之春夏無雨，未能成災。至其秋秀實之時而無雨，則雩。雩而得之，則書「雩」，喜祀有益也；雩而不得，則書「旱」，明災成也。○爲，于僞反，下「皆爲」、「猶爲」、「明爲」、「爲失」皆同。夏，户嫁反。年不順成，君衣布搢本，關梁不租，山澤列而不賦，土功不興，大夫不得造車馬。皆爲凶年變也。君衣布者，謂若衛文公「大布之衣，大帛之冠」是也。搢本，去珽荼，佩士笏也。士以竹爲笏，飾本以象。關梁不租，此周禮也，殷則關恒譏而不征。列之言遮列也。雖不賦，猶爲之禁，不得非時取也。造，謂作新也。○衣，於既反，注「君衣布」同。搢，徐音箭，又如字。去，丘呂反，下「刷去」同。珽，他頂反。荼，音舒。笏，音忽。遮，支奢反。

○卜人定龜，謂靈、射之屬所當用者。○射，音亦，周禮作「繹」，尒雅作「謝」。史定墨，視兆坼也。○坼，勑白反。君定體。視兆所得也。周公曰：「體，王其無害。」

○君羔幦虎犆。幦，覆苓也。犆，讀皆如「直道而行」之「直」，直，謂緣也。此君齊車之飾。○幦，音覓，徐苦狄反。犆，依注音直，下同。苓，本又作「軨」，音零。緣，尹絹反，後文、注皆放此。齊，側皆反，下文、注皆同。大夫齊車，鹿幦豹犆[一]，朝車。士齊車，鹿幦豹犆。臣之朝車，與齊車同飾。

○君子之居恒當户。鄉明。○鄉，許亮反。寢恒東首。首生氣也。○首，手又反，注同。若有疾風、迅雷、甚雨，則必變，雖夜必興，衣服冠而坐。敬天之怒。○

[一]「鹿」，原訛作「豹」，據唐石經、撫州本、岳本、八行本、和本、十行本、閩本、監本、毛本、殿本、阮刻本改。

迅，音峻，又音信。衣，於既反，下「衣布」同，又如字。**日五盥，沐稷而靧粱，櫛用樿櫛，髮晞用象櫛。進機進羞，工乃升歌。**晞，乾也。沐靧必進機作樂，盈氣也。更言進羞，明爲羞籩豆之實。○盥，音管。靧，音悔。櫛，側乙反。樿，章善反。機，其既反。**浴用二巾，上絺下綌。**刷去垢也。○絺，丑疑反。綌，去逆反。刷，色劣反。垢，古口反。**出杅，履蒯席，連用湯。**杅，浴器也。蒯席澀，便於洗足也。連，猶釋也。○杅，音雩。蒯，苦怪反。連，力旦反，釋也〔一〕，注同。澁，所戢反。便，婢面反。**履蒲席，衣布晞身，乃屨，進飲。**進飲，亦盈氣也。○屨，九具反，本又作「履」。**將適公所，宿齊戒，居外寢，沐浴。史進象笏，書思對命。**思，所思念將以告君者也。對，所以對君者也。命，所受君命也〔二〕。書之於笏，爲失忘也。**既服，習容，觀玉聲，**玉佩。**乃出。揖私朝，煇如也。登車，則有光矣。**私朝，自大夫家之朝也。揖其臣，乃行。○煇，音暉。**天子搢珽，方正於天下也。**此亦笏也。謂之珽，珽之言珽然無所屈也，或謂之大圭，長三尺，杼上終葵首。終葵

〔一〕「釋」，原訛作「稺」，據彙校卷十二、撫釋一、阮刻本改。
〔二〕「也」上，原衍「者」字，據撫州本、八行本删。

首者，於杼上又廣其首，方如椎頭，是謂無所屈，後則恒直。相玉書曰：「珽玉六寸，明自炤。」○長，直亮反，後放此。杼，直吕反。葵，如字。終葵，椎也。椎，直追反，下同。相，息亮反。珽，他頂反，本又作「珵」，音呈。炤，音照。**諸侯荼，前詘後直，讓於天子也。**荼，讀爲「舒遲」之「舒」。舒懦者，所畏在前也。詘，謂圜殺其首，不爲椎頭。諸侯唯天子詘焉，是以謂笏爲荼。○荼，音舒。詘，丘勿反。後，如字，徐胡豆反。懦，乃亂反，又奴卧反，怯懦也，又作「儒」，人于反，弱也，皇云：「學士。」圜，音圓。殺，色戒反，徐所例反，篇内皆同。**大夫前詘後詘，無所不讓也。**大夫，奉君命出入者也。上有天子，下有己君，又殺其下而圜。**侍坐則必退席，不退，則必引而去君之黨。**引，卻也。黨，鄉之細者。退，謂旁側也，辟君之親黨也。○「黨鄉之細也退謂旁側也」，一本或作「黨鄉之細者謂傍側也避君之親黨。」

○**登席不由前，爲躐席。**升必由下也。○爲，于僞反，又如字。躐，力輒反。**徒坐，不盡席尺。**示無所求於前，不忘謙也。**讀書，食則齊，豆去席尺。**讀書，聲當聞尊者，食爲汙席也。○爲，于僞反，下「爲大有」同。汙，「汙穢」之「汙」，又烏卧反。

○**若賜之食而君客之，則命之祭然後祭。**雖見賓客，猶不敢備禮也。侍食則正不祭。**先飯，辯嘗羞，飲而俟。**俟君食而後食也。君將食，臣先嘗之，忠孝也。○飯，扶晚反，下至「三飯」及注皆同〔一〕。辯嘗，音遍。若有嘗羞者，則俟君之食，然後食，飯飲而俟。不祭侍食，不敢備禮也。不嘗羞，膳宰存也。飯飲，利將食也。君命之羞，羞近者。辟貪味也。○辟，音避。命之品嘗之，然後唯所欲。必先徧嘗之。○徧，音遍，本又作「備」。凡嘗遠食，必順近食。從近始也。君未覆手，不敢飧。覆手以循咡，已食也。飧，勸食也。○覆，芳服反，注同。飧，音孫，注及下同。咡，耳侍反。君既食，又飯飧。飯飧者，三飯也，臣勸君食，如是可也。不敢先君飽。○先，息薦反，下同。君既徹，執飯與醬，乃出，授從者。食於尊者之前，當親徹也。○從，才用反。

○凡侑食，不盡食，食於人不飽。謙也。○侑，音又。唯水漿不祭，若祭，爲已倈卑。水漿非盛饌也。已，猶大也。祭之，爲大有所畏，迫臣於君，則祭之。○倈，虚涉反，厭也。大，音泰，下同，下「瓦大」亦同。君若賜之爵，則越席，再拜稽首受，登席祭之，飲卒爵，而俟君卒爵，然後授虚爵。不敢先君盡爵。君子之飲酒也，受一爵

〔一〕「及」，原訛作「文」，據彙校卷十二、撫釋一、和本、閩本、監本、毛本、殿本、阮刻本改。

而色洒如也，洒如，肅敬貌。洒，或爲「察」。〇洒，先典反，又西禮反。王肅作「察」，云：「明貌也。」二爵而言言斯，言言，和敬貌。斯，猶耳也。〇言言，魚斤反，注同。禮已三爵而油油，油油，説敬貌。〇油油，音由，本亦作「由」。王肅本亦作「二爵而言」，注云「飲二爵可以語也」；又云「言斯禮」，注云「語必以禮也」；「三爵而油」，注云「悦敬貌」，無「已」及下「油」字也。説，音悦。以退。禮，飲過三爵則敬殺，可以去矣。退則坐取屨，隱辟而后屨，坐左納右，坐右納左。隱辟，俛逡巡而退著屨也。〇辟，匹亦反，徐房亦反，注同。「而屨」，一本作「而後屨」。俛，音免。逡，七廵反。遁，音廵。著屨，丁略反。

〇凡尊，必上玄酒。不忘古也。唯君面尊。面，猶鄉也。燕禮曰：「司宮尊于東楹之西，兩方壺，左玄酒，南上。公尊瓦大兩，有豐，在尊南，南上。」〇鄉，許亮反。唯饗野人皆酒。飲賤者，不備禮。〇飲，於鴆反。大夫側尊用棜，士側尊用禁。棜，斯禁也，無足，有似於棜，是以言棜。〇棜，於據反，注同。斯，如字，又音賜。

〇始冠，緇布冠，自諸侯下達，冠而敝之可也。本太古耳，非時王之法服也。〇冠，古亂反，下「冠而」、注「始冠」同。敝，音弊，本亦作「弊」。玄冠朱組纓，天子之冠也。緇布冠繢緌，諸侯之冠也。皆始冠之冠也。玄冠，委貌也。諸侯緇布冠有緌，尊者飾也。繢，或作「繪」。緌，或作「蕤」。○繢，户内反，注「繪」同。緌，本又作「蕤」，耳隹反，注及下皆同。玄冠丹組纓，諸侯之齊冠也。玄冠綦組纓，士之齊冠也。言齊時所服也。四命以上，齊、祭異冠。○齊，側皆反，下同。綦，音其，徐其記反，雜色也。上，時掌反，下「而上」同，後皆放此。縞冠玄武，子姓之冠也。謂父有喪服，子爲之不純吉也。武，冠卷也。古者冠、卷殊。○縞，古老反，又古報反，下同。爲，于僞反。卷，起權反，下同。縞冠素紕，既祥之冠也。紕，緣邊也。紕，讀如「埤益」之「埤」。既祥之冠也，已祥祭而服之也。間傳曰：「大祥，素縞麻衣。」○紕，音埤，又婢支反。間，古閑反。傳，直專反。垂緌五寸，惰游之士也。惰游，罷民也。亦縞冠素紕，凶服之象也。垂長緌，明非既祥。○惰，徒臥反。罷，音皮。玄冠縞武，不齒之服也。所放不帥教者。居冠屬武，謂燕居冠也。著冠於武，少威儀。○屬，章欲反。著，皇直略反，徐丁略反。自天子下達，有事然後緌。燕、無事者去飾。○去，丘吕反，下同。五十不散送，送喪不散麻，始衰不備禮。○散，悉旦反，注同。衰，所追反。親没不髦，去爲子之飾。○不髦，音毛。大帛不緌。帛，當爲「白」，聲之誤也。大帛，謂白布冠也。不緌，凶服去飾。**玄冠紫緌，自魯桓公始也。**蓋僭宋王者之後服也。緌，當用「繢」。○僭，子念反，後同。

○朝玄端，夕深衣。深衣三袪，謂大夫士也。三袪者，謂要中之數也。袪，尺二寸，圍之爲二尺四寸。三之，七尺二寸。○朝，直遥反。深衣三袪，起魚反，本或無「衣」字。要，一遥反，下文、注同。**縫齊倍要，**縫，紩也。紩下齊倍要中，齊丈四尺四寸。縫，或爲「逢」，或爲「豐」。○縫，音逢。齊，音咨，本又作「齋」，注同。紩，直乙反，徐治栗反。**衽當旁，**衽，謂裳幅所交裂也。凡衽者，或殺而下，或殺而上，是以小要取名焉。衽屬衣，則垂而放之；屬裳，則縫之以合前後。上下相變。○衽，而審反，又而鴆反。屬，音燭，下同。**袂可以回肘，**二尺二寸之節。○袂，面世反。肘，竹丑反。**長、中繼揜尺，**其爲長衣、中衣，則繼袂揜一尺，若今褎矣。深衣則緣而已。○褎，音袖，下文同。**袷二寸，**曲領也。○袷，音劫。**袪尺二寸，**袂口也。**緣廣寸半。**飾邊也。○廣，徐公曠反，後放此。**以帛裏布，非禮也。**中外宜相稱也。冕服，絲衣也，中衣用素。皮弁服、朝服、玄端，麻衣也，中衣用布。○裏，音里。稱，尺證反。**士不衣織。**織，染絲織之。士衣染繒也。○衣，於既反，注及下注同。織，音志，注「織染」同。繒，似綾反。無君者不貳采。大夫去位，宜服玄端、玄裳。○去，如字。衣正色，裳間色。謂冕服，玄上纁下。○間，「間廁」之「間」〔一〕。非列采不入公門，列采，正服。振絺綌不入公門，表裘不入公門，振，讀爲「袗」，袗，禪也。表裘，外衣也。二者形且褻，皆當表之，乃出。○振，依注爲「袗」，之忍反。禪，音丹，下文注同。襲裘不入公門。衣裘，必當裼也。○裼，思歷反。纊爲繭，緼爲袍，衣有著之異名也。纊，謂今之新綿也。緼，謂今纊及舊絮也。○纊，音曠。繭，古典反。緼，紆粉反，又紆郡反。袍，步羔反。絮，胥慮反。禪爲絅，有衣裳而無裏。○絅，苦迥反，徐又音迥。帛爲褶。有表裏而無著。○褶，音牒，袷也。

○朝服之以縞也，自季康子始也。亦僭宋王者之後。孔子曰：「朝服而朝，卒朔然後服之。」謂諸侯與羣臣也。諸侯視朔皮弁服。曰：「國家未道，則不充其服焉。」謂若衛文公者。未道，未合於道。唯君有黼裘以誓省，大裘非古也。僭天子也。

〔一〕「間間廁」，原脱一「間」，據彙校卷第十二、撫釋一、紹熙本、阮刻本補。

天子祭上帝，則大裘而冕。大裘，羔裘也。黼裘，以羔與狐白雜爲黼文也。省，當爲「獮」，獮，秋田也。國君有黼裘，誓獮田之禮，時大夫又有大裘也。○黼，音甫。省，依注作「獮」，息典反，秋獮名。**君衣狐白裘，錦衣以裼之。**君衣狐白毛之裘，則以素錦爲衣覆之，使可裼也。袒而有衣曰裼。必覆之者，裘褻也。詩云：「衣錦絅衣，裳錦絅裳。」然則錦衣復有上衣明矣。天子狐白之上衣，皮弁服與？凡裼衣，象裘色也。○衣，於既反，下文「不衣」同。復，扶又反。與，音餘。**君之右虎裘，厥左狼裘。**衛尊者宜武猛。**士不衣狐白。**辟君也。狐之白者少，以少爲貴也。○辟，音避。**君子狐青裘豹褎，玄綃衣以裼之。**君子，大夫、士也。綃，綺屬也，染之以玄，於狐青裘相宜。狐青裘，蓋玄衣之裘。○豹，包教反。綃，音消。**麛裘青豻褎，絞衣以裼之。**豻，胡犬也。絞，蒼黃之色也。孔子曰：「素衣麛裘。」○麛，音迷。豻，音岸，胡地野犬。絞，户交反。**羔裘豹飾，緇衣以裼之。**飾，猶褎也。孔子曰：「緇衣羔裘。」**狐裘，黄衣以裼之。**黄衣，大蜡時臘先祖之服也。孔子曰：「黄衣狐裘。」○蜡，仕嫁反。臘，力合反。**錦衣狐裘，諸侯之服也。**非諸侯，則不用錦衣爲裼。**犬羊之裘不裼，**質略，亦庶人無文飾。**不文飾也不裼。**裼主於有文飾之事。**裘之裼也，見**

美也。君子於事，以見美爲敬。○見，賢遍反，注、下注及下文同。弔則襲，不盡飾也。喪非所以見美。君在則裼，盡飾也。臣於君所。服之襲也，充美也。充，猶覆也。所敬不主於君則襲。是故尸襲，尸尊。執玉、龜，襲，重寶瑞也。無事則裼，弗敢充也。謂已致龜玉也。

○笏：天子以球玉，諸侯以象，大夫以魚須文竹，士竹本象可也。球，美玉也。文，猶飾也。大夫、士飾竹以爲笏，不敢與君並用純物也。○球，音求。魚須文竹，崔云：「用文竹及魚班也。」隱義云：「以魚須飾文竹之邊。」須，音班。見於天子與射，無說笏。入太廟說笏，非古也。言凡吉事，無所說笏也。太廟之中，唯君當事說笏也。○說，本又作「稅」，同他活反，下及注同。小功不說笏，當事免則說之。免，悲哀哭踊之時，不在於記事也。小功輕，不當事，可以搢笏也。○免，音問，注同。既搢必盥，雖有執於朝，弗有盥矣。搢笏輒盥，爲必執事。○爲，于僞反。凡有指畫於君前，用笏；造受命於君前，則書於笏；笏畢用也，因飾焉。畢，盡也。○畫，呼麥反。造，皇七報反，舊七刀反。笏度：二尺有六寸，其中博三寸，其殺六分而去一。殺，猶杼也。天子杼上終葵首，諸侯不終葵首。大夫、士又杼其下，首廣二寸半。○去，起呂反，下注「去上」、「則去」、「去飾」同。**而素帶，終辟。大夫素帶，辟垂。士練帶，率下辟。居士錦帶，弟子縞帶。并紐約用組。**而素帶，終辟，謂諸侯也。諸侯不朱裏，合素爲之，如今衣帶爲之，下天子也。大夫亦如之。率，繂也。士以下皆禪，不合而繂積，如今作幧頭爲之也。辟，讀如「裨冕」之裨，裨，謂以繒采飾其側。人君充之，大夫裨其紐及末，士裨其末而已。居士，道藝處士也。此自「而素帶」，亂脱在是耳，宜承「朱裏，終辟」。○帶，音戴。辟，依注爲裨，婢支反，下同，徐又音卑，下「緇辟」、「終辟」皆放此。率，音律，注及下同。并，必政反。紐，女久反。組，音祖。下，户嫁反。繂，音律。幧，七綃反，又七曹反。**韠：君朱，大夫素，士爵韋。**此玄端服之韠也。韠之言蔽也。凡韠，以韋爲之，必象裳色。裳色[一]，則天子、諸侯玄端朱裳，大夫素裳，唯士玄裳、黄裳、雜裳也。皮弁服，皆素韠。○韠，音必。**圜、殺、直：**目韠制。○圜，音圓。**天子直，**四角直，無圜殺。**公侯前後方，**殺四角，使之方，變於天子也。所殺者，去上下各五寸。**大夫前方後挫角，**圜其上角，變於君也。韠以下爲前，以上爲後。○挫，

〔一〕「裳色」，原脱，據撫州本、八行本補。

作卧反。士前後正。士賤，與君同，不嫌也。正，直方之間語也。天子之士則直，諸侯之士則方。韠，下廣二尺，上廣一尺，長三尺，其頸五寸，肩、革帶博二寸。頸五寸，亦謂廣也。頸中央，肩兩角，皆上接革帶以繫之，肩與革帶廣同。凡佩，繫於革帶。○頸，吉井反，又吉成反。大夫大帶四寸。雜帶：君朱緑，大夫玄華，士緇，辟二寸，再繚四寸。凡帶有率，無箴功。雜，猶飾也，即上之裨也。君裨帶，上以朱，下以緑，終之。大夫裨垂，外以玄，内以華。華，黄色也。士裨垂之下，外内皆以緇，是謂緇帶。大夫以上以素，皆廣四寸。士以練，廣二寸，再繚之。凡帶，有司之帶也，亦繂之如士帶矣。無箴功，則不裨之。士雖繂帶，裨亦用箴功。凡帶不裨，下士也。此又亂脱在是，宜承「紳、韠、結三齊」。○繚，音了。箴，音針。下士，崔如字，或户嫁反。一命緼韍幽衡，再命赤韍幽衡，三命赤韍葱衡。此玄冕、爵弁服之韠。尊祭服，異其名耳。韍之言亦蔽也。緼，赤黄之間色，所謂韎也。衡，佩玉之衡也。幽，讀爲「黝」，黑謂之黝。青謂之葱。周禮，公侯伯之卿三命，其大夫再命，其士一命；子男之卿再命，其大夫一命，其士不命。○緼，音温。韍，音弗。幽，讀爲黝，出注，幼糾反，黑也，下同。韎，莫拜反，又音妹。天子素帶，朱裏，終辟。謂大帶也。王后褘衣，夫人揄狄。褘，讀如「翬」。揄，讀如「摇」。翬、摇皆翟雉名也。刻繒而畫之，著於衣以爲飾，因以爲名也，後世作字異耳。夫人，三夫人，亦侯伯之夫人也。王者之後，夫人亦褘衣。○褘，音翬，許韋反，注及下同。揄，音摇，羊消反。尔雅云：「伊、洛而南，素質五色皆備成章曰翬。江、淮而南，青質五色皆備成章曰鷂。」鷂，音遥。謂刻畫此雉形以爲后、夫人服也。翟，直曆反。著，直略反，又丁略反。

○三寸，長齊于帶。紳長制：士三尺，有司二尺有五寸。子游曰：「參分帶下，紳居二焉〔一〕。」紳、韠、結三齊。三寸，謂約帶紐組之廣也。長齊于帶，與紳齊也。紳，帶之垂者也。言其屈而重也。論語曰：「子張書諸紳。」有司，府史之屬也。三分帶下而三尺，則帶高於中也。結，約餘也。此又亂脱在是，宜承「約用組」。結，或爲衿。○紳，音申，本亦作「申」，下同。重，直龍反。**君命屈狄，再命褘衣，一命襢衣，士褖衣。**君，女君也。屈，周禮作「闕」，謂刻繒爲翟，不畫也。此子男之夫人及其卿、大夫、士之妻命服也。褘，當爲「鞠」，字之誤也。禮，天子諸侯命其臣，后、夫人亦命其妻以衣服，所謂「夫尊於朝，妻榮於室」也。子男之卿再命而妻鞠衣，則鞠衣、襢衣、褖衣者，諸侯之臣皆分爲三等，其妻以次受此服

〔一〕「二」，原訛作「一」，據唐石經、撫州本、八行本、殿本、阮刻本改。

也。公之臣，孤爲上，卿、大夫次之，士次之。侯伯子男之臣，卿爲上，大夫次之，士次之。褖，或作「稅」。○屈，音闕，注同。褘，依注音「鞠」，居六反，又曲六反。襢，張戰反。褖，吐亂反，注作「稅」，音同。**唯世婦命於奠繭，其他則皆從男子**[一]。奠，猶獻也。凡世婦已下，蠶事畢，獻繭乃命之以其服。天子之后、夫人、九嬪，及諸侯之夫人，夫在其位，則妻得服其服矣。自「君命屈狄」至此，亦亂脱在是，宜承「夫人揄狄」。**凡侍於君，紳垂，足如履齊，頤霤垂拱，視下而聽上，視帶以及袷，聽鄉任左。**紳垂則磬折也。齊，裳下緝也。袷，交領也。○齊，音咨，本又作「齎」，注同。頤，以支反。霤，力救反。袷，居業反。鄉，許亮反。折，之列反，又市列反，篇末放此。緝，七入反。

[一] 自「而素帶終辟」至「其他則皆從男子」，諸本錯亂嚴重。據鄭玄注，乙正如下：「天子素帶，朱裏，終辟。而[諸侯]素帶，終辟。大夫素帶，辟垂。士練帶，率下辟。居士錦帶，弟子縞帶。并紐約，用組三寸，長齊于帶。紳長制：士三尺，有司二尺有五寸。子游曰：『參分帶下，紳居二焉。』紳、韠、結三齊。大夫大帶四寸。雜帶：君朱綠，大夫玄華，士緇，辟二寸，再繚四寸。凡帶有率，無箴功。肆束及帶，勤者有事則收之，走則擁之。韠：君朱，大夫素，士爵韋。圜、殺、直：天子直，公侯前後方，大夫前方後挫角，士前後正。韠，下廣二尺，上廣一尺，長三尺，其頸五寸，肩、革帶博二寸。一命緼韍幽衡，再命赤韍幽衡，三命赤韍葱衡。王后褘衣，夫人揄狄。君命屈狄，再命褘衣，一命襢衣，士褖衣。唯世婦命於奠繭，其他則皆從男子。」

○凡君召以三節，二節以走，一節以趨。節，所以明信輔君命也。使使召臣，急則持二，緩則持一。周禮曰：「鎮圭以徵守。」其餘未聞也。今漢使者擁節。○使使，上音史，下色吏反。鎮，珍刃反，徐音珍。守，手又反。漢使，色吏反。在官不俟屨，在外不俟車。趨君命也。必有執隨授之者。官，謂朝廷治事處也。○處，昌慮反。

○士於大夫，不敢拜迎而拜送。禮不敵，始来拜，則士辟也。○辟，音避，下「亦辟」、「辟先」、「辟德」皆同。士於尊者先拜，進面，荅之拜則走。士往見卿大夫，卿大夫出迎，荅拜亦辟也。士於君所言大夫，没矣則稱謚若字，名士。與大夫言，名士，字大夫。君所，大夫存亦名。於大夫所，有公諱，無私諱。公諱，若言語所辟先君之名。凡祭不諱，廟中不諱。謂祝嘏之辭中有先君之名者也。凡祭，祭羣神[一]，廟中上不諱下。○嘏，古雅反。教學臨文不諱。爲惑未知者。○爲，于僞反，下「爲幼」、「爲起事」同。

○古之君子必佩玉，比德焉。君子，士已上。右徵角，左宮羽，玉聲所中也。徵、

〔一〕「神」，原訛作「臣」，據撫州本、岳本、嘉靖本、八行本、和本、閩本、監本、毛本、殿本、阮刻本改。

角在右，事也，民也，可以勞；宮、羽在左，君也，物也，宜逸。○徵，張里反，注同。中，丁仲反，下文同。**趨以采齊**，路門外之樂節也。門外謂之趨。齊，當爲「楚薺」之「薺」。○趨，七須反，本又作「趣」。齊，依注作「薺」[一]，疾私反。采薺，詩篇名。**行以肆夏**，登堂之樂節。**周還中規**，反行也，宜圜。○還，音旋，本亦作「旋」，下同。圜，音圓。**折還中矩**，曲行也，宜方。○折，之設反。**進則揖之，退則揚之，然後玉鏘鳴也。**揖之，謂小俛見於前也。揚之，謂小仰見於後也。鏘，聲貌。○鏘，七羊反。見，賢遍反，下同。**故君子在車，則聞鸞和之聲，行則鳴佩玉，是以非辟之心無自入也。**鸞在衡，和在式。自，由也。○辟，本又作「僻」，匹亦反，又婢亦反，徐芳益反。**君在不佩玉，左結佩，右設佩。**謂世子也。出所處而君在焉，則去德佩而設事佩，辟德而示即事也。結其左者，若於事未有能也。結者，結其綬，不使鳴也[二]。**居則設佩，**謂所處而君不在焉。**朝則結佩，**朝於君，亦結左。**齊則綪結佩而爵韠。**綪，屈也，結又屈之，思神靈，不在事也。爵韠者，齊服玄端。○齊，側

[一]「薺」，原訛作「齊」，據彙校卷第十二、撫釋一、紹熙本、十行本、閩本、監本、毛本、殿本、阮刻本改。
[二]「也」，原訛作「焉」，據撫州本、岳本、八行本、阮刻本改。

皆反，注同。綪，側耕反。凡帶必有佩玉，唯喪否。喪主於哀，去飾也。凡，謂天子以至士。佩玉有衝牙。居中央以前後觸也。○衝，昌容反。君子無故玉不去身，君子於玉比德焉。故，謂喪與災眚。○烖，音災。眚，色耿反。天子佩白玉而玄組綬，公侯佩山玄玉而朱組綬，大夫佩水蒼玉而純組綬，世子佩瑜玉而綦組綬，士佩瓀玟而緼組綬。玉有山玄、水蒼者，視之文色所似也。綬者，所以貫佩玉，相承受者也。純，當爲「緇」。古文「緇」字，或作「絲」旁「才」。綦，文雜色也。緼，赤黄。○綬，音受。純，讀爲「緇」，側其反。瑜，羊朱反。綦，音其。瓀，而兖反，徐又作「碝」，同。玟，武巾反，字又作「砇」，同。緼，音温。孔子佩象環五寸而綦組綬。謙不比德，亦不事也。象，有文理者也。環，取可循而無窮。

○童子之節也：緇布衣，錦緣，錦紳并紐，錦束髮，皆朱錦也。童子，未冠之稱也。冠禮曰：「將冠者采衣，紒也。」○并紐，必正反，下女丑反。冠，古亂反，下並同。稱，尺證反。紒，音計。肆束及帶，勤者有事則收之，走則擁之。肆，讀爲「肄」。肄，餘也。餘束，約紐之餘紐也。勤，謂執勞辱之事也。此亦亂脱在是，宜承「無箴功」。○肆，音肄，以四反。童子不裘不帛，不屨約。無緦服，聽事不麻，無事則立主人之南，北面〔一〕，見先生，從人而入。皆爲幼少，不備禮也。雖不服緦，猶免、深衣，無麻，往給事也。裘帛温，傷壯氣也。約，屨頭飾也。○約，其俱反。見，賢遍反。少，詩照反，下「少儀」同。免，音問。

○侍食於先生、異爵者，後祭先飯。謙也。○飯，扶晚反。客祭，主人辭曰：「不足祭也。」祭者，盛主人之饌也。客飧，主人辭以疏。飧者，美主人之食也。疏之言麤也。○飧，音孫，注及下同。主人自置其醬，則客自徹之。敬主人也。徹，奠于序端。一室之人，非賓客，一人徹。同事合居者也。賓客則各徹其饌也。壹食之人，一人徹。壹，猶聚也，爲赴事聚食也。凡燕食，婦人不徹。婦人質，不備禮。

○食棗、桃、李，弗致于核。恭也。○核，行隔反。瓜祭上環，食中，棄所操。上環，頭忖也。○操，七刀反。忖，本又作「刌」，寸本反，徐子本反。凡食果實者後君子，

〔一〕「南北面」，原訛作「北面」，據撫州本、岳本、八行本、和本、閩本、監本、毛本、殿本、阮刻本、王念孫經義述聞改。

陰陽所成，非人事也。○後，胡豆反。火孰者先君子。備火齊不得也。○先，悉薦反。齊，才細反。有慶，非君賜，不賀。唯君賜爲榮也。有憂者。此下絶亡，非其句也。勤者有事則收之，走則擁之。此補脱，重。○脱，音奪。重，直用反，又直龍反。孔子食於季氏，不辭，不食肉而飧。以其待已及饌非禮也。君賜車馬，乘以拜；賜衣服，服以拜。敬君惠也。賜，君未有命，弗敢即乘、服也。謂卿大夫受賜於天子者，歸必致於其君，君有命，乃服之。君賜，稽首，據掌，致諸地。致首於地。據掌，以左手覆案右手也。○覆，芳服反。酒肉之賜弗再拜。輕也。受重賜者拜受，又拜於其室也。凡賜，君子與小人不同日。慎於尊卑。○慎，一本作「順」。

○凡獻於君，大夫使宰，士親，皆再拜稽首送之。敬也。膳於君，有葷、桃、茢，於大夫去茢，於士去葷，皆造於膳宰。膳，美食也。葷、桃、茢，辟凶邪也。大夫用葷、桃，士桃而已。葷，薑及辛菜也。茢，菼帚也。造於膳宰，既致命而授之。葷，或作「焄」。○葷，許云反，注「焄」同。茢，音列，又音例。去，起呂反，下同。造，七報反，注同。辟，必亦反。邪，似嗟反。菼，吐敢反，郭璞云：「烏蓲也，取其苗爲帚。」帚，本或作「箒」，之手反。大夫不親拜，爲君之荅己也。不敢變動至尊。○爲，于僞反，下注「爲其」同。大夫拜賜而退，士待諾而退，又拜，弗荅拜。小臣受大夫之拜，復以入告，大夫拜便辟也。○復，扶又反，下「不復」同。辟，音避，下「辟尊者」同。大夫親賜士，士拜受，又拜於其室；衣服，弗服以拜。異於君惠也。拜受，又就拜於其家，是所謂再拜也。敵者不在，拜於其室。謂來賜時不見也，見則不復往也。○敵，本又作「適」，音狄。凡於尊者有獻，而弗敢以聞。此謂獻辭也。少儀曰：「君將適他，臣若致金玉貨貝於君，則曰：『致馬資於有司。』」是其類也。士於大夫不承賀，下大夫於上大夫承賀。承，受也。士有慶事，不聽大夫親來賀己，不敢變動尊也。○聽，天丁反。親在，行禮於人稱父；人或賜之，則稱父拜之。事統於尊。○禮不盛，服不充。禮盛者服充。大事不崇曲敬。故大裘不裼，乘路車不式。謂祭天也。周禮：王祀昊天上帝則服大裘而冕，乘玉路。或曰：乘兵車不式。○父命呼，「唯」而不「諾」，手執業則投之，食在口則吐之，走而不趨。至敬。○唯，于癸反，徐以水反。親老，出不易方，復不過時。不可以憂父母也。易方，爲其不信已所處也。復，反也。親癠，色容不盛，此孝子之疏節也。言非至孝也。癠，病也。王季有疾，文王色憂，行不能正履。○痺，才細反。父没而不能讀父之書，手澤存焉爾；母没而杯圈不能飲焉，口澤之氣存焉爾。孝子見親之器物，哀惻不忍用也。圈，屈木所爲，謂巵匜之屬。○圈，起權反，注同。巵，音支。匜，以支反。

○君入門，介拂闑，大夫中棖與闑之間，士介拂棖。此謂兩君相見也。棖，門楔也。君入必中門，上介夾闑。大夫介、士介鴈行於後，示不相沿也。君若迎聘客，擯者亦然。○介，音界，下及注同。闑，魚列反，門橛也。棖，直衡反，門楔也，謂兩傍木。楔，徐古八反，皇先結反。行，户剛反。沿，悦宣反。

○賓入不中門，不履閾。辟尊者所從也。此謂聘客也。閾，門限。○閾，音域，又況域反。公事自闑西，聘享也。私事自闑東。覿面也。

○君與尸行接武，尊者尚徐，蹈半迹。○蹈，徒報反。大夫繼武，迹相及也。士中武，迹間容迹。徐趨皆用是，君、大夫、士之徐行也，皆如與尸行之節也。疾趨則欲發，而手足毋移。疾趨，謂直行也，疏數自若。發，謂起屨也。移之言靡迆也〔一〕。毋移，欲其

〔一〕「迆」，原訛作「匜」，據岳本、嘉靖本、八行本改。

直且正。欲，或爲「數」。○毋移，上音無，下如字。數，色角反，下同。匜，羊爾反。**圈豚行，不舉足，齊如流，**圈，轉也。豚之言若有所循。不舉足，曳踵則衣之齊如水之流矣。孔子執圭則然。此徐趨也。○圈，舉遠反，又去阮反，注同。豫，本又作「豚」，同大本反，徐徒困反，注同。齊如流〔一〕，音咨，本又作「齋」，同。踵，章勇反。**席上亦然。**尊處亦尚徐也。○處，尺慮反。**端行，頤霤如矢。弁行，剡剡起屨。**此疾趨也。端，直也。頤，或爲「霤」也。○頤霤，上音夷，下力救反。弁，皮彦反，急也。剡，以漸反，字林因冉反。霤，音夷，徐音追。**執龜玉，舉前曳踵，蹜蹜如也。**著徐趨之事。○宿宿，色六反，本或作「蹜」，同。

○凡行容惕惕，惕惕，直疾貌也。凡行，謂道路也。○惕，音傷，又音陽，直而疾也。**廟中齊齊，**恭慤貌也。○齊，才兮反，賀在啟反。**朝廷濟濟翔翔。**莊敬貌也。○濟，徐子禮反，有威儀也。翔，本又作「洋」，音詳。**○君子之容舒遲，見所尊者齊遬，**謙慤貌也。遬，猶蹙蹙也。○齊遬，音咨，又側

〔一〕「流」，原脱，據彙校卷第十二、撫釋一補。

皆反，下音速。蹙，子六反。足容重，舉欲遲也。手容恭，高且正也。目容端，不睇視也。○睇，大計反。口容止，不妄動也。聲容靜，不噦欬也。○噦，於厥反。欬，苦大反。頭容直，不傾顧也。氣容肅，似不息也。立容德，如有予也。○德，如字，得也，徐音置。色容莊，勃如戰色。坐如尸。尸居神位，敬慎也。燕居告温温。告，謂教使也。詩云：「温温恭人。」

○凡祭，容貌顔色，如見所祭者。如覩其人在此。○如覩，丁古反。

○喪容纍纍，羸憊貌也。○纍，良追反。羸，力皮反。憊，皮拜反。色容顛顛，憂思貌也。○顛，字又作「巔」，音田[一]，又丁年反。思，息嗣反。視容瞿瞿梅梅。不審貌也。○視容，又作「目容」。瞿，紀具反，又紀力反。言容繭繭。聲氣微也。○繭，古典反。

○戎容暨暨，果毅貌也。○暨，其記反。言容詻詻，教令嚴也。○詻，五格反。色容厲肅，儀形貌也。視容清明，察於事也。○視，如字，徐市志反。立容辨卑，毋讇。

〔一〕「音」，原訛作「昔」，據彙校卷十二、撫釋一、紹熙本、和本、十行本、監本、毛本、殿本、阮刻本改。

辨，讀爲「貶」，自貶卑，謂磬折也。讇，爲傾身以有下也。○辨，讀爲「貶」，彼檢反，字林「貶」音方犯反。讇，音諂〔一〕，舊又音鹽，注同。下，户嫁反。頭頸必中，頭容直。山立，不摇動也。時行，時而後行也。詩云：「威儀孔時。」盛氣顛實，揚休，顛，讀爲「闐」。揚，讀爲「陽」，聲之誤也。盛身中之氣，使之闐滿，其息若陽氣之休物也。○顛，依注讀爲「闐」，音田。玉色。玉不變也〔二〕。

○凡自稱：天子曰「予一人」，謙，自别於人而已。○别，彼列反，又如字。伯曰「天子之力臣」。伯，上公九命，分陝者。○陝，失冉反。諸侯之於天子，曰「某土之守臣某」；其在邊邑，曰「某屏之臣某」。其於敵以下，曰「寡人」。小國之君曰「孤」，擯者亦曰「孤」。邊邑，謂九州之外。大國之君自稱曰「寡人」，擯者曰「寡君」。○守，手又反。上大夫曰「下臣」，擯者曰「寡君之老」。下大夫自名，擯者曰「寡大

〔一〕「諂」，原訛作「謟」，據彙校卷十二、撫釋一、岳本、監本、毛本、殿本、阮刻本改。

〔二〕「玉」，原訛作「色」，據岳本、潘校改。潘校曰：「『正』，阮作『色』，當是『玉』誤爲『正』，後又疑而改『色』，觀疏意可見。」

夫」。世子自名，擯者曰「寡君之適」。擯者之辭，主謂見於他國君。下大夫自名，於他國君曰「外臣某」。○適，丁曆反。見，賢遍反。公子曰「臣孽」，孽，當爲「枿」，聲之誤。○孽，音枿，五葛反，徐五列反。士曰「傳遽之臣」，於大夫曰「外私」。傳遽，以車馬給使者也。士臣於大夫者曰「私人」。○傳，陟戀反，注同。遽，其庶反。大夫私事使，私人擯則稱名；私事使，謂以君命私行，非聘也。若魯成公時，晉侯使韓穿來言汶陽之田，歸之于齊之類。○使，色吏反，注同。公士擯，則曰「寡大夫」、「寡君之老」。大夫有所往，必與公士爲賓也。謂聘也。大聘使上大夫，小聘使下大夫。公士爲賓，謂作介也。往，之也。○賓，必刃反，注同。

明堂位第十四

○陸曰：「鄭云：『以其記諸侯朝周公於明堂所陳列之位。』」

鄭氏注

昔者周公朝諸侯于明堂之位，周公攝王位，以明堂之禮儀朝諸侯也。不於宗廟，辟王也。○朝，直遥反，注及下皆同。辟王，音避，一本作「辟正王」。天子負斧依，南鄉而立，天子，周公也。負之言背也。斧依，爲斧文屏風於户牖之間，周公於前立焉。○斧，音甫。依，本又作「扆」，同於豈反，注同。鄉，許亮反。偝，本又作「背」。音倍。屏，並經反。牖，音酉。三公，中階之前，北面，東上；諸侯之位，阼階之東，西面，北上；諸伯之國，西階之西，東面，北上；諸子之國，門東，北面，東上；諸男之國，門西，北面，東上；九夷之國，東門之外，西面，北上；八蠻之國，南門之外，北面，東上；六戎之國，西門之外，東面，南上；五狄之國，北門之外，南面，東上；九采之國，應門之外，北面，東上；四塞，世告至。此周公明堂之位也。朝之禮不於此，周公權用之也。朝位之上，上近主位，尊也。九采，九州之牧，典貢職者也。正門謂之應門。二伯帥諸侯而入，牧居外而糾察之也。四塞，謂夷服、鎮服、蕃服在四方爲蔽塞者，新君即位，則乃朝。周禮：「侯服歲一見，甸服二歲一見，男服三歲一見，采服四歲一見，衛服五歲一見，要服六歲一見。九州之外謂之蕃國，世一見。」○采，七在反。塞，先代反，注同，又先則反。「此周公明堂之位也」，本或無「周公」、「之」字。近，「附近」之「近」。藩，本又作「蕃」，方元反，下同。「壹見」，「壹」又作「一」，下賢遍反，下同。要，一遥反。

○明堂也者，明諸侯之尊卑也。朝於此，所以正儀辨等也。昔殷紂亂天下，脯鬼侯以饗諸侯，以人肉爲薦羞，惡之甚也。○紂，直九反。是以周公相武王以伐紂。武王崩，成王幼弱，周公踐天子之位，以治天下。六年，朝諸侯於明堂，制禮作樂，頒度量，而天下大服。踐，猶履也。頒，讀爲「班」。度，謂丈尺、高卑、廣狹也。量，謂豆、區、斗、斛、筐、筥所容受。○相，息亮反。頒，音班。量，徐音亮，注同。區，烏侯反。筐，音匡。筥，紀吕反。七年，致政於成王。成王以周公爲有勳勞於天下，致政，以王事歸授之。王功曰勳，事功曰勞。是以封周公於曲阜，地方七百里，革車千乘，曲阜，魯地。上公之封，地方五百里，加魯以四等之附庸。方百里者二十四，并五五二十五，積四十九，開方之得七百里。革車，兵車也。兵車千乘，成國之賦也。詩魯頌曰：「王謂叔父，建爾元子，俾侯于魯。大啟爾宇，爲周室輔。乃命魯公，俾侯于東。錫之山川，土田附庸。」又曰：「公車千乘，朱英緑縢。」○乘，繩證反，注同。卑，必爾反，本又作「俾」，下同。縢，大登反。命魯公世世祀周公以天子之禮樂。同之於周，尊之也。魯公，謂伯禽。是以魯君孟春乘大路，載弧韣，旂十有二旒，日月之章，祀帝于郊，配以后稷，天子之禮也。孟春，建子之月。魯之始郊，日以至。大路，殷之祭天車也。弧，旌旗所以張幅也，其衣曰韣。

天子之旌旗畫日月。帝，謂蒼帝靈威仰也。昊天上帝，魯不祭。○載，音戴。弧，音胡。韣，音獨，弓衣也。旂，其依反，本又作「旗」，音其。旒，本又作「斿」，力求反。

○季夏六月，以禘禮祀周公於大廟，牲用白牡，尊用犧、象、山罍，鬱尊用黄目，灌用玉瓚大圭，薦用玉豆、雕篹，爵用玉琖仍雕，加以璧散、璧角，俎用梡、嶡。升歌清廟，下管象；朱干玉戚，冕而舞大武；皮弁素積，裼而舞大夏。昧，東夷之樂也；任，南蠻之樂也。納夷蠻之樂於大廟，言廣魯於天下也。季夏，建巳之月也。禘，大祭也。周公曰大廟，魯公曰世室，羣公稱宮。白牡，殷牲也。尊，酒器也。犧尊，以沙羽爲畫飾。象骨飾之。鬱鬯之器也，黄彝也。灌，酌鬱尊以獻也。瓚形如槃，容五升，以大圭爲柄，是謂圭瓚。篹，籩屬也，以竹爲之。雕，刻飾其直者也。爵，君所進於尸也。仍，因也，因爵之形爲之飾也。加，加爵也。散、角，皆以璧飾其口也。梡，始有四足也。嶡爲之距。清廟，周頌也。象，謂周頌武也，以管播之。朱干，赤大盾也。戚，斧也。冕，冠名也。諸公之服，自袞冕而下，如王之服也。大武，周舞也。大夏，夏舞也。周禮：「昧師掌教昧樂。」詩曰：「以雅以南，以籥不僭。」廣，大也。○季夏，户嫁反，注及下「季夏」、「夏礿」皆同。禘，大計反。大廟，音泰，後「大廟」皆同。犧象，素何反，注下皆同。罍，音雷。灌，古亂反。

瓚，才旦反，圭瓚也。彫，本亦作「雕」。篹，息緩反，又祖管反。琖，側眼反，夏爵名，用玉飾之。散，先旦反，注同。梡，苦管反，虞俎名。嶡，居衛反，又作「橛」，音同，夏俎名。裼，星曆反。昧，音妹。任，而林反，或而鴆反。沙，素何反。彝，音夷。直，如字，柄也。盾，字又作「楯」，常準反，又音允。卷，本又作「衮」，同音古本反，下文同。僭，七尋反，又則念反。

○君卷冕立于阼，夫人副褘立于房中〔一〕。君肉袒迎牲于門，夫人薦豆籩，卿大夫贊君，命婦贊夫人，各揚其職。百官廢職服大刑，而天下大服。副，首飾也，今之「步摇」是也。詩云：「副笄六珈。」周禮：「追師掌王后之首服，爲副。」褘，王后之上服，唯魯及王者之後夫人服之，諸侯夫人則自「揄翟」而下。贊，佐也。命婦，於内則世婦也，於外則大夫之妻也。祭祀，世婦以下佐夫人。揚，舉也。大刑，重罪也。天下大服，知周公之德宜饗此也。○褘，音輝，注同。袒，音誕。摇，本又作「繇」，同以昭反。珈，音加。追，丁回反。揄，羊昭反。

○是故夏礿、秋嘗、冬烝、春社、秋省而遂大蜡，天子之祭也。不言「春祠」，

〔一〕「褘」，原訛作「禕」，據唐石經、撫州本、岳本、八行本、和本、十行本、閩本、監本、毛本、殿本、阮刻本改。

魯在東方，王東巡守以春〔一〕，或闕之。省，讀爲「獮」，獮，秋田名也。春田祭社，秋田祀祊。大蜡，歲十二月索鬼神而祭之。○礿，音藥。省，讀爲「獮」，仙淺反。蜡，仕嫁反。守，手又反。祊，音方，本又作「方」。索，所白反。

○大廟，天子明堂。庫門，天子皋門。雉門，天子應門。言廟及門如天子之制也。天子五門，皋、庫、雉、應、路。魯有庫、雉、路，則諸侯三門與？皋之言高也，詩云：「乃立皋門，皋門有伉。乃立應門，應門將將。」○與，音餘。伉，苦浪反。將將，七良反。

○振木鐸於朝，天子之政也。天子將發號令，必以木鐸警衆。○鐸，大各反。警，京領反。

○山節藻梲，復廟重檐，刮楹達鄉，反坫出尊，崇坫康圭，疏屏，天子之廟飾也。山節，刻欂盧爲山也。藻梲，畫侏儒柱爲藻文也。復廟，重屋也。重檐，重承壁材也。刮，刮摩也。鄉，牖屬，謂夾户窗也，每室八窗爲四達。反坫，反爵之坫也。出尊，當尊南也。唯兩君爲好，既獻，反爵於其上。禮，君尊于兩楹之間。崇，高也。康，讀爲「亢龍」之「亢」，又爲高坫，亢

〔一〕「王」，原訛作「主」，據撫州本、八行本、閩本、監本、毛本、殿本改。

所受圭，奠于上焉。屏，謂之樹，今桴思也。刻之爲雲氣蟲獸〔一〕，如今闕上爲之矣。○藻，本又作「繅」，音早。棁，專悦反。復，音福，注同。重，直龍反，注同。檐，以占反。刮，古八反。鄉，許亮反，注同。坫，丁念反。康，音抗，苦浪反。欂，音博，又皮麥反，一音旁各反，徐又薄歷反，字林平碧反。盧，如字，本又作「櫨」，音同。侏，音朱。劘，莫何反。爲好，呼報反。桴思，音浮。

○鸞車，有虞氏之路也。鉤車，夏后氏之路也。大路，殷路也。乘路，周路也。鸞，有鸞、和也。鉤，有曲輿者也。大路，木路也。乘路，玉路也。漢祭天，乘殷之路也，今謂之桑根車也。春秋傳曰：「大路素。」鸞，或爲「欒」也。○鉤，古侯反。乘，徐食證反，注同。欒，力丸反。

○有虞氏之旂，夏后氏之綏，殷之大白，周之大赤。四者，旌旗之屬也。綏，當爲「緌」，讀如「冠蕤」之「蕤」。有虞氏當言緌，夏后氏當言旂，此蓋錯誤也。緌，謂注旄牛尾於杠首，所謂大麾。書云：「武王左杖黄鉞，右秉白旄以麾。」周禮：「王建大旂以賓，建大赤以朝，建大白以即戎，建大麾以田也。」○緌，依注爲「緌」，耳隹反。注，之樹反。旄，音毛。杠，音

〔一〕「蟲」，原訛作「蠱」，據撫州本、岳本、八行本、阮刻本改。

江。麾，毁皮反。左仗，直亮反。鉞，音越。

○夏后氏駱馬黑鬣，殷人白馬黑首，周人黄馬蕃鬣。

○夏后氏牲尚黑，殷白牡，周騂剛。順正色也。白馬黑鬣曰駱。殷黑首，爲純白凶也。騂剛，赤色。○駱，音洛。鬣，力輒反。蕃鬣，字又作「番」，音煩。郭璞云：「兩披髮。」騂，息營反，又呼營反。正，音征，又如字。爲，于僞反。

○泰，有虞氏之尊也。山罍，夏后氏之尊也。著，殷尊也。犧、象，周尊也。泰用瓦。著，著地無足。○大，音泰，本亦作「泰」。著，直略反。注同。

○爵，夏后氏以琖，殷以斝，周以爵。斝，畫禾稼也。詩曰：「洗爵奠斝。」○斝，音嫁，又古雅反，注同。

灌尊，夏后氏以雞夷，殷以斝，周以黄目。

○其勺，夏后氏以龍勺，殷以疏勺，周以蒲勺。夷，讀爲「彝」。周禮：「春祠夏禴，祼用雞彝、鳥彝。秋嘗冬烝，祼用斝彝、黄彝。」龍，龍頭也。疏，通刻其頭。蒲，合蒲如鳧頭也。○勺，市灼反，下同。禴，音藥。祼，古亂反。

○土鼓、蕢桴、葦籥，伊耆氏之樂也。蕢，當爲「凷」，聲之誤也。籥如笛，三孔。

伊耆氏，古天子有天下之號也。今有姓伊耆氏者。○蕢，讀爲凷，苦對反。桴，音浮。葦，于鬼反。籥，音藥。蕢，其位反，又苦怪反。笛，本又作「篴」，音狄**拊搏、玉磬、揩擊、大琴、大瑟、中琴、小瑟，四代之樂器也。**拊搏，以韋爲之，充之以糠，形如小鼓。揩擊，謂柷、敔，皆所以節樂者也。四代，虞、夏、殷、周也。○拊，芳甫反。搏，音博。揩，居八反，注同。大琴，徐本作「瑟」。糠，音康。柷，昌六反。敔，魚吕反，本又作「圉」。

○魯公之廟，文世室也。武公之廟，武世室也。此二廟，象周有文王、武王之廟也。世室者，不毁之名也。魯公，伯禽也。武公，伯禽之玄孫也，名敖。

○米廩，有虞氏之庠也。序，夏后氏之序也。瞽宗，殷學也。頖宫，周學也。庠、序，亦學也。庠之言詳也，於以考禮詳事也。魯謂之米廩，虞帝上孝，今藏粢盛之委焉。序，次序王事也。瞽宗，樂師瞽矇之所宗也。古者有道德者使教焉，死則以爲樂祖，於此祭之。頖之言班也，於以班政教也。○廩，力甚反。頖，音判。委，于僞反，又作「積」，子賜反〔一〕。矇，音蒙。

○崇鼎、貫鼎、大璜、封父龜，天子之器也。崇、貫、封父，皆國名。文王伐崇。

〔一〕「子」，原訛作「丁」，據彙校卷第十二、撫釋一改。

古者伐國，遷其重器，以分同姓。大璜，夏后氏之璜。春秋傳曰：「分魯公以夏后氏之璜。」○貫，古喚反。璜，音黄。父，音甫，注同。分魯，扶問反。越棘、大弓，天子之戎器也。越，國名也。棘，戟也。春秋傳曰：「子都拔棘。」

○夏后氏之鼓足，殷楹鼓，周縣鼓。足，謂四足也。楹，謂之柱，貫中上出也。縣，縣之簨虡也。殷頌曰：「植我鞉鼓。」周頌曰：「應朄縣鼓。」○縣，音玄，注及下注同。簨，本又作「筍」，恤尹反。虡，音巨。植，市力反，又音置，徐音徒吏反，又徒力反。鞉，音桃。應，「應對」之「應」。朄，音胤。

○垂之和鐘，叔之離磬，女媧之笙簧。垂，堯之共工也，女媧，三皇承宓羲者。叔，未聞也。和離，謂次序其聲縣也。笙簧，笙中之簧也。世本作曰：「垂作鐘，無句作磬，女媧作笙簧。」○鍾，章凶反，説文作「鐘」[一]，以此鍾爲酒器，字林之用反。媧，徐古蛙反，又古華反。共，音恭。宓，音密，本又作「虙」，音伏。戲，音羲。句，其俱反，字又作「劬」。

○夏后氏之龍簨虡，殷之崇牙，周之璧翣。簨虡，所以縣鐘磬也。橫曰簨，飾之

〔一〕「鍾章凶反説文作鐘」，原訛作「鐘章凶反説文作鍾」，據彙校卷第十二、撫釋一、阮刻本改。

以鱗屬；植曰虡，飾之以蠃屬、羽屬。簨以大版爲之，謂之業，殷又於龍上刻畫之爲重牙，以挂縣紘也。周又畫繒爲翣，戴以璧，垂五采羽於其下，樹於簨之角上，飾彌多也。周頌曰：「設業設虡，崇牙樹羽。」○翣，所甲反，又作「萋」。植，市力反，徐徒力反。蠃，力果反。重，直龍反。挂，音卦。紘，徐音宏。載以，音戴。

○有虞氏之兩敦，夏后氏之四璉，殷之六瑚，周之八簋。皆黍、稷器，制之異同未聞。○敦，音對，又都雷反。連，本又作「璉」，同力展反。瑚，音胡。簋，音軌。

○俎，有虞氏以梡，夏后氏以嶡，殷以椇，周以房俎。梡，斷木爲四足而已。嶡之言蹷也，謂中足爲横距之象，周禮謂之「距」。椇之言枳椇也，謂曲橈之也。房，謂足下跗也，上下兩間有似於堂房。魯頌曰：「籩豆大房。」○椇，俱甫反。斷，丁亂反，又丁管反。蹷，俱衛反。横，古曠反，又音光，又華盲反。枳，吉氏反。橈，音擾。跗，方于反。

○夏后氏以楬豆，殷玉豆，周獻豆。楬，無異物之飾也。獻，疏刻之。齊人謂無髮爲禿楬。○楬，徐苦瞎反，注同，又苦八反。獻，素何反。禿，土木反。

○有虞氏服韍，夏后氏山，殷火，周龍章。韍，冕服之韠也，舜始作之，以尊祭服，禹、湯至周，增以畫文，後王彌飾也。山，取其仁可仰也。火，取其明也。龍，取其變化也。

天子備焉，諸侯火而下，卿大夫山，士韎韋而已。韍，或作「黻」。○黻，音弗。韎，莫拜反。

○有虞氏祭首，夏后氏祭心，殷祭肝，周祭肺。氣主盛也。

○夏后氏尚明水，殷尚醴，周尚酒。此皆其時之用耳，言尚非。

○有虞氏官五十，夏后氏官百，殷二百，周三百。周之六卿，其屬各六十，則周三百六十官也。此云「三百」者，記時冬官亡矣。昏義曰：「天子立六官、三公、九卿、二十七大夫、八十一元士。」凡百二十。蓋謂夏時也。以夏、周推前後之差，有虞氏官宜六十，夏后氏宜百二十，殷宜二百四十，不得如此記也。有虞氏之綏，夏后氏之綢練，殷之崇牙，周之璧翣。綏，亦旌旗之緌也。夏綢其杠，以練爲之旒。殷又刻繒爲重牙，以飾其側，亦飾彌多也。湯以武受命，恒以牙爲飾也。此旌旗及翣，皆喪葬之飾。周禮大喪葬，巾車「執蓋從車，持旌」，御僕「持翣」。旌從遣車，翣夾柩路左右前後。天子八翣，皆戴璧垂羽；諸侯六翣，皆戴圭；大夫四翣，士二翣，皆戴緌。孔子之喪，公西赤爲志，亦用此焉。爾雅説旌旗曰：「素錦綢杠，纁帛縿〔一〕，素升龍於縿，練旒九。」○綏，耳隹反，注並同。綢，吐刀反，注同，徐音籌。從，才用反，下同。遣，

〔一〕「帛」，原訛作「白」，據考證改。考證曰：「刊本『帛』訛『白』，今據爾雅、釋文改。」

棄戰反。夾，古洽反，柩，其久反。熏，字又作「纁」，香云反。緣，所銜反。凡四代之服、器、官，魯兼用之。是故魯，王禮也，天下傳之久矣，君臣未嘗相弒也，禮樂、刑法、政俗未嘗相變也〔一〕。天下以爲有道之國，是故天下資禮樂焉。王禮，天子之禮也。傳，傳世也。資，取也。此盖盛周公之德耳。春秋時，魯三君弒。又士之有誄，由莊公始。婦人髽而弔，始於臺駘。云「君臣未嘗相弒，政俗未嘗相變」，亦近誣矣。資，或爲「飲」。○傳，丈專反，注同。弒，本又作「殺」，音試，注同。誄，力軌反。髽，側瓜反。臺，音胡。駘，大來反。近，如字，又「附近」之「近」。

禮記卷第九

經叄仟陸伯叄拾柒字

注陸仟叄伯肆拾玖字

音義叄仟叄伯陸拾壹字

余仁仲刊于家塾

〔一〕「嘗」，原訛作「常」，據撫州本、岳本、嘉靖本、八行本、和本、十行本、閩本、監本、毛本、殿本、阮刻本改。

禮記卷第十

喪服小記第十五

○陸曰：「鄭云：『以其記喪服之小義。』」

鄭氏注

斬衰，括髮以麻。爲母，括髮以麻，免而以布。母服輕，至免，可以布代麻也。爲母又哭而免。○衰，七雷反，下並同。括，古活反。爲，于僞反，注及下注同。免，音汶，篇内同。齊衰，惡笄以終喪，笄所以卷髮，帶所以持身也。婦人質，於喪所以自卷持者，有除無變。○齊，音咨，又作齌。笄，古兮反。卷，俱免反，下皆同。男子冠而婦人笄，男子免而婦人髽。其義：爲男子則免，爲婦人則髽。別男女也。○冠，古亂反，下同。髽，側巴反。別，彼列反，下文「有別」、注「不服別」、「卑別」，皆同。苴杖，竹也。削杖，桐也。○苴，七余反。削，思略反。

○祖父卒，而后爲祖母後者三年。祖父在，則其服如父在爲母也。

○爲父、母、長子稽顙。喪尊者及正體，不敢不盡禮。○爲，于僞反，下「爲夫」、注「爲無後」並同。長，丁丈反，篇内並同。稽，音啟。顙，素黨反。大夫弔之，雖緦必稽顙。尊大夫，不敢以輕待之。婦人爲夫與長子稽顙，其餘則否。恩殺於父母。○殺，所戒反，徐所例反，後文、注同。

○男主必使同姓，婦主必使異姓。謂爲無主後者爲主也。異姓，同宗之婦也，婦人外成。

○爲父後者，爲出母無服。不敢以己私，廢父所傳重之祭祀。○爲出，于僞反，下注「爲其族人」、「爲其昆弟」同。傳，丈專反，下「傳重」皆同。

○親親，以三爲五，以五爲九，上殺、下殺、旁殺，而親畢矣。己，上親父，下親子，三也；以父親祖，以子親孫，五也；以祖親高祖，以孫親玄孫，九也。殺，謂親益疏者，服之則輕。○己，音紀。

○王者禘其祖之所自出，以其祖配之，禘，大祭也。始祖感天神靈而生，祭天則以祖配之。自外至者，無主不止。○王，如字，又于況反，下同。禘，大計反。而立四廟，高祖以下，與始祖而五。**庶子王，亦如之。**世子有廢疾不可立而庶子立，其祭天立廟，亦如世子之立也。春秋時，衛侯元有兄縶。○兄縶，知急反。

○**別子爲祖，**諸侯之庶子，別爲後世爲始祖也。謂之別子者，公子不得禰先君。**繼別爲宗，**別子之世長子，爲其族人爲宗，所謂「百世不遷之宗」。**繼禰者爲小宗。**別子庶子之長子，爲其昆弟爲宗也。謂之小宗者，以其將遷也。○禰，乃禮反。**有五世而遷之宗，其繼高祖者也。**謂小宗也。小宗有四，或繼高祖，或繼曾祖，或繼祖，或繼禰，皆至五世則遷。**是故祖遷於上，宗易於下。尊祖故敬宗，敬宗，所以尊祖禰也。**宗者，祖禰之正體。**庶子不祭祖者，明其宗也。**明其尊宗以爲本也，禰則不祭矣。言不祭祖者，主謂宗子、庶子俱爲適士，得立祖、禰廟者也。凡正體在乎上者，謂下正猶爲庶也。○適，丁歷反，篇内同。**庶子不爲長子斬，不繼祖與禰故也。**尊先祖之正體，不二其統也。言「不繼祖、禰」，則長子不必五世。○爲，于僞反，下注「爲君母」、「自爲己」同。**庶子不祭殤與無後者，殤與無後者從祖祔食。**不祭殤者，父之庶也。不祭無後者，祖之庶也。此二者，當從祖祔食而已。不祭祖，無所食之也。共其牲物，而宗子主其禮焉，祖庶之殤，則自祭之。凡所祭殤者，唯適子耳。無後者，謂昆弟、諸父也。宗子之諸父無後者，爲墠祭之。○殤，音傷。祔，徐音附。所食，音嗣。共，音恭。墠，皇音善，徐徒丹反。庶子不祭禰者，明其宗也。謂宗子、庶子俱爲下士，得立禰廟也。雖庶人亦然。

○親親、尊尊、長長，男女之有別，人道之大者也。言服之所以隆殺。

○從服者，所從亡則已。謂若爲君母之父母、昆弟、從母也。○已，音以。屬從者，所從雖没也，服。謂若自爲己之母黨。妾從女君而出，則不爲女君之子服。妾爲女君之黨服，得與女君同，而今俱出，女君猶爲子期，妾於義絶，無施服。○則不爲，于僞反，注「妾爲」、「猶爲」皆同。期，音朞，下文及注「不及期」皆同。施，以豉反。

○禮，不王不禘。禘，謂祭天。

○世子不降妻之父母，其爲妻也，與大夫之適子同。世子，天子、諸侯之適子也。不降妻之父母，爲妻故，親之也。爲妻，亦齊衰不杖者，君爲之主，子不得伸也。主言「與大夫之適子同」，據服之成文也。本所以正見父在爲妻不杖，於大夫適子者，明大夫以上雖尊，猶爲適婦爲主。○其爲妻，于僞反，注「爲妻」、「猶爲」皆同。伸，音申。正見，賢遍反。以上，時掌反，凡「以上」皆同。

○父爲士，子爲天子、諸侯，則祭以天子、諸侯，其尸服以士服。祭以天子、諸侯，養以子道也。尸服士服，父本無爵，子不敢以己爵加之，嫌於卑之。○養，以尚反。父爲天子、諸侯，子爲士，祭以士，其尸服以士服。謂父以罪誅，尸服以士服，不成爲君也。天子之子，當封爲王者後，以祀其受命之祖。云「爲士」，則擇其宗之賢者若微子者，不必封其子。爲王者後，及所立爲諸侯者，祀其先君以禮卒者，尸服天子、諸侯之服。如遂無所封立，則尸也、祭也皆如士，不敢僭用尊者衣物。

○婦當喪而出，則除之。爲父母喪：未練而出，則三年；既練而出，則已；未練而反，則期；既練而反，則遂之。當喪，當舅姑之喪也。出，除喪絶族也。○爲，于僞反，下文「不爲」、注「不相爲」同。

○再期之喪，三年也。期之喪，二年也。九月、七月之喪，三時也。五月之喪，二時也。三月之喪，一時也。言喪之節，應歲時之氣。○應，「應對」之應。故期而祭，禮也；期而除喪，道也；祭不爲除喪也。此謂練祭也。禮，正月存親，親亡至今而期，期則宜祭。期，天道一變，哀惻之情益衰，衰則宜除，不相爲也。○衰衰，並色追反，下「益衰」同。**三年而后葬者必再祭，其祭之，間不同時，而除喪。**再祭，練、祥也。間不同時者，當異月也。既祔，明月練而祭，又明月祥而祭。必異月者，以葬與練、祥本異歲，宜異時也。而除喪，已祥則除，不禫。○禫，大感反。**大功者主人之喪，有三年者，則必爲之再祭；朋友，虞、祔而已。**謂死者之從父昆弟來爲喪主。有三年者，謂妻若子幼少，大功爲之再祭，則小功、緦麻爲之練祭可也。○必爲，于僞反，注「爲之」、下注「父爲之」、下「爲君」皆同。少，詩照反。**士妾有子而爲之緦，無子則已。**士卑，妾無男女則不服，不別貴賤。**生不及祖父母、諸父、昆弟，而父稅喪，己則否。**謂子生於外者也。父以他故居異邦而生己，己不及此親存時歸見之，今其死，於喪服年月已過乃聞之，父爲之服。己則否者，不責非時之恩於人所不能也。當其時則服。稅，讀如「無禮則稅」之「稅」。稅喪者，喪與服不相當之言。○說喪，皇他活反，徐他外反，注及下同。**爲君之父、母、妻、長子，君已除喪而后聞喪，則不稅。**臣之恩輕也。謂卿大夫出聘問，以他故久留。**降而在緦、小功者，則稅之。**謂正親在齊衰、大功者。正親緦、小功〔一〕，不稅矣。曾子問曰：「小功不

〔一〕「正」，原脱，据撫州本、岳本、八行本補。

税，則是遠兄弟終無服也。」此句補脱誤在是，宜承「父税喪，已則否」。○補税，音奪。近臣，君服斯服矣。其餘從而服，不從而税。謂君出，朝覲不時，反而不知喪者。近臣，閽、寺之屬也。其餘，羣介、行人、宰、史也。○朝，直遥反。閽，音昏。介，音界。君雖未知喪，臣服已。從服者，所從雖在外，自若服也。

○虞，杖不入於室。祔，杖不升於堂。哀益衰，敬彌多也。虞於寢，祔於祖廟。爲君母後者，君母卒，則不爲君母之黨服。徒從也。所從亡則已。○不爲，于僞反，下「妾爲君」、注「大夫爲庶子」同。

○絰殺五分而去一，杖大如絰。如要絰也。○去，起吕反，下「去杖」并注同。絰，大結反。要，一遥反，下文「要絰」、注「上至要」皆同。

○妾爲君之長子，與女君同。不敢以恩輕，輕服君之正統。除喪者，先重者。謂練，男子除乎首，婦人除乎帶。易服者，易輕者。謂大喪既虞、卒哭而遭小喪也。其易喪服，男子易乎帶，婦人易乎首。無事不辟廟門，鬼神尚幽闇也。廟，殯宫。○辟，婢亦反，徐扶亦反。哭皆於其次。無時哭也。有事則入，即位。

○復與書銘，自天子達於士，其辭一也。男子稱名，婦人書姓與伯仲，如不知姓，則書氏。此謂殷禮也。殷質，不重名，復則臣得名君。周之禮，天子崩，復曰：「皋！天子復。」諸侯薨，復曰：「皋！某甫復。」其餘及書銘則同。○「如不知姓」，一本無「知姓」二字。

○斬衰之葛，與齊衰之麻同。絰之大，俱七寸五分寸之一，帶五寸二十五分寸之十九。齊衰之葛，與大功之麻同。絰之大，俱五寸二十五分寸之十九，帶四寸百二十五分寸之七十六。麻同，皆兼服之。皆者，「皆」上二事也。兼服之，謂服麻又服葛也。男子則絰上服之葛，帶下服之麻；婦人則絰下服之麻，固自帶其故帶也。所謂「易服易輕者」也。兼服之文，主於男子。

○報葬者報虞，三月而后卒哭。報，讀爲「赴疾」之「赴」，謂不及期而葬也。既葬即虞，虞，安神也。卒哭之祭，待哀殺也。○報，依注音「赴」，芳付反，下同。

○父母之喪偕，先葬者不虞、祔，待後事。其葬，服斬衰。偕，俱也。謂同月若同日死也。先葬者，母也。曾子問曰：「葬，先輕而後重。」又曰：「反葬，奠而後辭於殯，遂脩葬事。其虞也，先重而後輕。」待後事，謂如此也。其葬，服斬衰者，喪之隆哀宜從重也。假令父死在前月，而同月葬，猶服斬衰，不葬不變服也。言「其葬，服斬衰」，則虞、祔各以其服矣。及練、祥皆然。卒事反服重。○偕，音皆。令，力呈反。

○大夫降其庶子，其孫不降其父。祖不厭孫也。大夫爲庶子大功。○厭，一妾反，徐於艷反，下文、注皆同。大夫不主士之喪。士之喪雖無主，不敢攝大夫以爲主。

○爲慈母之父母無服。恩不能及。○爲，于僞反，下「其妻爲」、「爲母之」、「爲妻禫」、「爲庶母」、「爲祖庶母」皆同。

○夫爲人後者，其妻爲舅姑大功。以不貳隆[一]。○降，一本作「隆」。

○士祔於大夫，則易牲。不敢以卑牲祭尊也。大夫少牢也。

○繼父不同居也者，必嘗同居，皆無主後。同財而祭其祖禰爲同居，有主後者爲異居。録恩服深淺也。見同財則期；同居異財，故同居，今異居，及繼父有子，亦爲異居，則三月；未嘗同居，則不服。○見，賢遍反。

○哭朋友者，於門外之右，南面。變於有親者也。門外，寢門外。

[一]「隆」，原訛作「降」，據撫州本、八行本改。

○祔葬者不筮宅。宅，葬地也。前人葬既筮之。士大夫不得祔於諸侯，祔於諸祖父之爲士大夫者。其妻祔於諸祖姑，妾祔於妾祖姑，亡則中一以上而祔，祔必以其昭穆。士大夫，謂公子、公孫爲士大夫者。不得祔於諸侯，卑別也。既卒哭，各就其先君爲祖者兄弟之廟而祔之。中，猶間也。○亡，如字，又音無。昭，常遥反，後「昭穆」皆放此。間，「間厠」之「間」。諸侯不得祔於天子。天子、諸侯、大夫可以祔於士。人莫敢卑其祖也。

○爲母之君母，母卒則不服。母之君母，外祖適母，徒從也，所從亡則已。

○宗子，母在爲妻禫。宗子之妻尊也。

○爲慈母後者，爲庶母可也，爲祖庶母可也。謂父命之爲子母者也。即庶子爲後，此皆子也。傳重而已，不先命之與適妻使爲母子也。緣爲慈母後之義，父之妾無子者，亦可命己庶子爲後。

○爲父、母、妻、長子禫。目所爲禫者也。○爲父母，于僞反，注「目所爲」、下文「則爲其母」、「子爲妻」、下注「恩爲己」、「爲之變」、「爲今死者」皆同。

○慈母與妾母，不世祭也。以其非正，春秋傳曰：「於子祭，於孫止。」

○丈夫冠而不爲殤，婦人笄而不爲殤。言成人也。婦人許嫁而笄，未許嫁，與丈夫同。○冠，古亂反。爲殤後者，以其服服之。言「爲後」者，據承之也。殤無爲人父之道，以本親之服服之。

○久而不葬者，唯主喪者不除，其餘以麻終月數者，除喪則已。其餘，謂旁親也。以麻終月數，不葬者喪不變也。

○箭笄終喪三年。亦於喪所以自卷持者，有除無變。齊衰三月，與大功同者繩屨。雖尊卑異，於恩有可同也。

○練，筮日、筮尸、視濯，皆要絰、杖、繩屨，有司告具而后去杖。筮日、筮尸，有司告事畢而后杖拜送賓。臨事去杖，敬也。濯，謂漑祭器也。○濯，大角反。漑，古代反。大祥，吉服而筮尸。凡變除者，必服其吉服以即祭事，不以凶臨吉也。間傳曰：「大祥，素縞麻衣。」○縞，古老反。

○庶子在父之室，則爲其母不禫。妾子，父在厭也。庶子不以杖即位，下適子也。位，朝夕哭位也。○下適，户嫁反，下丁歷反。父不主庶子之喪，則孫以杖即位可也。祖不厭孫，孫得伸也。○伸，音申。父在，庶子爲妻，以杖即位可也。舅不主妾之喪，子得伸也。

○諸侯弔於異國之臣，則其君爲主。君爲之主，弔臣，恩爲己也。子不敢當主，中庭北面哭，不拜。

○諸侯弔，必皮弁錫衰。所弔雖已葬，主人必免。主人未喪服，則君亦不錫衰。必免者，尊人君，爲之變也。未喪服，未成服也。既殯成服。

○養有疾者不喪服，遂以主其喪。不喪服，求生主吉，惡其凶也。遂以主其喪，謂養者有親也，死則當爲之主。其爲主之服，如素無喪服。○養，羊尚反。惡，烏路反。非養者入主人之喪，則不易己之喪服。入，猶來也。謂養者無親於死者，不得爲主，其有親來爲主者。素有喪服而來爲主，與素無服者異。素無服、素有服，爲今死者當服，則皆三日成也。養尊者必易服，養卑者否。尊，謂父兄。卑，謂子弟之屬。

○妾無妾祖姑者，易牲而祔於女君可也。女君，適祖姑也。易牲而祔，則凡妾，下女君一等。〇適，丁歷反。下，户嫁反。

〇婦之喪，虞、卒哭，其夫若子主之，祔則舅主之。婦謂凡適婦、庶婦也。虞、卒哭祭婦，非舅事也。祔於祖廟，尊者宜主焉。士不攝大夫，士攝大夫唯宗子。士之喪雖無主，不敢攝大夫以爲主。宗子尊，可以攝之。主人未除喪，有兄弟自他國至，則主人不免而爲主。親質，不崇敬也。

〇陳器之道，多陳之而省納之，可也；省陳之而盡納之，可也。多陳之，謂賓客之就器也，以多爲榮。省陳之，謂主人之明器也，以節爲禮。〇省，所領反，下及注同。

〇奔兄弟之喪，先之墓而後之家，爲位而哭。所知之喪，則哭於宫，而后之墓。兄弟，先之墓，骨肉之親，不由主人也。宫，故殯宫也。

〇父不爲衆子次於外。於庶子略，自若居寢。〇爲，于僞反，下注「猶來爲」、下文「爲出母」、「爲夫杖」同。

〇與諸侯爲兄弟者服斬。謂卿大夫以下也。與尊者爲親，不敢以輕服服之。言諸侯者，明雖在異國，猶來爲三年也。下殤小功，帶澡麻不絶本，詘而反以報之。報，猶合也。下殤小功，本齊衰之親，其絰、帶澡率治麻爲之。帶不絕其本，屈而上至要，中合而糾之，明親重也。凡殤，散帶垂。○澡麻，本又作「藻」，音早，一本無「麻」字。不絕，本或作「不絕本」，非也。詘，丘勿反。澡率，上音早，下所律反，又音律。上，時掌反。糾，居黝反，徐居糾反。散，先但反，下文、注並同。婦祔於祖姑，祖姑有三人，則祔於親者。謂舅之母死，而又有繼母二人也。親者，謂舅所生。

○其妻，爲大夫而卒，而后其夫不爲大夫，而祔於其妻，則不易牲。妻卒而后夫爲大夫，而祔於其妻，則以大夫牲。妻爲大夫，夫爲大夫時卒，不易牲，以士牲也。此謂始來仕無廟者，無廟者不祔。宗子去國，乃以廟從。○從，才用反。

○爲父後者爲出母無服，無服也者，喪者不祭故也。適子正體於上，當祭祀也。

○婦人不爲主而杖者：姑在爲夫杖；姑不厭婦。母爲長子削杖；嫌服男子當杖竹也。母爲長子服，不可以重於子爲己也。女子子在室爲父母，其主喪者不杖，則子一人杖。女子子在室，亦童子也。無男昆弟，使同姓爲攝主，不杖，則子一人杖，謂長女也。許嫁及二十而笄，笄爲成人，成人正杖也。

○緦、小功，虞、卒哭則免。棺柩已藏，嫌恩輕，可以不免也。言「則免」者，則既殯、先啟之間，雖有事不免。既葬而不報虞，則雖主人皆冠，及虞則皆免。有故不得疾虞，雖主人皆冠，不可久無飾也。皆免，自主人至緦麻。○報，音赴，下同。冠，如字，又古亂反，下及注皆同。爲兄弟既除喪已，及其葬也，反服其服，報虞、卒哭則免，如不報虞則除之。小功以下。○爲，于僞反，下注「爲人君」、「爲母」、下文「爲之小功」皆同。遠葬者，比反哭者皆冠，及郊而后免，反哭。墓在四郊之外。○比，必利反。君弔，雖不當免時也，主人必免，不散麻。雖異國之君免也，親者皆免。不散麻者，自若絞垂，爲人君變，貶於大斂之前、既啟之後也。親者，大功以上也。異國之君「免」，或爲「弔」。○絞，古卯反。除殤之喪者，其祭也必玄。殤無變，文不縟[一]。冠、玄端、黄裳而祭，不朝服，未純吉也。○不縟，音辱[二]。朝，直遥反，下文同。

○除成喪者，其祭也，朝服縞冠。成，成人也。縞冠，未純吉祭服也。既祥祭，乃

〔一〕「縟」，原訛作「縞」，據岳本、和本、殿本改。

〔二〕「不縟音辱」，原脱，據彙校卷第十二、撫釋一補。

素縞麻衣。

○奔父之喪，括髮於堂上，袒，降踊，襲絰于東方。奔母之喪，不括髮，袒於堂上，降踊，襲免于東方，絰。即位成踊，出門，哭止，三日而五哭，三袒。凡奔喪，謂道遠，已殯乃來也。爲母不括髮，以至成服，一而已，貶於父也。「即位」以下，於父母同也。三日五哭者，始至訖夕反位哭，乃出就次，一哭也；與明日、又明日之朝夕而五哭。三袒者，始至袒，與明日、又明日之朝而三也。

○適婦不爲舅後者，則姑爲之小功。謂夫有廢疾他故，若死而無子，不受重者。小功，庶婦之服也。凡父母於子、舅姑於婦，將不傳重於適，及將所傳重者非適，服之皆如庶子、庶婦也。

大傳第十六

○陸曰：「鄭云：『以其記祖宗人親之大義，故以大傳爲篇。』」

鄭氏注

禮，不王不禘。王者禘其祖之所自出，以其祖配之。凡大祭曰禘。自，由也。大祭其先祖所由生，謂郊祀天也。王者之先祖，皆感大微五帝之精以生，蒼則靈威仰，赤則赤熛怒，黄則含樞紐，白則白招拒，黑則汁光紀，皆用正歲之正月郊祭之，盖特尊焉。孝經曰：

「郊祀后稷以配天」，配靈威仰也。「宗祀文王於明堂，以配上帝」，汎配五帝也。○不王，如字，又于況反，下同。禘，徒細反，下同。大微，音泰，下文、注「大祖」、「大王」皆同。熛，必遥反。樞，昌朱反。紐，女九反。拒，俱甫反。叶，本又作「汁」，户牒反。汜配，芳劒反。諸侯及其大祖，大祖，受封君也。大夫、士有大事，省於其君，干祫及其高祖。大事，寇戎之事也。省，善也。善於其君，謂免於大難也。干，猶空也。空祫，謂無廟，祫祭之於壇墠。○省，舊仙善反，案尒雅云，省即訓善，息靖反，無煩改字。祫，徐音洽。難，乃旦反。壇，大丹反。墠，音善。

○牧之野，武王之大事也。既事而退，柴於上帝，祈於社，設奠於牧室。柴、祈、奠，告天地及先祖也。牧室，牧野之室也。古者郊關皆有館焉。先祖者，行主也。遂率天下諸侯，執豆籩，逡奔走。逡，疾也。疾奔走，言勸事也。周頌曰：「逡奔走在廟。」○逡，息俊反，注同。追王大王亶父、王季歷、文王昌，不以卑臨尊也。不用諸侯之號臨天子也。文王稱王早矣，於殷猶爲諸侯，於是著焉。○追王，于況反。亶，丁但反。父，音甫。著，知慮反。

○上治祖禰，尊尊也。下治子孫，親親也。旁治昆弟，合族以食，序以昭繆。別之以禮義，人道竭矣。治，猶正也。繆，讀爲「穆」，聲之誤也。竭，盡也。○禰，本或作「祢」，年禮反。繆，音木。別，彼列反，下至「其庶姓別」文、注並同。繆讀，莫侯反，又音繆。

○聖人南面而聽天下，所且先者五，民不與焉。且先，言未遑餘事。○聽，體寧反。與，音預。一曰治親，二曰報功，三曰舉賢，四曰使能，五曰存愛。功，功臣也。存，察也，察有仁愛者。五者一得於天下，民無不足，無不贍者。五者一物紕繆，民莫得其死。物，猶事也。紕〔一〕，猶錯也。五事得則民足，一事失則民不得其死，明政之難。○贍，本又作「儋」，食艷反。紕，匹彌反，徐孚夷反，又方齊反。繆，音謬，本或作「謬」。聖人南面而治天下，必自人道始矣。人道，謂此五事。立權度量，考文章，改正朔，易服色，殊徽號，異器械，別衣服，此其所得與民變革者也。權，稱也。度，丈尺也。量，斗斛也。文章，禮法也。服色，車馬也。徽號，旌旗之名也。器械，禮樂之器及兵甲也。衣服，吉凶之制也。徽，或作「禕」。○量，音亮，注同。正，音征。徽，諱韋反。械，戶戒

〔一〕「紕」下，原衍「繆」字，據撫州本、八行本删。

反。別，彼列反。稱，尺證反。禕，許韋反。其不可得變革者則有矣，親親也，尊尊也，長長也，男女有別，此其不可得與民變革者也。四者，人道之常。○長長，並丁丈反，後除注「逮者長」，並同。別，彼列反。

○同姓從宗，合族屬。異姓主名，治際會。名著而男女有別。合，合之宗子之家，序昭穆也。異姓，謂來嫁者也，主於母與婦之名耳。際會，昏禮交接之會也。著，明也。母、婦之名不明，則人倫亂也。亂者，若衛宣公、楚平王爲子取而自納焉。○際，音祭。著，知慮反。爲，于僞反，下「相爲」同。其夫屬乎父道者，妻皆母道也，其夫屬乎子道者，妻皆婦道也。言母、婦無昭穆於此，統於夫耳。母焉則尊之，婦焉則卑之。尊之卑之，明非己倫，以厚別也。○屬，音燭。謂弟之妻「婦」者，是嫂亦可謂之母乎？言不可也。謂之「婦」與「嫂」者，以其在己之列，以名遠之耳。復謂嫂爲母，則令昭穆不明，昆弟之妻，夫之昆弟不相爲服，不成其親也。男女無親，則遠於相見。○嫂，本又作「㛐」，悉早反。遠，于萬反，下同。復，扶又反。令，力呈反。名者，人治之大者也，可無慎乎！人治，所以正人。○治，直吏反，注同。

○四世而緦，服之窮也。五世袒免，殺同姓也。六世，親屬竭矣。四世共高祖，五世高祖昆弟。六世以外，親盡，無屬名。○免，音問。殺，色界反，徐所例反。其庶姓別於上，而戚單於下，昏姻可以通乎？問之也。玄孫之子姓別於高祖，五世而無服。姓，世所由生。○戚，千歷反。單，音丹。婚姻，如字。繫之以姓而弗別，綴之以食而弗殊，雖百世而昏姻不通者，周道然也。周之禮，所建者長也。姓，正姓也。始祖爲正姓，高祖爲庶姓。繫之弗別，謂若今宗室屬籍也。周禮小史掌「定繫世，辨昭穆」。○繫，音計，又户計反。別，皇如字，舊彼列反，注及下同。綴，丁衛反，連合也。食，音嗣。定繫，户計反，一音計。

○服術有六：一曰親親，二曰尊尊，三曰名，四曰出入，五曰長幼，六曰從服。術，猶道也。親親，父母爲首。尊尊，君爲首。名，世母、叔母之屬也。出入，女子子嫁者及在室者。長幼，成人及殤也。從服，若夫爲妻之父母、妻爲夫之黨服。○夫爲妻，于僞反，下至「其義然也」注皆同。

○從服有六：有屬從，子爲母之黨。有徒從，臣爲君之黨。有從有服而無服，公子爲其妻之父母。有從無服而有服，公子之妻爲公子之外兄弟。有從重而輕，夫爲妻之父母。有從輕而重。公子之妻爲其皇姑。

○自仁率親，等而上之至于祖，名曰輕。自義率祖，順而下之至于禰，名曰重。一輕一重，其義然也。自，猶用也。率，循也。用恩則父母重而祖輕，用義則祖重而父母輕，恩重者爲之三年，義重者爲之齊衰。然，如是也。○上，時掌反

○君有合族之道，族人不得以其戚戚君，位也。君恩可以下施，而族人皆臣也，不得以父兄子弟之親，自戚於君。位，謂齒列也。所以尊君別嫌也。○別，彼列反。

○庶子不祭，明其宗也。庶子不得爲長子三年，不繼祖也。明，猶尊也，一統焉。族人上不戚君，下又辟宗，乃後能相序。○爲，于僞反，下「爲其士」、注「死爲之」、「爲其妻」、「爲之大功」、「不相爲」皆同。辟，音避。別子爲祖，別子，謂公子，若始來在此國者，後世以爲祖也。繼別爲宗，別子之世適也。族人尊之，謂之大宗，是宗子也。○適，丁歷反，下文及注皆同。繼禰者爲小宗。父之適也。兄弟尊之，謂之小宗。有百世不遷之宗，有五世則遷之宗。百世不遷者，別子之後也。宗其繼別子之所自出者，百世不遷者也。宗其繼高祖者，五世則遷者也。尊祖故敬宗，敬宗，尊祖之義也。

遷，猶變易也。繼別子，別子之世適也。繼高祖者，亦小宗也。先言「繼禰」者，據別子子弟之子也。以高祖與禰皆有繼者，則曾、祖亦有也，則小宗四，與大宗凡五。

○有小宗而無大宗者，有大宗而無小宗者，有無宗亦莫之宗者，公子是也。公子有此三事也。公子，謂先君之子，今君昆弟。公子有宗道，公子之公，爲其士、大夫之庶者，宗其士、大夫之適者，公子之宗道也。公子不得宗君，君命適昆弟爲之宗，使之宗之，是公子之宗道也。所宗者適，則如大宗，死爲之齊衰九月，其母則小君也，爲其妻齊衰三月。無適而宗庶，則如小宗，死爲之大功九月，其母、妻無服。公子唯己而已，則無所宗，亦莫之宗。○唯己，音紀。

○絶族無移服。族昆弟之子不相爲服。○移，本或作「施」，同以豉反。移，猶傍也。親者屬也。有親者，服各以其屬親疏。

○自仁率親，等而上之至于祖；自義率祖，順而下之至于禰。是故人道親親也。言先有恩。親親故尊祖，尊祖故敬宗，敬宗故收族，收族故宗廟嚴，宗廟嚴故重社稷，重社稷故愛百姓，愛百姓故刑罰中，刑罰中故庶民安，庶民安故財用足，財用足故百志成，百志成故禮俗刑，禮俗刑然後樂。收族，序以昭穆也。嚴，猶尊也。孝經曰：「孝莫大於嚴父。」百志，人之志意所欲也。刑，猶成也。○罰中，丁仲反。詩云：「不顯不承，無斁於人斯。」此之謂也。斁，厭也。言文王之德不顯乎？不承成先人之業乎？言其顯且承之，人樂之無厭也。○斁，音亦。厭，於豔反，下同。

少儀第十七○陸曰：少，詩照反。少，猶小也。鄭云：「以其記相見及薦羞之小威儀。」

鄭氏注

聞始見君子者，辭曰：「某固願聞名於將命者。」君子，卿大夫若有異德者。固，如故也。將，猶奉也。即君子之門，而云「願以名聞於奉命者」，謙遠之也。重則云「固」。奉命，傳辭出入。○始見，賢遍反，下文、注除注二「相見」並同。聞名，如字；徐音問，注皆同。嗛，音謙，本又作「謙」。遠，于萬反。重，直用反。傳，丈專反，下「傳辭」同。不得階主。階，上進者。言賓之辭，不得指斥主人。○上，時掌反。敵者，曰：「某固願見。」敵，當也。願見，願見於將命者，謙也。罕見曰「聞名」。罕，希也。希相見，雖於敵者，猶爲尊主之辭，如於君子。○罕見，賢遍反。亟見曰「朝夕」。亟，數也。於君子，則曰「某願朝夕聞名於將命者」；於敵者，則曰「某願朝夕見於將命者」。○亟，去冀反，注及下同。數，色角反。瞽曰「聞名」。瞽，無目也。以無目，辭不稱「見」。

○適有喪者曰「比」。適，之也。曰「某願比於將命者」。比，猶比方，俱給事。童子曰「聽事」。曰「某願聽事於將命者」。童子未成人，不敢當相見之禮。適公卿之喪，則曰「聽役於司徒」。喪憂戚，無賓主之禮，皆爲執事來也。○爲，于僞反，下文「爲君喪」、注「雖爲」並同。

○君將適他，臣如致金玉貨貝於君，則曰「致馬資於有司」。敵者，曰「贈從者」。適他，行朝會也。資，猶用也。贈，送也。○適它〔一〕，音他，本亦作「他」。從，才用反。朝，直遥反。

〔一〕「它」，原訛作「他」，據彙校卷第十二、撫釋一、和本、十行本、閩本、殿本、阮刻本改。

○臣致襚於君，則曰「致廢衣於賈人」。敵者曰「襚」。言廢衣，不必其以斂也。賈人知物善惡也。周禮玉府：「掌凡王之獻金玉、兵器、文織、良貨賄之物，受而藏之。」有「賈八人」。○襚，音遂。賈，音嫁，徐音估，注同。斂，力豔反。識，音志。鄭注周禮云：「畫繡之屬。」親者兄弟，不以襚進。不執將命也，以即陳而已。臣爲君喪，納貨貝於君，則曰「納甸於有司」。甸，謂田野之物。○甸，大見反。賵馬入廟門，以其主於死者。○賵，芳仲反。賻馬與其幣、大白、兵車，不入廟門。以其主於生人也。兵車，革路也。雖爲死者來，陳之於外。戰伐田獵之服，非盛者也。周禮：「革路，建大白以即戎。」○賻，音附。○賻者既致命，坐委之，擯者舉之，主人無親受也。喪者非尸柩之事，則不親也。舉之，舉以東。○柩，音舊。

○受立，授立，不坐。由便。○便，婢面反。性之直者，則有之矣。有之，有跪者也。謂受授於尊者而尊者短，則跪，不敢以長臨之。○跪，其委反。長，直良反。

○始入而辭，曰：「辭矣。」即席，曰：「可矣。」可，猶止也。謂擯者爲賓主之節也。始入則告之辭，至就席則止其辭。排闔説屨於户内者，一人而已矣。雖衆敵，猶有所尊也。○排，薄皆反。闔，胡臘反〔一〕，又音合。説，吐活反，本亦作「脱」，下注同。**有尊長在，則否。**在，在内也。後來之衆，皆説屨於户外。○長，丁丈反，下文注「尊長」皆同。**問品味，曰：「子亟食於某乎？」問道藝，曰：「子習於某乎？子善於某乎？」**不斥人，謙也。道，三德三行也。藝，六藝。○某，音母。行，下孟反。

○**不疑在躬，**躬，身也。不服行所不知，使身疑也。**不度民械，**械，兵器也。不計度民家之器物，使己亦有。○度，大洛反，計也，注同。械，户戒反。**不願於大家，**大，謂富之廣也。**不訾重器。**訾，思也。重，猶寶也。○訾，子斯反。**氾埽曰「埽」，埽席前曰「拚」。拚席不以鬣，執箕膺擖。**鬣，謂帚也。帚恒埽地，不潔清也。膺，親也。擖，舌也。持箕，將去糞者，以舌自鄉。○氾埽，上芳劍反，下悉報反。拚，弗運反，又作「㨤」。鬣，力輒反。膺，於陵反，胸前也。擖，以涉反，舌也〔二〕；徐音葉。清，徐才性反〔三〕，又如字。去，起

〔一〕「胡」，原訛作「初」，據彙校卷十二、撫釋一、岳本改。
〔二〕「舌」，原訛作「苦」，據彙校卷第十二、撫釋一、和本、十行本、閩本、監本、毛本、殿本、阮刻本改。
〔三〕「性」，原脱，據彙校卷第十二、撫釋一、和本補。

呂反，下「擢去」同。鄉，許亮反。

○**不貳問。**當正己之心，以問吉凶於蓍龜。不得於正，凶，則卜筮，其權也。○蓍，音尸。**問卜筮，曰：「義與？志與？」義則可問，志則否。**大卜問來卜筮者也。義，正事也。志，私意也。○與，音餘，下同。大，音泰。

○**尊長於己踰等，不敢問其年。**踰等，父兄黨也。問年，則己恭孫之心不全。○孫，音遜，本亦作「遜」，同。**燕見不將命。**自不用賓主之正來，則若子弟然。○見，賢遍反，下「請見」同。**遇於道，見則面，**可以隱則隱，不敢煩動也。**不請所之。**尊長所之，或卑褻。○褻，息列反。**喪俟事，不犆弔。**亦不敢故煩動也。事，朝夕哭時。○特，本亦作「犆」，音特。**侍坐，弗使，不執琴瑟，不畫地，手無容，不翣也。**端慤所以爲敬也。尊長或使弾琴瑟，則爲之可。○畫，胡麥反。翣，本又作「菨」，所甲反；盧云：「扇也。」慤，苦角反。**寢，則坐而將命。**命，有所傳辭也。坐者，不敢臨之。**侍射則約矢。**不敢與之拾取也。○射，食夜反，下注「客射」同。拾，其劫反。**侍投則擁矢。**不敢釋於地也。投，投壺也。投壺坐。**勝則洗而以請。**洗爵，請行觴，不敢直飲之。○飲，音蔭。**客亦如之。**客射若投壺，不勝，主人亦洗而請之。○勝，詩證反。不角，角，謂觵，罰爵也。於尊長與客，如獻酬之爵。○觵，古横反。不擢馬。擢，去也，謂徹也。已徹馬，嫌勝，故專之。○擢，直角反。

○執君之乘車則坐。執，執轡，謂守之也，君不在中。坐，示不行也。○乘，繩證反。彎，冰媚反。僕者右帶劒，負良綏，申之面，拕諸幦，面，前也。幦，覆苓也。良綏，君綏也。負之，由左肩上入右腋下，申之於前覆苓上也。○拕，徒可反，引也，又他佐反。幦，徐音覓。苓，力丁反。掖，音亦。以散綏升，執轡然後步。步，行也。○散，悉旦反。

○請見不請退。去止不敢自由。○見，賢遍反。朝廷曰退，近君爲進。○朝，直遥反，後「朝廷」皆同。近，「附近」之「近」。燕遊曰歸，禮褻，主於家也。師役曰罷。罷之言罷勞也。春秋傳曰：「師還曰疲。」○罷，音皮，注同。還，音旋，下文、注皆同。

○侍坐於君子，君子欠伸，運笏，澤劍首，還屨，問日之蚤莫，雖請退，可也。以此皆解倦之狀。伸，頻伸也。運、澤，謂玩弄也。金器弄之，易以汗澤。○欠，起劒反。伸，音申。笏，音忽。還，音旋。蚤，音早。莫，音暮。解，古賣反。頻，本又作「嚬」，音頻。玩，五亂反。易，以豉反。汗，户旦反，一音烏。

○事君者量而后入，不入而后量。凡乞假於人、爲人從事者亦然。然，故上無怨而下遠罪也。量，量其事意合成否。○量，音亮。乞，如字，又音氣。爲，于僞反。遠，于萬反。不窺密，嫌伺人之私也。密，隱曲處也。○窺，苦規反。伺，音司。處，昌慮反。不旁狎，妄相服習，終或爭訟。○爭，「爭鬭」之「爭」。不道舊故，言知識之過失，損友也。孔子曰：「故舊不遺，則民不偷。」○偷，他侯反。不戲色，暫變傾顔色爲非常，則人不長，失敬也。○不長，丁丈反，絶句。

○爲人臣下者，有諫而無訕，有亡而無疾。亡，去也。疾，惡也。○訕，所諫反，徐所姦反。惡，烏路反。頌而無諂，諫而無驕。頌，謂將順其美也。驕，謂言行謀從，恃知而慢也。○諂，勑檢反。怠則張而相之，怠，惰也。相，助也。○相，息亮反，注同。惰，徒卧反。廢則埽而更之。廢，政教壞亂，無可因也〔一〕。○更，音庚。謂之社稷之役。役，爲也。

〔一〕「無」，原訛作「不」，據撫州本、岳本、八行本改。

○毋拔來，毋報往。報，讀爲「赴疾」之赴。拔、赴，皆疾也。人來往所之，當有宿漸，不可卒也。○拔，蒲末反，注同，急疾也，王本作「校」，古孝反。報，音赴。卒，才忽反。**毋瀆神，**瀆，謂數而不敬。○數，色角反。**毋循枉，**前日之不正，不可復遵行以自伸。○循枉，上音旬，下紆往反，邪曲也。復，扶又反。**毋測未至。**測，意度也。○意度，如字，本又作「億」，音抑，下大各反。**士依於德，游於藝。**德，三德也，一曰至德，二曰敏德，三曰孝德。藝，六藝也，一曰五禮，二曰六樂，三曰五射，四曰五御，五曰六書，六曰九數。**工依於法，游於説。**法，謂規矩尺寸之數也。説，謂鴻殺之意所宜也。考工記曰：「薄厚之所震動，清濁之所由出，侈弇之所由興，有説。」説，或爲「申」。○於説，如字，注同，又始鋭反。鴻，字又作「洪」。殺，色戒反。侈，昌氏反。弇，於檢反。**毋訾衣服成器，**訾，思也。成，猶善也。思此則疾貧也。○訾，子斯反。**毋身質言語。**質，成也。聞疑則傳疑，若成之，或有所誤也。○傳，丈專反。**言語之美，穆穆皇皇。朝廷之美，濟濟翔翔。祭祀之美，齊齊皇皇。車馬之美，匪匪翼翼。鸞和之美，肅肅雍雍。**匪，讀如「四牡騑騑」。齊齊皇皇，讀如「歸往」之往。美，皆當爲「儀」，字之誤也。周禮教國子六儀：「一曰祭祀之容，二曰賓客之容，三曰朝廷之容，四曰喪紀之容，五曰軍旅之容，六曰車馬之容。」○美，音儀，出注，下同。濟，子禮反。齊齊皇皇，齊，如字；皇音往，徐于況反。匪，讀爲「騑」，芳非反。牡，音母。

○問國君之子長幼，長則曰「能從社稷之事矣」。幼，則曰「能御」、「未能御」。御，謂御事。○長，丁丈反，下及注同。問大夫之子長幼，長，則曰「能從樂人之事矣」。幼，則曰「能正於樂人」、「未能正於樂人」。正，樂政也。周禮大司樂：「以樂德教國子中、和、祇、庸、孝、友。以樂語教國子興、道、諷、誦、言、語。以樂舞教國子，舞雲門、大卷、大咸、大韶、大夏、大濩、大武。○樂人，音岳。興，如字，又許證反。道，音導。諷，福鳳反。卷，音權。濩，户故反。問士之子長幼，長，則曰「能耕矣」。幼，則曰「能負薪」、「未能負薪」。士祿薄，子以農事爲業。

○執玉、執龜筴不趨，堂上不趨，城上不趨。於重器，於近尊，於迫狹，無容也。步張足曰趨。○筴，音策。近，「附近」之「近」。狹，音洽。武車不式，介者不拜。兵車不以容禮下人也。軍中之拜[一]，肅拜。○介，音界。下，户嫁反。

〔一〕「軍」，原訛作「車」，據撫州本、岳本、嘉靖本、八行本改。

〇婦人吉事，雖有君賜，肅拜；爲尸坐，則不手拜，肅拜；爲喪主，則不手拜。肅拜，拜低頭也。手拜，手至地也。婦人以肅拜爲正。凶事乃手拜耳。爲尸，爲祖姑之尸也。士虞禮曰：「男，男尸；女，女尸。」爲喪主不手拜者，爲夫與長子當稽顙也，其餘亦手拜而已。雖，或爲「唯」。或曰「喪爲主，則不手拜，肅拜也」。〇低，丁兮反。爲夫，于僞反。

〇葛絰而麻帶。謂既虞、卒哭也。帶，所以自結束也。婦人質，少變，於喪之帶，有除而無變。

〇取俎進俎，不坐。以其有足，亦柄尺之類。〇柄，兵命反。

〇執虚如執盈，入虚如有人。重慎。凡祭，於室中、堂上無跣，燕則有之。祭所尊在室，燕所尊在堂。將燕，降説屨，乃升堂。祭不跣者，主敬也。燕則有跣，爲歡也。天子、諸侯祭，有坐尸於堂之禮。〇跣，悉典反。爲，于僞反。税屨，本又作「脱」，又作「説」，吐活反。

未嘗，不食新。嘗，謂薦新物於寢廟。

〇僕於君子，君子升下，則授綏，始乘則式。君子下行，然後還立。還車而立，以俟其去。〇還，音旋，注同。

○乘貳車則式，佐車則否。貳車、佐車，皆副車也。朝祀之副曰貳，戎獵之副曰佐。魯莊公敗于乾時，公喪戎路，傳乘而歸。○朝，直遥反。喪，息浪反。傳乘，上丈專反，又陟戀反，下繩證反，下文「除乘車」同。

○貳車者，諸侯七乘，上大夫五乘，下大夫三乘。此蓋殷制也。周禮貳車，公九乘，侯伯七乘，子男五乘，及卿大夫各如其命之數〔一〕。有貳車者之乘馬服車，不齒。尊有爵者之物，廣敬也。服車，所乘車也。車有新舊。觀君子之衣服、服劍、乘馬，弗賈。平尊者之物，非敬也。○賈，音嫁。其以乘壺酒、束脩、一犬賜人若獻人，則陳酒執脩以將命，亦曰「乘壺酒、束脩、一犬。」陳重者，執輕者，便也。乘壺，四壺也。酒，謂清也，糟也。不言「陳犬」，或無脩者，牽犬以致命也。於卑者曰賜，於尊者曰獻。○便，婢面反，下同。糟，早勞反。其以鼎肉，則執以將命。鼎肉，謂牲體已解，可升於鼎。○已，如字，又音異。解，庚買反。其禽加於一雙，則執一雙以將命，委其餘。加，猶多

〔一〕「及」，原脱，據撫州本、八行本補。

也。犬則執緤，守犬、田犬，則授擯者。既受，乃問犬名〔一〕。牛則執紖，馬則執靮，皆右之。緤、紖、靮，皆所以繫制之者。守犬、田犬問名，畜養者當呼之名，謂若韓盧、宋鵲之屬。右之者，執之宜，由便也。○緤，息列反。守，手又反，又如字，注同。紖，丈引反。靮，丁曆反。畜，許六反。鵲，七略反，犬也。臣則左之，異於衆物，臣謂囚俘。○俘，音孚。車則説綏，執以將命。甲若有以前之，則執以將命；無以前之，則袒櫜奉胄。甲，鎧也。有以前之，謂他摯幣也。櫜，弢鎧衣也。胄，兜鍪也。袒其衣，出兜鍪以致命。○税，本又作「脱」，又作「説」，同吐活反。袒，音但。櫜，音羔，甲衣也。奉，芳勇反。胄，直又反。鎧，苦代反。弢，吐刀反。兜，丁侯反。鍪，亡侯反。器則執蓋。謂有表裏。弓則以左手屈韣執拊。韣，弓衣也。左手屈衣，并於拊執之，而右手執簫。○韣，音獨。拊，芳武反。并，必政反。劒則啟櫝，蓋襲之，加夫襓與劒焉。櫝，謂劒函也。襲，卻合之。夫襓，劒衣也。加劒於衣上。夫，或爲「煩」，皆發聲。○櫝，音獨。夫襓，上音扶，注同，下如遥反。函，

〔一〕「犬」，原訛作「大」，據唐石經、撫州本、紹熙本、岳本、嘉靖本、八行本、和本、十行本、閩本、監本、毛本、殿本、阮刻本改。

音咸。卻，去略反，下文同。**笏、書、脩、苞苴、弓、茵、席、枕、几、熲、杖、琴、瑟、戈有刃者櫝、筴、籥，其執之，皆尚左手。**苞苴，謂編束萑葦，以裹魚肉也。茵，著蓐也。熲，警枕也。筴，蓍也。籥，如笛，三孔。皆十六物也。左手執上，上，陽也。右手執下，下，陰也。○苴，子余反。茵，音因。熲，京領反，注同，警枕也，又坰迥反。編，必緜反。萑，音丸。葦，于鬼反。裹，音果。著蓐，上音佇，下音辱。**刀卻刃授穎，削授拊。**辟用時。穎，鐶也。拊，謂把。○穎，役頂反。削，音笑。辟，音避。把，音霸。**凡有刺刃者，以授人則辟刃。**辟刃，不以正鄉人也。○刺，七智反，又七亦反。辟，匹亦反，注同。鄉，許亮反，下「鄉國」同。**乘兵車，出先刃，入後刃。**不以刃鄉國也。**軍尚左，**左，陽也，陽主生。將軍有廟勝之策，左將軍爲上，貴不敗績。**卒尚右。**右，陰也，陰主殺，卒之行伍，以右爲上，示有死志。○卒，子忽反，注同。行伍，户剛反，下音五。

○賓客主恭，祭祀主敬，喪事主哀，會同主詡。恭在貌也，而敬又在心。詡謂敏而有勇，若齊國佐。○詡，况矩反。**軍旅思險，隱情以虞。**險，阻，出奇覆諼之處也。隱，意也，思也。虞，度也。當思念己情之所能，以度彼之將然否。○阻，側吕反。覆，芳富反，謂伏兵也，徐音赴。諼，況煩反。諼，詐也。或云：「諼，譁。」處，昌慮反。度，大各反，下同。

○燕，侍食於君子，則先飯而後已。所以勸也。○飯，煩晚反，下「小飯」同。毋放飯，毋流歠，小飯而亟之，亟，疾也。備噦噎，若見問也。○歠，昌悅反。亟，紀力反，注同。噦噎，上於月反，下伊結反。數噍，毋爲口容。口容，弄口。○數，色角反。「噍」，字又作「嚼」，子笑反，又在笑反。客自徹，辭焉則止。主人辭其徹。

○客爵居左，其飲居右。客爵，謂主人所酬賓之爵也，以優賓耳。賓不舉，奠于薦東。介爵、酢爵、僎爵皆居右。三爵，皆飲爵也。介，賓之輔也。酢，所以酢主人也。古文禮「僎」作「遵」。遵，謂鄉人爲卿大夫來觀禮者。酢，或爲「作」。僎，或爲「騶」。○介，音界，注同。僎，音遵。騶，責留反，本又作「馴」，音巡。

○羞濡魚者，進尾。擗之由後，鯁肉易離也。乾魚進首，擗之由前，理易析也。○濡，音儒。擗，補麥反，下同。鯁，格猛反。易，以豉反，下同。析，星曆反。冬右腴，氣在下。腴，腹下也。○腴，以朱反。夏右鰭。氣在上。鰭，脊也。○右鰭，音祈。脊，子昔反。祭膴。膴，大臠，謂刳魚腹也。膴，讀如「冔」。○膴，舊火吳反，依注音冔，況甫反，徐況紆反。臠，力轉反。刳，口胡反，又苦侯反。

○凡齊，執之以右，居之於左。齊，謂食羹醬飲有齊和者也。居於左手之上，右手執而正之，由便也。○齊，才細反，注及下「以齊」并注同。食，音嗣。和，户臥反，下「齊和」同。便，婢面反。

○贊幣自左，詔辭自右。自，由也。謂爲君授幣[一]，爲君出命也。立者，尊右。○爲，于僞反，下「爲君」同。

○酌尸之僕，如君之僕。當其爲尸則尊。其在車，則左執轡，右受爵，祭左右軌范，乃飲。周禮大御：「祭兩軹，祭軌，乃飲。」軌與軹，於車同謂轊頭也。範與范聲同，謂軾前也。○軌，媿美反。范，音犯。軹，音旨。轊，音衛。軾，音式。

○凡羞有俎者，則於俎内祭[二]。俎於人爲横，不得祭於間也。君子不食圂腴。

〔一〕「授」，原訛作「受」，據撫州本、八行本、阮刻本改。
〔二〕「俎」下，原衍「肉」字，據唐石經、撫州本、岳本、八行本、和本、十行本、閩本、監本、毛本、殿本、阮刻本删。

周禮「圂」作「豢」，謂犬豕之屬，食米穀者也。腴有似於人穢。○圂與豢，同音患。濊，本又作「穢」，紆廢反，一音烏外反。小子走而不趨，舉爵則坐祭，立飲。小子，弟子也。卑，不得與賓、介俱備禮容也。凡洗必盥。先盥乃洗爵〔一〕，先自絜也。盥有不洗也。○盥，音管，又古亂反。牛羊之肺，離而不提心。提，猶絶也，刲離之，不絶中央少者，使易絶以祭耳。○不提心，丁禮反，注同，絶句。挂，苦圭反。犁，本又作「離」，同力兮反，又力知反。凡羞有湆者，不以齊。齊，和也。○湆，起及反。爲君子擇葱薤，則絶其本末。爲有萎乾。○爲，于僞反，注同。薤，户戒反。萎乾，上於危反，又於僞反，下音竿。羞首者，進喙，祭耳。耳出見也。○喙，許穢反。見，賢遍反。

○尊者以酌者之左爲上尊。尊者，設尊者也。酌者鄉尊，其左則右尊也。○樽，本又作「尊」，注下皆同。鄉，許亮反，下「鄉人」同。尊壺者面其鼻。鼻在面中，言鄉人也。飲酒者、機者、醮者，有折俎，不坐。折俎尊，徹之乃坐也。已沐飲曰機。酌始冠曰醮。

〔一〕「先」，原訛作「洗」，據撫州本、岳本、八行本、阮刻本改。

○機，其記反。醮，子笑反。折，之設反，下及注皆同。冠，古亂反。未步爵，不嘗羞。步，行也。

○牛與羊魚之腥，聶而切之爲膾。聶之言牒也，先藿葉切之，復報切之，則成膾。○聶，之涉反，注及下皆同。膾，古外反。牒，直輒反。復，扶又反。麋鹿爲菹，野豕爲軒，皆聶而不切。麕爲辟雞，兔爲宛脾，皆聶而切之。切葱若薤實之，醯以柔之。此軒、辟雞、宛脾，皆菹類也。其作之狀，以醯與葷菜淹之，殺肉及腥氣也。○麋，音眉。軒，音獻，注同。麕，俱倫反。辟，音璧，又補麥反，徐扶益反，注同。兔，他故反。宛脾，上於阮反，下毗支反。切葱若薤實之，絶句。菹，莊居反。葷〔一〕，許云反。淹，於廉反，又於劫反。

○其有折俎者，取祭反之，不坐。燔亦如之。亦爲柄尺之類也。燔，炙也。鄉射曰：「賓奠爵于薦西，興取肺，坐絶祭，左手嚌之，興，加于俎，坐帨手。」○燔，音煩。柄，兵命反。齊之，才細反。帨，本亦作「挩」，始鋭反。尸則坐。尸尊也。少牢饋食禮曰：「尸左執

〔一〕「葷」，原訛作「君」，據和本、十行本、閩本、監本、毛本、殿本、阮刻本改。

爵，右兼取肝肺，擩于俎鹽，振祭，嚌之，加于菹豆。」○食，音嗣。擩，本又作「揳」〔一〕，而專反，又而悦反，徐耳誰反。

○衣服在躬而不知其名爲罔。罔，猶罔罔，無知貌。○罔，本亦作「冈」，又作「網」，亡兩反。

○其未有燭而有後至者〔二〕，則以在者告。道瞽亦然。爲其不見，意欲知之也。師冕見及階，子曰：「階也。」及席，子曰：「席也。」皆坐，子告之曰：「某在斯，某在斯。」○道，音導。爲，于僞反，下「爲宵」、下文「爲人」、「爲己」同。冕見，賢遍反。凡飲酒爲獻主者，執燭抱燋，客作而辭，然後以授人。爲宵言也。主人親執燭敬賓，示不倦也。言獻主者，容君使宰夫也。未爇曰燋。○燋，側角反，又子約反，或音在遥反。爇，人悦反。執燭不讓，不辭，不歌。以燭繼晝，禮殺。○殺，色戒反。洗、盥、執食飲者，勿氣。有問焉，則辟咡而對。示不敢歆臭也。口旁曰咡。○辟，匹亦反，徐孚益反。咡，而志反。

〔一〕「擩本又作揳」，原訛作「檽本又作懦」，據阮刻本改。
〔二〕「有」，原脱，據唐石經、撫州本、岳本、八行本補。

歆，許金反。臭，許又反。

○爲人祭曰「致福」，爲己祭而致膳於君子曰「膳」，祔、練曰「告」。此皆致祭祀之餘於君子也。攝主言致福，申其辭也。自祭言膳，謙也。祔、練言告，不敢以爲福膳也。凡膳告於君子，主人展之，以授使者于阼階之南，南面，再拜稽首，送，反命，主人又再拜稽首。展，省具也。○使，色吏反。其禮，大牢則以牛左肩、臂、臑，折九个；少牢則以羊左肩七个，犆豕則以豕左肩五个。折，斷分之也。皆用左者，右以祭也。羊豕不言臂、臑，因牛序之可知。○臂，本亦作「辟」，必豉反，注同。臑，奴報反，又奴到反。説文云：「臂，羊犬，讀若儒。」字林人於反。个，古賀反，下同。犆，大得反。斷，丁管反，又大喚反。分，方云反，又扶問反，本又作「个」，古賀反。

○國家靡敝，則車不雕幾，甲不組縢，食器不刻鏤，君子不履絲屨，馬不常秣。靡敝，賦税亟也。雕，畫也。幾，附纏爲沂鄂也。組縢，以組飾之及紟帶也。詩云：「公徒三萬，貝冑朱綅。」亦鎧飾也。○靡，亡皮反，注同。幾，其衣反，注同。組，音祖。縢，大登反。常，如字，恒也，本亦作「嘗」。秣，音末，穀馬。亟，本又作「極」，紀力反，急也，一音其力反。沂，魚巾反。鄂，五各反〔一〕。約，其蔭反，結也。綅，息廉反，又音侵。鎧，苦代反。

禮記卷第十

經肆仟貳拾字

注陸仟叁伯丹捌字

音義貳仟捌伯捌拾陸字

仁仲比校訖

〔一〕「各」，原訛作「合」，據彙校卷十二、撫釋一、岳本改。

禮記卷第十一

學記第十八

○陸曰：鄭云：「學記者，以其記人學教之義。」

禮記　　鄭氏注

○發慮憲，求善良，足以謏聞，不足以動衆。憲，法也。言發計慮當擬度於法式也。求，謂招來也。謏之言小也。動衆，謂師役之事。○憲，音獻。謏，思了反，徐所穆反。聞，音問，聲聞。度，大各反。就賢體遠，足以動衆，未足以化民。就，謂躬下之體，猶親也。○下，户嫁反。君子如欲化民成俗，其必由學乎！所學者，聖人之道，在方策。○策，初革反。

○玉不琢，不成器。人不學，不知道。是故古之王者，建國君民，教學爲先。謂内則設師、保以教，使國子學焉，外則有太學、庠、序之官。○琢，丁角反，治玉曰琢。

大，音泰，後「太學」皆同。兑命曰：「念終始典于學。」其此之謂乎！典，經也。言學之不舍業也。兑，當爲「説」，字之誤也。高宗夢傅説，求而得之，作説命三篇，在尚書，今亡。○兑，依注作「説」，音悦，下「兑命」放此。舍，音捨。兑當，徒外反。

○雖有嘉肴，弗食，不知其旨也。雖有至道，弗學，不知其善也。旨，美也。○肴，户交反。是故學然後知不足，教然後知困。學則睹己行之所短，教則見己道之所未達。○睹，丁古反。行，下孟反，下注「德行」同。知不足然後能自反也，知困然後能自强也。故曰：「教學相長也。」自反，求諸己也。自强，脩業不敢倦。○强，其丈反，又其良反，下注同。長，丁兩反，下注「長稺」、「長者」皆同。兑命曰：「學學半。」其此之謂乎！言學人乃益己之學半。○學學，上胡孝反，下如字。學人，胡孝反，又音教。

○古之教者，家有塾，黨有庠，術有序，國有學。術，當爲「遂」，聲之誤也。古者，仕焉而已者，歸教於閭里，朝夕坐於門。門側之堂謂之塾。周禮五百家爲黨，萬二千五百家爲遂。黨屬於鄉，遂在遠郊之外。○塾，音孰，一音育。術，音遂，出注。比年入學，學者每歲來入也。○比，毗志反〔一〕。中年考校。中，猶間也。鄉、遂大夫間歲則考學者之德行道藝。周禮三歲大比，乃考焉。○中，徐丁仲反，注同。間，「間廁」之「間」，下同。一年，視離經辨志。三年，視敬業樂羣。五年，視博習親師。七年，視論學取友，謂之小成。九年，知類通達，强立而不反，謂之大成。離經，斷句絶也。辨志，謂別其心意所趣鄉也。知類，知事義之比也。强立，臨事不惑也。不反，不違失師道。○樂，五孝反，又音岳，下「不能樂學」同。斷句，丁亂反。別，彼列反。趣，七住反。鄉，許亮反。比，必履反，一音必利反。夫然後足以化民易俗，近者説服，而遠者懷之，此大學之道也。懷，來也，安也。○説，音悦。記曰：「蛾子時術之。」其此之謂乎！蛾，蚍蜉也。蚍蜉之子，微蟲耳。時術，蚍蜉之所爲，其功乃復成大垤。○蛾，魚起反，注同，本或作「蟻」。蚍，音毗。蜉，音浮。爾雅云：「蚍蜉，大蟻。」復，扶又反。垤，大結反，毛詩傳云：「蟻冢也。」

○大學始教，皮弁祭菜，示敬道也。皮弁，天子之朝朝服也。祭菜，禮先聖先師。菜，謂芹、藻之屬。○朝朝，並直遥反。芹，音勤。藻，音早。宵雅肄三，官其始也。宵之

〔一〕「○比毗志反」，原亂在經文「中年考校」之釋文「間廁之間」下，據彙校卷第十三、撫釋一、岳本乙正。

言小也。肄，習也。習小雅之三，謂鹿鳴、四牡、皇皇者華也。此皆君臣宴樂相勞苦之詩，爲始學者習之，所以勸之以官，且取上下相和厚。○宵，音消。肄，本又作「肆」，同以二反，注同。樂，音洛。勞，力告反，又如字。爲，于僞反。入學鼓篋，孫其業也。鼓篋，擊鼓警衆，乃發篋，出所治經業也。孫，猶恭順也。○篋，苦協反。孫，音遜，注及下皆同。警，京領反。夏、楚二物，收其威也。夏，榣也。楚，荆也。二者所以扑撻犯禮者。收，謂收斂整齊之。威，威儀也。○夏，古雅反，注同。榣，吐刀反，爾雅云：「榣，山榎。」扑，普卜反，尚書云：「扑作教刑。」撻，他達反。未卜禘，不視學，游其志也。禘，大祭也。天子諸侯既祭，乃視學考校，以游暇學者之志意。○禘，大計反。游，音由，本亦作「遊」。假，户嫁反，舊古雅反。時觀而弗語，存其心也。使之悱悱憤憤，然後啟發也。○語，魚庶反。悱，芳鬼反。憤，扶粉反，一本直作「悱憤」。幼者，聽而弗問，學不躐等也。學，教也，教之長穉。○學，胡孝反，注同。躐，音里輒反。穉，直吏反。此七者，教之大倫也。倫，理也。自「大學始教」至此，其義七也。記曰：「凡學，官先事，士先志。」其此之謂乎！官，居官者也。士，學士也。

○大學之教也，時。教必有正業，退息必有居。有居，有常居也。學，不學操縵，不能安弦；操縵，雜弄。○操，七刀反，注同。縵，末旦反。雜，徂合反。不學博依，不能安詩；博依，廣譬喻也。依，或爲「衣」。○依，於豈反，注皆同。不學雜服，不能安禮；雜服，冕服、皮弁之屬。雜，或爲「雅」。不興其藝，不能樂學；興之言喜也，歆也。藝，謂禮、樂、射、御、書、數。○興，虚應反。歆，許金反。故君子之於學也，藏焉，脩焉，息焉，遊焉。藏，謂懷抱之。脩，習也。息，謂作勞休止於之息。遊，謂閒暇無事於之遊。○閒，音閑。夫然，故安其學而親其師，樂其友而信其道，是以雖離師輔而不反也。兑命曰：「敬孫務時敏，厥脩乃來。」其此之謂乎！敬孫，敬道孫業也。敏，疾也。厥，其也。學者務及時而疾，其所脩之業乃來。○樂，其音岳，又音洛，又五孝反。離，力智反。

○今之教者，呻其佔畢，多其訊，呻，吟也。佔，視也。簡謂之畢。訊，猶問也。言今之師，自不曉經之義，但吟誦其所視簡之文，多其難問也。呻，或爲「慕」。訊，或爲「訾」。○呻，音伸，一音新，吟也。佔，勑沾反，視也。訊，字又作「誶」，音信，問也。呻吟，魚金反，又作

「詥」，同。難，乃旦反。呰，才斯反，又音紫。**言及于數，**其發言出説，不首其義，動云：「有所法象而已。」○數，色住反。**進而不顧其安，**務其所誦多，不惟其未曉。**使人不由其誠，**由，用也。使學者誦之而爲之説，不用其誠。**教人不盡其材，**材，道也。謂師有所隱也。易曰：「兼三材而兩之。」謂天地人之道。**其施之也悖，其求之也佛。**教者言非，則學者失問。○施，始移反，下同。悖，布内反。佛，本又作「拂」，扶弗反。**夫然，故隱其學而疾其師，苦其難而不知其益也。**隱，不稱揚也。不知其益，若無益然。**雖終其業，其去之必速。**速，疾也。學不心解，則忘之易。○去，如字，又起吕反。解，胡買反。忘，亡亮反，易，以豉反，下文、注皆同。**教之不刑，其此之由乎！**刑，猶成也。

○**大學之法：禁於未發之謂豫，**未發，情慾未生，謂年十五時。○禁，居鴆反，又音金，下同。慾，音欲，一音喻，下注同。**當其可之謂時，**可，謂年二十，成人時。**不陵節而施之謂孫，**不陵節，謂不教長者、才者以小，教幼者、鈍者以大也。施，猶教也。孫，順也。○鈍，徒困反。**相觀而善之謂摩，**不並問，則教者思專也。摩，相切磋也。○摩，本又作「𦣝」，莫波反，徐亡髮反。思，息吏反，下「思放」同。磋，七多反。**此四者，教之所由興**

也。興，起也。○發然後禁，則扞格而不勝；教不能勝其情慾。格，讀如「凍洛」之「洛」。扞，堅不可入之貌。○扞，胡半反，注同。格，胡客反，又户隔反。扞格，不入也，注同。勝，音升，又升證反。洛，胡客反，下同。此二字並從冫，或水旁作，非；一音户各反。時過然後學，則勤苦而難成；時過，則思放也。○過，胡卧反。雜施而不孫，則壞亂而不脩；小者不達，大者難識，學者所惑也。○壞，音怪，徐胡拜反。獨學而無友，則孤陋而寡聞；不相觀也。燕朋逆其師，燕，猶褻也，褻其朋友。○燕，音讌。褻，息列反，下同。燕辟廢其學。褻師之譬喻。○辟，音譬，注及下「罕辟」同。此六者，教之所由廢也。廢，滅。

○君子既知教之所由興，又知教之所由廢，然後可以爲人師也。故君子之教喻也，道而弗牽，强而弗抑，開而弗達，道，示之以道塗也。抑，猶推也。開，爲發頭角。○道，音導，注「道示」及下同。强，沈其良反，徐其兩反，下同。爲，于僞反，下「爲學者」同。道而弗牽則和，强而弗抑則易，開而弗達則思，和、易以思，可謂善喻矣。思而得之則深。

○學者有四失，教者必知之。人之學也，或失則多，或失則寡，或失則易，或失則止，此四者，心之莫同也。失於多，謂才少者。失於寡，謂才多者。失於易，謂好問不識者。失於止，謂好思不問者。○好，呼報反，下「好思」、「好述」同。知其心，然後能救其失也。救其失者，多與易則抑之，寡與止則進之。教也者，長善而救其失者也。善歌者使人繼其聲，善教者使人繼其志。言爲之善者，則後人樂放傚。○長，丁丈反，下文及注同。教，如字，一本作「學」，胡孝反。放，方往反。傚，胡教反。其言也約而達，微而臧，罕譬而喻，可謂繼志矣。師説之明，則弟子好述之。其言少而解。臧，善也。○臧，子郎反。解，胡買反，下文、注同。

○君子知至學之難易，而知其美惡，然後能博喻，能博喻然後能爲師，能爲師然後能爲長，能爲長然後能爲君。美惡，説之是非也。長，達官之長。○惡，烏路反，又如字。故師也者，所以學爲君也。弟子學於師，學爲君。是故擇師不可不慎也。師善則善。記曰：「三王、四代唯其師。」此之謂乎！四代，虞、夏、殷、周。

○凡學之道，嚴師爲難。嚴，尊敬也。師嚴然後道尊，道尊然後民知敬學。

是故君之所不臣於其臣者二：當其爲尸，則弗臣也；當其爲師，則弗臣也。尸，主也，爲祭主也。大學之禮，雖詔於天子，無北面，所以尊師也。尊師，重道焉，不使處臣位也。武王踐阼，召師尚父而問焉。曰：「昔黄帝、顓頊之道存乎意，亦忽不可得見與？」師尚父曰：「在丹書。王欲聞之，則齊矣。」王齊三日，端冕。師尚父亦端冕，奉書而入，負屏而立，王下堂，南面而立。師尚父曰：「先王之道，不北面。」王行西，折而南，東面而立。師尚父西面，道書之言。○顓，音專。頊，許玉反。與，音餘。齊，側皆反，下同。奉，芳勇反。折，之設反。

○善學者，師逸而功倍，又從而庸之。不善學者，師勤而功半，又從而怨之。從，隨也。庸，功也。功之，受其道有功於己。善問者，如攻堅木，先其易者，後其節目，及其久也，相説以解；不善問者反此。言先易後難，以漸入。○説，音悦。善待問者，如撞鐘〔一〕，叩之以小者則小鳴，叩之以大者則大鳴，待其從容，然後盡其聲；不善荅問者反此。從，讀如「富父舂戈」之「舂」。舂容，謂重撞擊也。始者

〔一〕「鐘」，原訛作「鍾」，據唐石經、撫州本、岳本、八行本、和本、十行本、監本、毛本、殿本、阮刻本改。

一聲而已，學者既開其端意，進而復問，乃極説之，如撞鐘之成聲矣。從，或爲「松」。○撞，丈江反。叩，音口。從，依注讀爲「舂」，式容反。父，音甫。重，直用反。復，扶又反。**此皆進學之道也。**此皆善問善荅也。

○記問之學，不足以爲人師。記問，謂豫誦雜難雜説，至講時，爲學者論之，此或時師不心解，或學者所未能問。○難，乃旦反。**必也其聽語乎！**必待其問乃説之。**力不能問，然後語之，語之而不知，雖舍之可也。**舍之須後。○語，魚據反，下同。舍，音捨，又如字，注下同。

○良冶之子，必學爲裘。仍見其家錮補穿鑿之器也。補器者，其金柔乃合，有似於爲裘。○冶，音也。錮，音固。穿，字又作「𥥛」，音川。鑿，在洛反。**良弓之子，必學爲箕。**仍見其家撓角幹也。撓角幹者，其材宜調，調乃三體相勝，有似於爲楊柳之箕。○箕，音基，注同。撓，而小反，下同，曲屈也，一音乃孝反。幹，古旦反。勝，音升，任也，一本作「稱」，尺證反。**始駕馬者反之，車在馬前。**以言仍見則貫，即事易也。○「始駕者」，一本作「始駕馬者」。貫，古患反，習也。**君子察於此三者，可以有志於學矣。**仍讀先王之道，則爲來事不惑。

○古之學者，比物醜類。以事相況而爲之。醜，猶比也。醜，或爲「計」。鼓無當於五聲，五聲弗得不和；水無當於五色，五色弗得不章；學無當於五官，五官弗得不治；師無當於五服，五服弗得不親。當，猶主也。五服，「斬衰」至「緦麻」之親。○當，丁浪反，主也，下及注皆同。治，直吏反。君子曰：「大德不官，謂君也。大道不器，謂聖人之道，不如器施於一物。大信不約，謂若「胥命于蒲」，無盟約。○約，徐於妙反，沈於略反，注同。大時不齊。」或時以生，或時以死。○齊，如字。察於此四者，可以有志於本矣。本立而道生，言以學爲本，則其德於民無不化，於俗無不成。三王之祭川也，皆先河而後海，或源也，或委也，此之謂務本。源，泉所出也。委，流所聚也。始出一勺，卒成不測。○源，本又作「原」。委，於僞反，注同。勺，時酌反。

樂記第十九

○陸曰：「鄭云：『名樂記者，以其記樂之義。』」

鄭氏注

○凡音之起，由人心生也。人心之動，物使之然也。感於物而動，故形於聲。宮、商、角、徵、羽，雜比曰音，单出曰聲。形，猶見也。○徵，張里反，後放此。比，毗志反，下文同。見，賢遍反。**聲相應，故生變，**樂之器，弹其宮則衆宮應，然不足樂，是以變之使雜也。易曰：「同聲相應，同氣相求。」春秋傳曰：「若以水濟水，誰能食之？若琴瑟之專一，誰能聽之。」○應，「應對」之「應」，篇内同。弹，徒丹反。樂，音岳，又音洛。**變成方，謂之音。**方，猶文章也。**比音而樂之，及干、戚、羽、旄，謂之樂。**干，盾也。戚，斧也，武舞所執也。羽，翟羽也。旄，旄牛尾也，文舞所執。周禮舞師、樂師掌教舞，有兵舞，有干舞，有羽舞，有旄舞。詩曰：「左手執籥，右手秉翟。」○旄，音毛。盾，本又作「楯」，述允反，又音允。翟，音狄。籥，羊灼反。

○樂者，音之所由生也，其本在人心之感於物也。是故其哀心感者，其聲噍以殺；其樂心感者，其聲嘽以緩；其喜心感者，其聲發以散；其怒心感者，其聲粗以厲；其敬心感者，其聲直以廉；其愛心感者，其聲和以柔。六者非性也，感於物而后動。言人聲在所見，非有常也。噍，踧也。嘽，寬綽貌。發，猶揚也。粗，麤也。○噍，子遥反，徐在堯反，沈子堯反，踧也，謂急也。殺，色界反，徐所例反。其樂，音洛。嘽，昌善反，寬緩也。散，思旦反。粗，采都反，又才古反。踧，子六反。綽，處約反。**是**

故先王慎所以感之者。故禮以道其志，樂以和其聲，政以一其行，刑以防其姦。禮、樂、刑、政，其極一也，極，至也。○道，音導。行，下孟反。所以同民心而出治道也。此其所謂至也。○治，直吏反，下同。

○凡音者，生人心者也。情動於中，故形於聲。聲成文，謂之音。是故治世之音安以樂，其政和；亂世之音怨以怒，其政乖；亡國之音哀以思，其民困。聲音之道，與政通矣。言八音和否隨政也。玉藻曰：「御瞽幾聲之上下。」○治世之音，絕句。安以樂，音洛，絕句，雷讀上至「安」絕句，樂音岳，「以樂」二字爲句。「其政和」，崔讀上句依雷，下「以樂其政和」，揔爲一句。下「亂世」、「亡國」各放此。思，息吏反，又音笥。否，音不。藻，音早。瞽，音古。幾，居希反，又音祈。上下，時掌反。宮爲君，商爲臣，角爲民，徵爲事，羽爲物。五者不亂，則無怗懘之音矣。五者，君、臣、民、事、物也。凡聲，濁者尊，清者卑。怗懘，敝敗不和貌。○怗，徐昌廉反，弊也。懘，昌制反，又昌紙反，敗也。敝，音弊。宮亂則荒，其君驕；商亂則陂，其官壞；角亂則憂，其民怨；徵亂則哀，其事勤；羽亂則危，其財匱。五者皆亂，迭相陵，謂之慢。如此，則國之滅亡無日矣。君、臣、民、事、物，其道亂，則其音應而亂。荒，猶散也。陂，傾也。書曰：「王耄荒。」易曰：「無平不陂。」○陂，彼義反，注同，傾也。匱，其媿反，乏也。迭，田節反。散，蘇旦反。耄，莫報反。鄭、衛之音，亂世之音也，比於慢矣。比，猶同也。○比，毗志反，注同，又如字。桑閒、濮上之音，亡國之音也。其政散，其民流，誣上行私而不可止也。濮水之上，地有桑閒者，亡國之音，於此之水出也。昔殷紂使師延作靡靡之樂，已而自沈於濮水。後師涓過焉，夜聞而寫之，爲晉平公鼓之，是之謂也。桑閒在濮陽南。誣，罔也。○濮，音卜，水名。誣，音無，注同。涓，古玄反。爲，于僞反，下「爲作法度」同。

○凡音者，生於人心者也。樂者，通倫理者也。倫，猶類也。理，分也。○分，扶問反。是故知聲而不知音者，禽獸是也；知音而不知樂者，衆庶是也。唯君子爲能知樂。禽獸知此爲聲耳，不知其宫商之變也。八音並作，克諧曰樂。○諧，户皆反。是故審聲以知音，審音以知樂，審樂以知政，而治道備矣。是故不知聲者，不可與言音；不知音者，不可與言樂；知樂則幾於禮矣。禮樂皆得，謂之有德。

德者，得也。幾，近也。聽樂而知政之得失，則能正君、臣、民、事、物之禮也。○治，直吏反，下「民治行」同。幾，音譏，一音巨依反，注同。**是故樂之隆，非極音也。食饗之禮，非致味也。**隆，猶盛也。極，窮也。○食，音嗣，下「食饗」同。**清廟之瑟，朱弦而疏越，壹倡而三歎，有遺音者矣。大饗之禮，尚玄酒而俎腥魚，大羹不和，有遺味者矣。**清廟，謂作樂歌清廟也。朱弦，練朱弦，練則聲濁。越，瑟底孔也，畫疏之，使聲遲也。倡，發歌句也。三歎，三人從歎之耳。大饗，祫祭先王，以腥魚爲俎实，不臑孰之。大羹，肉湆，不調以鹽菜。遺，猶餘也。○疏，音疎，下同。倡，昌諒反，注同。腥，音星。和，胡卧反。底，都禮反。畫，音獲。祫，音洽。臑，音而。湆，去及反。**是故先王之制禮樂也，非以極口腹耳目之欲也，將以教民平好惡而反人道之正也。**教之，使知好惡也。○好惡，上呼報反，下烏路反，又並如字，後「好惡」二字相連者，皆放此。

○**人生而靜，天之性也。感於物而動，性之欲也。**言性不見物，則無欲。**物至知知，然後好惡形焉。**至，來也。知知，每物來則又有知也。言見物多則欲益衆。形，猶見也。○見，賢遍反。**好惡無節於內，知誘於外，不能反躬，天理滅矣。**節，法度也。知，猶欲也。誘，猶道也，引也。躬，猶己也。理，猶性也。○誘，音酉。道，音導。夫物之感人無窮，而人之好惡無節，則是物至而人化物也。人化物也者，滅天理而窮人欲者也。窮人欲，言無所不爲。於是有悖逆詐僞之心，有淫泆作亂之事。是故强者脅弱，衆者暴寡，知者詐愚，勇者苦怯，疾病不養，老幼孤獨不得其所，此大亂之道也。是故先王之制禮樂，人爲之節。言爲作法度以遏其欲。○悖，布内反，下同。佚，音逸。强，其良反。脅，許怯反。知，音智。怯，起劫反。遏，於葛反，本亦作「節」。衰麻哭泣，所以節喪紀也；鐘鼓干戚，所以和安樂也；昏姻冠笄，所以別男女也；射鄉食饗，所以正交接也。男二十而冠，女許嫁而笄，成人之禮。射、鄉，大射、鄉飲酒也。○衰，七雷反。樂，音洛。冠，古亂反，注同。笄，音雞。別，彼列反，下文、注皆同。禮節民心，樂和民聲，政以行之，刑以防之，禮樂刑政，四達而不悖，則王道備矣。

○樂者爲同，禮者爲異。同則相親，異則相敬。同，謂協好惡也。異，謂別貴賤也。樂勝則流，禮勝則離。流，謂合行不敬也。離，謂析居不和也。○勝，始證反。析，思歷反。合情飾貌者，禮樂之事也。欲其並行斌斌然。○飭，音勑，本又作「飾」，音式。斌，彼貧反，本又作「彬」。禮義立，則貴賤等矣。樂文同，則上下和矣。好惡著，則賢不肖別矣。刑禁暴，爵舉賢，則政均矣。仁以愛之，義以正之，如此，則民治行矣。等，階級也。○著，張慮反。肖，音笑。

○樂由中出，和在心也。禮自外作。敬在貌也。樂由中出，故靜；禮自外作，故文。文，猶動也。大樂必易，大禮必簡。易、簡，若於清廟、大饗然。○易，以豉反，注同。樂至則無怨，禮至則不争。揖讓而治天下者，禮樂之謂也。至，猶達也，行也。○争，「争鬭」之「争」。暴民不作，諸侯賓服，兵革不試，五刑不用，百姓無患，天子不怒，如此則樂達矣。合父子之親，明長幼之序，以敬四海之内，天子如此，則禮行矣。賓，協也。試，用也。○長，丁丈反。

○大樂與天地同和，大禮與天地同節。言順天地之氣與其數。和，故百物不失；不失其性。節，故祀天祭地。成物有功，報焉。明則有禮樂，教人者。幽則有鬼神，助天地成物者也。易曰：「是故知鬼神之情狀，與天地相似。」五帝德説黄帝德曰：「死而民畏其神者百年。」春秋傳曰：「若敖氏之鬼。」然則聖人之精氣謂之神，賢知之精氣謂之鬼。○敖，五羔反。賢知，音智。如此，則四海之内合敬同愛矣。禮者，殊事合敬者也。樂者，異文合愛者也。禮樂之情同，故明王以相沿也。沿，猶因述也。孔子曰：「殷因於夏禮，所損益可知也；周因於殷禮，所損益可知也。」沿，或作「緣」。○沿，悦專反，因也，述也。故事與時並，舉事在其時也。禮器曰：「堯授舜，舜授禹，湯放桀，武王伐紂，時也。」名與功偕。爲名在其功也。偕，猶俱也。堯作大章，舜作大韶，禹作大夏，湯作大濩，武王作大武，各因其得天下之功。○偕，古諧反，俱也。濩，户故反，下同。

○故鐘鼓管磬，羽籥干戚，樂之器也；屈伸俯仰，綴兆舒疾，樂之文也。簠簋俎豆，制度文章，禮之器也。升降上下，周還裼襲，禮之文也。綴，謂酇，舞者之位也。兆，其外營域也。○伸，音申。綴，丁劣反，徐丁衛反，下「綴遠」、「綴短」皆同。簠簋，上音甫，下居洧反，並祭器名。上下，時掌反。還，音旋。裼，思歷反。襲，音習。酇，作管反，後同。故知禮樂之情者能作，識禮樂之文者能述。述，謂訓其義也。作者之謂聖，述者之謂明。明聖者，述作之謂也。

○樂者，天地之和也。禮者，天地之序也。和，故百物皆化；序，故羣物皆别。化，猶生也。别，謂形體異也。樂由天作，禮以地制。言法天地也。過制則亂，過作則暴。過，猶誤也。暴，失文、武之意。明於天地，然後能興禮樂也。論倫無患，樂之情也；欣喜歡愛，樂之官也；倫，猶類也。患，害也。官，猶事也。中正無邪，禮之質也；莊敬恭順，禮之制也。質，猶本也。○邪，字又作「耶」，同似嗟反。若夫禮樂之施於金石，越於聲音，用於宗廟社稷，事乎山川鬼神，則此所與民同也。言情官質制，先王所專也。

○王者功成作樂，治定制禮。功成、治定，同時耳。功主於王業，治主於教民。明堂位説周公曰：「治天下六年，朝諸侯於明堂，制禮作樂。」○王，如字，徐于況反。治定，直吏反，注「治定」、「治主」、下「治辯」同。其功大者其樂備，其治辯者其禮具。辯，偏也。○辨〔一〕，本又作「辯」，舊音遍。案廣雅：「辨〔二〕，偏也。」薄莧反。偏，音遍。干戚之舞，非

〔一〕「辨」，原訛作「辯」，據彙校卷第十三、撫釋一、阮刻本改。

〔二〕「辨」，原訛作「辯」，據彙校卷第十三、撫釋一、和本、阮刻本改。

備樂也。樂以文德爲備，若咸池者。孔子曰：「韶『盡美矣，又盡善也』。謂武『盡美矣，未盡善也』。」孰亨而祀，非達禮也。達，具也。郊特牲曰：「郊血，大饗腥，三獻爓，一獻孰，至敬不饗味而貴氣臭也。」○亨，沈普衡反。徐許兩反。爓，在廉反。五帝殊時，不相沿樂，三王異世，不相襲禮。言其有損益也。樂極則憂，禮粗則偏矣。樂，人之所好也，害在淫侉。禮，人之所勤也，害在倦略。○粗，倉都反，後皆同。偏，音篇，下同。好，呼報反。侉，苦瓜反。及夫敦樂而無憂，禮備而不偏者，其唯大聖乎！敦，厚也。○夫，音扶，下皆放此。

○天高地下，萬物散殊，而禮制行矣。禮爲異也。流而不息，合同而化，而樂興焉。樂爲同也。春作夏長，仁也。秋斂冬藏，義也。仁近於樂，義近於禮。言樂法陽而生，禮法陰而成。○夏長，上户嫁反，下丁丈反，下注「長養」皆同。近，「附近」之「近」，又其靳反，下同。樂者敦和，率神而從天；禮者別宜，居鬼而從地。敦和，樂貴同也。率，循也。從，順也。別宜，禮尚異也。居鬼，謂居其所爲，亦言循之也。鬼神，謂先聖先賢也。○惇，音純，本又作「敦」。故聖人作樂以應天，制禮以配地。禮樂明備，天地官矣。官，猶事也，各得其事。

○天尊地卑，君臣定矣。卑高已陳，貴賤位矣。動靜有常，小大殊矣。方以類聚，物以羣分，則性命不同矣。在天成象，在地成形。如此，則禮者，天地之別也。卑高，謂山澤也。位矣，尊卑之位，象山澤也。動靜，陰陽用事。小大〔一〕，萬物也。大者常存，小者隨陽出入。方，謂行蟲也。物，謂殖生者也。性之言生也。命，生之長短也。象，光耀也。形，體貌也。○卑，如字，又音婢，下同。地氣上齊，天氣下降，陰陽相摩，天地相蕩，鼓之以雷霆，奮之以風雨，動之以四時，煖之以日月，而百化興焉。如此，則樂者，天地之和也。齊，讀爲「躋」。躋，升也。摩，猶迫也。蕩，猶動也。奮，訊也。百化，百物化生也。○上齊，上，時掌反。齊，注讀爲「躋」，又作「隮」，子兮反，升也。摩，本又作「磨」，末河反，迫也。蕩，本或作「盪」，同大儻反。霆，音廷，又音挺。奮，甫問反，易作「潤之」。煖，徐許袁反，沈況遠反。迫，音伯。訊，本又作「迅」，音信。化不時則不生，男女無辨則亂升，天地之情也。辨，別也。升，成也。樂失則害物，禮失則亂人。

〔一〕「小大」，原倒作「大小」，據撫州本、岳本、八行本乙正。

○及夫禮樂之極乎天而蟠乎地，行乎陰陽而通乎鬼神，窮高極遠而測深厚。極，至也。蟠，猶委也。高遠，三辰也。深厚，山川也。言禮樂之道，上至於天，下委於地，則其間無所不之。○蟠，步丹反，或蒲河反，注同。樂著大始，而禮居成物。著之言處也。大始，百物之始生也。○著，直略反，處也，注「著之言」同。大，音泰，注同。處，昌呂反。著不息者天也，著不動者地也。著，猶明白也。息，猶休止也。易曰：「天行健，君子以自強不息。」一動一靜者，天地之間也。間，謂百物也。故聖人曰「禮樂云」。言禮樂之法天地也。樂靜而禮動，其並用事，則亦天地之間耳。

○昔者舜作五弦之琴以歌南風，夔始制樂以賞諸侯。夔欲舜與天下之君共此樂也。南風，長養之風也，以言父母之長養己，其辭未聞也。夔，舜時典樂者也。書曰：「夔，命女典樂。」○夔，求龜反，舜臣。女，音汝。故天子之爲樂也，以賞諸侯之有德者也。德盛而教尊，五穀時孰，然後賞之以樂。故其治民勞者，其舞行綴遠；其治民逸者，其舞行綴短。民勞則德薄，酇相去遠，舞人少也。民逸則德盛，酇相去近，舞人多也。○行，户剛反，下同。故觀其舞，知其德，聞其謚，知其行也。謚者，行之迹也。○行，下孟反，注同。

○大章，章之也。堯樂名也。言堯德章明也。周禮闕之，或作「大卷」。咸池，備矣，黄帝所作樂名也，堯增脩而用之。咸，皆也。池之言施也，言德之無不施也。周禮曰大咸。○大咸，如字，一本作「大卷」。卷，音權。韶，繼也，舜樂名也。韶之言紹也，言舜能繼紹堯之德。周禮曰大韶。○韶，上遥反，注同。夏，大也，禹樂名也。言禹能大堯、舜之德。周禮曰大夏。殷、周之樂，盡矣。言盡人事也。周禮曰大濩、大武。○濩，音護。

○天地之道，寒暑不時則疾，風雨不節則饑。教者，民之寒暑也，教不時則傷世；事者，民之風雨也，事不節則無功。教，謂樂也。○饑，居祈反。然則先王之爲樂也，以法治也，善則行象德矣。以法治，以樂爲治之法。行象德，民之行順君之德也。○治，直吏反，注同。夫豢豕爲酒，非以爲禍也，而獄訟益繁，則酒之流生禍也。以穀食犬豕曰豢。爲，作也。言豢豕作酒，本以饗祀養賢，而小人飲之，善酗以致獄訟。○豢，音患，養也。食，音嗣。酗，許具反。是故先王因爲酒禮。壹獻之禮，賓主百拜，終日飲酒而不得醉焉，此先王之所以備酒禍也。壹獻，士飲酒之禮。百拜，以喻多。故酒食者，所以合歡也。樂者，所以象德也。禮者，所以綴淫也。綴，猶止也。○綴，知劣反。是故先王有大事，必有禮以哀之；有大福，必有禮以樂之。哀樂之分，皆以禮終。大事，謂死喪也。○樂，音洛，下「所樂」、「哀樂」、「康樂」皆同。分，扶問反。樂也者，聖人之所樂也，而可以善民心。其感人深，其移風易俗，故先王著其教焉。著，猶立也，謂立司樂以下使教國子。○著，知慮反。

○夫民有血氣心知之性，而無哀樂喜怒之常，應感起物而動，然後心術形焉。言在所以感之也。術，所由也。形，猶見也。○知，音智。應，於甑反，篇内同。見，賢遍反。是故志微、噍殺之音作而民思憂，嘽諧、慢易、繁文、簡節之音作而民康樂，粗厲、猛起、奮末、廣賁之音作而民剛毅，廉直、勁正、莊誠之音作而民肅敬，寬裕、肉好、順成、和動之音作而民慈愛，流辟、邪散、狄成、滌濫之音作而民淫亂。志微，意細也。吴公子札聽鄭風而曰：「其細已甚，民弗堪也。」簡節，少易也。奮末，動使四支也。賁，讀爲「憤」。憤，怒氣充實也。春秋傳曰：「血氣狡憤。」肉，肥也。狄、滌，往来疾貌也。濫，僭差也。此皆民心無常之傚也。肉，或爲「潤」。○噍，子遥反。殺，色界反，又色例反。思，息吏反，又音斯。嘽，昌善反。諧，户皆反。慢，本又作「優」〔一〕，莫諫反。易，以豉反，注同。粗，七奴反。賁，依注讀爲「憤」，扶粉反。勁，吉正反。裕，羊樹反。肉，而救反，肥也，注同。好，呼報反。辟，匹亦反。邪，似嗟反，後皆同。狄，他歷反，注同。滌，大歷反，注同。濫，力暫反。札，側八反。賁，讀音奔，又補義反。狡，本又作「交」，古卯反，又音郊。僭，子念反。傚，户教反。

○是故先王本之情性，稽之度數，制之禮義，合生氣之和，道五常之行，使之陽而不散，陰而不密，剛氣不怒，柔氣不懾，四暢交於中而發作於外，皆安其位而不相奪也。生氣，陰陽氣也。五常，五行也。密之言閉也。懾，猶恐懼也。○稽，古奚反。道，音導。行，下孟反。懾，之涉反。暢，勑亮反。恐，曲勇反。**然後立之學等，廣其節奏，省其文采，以繩德厚。**等，差也。各用其才之差學之。廣，謂增習之。省，猶審也。文采，謂節奏合也。繩，猶度也。周禮大司樂：「以樂語教國子興、道、諷、誦、言、

〔一〕「優」，原訛作「慢」，據彙校卷十三改。

語。以樂舞教國子舞雲門、大卷、大咸、大韶、大夏、大濩、大武。」○省，西領反。度，大各反。興道，上許膺反，下音導。諷，芳鳳反。卷，音權。律小大之稱，比終始之序，以象事行。律，六律也。周禮典同以六律、六同「辨天地四方陰陽之聲，以爲樂器」。小大，謂高聲、正聲之類也。終始，謂始於宫，終於羽。宗廟，黄鍾爲宫，大吕爲角，大蔟爲徵，應鍾爲羽，以象事行。宫爲君，商爲臣。○稱，尺證反。比，毗志反。大蔟，音泰。蔟，七豆反。使親疏、貴賤、長幼、男女之理，皆形見於樂，故曰「樂觀其深矣」。謂同聽之，莫不和敬，莫不和順，莫不和親。○長幼，丁丈反，下同。見，賢遍反。

○土敝則草木不長，水煩則魚鼈不大，氣衰則生物不遂，世亂則禮慝而樂淫。是故其聲哀而不莊，樂而不安，慢易以犯節，流湎以忘本，廣則容姦，狹則思欲，感條暢之氣，而滅平和之德，是以君子賤之也。遂，猶成也。慝，穢也。廣，謂聲緩也。狹，謂聲急也。感，動也。動人條暢之善氣，使失其所。○敝，音弊。慝，吐得反，注及下同。易，以豉反。湎，綿鮮反。狹，音洽，注同。和，胡卧反。穢，字又作「濊」，紆廢反，徐烏會反。

○凡姦聲感人而逆氣應之，逆氣成象而淫樂興焉。正聲感人而順氣應之，順氣成象而和樂興焉。倡和有應，回邪曲直各歸其分，而萬物之理各以類相動也。成象者，謂人樂習焉。○倡，昌尚反，又音唱，下同。分，扶問反。是故君子反情以和其志，比類以成其行，姦聲亂色不留聰明，淫樂慝禮不接心術，惰慢邪辟之氣不設於身體，使耳目、鼻口、心知、百體皆由順正以行其義。反，猶本也。術，猶道也。○行，下孟反。惰，徒臥反。辟，匹亦反。知，音智。然後發以聲音，而文以琴瑟，動以干戚，飾以羽旄，從以簫管，奮至德之光，動四氣之和，以著萬物之理。奮，猶動也。動至德之光，謂降天神、出地祇、假祖考。著，猶成也。○著，張慮反。假，古迫反。是故清明象天，廣大象地，終始象四時，周還象風雨，五色成文而不亂，八風從律而不姦，百度得數而有常，小大相成，終始相生，倡和清濁，迭相爲經。清明，謂人聲也。廣大，謂鐘鼓也。周還，謂舞者。五色，五行也。八風從律，應節至也。百度，百刻也。言日月晝夜不失正也。清，謂「蕤賓」至「應鍾」也。濁，謂「黄鍾」至「中吕」。○還，音旋，注同。迭，大結反。中，音仲。故樂行而倫清，耳目聰明，血氣和平，移風易俗，天下皆寧。言樂用則正人理，和陰陽也。倫，謂人道也。故曰：樂者，樂也。君子樂得其道，小人樂得其欲。以道制欲，則樂而不亂；以欲忘道，則惑而不樂。道，謂仁義也。欲，謂邪淫也。

○是故君子反情以和其志，廣樂以成其教，樂行而民鄉方，可以觀德矣。方，猶道也。○鄉，許亮反。德者，性之端也。樂者，德之華也。金石絲竹，樂之器也。詩，言其志也；歌，咏其聲也；舞，動其容也。三者本於心，然後樂氣從之〔一〕。是故情深而文明，氣盛而化神，和順積中，而英華發外，唯樂不可以爲僞。三者本，志也、聲也、容也。言無此本於内，則不能爲樂也。○詩言其志，一本無「言」字。咏，音詠。

○樂者，心之動也。聲者，樂之象也。文采節奏，聲之飾也。君子動其本，樂其象，然後治其飾。是故先鼓以警戒，三步以見方，再始以著往，復亂以飭歸，奮疾而不拔，極幽而不隱，獨樂其志，不厭其道，備舉其道，不私其欲。

〔一〕「氣」，原訛作「器」，據撫州本、岳本、嘉靖本、八行本改。

是故情見而義立，樂終而德尊。君子以好善，小人以聽過。故曰「生民之道，樂爲大焉」。文采，樂之威儀也。先鼓，將奏樂，先擊鼓，以警戒衆也。三步，謂將舞，必先三舉足，以見其舞之漸也。再始以著往，武王除喪，至盟津之上，紂未可伐，還歸二年，乃遂伐之。武舞再更始，以明伐時再往也。復亂以飭歸，謂鳴鐃而退，明以整歸也。奮疾，謂舞者也。極幽，謂歌者也。○警，音景。見方，賢遍反，下及注皆同。著，張慮反，注同。復，音伏。飭，音勑，注同。拔，步葛反，又皮八反。獨樂，皇音洛，庾音岳〔一〕。厭，於艷反。好，呼報反。「以聽過」，本或作「以聖過」，如字。鐃，女交反。

○樂也者，施也。禮也者，報也。言樂出而不反，而禮有往來也。○施，始豉反。樂，樂其所自生；而禮，反其所自始。樂章德，禮報情，反始也。自，由也。所謂大輅者，天子之車也。龍旂九旒，天子之旌也。青黑緣者，天子之寶龜也。從之以牛羊之羣，則所以贈諸侯也。贈諸侯，謂來朝將去，送之以禮。○流，本又作「旒」，音流。緣，悦絹反。朝，直遥反。

〔一〕「庾」，原訛作「庚」，據彙校卷十三、撫釋一、和本、十行本、閩本、監本、毛本、殿本、阮刻本改。

○樂也者，情之不可變者也；禮也者，理之不可易者也。理，猶事也。樂統同，禮辨異。統同，同和合也。辨異，異尊卑也。禮樂之説，管乎人情矣。管，猶包也。窮本知變，樂之情也。著誠去僞，禮之經也。禮樂偩天地之情，達神明之德，降興上下之神，而凝是精粗之體，領父子君臣之節。偩，猶依象也。降，下也。興，猶出也。凝，成也。精粗，謂萬物大小也。領，猶理治也。○去，起吕反。偩，音負。粗，七奴反。治，直吏反。是故大人舉禮樂，則天地將爲昭焉。言天地將爲之昭然明也。天地訢合，陰陽相得，煦嫗覆育萬物，然後草木茂，區萌達，羽翼奮，角觡生，蟄蟲昭蘇，羽者嫗伏，毛者孕鬻，胎生者不殰，而卵生者不殈，則樂之道歸焉耳。訢，讀爲「熹」。熹，猶蒸也。氣曰煦，體曰嫗，屈生曰區，無鰓曰觡。昭，曉也。蟄蟲以發出爲曉，更息曰蘇。孕，任也。鬻，生也。内敗曰殰。殈，裂也。今齊人語有殈者。○訢，依注音「熹」，許其反，一讀依字音欣。煦，許具反，徐況甫反。嫗，於具反，徐於甫反，下及注同。區，依注音句，古侯反，徐丘于反，一音烏侯反。萌，莫耕反。奮，方問反。觡，古伯反。蟄，直立反。伏，扶又反。孕，以證反。鬻，音育，生也，徐又扶袁反。胎，他才反。殰，音獨。鄭云：「内敗曰殰。」案謂懷任不成也。字林云：「胎敗。」卵，力管反。殈，呼閴反，范音溢，徐況逼反，一音況狄反。卵拆不成曰殈〔一〕，殈〔二〕，猶裂也。蒸，之膺反。䰰，息才反。內，乃對反，或作「骨肉」之字者，誤。

○樂者，非謂黃鍾、大吕、弦歌、干揚也，樂之末節也，故童者舞之。鋪筵席，陳尊俎，列籩豆，以升降爲禮者，禮之末節也，故有司掌之。言禮樂之本，由人君也。禮本著誠去僞，樂本窮本知變。○鋪，普胡反，又音敷。去，起吕反。樂師辨乎聲詩，故北面而弦；宗祝辨乎宗廟之禮，故後尸；商祝辨乎喪禮，故後主人。辨，猶別也，正也。弦，謂鼓琴瑟也。後尸，居後贊禮儀。此言知本者尊，知末者卑。是故德成而上，藝成而下，行成而先，事成而後。德，三德也。行，三行也。藝，才技也。先，謂位在上也。後，謂位在下也。○上，如字，或時掌反。行，下孟反，注同。技，其綺反。是故先王有上有下，有先有後，然後可以有制於天下也。言尊卑備，乃可制作，以爲治法。○治，直吏反。

〔一〕「拆」，原訛作「拆」，據彙校卷第十三、撫釋一改。
〔二〕「殈」，原脱，據彙校卷第十三、撫釋一補。

○魏文侯問於子夏曰：「吾端冕而聽古樂，則唯恐卧；聽鄭、衛之音，則不知倦。敢問古樂之如彼何也？新樂之如此何也？」魏文侯，晉大夫畢萬之後，僭諸侯者也。端，玄衣也。古樂，先王之正樂也。子夏對曰：「今夫古樂：進旅退旅，和正以廣；弦匏笙簧，會守拊鼓；始奏以文，復亂以武；治亂以相，訊疾以雅；君子於是語，於是道古，脩身及家，平均天下。此古樂之發也。旅，猶俱也。俱進俱退，言其齊一也。和正以廣，無姦聲也。會，猶合也，皆也，言衆皆待擊鼓乃作。周禮大師職曰：「大祭祀，帥瞽登歌，令奏擊拊〔一〕，下管播樂器，令奏鼓朄。」文，謂鼓也。武，謂金也。相，即拊也，亦以節樂。拊者以韋爲表，裝之以糠，糠一名相，因以名焉。今齊人或謂糠爲相。雅，亦樂器名也，狀如漆筩，中有椎。○夫，音扶，下同。廣，如字，舊古曠反。匏，白交反。笙，音生。簧，音黄。拊，音撫，注同。復，音伏。相，息亮反，注同，即拊也，以韋爲之，实之以糠。王云：「輔相也。」徐思章反。訊，音信。大師，音泰。播，彼佐反。朄，音胤。糠，音康。漆，音七。筩，音勇。椎，直追反。今夫新樂，進俯退俯，姦聲以濫，溺而不止；及優侏

〔一〕「令」，原訛作「合」，據周禮太師、殿本、考異改，下「合」字同。

儒，獶雜子女，不知父子；樂終，不可以語，不可以道古。此新樂之發也。俯，猶曲也，言不齊一也。濫，濫竊也。溺而不止，聲淫亂，無以治之。獶，獮猴也，言舞者如獮猴戲也，亂男女之尊卑。獶，或爲「優」。○俯，本又作「府」。濫，力暫反。溺，乃狄反。優，音憂。侏，音朱。儒，音儒。獶，乃刀反，獮猴也，依字亦作「猱」。獮，音彌，武移反，本亦作「彌」。猴，音侯，本亦作「侯」。今君之所問者樂也，所好者音也。夫樂者，與音相近而不同。」言文侯好音而不知樂也。鏗鎗之類皆爲音〔一〕，應律乃爲樂。○好，呼報反，注同。近，「附近」之「近」，徐如字。鏗，苦耕反。鎗，七羊反，又士衡反。

○文侯曰：「敢問何如？」欲知音、樂異意。子夏對曰：「夫古者，天地順而四時當，民有德而五穀昌，疾疢不作而無妖祥，此之謂大當。然後聖人作，爲父子君臣，以爲紀綱，紀綱既正，天下大定，天下大定，然後正六律，和五聲，弦歌詩頌，此之謂德音，德音之謂樂。當，謂樂不失其所。○當，丁浪反，下及注同。疢，勑覲反。詩云：『莫其德音，其德克明，克明克類，克長克君。王此大邦，克

〔一〕「鎗」，原訛「鏘」，據撫州本、八行本改。

順克俾。俾于文王，其德靡悔。既受帝祉，施于孫子。』此之謂也。此有德之音，所謂樂也。德正應和曰莫，照臨四方曰明，勤施無私曰類，教誨不倦曰長，慶賞刑威曰君，慈和徧服曰順。俾，當爲「比」，聲之誤也。擇善從之曰比。施，延也。言文王之德，皆能如此，故受天福，延於後世也。○莫，亡伯反。長，丁丈反，注同。王此，于況反。俾，依注音「比」，必履反，注同，徐扶志反。祉，勑紀反。施，以豉反，注「施延」同。和，如字，又胡卧反。炤，上音照，本亦作「照」；臨，如字。施，始豉反。偏，音遍。今君之所好者，其溺音乎？」言無文王之德，則所好非樂也。

○文侯曰：「敢問溺音何從出也？」玩習之久，不知所由出也。○玩，又作「翫」，音五換反。子夏對曰：「鄭音好濫淫志，宋音燕女溺志，衛音趨數煩志，齊音敖辟喬志。此四者，皆淫於色而害於德，是以祭祀弗用也。言四國皆出此溺音。濫，濫竊姦聲也。燕，安也。春秋傳曰：「懷與安，实敗名。」趨數，讀爲「促速」，聲之誤也。煩，勞也。祭祀者不用淫樂。○燕，於見反。趨，音促。數，音速。傲，字又作「敖」，同五報反。辟，匹亦反，徐芳益反。喬，徐音驕，本亦作「驕」。敗，必邁反。詩云：『肅雍和鳴，先祖是聽。』夫肅肅，敬也。雍雍，和也。夫敬以和，何事不行？言古樂敬且和，故無事而不用。溺音無所施。爲人君者，謹其所好惡而已矣。君好之，則臣爲之；上行之，則民從之。詩云：『誘民孔易。』此之謂也。誘，進也。孔，甚也。言民從君所好惡，進之於善無難。○易，以豉反。然後聖人作，爲鞉、鼓、椌、楬、壎、篪，此六者，德音之音也。六者爲本，以其聲質也。椌、楬，謂柷、敔也。壎、篪，或爲「簨虡」。○鞉，音桃。椌，苦江反，柷也。楬，苦瞎反，敔也。壎，許袁反。篪，直支反。柷，昌六反。圉，本又作「敔」，魚呂反。簨，恤尹反。虡，音巨。然後鐘、磬、竽、瑟以和之，干、戚、旄、狄以舞之，此所以祭先王之廟也，所以獻、酬、酳、酢也，所以官序貴賤各得其宜也，所以示後世有尊卑長幼之序也。官序貴賤，謂尊卑樂器列數有差次。○竽，音于。和，如字，徐胡卧反。酬，市由反。酳，音胤，又仕覲反。酢，音昨。長，丁丈反。鐘聲鏗，鏗以立號，號以立橫，橫以立武。君子聽鐘聲，則思武臣。號，號令，所以警衆也。橫，充也，謂氣作充滿也。○鏗，苦耕反，徐苦庚反。號，胡到反。橫，古曠反，充也，下及注同。石聲磬，磬以立辨，辨以致死。君子聽磬聲，則思死封疆之臣。石聲磬，磬當爲「罄」，字之誤也。辨，謂分明於節義。○磬，依注音「罄」，口挺反，一音口定反。聽磬，口定反。

疆，居良反，下「是疆」同。絲聲哀，哀以立廉，廉以立志。君子聽琴瑟之聲，則思志義之臣。廉，廉隅也。竹聲濫，濫以立會，會以聚衆。君子聽竽、笙、簫、管之聲，則思畜聚之臣。濫之意，猶擥聚也。會，猶聚也。聚，或爲「最」。○濫，力敢反，下及注皆同。會，户外反，又古外反，下同。畜，勅六反。擥，力敢反。鼓鼙之聲讙，讙以立動，動以進衆。君子聽鼓鼙之聲，則思將帥之臣。聞讙囂則人意動作。讙，或爲「歡」。動，或爲「勳」。○鼙，步西反。讙，呼端反，又音喧。將，子亮反，下注「大將」、下「將帥」同。帥，本又作「率」，所類反，下「將帥」同。囂，許驕反，又五羔反。君子之聽音，非聽其鏗鎗而已也，彼亦有所合之也。」以聲合成己之志。○鎗，七羊反，又七衡反〔一〕，徐勅庚反。

○賓牟賈侍坐於孔子。孔子與之言，及樂，曰：「夫武之備戒之已久，何也？」對曰：「病不得其衆也。」武，謂周舞也。備戒，擊鼓警衆。病，猶憂也，以不得衆

〔一〕「七」，原訛作「叱」，據彙校卷第十三改。

心爲憂，憂其難也。○牟，亡侯反。坐，才卧反，又如字。「咏歎之，淫液之，何也？」對曰：「恐不逮事也。」咏歎，淫液，歌遲之也。逮，及也。事，戎事也。○咏嘆，上音詠，下音歎。液，音亦。逮，音代，又大計反。遲，直冀反。「發揚蹈厲之已蚤，何也？」對曰：「及時事也。」時至，武事當施也。○蹈，音悼。蚤，音早。「武坐，致右憲左，何也？」對曰：「非武坐也。」言武之事無坐也。致，謂膝至地也。憲，讀爲「軒」，聲之誤。○憲左〔一〕，依注音「軒」。「聲淫及商，何也？」對曰：「非武音也。」言武歌在正其軍，不貪商也。時人或説其義爲貪商也。子曰：「若非武音，則何音也？」對曰：「有司失其傳也。若非有司失其傳，則武王之志荒矣。」有司，典樂者也。傳，猶説也。荒，老耄也。言典樂者失其説也，而時人妄説也。書曰：「王耄荒。」○傳，直專反，下文、注同。傳，猶説也。旄，莫報反，下同。子曰：「唯。丘之聞諸萇弘，亦若吾子之言是也。」萇弘，周大夫。○萇，直良反。

〔一〕「憲左」，原脱，據彙校卷第十三、撫釋一補。

○賓牟賈起，免席而請曰：「夫武之備戒之已久，則既聞命矣，敢問遲之遲而又久，何也？」遲之遲，謂久立於綴。○遲之遲，並直詩反，徐直尼反。子曰：「居，吾語女。夫樂者，象成者也。揔干而山立，武王之事也。發揚蹈厲，大公之志也。武亂皆坐，周、召之治也。居，猶安坐也。成，謂已成之事也。揔干，持盾也。山立，猶正立也。象武王持盾正立待諸侯也。發揚蹈厲，所以象威武時也。武舞象戰鬭也。亂，謂失行列也。失行列則皆坐，象周公、召公以文止武也。○語，魚據反。女，音汝，下「且女」同。大，音泰。召，音邵，注及下同。治，直吏反，下注及下同。盾，述尹反，又音允。行，户剛反，下同。且夫武，始而北出，再成而滅商，三成而南，四成而南國是疆，五成而分，周公左，召公右，六成復綴以崇。成，猶奏也。每奏武曲一終爲一成。始奏，象觀兵盟津時也。再奏，象克殷時也。三奏，象克殷有餘力而反也。四奏，象南方荆蛮之國侵畔者服也。五奏，象周公、召公分職而治也。六奏，象兵還振旅也。復綴，反位止也。崇，充也。凡六奏，以充武樂也。○夫，音扶。綴，丁劣反，又丁衛反，注及下同。孟，本亦作「盟」，音孟。天子夾振之而駟伐，盛威於中國也。夾振之者，王與大將夾舞者。振鐸以爲節也。駟，當爲「四」，聲之誤也。武舞，戰象也。每奏四伐，一擊一刺爲一伐。牧誓曰：「今日之事，不過四伐五伐。」○夾，古洽反，注及下同。鐸，大各反。一刺，本亦作「壹刺」，七亦反。分夾而進，事蚤濟也。分，猶部曲也。事，猶爲也。濟，成也。舞者各有部曲之列，又夾振之者，象用兵務於早成也。○分，扶問反，注同。分，部曲。久立於綴，以待諸侯之至也。象武王伐紂待諸侯也。且女獨未聞牧野之語乎？欲語以作武樂之意。○牧野，音也，徐又以汝反。欲語，魚據反。武王克殷反商，未及下車而封黃帝之後於薊，封帝堯之後於祝，封帝舜之後於陳；下車而封夏后氏之後於杞，投殷之後於宋，封王子比干之墓，釋箕子之囚，使之行商容而復其位，庶民弛政，庶士倍祿。濟河而西，馬散之華山之陽而弗復乘，牛散之桃林之野而弗復服，車甲衅而藏之府庫而弗復用，倒載干戈，包之以虎皮，將帥之士，使爲諸侯，名之曰『建櫜』。然後天下知武王之不復用兵也。反〔一〕，當爲「及」，字之誤也。及商，謂至紂都也。牧誓曰：「至于商郊牧野。」封，謂故無土地者也。投，舉徙之辭也。時武王封紂子武庚於殷墟，

〔一〕「反」下，原衍「商」字，據撫州本、岳本、嘉靖本、八行本删。

所徙者，微子也。後周公更封而大之。積土爲封。封比干墓，崇賢也。行，猶視也。使箕子視商禮樂之官，賢者所處，皆令反其居也。弛政，去其紂時苛政也。倍禄，復其紂時薄者也。散，猶放也。桃林，在華山旁。甲，鎧也。衅，「釁」字也。包干戈以虎皮，明能以武服兵也。建，讀爲「鍵」，字之誤也。兵甲之衣曰櫜。「鍵櫜」，言閉藏兵甲也。詩曰：「載櫜弓矢。」春秋傳曰：「垂櫜而入。」周禮曰：「櫜之欲其約也。」薊，或爲「續」。祝，或爲「鑄」。○反，依注音「及」。封黄帝之後於薊，音計，今涿郡薊縣是也，即燕國之都也，孔安國、司馬遷及鄭皆云「燕國郡邵公與周同姓」。案黄帝姓姬，君奭盖其後也。或黄帝之後封薊者滅絶而更封燕郡乎？疑不能明也。而皇甫謐以邵公爲文王之庶子，記傳更無所出。又左傳富辰之言亦無燕也。祝，之六反。杞，音起。使之行，下孟反，注同，視也。商容，如字，孔安國云：「殷之賢人也。」鄭云：「商禮樂之官也。」復，音伏。弛，始氏反，注同，廢也。華，如字，又户化反。而弗復，扶又反，下同。衅，字又作「釁」，同許靳反。倒，丁老反。建，依注讀爲「鍵」，其展反，徐其偃反。櫜，音羔，注同。虚，音墟。令，力呈反。去，起吕反。苛，音何，本又作「荷」，役也。鎧，苦代反，又開改反。鑄，止樹反。散軍而郊射，左射，貍首；右射，騶虞；而貫革之射息也。裨冕搢笏，而虎賁之士説劒也。祀乎明堂，而民知孝。朝覲，然後諸侯知所以臣。

耕藉，然後諸侯知所以敬。五者，天下之大教也。郊射，爲射宫於郊也。左，東學也。右，西學也。貍首、騶虞，所以歌爲節也。貫革，射穿甲革也。裨冕，衣裨衣而冠冕也。裨衣，衮之屬也。搢，猶插也。賁，憤怒也。文王之廟，爲明堂制。耕藉，藉田也。○郊射，食亦反，左射、下「右射」同，沈皆食夜反。貍，力之反。騶，側由反。貫，古亂反，後同。裨，婢支反。搢，音進。笏，音忽。賁，音奔，注同。孔安國云：「虎賁，若虎賁獸，言其猛也。」説，吐活反。朝，直遥反。射穿，食亦反。衣裨衣，上於既反，下如字。而冠，古亂反。猶捷，本亦作「插」，初洽反，徐采協反。憤，扶粉反。食三老、五更於大學，天子袒而割牲，執醬而饋，執爵而酳，冕而揔干，所以教諸侯之弟也。三老、五更，互言之耳，皆老人更知三德五事者也。冕而揔干，親在舞位也。周名大學曰東膠。○食，音嗣。更，古衡反，注同。大學，音泰，注「大學」同。饋，其媿反。酳，音胤，又仕覲反。弟，大計反。膠，音交。若此，則周道四達，禮樂交通，則夫武之遲久，不亦宜乎？」言武遲久，爲重禮樂。○夫，音扶。爲，于僞反。

○君子曰：禮樂不可斯須去身。致樂以治心，則易、直、子、諒之心油然生矣。易、直、子、諒之心生則樂，樂則安，安則久，久則天，天則神。天則不言而信，神則不怒而威，致樂以治心者也。致，猶深審也。子，讀如「不子」之子。油然，新生好貌也。善心生則寡於利欲，寡於利欲則樂矣。志明行成，不言而見信如天也，不怒而見畏如神也。樂由中出，故治心。○易，以豉反，下及注皆同。子，如字，徐將吏反。諒，音亮。油，音由。行，下孟反。致禮以治躬則莊敬，莊敬則嚴威。躬，身也。禮自外作，故治身。心中斯須不和不樂，而鄙詐之心入之矣。鄙詐入之，謂利欲生。外貌斯須不莊不敬，而易慢之心入之矣。易，輕易也。故樂也者，動於內者也；禮也者，動於外者也。樂極和，禮極順，內和而外順，則民瞻其顏色而弗與争也，望其容貌而民不生易慢焉。故德煇動於內而民莫不承聽，理發諸外而民莫不承順。德煇，顏色潤澤也。理，容貌之進止也。○争，「争鬬」之「争」。煇，音輝。故曰：「致禮樂之道，舉而錯之天下，無難矣。」樂也者，動於內者也。禮也者，動於外者也。故禮主其減，樂主其盈。禮主其減，人所倦也。樂主其盈，人所歡也。○錯，本亦作「措」，同七路反。減，胡斬反，又古斬反，注及下同。禮減而進，以進爲文；樂盈而反，以反爲文。進，謂自勉强也。反，謂自抑止也。文，猶美也，善也。○强，其丈反，又其兩反。禮減而不進則銷，樂盈而不反則放，故禮有報而樂有反。放，淫於聲〔一〕，樂不能止也。報，讀爲「褒」，褒，猶進也〔二〕。○銷，音消。報，依注讀曰「褒」，音保毛反，下同。禮得其報則樂，樂得其反則安。得，謂曉其義，知其吉凶之歸。○樂樂，上音洛，下音岳。禮之報，樂之反，其義一也。俱趨立於中，不銷不放也。

○夫樂者，樂也，人情之所不能免也。樂必發於聲音，形於動靜，人之道也。聲音動靜，性術之變，盡於此矣。免，猶自止也。人道，人之所爲也。性術，言此出於性也，盡於此，不可過。故人不耐無樂，樂不耐無形。形而不爲道，不耐無亂。形，聲音動靜也。耐，古書「能」字也，後世變之，此獨存焉。古以「能」爲「三台」字。○耐，古「能」字，下及注同。台，吐才反。先王耻其亂，故制雅、頌之聲以道之，使其聲足樂而不流，使其文足論而不息，使其曲直、繁瘠、廉肉、節奏足以感動人之善心

〔一〕「於」，原脱，據撫州本、岳本、嘉靖本、八行本補。

〔二〕「報讀爲褒褒猶進也」，原訛作「報讀曰褒猶進也」，據撫州本、岳本、嘉靖本、八行本作改。

而已矣，不使放心邪氣得接焉。是先王立樂之方也。流，猶淫放也。文，篇辭也。息，猶銷也。曲直，歌之曲折也。繁瘠、廉肉，聲之鴻殺也。節奏，闋作進止所應也。方，道也。○以道，音導。瘠，在亦反。肉，如又反，注同。邪，似嗟反。折，之設反。鴻，本亦作「洪」。殺，色界反，徐所例反。闋，苦穴反。是故樂在宗廟之中，君臣上下同聽之則莫不和敬；在族長鄉里之中，長幼同聽之則莫不和順；在閨門之内，父子兄弟同聽之則莫不和親。故樂者，審一以定和，比物以飾節，節奏合以成文，所以合和父子君臣、附親萬民也。是先王立樂之方也。審一，審其人聲也。比物，謂雜金、革、土、匏之屬也。以成文，五聲八音克諧相應和。○長，丁丈反。閨，音圭。比，毗志反，注同。雜也。飾，音式，又音勑。故聽其雅、頌之聲，志意得廣焉。執其干戚，習其俯仰詘伸，容貌得莊焉。行其綴兆，要其節奏，行列得正焉，進退得齊焉。故樂者，天地之命，中和之紀，人情之所不能免也。綴，表也，所以表行列也。詩云：「荷戈與綴。」兆，域也，舞者進退所至也。要，猶會也。命，教也。紀，揔要之名也。○詘，丘勿反。要，一遥反，注「要猶會」同。行，户剛反，注同。荷，本又作「何」，胡可反，一音河。綴，詩作「祋」，同都外反。

○夫樂者，先王之所以飾喜也。軍旅鈇鉞者，先王之所以飾怒也。故先王之喜怒皆得其儕焉。儕，猶輩類。○鈇，方夫反，又音甫。鉞，音越。儕，仕皆反。輩，布内反。喜則天下和之，怒則暴亂者畏之。先王之道，禮樂可謂盛矣。天子之於天下，喜怒節之以禮樂，則兆民和從而畏敬之。禮樂，王者所常興則盛也。

○子贛見師乙而問焉，曰：「賜聞聲歌各有宜也。如賜者宜何歌也？」子贛，孔子弟子。師，樂官也。乙，名。聲歌各有宜，氣順性也。○贛，音貢。師乙曰：「乙，賤工也，何足以問所宜。請誦其所聞，而吾子自執焉。樂人稱工。執，猶處也。○請，七領反，徐音情。愛者宜歌商。温良而能斷者宜歌齊。夫歌者，直己而陳德也，動己而天地應焉，四時和焉，星辰理焉，萬物育焉。故商者，五帝之遺聲也。寬而静、柔而正者，宜歌頌。廣大而静、疏達而信者，宜歌大雅。恭儉而好禮者，宜歌小雅。正直而静、廉而謙者，宜歌風。肆直而慈愛，此文换簡失其次。「寬而静」宜在上。「愛者宜歌商」宜承此下行，讀云「肆直而慈愛者，宜歌商」。商，宋詩也。愛，或爲「哀」。直己而陳德，各因其德，歌所宜。育，生也。○斷，丁亂反，下及注同。好，呼報反。換，户亂反。行，户剛反。商之遺聲也，商人識之，故謂之商〔一〕。齊者，三代之遺聲也，齊人識之，故謂之齊。云「商之遺聲也」，衍字也，又誤。上所云「故商者，五帝之遺聲也」，當居此衍字處也。○處，昌慮反。明乎商之音者，臨事而屢斷。明乎齊之音者，見利而讓。屢，數也。數斷事，以其肆直也。見利而讓，以其温良能斷也。斷，猶決也。○屢，力住反。數，色角反，下同。臨事而屢斷，勇也；見利而讓，義也。有勇有義，非歌孰能保此？保，猶安也，知也。故歌者上如抗，下如隊，曲如折，止如槀木，倨中矩，句中鉤，纍纍乎端如貫珠。言歌聲之著，動人心之審，如有此事。○上，時掌反。抗，苦浪反。隊，直媿反。折，之設反。槀，苦老反。倨，音据。中，丁仲反。句，紀具反。鉤，古侯反。纍，本又作「累」，力追反。故歌之爲言也，長言之也。説之，故

〔一〕自「愛者宜歌商」至「故謂之商」，諸本錯亂嚴重。據鄭玄注，乙正如下：「寬而静、柔而正者，宜歌頌。廣大而静、疏達而信者，宜歌大雅。恭儉而好禮者，宜歌小雅。正直而静、廉而謙者，宜歌風。肆直而慈愛者，宜歌商。温良而能斷者，宜歌齊。夫歌者，直己而陳德也。動己而天地應焉，四時和焉，星辰理焉，萬物育焉。故商者，五帝之遺聲也。商人識之，故謂之商。」

言之；言之不足，故長言之；長言之不足，故嗟嘆之；嗟嘆之不足，故不知手之舞之、足之蹈之也。長言之，引其聲也。嗟歎，和續之也。不知手之舞之、足之蹈之，歡之至也。○説，音悦。和，胡卧反。——子貢問樂。上下目美之也〔一〕。

禮記卷第十一

經陸仟肆伯捌拾字

注伍仟肆伯捌拾伍字

音義叁仟柒伯玖拾叁字

余氏刊於萬卷堂

〔一〕「目」，原訛作「同」，據岳本、八行本、考異改。考異曰：「『目』字是也。上下目者，子贛見師乙而問焉，是上目；子貢問樂是下目。」

禮記卷第十二

雜記上第二十

○陸曰：「鄭云：『雜記者，以其雜記諸侯及士之喪事。』」　　鄭氏注

○諸侯行而死於館，則其復如於其國。如於道，則升其乘車之左轂，以其綏復。館，主國所致舍。復，招魂復魄也。如於其國，主國館賓，予使有之，得升屋招用褒衣也。如於道，道上廬宿也。升車左轂，象升屋東榮。綏，當爲「緌」，讀如「蕤賓」之「蕤」，字之誤也。緌，謂旌旗之旄也。去其旒而用之，異於生也。○乘，繩證反，下及注同。轂，工木反。綏，依注作「緌」，耳隹反，下及注同。復，音伏，下同。予，羊汝反。裦，本又作「褒」，保毛反，後皆同。去，起吕反，下「去輤」同。其輤有裧，緇布裳帷，素錦以爲屋而行。輤，載柩將殯之車飾也。輤，取名於櫬與蒨，讀如「蒨旆」之「蒨」。櫬，棺也。蒨，染赤色者也。將葬，載柩之車飾曰柳。裧，謂鱉甲邊緣。緇布裳帷，圍棺者也。裳帷用緇，則輤用赤矣。輤象宫室。

屋，其中小帳。櫬，覆棺者。若未大斂，其載尸而歸，車飾皆如之。○輤，千見反，注「與蒨」同。裧，昌占反。緇裳帷，本或作「緇布裳帷」。殯，必刃反，本或作「賓」，音同。櫬，初靳反，又楚陣反。與蒨，絶句，一本作「輤」，讀以「與」字絶句，「與」則音餘。蒨斾，上千見反，下步具反。緣，悦絹反。至於廟門，不毁牆，遂入，適所殯，唯輤爲説於廟門外。廟，所殯宮。牆，裳帷也。適所殯，謂兩楹之間。去輤，乃入廟門，以其入自有宮室也。毁，或爲「徹」。凡柩自外來者，正棺於兩楹之間，尸亦侇之於此，皆因殯焉。異者，柩入自闕，升自西階；尸入自門，升自阼階。其殯必於兩楹之間者，以其死不於室而自外來，留之於中，不忍遠也。○説，吐奪反，本亦作「脱」，下并注皆同。侇，音夷，隱義云：「侇之言移也。」庾依韻集大兮反，息也。遠，于萬反。

○大夫、士死於道，則升其乘車之左轂，以其綏復。如於館死，則其復如於家。綏，亦緌也。大夫復於家，以玄冕，士以爵弁服。大夫以布爲輤而行，至於家而説輤，載以輲車，入自門，至於阼階下而説車，舉自阼階，升適所殯。大夫輤言用布，白布不染也。言輤者，達名也。不言「裳帷」，俱用布，無所別也。至門，亦説輤乃入。言「載以輲車，入自門」，明車不易也。輲，讀爲「輇」，或作「槫」。許氏説文解字曰：「有輻曰輪，無輻曰輇。」周禮又有蜃車，天子以載柩。蜃、輇聲相近，其制同乎？輇崇，蓋半乘車之輪。諸侯言「不毁牆」，大夫、士言「不易車」，互相明也。不易者，不易以楯也。廟中有載柩以輴之禮，此不耳。○輲，依注作「輇」及「槫」，同市専反，又市轉反，注及下同。別，彼列反。蜃，慎忍反。近，「附近」之「近」。楯，勑倫反，下同，一本作「輴」，同。士輤，葦席以爲屋，蒲席以爲裳帷。言以葦席爲屋，則無素錦爲帳。○葦，于鬼反。

○凡訃於其君，曰：「君之臣某死。」訃，或皆作「赴」。赴，至也。臣死，其子使人至君所告之。○訃，音赴，注及下同。父、母、妻、長子，曰：「君之臣某之某死。」此臣於其家喪所主者。○長，丁丈反，後「長子」皆同。君，訃於他國之君，曰：「寡君不禄，敢告於執事。」夫人，曰：「寡小君不禄。」大子之喪，曰：「寡君之適子某死。」君、夫人不稱「薨」，告他國君，謙也。○大，音泰，後「大子」同。適，丁歷反，下文注「適子」、「其適」、「宗適」、「適妻」並同。大夫訃於同國，適者，曰：「某不禄。」訃於士，亦曰：「某不禄。」訃於他國之君，曰：「君之外臣寡大夫某死。」訃於適者，曰：「吾子之外私寡大夫某不禄，使某實。」訃於士，亦曰：「吾子之外私寡大夫某不禄，使某實。」適，讀爲「匹敵」之「敵」，謂爵同者也。實，當爲「至」，此讀周、秦之人，聲之誤也。○適，依注音「敵」，大歷反，下「適者」同。實，依注音「至」，下同。士，訃於同國大夫，曰：「某死。」訃於士，亦曰：「某死。」訃於他國之君，曰：「君之外臣某死。」訃於大夫，曰：「吾子之外私某死。」訃於士，亦曰：「吾子之外私某死。」大夫次於公館以終喪，士練而歸。士次於公館。公館，公宮之舍也。練而歸之士，謂邑宰也。練而猶處公館，朝廷之士也。唯大夫三年無歸也。○朝，直遥反，下注同。大夫居廬，士居堊室。謂未練時也。士居堊室，亦謂邑宰也。朝廷之士亦居廬。大夫爲其父母兄弟之未爲大夫者之喪服如士服，士爲其父母兄弟之爲大夫者之喪服如士服。大夫雖尊，不以其服服父母兄弟，嫌若踰之也。士，謂大夫庶子爲士者也。己卑，又不敢服尊者之服。今大夫喪禮逸[一]，與士異者，未得而備聞也。春秋傳曰：「齊晏桓子卒，晏嬰麤衰斬，苴絰、帶、杖，菅屨，食粥，居倚廬，寢苫，枕草。其老曰：『非大夫之禮也。』曰：『唯卿爲大夫』。」此平仲之謙也。言己非大夫，故爲父服士服耳。麤衰斬者，其縷在齊、斬之間，謂縷如三升半

〔一〕「喪」下，原衍「服」字，據撫州本、八行本、正字删。

而三升，不緝也。斬衰以三升爲正，微細焉則屬於麤也。然則士與大夫爲父服異者，有麤衰斬、枕草矣。其爲母五升縷而四升，爲兄弟六升縷而五升乎？唯大夫以上乃能備儀盡飾，士以下則以臣服君之斬衰爲其父，以臣從君而服之齊衰爲其母與兄弟，亦以勉人爲高行也。大功以下，大夫、士服同。○大夫爲其，于僞反，下「士爲其」同。注除「爲士」、「卿爲」、「爲正」，皆放此。晏，於諫反。嬰，一盈反。衰，七雷反。苴，七餘反。絰，大結反。菅，古顔反。屨，九具反。粥，之六反。倚，於綺反。苫，始占反。枕，之鴆反，下同。縷，力住反。齊，音咨，下「齊衰」皆同。緝，七入反。上，時掌反，卷内「以上」皆放此。行，下孟反。大夫之適子，服大夫之服。仕至大夫，賢著而德成。適子得服其服，亦尊其適象賢。○著，知慮反。

○大夫之庶子爲大夫，則爲其父母服大夫服，其位與未爲大夫者齒。雖庶子得服其服，尚德也。使齒於士，不可不宗適。○則爲其，于僞反，下「則爲之」、注「爲之造字」皆同。

○士之子爲大夫，則其父母弗能主也，使其子主之；無子，則爲之置後。大夫之子得用大夫之禮，而士不得也。置，猶立也。大夫卜宅與葬日，有司麻衣、布衰、布帶，因喪屨，緇布冠不蕤。占者皮弁。有司，卜人也。麻衣，白布深衣。而著衰焉，及布帶、緇布冠。此服非純吉，亦非純凶也。皮弁，則純吉之尤者也。占者尊於有司。卜求吉，其服彌吉。大夫、士朔服皮弁。○著，丁略反。如筮，則史練冠、長衣以筮，占者朝服。筮者，筮宅也，謂下大夫若士也。史〔一〕，筮人也。長衣，深衣之純以素也。長衣練冠，純凶服也。朝服，純吉服也。大夫、士曰朝服以朝也。○朝，直遥反，注及下文皆同。純，音準，又之閏反。大夫之喪，既薦馬，薦馬者哭踊，出，乃包奠而讀書。嫌與士異，記之也。既夕禮曰：「包牲，取下體。」又曰：「主人之史請讀賵。」○蘼，音薦，本又作「薦」。賵，芳鳳反。大夫之喪，大宗人相，小宗人命龜，卜人作龜。卜葬及日也。相，相主人禮也。命龜，告以所問事也。作龜，謂揚火灼之以出兆。○相，息亮反，注同。内子以鞠衣、褒衣素沙，下大夫以襢衣，其餘如士。此復所用衣也。當在「夫人狄税素沙」下，爛脱失處，在此上耳。内子，卿之適妻也。春秋傳曰：「晉趙姬請逆叔隗於狄，趙衰以爲内子而已下之」是也。下大夫，謂下大夫之妻。襢，周禮作「展」，王后之服六，唯上公夫人亦有褘衣，侯、伯夫人自「揄狄」而下，子、男夫人自「闕狄」而下，卿妻自「鞠衣」而下，大夫妻自「展衣」而下，士

〔一〕「史」上，原衍「筮」字，據考異删。

妻税衣而已。素沙，若今紗縠之帛也。六服皆袍制，不襌以素紗裹之，如今袿袍襈重繒矣。褒衣者，始爲命婦見加賜之衣也。其餘如士之妻，則亦用税衣。○鞠，九六反，又曲六反，注同。襢，張戰反。復，音伏。狄税，他喚反，下文放此。爛，力旦反。脱，音奪，下同。𩴾，五罪反。袞，初危反。下，户嫁反。展，張戰反，下同。褘，音輝。揄，音遥，下文并注同。縠，户木反。袍，步羔反。襌，音丹。袿，音圭。襈，士眷反。重，直龍反。繒，茨陵反。**復：諸侯以褒衣、冕服、爵弁服；**復，招魂復魄也。冕服者，上公五，侯、伯四，子、男三。褒衣，亦始命爲諸侯及朝覲見加賜之衣也。褒，猶進也。**夫人，税衣揄狄，狄税素沙。**言其招魂用税衣，上至揄狄也。狄税素沙，言皆以白紗縠爲裹。○税，他涣反，下文放此。揄，音遥，下文同。縠，户木反，下注同。**復西上**〔一〕。北面而西上，陽長左也。復者多少，各如其命之數。○長，丁丈反。**大夫不揄絞屬於池下。**謂池飾也。揄，揄翟也。采青黄之間曰絞。屬，猶繫也。人君之柳，其池繫絞繒於下，而畫翟雉焉，名曰振容，又有銅魚在其間。大夫去振容，士

〔一〕自「内子以鞠衣」至「復西上」，諸本錯亂。據鄭玄注，乙正如下：「復：諸侯以褒衣、冕服、爵弁服；夫人，税衣揄狄，狄税素紗；内子以鞠衣、褒衣素紗，下大夫以襢衣，其餘如士。復西上。」

去魚。此無「人君」及「士」，亦爛脱。○絞，户交反，注同。屬，音燭，注及下「條屬」并注同。翟，音狄。去，起吕反，下同。大夫附於士。士不附於大夫，附於大夫之昆弟，無昆弟則從其昭穆，雖王父母在亦然。附，讀皆爲「祔」。大夫祔於士，不敢以己尊自殊於其祖也。士不祔於大夫，自卑別於尊者也。大夫之昆弟，謂爲士者也，從其昭穆中一以上，祖又祖而已。祔者，祔於先死者。○附，依注作「祔」，音同，下並同。昭，常遥反，卷内皆同。別，彼列反。婦附於其夫之所附之妃，無妃則亦從其昭穆之妃。妾附於妾祖姑，無妾祖姑則亦從其昭穆之妾。夫所附之妃，於婦則祖姑。男子附於王父則配，女子附於王母則不配。配，謂并祭王母。不配，則不祭王父也。有事於尊者，可以及卑；有事於卑者，不敢援尊。配與不配，祭饌如一，祝辭異，不言以「某妃配某氏耳」。女子，謂未嫁者也。嫁未三月而死，猶歸葬於女氏之黨。○并，必政反。援，音袁。公子附於公子。不敢戚君。

○君薨，大子號稱子，待猶君也。謂未踰年也。雖稱「子」，與諸侯朝會如君矣。春秋魯僖公九年夏，葵丘之會，宋襄公稱「子」而與諸侯序。待，或爲「侍」。

○有三年之練冠，則以大功之麻易之，唯杖、屨不易。謂既練而遭大功之喪者也。練除首絰。要絰葛，又不如大功之麻重也。言練冠、易麻，互言之也。唯杖、屨不易，言其餘皆易也。屨不易者，練與大功俱用繩耳。○要，一遥反。重，直龍反。**有父母之喪尚功衰，而附兄弟之殤則練冠，附於殤稱「陽童某甫」，不名，神也。**此兄弟之殤，謂大功親以下之殤也。斬衰、齊衰之喪練，皆受以大功之衰，此謂之「功衰」。以是時而祔大功親以下之殤，大功親以下之殤輕，不易服。冠而兄爲殤，謂同年者也。兄十九而死，己明年因喪而冠。陽童，謂庶殤也。宗子，則曰陰童。童，未成人之稱也。某甫，且字也。尊神不名，爲之造字。○衰，七雷反。冠而，古亂反，下「而冠」同。之稱，尺證反。

○凡異居，始聞兄弟之喪，唯以哭對，可也。惻怛之痛，不以辭言爲禮也。○怛，旦末反。**其始麻，散帶絰。**與居家同也。凡喪，小斂而麻。○散，悉但反，後「散帶」皆同。**未服麻而奔喪，及主人之未成絰也，疏者與主人皆成之，親者終其麻帶絰之日數。**疏者，謂小功以下也。親者，大功以上也。疏者及主人之節，則用之；其不及，亦自用其日數。

○主妾之喪，則自祔，至於練、祥，皆使其子主之。其殯、祭不於正室。祔自爲之者，以其祭於祖廟。**君不撫僕妾。**略於賤也

○女君死，則妾爲女君之黨服。攝女君，則不爲先女君之黨服。妾於女君之親，若其親然。○妾爲，于僞反，下「不爲妻」、注「爲舊君」同。聞兄弟之喪，大功以上，見喪者之鄉而哭。奔喪節也。適兄弟之送葬者弗及，遇主人於道，則遂之於墓。言骨肉之親，不待主人也。凡主兄弟之喪，雖疏，亦虞之。喪事，虞、祔乃畢。

○凡喪服未畢，有弔者，則爲位而哭，拜，踊。客始來，主人不可以殺禮待之。○殺，色界反，徐所例反。

○大夫之哭大夫，弁絰。大夫與殯，亦弁絰。弁絰者，大夫錫衰相弔之服也。如爵弁而素，加環絰曰弁絰。○與，音預。錫，思曆反。大夫有私喪之葛，則於其兄弟之輕喪則弁絰。私喪，妻子之喪也。輕喪，緦麻也。大夫降焉，弔服而往，不以私喪之末臨兄弟。

○爲長子杖，則其子不以杖即位。辟尊者。○辟，音避。爲妻，父母在，不杖，不稽顙。尊者在，不敢盡禮於私喪也。○稽，徐音啟。顙，桑黨反。母在，不稽顙。稽顙者，其贈也拜。言獨母在，於贈，拜得稽顙。則父在，贈，拜不得稽顙。違諸侯，之大夫，不反服。

○違大夫，之諸侯，不反服。其君尊卑異也。違，猶去也。去諸侯仕諸侯，去大夫仕大夫，乃得爲舊君服。喪冠條屬，以別吉凶。三年之練冠，亦條屬，右縫。別吉凶者，吉冠不條屬也。條屬者，通屈一條繩若布爲武，垂下爲纓，屬之冠，象大古喪事略也。吉冠則纓、武異材焉。右縫者，右辟而縫之。○別，徐彼列反，注同。縫，音逢，注同，又扶用反。大古，音泰，下「大古」同。材，才再反，又如字。辟，必亦反，下同。小功以下左，左辟象吉，輕也。緦冠繰纓。繰，當爲「澡麻帶絰」之澡[一]，聲之誤也。謂有事其布以爲纓。○繰，依注爲「澡」，音早。縿，所銜反，又音早。大功以上散帶。小功、緦輕，初而絞之。○絞，古卯反。

○朝服十五升，去其半而緦，加灰，錫也。緦精麤與朝服同，去其半，則六百縷而疏也。又無事其布，不灰焉。○朝，直遥反，後「朝服」放此，注同。去，起吕反，注同。諸侯相襚，以後路與冕服。先路與褒衣，不以襚。不以己之正者施於人，以彼不以爲正

[一]下「澡」，原訛作「繰」，據撫州本、岳本、嘉靖本、八行本、和本、閩本、監本、毛本、殿本、阮刻本改。

也。後路，貳車，貳車行在後也。○襚，音遂。**遣車視牢具。**言車多少，各如所包遣奠牲體之數也。然則遣車載所包遣奠而藏之者與？遣奠，天子大牢，包九个；諸侯亦大牢，包七个；大夫亦大牢，包五个；士少牢，包三个。大夫以上，乃有遣車。○遣，棄戰反，注同，下「遣車」、「遣奠」皆放此。與，音餘。个，古賀反，下同。**疏布輤，四面有章，置于四隅。**輤，其蓋也。四面皆有章蔽，以隱翳牢肉。四隅，椁中之四隅。○章，本或作「鄣」，音同，注亦同。翳，於計反。**載粻，有子曰：「非禮也。**粻，米糧也。○粻，陟良反。**喪奠，脯醢而已。」**言死者不食糧也。遣奠本無黍稷。○醢，音海。**祭稱「孝子、孝孫」，喪稱「哀子、哀孫」。**各以其義稱。○義稱，昌升反，又尺證反。**端衰、喪車，皆無等。**喪車，惡車也。喪者衣衰及所乘之車，貴賤同，孝子於親一也。衣衰言「端」者，玄端，吉時常服。喪之衣衰當如之。○衣衰，上於既反，下七雷反，下同。**大白冠、緇布之冠，皆不蕤。委武玄、縞而后蕤。**不蕤，質無飾也。大白冠，大古之布冠也。春秋傳曰：「衛文公大布之衣，大白之冠。」委武，冠卷也。秦人曰委，齊東曰武。玄，玄冠也。縞，縞冠也。○縞，古老反，又古報反，注同。卷，苦圓反。**大夫冕而祭於公，弁而祭於己。士弁而祭於公，冠而祭於**

己。弁，爵弁也。冠，玄冠也。祭於公，助君祭也。大夫爵弁而祭於己，唯孤爾。士弁而親迎，然則士弁而祭於己，可也。緣類欲許之也。親迎，雖亦己之事，攝盛服爾，非常也。○迎，魚敬反，注同。暢：臼以椈，杵以梧。所以擣鬱也。椈，柏也。○鬯，勑亮反，本亦作「暢」。臼，其究反。椈，弓六反。杵，昌呂反。梧，音吾，桐木也。搗，本亦作「擣」，丁老反。枇以桑，長三尺，或曰五尺。枇，所以載牲體者。此謂喪祭也。吉祭，枇用棘。○枇，音匕，本亦作「朼」，音同，注同。長，直亮反，下同。畢用桑，長三尺，刊其柄與末。畢，所以助主人載者。刊，猶削也。○刊，苦干反。柄，兵命反。

○率帶，諸侯、大夫皆五采，士二采。此謂襲尸之大帶。率，繂也。繂之，不加箴功。大夫以上，更飾以五采，士以朱緑。襲事成於帶，變之，所以異於生。○率帶，上音律，下音帶，本亦作「帶」。繂，音律。箴，之金反。

○醴者，稻醴也。甕、甒、筲、衡，實見間，而后折入。此謂葬時藏物也。衡，當爲「桁」，所以庪甕、甒之屬，聲之誤也。實見間，藏於見外、椁内也。折，承席也。○甕，於貢反，盛醯醢之器。甒，音武，瓦器。筲，所交反，竹器。衡，依注作「桁」，户剛反，徐户庚反。庪也。見，音「間廁」之間，棺衣也，注同。間，如字，注同，徐古莧反。一解云：「鄭合『見間』二字，共爲『覸』字，音古辯反。」折，之設反，注同，形如牀，無足也。庪，九委反，又九僞反，徐居綺反，字亦作「庋」，同。

○重，既虞而埋之。就所倚處埋之。○重，直龍反。埋，亡皆反。倚，於綺反。處，昌慮反。

○凡婦人，從其夫之爵位。婦人無專制，生禮死事，以夫爲尊卑。小斂、大斂、啟，皆辯拜。嫌當事來者終不拜，故明之也。此既事皆拜。○辯，音遍。

○朝夕哭，不帷。緣孝子心欲見殯肂也。既出，則施其扂，鬼神尚幽闇也。○帷，位悲反，下同。肂，以二反，埋棺之坎。扂，字林户臘反，閉也，纂文云：「古闔字。」玉篇羌據、公荅二反，云閉也。無柩者，不帷。謂既葬也，棺柩已去，鬼神在室，堂無事焉，遂去帷。○去，起吕反。

○君若載而后弔之，則主人東面而拜，門右北面而踊，出待，反而后奠。主人拜踊於賓位，不敢迫君也。君即位車東。出待，不必君留也。君反之，使奠。

○子羔之襲也：繭衣裳與稅衣纁衻爲一，素端一，皮弁一，爵弁一，玄冕一。曾子曰：「不襲婦服。」繭衣裳者，若今大襺也。纊爲繭，緼爲袍，表之以稅衣，乃爲一稱爾。稅衣，若玄端而連衣裳者也。丈夫而以纁爲之緣〔一〕，非也。唯婦人纁袡。禮以冠名服，此襲其服，非襲其冠。曾子譏襲婦服而已。玄冕又大夫服，未聞子羔曷爲襲之。玄冕，或爲「玄冠」，或爲「玄端」。○繭，古典反。稅，他喚反，注同。纁，許云反。袡，字又作「䋎」，而占反，裳下襈也。王肅云：「婦人蔽膝也。」襡，音燭。絖，字又作「纊」，音曠。縕，于粉反。袍，薄勞反。稱，尺證反，下放此。緣，悅絹反。

○爲君使而死，公館復，私館不復。公館者，公宮與公所爲也。私館者，自卿大夫以下之家也。公所爲君所作離宮、別館也。○爲，于僞反，又如字。使，色吏反。復，音伏。館，本亦作「觀」，音同。

○公七踊，大夫五踊，婦人居間。士三踊，婦人皆居間。公，君也。始死及小斂、大斂而踊，君、大夫、士一也，則皆三踊矣。君五日而殯，大夫三日而殯，士二日而殯。士小斂之朝不踊，君、大夫大斂之朝，乃不踊。婦人居間者，踊必拾，主人踊，婦人踊，賓乃踊。○拾，其劫反，下同。公襲：卷衣一，玄端一，朝服一，素積一，纁裳一，爵弁二，玄冕

〔一〕「丈」，原訛作「大」，據考異改。考異曰：「案此『大』乃『丈』之誤，丈夫對婦人，下句云『唯婦人纁袡』是也。」

一，褎衣一，朱緑帶，申加大帶於上。朱緑帶者，襲衣之帶，飾之雜以朱緑，異於生也，此帶亦以素爲之。申，重也，重於革帶也。革帶以佩韍。必言「重加大帶」者，明雖有變，必備此二帶也。士襲三稱，子羔襲五稱，今公襲九稱，則尊卑襲數不同矣。諸侯七稱，天子十二稱與？○卷，音袞，古本反。重，直龍反，又直用反，下同。韍，音弗。稱，尺證反，下同。與，音餘。小斂環絰，公、大夫、士一也。環絰者，一股，所謂纏絰也。士素委貌。大夫以上素爵弁，而加此絰焉，散帶。○股，音古。纏，直連反。公視大斂，公升，商祝鋪席，乃斂。喪大記曰：「大夫之喪，將大斂，既鋪絞、紟、衾，君至。」比君升[一]，乃鋪席，則君至爲之改始，新之也。○鋪，普胡反，又音敷，徐芳烏反，後放此。絞，户交反，下文同。紟，其鴆反。爲，于僞反。魯人之贈也，三玄二纁，廣尺，長終幅。言失之也。士喪禮下篇曰：「贈用制幣，玄纁束。」[二]○廣，古曠反。長，直亮反。幅，方服反。弔者即位于門西，東面。其介在其東南，北面，西上，西於門。賔立門外，不當門。○介，音界，後皆同。主孤西

[一]「比」，原訛作「此」，據岳本、和本改。

[二]「束」下，原衍「帛」字，據撫州本、八行本、儀禮既夕禮删。

面。立於阼階下。相者受命曰：「孤某使某請事。」客曰：「寡君使某，如何不淑！」受命，受主人命以出也。不言「擯」者，喪無接賓也。淑，善也。如何不善，言君痛之甚，使某弔。○相，息亮反，下皆同。相者入告，出，曰：「孤某須矣。」稱其君名者，君薨稱「子某」，使人知適嗣也。須矣，不出迎也。○適，丁歷反。弔者入，主人升堂，西面。弔者升自西階，東面，致命曰：「寡君聞君之喪，寡君使某，如何不淑！」子拜稽顙，弔者降，反位。子，孤子也。降反位者，出反門外位。無「出」字，脱。含者執璧將命曰：「寡君使某含。」相者入告，出，曰：「孤某須矣。」含玉爲璧制，其分寸大小未聞。○含，本又作「唅」，説文作「琀」，同胡闇反，下同。含者入，升堂致命，子拜稽顙。含者坐委于殯東南，有葦席，既葬，蒲席。降，出，反位。言「降，出，反位」，則是介也。春秋有既葬歸含、賵、襚，無譏焉。皆受之於殯宮。○襚，音遂。宰夫朝服，即喪屨，升自西階，西面，坐取璧，降自西階，以東。朝服，告鄰國之禮也。即，就也。以東，藏於內也。襚者曰：「寡君使某襚。」相者入告，出，曰：「孤某須矣。」襚者執冕服，左執領，右執要，入，升堂，致命曰：「寡君使某襚。」子拜稽顙。委衣于殯東。亦於席上所委璧之北，順其上下。○要，一遥反。襚者降，受爵弁服於門内霤，將命，子拜稽顙如初。受皮弁服於中庭，自西階受朝服，自堂受玄端，將命，子拜稽顙，皆如初。襚者降，出，反位。授襚者以服者，賈人。○霤，力救反。賈，音嫁。宰夫五人舉以東，降自西階，其舉亦西面。亦西面者，亦襚者委衣時。上介賵，執圭將命曰：「寡君使某賵。」相者入告，反命曰：「孤某須矣。」陳乘黄、大路於中庭，北輈；執圭將命，客使自下由路西。子拜稽顙。坐委于殯東南隅，宰舉以東。客給使者入，設乘黄於大路之西。客入則致命矣。使，或爲「史」。○賵，芳鳳反。孤須矣，從此盡篇末，皆無「某」字，有者非。乘，繩證反，注同。輈，竹由反，車轅也。覲禮曰：「路下四亞之。」輈，轅也。自，率也。下，謂馬也。馬在路之下。凡將命，鄉殯將命。子拜稽顙，西面而坐委之，宰舉璧與圭。宰夫舉襚，升自西階，西面，坐取之，降自西階。凡者，説不見者也。鄉殯將命，則將命時立於殯之西南。宰夫，宰之佐也。此言「宰舉璧與圭」，則上「宰夫朝服」衍「夫」字。○鄉，許亮反，注同。見，賢遍反。賵者出，反位于門外。乃著言「門外」，明禮畢，將更有事。上客臨，曰：「寡君有宗廟之事，不得承事，使一介老某相執綍。」上客，弔者也。臨，視也。言欲入視喪所不足而給助之，謙也。其實爲哭耳。○臨，如字，徐力鴆反，注及下同。介，音界，舊古賀反。相，息亮反。綍，音弗。爲，于僞反。相者反命曰：「孤某須矣。」臨者入門右，介者皆從之，立于其左，東上。入門右，不自同於賓客。宗人納賓，升，受命于君，降，曰：「孤敢辭吾子之辱，請吾子之復位。」客對曰：「寡君命，某毋敢視賓客，敢辭。」宗人反命曰：「孤敢固辭吾子之辱，請吾子之復位。」客對曰：「寡君命，某毋敢視賓客，敢固辭。」宗人反命曰：「孤敢固辭吾子之辱，請吾子之復位。」客對曰：「寡君命，使臣某毋敢視賓客，是以敢固辭。固辭不獲命，敢不敬從。」賓三辭而稱「使臣」，爲恭也。爲恭者，將從其命。○寡君命，絶句，下放此。毋，音無，下同。使，色吏反，注同。爲，如字，舊于僞反，下同。客立于門西，介立于其左，東上。孤降自阼階，拜之，升，哭，與客拾踊三。拜客，謝其厚意。○拾，其劫反。客出，送于門外，拜稽顙。不迎而送，喪無接賓之禮。

○其國有君喪，不敢受弔。辟其痛傷己之親如君。○辟，音避，下「辟之」同。

○外宗房中南面，小臣鋪席，商祝鋪絞、紟、衾，士盥于盤北，舉遷尸于斂上。卒斂，宰告，子馮之踊。夫人東面坐，馮之，興，踊。此喪大記脱字，重著於是。○盥，音管。斂，力劍反，下同。馮，皮冰反，本或作「凴」，下同。脱，音奪。重，直用反。

○士喪有與天子同者三：其終夜燎，及乘人，專道而行。乘人，謂使人執引也。專道，人辟之。○燎，力召反，又力弔反。乘，繩證反，注同。引，以刃反，一音餘刃反。

雜記下第二十一

鄭氏注

有父之喪，如未没喪而母死，其除父之喪也，服其除服，卒事，反喪服。没，猶竟也。除服，謂祥祭之服也。卒事，既祭。反喪服，服後死者之服。

○雖諸父、昆弟之喪，如當父母之喪，其除諸父、昆弟之喪也，皆服其除喪之服，卒事，反喪服。雖有親之大喪，猶爲輕服者除，骨肉之恩也。唯君之喪，不除私服。言「當」者，期、大功之喪，或終始皆在三年之中。小功、緦麻則不除，殤長、中乃除。○爲，于僞反，下「乃爲」同。期，音基。長，丁丈反，下「長子」同。如三年之喪，則既潁，其練、祥皆行。言今之喪既服潁，乃爲前三年者變除而練、祥祭也。此主謂先有父母之服，今又喪長子者。其先有長子之服，今又喪父母，其禮亦然。然則言「未沒喪」者，已練、祥矣。潁，草名。無葛之鄉，去麻則用潁。○潁，口迥反，徐孔潁反，沈苦項反，草也，注同。又喪，如字，又息浪反，下「又喪」同。去，起呂反。王父死，未練、祥而孫又死，猶是附於王父也。未練、祥，嫌未祫祭序於昭穆爾。王父既附，則孫可祔焉。猶，當爲「由」。由，用也。附，皆當作「祔」。○附，義作「祔」，出注。祫，音洽。

○有殯，聞外喪，哭之他室。明所哭者異也。哭之，爲位。入奠，卒奠，出，改服，即位，如始即位之禮。謂後日之哭，朝入奠於其殯，既，乃更即位，就他室，如始哭之時。

○大夫、士將與祭於公，既視濯而父母死，則猶是與祭也，次於異宮。既祭，釋服，出公門外，哭而歸。其它如奔喪之禮。如未視濯，則使人告，告者反，而后哭。猶，亦當爲「由」。次於異宮，不可以吉與凶同處也。使者反，而后哭，不敢專己於君命也。○與，音預，下同。濯，大角反。它，音他。處，昌慮反，下「之處」同。使，色吏反。如諸父、昆弟、姑、姊妹之喪，則既宿，則與祭。卒事，出公門，釋服而后歸。其它如奔喪之禮。如同宫，則次于異宫。宿則與祭。出門，乃解祭服，皆爲差緩也。○差，初賣反，又初佳反。

○曾子問曰：「卿、大夫將爲尸於公，受宿矣，而有齊衰内喪，則如之何？」孔子曰：「出舍乎公宫以待事，禮也。」尸重，受宿則不得哭内喪同宫也。孔子曰：「尸弁冕而出，卿、大夫、士皆下之，尸必式，必有前驅。」冕兼言弁者，君之尸，或服士、大夫之服也。諸臣見尸而下車，敬也。尸式以禮。

○父母之喪，將祭而昆弟死，既殯而祭。如同宫，則雖臣妾，葬而后祭。祭，主人之升降散等，執事者亦散等。雖虞、附亦然。將祭，謂練、祥也。言「若同宫」，則是昆弟異宫也。古者昆弟異居同財，有東宫，有西宫，有南宫，有北宫。有父母之喪，當在殯宫而在異宫者，疾病或歸者。主人，適子。散等，栗階〔一〕，爲新喪略威儀。○適，丁歷反。爲，于僞反，下「爲人説」同。

○自諸侯達諸士，小祥之祭，主人之酢也嚌之，衆賓、兄弟則皆啐之；大

〔一〕「栗」，原訛作「粟」，據岳本、八行本、和本、毛本、殿本、阮刻本改。

祥，主人啐之，衆賓、兄弟皆飲之可也。嚌、啐，皆嘗也。嚌至齒，啐入口。○酢，音昨。嚌，才細反。啐，七内反，徐蒼快反。

○凡侍祭喪者，告賓祭薦而不食。薦，脯醢也。吉祭，告賓祭薦，賓既祭而食之。喪祭，賓不食。子貢問喪。子曰：「敬爲上，哀次之，瘠爲下。顔色稱其情，戚容稱其服。」問喪，問居父母之喪也。喪尚哀，言「敬爲上」者，疾時尚不能敬也。容，威儀也。孝經曰：「容止可觀。」○瘠，徐在益反。稱，尺證反，下同。請問兄弟之喪。子曰：「兄弟之喪，則存乎書策矣。」言疏者如禮行之，未有加也。齊、斬之喪，哀容之體，經不能載矣。君子不奪人之喪，重喪禮也。亦不可奪喪也。不可以輕之於己也。孔子曰：「少連、大連善居喪，三日不怠，三月不解，期悲哀，三年憂，東夷之子也！」言其生於夷狄而知禮也。怠，惰也。解，倦也。○少，詩召反。解，佳買反，注同。期，音基。惰，徒臥反。倦，其眷反。

○三年之喪，言而不語，對而不問。廬、堊室之中，不與人坐焉。在堊室之中，非時見乎母也，不入門。言，言己事也。爲人説爲語。在堊室之中，以時事見乎

母，乃後入門。則居廬時，不入門。〇堊，烏各反，字亦作「惡」，同。見，賢遍反，注同。疏衰皆居堊室，不廬。廬，嚴者也。言廬哀敬之處，非有其實則不居。〇妻視叔父母，姑、姊妹視兄弟，長、中、下殤視成人。視，猶比也。所比者，哀容居處也。〇長，丁丈反。〇親喪外除，日月已竟，而哀未忘。兄弟之喪内除。日月未竟，而哀已殺。〇已殺，已或作「以」，下色界反，|徐所例反。〇視君之母與妻，比之兄弟。發諸顔色者，亦不飲食也。言小君服輕，亦内除也。發於顔色，謂醲美酒食，使人醉飽。〇醲，女龍反。〇免喪之外，行於道路，見似目瞿，聞名心瞿，弔死而問疾，顔色戚容必有以異於人也。如此而后可以服三年之喪，其餘則直道而行之是也。惻隱之心能如是，則其餘齊衰以下直道而行，盡自得也。似，謂容貌似其父母也。名與親同。〇瞿，九遇反，下同。〇祥，主人之除也，於夕爲期，朝服。祥，因其故服。爲期，爲祭期也。朝服

以期，至明日而祥祭亦朝服，始即吉，正祭服也。喪服小記曰：「除成喪者，其祭也，朝服縞冠」是也。祭猶縞冠，未純吉也。既祭，乃服大祥素縞、麻衣，釋禫之禮云「玄衣黄裳」，則是禫祭玄冠矣。黄裳者，未大吉也。既祭乃服禫服朝服、綅冠。踰月吉祭，乃玄冠、朝服。既祭，玄端而居，復平常也。○朝，直遥反，及下「武叔朝」皆同。禫，大感反。綅，息廉反，黑經白緯曰綅。

子游曰：「既祥，雖不當縞者必縞，然後反服。」謂有以喪事贈賵來者，雖不及時，猶變服，服祥祭之服以受之，重其禮也。其於此時始弔者，則衛將軍文子之爲之是矣。反服，反素縞、麻衣也。當袒，大夫至，雖當踊，絶踊而拜之，反改成踊，乃襲。尊大夫，來至則拜之，不待事已也。更成踊者，新其事也。○袒，音但。於士，既事成踊，襲而后拜之，不改成踊。於士，士至也。事，謂大、小斂之屬。上大夫之虞也少牢，卒哭成事、附皆大牢。下大夫之虞也犆牲，卒哭成事、附皆少牢。卒哭成事、附言「皆」，則卒哭成事、附與虞異矣。下大夫虞以犆牲，與士虞禮同與？○犆，音特。同與，音餘。

○祝稱卜葬、虞，子孫曰「哀」，夫曰「乃」，兄弟曰「某」，卜葬其兄弟曰「伯子某」。祝稱卜葬虞者，卜葬、卜虞，祝稱主人之辭也。孫，謂爲祖後者，稱曰「哀孫某卜葬其祖某甫」。夫曰「乃某卜葬其妻某氏」。兄弟相爲卜，稱名而已。○祝，之六反，徐之又反，注同。稱，昌升反，徐尺證反，注「祝稱」同。爲，于僞反，下「賔爲飯」、「爲其」同。

○古者貴賤皆杖。叔孫武叔朝，見輪人以其杖關轂而輠輪者，於是有爵而后杖也。記庶人失禮所由始也。叔孫武叔，魯大夫叔孫州仇也。輪人，作車輪之官。○關轂，工木反。輠，胡罪反，又胡瓦反，又胡管反，迴也。仇，音求。

○鑿巾以飯，公羊賈爲之也。記士失禮所由始也。士親飯，必發其巾。大夫以上，賔爲飯焉，則有鑿巾。○鑿，在各反。飯，扶晚反，注同。

○冒者何也？所以揜形也。自襲以至小斂，不設冒則形，是以襲而后設冒也。言設冒者，爲其形人將惡之也，襲而設冒。言「后」，衍字耳。○冒，莫報反，下及注同。揜，於檢反。惡，烏路反。

○或問於曾子曰：「夫既遣而包其餘，猶既食而裹其餘與？君子既食則裹其餘乎？」言遣既奠而又包之，是與食於人已而裹其餘將去何異與？君子寧爲是乎？言傷廉也。○遣，棄戰反，注同。裹，音果。與，音餘，「何異與」同。曾子曰：「吾子不見大饗乎？夫大饗，既饗，卷三牲之俎歸于賔館。父母而賔客之，所以爲哀也。子不見大饗乎？」既饗，歸賓俎，所以厚之也。言父母，家之主，今賓客之，是孝子哀親之去也。○見，如字。夫，音扶。卷，紀轉反，又厥挽反。歸，如字，徐音匱，注同。

○非爲人喪問與？賜與？此上滅脱，未聞其首云何。是言非爲人喪而問之與？人喪而賜之與？問，遺也。久無事曰問。○爲，于僞反，注及下注「爲母」、「爲姑姊妹」皆同。問與、賜與，並音餘，注皆同。脱，音奪，下同。遺，于季反，下文皆同。

○三年之喪，以其喪拜；非三年之喪，以吉拜。謂受問受賜者也。稽顙而後拜曰喪拜，拜而后稽顙曰吉拜。三年之喪，如或遺之酒肉，則受之，必三辭，主人衰絰而受之。受之必正服，明不苟於滋味。○必三，如字，又息暫反。如君命，則不敢辭，受而薦之。薦於廟，貴君之禮。喪者不遺人。人遺之，雖酒肉，受也。從父昆弟以下，既卒哭，遺人可也。言齊、斬之喪重，志不在施惠於人。○施，始豉反。縣子曰：「三年之喪如斬，期之喪如剡。」言其痛之惻怛有淺深也。○縣，音玄。期，音基，下同。剡，徐以漸反。怛，旦末反。期之喪，十一月而練，十三月而祥，十五月而禫。此謂父在爲母也。當在「練則弔」上，爛脱在此。○禫，大感反。三年之喪，雖功衰，不弔，自諸侯達諸士。如有服而將往哭之，則服其服而往。功衰，既練之服也。諸侯服新死者之服而往哭，謂所不臣也。練則弔。父在爲母，功衰可以弔人者，以父在，故輕於出也。然則凡齊衰十一月，皆可以出矣。既葬，大功，弔，哭而退，不聽事焉〔一〕。聽，猶待也。事，謂襲、斂、執綍之屬。○綍，音弗。期之喪，未葬，弔於鄉人，哭而退，不聽事焉。功衰，弔，待事不執事。謂爲姑、姊妹無主，殯不在己族者。○功衰弔，本又作「大功衰弔」。庾云：「有『大』字非。」小功、緦，執事，不與於禮。禮，饋奠也。○與，音預，下文注「不與」同。

○相趨也，出宮而退。相揖也，哀次而退。相問也，既封而退。相見也，反哭而退。朋友，虞、附而退。此弔者恩薄厚、去遲速之節也。相趨，謂相聞姓名來會喪事也。相揖，嘗會於他也。相問，嘗相惠遺也。相見，嘗執摯相見也。附，皆當爲「祔」。○

〔一〕自「縣子曰」至「弔哭而退不聽事焉」，諸本錯亂。據鄭玄注，乙正如下：「縣子曰：『三年之喪如斬，期之喪如剡。』三年之喪，雖功衰，不弔，自諸侯達諸士。如有服而將往哭之，則服其服而往。期之喪，十一月而練，十三月而祥，十五月而禫。練則弔。既葬，大功，弔，哭而退，不聽事焉。」

封，彼驗反，又如字。摯，音至。

○弔，非從主人也。四十者執綍，言弔者必助主人之事。從，猶隨也。成人二十以上，至四十丁壯時。鄉人五十者從反哭。四十者待盈坎。非鄉人，則長少皆反，優遠也。坎，或爲「壙」。○坎，口敢反，下同。長少，丁丈反，下詩詔反。壙，苦晃反，又音曠。

○喪食雖惡，必充飢。飢而廢事，非禮也；飽而忘哀，亦非禮也。視不明，聽不聰，行不正，不知哀，君子病之。故有疾飲酒食肉，五十不致毁，六十不毁，七十飲酒食肉，皆爲疑死。病，猶憂也。疑，猶恐也。○視，如字，徐市志反。爲，于僞反，注「爲食」、「父爲」〔一〕、「爲王父母」、「所爲」、「亦爲」、「不爲」並同。

○有服，人召之食，不往。大功以下，既葬，適人，人食之，其黨也，食之；非其黨，弗食也。往而見食，則可食也。爲食而往，則不可。黨，猶親也。非親而食，則是食於人無數也。○人食之，音嗣，注「見食」同。功衰食菜果，飲水漿，無鹽酪，不能食，食，鹽酪可也。功衰，齊、斬之末也。酪，酢截。○酪，音洛。食食，上如字，下音嗣。酢，七

〔一〕「爲」，原脱，經文「子與父同諱」有注文「父爲其親諱」，據補。

故反。截，才代反。孔子曰：「身有瘍則浴，首有創則沐，病則飲酒食肉。毀瘠爲病，君子弗爲也。毀而死，君子謂之無子。」毀而死，是不重親。○瘍，音羊。創，初良反。

○非從柩與反哭，無免於堩。言喪服出入，非此二事皆冠也。免，所以代冠。人於道路，不可以無飾。堩，道路。○免，音問，注同。堩，古鄧反。

○凡喪，小功以上，非虞、附、練、祥，無沐浴。言不有飾事，則不沐浴。

○疏衰之喪，既葬，人請見之則見，不請見人。小功，請見人可也。大功，不以執摯。唯父母之喪，不辟涕泣而見人。言重喪，不行求見人爾。人來求見己，亦可以見之矣。不辟涕泣，言至哀無飾也。○辟，音避，注同。

○三年之喪，祥而從政。期之喪，卒哭而從政。九月之喪，既葬而從政。小功、緦之喪，既殯而從政。以王制言之，此謂庶人也。從政，從爲政者教令，謂給繇役。○期，音基。繇，音遥，本又作「傜」。曾申問於曾子曰：「哭父母有常聲乎？」曰：「中路嬰兒失其母焉，何常聲之有？」嬰，猶鷖彌也。言其若小兒亡母啼號，安得常聲乎？

所謂「哭不偯」。○翳，於奚反。彌，徐五兮反，一音迷。啼，徒奚反，本又作「諦」，同。號，徐本又作「唬」，胡刀反。偯，於豈反，下文同，説文作「悠」。卒哭而諱。自此而鬼神事之，尊而諱其名。王父母、兄弟、世父、叔父、姑、姊妹，子與父同諱。父爲其親諱，則子不敢不從諱也。爲「王父母」以下之親諱〔一〕，是謂士也。天子、諸侯諱羣祖。母之諱，宮中諱。妻之諱，不舉諸其側。與從祖昆弟同名則諱。母之所爲其親諱，子孫於宮中不言；妻之所爲其親諱，夫於其側亦不言也。孝子聞名心瞿，凡不言人諱者，亦爲其相感動也。子與父同諱，則子可盡曾祖之親也。從祖昆弟在其中，於父輕，不爲諱。與母妻之親同名，重則諱之。○重，直龍反。以喪冠者，雖三年之喪可也。既冠於次，入，哭踊三者三，乃出。言「雖」者，明齊衰以下皆可以喪冠也。始遭喪以其冠月，則喪服因冠矣。非其冠月，待變除卒哭而冠。次，庐也。雖，或爲「唯」。○冠，古亂反，下及注皆同。三，息暫反。大功之末可以冠子，可以嫁子。父小功之末可以冠子，可以嫁子，可以取婦。己雖小功，既卒哭，可以冠、取妻；下殤之小功，則不可。此皆謂可用吉禮之時。父大

〔一〕「爲」，原訛作「謂」，據考異改。

功，卒哭而可以冠子、嫁子；小功，卒哭而可以取婦。己大功，卒哭而可以冠〔一〕；小功，卒哭而可以取妻。必偕祭乃行也。下殤小功，齊衰之親，除喪而後可爲昏禮。凡冠者，其時當冠，則因喪而冠之。○取，七住反，又如字。凡弁絰，其衰侈袂。侈，猶大也。弁絰服者，弔服也。其衰：錫也，緦也，疑也。袂之小者二尺二寸，大者半而益之，則侈袂三尺三寸。○侈，昌氏反。袂，彌世反。父有服，宮中子不與於樂。母有服，聲聞焉，不舉樂。妻有服，不舉樂於其側。宮中子，與父同宮者也。禮由命士以上，父子異宮。不與於樂，謂出行見之，不得觀也。○與，音預，注同。聞，音問，又如字。大功將至，辟琴瑟。亦所以助哀也。至，來也。○辟，音避，一音婢亦反。小功至，不絶樂。

○姑、姊妹其夫死，而夫黨無兄弟，使夫之族人主喪，妻之黨，雖親弗主。此謂姑、姊妹無子，寡而死也。夫黨無兄弟，無緦之親也。其主喪，不使妻之親，而使夫之族

〔一〕「冠」下，原衍「子」字，據考異刪。考異曰：「『子』，衍字也。冠者，己身加冠也，經文『冠子』、『取婦』據父言之，『冠取妻』據己言之，分別極明。此注『己大功卒哭而可以冠』，即上注『父大功卒哭而可以冠子』，正義所謂『今鄭同之』，得其義矣。而今本正義中複舉此句，亦衍『子』字，乃後人妄添，非其舊也」。

人。婦人外成，主必宜得夫之姓類。**夫若無族矣，則前後家，東西家；無有，則里尹主之。**喪無無主也。里尹，閭胥、里宰之屬。王度記曰：「百户爲里，里一尹，其禄如庶人在官者。」里，或爲「士」。諸侯弔於異國之臣，則其君爲主。里尹主之，亦斯義也。**或曰：「主之，而附於夫之黨。」**妻之黨自主之，非也。夫之黨，其祖姑也。

○麻者不紳，執玉不麻，麻不加於采。吉凶不相干也。麻，謂絰也。紳，大帶也。喪以要絰代大帶也。麻不加於采，衣采者不麻。謂弁絰者必服弔服是也。采，玄纁之衣。○紳，音申。要絰，一遥反，下大結反。衣，於既反，又如字。纁，許云反。

○國禁哭則止，朝夕之奠即位，自因也。禁哭，謂大祭祀時。雖不哭，猶朝夕奠。自因，自用故事。**童子哭，不偯，不踊，不杖，不菲，不廬。**未成人者，不能備禮也。當室則杖。○菲，本又作「扉」，扶味反。**孔子曰：「伯母、叔母疏衰，踊不絕地。姑、姊妹之大功，踊絕於地。如知此者，由文矣哉！由文矣哉！」**由，用也。言知此踊絕地、不絕地之情者，能用禮文哉！能用禮文哉！美之也。伯母、叔母，義也。姑、姊妹，骨肉也。

之也。○世柳之母死，相者由左。世柳死，其徒由右相。由右相，世柳之徒爲之也。亦記失禮所由始也。世柳，魯穆公時賢人也。相，相主人之禮。○柳，良九反。相，息亮反，下及注皆同。

○天子飯九貝，諸侯七，大夫五，士三。此蓋夏時禮也。周禮，天子飯含用玉。○飯，扶晚反，注同。含，本又作「啥」，胡闇反，下文同。士三月而葬，是月也卒哭。大夫三月而葬，五月而卒哭。諸侯五月而葬，七月而卒哭。士三虞，大夫五，諸侯七。尊卑恩之差也。天子至士，葬即反虞。諸侯使人弔、其次含、襚、賵、臨，皆同日而畢事者也，其次如此也。言五者相次同時。○臨，如字，徐力鴆反。卿大夫疾，君問之無筭；士，壹問之。君於卿大夫，比葬不食肉，比卒哭，不舉樂；爲士，比殯不舉樂。

○升正柩，諸侯執綍五百人，四綍，皆銜枚，司馬執鐸，左八人，右八人，匠人執羽葆御柩。大夫之喪，其升正柩也，執引者三百人，執鐸者左右各四人，御柩以茅。升正柩者，謂將葬，朝于祖，正棺於廟也。五百人，謂一黨之民。諸侯之大夫，邑有三百户之制。綍、引同耳。廟中曰綍，在塗曰引，互言之。御柩者，居前道正之。大夫、士皆二綍。○箅，悉亂反。比，必利反，下同。爲，于僞反。枚，音梅。鐸，大洛反。葆，音保。引，以慎反，注同。茅，亡交反。朝于，直遥反。道，音導。

○孔子曰：「管仲鏤簋而朱紘，旅樹而反坫，山節而藻棁，賢大夫也，而難爲上也。言其僭天子、諸侯。鏤簋，刻爲蟲獸也。冠有笄者爲紘。紘在纓處，兩端上屬，下不結。旅樹，門屏也。反坫，反爵之坫也。山節，薄櫨刻之爲山。棁，侏儒柱，畫之爲藻文。○鏤，音陋。簋，音軌。紘，音宏。坫，丁念反。藻，音早。棁，章悦反。笄，音雞。屬，音燭。薄，音博，又皮麥反，又步博反，徐又薄歷反。櫨，音盧。侏，音朱。晏平仲祀其先人，豚肩不揜豆，賢大夫也，而難爲下也。言其偪士庶人也。豚，俎實。豆，徑尺，言并豚兩肩，不能覆豆，喻小也。○弇，於檢反，本亦作「揜」。併，步頂反。君子上不僭上，下不偪下。」

○婦人非三年之喪，不踰封而弔。踰封，越竟也。或爲「越疆」。○偪，音逼，本又作「損」。疆，紀良反。如三年之喪，則君夫人歸，奔父母喪也。夫人其歸也，以諸侯之弔禮，其待之也，若待諸侯然。謂夫人行道車服，主國致禮。夫人至，入自闈門，升自側階，君在阼。其他如奔喪禮然。女子子不自同於女賓也。宮中之門曰闈門，爲相通者也。側階，亦旁階也。他，謂哭、踊、髽、麻。闈門，或爲「帷門」。○闈，音韋，宮中之門，劉昌宗音暉。髽，側爪反。

○嫂不撫叔，叔不撫嫂。遠別也。○嫂，悉早反。君子有三患：未之聞，患弗得聞也；既聞之，患弗得學也；既學之，患弗能行也。君子有五恥：居其位，無其言，君子恥之；有其言，無其行，君子恥之；既得之而又失之，君子恥之；地有餘而民不足，君子恥之；衆寡均而倍焉，君子恥之。恥民不足者，古者居民，量地以制邑，度地以居民，地邑民居，必參相得也。衆寡均，謂俱有役事，人數等也。倍焉，彼功倍己也。○其行，下孟反。

○孔子曰：「凶年則乘駑馬，祀以下牲。」自貶損，亦取易供也。駑馬，六種最下者。下牲，少牢若特豕、特豚也。○駑，音奴。貶，必檢反。易供，上以豉反，下音恭。種，章勇反。

○恤由之喪，哀公使孺悲之孔子學士喪禮，士喪禮於是乎書。時人轉而僭上，士之喪禮已廢矣。孔子以教孺悲，國人乃復書而存之。○孺，而樹反，本亦作「孺」。復，扶又反。

○子貢觀於蜡。孔子曰：「賜也樂乎？」對曰：「一國之人皆若狂，賜未知其樂也。」蜡也者，索也，歲十二月合聚萬物而索饗之祭也。國索鬼神而祭祀，則黨正以禮屬民而飲酒于序，以正齒位，於是時，民無不醉者如狂矣。曰「未知其樂」，怪之。○蜡，仕嫁反。樂，音洛，下及注同。索，色百反，下同。屬，音燭。子曰：「百日之蜡，一日之澤，非爾所知也。蜡之祭，主先嗇也。大飲烝，勞農以休息之，言民皆勤稼穡，有百日之勞，喻久也。今一日使之飲酒燕樂，是君之恩澤。非女所知，言其義大。○嗇，音色。烝，之承反。勞，力報反。女，音汝。張而不弛，文、武弗能也。弛而不張，文、武弗爲也。一張一弛，文、武之道也。」張、弛，以弓弩喻人也。弓弩久張之則絶其力，久弛之則失其體。○弛，尸是反，下及注同。弩，乃古反。

○孟獻子曰：「正月日至，可以有事於上帝。七月日至，可以有事於祖。」七月而禘，獻子爲之也。記魯失禮所由也。孟獻子，魯大夫仲孫蔑也。魯以周公之故，得以正月日至之後郊天，亦以始祖后稷配之。獻子欲尊其祖，以郊天之月，對月禘之，非也。

魯之宗廟，猶以夏時之孟月爾。明堂位曰：「季夏六月，以禘禮祀周公於大廟。」○大廟，音泰。

○夫人之不命於天子，自魯昭公始也。亦記魯失禮所由也。周之制，同姓，百世昏姻不通。吳，大伯之後，魯同姓。昭公取於吳，謂之吳孟子，不告於天子。自此後取者，遂不告於天子，天子亦不命之。

○外宗爲君、夫人，猶内宗也。皆謂嫁於國中者也。爲君服斬，夫人齊衰，不敢以其親服服至尊也。外宗，謂姑、姊妹之女，舅之女及從母皆是也。内宗，五屬之女也。其無服而嫁於諸臣者，從爲夫之君；嫁於庶人，從爲國君。○外宗爲，于僞反，注同，下「爲火」、「爲之服」、下注「爲其」亦同。

○廄焚，孔子拜鄉人爲火來者。拜，謝之。拜之，士壹，大夫再，亦相弔之道也。言「拜之」者，爲其來弔己。宗伯職曰：「以弔禮哀禍災。」孔子曰：「管仲遇盜，取二人焉，上以爲公臣，曰：『其所與遊，辟也。可人也。』言此人可也，但居惡人之中，使之犯法。○上，時掌反。辟，匹亦反。管仲死，桓公使爲之服。宦於大夫者之爲之服也，自管仲始也。」有君命焉爾也。亦記失禮所由也。善桓公不忘賢者之舉。宦，猶仕也。此仕於大夫，更升於公，與「違大夫之諸侯」同爾。禮不反服。

○過而舉君之諱，則起。舉，猶言也。起立者，失言而變自新。與君之諱同，則稱字。謂諸臣之名也。

○内亂不與焉，外患弗辟也。謂卿大夫也。同僚將爲亂，己力不能討，不與而已。至於鄰國爲寇，則當死之也。春秋魯公子友如陳葬原仲，傳曰：「君子辟内難而不辟外難。」○與，音預，注同。辟，音避，注同。僚，本又作「寮」，力雕反。難，乃旦反，下同。

○贊大行曰：圭，公九寸，侯、伯七寸，子、男五寸，博三寸，厚半寸，剡上左右各寸半，玉也。藻三采六等。贊大行者，書説大行人之禮者名也。藻，薦玉者也。三采六等，以朱、白、蒼畫之再行也。子、男執璧，作此贊者失之矣。○厚，户豆反。剡，以冉反。畫，胡卦反，徐胡麥反。再行，户剛反。哀公問子羔曰：「子之食奚當？」問其先人始仕食禄，以何君時。○當，如字，注同，舊丁浪反。對曰：「文公之下執事也。」

○成廟則釁之。其禮，祝、宗人、宰夫、雍人皆爵弁純衣，廟新成，必釁之，尊而神之也。宗人先請於君曰：「請命以釁某廟。」君諾之，乃行。○釁，許靳反。純，側其反。雍人拭羊，宗人視之，宰夫北面于碑南，東上。居上者，宰夫也。宰夫，攝主也。拭，靜也。○拭，音式。碑，彼皮反。靚，本亦作「靜」，同才性反。雍人舉羊升屋，自中，中屋南面，刲羊，血流于前，乃降。門、夾室皆用雞，先門而後夾室，其衈皆於屋下。割雞：門，當門；夾室，中室。自，由也。衈，謂將刲割牲以釁，先滅耳旁毛薦之。耳，聽聲者，告神欲其聽之。周禮有「刉衈」。○刲，苦圭反。夾，古洽反。衈，如志反。刉，古代反，又古對反，一音其既反。珥，如志反。有司皆鄉室而立，門則有司當門，北面。有司，宰夫、祝、宗人。○鄉，許亮反，下同。既事，宗人告事畢，乃皆退。告者，告宰夫。反命于君曰：「釁某廟事畢。」反命于寢，君南鄉于門內，朝服。既反命，乃退。君朝服者，不至廟也。○朝，直遥反，注同。路寢成，則考之而不釁。釁屋者，交神明之道也。言路寢者，生人所居。不釁者，不神之也。考之者，設盛食以落之爾。檀弓曰：「晉獻文子成室，諸大夫發焉」是也。凡宗廟之器，其名者成，則釁之以豭豚。宗廟名器，謂尊、彝之屬。○豭，音加。彝，以之反。

○諸侯出夫人，夫人比至于其國，以夫人之禮行。至，以夫人入。行道以夫人之禮者，棄妻致命其家乃義絶，不用此爲始。○比，必利反。使者將命曰：「寡君不敏，不能從而事社稷宗廟，使使臣某敢告於執事。」主人對曰：「寡君固前辭不教矣，寡君敢不敬須以俟命。」前辭不教，謂納采時也。此辭，賔在門外，擯者傳焉。賔入，致命如初。主人卒辭曰：「敢不聽命。」○使，色吏反，下「使臣」、「使者」同。儐，必刃反，本又作「擯」。傳，丈專反。有司官陳器皿，主人有司亦官受之。器皿，其本所齎物也。律，棄妻畀所齎。○皿，武景反，字林又音猛。齎，子兮反，下同。畀，必利反，與也，又婢支反，償也。妻出，夫使人致之曰：「某不敏，不能從而共粢盛，使某也敢告於侍者。」主人對曰：「某之子不肖，不敢辟誅，敢不敬須以俟命。」使者退，主人拜送之。肖，似也。不似，言不如人。誅，猶罰也。○共，音恭。粢盛，上音咨，下音成。肖，音笑。辟，音避。如舅在，則稱舅；舅没，則稱兄；無兄，則稱夫。言棄妻者，父兄在則稱之，命當由尊者出也。唯國君不稱兄。主人之辭曰：「某之子不肖。」如姑、姊妹，亦皆稱之。姑、姊妹見棄，亦曰「某之姑、某之姊若妹不肖。」孔子曰：「吾食於少施氏而飽，少施氏食我以禮。」言貴其以禮待己而爲之飽也。時人倨慢，若季氏則不以禮矣。少施氏，魯惠公子施父之後。○少，失召反，下及注同。食我，音嗣。爲，于僞反，下「來爲」、「亦爲」同。

倨，音據。僈，武諫反，本亦作「慢」。父，音甫。**吾祭，作而辭曰：『疏食，不足祭也。』吾飧，作而辭曰：『疏食也，不敢以傷吾子。』納幣一束，束五兩，兩五尋。**納幣，謂昏禮納徵也。十个爲束，貴成數。兩兩者合其卷，是謂五兩。八尺曰尋，一兩五尋[一]，則每卷二丈也，合之則四十尺。今謂之匹，猶匹偶之云與？○飧，音孫。个，古賀反。卷，音眷，徐紀勉反，下同。與，音餘。**婦見舅姑，兄弟、姑、姊妹，皆立于堂下，西面，北上，是見已。**婦來爲供養也。其見主於尊者，兄弟以下在位，是爲已見，不復特見。○婦見，賢遍反，下注同。供，恭用反。養，羊尚反。復，扶又反。**見諸父，各就其寢。**旁尊也。亦爲見時不來。**女雖未許嫁，年二十而笄，禮之，婦人執其禮。**雖未許嫁，年二十，亦爲成人矣。禮之，酌以成之。言「婦人執其禮」，明非許嫁之笄。**燕則鬈首。**既笄之後去之，猶若女有鬌紒也。○鬈，音權，又居阮反。去，起居反。鬌，丁果反。紒，音計，字又作「紒」。

○韠長三尺，下廣二尺，上廣一尺，會去上五寸。紕以爵韋六寸，不至下

〔一〕「一」，原訛作「五」，據撫州本改。

五寸。純以素，紃以五采。會，謂上領縫也〔一〕。領之所用，盖與紕同。在旁曰紕，在下曰純。素，生帛也。紕六寸者，中執之，表裏各三寸也。純紕所不至者五寸，與會去上同。紃施諸縫中，若今時絛也。○韠，音必。長，直諒反。廣，古曠反，下同。會，古外反，注同。紕，婢支反，又方移反，注同。純，之閏反，又支允反，注同，徐方移反。紃，音廵，徐辭均反。縫，扶用反，下同。絛，本又作「縧」，同吐刀反。

禮記卷第十二

經伍仟叁拾柒字

注陸仟柒伯捌拾貳字

音義貳仟柒伯柒拾玖字

仁仲比校訖

〔一〕「上領」，原倒作「領上」，據撫州本、岳本、八行本乙正。

禮記卷第十三

喪大記第二十二○陸曰：「鄭云：『以其記人君以下始死、小斂、大斂、殯葬之大事，故以大記爲名。』」

禮記　　　　鄭氏注

疾病〔一〕，外内皆埽，爲賓客將來問病也。疾困曰病。○埽，悉報反。爲，于僞反，下「爲其」、「爲賓」、「爲主人」皆同。**君、大夫徹縣，士去琴瑟。**聲音動人，病者欲静也。凡樂器，天子宫縣，諸侯軒縣，大夫判縣，士特縣。去琴瑟者，不命之士。○縣，音玄，注同。去，起吕反，注及下注同。**寢東首於北牖下。**謂君來視之時也。病者恒居北牖下，或爲「北墉

〔一〕自此篇以下，余仁仲本未用「○」號分段，整理時以文意分段

下」。○首，手又反，下注「南首」同。牖，音酉，舊音「容」，下注「牖下」放此。墉，音容。**廢牀，徹褻衣，加新衣，體一人。**廢，去也。人始生在地，去牀，庶其生氣反。徹褻衣，則所加者新朝服矣，互言之也。加朝服者，明其終於正也。體，手足也。四人持之，爲其不能自屈伸也。○牀，仕良反，本或作「床」字。褻，息列反。新朝，直遥反，後「朝服」皆同。**男女改服。**爲賓客來問病，亦朝服也。庶人深衣。**屬纊以俟絶氣。**纊，今之新綿，易動摇，置口鼻之上以爲候。○屬，音燭。纊，音曠，一音古曠反。易，以豉反。**男子不死於婦人之手，婦人不死於男子之手，**君子重終，爲其相褻。**君、夫人卒於路寢，大夫、世婦卒於適寢，内子未命，則死於下室，遷尸于寢，士、士之妻[一]皆死于寢。**言死者必皆於正處也。寢、室通耳，其尊者所不燕焉。君謂之路寢，大夫謂之適寢，士或謂之適室。此變「命婦」言「世婦」者，明尊卑同也。世婦以君下寢之上爲適寢。内子，卿之妻也。下室，其燕處也。○適，丁歷反，注同。處，昌慮反，下同。

復，有林麓則虞人設階，無林麓則狄人設階。復，招魂復魄也。階，所乘以升

[一]「士」，原脱，據唐石經、撫州本補。

屋者。虞人，主林麓之官也。狄人，樂吏之賤者。階，梯也，簨虡之類。○麓，音鹿。梯，他兮反。簨，恤尹反。虡，音巨。**小臣復，復者朝服，君以卷，夫人以屈狄，大夫以玄赬，世婦以襢衣，士以爵弁，士妻以税衣，皆升自東榮，中屋履危，北面三號，捲衣投于前，司服受之，降自西北榮。**小臣，君之近臣也。朝服而復，所以事君之衣也。用朝服而復之者，敬也。復用死者之祭服，以其求於神也。君以卷，謂上公也。夫人以屈狄，互言耳。上公以衮，則夫人用禕衣，而侯伯以鷩，其夫人用揄狄；子、男以毳，其夫人乃用屈狄矣。赬，赤也。玄衣赤裳，所謂「卿大夫自玄冕而下」之服也。其世婦亦以襢衣。榮，屋翼。升東榮者，謂卿、大夫、士也。天子、諸侯言「東霤」。危，棟上也。號，若云「皋！某復也」。司服以篋待衣於堂前。○卷，本又作「衮」，同古本反，注同。屈，音闕，注同。赬，勑貞反。襢，知彦反。税，他亂反。榮，如字，屋翼也，劉昌宗音營。號，户高反，注同。捲，俱勉反，徐紀阮反。禕，音輝。鷩，必列反。揄，音遥。毳，昌鋭反。霤，力又反。篋，苦牒反。**其爲賓，則公館復，私館不復。其在野，則升其乘車之左轂而復。**私館，卿、大夫之家也。不於之復，爲主人之惡。○乘，繩證反。轂，工木反。惡，烏路反。**復衣不以衣尸，不以斂。**不以衣尸，謂不以襲也。復者，庶其生也，若以其衣襲斂，是用生施死，於義相反。士喪禮云：以衣衣尸，浴而去之。○衣尸，於既反，注「衣尸」同。歛，力驗反，後不出者，皆同。去，起吕反。婦人復，不以袡。袡，嫁時上服，而非事鬼神之衣。○袡，而廉反，婦人嫁時上服。凡復，男子稱名，婦人稱字。婦人不以名行。唯哭先復。復而後行死事。氣絶則哭，哭而復，復而不蘇，可以爲死事。

始卒，主人啼，兄弟哭，婦人哭，踊。悲哀有深淺也。若嬰兒中路失母，能勿啼乎？○諦，大兮反，本又作「啼」。既正尸，子坐于東方，卿、大夫、父兄、子姓立于東方。有司庶士哭于堂下，北面。夫人坐于西方。内命婦、姑、姊妹、子姓立于西方。外命婦率外宗哭于堂上，北面。正尸者，謂遷尸牖下，南首也。子姓，謂衆子孫也。姓之言生也。其男子立於主人後，女子立於夫人後。世婦爲内命婦，卿、大夫之妻爲外命婦。外宗，姑、姊妹之女。

大夫之喪，主人坐于東方，主婦坐于西方，其有命夫、命婦則坐，無則皆立。命夫、命婦來哭者，同宗父兄子姓，姑、姊妹、子姓也。凡此哭者，尊者坐，卑者立。士之喪，主人、父兄、子姓皆坐于東方，主婦、姑、姊妹、子姓皆坐于西方。士賤，同宗尊卑皆坐。凡哭尸于室者，主人二手承衾而哭。承衾哭者，哀慕若欲攀援。○扱，本又作「攀」，普班反，一音班。援，音爰，徐于願反。

君之喪，未小斂，爲寄公、國賓出。大夫之喪，未小斂，爲君命出。士之喪，於大夫，不當斂則出。父母始死悲哀，非所尊不出也。出者，或至庭，或至門。國賓，聘大夫。不當斂，其來非斂時。○爲寄，于僞反，下皆同。下注「爲母」、「爲其罷倦」皆同。凡主人之出也，徒跣，扱衽，拊心，降自西階。君拜寄公、國賓于位。大夫於君命，迎于寢門外，使者升堂致命，主人拜于下。士於大夫親弔，則與之哭，不逆於門外。拜寄公、國賓於位者，於庭鄉其位而拜之。此時寄公位在門西，國賓位在門東，皆北面。小斂之後，寄公東面，國賓門西，北面。士於大夫親弔，謂大夫身來弔士也。與之哭，既拜之，即位西階，東面哭。大夫特來，則北面。○跣，悉典反。扱，初洽反。衽，而審反，又而鴆反，裳際也。拊，音撫。使，色吏反。鄉，許諒反。夫人爲寄公夫人出，命婦爲夫人之命出，士妻不當斂則爲命婦出。出，拜之於堂上也。此時寄公夫人、命婦位在堂上，北面。小斂之後，尸西，東面。

小斂，主人即位于户内，主婦東面，乃斂。卒斂，主人馮之踊，主婦亦如之。主人袒，説髦，括髮以麻。婦人髽，帶麻于房中。士既殯説髦，此云「小斂」，蓋諸侯禮也。士之既殯，諸侯之小斂，於死者俱三日也〔一〕。婦人之髽，帶麻於房中，則西房也。天子、諸侯有左右房。○馮，皮冰反，本或作「憑」，後皆同。袒，大旱反。説髦，本作「税」，同他活反，徐他外反，注同。髦，音毛。髽，側瓜反。徹帷，男女奉尸夷于堂，降拜。夷之言尸也。於遷尸，主人、主婦以下從而奉之，孝敬之心。降拜，拜賓也。○奉，芳勇反，注同。夷于堂，如字，陳也，本或作「侇」，同音「移」，一本作「奉尸于堂」。從，才用反，又如字。君拜寄公、國賓，大夫、士拜卿、大夫於位，於士旁三拜。夫人亦拜寄公夫人於堂上，大夫内子、士妻特拜命婦，氾拜衆賓於堂上。衆賓，謂士妻也。尊者皆特拜。拜士與其妻，皆旅之。○氾，芳劍反。主人即位，襲帶絰，踊。即位，阼階之下位也。有襲絰，乃踊，尊卑相變也。母之喪，即位而免，記異者。禮，斬衰括髮，齊衰免，以至成服而冠。爲母重，初亦括髮，既小斂則免。○免，音問，後放此。乃奠。小斂奠也。弔者襲裘，加

〔一〕「俱」，原訛作「但」，據撫州本、八行本、和本、閩本、監本、毛本、殿本、阮刻本改。

武、帶、絰，與主人拾踊。始死。弔者朝服裼裘，如吉時也。小斂，則改襲而加武與帶、絰矣。武，吉冠之卷也。加武者，明不改冠，亦不免也。檀弓曰：「主人既小斂，子游趨而出，襲裘、帶絰而入。」○拾，其劫反。裼，思歷反。卷，起權反。

君喪，虞人出木、角，狄人出壺，雍人出鼎，司馬縣之，乃官代哭。代，更也。未殯，哭不絶聲，爲其罷倦，既小斂，可以爲漏刻，分時而更哭也。木，給爨竈。角，以爲斢水斗。壺，漏水之器也。冬漏以火爨鼎沸而後沃之。此挈壺氏所掌也，屬司馬，司馬涖縣其器。○壺，音胡。縣，音玄，及下注同。更，古行反，下同。罷，音皮。倦，其卷反。漏，音陋。爨，七亂反，又七官反，下「爨鼎」同。斢，音俱，水斗也，隱義云：「容四升也。」挈，苦結反，又音結。**大夫，官代哭，不縣壺。**下君也。○下，户嫁反，下「成君不相下」、「下大夫」同。**士，代哭不以官。**自以親疏哭也。**君，堂上二燭，下二燭。大夫，堂上一燭，下二燭。士，堂上一燭，下一燭。**燭，所以照饌也。滅燎而設燭。○饌，仕眷反。燎，力召反，又力弔反。**賓出，徹帷。**君與大夫之禮也。士卒斂即徹帷[一]。徹，或爲「廢」。**哭尸于堂上，**

[一]「即」，原訛作「則」，據撫州本、岳本、八行本、和本、十行本、閩本、監本、毛本、殿本、阮刻本改。

主人在東方，由外來者在西方，諸婦南鄉。由外來，謂奔喪者也。無奔喪者，婦人猶東面。○鄉，許亮反。婦人迎客、送客不下堂，下堂不哭。男子出寢門見人，不哭。婦人所有事，自堂及房。男子所有事，自堂及門。非其事處而哭，猶野哭也。出門見人，謂迎賔也。○處，昌慮反。其無女主，則男主拜女賔于寢門内；其無男主，則女主拜男賔于阼階下。子幼則以衰抱之，人爲之拜。爲後者不在，則有爵者辭，無爵者人爲之拜。在竟内則俟之，在竟外則殯葬可也。喪有無後，無無主。拜者，皆拜賔於位也。爲後者有爵，攝主爲之辭於賔耳，不敢當尊者禮也。○衰，七雷反。人爲，于僞反，下「人爲」、注「爲下」、「爲君」皆同。竟，音境，下同。

君之喪，三日，子、夫人杖；五日，既殯，授大夫、世婦杖。子、大夫，寢門之外杖，寢門之内輯之；夫人、世婦在其次則杖，即位則使人執之。子有王命則去杖，國君之命則輯杖，聽卜、有事於尸則去杖。大夫於君所則輯杖，於大夫所則杖。三日者，死之後三日也。爲君杖不同日，人君禮大，可以見親疏也。輯，斂也。斂者，謂舉之不以柱地也。夫人、世婦次於房中，即位堂上，堂上近尸殯，使人執杖，不敢自持也。子於國君之命輯杖，下成君，不敢敵之也。卜，卜葬卜日也。凡喪祭，虞而有尸。大夫於君所輯杖，謂與之俱即寢門外位也，獨焉則杖。君，謂子也。於大夫所杖，俱爲君杖，不相下也。○輯，側立反，下同，斂也。去，起呂反，後「去杖」皆同。見，賢遍反。斂，力檢反，下同。柱，知主反。近，「附近」之「近」。**大夫之喪，三日之朝既殯，主人、主婦、室老皆杖。大夫有君命則去杖，大夫之命則輯杖。内子爲夫人之命去杖，爲世婦之命授人杖。**大夫有君命去杖，此指大夫之子也。而云「大夫」者，通實大夫有父母之喪也。授人杖，與使人執之同也。○爲夫，于僞反，下及注「妾爲君」、「爲人得」並同。**士之喪，二日而殯。三日之朝，主人杖，婦人皆杖。於君命、夫人之命，如大夫。於大夫、世婦之命，如大夫。**士二日而殯者，下大夫也。士之禮，死與往日，生與來日。此「二日」，於死者亦得三日也。婦人皆杖，謂主婦、容妾爲君、女子子在室者。**子皆杖，不以即位。**子，謂凡庶子也。不以即位，與去杖同。**大夫、士哭殯則杖，哭柩則輯杖。**哭殯，謂既塗也。哭柩，謂啟後也。大夫、士之子，於父，父也，尊近，哭殯可以杖。天子、諸侯之子，於父，父也，君也，尊遠，杖不入廟門。**棄杖者，斷而棄之於隱者。**杖以喪至尊，爲人得而褻之也。○

棄，本亦作古「弃」字。斷，丁管反，下注「斷足爪」同。

君設大盤，造冰焉。大夫設夷盤，造冰焉。士併瓦盤，無冰。設牀襢第，有枕。含一牀，襲一牀，遷尸于堂又一牀，皆有枕席，君、大夫、士一也。此事皆沐浴之後，宜承「濡濯棄於坎」下，札爛脱在此耳。造，猶内也。襢第，袒簀也。謂無席，如浴時牀也。禮，自仲春之後，尸既襲，既小斂，先内冰盤中，乃設牀於其上，不施席而遷尸焉，秋涼而止。士不用冰，以瓦爲盤，併以盛水耳。漢禮，大盤廣八尺，長丈二，深三尺，赤中。夷盤小焉。周禮，天子夷盤。士喪禮，君賜冰，亦用夷盤。然則其制宜同之。○盤，本又作「槃」，步干反。造，七報反，下及注皆同。併，步頂反，注同。襢，之善反，單也，注同。第，側里反。含，胡暗反。濡，奴亂反，下文同。濯，直孝反，下文同。坎，口感反。札，側八反。爛，力旦反。簀，音責。盛，音成。廣，古曠反。長，直亮反。深，尸鴆反。**始死，遷尸于牀。幠用斂衾，去死衣。小臣楔齒用角柶，綴足用燕几。君、大夫、士一也。**牀，謂所設牀第當牖者也。士喪禮曰：「士死於適室，幠用斂衾。」去死衣，病時所加新衣及復衣也。去之，以俟沐浴。○幠，荒胡反。去死，起吕反，注同。楔，桑結反。柶，音四。綴，丁劣反，又丁衛反，下注同。適室，丁歷反。**管人汲，不説繘，屈之。盡階不升堂，授御者。御者入浴。小臣**

四人抗衾，御者二人浴。浴水用盆，沃水用枓，浴用絺巾，挋用浴衣，如它日。小臣爪足。浴餘水棄于坎。其母之喪，則内御者抗衾而浴。抗衾者，蔽上重形也。汲，音急。說，吐活反。繘，均必反。汲，水綆也。抗，苦浪反，舉也。盆，蒲奔反。沃，烏谷反。枓，音主，又音斗。絺，耖其反，一本作「綌」，去逆反。挋，音震。它，音他，下同。拭，音式。管人汲，授御者。御者差沐于堂上。君沐粱，大夫沐稷，士沐粱。甸人爲垼于西牆下，陶人出重鬲。管人受沐，乃煑之。甸人取所徹廟之西北厞薪，用爨之。管人授御者沐，乃沐。沐用瓦盤，挋用巾，如它日。小臣爪手翦須。濡濯棄于坎[一]。

挋，拭也。爪足，斷足爪也。○管人，如字，掌管籥之人，又古亂反，掌館舍之人也，下同。

差，淅也。淅飯米，取其潘以爲沐也。浴沃用枓，沐於盤中，文相變也。士喪禮沐稻，此云「士沐粱」，蓋天子之士也，以差率而上之，天子沐黍與？○差，七何反，注「差淅」同。沐，音木。

〔一〕自「斷而弃之於隱者」至「濡濯弃于坎」，諸本錯亂。據鄭玄注，乙正如下：「斷而弃之於隱者。始死，遷尸于牀。……濡濯弃于坎。君設大盤，造冰焉。大夫設夷盤，造冰焉。士併瓦盤，無冰。設牀襢第，有枕。含一牀，襲一牀，遷尸于堂又一牀，皆有枕席，君、大夫、士一也。」

甸，田遍反。塋，音役，鄭注儀禮云：「塊竈也。」陶，音桃。重，直龍反。鬲，音歷。煑，諸許反。扉，扶味反，隱也，舊作扉，音非，門扉也。爨，七亶反。淅，先歷反。潘，芳袁反，米汁也。差，初佳反。率，音律，又音類。上，時掌反。

君之喪，子、大夫、公子、衆士皆三日不食。子、大夫、公子食粥，納財，朝一溢米，莫一溢米，食之無筭。士疏食水飲，食之無筭。夫人、世婦、諸妻皆疏食水飲，食之無筭。納財，謂食穀也。二十兩曰溢。於粟米之法，一溢爲米一升二十四分升之一。諸妻，御妾也。同言「無筭」，則是皆一溢米，或粥或飯。○粥，之育反，又音育，下同。溢，音逸，劉昌宗又音實，下同。莫，音暮。疏食，音嗣，下及下注「疏食」皆同。大夫之喪，主人、室老、子姓皆食粥，衆士疏食水飲，妻妾疏食水飲。室老，其貴臣也。衆士，所謂衆臣。士亦如之。如其子食粥，妻妾疏食水飲。既葬，主人疏食水飲，不食菜果，婦人亦如之，君、大夫、士一也。練而食菜果，祥而食肉。果，瓜、桃之屬。食粥於盛不盥，食於篹者盥。食菜以醯醬。始食肉者，先食乾肉。始飲酒者，先飲醴酒。盛，謂今時杯、杅也。篹，竹筥也。歠者不盥，手飯者盥。篹，或作「簨」。○

盥，古緩反。簋，本又作「匭」，又作「筭」，悉緩反，又蘇管反。醯，呼雞反。杅，音于。筥，居呂反。歠，昌悅反。飯，扶晚反。簨，息尹反，徐音撰。期之喪，三不食。食，疏食水飲，不食菜果。三月既葬，食肉飲酒。期，終喪不食肉，不飲酒，父在爲母，爲妻。九月之喪，食飲猶期之喪也。食肉飲酒，不與人樂之。食肉飲酒，亦謂既葬。○期，音基，下同。爲母爲，並于僞反，下注「爲其妻」同[一]。與，音預，下同。五月、三月之喪，壹不食、再不食可也。比葬，食肉飲酒，不與人樂之。叔母、世母、故主、宗子，食肉飲酒。義服恩輕也。故主，謂舊君也。言故主者，關大夫君也[二]。○比，必利反。不能食粥，羹之以菜可也。謂性不能者，可食飯、菜羹。有疾，食肉飲酒可也。爲其氣微。五十不成喪。成，猶備也。所不能備，謂不致毀、不散送之屬也。七十唯衰麻在身。言其餘居處、飲食，與吉時同也。既葬，若君食之，則食之；大夫、父之友食之，則食之矣。不辟粱肉，若有酒醴則辭。尊者之前，可以食美也。變於顏色，亦

〔一〕「妻」，原脱，據彙校卷第十三、撫釋一、和本、阮刻本補。
〔二〕「大夫」下，原衍「及」字，據撫州本、岳本、八行本删。

不可。○君食，音嗣，下「父之友食之」皆同。辟，音避。粱，音良。粱，粱米也。小斂於户内，大斂於阼，君以簟席，大夫以蒲席，士以葦席。簟，细葦席也。三者下皆有莞。○簟，徒點反。葦，于鬼反。莞，音官，又音完。小斂：布絞，縮者一，横者三。君錦衾，大夫縞衾，士緇衾，皆一。衣十有九稱。君陳衣于序東，大夫、士陳衣于房中，皆西領，北上，絞、紟不在列。絞，既斂所用束堅之者。縮，從也。衣十有九稱，法天地之終數也。士喪禮小斂，陳衣於房中，「南領，西上」，與大夫異。今此同，亦蓋天子之士也。絞、紟不在列，以其不成稱，不連數也。小斂無紟，因絞不在列見之也。或曰「縮者二」。○絞，户交反，後同。縮，所六反。縞，古老反。稱，尺證反。杜預云：「衣单複具曰稱。」後放此。紟，其鴆反，後皆同。從，足容反。數，色主反。見，賢遍反。大斂：布絞，縮者三，横者五，布紟，二衾。君、大夫、士一也。君陳衣于庭，百稱，北領，西上。大夫陳衣于序東，五十稱，西領，南上。士陳衣于序東，三十稱，西領，南上。絞、紟如朝服。絞一幅爲三，不辟。紟五幅，無紞。二衾者，或覆之，或薦之。如朝服者，謂布精麤，朝服十五升。小斂之絞也，廣終幅，析其末，以爲堅之强也。大斂之絞，一幅三析用之，以爲堅之急也。紞，以組類爲之，綴之領側，若今被識矣。生時，禪被有識，死者去之，異於生也。士喪禮大斂，亦陳衣於房中，「南領，西上」，與大夫異。今此又同，亦蓋天子之士。紞，或爲「點」。○幅，本又作「畐」，方服反。爲三，絶句。不辟，絶句〔一〕，補麥反，又音璧，徐扶移反。紞，丁覽反。廣，古曠反。析，思歷反，下同。强，其丈反。識，式志反，又音志，又音式，下同。去，起吕反，下注同。**小斂之衣，祭服不倒。**尊祭服也。斂者要方，散衣有倒〔二〕。○倒，丁老反，注及下同。散〔三〕，悉但反。**君無襚。大夫、士畢主人之祭服。親戚之衣受之，不以即陳。**無襚者，不陳，不以斂。○襚，音遂。**小斂，君、大夫、士皆用複衣複衾。大斂，君、大夫、士，祭服無筭，君褶衣褶衾，大夫、士猶小斂也。**褶，袷也〔四〕。君衣尚多，去其著也。○複，音福。褶，音牒。袷，古洽反。**袍必**

〔一〕「絶」，原訛作「袍」，據彙校卷第十三、撫釋一、和本、十行本、閩本、監本、毛本、殿本、阮刻本改。

〔二〕「倒」，原訛作「到」，據撫州本、紹熙本、岳本、嘉靖本、八行本、和本、閩本、監本、毛本、殿本、阮刻本改。

〔三〕「散」，原訛作「去」，據彙校卷十三、撫釋一、岳本、和本、閩本、監本、毛本、殿本、阮刻本改。

〔四〕「袷」，原訛作「祫」，據撫州本、岳本、和本、毛本、殿本、阮刻本改。

有表，不襌〔一〕；衣必有裳，謂之一稱。袍，褻衣，必有以表之，乃成稱也。雜記曰：「子羔之襲，繭衣裳與稅衣纁袡爲一」是也。論語曰：「當暑，袗絺綌，必表而出之。」亦爲其褻也。○袍，步毛反。襌，音單。繭，古典反。稅，吐亂反。纁，許云反。袡，而廉反。袗，之忍反。亦爲，于僞反，下文「則爲之」同。凡陳衣者實之篋，取衣者亦以篋，升降者自西階。取，猶受也。○篋，苦協反。凡陳衣不詘，非列采不入，絺、綌、紵不入。不屈，謂舒而不卷也。列采，謂正服之色也。絺、綌、紵者，當暑之褻衣也。襲尸重形，冬夏用袍，及斂則用正服。○詘，丘勿反。紵，直吕反。

凡斂者袒，遷尸者襲。袒者，於事便也。○便，婢面反。君之喪，大胥是斂，衆胥佐之。大夫之喪，大胥侍之，衆胥是斂。士之喪，胥爲侍，士是斂。胥，樂官也，不掌喪事。胥，當爲「祝」，字之誤也。侍，猶臨也。大祝之職：「大喪贊斂。」喪祝：「卿大夫之喪掌斂。」士喪禮：「商祝主斂。」○大胥，依注作「祝」，之六反，下同。胥，樂官，思餘反。小斂大斂，祭服不倒。皆左衽，結絞不紐。左衽，衽鄉左，反生時也。○紐，女九反，

〔一〕「襌」，原訛作「禪」，據唐石經、撫州本、岳本、閩本、監本、毛本、殿本、阮刻本改。

舊而愼反。鄉，許亮反。斂者既斂，必哭。士與其執事則斂，斂焉則爲之壹不食。凡斂者六人。斂者必使所與執事者，不欲妄人褻之。執，或爲「槸」。○與，音預，注同。「槸」，音執，本亦作「執」。君錦冒黼殺，綴旁七。大夫玄冒黼殺，綴旁五。士緇冒赬殺，綴旁三。凡冒，質長與手齊，殺三尺。自小斂以往用夷衾，夷衾質殺之裁猶冒也。冒者，既襲所以韜尸，重形也。殺，冒之下帬，韜足上行者也。小斂又覆以夷衾。裁，猶制也，字或爲「材」。○冒，莫報反，下及注同。黼，音甫。殺，色戒反，徐所例反，下及注同。裁，才再反，注同。韜，本又作「弢」，吐刀反，下同。

君將大斂，子弁絰，即位于序端；卿大夫即位于堂廉楹西，北面，東上；父兄堂下，北面；夫人、命婦尸西，東面；外宗房中，南面。小臣鋪席，商祝鋪絞、紟、衾、衣，士盥于盤上，士舉遷尸于斂上。卒斂，宰告，子馮之踊。夫人東面，亦如之。子弁絰者，未成服。弁如爵弁而素。大夫之喪，子亦弁絰。○鋪，普吳反，又音敷，下皆同。大夫之喪，將大斂，既鋪絞、紟、衾、衣，君至，主人迎，先入門右，巫止于門外。君釋菜，祝先入，升堂。君即位于序端；卿大夫即位于堂廉楹西，北面，東上；主人房外，南面；主婦尸西，東面。遷尸，卒斂，宰告，主人降，北面于堂下。君撫之，主人拜稽顙。君降，升主人馮之，命主婦馮之。先入右者，入門而右也。巫止者，君行必與巫，巫主辟凶邪也。釋菜，禮門神也。必禮門神者，禮，君非問疾弔喪，不入諸臣之家也。主人房外南面，大夫之子尊，得升視斂也。○巫止，本或作「巫止門外」。「門外」，衍字耳。辟，必亦反。邪，似嗟反。士之喪，將大斂，君不在，其餘禮猶大夫也。其餘，謂卿大夫及主婦之位。鋪絞、紟，踊。鋪衾，踊。鋪衣，踊。遷尸，踊。斂衣，踊。斂衾，踊。斂絞、紟，踊。目孝子踊節。

君撫大夫，撫內命婦。大夫撫室老，撫姪娣。撫，以手按之也。內命婦，君之世婦。○姪，大結反。娣，大計反。君、大夫馮父、母、妻、長子，不馮庶子。士馮父、母、妻、長子、庶子。庶子有子，則父母不馮其尸。凡馮尸者，父、母先，妻子後。目於其親所馮也。馮，謂扶持服膺。○長，丁丈反，下同。膺，於陵反。君於臣撫之，父母於子執之。子於父母馮之，婦於舅姑奉之，舅姑於婦撫之。妻於夫拘之，夫於妻、於昆弟執之。此恩之深淺尊卑之儀也。馮之類，必當心。○奉，芳勇反。

拘，音俱，一音古侯反。馮尸不當居所。不敢與尊者所馮同處。○處，昌慮反。凡馮尸，興必踊。悲哀之至，馮尸必坐。

父母之喪，居倚廬，不塗，寢苫枕凷，非喪事不言。君爲廬，宫之；大夫、士襢之。宫，謂圍障之也。襢，袒也，謂不障。○倚，於綺反。苫，始占反。枕，之鴆反。凷，苦内反。襢，章善反，注同，露也。障，音章，下同。既葬，柱楣塗廬，不於顯者；君、大夫、士皆宫之。不於顯者，不塗見面。○柱，張主反。楣，音眉。見，賢遍反。凡非適子者，自未葬，以於隱者爲廬。不欲人屬目。蓋廬於東南角，既葬猶然。○適，丁歷反。屬，音燭。既葬，與人立，君言王事，不言國事；大夫、士言公事，不言家事。此常禮也。君，既葬，王政入於國，既卒哭而服王事。大夫、士既葬，公政入於家，既卒哭，弁絰、帶，金革之事無辟也。此權禮也。弁絰、帶者，變喪服而弔服，輕，可以即事也。○辟，音避，下注「猶辟」同。既練，居堊室，不與人居。君謀國政，大夫、士謀家事。既祥，黝堊。祥而外無哭者，禫而内無哭者，樂作矣故也。黝堊，堊室之飾也。地謂之黝，牆謂之堊。外無哭者，於門外不哭也。内無哭者，入門不哭也。禫踰月而可作樂，樂作無哭者。黝堊，或爲「要期」。禫，或皆作「道」。◯黝，於糾反。堊，烏路反，又烏各反，注同。禫，大感反。道，音導。禫而從御。吉祭而復寢。從御，御婦人也。復寢，不復宿殯宮也。◯不復，扶又反。期居廬，終喪不御於内者，父在爲母、爲妻齊衰期者。大功布衰九月者，皆三月不御於内。婦人不居廬，不寢苫；喪父母，既練而歸；期、九月者，既葬而歸。歸，謂歸夫家也。◯期，音基，下同。爲母爲妻〔一〕，並于僞反，下「爲之賜」、注「爲之」、「則爲」並同。公之喪，大夫俟練，士卒哭而歸。此公，公士大夫有地者也。其大夫、士歸者，謂素在君所，食都邑之臣。大夫、士，父母之喪，既練而歸；朔月忌日，則歸哭于宗室。諸父、兄弟之喪，既卒哭而歸。歸，謂歸其宮也〔二〕。忌日，死日也。宗室，宗子之家，謂殯宮也。禮，命士以上，父子異宮。◯上，時掌反。

父不次於子，兄不次於弟。謂不就其殯宮，爲次而居。

君於大夫、世婦，大斂焉；爲之賜，則小斂焉。爲之賜，謂有恩惠也。於外命

〔一〕「妻」，原脱，據彙校卷十三、撫釋一、和本、阮刻本補。

〔二〕「宮」，原訛作「官」，據撫州本、紹熙本、岳本、嘉靖本、八行本、和本、十行本、閩本、監本、毛本、殿本、阮刻本改。

婦，既加蓋而君至。於臣之妻略也。於士，既殯而往；爲之賜，大斂焉。夫人於世婦，大斂焉；爲之賜，小斂焉。於諸妻，爲之賜，大斂焉。於大夫、外命婦，既殯而往。大夫、士既殯，而君往焉，使人戒之。主人具殷奠之禮，俟于門外，見馬首，先入門右。巫止于門外。祝代之先。君釋菜于門内，祝先升自阼階，負墉，南面。君即位于阼，小臣二人執戈立于前，二人立于後。殷，猶大也。朝夕小奠，至月朔則大奠。君將來，則具大奠之禮以待之，榮君之來也。祝負墉，南面，直君北，房户東也。小臣執戈先後君，君升而夾階立。大夫殯即成服，成服則君亦成服，錫衰而往弔之。○直，如字，又音值，當也。先後，悉見反，下胡豆反，一音並如字。夾，古洽反。擯者進，當贊主人也。始立門東，北面。主人拜稽顙。君稱言，視祝而踊。主人踊。稱言，舉所以來之辭也。視祝而踊，祝相君之禮，當節之也。○相，息亮反，下「相止」並同。大夫則奠可也；士則出俟于門外，命之反奠，乃反奠。卒奠，主人先俟于門外。君退，主人送于門外，拜稽顙。迎不拜，拜送者，拜迎則爲君之荅己。君於大夫疾，三問之；在殯，三往焉。士疾，壹問之；在殯，壹往焉。所以致殷勤也。君弔，則復殯服。復，反也，反其未殯、未成服之服，新君事也。謂臣喪既殯後，君乃始來弔也。復，或爲「服」。夫人弔於大夫、士，主人出迎于門外，見馬首，先入門右。夫人入，升堂即位。主婦降自西階，拜稽顙于下。夫人視世子而踊，奠如君至之禮。夫人退，主婦送于門内，拜稽顙；主人送于大門之外，不拜。視世子而踊，世子從夫人，夫人以爲節也。世子之從夫人位，如祝從君也。大夫君，不迎于門外，入即位于堂下。主人北面，衆主人南面，婦人即位于房中。若有君命、命夫命婦之命、四鄰賓客，其君後主人而拜。入即位於下，不升堂而立阼階之下，西面，下正君也。衆主人南面，於其北。婦人即位于房中。君雖不升堂，猶辟之也。後主人而拜者，將拜賓，使主人陪其後，而君前拜。不俱拜者，主人無二也。○下正，户嫁反。君弔，見尸柩而后踊。塗之後，雖往不踊也。踊，或爲「哭」，或爲「浴」。大夫、士，若君不戒而往，不具殷奠，君退必奠。榮君之來。

君大棺八寸，屬六寸，椑四寸。上大夫大棺八寸，屬六寸。下大夫大棺六寸，屬四寸。士棺六寸。大棺，棺之在表者也。檀弓曰：「天子之棺四重，水、兕革棺被之，其厚三寸；杝棺一，梓棺二，四者皆周。」此以内説而出也。然則大棺及屬用梓，椑用杝。以是差之，上公革棺不被，三重也；諸侯無革棺，再重也；大夫無椑，一重也；士無屬，不重也。庶人之棺四寸。上大夫，謂列國之卿也。趙簡子云：「不設屬、椑。」時僭也。○屬，音燭，後皆同。椑，步歷反。重，直龍反，下同。兕，詞履反。被，皮義反，下同。厚，户豆反。杝，以支反。差，初佳反，徐初宜反。僭，子念反。**君裹棺用朱綠，用雜金鐕。大夫裹棺用玄綠，用牛骨鐕。士不綠。**鐕，所以琢著裹。○鐕，子南反，釘也。椓，陟角反，本又作「琢」。著，直略反。**君蓋用漆，三衽三束。大夫蓋用漆，二衽二束。士蓋不用漆，二衽二束。**用漆者，塗合牝牡之中也。衽，小要也。○要，一遥反，下同。**君大夫鬊爪實于綠中，士埋之。**綠，當爲「角」，聲之誤也。角中，謂棺内四隅也。鬊，亂髮也。將實爪髮棺中，必爲小囊盛之。此「綠」，或爲「簍」。○鬊，音舜。爪，側巧反。囊，乃剛反，徐音託。盛，音成。簍，魯口反。**君殯用輴，欑至于上，畢塗屋。大夫殯以幬，欑置于西序，塗不暨于棺。士殯見衽，塗上。帷之。**欑，猶菆也，屋殯上覆如屋者也。幬，覆也。暨，及也。此記參差，以檀弓參之，天子之殯，居棺以龍輴，欑木題湊象椁，上四注如屋以覆之，盡塗之。諸侯輴不畫龍，欑不題湊象椁，其他亦如之。大夫之殯廢輴，置棺西牆下，就牆欑其三面。塗之不及棺者，言欑，中狹小，裁取容棺。然則天子、諸侯差寬大矣。士不欑，掘地下棺，見小要耳。帷之，鬼神尚幽闇也，士達於天子皆然。幬，或作「錞」，或作「埻」。○輴，勑倫反。欑，才完反，下同。幬，音道，注同。塈，其器反，注同。見，賢遍反，注同。菆，才工反，本亦作「叢」。參，初金反。差，初宜反。題，音啼。湊，七豆反。注，徐之樹反，下同。差寬，初賣反，又初佳反。掘，其越反，又其勿反。錞，徒對反，又徒卧反，又徒猥反。埻，依字支允反，又支閏反，徐都卧反，沈都雷反。

熬，君四種八筐，大夫三種六筐，士二種四筐，加魚腊焉。熬者，煎穀也。將塗，設於棺旁，所以惑蚍蜉使不至棺也〔一〕。士喪禮曰：「熬，黍、稷各二筐。」又曰：「設熬，旁一筐〔二〕。」大夫三種，加以粱。君四種，加以稻。四筐，則首足皆一〔三〕，其餘設於左右。○熬，五羔反。種，章勇反，下及注同。筐，音匡。腊，音昔。蚍，音毗。蜉，音浮。

飾棺：君龍帷，三池，振容；黼荒，火三列，黻三列；素錦褚，加僞荒；纁

〔一〕「惑」，原訛作「感」，據撫州本、岳本、八行本、和本改。
〔二〕「旁」下，原衍「各」字，據八行本、士喪禮刪。
〔三〕「首」，原訛作「手」，據考異改。

紐六；齊，五采、五貝；黼翣二，黻翣二，畫翣二，皆戴圭；魚躍拂池。君纁戴六，纁披六。大夫畫帷，二池，不振容；畫荒，火三列，黻三列；素錦褚，纁紐二，玄紐二；齊，三采、三貝；黻翣二，畫翣二，皆戴綏；魚躍拂池。大夫戴，前纁後玄，披亦如之。士布帷，布荒，一池，揄絞；纁紐二，緇紐二；齊，三采、一貝；畫翣二，皆戴綏。士戴，前纁後緇，二披用纁。

飾棺者，以華道路及壙中，不欲衆惡其親也。荒，蒙也。在旁曰帷，在上曰荒，皆所以衣柳也。士布帷、布荒者，白布也，君、大夫，加文章焉。黻荒，緣邊爲黼文。畫荒，緣邊爲雲氣。火、黻爲列於其中耳。僞，當爲「帷」，或作「于」，聲之誤也。大夫以上，有褚以襯覆棺，乃加帷荒於其上。紐，所以結連帷、荒者也。池，以竹爲之，如小車笭，衣以青布。柳象宫室，縣池於荒之爪端，若承霤然云。君、大夫以銅爲魚，縣於池下。揄，揄翟也，青質五色，畫之於絞繒而垂之，以爲振容，象水草之動摇，行則又魚上拂池。雜記曰：「大夫不揄絞屬於池下。」是不振容也。士則去魚。齊，象車盖蕤，縫合雜采爲之，形如瓜分然，綴貝落其上及旁。戴之言值也，所以連繫棺束與柳材，使相值，因而結前後披也。漢禮，翣以木爲筐，廣三尺，高二尺四寸，方兩角高，衣以白布。畫者，畫雲氣。其餘各如其象。柄長五尺，車行，使人持之而從，既窆，樹於壙中。檀弓曰「周人牆置翣」是也。

綏，當爲「緌」，讀如「冠蕤」之「蕤」，蓋五采羽注於翣首也。○黻，音弗。褚，張呂反，下同。僞，依注讀爲「帷」，位悲反。齊，如字，徐才細反。翣，所甲反。戴，丁代反，下及注同。披，彼義反，徐甫髮反，下同。綏，依注爲「緌」，音蕤，耳佳反，下同。揄，音遥，注同。紐，女九反。緇，側其反。壙，苦晃反。惡，烏路反。衣，於既反，下「衣以」皆同。以上，時掌反，下「魚上」同。苓，音零。縣，音玄，下皆同。揺，音遥，一音以照反。去，起呂反。車蓋蕤，絶句，一讀以「蕤」向下。瓜，古華反。分，扶問反，又皮莧反，又夫云反。廣，古曠反。高，古報反，又如字。長，直諒反，又如字，後放此。從，才用反。

君葬用輴，四綍，二碑，御棺用羽葆。大夫葬用輴，二綍，二碑，御棺用茅。士葬用國車，二綍，無碑，比出宮，御棺用功布。大夫廢輴。此言「輴」，非也。輴，皆當爲「載以輇車」之「輇」，聲之誤也。輇，字或作「團」，是以又誤爲「國」〔一〕。輇車，柩車也。尊卑之差也。在棺曰綍，行道曰引。至壙將窆，又曰綍而設碑，是以連言之。碑，桓楹也。御棺居前爲節度也。士言「比出宮，用功布」，則出宮而止，至壙無矣。綍，或爲「率」。○輴，依

〔一〕「又」，原訛作「文」，據撫州本、岳本、八行本改。

注音「輇」，市專反，下同，王勑倫反。綍，音弗。碑，彼皮反。御棺，一本作「御柩」。葆，音保。用國，依注亦作「輇」，市專反，王如字，云：「一國所用。」比，必利反，注同。團，徒丸反。引，音胤。率，音律。**凡封，用綍去碑負引。君封以衡，大夫、士以咸。君，命毋譁，以鼓封。大夫，命毋哭。士，哭者相止也。**封，周禮作「窆」。窆，下棺也。此封，或皆作「斂」。檀弓曰：「公輸若方小，斂，般請以機封。」謂此斂也。然則棺之入坎爲斂，與斂尸相似，記時同之耳。咸，讀爲「緘」。凡柩車及壙，説載除飾，而屬紼於柩之緘，又樹碑於壙之前後，以紼繞碑間之鹿盧，輓棺而下之。此時棺下窆，使輓者皆繫紼而繞要，負引，舒縱之，備失脱也。用紼去碑者，謂縱下之時也。衡，平也。人君之喪，又以木横貫緘耳，居旁持而平之，又擊鼓爲縱舍之節。大夫、士旁牽緘而已，庶人縣窆，不引紼也。禮，唯天子葬有隧。今齊人謂棺束爲緘繩。咸，或爲「槭」。○封，依注作「窆」，彼驗反，下及注「機封」同。咸，依注讀爲「緘」，古鹹反。毋，音無，下同。譁，音華。説，吐活反。輓，音晚。繞，而沼反。要，一遥反。縱，子用反，下同。舍，音捨。隧，音遂，延道也。槭，古咸反，一本作「緘」。**君松椁，大夫柏椁，士雜木椁。**椁，謂周棺者也。天子柏椁以端長六尺。夫子制於中都，使庶人之椁五寸。五寸，謂端方也。此謂尊者用大材，卑者用小材耳。自天子、諸侯、卿、大夫、士、庶人六等，其椁長自六尺而下，其方自五寸而上，未聞其差所定也。抗木之厚，蓋與椁方齊，天子五重，上公四重，諸侯三重，大夫再重，士一重。○而上，時掌反。抗，苦浪反，徐户剛反。重，直龍反，下同。棺椁之間，君容柷，大夫容壺，士容甒。間，可以藏物，因以爲節。○柷，昌六反。甒，音武。君裏椁虞筐，大夫不裏椁，士不虞筐。裏椁之物，虞筐之文，未聞也。

禮記卷第十三

經叁仟叁伯捌拾壹字

注肆仟壹伯貳拾玖字

音義貳仟柒拾伍字

余仁仲刊于家塾

禮記卷第十四

祭法第二十三〇陸曰：「鄭云：『以其記有虞氏至周天子以下所祭祀羣神之數也。』」

禮記　　鄭氏注

祭法：有虞氏禘黄帝而郊嚳，祖顓頊而宗堯。夏后氏亦禘黄帝而郊鯀，祖顓頊而宗禹。殷人禘嚳而郊冥，祖契而宗湯。周人禘嚳而郊稷，祖文王而宗武王。禘、郊、祖、宗，謂祭祀以配食也。此禘，謂祭昊天於圜丘也。祭上帝於南郊曰郊，祭五帝、五神於明堂，曰祖、宗，祖、宗通言爾。下有「禘、郊、宗、祖」〔一〕。孝經曰：「宗祀文王於明堂，以配上帝。」明堂月令：「春曰其帝大昊，其神句芒；夏曰其帝炎帝，其神祝融；中央曰

〔一〕「宗祖」，原倒作「祖宗」，據撫州本、岳本、八行本乙正。

其帝黃帝，其神后土；秋曰其帝少昊，其神蓐收；冬曰其帝顓頊，其神玄冥。」有虞氏以上尚德，禘、郊、祖、宗，配用有德者而已。自夏已下，稍用其姓代之。先後之次，有虞氏、夏后氏宜郊顓頊，殷人宜郊契。郊祭一帝，而明堂祭五帝。小德配寡，大德配衆，亦禮之殺也。○禘，大計反。嚳，口毒反。顓，音專。頊，許玉反。鯀，本又作「骸」，古本反，篇末皆同。冥，莫經反。契，息列反，下同。圜，音圓。大昊，音泰，下「大廟」、「大祖」、「大昊」同。昊，本亦作「皞」，胡老反，下放此。句，古侯反。芒，音亡。夏，户嫁反，後「夏曰」皆同。少，詩召反，下放此。蓐，音辱，本亦作「辱」。以上，時掌反，下「上去」、「以上」同。殺，色界反，徐所例反。

燔柴於泰壇，祭天也；瘞埋於泰折，祭地也，用騂犢。壇、折，封土爲祭處也。壇之言坦也。坦，明貌也。折，炤晢也。必爲炤明之名，尊神也。地，陰祀，用黝牲。與天俱用犢，連言爾。○燔，音煩。爾雅云：「祭天曰燔柴。」壇，大丹反，下同。瘞，於滯反。埋，武皆反。爾雅云：「祭地曰瘞埋。」折，之設反，注同，舊音逝，又音制。騂，私營反，字林云：「火營反。」處，昌慮反。坦，吐但反。炤，本又作「昭」，同章遥反，又之召反。晢，之設反，一音制。黝，於糾反。埋少牢於泰昭，祭時也。相近於坎壇，祭寒暑也。王宮，祭日也。夜明，祭月也。幽宗，祭星也。雩宗，祭水旱也。四坎壇，祭四方也。山林、川谷、丘陵，能出雲，爲風雨，見怪物，皆曰神。有天下者祭百神。諸侯在其地則祭之，亡其地則不祭。昭，明也，亦謂壇也。時，四時也，亦謂陰陽之神也。埋之者，陰陽出入於地中也。凡此以下，皆祭用少牢。相近，當爲「禳祈」，聲之誤也。禳，猶卻也〔一〕。祈，求也。寒暑不時，則或禳之，或祈之。寒於坎，暑於壇。王宮，日壇。王，君也。日稱君。宮，壇營域也。夜明，亦謂月壇也。宗，皆當爲「禜」，字之誤也。幽禜，亦謂星壇也。星以昏始見，禜之言營也。雩禜，亦謂水旱壇也。雩之言吁嗟也。春秋傳曰：「日月星辰之神，則雪霜風雨之不時，於是乎禜之。山川之神，則水旱癘疫之不時，於是乎禜之。」四方，即謂山林、川谷、丘陵之神也。祭山林、丘陵於壇，川谷於坎，每方各爲坎爲壇。怪物，雲氣非常見者也。有天下，謂天子也。百者，假成數也。○相近，依注讀爲「禳」，如羊反，下音巨依反，王肅作「祖迎」也。幽宗、雩宗，「宗」並依注讀爲「禜」，禜敬反，王如字。見，賢遍反，注同。坎，苦感反。亡，如字，無也，一音無。吁，許于反。疫，音役。

大凡生於天地之間者皆曰命，其萬物死皆曰折，人死曰鬼，此五代之所

〔一〕「卻」，原訛作「郤」，據撫州本、岳本、嘉靖本、八行本、閩本、殿本、阮刻本改，下同。

不變也。生時形體異，可同名。至死，腐爲野土，異其名，嫌同也。折，棄敗之言也。鬼之言歸也。五代，謂黄帝、堯、舜、禹、湯，周之禮樂所存法也。○大，如字，徐音泰。腐，音輔。七代之所更立者，禘、郊、宗、祖，其餘不變也。七代，通數顓頊及嚳也。所不變者，則數其所法而已；變之，則通數所不法，爲記者之微意也。少昊氏脩黄帝之法，後王無所取焉。○更，古衡反。數，色主反，下同。天下有王，分地建國，置都立邑，設廟、祧、壇、墠而祭之，乃爲親疏多少之數。是故王立七廟、一壇、一墠：曰考廟，曰王考廟，曰皇考廟，曰顯考廟，曰祖考廟，皆月祭之；遠廟爲祧，有二祧，享嘗乃止；去祧爲壇，去壇爲墠，壇墠有禱焉祭之，無禱乃止；去墠曰鬼。諸侯立五廟，一壇、一墠：曰考廟，曰王考廟，曰皇考廟，皆月祭之；顯考廟、祖考廟，享嘗乃止；去祖爲壇，去壇爲墠，壇墠有禱焉祭之，無禱乃止；去墠爲鬼。大夫立三廟、二壇：曰考廟，曰王考廟，曰皇考廟，享嘗乃止；顯考、祖考無廟，有禱焉，爲壇祭之；去壇爲鬼。適士二廟、一壇：曰考廟，曰王考廟，享嘗乃止；顯考無廟，有禱焉，爲壇祭之；去壇爲鬼。官師一廟，曰考廟；王考無廟而祭之，去

王考爲鬼。庶士、庶人無廟，死曰鬼。建國，封諸侯也。置都立邑，爲卿大夫之采地，及賜士有功者之地。廟之言貌也。宗廟者，先祖之尊貌也。祧之言超也，超上去意也。封土曰壇，除地曰墠。書曰：「三壇同墠。」王、皇，皆君也。顯，明也。祖，始也。名先人以君、明、始者，所以尊本之意也。天子遷廟之主，以昭穆合藏於二祧之中。諸侯無祧，藏於祖考之廟中。聘禮曰：「不腆先君之祧。」是謂始祖廟也。享、嘗，謂四時之祭。天子、諸侯爲壇墠，所禱，謂後遷在祧者也。既事，則反其主於祧。鬼亦在祧，顧遠之於無事，祫乃祭之爾。春秋文二年秋，「大事於大廟」，傳曰「毁廟之主，陳于大祖；未毁廟之主，皆升，合食於大祖」是也。魯煬公者，伯禽之子也。至昭公、定公，久已爲鬼，而季氏禱之而立其宮，則鬼之主在祧明矣。唯天子、諸侯有主，禘祫；大夫有祖考者，亦鬼其百世，不禘祫，無主爾。其無祖考者，庶士以下鬼其考、王考；官師鬼其皇考，大夫、適士鬼其顯考而已。大夫祖考，謂別子也。凡鬼者，薦而不祭。王制曰：「大夫、士有田則祭，無田則薦。」適士，上士也。官師，中士、下士。庶士，府史之屬。此適士云「顯考無廟」，非也，當爲「皇考」，字之誤。○廟，本亦作「庿」，古字。墠，音善。禱，丁老反，一音丁報反。適，丁歷反，篇内同。顯考無廟，顯，音皇，出注。采，七代反。昭，上遥反。腆，他典反。祫，音洽。煬，餘讓反，徐音傷。

王爲羣姓立社，曰大社。王自爲立社，曰王社。諸侯爲百姓立社，曰國社。諸侯自爲立社，曰侯社。大夫以下成羣立社，曰置社。羣，衆也。大夫以下，謂下至庶人也。大夫不得特立社，與民族居，百家以上，則共立一社，今時「里社」是也。郊特牲曰：「唯爲社事，單出里。」〇爲，于僞反，下皆同，注「爲社事」亦同。王爲羣姓立七祀，曰司命，曰中霤，曰國門，曰國行，曰泰厲，曰户，曰竈；王自爲立七祀。諸侯爲國立五祀，曰司命，曰中霤，曰國門，曰國行，曰公厲；諸侯自爲立五祀。大夫立三祀，曰族厲，曰門，曰行。適士立二祀，曰門，曰行。庶士、庶人立一祀，或立户，或立竈。此非大神所祈報大事者也。小神居人之間，司察小過，作譴告者爾。樂記曰：「明則有禮樂，幽則有鬼神。」鬼神，謂此與？司命，主督察三命。中霤，主堂室、居處。門、户，主出入。行，主道路行作。厲，主殺罰。竈，主飲食之事。明堂月令：「春曰其祀户，祭先脾；夏曰其祀竈，祭先肺；中央曰其祀中霤，祭先心；秋曰其祀門，祭先肝；冬曰其祀行，祭先腎。」聘禮曰：使者出，「釋幣於行」；歸，「釋幣於門」。士喪禮曰：「疾病，禱於五祀。」司命與厲，其時不著。今時民家，或春秋祠司命、行神、山神，門、户、竈在旁，是必春祠司命，秋祠厲也。或者合而祠之。山即厲也。民惡言「厲」，巫、祝以厲山爲之，謬乎！春秋傳曰：「鬼有所歸，乃不爲厲。」○霤，力又反。譴，棄戰反。此與，音餘。脾，婢支反。肺，芳廢反。肝，音干。腎，上忍反。使，色吏反。惡言，烏路反。繆，音謬。

王下祭殤五：適子、適孫、適曾孫、適玄孫、適來孫。諸侯下祭三，大夫下祭二，適士及庶人，祭子而止。祭適殤者，重適也。祭適殤於廟之奧，謂之陰厭。王子、公子祭其適殤於其黨之廟，大夫以下，庶子祭其適殤於宗子之家，皆當室之白，謂之陽厭。凡庶殤不祭。○殤，言傷。奥，烏報反。厭，於豔反，下同。

夫聖王之制祭祀也，法施於民則祀之，以死勤事則祀之，以勞定國則祀之，能禦大菑則祀之，能捍大患則祀之。是故厲山氏之有天下也，其子曰農，能殖百穀；夏之衰也，周棄繼之，故祀以爲稷；共工氏之霸九州也，其子曰后土，能平九州，故祀以爲社；帝嚳能序星辰以著衆，堯能賞均刑法以義終，舜勤衆事而野死，鯀鄣鴻水而殛死，禹能脩鯀之功，黄帝正名百物以明民共財，顓頊能脩之，契爲司徒而民成，冥勤其官而水死，湯以寛治民而除其虐，文王以文治，武王以武功去民之菑，此皆有功烈於民者也。及夫日月星辰，民所瞻仰也。山林、川谷、丘陵，民所取財用也。非此族也，不在祀典。此所謂大神也。春秋傳曰：「封爲上公，祀爲大神。」厲山氏，炎帝也，起於厲山。或曰有烈山氏。棄，后稷名也。共工氏無録而王謂之霸，在大昊、炎帝之間。著衆，謂使民興事，知休作之期也。賞，賞善，謂禪舜封禹、稷等也。義終[一]，謂既禪二十八載，乃死也。野死，謂征有苗，死於蒼梧也。殛死，謂不能成其功也。明民，謂使之衣服有章也。民成，謂知五教之禮也。冥，契六世之孫也。其官玄冥，水官也。虐菑，謂桀、紂也。烈，業也。族，猶類也。祀典，謂祭祀也。○禦，魚吕反。菑，音哉，下同，下文或作「災」，注或作「裁」，並同。扞，胡旦反。厲，力世反，左傳作「列山」。共，音恭，下及注同。鄣，音章。殛，紀力反，注同。尚書云：「殛鯀於羽山。」又云：「鯀則殛死」。顓頊能脩之，本或作「顓頊脩黄帝之功」。文治，直吏反。去，起吕反。夫，音扶。北，此古「丘」字。王，于況反。梧，音吾。

祭義第二十四 ○陸曰：「鄭云：『名祭義者，以其記齋戒、薦羞之義。』」 鄭氏注

祭不欲數，數則煩，煩則不敬。祭不欲疏，疏則怠，怠則忘。是故君子合

[一]「義終」上，原衍「能刑謂去四凶」六字，據八行本、考異刪。

諸天道，春禘秋嘗。忘與不敬，違禮莫大焉。合於天道，因四時之變化。孝子感時念親，則以此祭之也。春禘者，夏、殷禮也。周以禘爲殷祭，更名春祭曰祠。○數，色角反，下同。怠，大改反。祠，嗣思反。霜露既降，君子履之，必有悽愴之心，非其寒之謂也。春，雨露既濡，君子履之，必有怵惕之心，如將見之。非其寒之謂，謂悽愴及怵惕，皆爲感時念親也。霜露既降，禮説在秋，此無「秋」字，蓋脱爾。○悽，音妻。愴，初亮反。渜，本亦作「濡」，音儒。怵，敕律反。惕，他曆反。爲，于僞反，下文「見所爲」并注同。樂以迎來，哀以送往，故禘有樂，而嘗無樂。迎來而樂，樂親之將來也。送去而哀，哀其享否不可知也。小言之，則爲一祭之間，孝子不知鬼神之期；推而廣之，放其去來於陰陽。○放，方往反。

致齊於内，散齊於外。齊之日，思其居處，思其笑語，思其志意，思其所樂，思其所嗜。齊三日，乃見其所爲齊者。致齊，思此五者也。散齊七日，不御，不樂，不弔耳。見所爲齊者，思之孰也。所嗜，素所欲飲食也。春秋傳曰：「屈到嗜芰。」○齊，側皆反，後不出者同。散，悉但反，注同。所樂，音岳，又五孝反。嗜，市志反，注及下並同。屈，居勿反。屈到，楚莫敖。芰，其寄反。祭之日，入室，僾然必有見乎其位；周還出户，肅然必有聞乎其容聲；出户而聽，愾然必有聞乎其嘆息之聲。周還出户，謂薦設時也。無尸者，闔户，若食間，則有出户而聽之。○僾，音愛，微見貌。還，音旋，本亦作「旋」，注同。愾，開代反。闔，户獵反。是故先王之孝也，色不忘乎目，聲不絶乎耳，心志嗜欲不忘乎心。致愛則存，致愨則著，著存不忘乎心，夫安得不敬乎！存、著，則謂其思念也。○愨，苦角反。

君子生則敬養，死則敬享，思終身弗辱也。享，猶祭也，饗也。○養，羊尚反。鄉也，許諒反，下文「鄉也」、「鄉之」、注「鄉之」同。君子有終身之喪，忌日之謂也。忌日不用，非不祥也，言夫日，志有所至，而不敢盡其私也。忌日，親亡之日。忌日者，不用举他事，如有時日之禁也。祥，善也。志有所至，至於親以此日亡，其哀心如喪時。○言夫日，音扶，本或作「言夫忌日」。

唯聖人爲能饗帝，孝子爲能饗親。謂祭之能使之饗也。帝，天也。饗者鄉也，鄉之，然後能饗焉。言中心鄉之，乃能使其祭見饗也。上「饗」，或爲「相」。○相，悉亮反，下文同。是故孝子臨尸而不怍。君牽牲，夫人奠盎；君獻尸，夫人薦豆；卿大夫相君，命婦相夫人。齊齊乎其敬也，愉愉乎其忠也，勿勿諸其欲其饗之也。色不和曰怍。奠盎，設盎齊之奠也。此時君牽牲，將薦毛血。君獻尸，而夫人薦豆，謂繹日也。儐尸，主人獻尸，主婦自東房薦韭菹醢。勿勿，猶勉勉也，愨愛之貌。○怍，才各反。盎，烏浪反。齊齊，如字，舊子禮反。愉，羊朱反。盎齊，才細反。繹，音亦。儐，音賓。

文王之祭也，事死者如事生，思死者如不欲生，忌日必哀，稱諱如見親。祀之忠也，如見親之所愛，如欲色然，其文王與？思死者如不欲生，言思親之深也。如欲色者，以時人於色厚，假以喻之。○忠，如字，謂盡中心。與，音餘。詩云：「明發不寐，有懷二人。」文王之詩也。祭之明日，明發不寐，饗而致之，又從而思之。祭之日，樂與哀半，饗之必樂，已至必哀。明發不寐，謂夜而至旦也。祭之明日，謂繹日也，言繹之夜不寐也。二人，謂父母，容尸、侑也。○樂與，音洛，下同。侑，音又。

仲尼嘗，奉薦而進，其親也愨，其行也趨趨以數。嘗，秋祭也。親，謂身親執事時也。愨與趨趨，言少威儀也。趨，讀如「促」。數之言速也。○仲尼嘗，絶句。嘗，秋祭。奉薦而進，絶句。其親也愨，絶句。趨，音促，注及下注皆同。數，色角反，徐音速，注同。已祭，子贛問曰：「子之言祭，濟濟漆漆然。今子之祭，無濟濟漆漆，何也？」子曰：「濟濟者，容也遠也[一]。漆漆者，容也自反也。容以遠，若容以自反也，夫何神明之及交？夫何濟濟漆漆之有乎？漆漆，讀如「朋友切切」。自反，猶言自脩整也。容以遠，言非所以接親親也。容以自反，言非孝子所以事親也。及，與也。此皆非與神明交之道。○贛，音貢。濟，子禮反，下同。漆，依注音「切」，下同。容也，口白反，賔客也，下「容以遠」同。容也，羊凶反，儀容也。下「若容以自反」同。反饋樂成，薦其薦俎，序其禮樂，備其百官，君子致其濟濟漆漆，夫何慌惚之有乎？天子、諸侯之祭，或從血腥始。至反饋，是進孰也。薦俎豆與俎也。慌惚，思念益深之時也。言祭事既備，使百官助己祭，然而見其容而自反，是無慌惚之思念。○樂成，音岳，又五教反。慌，況往反，注及下同，一音荒。惚，音忽，注及下同，本又作「忽」。夫言豈一端而已夫，各有所當也？」豈一端，言不可以一槩也。禮各有所當行，祭宗廟者，賔客濟濟漆漆，主人慤而趨趨。○當，丁浪反。

〔一〕「容」，原訛作「客」，據唐石經、撫州本、岳本、嘉靖本、八行本、和本、十行本、閩本、監本、毛本、殿本、阮刻本改，下「客以遠」、釋文「客也」、「客以遠」、「客也」同。

槩，古代反。

孝子將祭，慮事不可以不豫；比時具物，不可以不備，虛中以治之。比時，猶先時也。虛中，言不兼念餘事。○比，必利反，徐甫至反，注同。先，悉薦反，又如字。宮室既脩，牆屋既設，百物既備，夫婦齊戒，沐浴盛服，奉承而進之，洞洞乎，屬屬乎，如弗勝，如將失之，其孝敬之心至也與！脩、設，謂埽除及黝堊。○洞，音動，下同。屬，音燭，下同。弗，本亦作「不」，何休云：「弗者，不之深也。」勝，音升。與，音餘。黝，於糾反。堊，烏路反。薦其薦俎，序其禮樂，備其百官，奉承而進之。百官，助主人進之。於是諭其志意，以其慌惚以與神明交，庶或饗之。庶或饗之，孝子之志也。諭其志意，謂使祝祝饗及侑尸也。或，猶有也。言想見其仿佛來。○祝祝，上之六反，下之又反，又並之六反。仿，孚往反。佛，孚味反。孝子之祭也，盡其慤而慤焉，盡其信而信焉，盡其敬而敬焉，盡其禮而不過失焉。進退必敬，如親聽命，則或使之也。言當盡己而已，如居父母前，將受命而使之。孝子之祭可知也：其立之也，敬以詘；其進之也，敬以愉；其薦之也，敬以欲；退而立，如將受命；已徹而退，敬齊之色不絶於面。詘，充詘，形容喜貌也。進之，謂進血腥也。愉，顔色和貌也。薦之，謂進孰也。欲，婉順貌。齊，謂齊莊。○詘，求勿反，注及下并篇末同，徐丘勿反。敬齊，如字，注及下同，王、徐側皆反。婉，憂阮反。孝子之祭也，立而不詘，固也；進而不愉，疏也；薦而不欲，不愛也；退立而不如受命，敖也；已徹而退，無敬齊之色而忘本也。如是而祭，失之矣。固，猶質陋也。「而忘本」，而，衍字。○敖也，五報反。孝子之有深愛者，必有和氣；有和氣者，必有愉色；有愉色者，必有婉容。和氣，謂立而詘。孝子如執玉，如奉盈，洞洞屬屬然如弗勝，如將失之。嚴威儼恪，非所以事親也，成人之道也。成人，既冠者。然則孝子不失其孺子之心也。○奉，芳勇反。儼，魚檢反。恪，苦各反。冠，古亂反。孺，而樹反。

先王之所以治天下者五：貴有德，貴貴，貴老，敬長，慈幼。此五者，先王之所以定天下也。貴有德何爲也？爲其近於道也。貴貴，爲其近於君也。貴老，爲其近於親也。敬長，爲其近於兄也。慈幼，爲其近於子也。言治國有家道。○長，丁丈反，下及下注皆同。爲其，于僞反，下「爲其」同。近，「附近」之近。是故至孝近乎王，至弟近乎霸。至孝近乎王，雖天子必有父。至弟近乎霸，雖諸侯必有兄。先王之教，因而弗改，所以領天下國家也。天子有所父事，諸侯有所兄事，謂若三老、五更也。天子衰，諸侯興，故曰霸。○乎王，于況反。弟，音悌，下同。更，古衡反，下及「下更」相同。

子曰：「立愛自親始，教民睦也；立敬自長始，教民順也。親、長，父、兄也。睦，和厚也。教以慈睦，而民貴有親；教以敬長，而民貴用命。尊長，出教令者。孝以事親，順以聽命，錯諸天下，無所不行。」○錯諸，七路反[一]。

郊之祭也，喪者不敢哭，凶服者不敢入國門，敬之至也。祭者吉禮，不欲聞見凶人。祭之日，君牽牲，穆荅君，卿大夫序從。祭，謂祭宗廟也。穆，子姓也。荅，對也。序，以次第從也。序，或爲「豫」。○從，才用反，注同。既入廟門，麗于碑，卿大夫袒，而毛牛尚耳，鸞刀以刲，取膟膋，乃退；爓祭，祭腥而退，敬之至也。麗，猶

〔一〕「錯諸七路反」，原置於注文「不欲聞見凶人」下，据和本乙正。

繫也。毛牛尚耳，以耳毛爲上也。膟膋，血與腸間脂也。爓祭，祭腥，祭爓肉、腥肉也。湯肉曰爓。「爓祭祭腥」，或爲「合祭腥泄膟埶」也。○碑，彼皮反。袒，徒旦反。鸞，力端反。刲，苦圭反。膟，音律。膋，力彫反。爓，音燖。泄，息列反。膟，直輒反。

郊之祭，大報天而主日，配以月。夏后氏祭其闇，殷人祭其陽，周人祭日，以朝及闇。主日者，以其光明，天之神可見者莫著焉。闇，昏時也。陽，讀爲「曰雨曰暘」之「暘」，謂日中時也。朝，日出時也。夏后氏大事以昏，殷人大事以日中，周人大事以日出，亦謂此郊祭也。以朝及闇，謂終日有事。○神見，賢遍反，一本作「神可見」，則如字。暘，音陽。祭日於壇，祭月於坎，以別幽明，以制上下。幽明者，謂日照晝，月照夜。祭日於東，祭月於西，以別外內，以端其位。端，正。○別，彼列反，下同。日出於東，月生於西，陰陽長短，終始相巡，以致天下之和。巡，讀如「沿漢」之「沿」，謂更相從道。○巡，依注音「沿」，悦專反。

天下之禮，致反始也，致鬼神也，致和用也，致義也，致讓也。因祭之義，汎説禮也。致之言至也，使人勤行，至於此也。至於反始，謂報天之屬也。至於鬼神，謂祭宗廟之屬也。至於和用，謂治民之事以足用也。○汜説，芳劒反。致反始，以厚其本也；致鬼神，以尊上也；致物用，以立民紀也；致義，則上下不悖逆矣；致讓，以去爭也。合此五者以治天下之禮也，雖有奇邪，而不治者則微矣。物，猶事也。變「和」言「物」，互之也。微，猶少也。○悖，布内反。去，起吕反。爭，「爭鬭」之「爭」。奇，紀宜反。邪，似嗟反。治，直吏反。

宰我曰：「吾聞鬼神之名，不知其所謂。」子曰：「氣也者，神之盛也。魄也者，鬼之盛也。合鬼與神，教之至也。氣，謂嘘吸出入者也。耳目之聰明爲魄。合鬼神而祭之，聖人之教致之也。○魄，普白反。嘘，音虚。吸，許及反。衆生必死，死必歸土，此之謂鬼。骨肉斃于下，陰爲野土。陰，讀爲「依蔭」之「蔭」，言人之骨肉，蔭於地中爲土壤。○斃，本亦作「獘」，婢世反。陰，依注音「蔭」，於鴆反。壤，如丈反。其氣發揚于上爲昭明，焄蒿悽愴，此百物之精也，神之著也。焄，謂香臭也。蒿，謂氣烝出貌也。上言衆生，此言百物，明其與人同也，不如人貴爾。蒿，或爲「藨」。○焄，許云反，香臭之氣耳。蒿，許羔反。烝，之膺反。藨，表驕反，又皮表反。因物之精，制爲之極，明命鬼神，以爲黔首則，百衆以畏，萬民以服。明命，猶尊名也。尊極於鬼神，不可復加也。黔首，謂民也。則，法也。爲民作法，使民亦事其祖禰。鬼神，民所畏服。○黔首，其廉反，徐又其嚴反，黑也。黑首，謂民也。秦謂民爲黔首。復，扶又反。爲民，于僞反。聖人以是爲未足也，築爲宫室，設爲宗祧，以別親疏遠邇，教民反古復始，不忘其所由生也。衆之服自此，故聽且速也。自，由也。言人由此服於聖人之教也。聽，謂順教令也。速，疾也。○邇，音爾。二端既立，報以二禮。建設朝事，燔燎羶薌，見以蕭光，以報氣也。此教衆反始也。薦黍稷，羞肝肺首心，見間以俠甒，加以鬱鬯，以報魄也。教民相愛，上下用情，禮之至也。二端既立，謂氣也、魄也。更有尊名云鬼神也。二禮，謂朝事與薦黍稷也。朝事，謂薦血腥時也。薦黍稷，所謂饋食也。「見」及「見間」，皆當爲「覸」，字之誤也。羶，當爲「馨」，聲之誤也。燔燎馨香，覸以蕭光，取牲祭脂也。光，猶氣也。有虞氏祭首，夏后氏祭心，殷祭肝，周祭肺。覸以俠甒，謂雜之兩甒醴酒也。相愛、用情，謂此以人道祭之也。報氣以氣，報魄以實，各首其類。○燔，音煩。燎，力召反，又力弔反。羶，依注音「馨」，許經反，後「羶薌」同。薌，音香。見以，依注「見」作「覸」，音「間厠」之「間」，徐古辯反。見間，依注合爲「覸」字，音「間厠」之「間」。俠，古洽反。甒，音武。君子反古復始，不忘其所由生也。是以致其敬，發其情，竭力從事，以報其親，不敢弗盡也。從事，謂脩薦可以祭者也。是故昔者天子爲藉千畝，冕而朱紘，躬秉耒；諸侯爲藉百畝，冕而青紘，躬秉耒。以事天地、山川、社稷、先古，以爲醴酪齊盛，於是乎取之，敬之至也。藉，藉田也。先古，先祖。○藉，在亦反。藉田，説文作「耤」。紘，音宏。耒，力内反。酪，音洛。齊，音咨，本又作「齍」〔一〕。古者天子、諸侯必有養獸之官，及歲時，齊戒沐浴而躬朝之，犧牷祭牲必於是取之，敬之至也。君召牛，納而視之，擇其毛而卜之，吉，然後養之。君皮弁素積，朔月、月半君巡牲，所以致力，孝之至也。歲時齊戒沐浴而躬朝之，謂將祭祀卜牲。君朔月月半巡視之，君召牛，納而視之，更本擇牲意。○朝，直遥反，注「躬朝」同。牷，音全。古者天子、諸侯必有公桑蠶室，近川而爲之，築宮，仞有三尺，棘牆而外閉之。及大昕之朝，君皮弁素積，卜三宮之夫人、世婦之吉者，使入蠶于蠶室，奉種浴于川，桑于公桑，風戾以食之。大昕，季春朔日之朝也。諸侯夫人三宮，半王后也。風戾之者，及早涼脆採之，風戾

〔一〕「齍」，原訛作「齊」，據彙校卷第十三、撫釋一、和本、阮刻本改。

之使露氣燥，乃以食蠶。蠶性惡濕。○近，「附近」之「近」。仞，音刃，七尺曰仞。昕，許斤反，日欲出。蠶，才南反。奉，芳勇反，下及注同。種，章勇反。戾，力計反，燥也。食，音嗣。蚤，音早，本亦作「早」。脆，七歲反。燥，悉早反。惡，烏路反。**歲既單矣，世婦卒蠶，奉繭以示于君，遂獻繭于夫人。夫人曰：『此所以爲君服與？』遂副褘而受之，因少牢以禮之。**歲單，謂三月月盡之後也。言「歲」者，蠶，歲之大功，事畢於此也。副褘，王后之服，而云「夫人」，記者容二王之後與？禮之，禮奉繭之世婦。○單，音丹。繭，古典反。與，音餘，注同。褘，音暉。**『古之獻繭者，其率用此與？』**問者之辭。○率，音類，又音律，又所律反。**及良日，夫人繅，三盆手，遂布于三宮夫人、世婦之吉者使繅，遂朱綠之，玄黃之，以爲黼黻文章。服既成，君服以祀先王先公，敬之至也。」**三盆手者，三淹也。凡繅，每淹大揔而手振之，以出緒也。○縿，悉刀反，下同，説文作「繅」，云「抽繭出絲」也。以此爲旒縿字，音所咸反。盆[一]，蒲奔反，掩也。掩，本亦作「淹」，徐於驗反，又於歛反。

〔一〕「盆」，原訛作「忿」，據彙校卷第十三、撫釋一、紹熙本、岳本、和本、閩本、監本、毛本、殿本、阮刻本改。

君子曰：禮樂不可斯須去身。斯須，猶須臾也。致樂以治心，則易、直、子、諒之心油然生矣。易、直、子、諒之心生則樂，樂則安，安則久，久則天，天則神，天則不言而信，神則不怒而威。致樂以治心者也。子，讀如「不子」之「子」。諒，信也。油然，物始生好美貌。○易，以豉反，下同。子，如字，徐將吏反，下及注同。諒，音亮，下同。油，音由。樂樂，並音洛，下「不樂」同。致禮以治躬則莊敬，莊敬則嚴威。躬，身也。心中斯須不和不樂，而鄙詐之心入之矣。外貌斯須不莊不敬，而慢易之心入之矣。故樂也者，動於内者也；禮也者，動於外者也。樂極和，禮極順，内和而外順，則民瞻其顔色而不與争也，望其容貌而衆不生慢易焉。極，至也。○争，「争鬭」之「争」。故德煇動乎内，而民莫不承聽；理發乎外，而衆莫不承順。理，謂言行也。○煇，音輝。行，下孟反，下「理行」、「而行」皆同。故曰：「致禮樂之道而天下塞焉，舉而錯之無難矣。」塞，充滿也。○「而措」，本亦作「錯」，七故反。樂也者，動於内者也。禮也者，動於外者也。故禮主其減，樂主其盈。禮減而進，以進爲文；樂盈而反，以反爲文。減，猶倦也。盈，猶溢也。樂以統情，禮以理行。人之情有溢而行有倦，倦則進之。以能進者爲文，溢則使反，以能反者爲文。文，謂才美。○減，胡斬反，又古斬反，下同。禮減而不進則銷，樂盈而不反則放，故禮有報而樂有反。報，皆當爲「褒」，聲之誤。○銷，音消。報，依注音「褒」，保毛反，下皆同〔一〕。禮得其報則樂，樂得其反則安。禮之報，樂之反，其義一也。

曾子曰：「孝有三，大孝尊親，其次弗辱，其下能養。」公明儀問於曾子曰：「夫子可以爲孝乎？」曾子曰：「是何言與！是何言與！君子之所謂孝者，先意承志，諭父母於道。參直養者也，安能爲孝乎？」公明儀，曾子弟子。○養，羊尚反，後皆同。與，音餘。先，悉薦反。參，徐所林反。

曾子曰：「身也者，父母之遺體也。行父母之遺體，敢不敬乎？居處不莊，非孝也；事君不忠，非孝也；涖官不敬，非孝也；朋友不信，非孝也；戰陳無勇，非孝也。五者不遂，烖及於親，敢不敬乎？遂，猶成也。○莅，音利，又音

〔一〕「皆」，原訛作「音」，據彙校卷第十三、撫釋一改。

類，本又作「涖」。陳，直覲反。栽，音災。於親，本亦作「栽及於身」。亨孰羶薌，嘗而薦之，非孝也，養也。君子之所謂孝也者，國人稱願然曰：『幸哉有子如此！』所謂孝也已。然，猶而也。○亨，普彭反。薦，將見反。衆之本教曰孝，其行曰養。養可能也，敬爲難；敬可能也，安爲難；安可能也，卒爲難。父母既没，慎行其身，不遺父母惡名，可謂能終矣。仁者，仁此者也。禮者，履此者也。義者，宜此者也。信者，信此者也。强者，强此者也。樂自順此生，刑自反此作。」

曾子曰：「夫孝，置之而塞乎天地，溥之而横乎四海，施諸後世而無朝夕，推而放諸東海而準，推而放諸西海而準，推而放諸南海而準，推而放諸北海而準。無朝夕，言常行無輟時也。放，猶至也。準，猶平也。○遺，如字，又于季反。樂，音岳，皇五孝反。溥，本亦作「敷」，同芳于反。放，甫往反，下同，至也。準，諸尹反，平也。輟，張劣反。詩云：『自西自東，自南自北，無思不服。』此之謂也。」

曾子曰：「樹木以時伐焉，禽獸以時殺焉。夫子曰：『斷一樹，殺一獸，不以其時，非孝也。』夫子，孔子也。曾子述其言以云。○斷，丁管反。孝有三，小孝用力，中孝用勞，大孝不匱。勞，猶功也。○匱，其媿反，下同。思慈愛忘勞，可謂用力矣。尊仁安義，可謂用勞矣。博施備物，可謂不匱矣。思慈愛忘勞，思父母之慈愛己，而自忘己之勞苦。○施，始豉反。父母愛之，嘉而弗忘；父母惡之，懼而無怨；無怨，無怨於父母之心。○惡，烏路反。父母有過，諫而不逆。順而諫之。父母既沒，必求仁者之粟以祀之。此之謂禮終。」喻貧困，猶不取惡人物以事亡親。

樂正子春下堂而傷其足，數月不出，猶有憂色。門弟子曰：「夫子之足瘳矣，數月不出，猶有憂色，何也？」樂正子春曰：「善如爾之問也！善如爾之問也！吾聞諸曾子，曾子聞諸夫子曰：『天之所生，地之所養，無人爲大。父母全而生之，子全而歸之，可謂孝矣。不虧其體，不辱其身，可謂全矣。』曾子聞諸夫子，述曾子所聞於孔子之言。○數，色主反，下同。瘳，丑留反，差也。故君子頃步而弗敢忘孝也。今予忘孝之道，予是以有憂色也。頃，當爲「跬」，聲之誤也。予，我也。○頃，讀爲「跬」，缺婢反，又丘弭反。一舉足爲跬，再舉足爲步。壹舉足而不敢忘父母，壹出言而不敢忘父母。壹舉足而不敢忘父母，是故道而不徑，舟而不游，不敢以先父母之遺體行殆。壹出言而不敢忘父母，是故惡言不出於口，忿言不反於身。不辱其身，不羞其親，可謂孝矣。」徑，步邪趨疾也。忿言不反於身，人不能無忿怒。忿怒之言，當由其直，直則人服，不敢以忿言來也。○徑，古定反。邪，似嗟反。趨，七俱反。

昔者有虞氏貴德而尚齒，夏后氏貴爵而尚齒，殷人貴富而尚齒，周人貴親而尚齒。貴，謂燕賜有加於諸臣也。尚，謂有事尊之於其黨也。臣能世禄曰富。舜時多仁聖有德，後德則在小官。虞、夏、殷、周，天下之盛王也，未有遺年者。年之貴乎天下久矣，次乎事親也。言其先老也。是故朝廷同爵則尚齒。七十杖於朝，君問則席；八十不俟朝，君問則就之，而弟達乎朝廷矣。同爵尚齒，老者在上也。君問則席，爲之布席於堂上而與之言。凡朝位立於庭，魯哀公問於孔子，命席。不俟朝，君揖之即退，不待朝事畢也。就之，就其家也。老而致仕，君或不許，異其禮而已。○於朝，直遥反，後皆同。弟，音悌，下及下注同。爲，于僞反。行肩而不併，不錯則隨，見老者則車徒辟，斑白者不以其任行乎道路，而弟達乎道路矣。錯，鴈行也。父黨隨行，兄黨鴈行。車徒辟，乘車、步行皆辟老人也。班白者，髮雜色也。任，所擔持也。不以任，少者代之。○併，步頂反，徐扶頂反。辟，音避，注同。行，户剛反，下同。擔，都甘反。少，詩照反，下同。居鄉以齒，而老窮不遺，强不犯弱，衆不暴寡，而弟達乎州巷矣。老窮不遺，以鄉人尊而長之，雖貧且無子孫，無棄忘也。一鄉者五州。巷，猶閭也。○遺，如字，一本作「匱」，其媿反。長，丁丈反，下文皆同。古之道，五十不爲甸徒，頒禽隆諸長者，而弟達乎獀狩矣。四井爲邑，四邑爲丘，四丘爲甸，甸六十四井也，以爲軍田出役之法。五十始衰，不從力役之事也。頒之言分也。隆，猶多也。及田者分禽，多其老者，謂竭作未五十者。春獵爲獀，冬獵爲狩。○甸，田見反。頒，音班。獀，本又作「廋」，音蒐，所求反。狩，音獸。軍旅什伍，同爵則尚齒，而弟達乎軍旅矣。什伍，士卒部曲也。少儀曰：「軍尚左，卒尚右。」○卒，子忽反，下同。孝弟發諸朝廷，行乎道路，至乎州巷，放乎獀狩，脩乎軍旅，衆以義死之而弗敢犯也。死之，死此孝弟之禮。○放，方往反。

祀乎明堂，所以教諸侯之孝也；食三老、五更於大學，所以教諸侯之弟也；祀先賢於西學，所以教諸侯之德也；耕藉，所以教諸侯之養也；朝覲，所以教諸侯之臣也。五者，天下之大教也。祀乎明堂，宗祀文王。西學，周小學也。先賢，有道德，王所使教國子者。○食，音嗣，下同。更，古衡反，下同。大學，音泰，下「大學」、注「大卜」皆同。食三老、五更於大學，天子袒而割牲，執醬而饋，執爵而酳，冕而揔干，所以教諸侯之弟也。是故鄉里有齒，而老窮不遺，强不犯弱，衆不暴寡，此由大學來者也。割牲，制俎實也。冕而揔干，親在舞位，以樂侑食也。教諸侯之弟，次事親。○酳，音胤，又仕覲反。天子設四學，當入學而大子齒。四學，謂周西郊之虞庠也[一]。文王世子曰：「行一物而三善皆得，唯世子而已。其齒於學之謂也。」天子巡守，諸侯待于竟，天子先見百年者。問其國君以百年者所在而往見之。○守，手又反，本或作「狩」。竟，居領反。八十、九十者，東行、西行者，弗敢過；西行、東行者，弗敢過。欲言政者，君就之可也。弗敢過者，謂道經之則見之。壹命齒于鄉里，再命齒于族，三命不齒。族有七十者，弗敢先。此謂鄉射飲酒時也。

[一]「西郊」，原訛作「四郊」，據考異改。

齒者，謂以年次立若坐也。三命，列國之卿也。不復齒，席之於賓東。不敢先族之七十者，謂既一人舉觶乃入也。雖非族亦然。承齒乎族，故言族爾。○復，扶又反，下文注「將復入」同。觶，之豉反。七十者，不有大故，不入朝；若有大故而入，君必與之揖讓，而后及爵者。謂致仕在家者，其入朝，君先與之爲禮，而后揖卿、大夫、士。

天子有善，讓德於天；諸侯有善，歸諸天子；卿、大夫有善，薦於諸侯；士、庶人有善，本諸父母，存諸長老；禄爵慶賞，成諸宗廟。所以示順也。薦，進也。成諸宗廟，於宗廟命之。祭統有十倫，六曰「見爵賞之施焉」。○見，賢遍反。施，始豉反。昔者聖人建陰陽天地之情，立以爲易。易抱龜南面，天子卷冕北面，雖有明知之心，必進斷其志焉，示不敢專，以尊天也。善則稱人，過則稱己，教不伐，以尊賢也。立以爲易，謂作易。易抱龜，易，官名，周禮曰「大卜」。大卜主三兆、三易、三夢之占。○卷，古本反。知，音智。斷，丁亂反。

孝子將祭祀，必有齊莊之心以慮事，以具服物，以脩宫室，以治百事。謂齊之前後也。及祭之日，顏色必温，行必恐，如懼不及愛然。如懼不及見其所愛者。

○恐，曲勇反。其奠之也，容貌必温，身必詘，如語焉而未之然。奠之，謂酌尊酒奠之及酳之屬也。如語焉而未之然，如有所以語親而未見荅。○以語，魚預反。宿者皆出，其立卑静以正，如將弗見然。宿者皆出，謂賔助祭者，事畢出去也。如將弗見然，祭事畢而不知親所在，思念之深，如不見出也。及祭之後，陶陶遂遂，如將復入然。思念既深，如覩親將復入也。陶陶遂遂，相隨行之貌。○陶，音遥。遂，本又作「燧」，音遂。是故慤善不違身，耳目不違心，思慮不違親。結諸心，形諸色，而術省之，孝子之志也。術，當爲「述」，聲之誤也。○思，息嗣反。術，義作「述」。

建國之神位，右社稷而左宗廟。周尚左也。

祭統第二十五

○陸曰：「鄭云：『統，猶本也。以其記祭祀之本，故名祭統。』」鄭氏注

凡治人之道，莫急於禮。禮有五經，莫重於祭。禮有五經，謂吉禮、凶禮、賔禮、軍禮、嘉禮也。莫重於祭，謂以吉禮爲首也。大宗伯職曰：「以吉禮事邦國之鬼神祇。」○五經，吉、凶、軍、賔、嘉之五禮。祇，祈之反。夫祭者，非物自外至者也，自中出，生於

心也。心怵而奉之以禮，是故唯賢者能盡祭之義。怵，感念親之貌也。怵，或爲「述」。○怵，勑律反。

賢者之祭也，必受其福，非世所謂福也。福者，備也。備者，百順之名也。無所不順者之謂備，言内盡於己而外順於道也。忠臣以事其君，孝子以事其親，其本一也。世所謂福者，謂受鬼神之祐助也。賢者之所謂福者，謂受大順之顯名也。其本一者，言忠孝俱由順出也。○祐，音又。上則順於鬼神，外則順於君長，内則以孝於親，如此之謂備。唯賢者能備，能備然後能祭。是故賢者之祭也，致其誠信與其忠敬，奉之以物，道之以禮，安之以樂，參之以時，明薦之而已矣，不求其爲。此孝子之心也。明，猶潔也。爲，謂福祐爲己之報。○長，丁丈反，下「所長」同。道，音導。其爲，于僞反，注「爲謂」同，一音如字。祭者，所以追養繼孝也。孝者，畜也。順於道，不逆於倫，是之謂畜。畜，謂順於德教。○養，羊尚反，下同。畜，許六反，下同。是故孝子之事親也，有三道焉：生則養，没則喪，喪畢則祭。養則觀其順也，喪則觀其哀也，祭則觀其敬而時也。盡此三道者，孝子之行也。

没，終也。○盡，徐子忍反，下同。行，下孟反。

既内自盡，又外求助，昏禮是也。故國君取夫人之辭曰：「請君之玉女與寡人共有敝邑，事宗廟社稷。」此求助之本也。言玉女者，美言之也。君子於玉比德焉。○取，七住反。夫祭也者，必夫婦親之，所以備外内之官也。官備則具備。具，謂所供衆物。○共，音恭，下文「以共」皆同。水草之菹，陸産之醢，小物備矣。三牲之俎，八簋之實，美物備矣。昆蟲之異，草木之實，陰陽之物備矣。水草之菹，芹、茆之屬。陸産之醢，蚳、蝝之屬。天子之祭八簋。昆蟲，謂温生寒死之蟲也。内則可食之物有蜩、范。草木之實，蔆、芡、榛、栗之屬。○芹，其斤反。茆，音卯。蚳，丈之反。蝝，悦專反。蜩，音條。蔆，本亦作「菱」，又音陵。芡，音儉。榛，側巾反。凡天之所生，地之所長，苟可薦者，莫不咸在，示盡物也。外則盡物，内則盡志，此祭之心也。咸，皆也。是故天子親耕於南郊，以共齊盛；王后蠶於北郊，以共純服；諸侯耕於東郊，亦以共齊盛；夫人蠶於北郊，以共冕服。天子、諸侯非莫耕也，王后、夫人非莫蠶也，身致其誠信，誠信之謂盡，盡之謂敬，敬盡然後可以事神明。此祭之道也。純服，亦冕服也，互言之爾。純以見繒色，冕以著祭服。東郊，少陽，諸侯象也。夫人不蠶於西郊，婦人禮少變也。齊，或爲「粢」。○齊盛，本亦作「齍」，與「粢」同音咨，下及注同。純，側其反，注及下「純冕」同。見，賢遍反。少，詩召反。

及時將祭，君子乃齊。齊之爲言齊也，齊不齊以致齊者也。是故君子非有大事也，非有恭敬也，則不齊。不齊，則於物無防也，耆欲無止也。及其將齊也，防其邪物，訖其耆欲，耳不聽樂，故記曰：「齊者不樂。」言不敢散其志也。心不苟慮，必依於道。手足不苟動，必依於禮。訖，猶止也。○乃齊，側皆反，本又作「齋」，下不出者同。言齊也、齊不齊，並如字，下「以齊之」同。耆，市志反。邪，似嗟反。訖，居乙反。是故君子之齊也，專致其精明之德也。故散齊七日以定之，致齊三日以齊之。定之之謂齊，齊者，精明之至也。然後可以交於神明也。定者，定其志意。是故先期旬有一日，宮宰宿夫人，夫人亦散齊七日，致齊三日。宮宰，守宮官也。宿，讀爲「肅」。肅，猶戒也，戒輕肅重也。○先，悉薦反，又如字。君致齊於外，夫人致齊於內，然後會於大廟。君純冕立於阼，夫人副褘立於東房。君執圭瓚祼尸，大宗執璋瓚亞祼。及迎牲，君執紖，卿大夫從，士執芻，宗婦執盎從，夫人薦涗水；君執鸞刀羞嚌，夫人薦豆。此之謂夫婦親之。大廟，始祖廟也。圭瓚、璋瓚，祼器也。以圭、璋爲柄，酌鬱鬯曰祼。大宗亞祼，容夫人有故，攝焉。紖，所以牽牲也，周禮作「絼」。芻，謂藁也，殺牲時用薦之。周禮封人：「祭祀飾牲，共其水藁。」涗，盎齊也。盎齊，涗酌也。凡尊有明水，因兼云水爾。嚌，嚌肺、祭肺之屬也，君以鸞刀割制之，天子、諸侯之祭禮，先有祼尸之事，乃後迎牲。芻，或爲「犓」。○大廟，音泰，下「大廟」皆同。禕，音輝。瓚，才旦反。祼，古亂反。紖，直忍反，注同，徐以忍反。從，才用反，下皆同。芻，初俱反。盎，烏浪反，注同。從夫人，絶句，一讀以「從」字絶句。涗，舒鋭反，徐音歲。羞齊，本亦作「嚌」，才細反，注同。柄，兵命反。絼，直忍反。藁，苦老反，下同。共，音恭。盎齊，才細反，下「盎齊」同。

及入舞，君執干戚就舞位。君爲東上，冕而摠干，率其羣臣，以樂皇尸。是故天子之祭也，與天下樂之；諸侯之祭也，與竟内樂之。冕而摠干，率其羣臣，以樂皇尸，此與竟内樂之之義也。君爲東上，近主位也。皇，君也。言君尸者，尊之。○以樂，音洛，下同。竟，音境，篇内皆同。近，「附近」之「近」。

夫祭有三重焉：獻之屬莫重於祼，聲莫重於升歌，舞莫重於武宿夜，此周道也。武宿夜，武曲名也。周道，猶周之禮。○獻之屬莫重於祼，一本無「之屬」二字。凡三道者，所以假於外而以增君子之志也。故與志進退：志輕則亦輕，志重則亦重。輕其志而求外之重也，雖聖人弗能得也。是故君子之祭也，必身自盡也，所以明重也。道之以禮，以奉三重而薦諸皇尸，此聖人之道也。

夫祭有餕，餕者祭之末也，不可不知也。是故古之人有言曰：「善終者如始。」餕其是已。是故古之君子曰：「尸亦餕鬼神之餘也。惠術也，可以觀政矣。」術，猶法也。爲政尚施惠，盡美能知能惠。詩云：「維此惠君，民人所瞻。」○道之音導。餕，音俊。施惠，始豉反，下文、注並同。能知，音智。是故尸謖，君與卿四人餕。君起，大夫六人餕，臣餕君之餘也。大夫起，士八人餕，賤餕貴之餘也。士起，各執其具以出，陳于堂下，百官進，徹之，下餕上之餘也。進，當爲「餕」，聲之誤也。百官，謂有事於君祭者也。既餕，乃徹之而去，所謂自卑至賤。進、徹，或俱爲「餕」。○謖，所六反，起也。百官進，依注作「餕」。卑，如字，隱義音必利反。凡餕之道，每變以衆，所以別貴賤之等，而興施惠之象也，是故以四簋黍見其脩於廟中也。廟中者，竟内之象也。鬼神之惠徧廟中，如國君之惠徧竟内也。○別，彼列反，下同。見，賢遍反，下同。脩於，一本「脩」作「徧」。徧，音遍，下同。祭者，澤之大者也。是故上有大澤，則惠必及下，顧上先下後耳，非上積重而下有凍餒之民也。是故上有大澤，則民夫人待于下流，知惠之必將至也，由餕見之矣。故曰：「可以觀政矣。」鬼神有祭，不獨饗之，使人餕之，恩澤之大者也。國君有蓄積，不獨食之，亦以施惠於竟内也。○重，直龍反，下同。餒，乃罪反。夫，音扶。見，如字，舊賢遍反。畜，勑六反。

夫祭之爲物大矣，其興物備矣，順以備者也，其教之本與！爲物，猶爲禮也。興物，謂薦百品。○與，音餘，下「是與」同。是故君子之教也，外則教之以尊其君長，内則教之以孝於其親。是故明君在上，則諸臣服從；崇事宗廟社稷，則子孫順孝。盡其道，端其義，而教生焉。崇，猶尊也。○長，丁丈反，下「長幼」皆同。是故君子之事君也，必身行之。所不安於上，則不以使下；所惡於下，則不以事上。非諸人，行諸己，非教之道也。必身行之，言恕己乃行之。○惡，烏路反。是故君子之教也，必由其本，順之至也，祭其是與！故曰：「祭者，教之本也已。」教由孝順生也。

夫祭有十倫焉：見事鬼神之道焉，見君臣之義焉，見父子之倫焉，見貴賤之等焉，見親疏之殺焉，見爵賞之施焉，見夫婦之别焉，見政事之均焉，見長幼之序焉，見上下之際焉。此之謂十倫。倫，猶義也。○見事，賢遍反，下皆同。殺，色界反，徐所例反，下同。

鋪筵設同几，爲依神也。詔祝於室，而出于祊，此交神明之道也。同之言詷也。祭者以其妃配，亦不特几也。詔祝，告事於尸也。出於祊，謂索祭也。○鋪，普胡反，又芳夫反。筵，羊然反。爲，于僞反，下注「爲其」皆同。祊，伯更反。詷，徒貢反。索，所伯反。

君迎牲而不迎尸，别嫌也。尸在廟門外則疑於臣，在廟中則全於君。君在廟門外則疑於君，入廟門則全於臣、全於子。是故不出者，明君臣之義也。不迎尸者，欲全其尊也。尸，神象也。鬼神之尊在廟中，人君之尊，出廟門則伸。○伸，音申。夫祭之道，孫爲王父尸。所使爲尸者，於祭者子行也；父北面而事之，所以明子事父之道也。此父子之倫也。子行，猶子列也。祭祖則用孫列，皆取於同姓之適孫也。天子、諸侯之祭，朝事延尸於户外，是以有北面事尸之禮。○行，户剛反，注同，徐胡孟反。適，丁歷反。尸飲五，君洗玉爵獻卿；尸飲七，以瑶爵獻大夫；尸飲九，以散爵獻士及羣有司。皆以齒，明尊卑之等也。尸飲五，謂酳尸五獻也。大夫、士祭，三獻而獻賓。○瑶，音遥。散，悉但反。差，本又作「之等」。酳，音胤，又仕覲反。夫祭有昭穆。昭穆者，所以别父子、遠近、長幼、親疏之序而無亂也。是故有事於大廟，則羣昭羣穆咸在而不失其倫。此之謂親疏之殺也。昭穆咸在，同宗父子皆來。○昭，止遥反，後放此。古者明君爵有德而禄有功，必賜爵禄於大廟，示不敢專也。故祭之日，一獻君，降立于阼階之南，南鄉，所命北面，史由君右執策命之，再拜稽首，受書以歸，而舍奠于其廟。此爵賞之施也。一獻，酳尸也。舍，當爲「釋」，聲之誤也。非時而祭曰奠。○鄉，許亮反。舍，依注音「釋」。君卷冕立于阼，夫人副褘立于東房。夫人薦豆執校，執醴授之執鐙，尸酢夫人執柄，夫人受尸執足。夫婦相授受，不相襲處，酢必易爵，明夫婦之别也。校，豆中央直者也。執醴，授醴之人，授夫人以豆則執鐙。鐙，豆下跗也。○卷，古本反。校，户教反，又户交反，又下卯反，下同，柄也。鐙，音登，又丁鄧反。處，昌慮反。跗，芳符反。凡爲俎者，以骨爲主。骨有貴賤。殷人貴髀，周人貴肩。凡前貴於後。俎者，所以明祭之必有惠也。是故貴者取貴骨，賤者取賤骨，貴者不重，賤者不虚，示均也。惠均則政行，政行則事成，事成則功立。功之所以立者，不可不知也。俎者，所以明惠之必均也。善爲政者如此，故曰：「見政事之均焉。」殷人貴髀，爲其厚也。周人貴肩，爲其顯也。凡前貴於後，謂脊、脅、臂、臑之屬。○髀，必氏反，又必履反。重，直龍反。臑，乃報反，肱骨也。凡賜爵，昭爲一，穆爲一，昭與昭齒，穆與穆齒。凡羣有司皆以齒。此之謂長幼有序。昭穆，猶特牲、少牢饋食之禮衆兄弟也。羣有司，猶衆賓下及執事者。君賜之爵，謂若酬之。夫祭有畀煇、胞、翟、閽者，惠下之道也。唯有德之君爲能行此，明足以見之，仁足以與之。畀之爲言與也，能以其餘畀其下者也。煇者，甲吏之賤者也。胞者，肉吏之賤者也。翟者，樂吏之賤者也。閽者，守門之賤者也。古者不使刑人守門。此四守者，吏之至賤者也。尸又至尊，以至尊既祭之末而不忘至賤，而以其餘畀之，是故明君在上，則竟内之民無凍餒者矣。此之謂上下之際。明足以見之，見此卑者也。仁足以與之，與此卑者也。煇，周禮作「韗」，謂韗磔皮革之官也。翟，謂教羽舞者也。古者不使刑人守門，謂夏、殷時。○畀，必利反，下及注同，與也。煇，依注作「韗」，同況萬反，又音運，下同，甲吏也。胞，步交反，下同，肉吏也。翟，音狄，樂吏也。閽，音昏，守門者也。以見，賢遍反，注皆同。此卑，如字，舊必利反，下同。磔，知宅反。

凡祭有四時。春祭曰礿，夏祭曰禘，秋祭曰嘗，冬祭曰烝。謂夏、殷時禮也。○礿，羊灼反，字又作「禴」。夏，户嫁反，下注「夏者」、「孟夏」同。礿、禘，陽義也。嘗、烝，陰義也。禘者，陽之盛也。嘗者，陰之盛也。故曰：「莫重於禘嘗。」夏者尊卑著，而秋萬物成。古者於禘也，發爵賜服，順陽義也；於嘗也，出田邑，發秋政，順陰義也。言爵命屬陽，國地屬陰。故記曰：「嘗之日，發公室，示賞也。」草艾則墨，未發秋政，則民弗敢草也。發公室，出賞物也。草艾，謂艾取草也。秋草木成，可芟艾給爨亨，時則始行小刑也。○艾，音刈。芟，所銜反。爨，七亂反。亨，普彭反，徐普孟反。

故曰：「禘嘗之義大矣！治國之本也，不可不知也。」明其義者，君也；能其事者，臣也。不明其義，君人不全；不能其事，爲臣不全。全，猶具也。夫義者，所以濟志也，諸德之發也。是故其德盛者其志厚，其志厚者其義章，其義章者其祭也敬；祭敬，則竟内之子孫莫敢不敬矣。濟，成也。發，謂機發也。竟内之子孫，萬人爲子孫。是故君子之祭也，必身親涖之，有故則使人可也。雖使人也，君不失其義者，君明其義故也。涖，臨也。君不失其義者，言君雖不自親祭，祭禮無闕，於君德不損也。其德薄者其志輕，疑於其義而求祭，使之必敬也，弗可得已。祭而不敬，何以爲民父母矣？

夫鼎有銘，銘者，自名也，自名以稱揚其先祖之美，而明著之後世者也。爲先祖者，莫不有美焉，莫不有惡焉。銘之義，稱美而不稱惡，此孝子孝孫之心也，唯賢者能之。銘，謂書之刻之以識事者也。自名，謂稱揚其先祖之德，著己名於下。○自名，如字，徐武政反，下及注「自名」同。銘者，論譔其先祖之有德善、功烈、勳勞、慶賞、聲名，列於天下，而酌之祭器，自成其名焉，以祀其先祖者也。顯揚先祖，所以崇孝也。身比焉，順也。明示後世，教也。烈，業也。王功曰勳，事功曰勞。酌之祭器，言斟酌其美，傳著於鍾鼎也。身比焉，謂自著名於下也。順也，自著名以稱揚先祖之德，孝順之行也。教也，所以教後世。○譔，音撰。比，毗志反，謂次比也，下及注皆同。斟，之林反。傅，音附，徐音賦，一音直專反，謂傳述。著，直略反，徐張慮反。行，下孟反。夫銘者，壹稱而上下皆得焉耳矣。是故君子之觀於銘也，既美其所稱，又美其所爲。美其所爲，美此人爲此銘。爲之者，明足以見之，仁足以與之，知足以利之，可謂賢矣。賢而勿伐，可謂恭矣。明足以見之，見其先祖之美也。仁足以與之，與其先祖之銘也。非有仁恩，君不使與之也。知足以利之，利己名得比於先祖。○見，賢遍反，注同。知，音智，注同。故衛孔悝之鼎銘曰：「六月丁亥，公假于大廟。孔悝，衛大夫也。公，衛莊公蒯聵也。德孔悝之立己[一]，依禮褒之，以靜國人自固也。假，至也。至於大廟，謂以夏之孟夏禘祭。○悝，口回反。假，加百反，注同。蒯，苦怪反。聵，五怪反。褒，保毛反。公曰：『叔舅！乃祖莊叔，左右成公，成公乃命莊叔隨難于漢陽，即宮于

〔一〕「德」，原訛作「得」，據岳本、和本、閩本、監本、毛本、殿本改。

宗周，奔走無射，公曰「叔舅」者，公爲策書，尊呼孔悝而命之也。乃，猶女也。莊叔，悝七世之祖衛大夫孔達也。隨難者，謂成公爲晉文公所伐，出奔楚，命莊叔從焉。漢，楚之川也。即宮於宗周，後反得國，坐殺弟叔武，晉人執而歸之於京師，寘之深室也。射，厭也。言莊叔常奔走，至勞苦而不厭倦也。周既去鎬京，猶名王城爲宗周也。○左，音佐。右，音又，下「啟右」并注同，一讀此「左右」，並如字。難，乃旦反。奔，本亦作「犇」。射，音亦，注同。爲筴，初革反。女，音汝，後皆同。從，才用反。坐，才卧反。寘，之豉反。厭，於豔反，下同。鎬，胡老反。啟右獻公，獻公乃命成叔纂乃祖服。獻公，衛侯衎，成公曾孫也，亦失國得反。言莊叔之功，流於後世，啟右獻公使得反國也。成叔，莊叔之孫成子烝鉏也。右，助也。纂，繼也。服，事也。獻公反國，命成子繼女祖莊叔之事，欲其忠如孔達也。○纂，子管反。衎，苦旦反。烝，之承反，下文、注同。鉏，仕居反。乃考文叔，興舊耆欲，作率慶士，躬恤衛國。其勤公家，夙夜不解，民咸曰休哉！』文叔者，成叔之曾孫文子圉，即悝父也。作，起也。率，循也。慶，善也。士之言事也。言文叔能興行先祖之舊德，起而循其善事。○耆欲，市志反。解，古賣反。休，許虯反。圉，魚呂反。公曰：『叔舅！予女銘，若纂乃考服！』若，乃，猶女也。公命悝「予女先祖以銘」，以尊顯之；「女繼女父之事」，欲其忠如文子也。成公、獻公、莊公，皆失國得反，言孔氏世有功焉，寵之也。○女，羊許反，注同。悝拜稽首，曰：『對揚以辟之，對，遂也。辟，明也。言遂揚君命，以明我先祖之德也。○辟，必亦反，又婢尺反，注同，明也。勤大命，施于烝彝鼎。』」施，猶著也。言我將行君之命，又刻著於烝祭之彝鼎。彝，尊也。周禮：「大約劑，書於宗彝。」○施，如字。彝，以支反。著，張慮反，又直略反，下同。約，如字，徐於妙反。劑，子隨反。此衞孔悝之鼎銘也。言銘之類衆多也，略取此一以言之〔一〕。

古之君子，論譔其先祖之美，而明著之後世者也，以比其身，以重其國家如此。如莊公命孔悝之爲也。莊公、孔悝雖無令德以終其事，於禮是，行之非。子孫之守宗廟、社稷者，其先祖無美而稱之，是誣也；有善而弗知，不明也；知而弗傳，不仁也。此三者，君子之所恥也。昔者，周公旦有勳勞於天下，周公既没，成王、康王追念周公之所以勳勞者，而欲尊魯，故賜之以重祭，外祭則郊、社是

〔一〕「此」，原訛作「其」，據撫州本、八行本改。

也，内祭則大嘗、禘是也。言此者，王室所銘，若周公之功。○誣，音無。不傳，直專反。不，本亦作「弗」。夫大嘗、禘，升歌清廟，下而管象，朱干玉戚以舞大武，八佾以舞大夏，此天子之樂也。康周公，故以賜魯也。清廟，頌文王之詩也。管象，吹管而舞武、象之樂也。朱干，赤盾。戚，斧也。此武、象之舞所執也。佾，猶列也。大夏，禹樂，文舞也，執羽籥。文、武之舞皆八列，互言之耳。康，猶褒大也。易晉卦曰：「康侯用錫馬。」○佾，音逸。盾，食準反，又音允。籥，羊灼反。子孫纂之，至于今不廢。所以明周公之德，而又以重其國也。不廢，不廢其此禮樂也。重，猶尊也。

禮記卷第十四

經柒仟壹伯捌拾貳字

注伍仟肆伯丹玖字

音義貳仟玖伯貳拾陸字

余氏刊于萬卷堂

禮記卷第十五

經解第二十六

○陸曰：「鄭云：『經解者，以其記六藝政教得失。』解，音佳買反，徐胡賣反，一音蟹。」

禮記　　鄭氏注

孔子曰：「入其國，其教可知也。觀其風俗，則知其所以教。其爲人也，温柔敦厚，詩教也；疏通知遠，書教也；廣博易良，樂教也；絜静精微，易教也；恭儉莊敬，禮教也；屬辭比事，春秋教也。屬，猶合也。春秋多記諸侯朝聘會同，有相接之辭，罪辯之事。○易良，以豉反，下「易良」同。屬，音燭，注及下同。比，毗志反，下同。朝聘，直遥反，篇内同。故詩之失，愚；書之失，誣；樂之失，奢；易之失，賊；禮之失，煩；春秋之失，亂。失，謂不能節其教者也。詩敦厚近愚；書知遠近誣；易精微愛惡相攻，遠近相取，則不能容人，近於傷害；春秋習戰争之事，近亂。○「近愚」、「附近」之「近」、下「除遠近」一字，並同。惡，烏路反。争，「争鬬」之「争」，下文同。其爲人也，温柔敦厚而不愚，則深於詩者也；疏通知遠而不誣，則深於書者也；廣博易良而不奢，則深於樂者也；絜静精微而不賊，則深於易者也；恭儉莊敬而不煩，則深於禮者也；屬辭比事而不亂，則深於春秋者也[一]。」言深者，既能以教，又防其失。

天子者，與天地參，故德配天地，兼利萬物，與日月並明，明照四海而不遺微小。其在朝廷，則道仁聖禮義之序；燕處，則聽雅、頌之音；行步，則有環佩之聲；升車，則有鸞和之音。居處有禮，進退有度，百官得其宜，萬事得其序。詩云：「淑人君子，其儀不忒。其儀不忒，正是四國。」此之謂也。道，猶言也。環佩，佩環佩玉也，所以爲行節也。玉藻曰：「進則揖之，退則揚之，然後玉鏘鳴也。」環取其無窮止，玉則比德焉。孔子佩象環五寸，人君之環，其制未聞也。鸞、和，皆鈴也，所以爲車行節也。韓詩内傳曰：「鸞在衡，和在軾前，升車則馬動，馬動則鸞鳴，鸞鳴則和應。」居處，

[一]「者」，原脱，據唐石經、撫州本、紹熙本、岳本、八行本、閩本、監本、毛本、殿本、阮刻本補。

朝廷與燕也。進退，行步與升車也。○淑，常六反。忒，吐得反。鎗，七羊反，本又作「鏘」。鈴，音零。軾，音式。應，「應對」之「應」。發號出令而民說，謂之和；上下相親，謂之仁；民不求其所欲而得之，謂之信；除去天地之害，謂之義。義與信，和與仁，霸王之器也。有治民之意而無其器，則不成。器，謂所操以作事者也。義、信、和、仁，皆存乎禮。○說，音悦。去，羌吕反，下「而去之」同。王，徐于況反。操，七刀反。

禮之於正國也，猶衡之於輕重也，繩墨之於曲直也，規矩之於方圜也。故衡誠縣，不可欺以輕重；繩墨誠陳，不可欺以曲直；規矩誠設，不可欺以方圜；君子審禮，不可誣以姦詐。衡，稱也。縣，謂錘也。陳，設，謂弹畫也。誠，猶審也，或作「成」。○圜，音圓。縣，音玄，注同。稱，尺證反。錘，直僞反。弹，徒丹反。畫，胡麥反。是故隆禮由禮，謂之有方之士；不隆禮，不由禮，謂之無方之民。敬讓之道也，故以奉宗廟則敬，以入朝廷則貴賤有位，以處室家則父子親、兄弟和，以處鄉里則長幼有序。孔子曰：「安上治民，莫善於禮。」此之謂也。隆禮，謂盛行禮也。方，猶道也。春秋傳曰：「教之以義方。」

故朝覲之禮，所以明君臣之義也；聘問之禮，所以使諸侯相尊敬也；喪祭之禮，所以明臣子之恩也；鄉飲酒之禮，所以明長幼之序也；昏姻之禮，所以明男女之别也。夫禮，禁亂之所由生，猶坊止水之所自來也。故以舊坊爲無所用而壞之者，必有水敗；以舊禮爲無所用而去之者，必有亂患。春見曰朝，小聘曰問，其篇今亡。昏姻，謂嫁取也。壻曰昏，妻曰姻。自，亦由也。○覲，其靳反。長，丁丈反，下同。姻，音因。别，彼列反。坊，音房，本又作「防」，下同。壞，音怪。見，賢遍反。取，七住反，本亦作「娶」。故昏姻之禮廢，則夫婦之道苦，而淫辟之罪多矣；鄉飲酒之禮廢，則長幼之序失，而争鬭之獄繁矣；喪祭之禮廢，則臣子之恩薄，而倍死忘生者衆矣；聘覲之禮廢，則君臣之位失，諸侯之行惡，而倍畔侵陵之敗起矣[一]。苦，謂不至不荅之屬。○辟，匹亦反。倍，音佩，下同。行，下孟反。

故禮之教化也微，其止邪也於未形，使人日徙善遠罪而不自知也，是以

〔一〕「起」，原脱，據唐石經、撫州本、岳本、嘉靖本、八行本、和本、十行本、閩本、監本、毛本、殿本、阮刻本補。

先王隆之也。易曰：「君子慎始。差若豪氂，繆以千里。」此之謂也。隆，謂尊盛之也。始，謂其微時也。○邪，似嗟反。遠，于萬反。差，初佳反，徐初宜反。豪，户刀反，依字作「毫」。氂，李其反，徐音來，本又作「釐」。繆，音謬。

哀公問第二十七○陸曰：「魯哀公也。鄭云：『善其問禮，著謚以顯之。』」鄭氏注

哀公問於孔子曰：「大禮何如？君子之言禮，何其尊也？」孔子曰：「丘也小人，不足以知禮。」謙不荅也。君曰：「否！吾子言之也。」孔子曰：「丘聞之，民之所由生，禮爲大。非禮無以節事天地之神也，非禮無以辨君臣、上下、長幼之位也，非禮無以別男女、父子、兄弟之親，昬姻疏數之交也。君子以此之爲尊敬然。言君子以此，故尊禮。○長，丁丈反。別，彼列反。數，色角反。然後以其所能教百姓，不廢其會節。君子以其所能於禮教百姓，使其不廢此上事之期節。有成事，然後治其雕鏤、文章、黼黻以嗣。上事行於民有成功，乃後續以治文飾，以爲尊卑之差。○雕，本亦作「彫」。鏤，力豆反。黼，音甫。黻，音弗。其順之，然後言其喪

筭，備其鼎俎，設其豕腊，脩其宗廟，歲時以敬祭祀，以序宗族。即安其居節，醜其衣服，卑其宫室，車不雕幾，器不刻鏤，食不貳味，以與民同利。昔之君子之行禮者如此。」言，語也。筭，數也。即，就也。醜，類也。幾，附纏之也。言君子既尊禮，民以爲順，乃後語以喪祭之禮，就安其居處，正其衣服，教之節儉，與之同利者，上下俱足也。○筭，悉亂反。「備其鼎俎」，本亦無此句。腊，音昔。卑，如字，又音婢。幾，音祈，注同。語以，魚據反。

公曰：「今之君子胡莫之行也？」孔子曰：「今之君子好實無厭，淫德不倦，荒怠敖慢，固民是盡。午其衆以伐有道，求得當欲不以其所。昔之用民者由前，今之用民者由後，今之君子莫爲禮也。」實，猶富也。淫，放也。固，猶故也。午其衆，逆其族類也。當，猶稱也。所，猶道也。由前，用上所言；由後，用下所言。○好，呼報反。厭，於豔反。敖，五報反。午，五故反，一音如字，注同，王肅作「迕」，迕，違也。當，丁浪反，注同。稱，尺證反。

孔子侍坐於哀公，哀公曰：「敢問人道誰爲大？」孔子愀然作色而對曰：「君之及此言也，百姓之德也。固臣敢無辭而對：人道政爲大。」愀然，變動貌也。作，猶變也。德，猶福也。辭，讓也。○坐，才卧反。愀，七小反，舊慈糾反，又在由反，又音秋，又子了反，下同。

公曰：「敢問何謂爲政？」孔子對曰：「政者，正也。君爲正，則百姓從政矣。君之所爲，百姓之所從也。君所不爲，百姓何從？」言君當務於政。公曰：「敢問爲政如之何？」孔子對曰：「夫婦别，父子親，君臣嚴，三者正，則庶物從之矣。」庶物，猶衆事也。○别，彼列反。公曰：「寡人雖無似也，願聞所以行三言之道，可得聞乎？」無似，猶言不肖。○肖，音笑。孔子對曰：「古之爲政，愛人爲大。所以治愛人，禮爲大。所以治禮，敬爲大。敬之至矣，大昏爲大。大昏至矣！大昏既至，冕而親迎，親之也。親之也者，親之也。是故君子興敬爲親，舍敬是遺親也。弗愛不親，弗敬不正。愛與敬，其政之本與！」大昏，國君取禮也。至矣，言至大也。興敬爲親，言相敬則親。○迎，逆敬反，下及注同。舍，音捨。「不親不正」，一本「不」皆作「弗」。與，音餘，下本「與敬」、「與並」同。

公曰：「寡人願有言然。冕而親迎，不已重乎？」已，猶大也。怪親迎，乃服祭服。○大，音泰。孔子愀然作色而對曰：「合二姓之好，以繼先聖之後，以爲天地宗廟社稷之主，君何謂已重乎？」先聖，周公也。○好，呼報反。公曰：「寡人固。不固，焉得聞此言也？寡人欲問，不得其辭，請少進。」固不固，言吾由鄙固故也。請少進，欲其爲言以曉己。○焉，於虔反。爲，于僞反。孔子曰：「天地不合，萬物不生。大昏，萬世之嗣也，君何謂已重焉？」孔子遂言曰：「内以治宗廟之禮，足以配天地之神明；出以治直言之禮，足以立上下之敬；物恥，足以振之；國恥，足以興之。爲政先禮，禮，其政之本與！」宗廟之禮，祭宗廟也。夫婦配天地，有日月之象焉。禮器曰：「君在阼，夫人在房。大明生於東，月生於西，此陰陽之分，夫婦之位也。」直，猶正也。正言，謂出政教也。政教有夫婦之禮焉。昏義曰：「天子聽外治，后聽内職。教順成俗，外内和順，國家理治，此之謂盛德。」物，猶事也。事恥，臣恥也。振，猶救也。國恥，君恥也。君臣之行，有可恥者，禮足以救之，足以興復之。○分，扶問反。治，直吏反，下同。行，下孟反，下「君之行」同。

孔子遂言曰：「昔三代明王之政，必敬其妻子也，有道。妻也者，親之主也，敢不敬與？子也者，親之後也，敢不敬與？君子無不敬也，敬身爲大。身也者，親之枝也，敢不敬與？不能敬其身，是傷其親。傷其親，是傷其本。傷其本，枝從而亡。三者，百姓之象也。身以及身，子以及子，妃以及妃，君行此三者，則愾乎天下矣，大王之道也。如此，國家順矣。」愾，猶至也。大王居豳，爲狄所伐，乃曰：「土地，所以養人也。」君子不以其所養害所養，乃去之岐。是言百姓之身，猶吾身也。百姓之妻子，猶吾妻子也。不忍以土地之故而害之，去之岐而王迹興焉。○妃，芳菲反。愾，許乞反，又許氣反。大，音泰，注同。豳，彼貧反。

公曰：「敢問何謂敬身？」孔子對曰：「君子過言則民作辭，過動則民作則。君子言不過辭，動不過則，百姓不命而敬恭，如是，則能敬其身，能敬其身，則能成其親矣。」則，法也。民者，化君者也。君之言雖過，民猶稱其辭。君之行雖過，民猶以爲法。

公曰：「敢問何謂成親？」孔子對曰：「君子也者，人之成名也。百姓歸之名，謂之君子之子。是使其親爲君子也，是爲成其親之名也已。」孔子遂言曰：「古之爲政，愛人爲大。不能愛人，不能有其身。不能有其身，不能安土。不能安土，不能樂天。不能樂天，不能成其身。」有，猶保也。不能保身者，言人將害之也。不能安土，動移失業也。不能樂天，不知己過而怨天也。○樂天，音洛，下及注同。怨，於元反，又於願反。

公曰：「敢問何謂成身？」孔子對曰：「不過乎物。」物，猶事也。公曰：「敢問君子何貴乎天道也？」孔子對曰：「貴其不已。如日月東西相從而不已也，是天道也。不閉其久，是天道也。無爲而物成，是天道也。已成而明，是天道也。」已，猶止也。是天道也者，言人君法之，當如是也。日月相從，君臣相朝會也。不閉其久，通其政教，不可以倦。無爲而成，使民不可以煩也。已成而明，照察有功。○朝，直遥反。炤，音照，本亦作「照」。

公曰：「寡人惷愚、冥煩，子志之心也！」志，讀爲「識」。識，知也。冥煩者，言不能明理此事。子之心所知也，欲其要言使易行。○惷，始容反，徐昌容反，又湯邦反，一音丁絳反，字林丑凶反，又丑絳反，愚也。冥，莫亭反，徐亡定反。志，依注音「識」，徐音試。易，以豉反。孔子蹴然辟席而對曰：「仁人不過乎物，孝子不過乎物。是故仁人之事親也如事天，事天如事親。是故孝子成身。」蹴然，敬貌。物，猶事也。事親事天，孝敬同也。孝經曰：「事父孝，故事天明。」舉無過事，以孝事親，是所以成身。○蹴，子六反，又在育反。辟，音避。公曰：「寡人既聞此言也，無如後罪何！」既聞此言也者，欲勸行之也。無柰後日過於事之罪何，爲謙辭。孔子對曰：「君之及此言也，是臣之福也。」善哀公及此言。此言，善言也。

仲尼燕居第二十八

○陸曰：「鄭云：『善其不倦，燕居猶使三子侍，言及於禮。著其字，言可法也。退朝而處曰燕居。』」

仲尼燕居，子張、子貢、言游侍，縱言至於禮。言游，言偃，子游也。縱言，汎說事。○燕，於見反。汎，芳劍反。子曰：「居，女三人者！吾語女禮，使女以禮周流，無不徧也。」居，女三人者，女三人且坐也，使之坐。凡與尊者言，更端則起。○女，音汝，後同，本亦作「汝」。語，魚據反，下及注「語女」皆同。徧，音遍。子貢越席而對曰：「敢問何如？」對，應也。子曰：「敬而不中禮，謂之野；恭而不中禮，謂之給；

勇而不中禮，謂之逆。」子曰：「給奪慈仁。」奪，猶亂也。巧言足恭之人，似慈仁，實鮮仁。特言是者，感子貢也。子貢辯，近於給。○中，丁仲反，下同。給，音急，徐渠急反，又其劫反，下同。足，將注反，又如字。鮮，仙淺反。近，「附近」之「近」。子曰：「師，爾過，而商也不及。子産，猶衆人之母也，能食之，不能教也。」過與不及，言敏鈍不同，俱違禮也。衆人之母，言子産慈仁，多不矜莊，又與子張相反。子産嘗以其乘車濟冬涉者，而車梁不成，是慈仁亦違禮。○食，音嗣。敏頓，徒遜反。乘，繩證反，又如字。子貢越席而對曰：「敢問將何以爲此中者也？」子曰：「禮乎禮！夫禮，所以制中也。」禮乎禮，唯有禮也。子貢退，言游進曰：「敢問禮也者，領惡而全好者與？」子曰：「然！」領，猶治也。好，善也。○與，音餘，下「無相與」同。「然則何如？」子曰：「郊社之義，所以仁鬼神也；嘗禘之禮，所以仁昭穆也；饋奠之禮，所以仁死喪也；射鄉之禮，所以仁鄉黨也；食饗之禮，所以仁賓客也。仁，猶存也。凡存此者，所以全善之道也。郊社、嘗禘、饋奠，存死之善者也。射鄉、食饗，存生之善者也。郊有后稷，社有句龍。○昭穆，上遥反，穆亦作「繆」，音同。食饗，音嗣，注同。句，古侯反。子曰：「明乎郊社之義，嘗禘之禮，治國其如指諸掌而已乎！是故以之居處有禮，故長幼辨也；以之閨門之内有禮，故三族和也；以之朝廷有禮，故官爵序也；以之田獵有禮，故戎事閑也；以之軍旅有禮，故武功成也。是故宫室得其度，量鼎得其象，味得其時，樂得其節，車得其式，鬼神得其饗，喪紀得其哀，辨説得其黨，官得其體，政事得其施，加於身而錯於前，凡衆之動得其宜。」治國指諸掌，言易知也。郊社嘗禘，尊卑之事，有治國之象焉。辨，别也。三族，父子孫也。凡言得者，得法於禮也。量，豆、區、斗、斛也。味，酸苦之屬也。四時有所多，及獻所宜也。式，謂載也，所載有尊卑。辨禮之説，謂禮樂之官教學者。黨，類也。體，尊卑異而合同。○長，丁丈反，後皆同。量，音諒，注及下同。錯，七故反，本又作「措」，後同。易，以豉反。别，彼列反，下「其别」同。區，烏侯反。

子曰：「禮者何也？即事之治也。君子有其事，必有其治。治國而無禮，譬猶瞽之無相與！倀倀乎其何之？譬如終夜有求於幽室之中，非燭何見？若無禮，則手足無所錯，耳目無所加，進退揖讓無所制。是故以之居處，長幼失其別，閨門三族失其和，朝廷官爵失其序，田獵戎事失其策，軍旅武功失其制，宮室失其度，量鼎失其象，味失其時，樂失其節，車失其式，鬼神失其饗，喪紀失其哀，辨説失其黨，官失其體，政事失其施，加於身而錯於前，凡衆之動失其宜。如此則無以祖洽於衆也。」凡言失者，無禮故也。策，謀也。祖，始也。洽，合也。言失禮，無以爲衆倡始，無以合和衆。○治，直吏反，下「其治」、「治國」並同。瞽，音古。相，息亮反。倀，勑良反，無見貌。策，初革反。爲衆，于僞反，又如字。倡，尺亮反。

子曰：「慎聽之，女三人者！吾語女，禮猶有九焉，大饗有四焉。苟知此矣，雖在畎畝之中，事之，聖人已。兩君相見，揖讓而入門，入門而縣興，揖讓而升堂，升堂而樂闋，下管象、武，夏、籥序興，陳其薦俎，序其禮樂，備其百官，如此而后君子知仁焉。行中規，還中矩，和鸞中采齊，客出以雍，徹以振羽，是故君子無物而不在禮矣。入門而金作，示情也。升歌清廟，示德也。下而管象，示事也。是故古之君子不必親相與言也，以禮樂相示而已。」猶有九焉，吾所欲語女餘有九也，但大饗有四。大饗，謂饗諸侯來朝者也。四者，謂金再作，升歌清廟，下管象也。事之，謂立置於位也。聖人已者，是聖人也。縣興，金作也。金再作者，獻主君又作也。下，謂堂下也。象、武，武舞也。夏、籥，文舞也。序，更也。堂下吹管，舞文、武之樂更起也。知仁焉，知禮樂所存也。采齊、雍、振羽，皆樂章也。振羽，振鷺及雍。金作示情也，賓、主人各以情相示也。金性内明，象人情也。示德也，相示以德也。清廟，頌文王之德。示事也，相示以事也。武，象武王之大事也。○畎，古犬反。縣，音玄，注同。闋，苦穴反。籥，音藥。中，丁仲反，下同。還，音旋。齊，本又作「薺」，在細、在私二反，注同。更，音庚，下同。鷺，音路。

子曰：「禮也者，理也。樂也者，節也。君子無理不動，無節不作。不能詩，於禮繆。不能樂，於禮素。薄於德，於禮虚。」繆，誤也。素，猶質也。歌詩，所以通禮意也。作樂，所以同成禮文也。崇德，所以實禮行也。王制曰：「樂正崇四術，立四教，順先王詩、書、禮、樂以造士，春秋教以禮、樂，冬夏教以詩、書，王大子、王子、羣后之大子，卿大夫、元士之適子，國之俊選，皆造焉。」則古之人，皆知諸侯之禮樂。○繆，音謬，注同。行，下孟反，又如字。夏，户嫁反。大子，音泰，下「大子」、下文「大平」同。適，丁歷反。選，宣面反。造，才早反，徐七到反。

子曰：「制度在禮，文爲在禮，行之其在人乎？」文爲，文章所爲。子貢越席而對曰：「敢問夔其窮與？」見其不達於禮。○夔，求龜反。與，音餘。子曰：「古之人與，古之人也！達於禮而不達於樂，謂之素；達於樂而不達於禮，謂之偏。夫夔達於樂而不達於禮，是以傳於此名也，古之人也。」素與偏，俱不備耳。夔達於樂，傳世名，此賢人也，非不能，非所謂窮。○傳，丈專反，注同。

子張問政。子曰：「師乎，前！吾語女乎！君子明於禮樂，舉而錯之而已。」言禮樂足以爲政也。錯，猶施行也。○子曰師乎，絶句。子張復問。子曰：「師，爾以爲必鋪几筵，升降酌獻酬酢，然後謂之禮乎？爾以爲必行綴兆，興羽籥，作鍾鼓，然後謂之樂乎？言而履之，禮也。行而樂之，樂也。君子力此二者，以南面而立，夫是以天下太平也。諸侯朝，萬物服體，而百官莫敢不承事矣。禮之所興，衆之所治也。禮之所廢，衆之所亂也。目巧之室，則有奧阼，席則有上下，車則有左右，行則有隨，立則有序，古之義也。室而無奧阼，則亂於堂室也。席而無上下，則亂於席上也。車而無左右，則亂於車也。行而無隨，則亂於塗也。立而無序，則亂於位也。昔聖帝明王諸侯，辨貴賤長幼遠近男女，外内莫敢相踰越，皆由此塗出也。」服體，體服也，謂萬物之符長皆來爲瑞應也。衆之所治，衆之所以治也。衆之所亂，衆之所以亂也。目巧，謂但用巧目善意作室，不由法度，猶有奥阼賓主之處也。自目巧以下，古今常事，不可廢改也。○復，扶又反。鋪，普胡反，徐音乎。樂之，音洛，又音岳。治，直吏反，注同。奥，字又作「隩」，烏報反。阼，才故反。符長，丁丈反。隱義云：「符，謂甘露醴泉之屬；長，謂麟鳳五靈之屬。」應，「應對」之「應」，徐於甑反。處，昌慮反。三子者既得聞此言也於夫子，昭然若發矇矣。乃曉禮樂不可廢改之意也。○昭，章遥反，徐之紹反，明也。矇，音蒙。矣，本亦無「矣」字。

孔子間居第二十九

○陸曰：「間，音閑。鄭云：『名孔子間居者，善其倦而不衰，猶使一子侍，爲之説詩，著其氏，言可法也。退燕避人曰間居。』」

鄭氏注

孔子間居，子夏侍。子夏曰：「敢問詩云：『凱弟君子，民之父母。』何如斯可謂『民之父母』矣？」凱弟，樂易也。○凱，本又作「愷」，又作「豈」，丘在反，注同。

弟，本作「悌」，徒禮反，注同。樂，音洛。易，以豉反。孔子曰：「夫『民之父母』乎，必達於禮樂之原，以致『五至』而行『三無』，以横於天下，四方有敗，必先知之。此之謂『民之父母』矣。」原，猶本也。横，充也。敗，謂禍裁也。○裁，音災。

子夏曰：「『民之父母』既得而聞之矣，敢問何謂『五至』？」孔子曰：「志之所至，詩亦至焉；詩之所至，禮亦至焉；禮之所至，樂亦至焉；樂之所至，哀亦至焉，哀樂相生。是故正明目而視之，不可得而見也；傾耳而聽之，不可得而聞也；志氣塞乎天地。此之謂『五至』。」凡言至者，至於民也。志，謂恩意也。言君恩意至於民，則其詩亦至也。詩，謂好惡之情也。自此以下，皆謂「民之父母」者，善推其所有，以與民共之。云耳不能聞〔一〕，目不能見，行之在心也〔二〕。塞，滿也。○哀樂，音洛，舊音岳。頃耳，音傾。好惡，並如字，一音上呼報反，下烏路反。

子夏曰：「『五至』既得而聞之矣，敢問何謂『三無』？」孔子曰：「無聲之

〔一〕「云」，原訛作「人」，據考證改。
〔二〕「在」下，原衍「胷」字，據考證删。考證曰：「刊本『云』訛『人』，『在』下衍『胷』字，據集説改删。」

樂，無體之禮，無服之喪，此之謂『三無』。」

子夏曰：「『三無』既得略而聞之矣，敢問何詩近之？」於意未察，求其類於詩，詩長人情。○近，「附近」之「近」。長，丁丈反。孔子曰：「『夙夜其命宥密』，無聲之樂也。『威儀逮逮，不可選也』，無體之禮也。『凡民有喪，匍匐救之』，無服之喪也。」詩讀「其」爲「基」，聲之誤也；基，謀也。密，静也。言君夙夜謀爲政，教以安民，則民樂之，此非有鍾鼓之聲也。逮逮，安和之貌也。言君之威儀安和，逮逮然則民傚之，此非有升降揖讓之禮也。救之，賙恤之，言君於民有喪，有以賙恤之，則民傚之，此非有衰絰之服。○其命，依注音「基」。宥，音又。逮，大計反，注同。選，宣面反。匍，音扶，又音蒲。匐，音服，又蒲北反。傚，胡孝反。賙，音周。衰，七雷反。絰，大結反。

子夏曰：「言則大矣，美矣，盛矣！言盡於此而已乎？」孔子曰：「何爲其然也？君子之服之也，猶有『五起』焉。」言盡於此乎？意以爲説未盡也。服，猶習也。君子習讀此詩，起此之義，其説有五也。子夏曰：「何如？」孔子曰：「無聲之樂，氣志不違；無體之禮，威儀遲遲；無服之喪，内恕孔悲。無聲之樂，氣志既得；無體之禮，威儀翼翼；無服之喪，施及四國。無聲之樂，氣志既從；無體之禮，上下和同；無服之喪，以畜萬邦。無聲之樂，日聞四方；無體之禮，日就月將；無服之喪，純德孔明。無聲之樂，氣志既起；無體之禮，施及四海；無服之喪，施于孫子。」不違者，民不違君之氣志也。孔，甚也。施，易也。從，順也。畜，孝也。使萬邦之民，競爲孝也。就，成也。將，大也。使民之傚禮，日有所成，至月則大矣。起，猶行也。○施及，以豉反，下同。畜，許六反。聞，音問，下「令聞」并注同。施，易也，並以豉反。

子夏曰：「三王之德，參於天地。敢問何如斯可謂參天地矣？」孔子曰：「奉『三無私』以勞天下。」三王，謂禹、湯、文王也。參天地者，其德與天地爲三也。勞，勞來。○勞，力報反，注及下同。來，力代反。

子夏曰：「敢問何謂『三無私』？」孔子曰：「天無私覆，地無私載，日月無私照。奉斯三者，以勞天下，此之謂『三無私』。其在詩曰：『帝命不違，至于湯齊。湯降不遲，聖敬日齊。昭假遲遲，上帝是祗，帝命式于九圍。』是湯之德也。帝，天帝也。詩讀「湯齊」爲「湯躋」，躋，升也。降，下也。齊，莊也。昭，明也。假，至也。祇，敬也。式，用也。九圍，九州之界也。此詩云殷之先君，其爲政不違天之命，至於湯，升爲君，又下天之政教甚疾，其聖敬日莊嚴，其明道至於民，遲遲然安和，天是用敬之，命之用事於九州，謂使王也。「是湯之德」者，是湯奉天無私之德也。○炤，音照，本亦作「照」。湯齊，依注音「躋」，亦作「隮」，子兮反。詩，如字。日，人實反。齊，側皆反，注「齊莊」同，詩作躋，子兮反。假，音格，注同。遲，直私反。祇，諸夷反。使王，于況反，下「王天下」、「王功」皆同。

天有四時，春秋冬夏，風雨霜露，無非教也。地載神氣，神氣風霆，風霆流形，庶物露生，無非教也。言天之施化收殺，地之載生萬物，此非有所私也。「無非教」者，皆人君所當奉行以爲政教。○神氣風霆，音廷，絕句。風霆流形，絕句。

清明在躬，氣志如神。耆欲將至，有開必先。天降時雨，山川出雲。其在詩曰：『嵩高惟嶽，峻極于天。惟嶽降神，生甫及申。惟申及甫，惟周之翰。四國于蕃，四方于宣。』此文、武之德也。清明在躬，氣志如神〔一〕，謂聖人也。耆欲將至，謂其王天下之期將至也，神有以開之，必先爲之生賢知之輔佐，若天將降時雨，山川爲之先出雲矣。峻，高大也。

〔一〕「神」，原訛作「伸」，據撫州本、紹熙本、岳本、嘉靖本、八行本、和本、十行本、閩本、監本、毛本、殿本、阮刻本改。

翰，幹也。言周道將興，五嶽爲之生賢輔佐，仲山甫及申伯，爲周之幹臣。天下之蕃衛，宣德於四方，以成其王功。此文、武之德也。是文王、武王奉天地無私之德也。此宣王詩也。文、武之時，其德如此，而詩無以言之，取類以明之。○耆欲，市志反，注同。嵩，息忠反。嶽，音岳。峻，私俊反。翰，胡旦反，徐音寒。蕃，方袁反。爲之，于僞反，下「川爲」、「嶽爲」皆同。賢知，音智。三代之王也，必先其令聞。詩云：『明明天子，令聞不已。』三代之德也。令，善也，言以名德善聞，天乃命之王也。不已，不倦止也。『弛其文德，協此四國』。大王之德也。」弛，施也。協，和也。大王，文王之祖。周道將興，始有令聞。○弛，徐式氏反，一音式支反，注同，皇作弛。大，音泰，注同。弛施，如字，皇本作「施布也」。

子夏蹶然而起，負牆而立，曰：「弟子敢不承乎？」承，奉承不失隊也。「起負牆」者，所問竟，辟後來者。○蹶，居衛反，徐音厥。隊，直媿反。辟，音避。

坊記第三十

○陸曰：「坊，音防；徐扶訪反，經文皆同。鄭云：『名坊記者，以其記六藝之義，所以坊人之失也。』」

子言之：「君子之道，辟則坊與，坊民之所不足者也。民所不足，謂仁義之道也。失道，則放辟邪侈也。○辟，匹亦反，注同，舊芳益反，徐又音譬。與，音餘。邪，似嗟反。侈，昌氏反，又尺氏反。大爲之坊，民猶踰之。言嚴其禁，尚不能止，況不禁乎？故君子禮以坊德，刑以坊淫，命以坊欲。」命，謂教令。

子云：「小人貧斯約，富斯驕，約斯盜，驕斯亂。約，猶窮也。○喬，音驕，本亦作「驕」，下同。禮者，因人之情而爲之節文，以爲民坊者也。故聖人之制富貴也，使民富不足以驕，貧不至於約，貴不慊於上，故亂益亡。」此節文者，謂農有田里之差，士有爵命之級也〔一〕。慊，恨不滿之貌也。慊，或爲嫌。○慊，口簟反。級，音給。

子云：「貧而好樂，富而好禮，衆而以寧者，天下其幾矣。言如此者寡也。寧，安也。大族衆家，恒多作亂。○好，呼報反，下同。樂，音洛，又音岳。幾，居豈反，又音譏。詩云：『民之貪亂，寧爲荼毒。』言民之貪爲亂者，安其荼毒之行，惡之也。○荼，音徒。行，下孟反。惡，烏路反，下「猶惡」皆同。故制國不過千乘，都城不過百雉，家富不過百乘，以此坊民，諸侯猶有畔者。」古者方十里，其中六十四井，出兵車一乘，此兵賦之法也。

〔一〕「也」，原脱，據撫州本、岳本、八行本補。

成國之賦，千乘。雉，度名也。高一丈、長三丈爲雉。百雉，爲長三百丈，方五百步。子男之城，方五里。百雉者，此謂大都三國之一。○乘，繩證反，下注同。高，古報反。長，直亮反，下同。

子云：「夫禮者，所以章疑別微，以爲民坊者也。故貴賤有等，衣服有別，朝廷有位，則民有所讓。」位，朝位也。○別，彼列反，下同。朝，直遥反，下皆同。

子云：「天無二日，土無二王，家無二主，尊無二上，示民有君臣之別也。春秋不稱楚、越之王喪。禮，君不稱天，大夫不稱君，恐民之惑也。楚、越之君，僭號稱王。不稱其喪，謂不書葬也。春秋傳曰：「吴、楚之君不書葬，辟其僭號也。」臣者天君，稱天子爲天王，稱諸侯不言天公，辟王也。大夫有臣者，稱之曰主，不言君，辟諸侯也。此者，皆爲使民疑惑，不知孰者尊也。周禮曰：「主友之讎，視從父昆弟。」○僭，子念反，下同。辟，音避，下同。皆爲，于僞反。詩云：『相彼盍旦，尚猶患之。』」盍旦，夜鳴求旦之鳥也。求不可得也，人猶惡其欲反晝夜而亂晦明，況於臣之僭君，求不可得之類，亂上下，惑衆也。○相，息亮反。盍，音渴，徐苦蓋反，注同。

子云：「君不與同姓同車，與異姓同車不同服，示民不嫌也。以此坊民，民猶得同姓以弑其君。」同姓者，謂先王、先公子孫，有繼及之道者也。其非此，則無嫌也。僕、右恒朝服，君則各以時事，唯在軍同服爾。○殺，音試，本又作「弑」。

子云：「君子辭貴不辭賤，辭富不辭貧，則亂益亡。亡，無也。○「子云」，自此以下，本或作「子曰」。故君子與其使食浮於人也，寧使人浮於食。」食，謂祿也。在上曰浮。祿勝己則近貪，己勝祿則近廉。○近，「附近」之「近」。

子云：「觴酒豆肉，讓而受惡，民猶犯齒。衽席之上，讓而坐下，民猶犯貴。朝廷之位，讓而就賤，民猶犯君。犯，猶僭也。齒，年也。禮，六十以上，籩豆有加，貴秩異者。○觴，音傷。衽，而審反，又而鴆反。上，時掌反。詩云：『民之無良，相怨一方。受爵不讓，至于己斯亡。』」良，善也。言無善之人，善遥相怨，貪爵祿，好得無讓，以至亡己。○好，呼報反。

子云：「君子貴人而賤己，先人而後己，則民作讓，故稱人之君曰君，自稱其君曰寡君。」寡君，猶言少德之君，言之謙。

子云：「利祿先死者而後生者，則民不偝；先亡者而後存者，則民可以託。言不偷於死亡，則於生存信。○偝，音佩，下及注同。愉，音偷，本亦作「偷」。詩云：

『先君之思，以畜寡人。』此衛夫人定姜之詩也。定姜無子，立庶子衎，是爲獻公。畜，孝也。獻公無禮於定姜，定姜作詩，言獻公當思先君定公，以孝於寡人。○畜，許六反，注同，毛詩作勗。定姜之詩，此是魯詩，毛詩爲莊姜。衎，苦旦反。以此坊民，民猶偝死而號無告。」死者見偝，其家之老弱號呼稱冤，無所告無理也。○號，户羔反，注同。冤，於袁反。

子云：「有國家者，貴人而賤禄，則民興讓；尚技而賤車，則民興藝。言人君貴尚賢者能者，而不吝於班禄賜車服，則讓道興。賢者能者，人所服也。技，猶藝也。○技，其綺反，注同。吝，力刃反，又力鎮反。故君子約言，小人先言。」言人尚德不尚言也。約與先，互言爾。君子約則小人多矣，小人先則君子後矣。易曰：「君子以多識前言往行，以畜其德。」○行，下孟反。畜，勑六反。

子云：「上酌民言，則下天上施。上不酌民言，則犯也；下不天上施，則亂也。酌，猶取也。取衆民之言，以爲政教，則得民心；得民心，則恩澤所加，民受之如天矣，言其尊。○施，始豉反，下同。故君子信讓以涖百姓，則民之報禮重。涖，臨也。報禮重者，猶言能死其難。○涖，音利，又音類。難，乃旦反。詩云：『先民有言，詢于芻蕘。』

先民，謂上古之君也。詢，謀也。芻蕘，下民之事也。言古之人君，將有政教，必謀之於庶民乃施之。○詢，音荀。芻，初俱反。蕘，如遥反。

子云：「善則稱人，過則稱己，則民不争；善則稱人，過則稱己，則怨益亡。詩云：『爾卜爾筮，履無咎言。』」爾，女也。履，禮也。言女鄉卜筮，然後與我爲禮，則無咎惡之言矣。言惡在己，彼過淺。○争，「争鬭」之「争」。履，如字，毛詩作「體」。女，音汝，下及下文皆同。嚮，許亮反，本亦作「鄉」。

子云：「善則稱人，過則稱己，則民讓善。詩云：『考卜惟王，度是鎬京。惟龜正之，武王成之。』」度，謀也。鎬京，鎬宫也。言武王卜而謀，居此鎬邑，龜則出吉兆正之，武王築成之。此臣歸美於君。○度，徒洛反，注同，毛詩作「宅」。鎬，胡老反。

子云：「善則稱君，過則稱己，則民作忠。君陳曰：『爾有嘉謀嘉猷，入告爾君于内。女乃順之于外，曰：此謀此猷，惟我君之德。於乎！是惟良顯哉！』」君陳，蓋周公之子，伯禽弟也。名篇在尚書，今亡。嘉，善也。猷，道也。於乎是惟良顯哉，美君之德。○於，音烏，下火吴反，注同。

子云：「善則稱親，過則稱己，則民作孝。大誓曰：『予克紂，非予武，惟朕文考無罪；紂克予，非朕文考有罪，惟予小子無良。』」大誓，尚書篇名也。克，勝也。非予武，非我武功也。文考，文王也。無罪，則言有德也。無良，無功善也。此武王誓衆以伐紂之辭也。今大誓無此章，則其篇散亡。○大，音泰，本亦作「泰」，注同。

子云：「君子弛其親之過而敬其美。」弛，猶棄忘也。孝子不藏識父母之過。○弛，式氏反，注同。論語曰：「三年無改於父之道，可謂孝矣。」不以己善，駁親之過。○駁，邦角反。高宗云：「三年其惟不言，言乃讙。」高宗，殷王武丁也。名篇在尚書。三年不言，有父小乙喪之時也。讙，當爲「歡」，聲之誤也。其既言天下皆歡喜，樂其政教也。○讙，依注音「歡」，火官反。樂，音洛。

子云：「從命不忿，微諫不倦，勞而不怨，可謂孝矣。微諫不倦者，子於父母，尚和順，不用鄂鄂。論語曰：「事父母幾諫，見志不從，又敬不違。」内則曰：「父母有過，下氣怡色，柔聲以諫，諫若不入，起敬起孝，説則復諫。」此所謂不倦。○鄂，五各反，本又作「諤」。説，音悦。復，扶又反。詩云：『孝子不匱。』」匱，乏也。孝子無乏止之時。○匱，其媿反。

子云：「睦於父母之黨，可謂孝矣。睦，厚也。黨，猶親也。故君子因睦以合族。合族，謂與族人燕，與族人食。詩云：『此令兄弟，綽綽有裕。不令兄弟，交相爲瘉。』」令，善也。綽綽，寬容貌也。交，猶更也。瘉，病也。○綽，昌灼反。裕，羊樹反。瘉，羊主反。更，古衡反。

子云：「於父之執，可以乘其車，不可以衣其衣，君子以廣孝也。」父之執，與父執志同者也。可以乘其車，車於身，差遠也。謂今與己位等。○衣，於既反。差，初賣反。

子云：「小人皆能養其親，君子不敬，何以辨？」辨，别也。○養，羊尚反。

子云：「父子不同位，以厚敬也。同位，尊卑等，爲其相褻。○爲，于僞反，下「專爲」同。褻，息列反。書云：『厥辟不辟，忝厥祖。』」厥，其也。辟，君也。忝，辱也。爲君不君，與臣子相褻，則辱先祖矣。君父之道，宜尊嚴。○厥辟不辟，並必亦反，注同。

子云：「父母在，不稱老，言孝不言慈。閨門之内，戲而不歎。孝上施，言慈則嫌下流也。戲，謂孺子言笑者也。孟子曰：「舜年五十而不失其孺子之心。」歎，謂有憂戚之聲也。○孺，而注反。君子以此坊民，民猶有薄於孝而厚於慈。」

子云：「長民者，朝廷敬老，則民作孝。」長民，謂天子、諸侯也。○長，丁丈反，注及下「事長」同。

子云：「祭祀之有尸也，宗廟之有主也，示民有事也。脩宗廟，敬祀事，教民追孝也。有事，有所尊事。以此坊民，民猶忘其親。」

子云：「敬則用祭器。祭器，籩、豆、簋、鉶之屬也。有敬事於賓客，則用之，謂饗食也。盤盂之屬，爲燕器。○簋，音軌。鉶，音刑。食，音嗣，下文「食禮」同。盤，步干反。盂，音于。故君子不以菲廢禮，不以美没禮。言不可以其薄不及禮而不行禮，亦不可以其美過禮而去禮。禮主敬，廢滅之，是不敬。○菲，芳鬼反，薄也。去，起吕反。故食禮，主人親饋，則客祭；主人不親饋，則客不祭。故君子苟無禮，雖美不食焉。易曰：『東鄰殺牛，不如西鄰之禴祭，寔受其福。』東鄰，謂紂國中也。西鄰，謂文王國中也。此辭在既濟。既濟，離下坎上，離爲牛，坎爲豕。西鄰禴祭則用豕與？言殺牛而凶，不如殺豕受福。喻奢而慢，不如儉而敬也。春秋傳曰：「黍稷非馨，明德惟馨。」信矣！○饋，其位反。禴，音藥。寔，時力反，易作「實」。與，音餘。詩云：『既醉以酒，既飽以德。』言君子饗燕，非專爲酒肴，亦以觀威儀，講德美。○肴，户交反。以此示民，民猶争利而忘義。」

子云：「七日戒，三日齊，承一人焉以爲尸，過之者趨走，以教敬也。戒，謂散齊也。承，猶事也。○齊，側皆反，注同。散，悉但反。醴酒在室，醍酒在堂，澄酒在下，示民不淫也。淫，猶貪也。澄酒，清酒也。三酒尚質，不尚味。○醍，音體。尸飲三，衆賓飲一，示民有上下也。上下，猶尊卑也。主人、主婦、上賓獻尸，乃後，主人降，洗爵，獻賓。因其酒肉，聚其宗族，以教民睦也。言祭有酒肉，羣昭羣穆皆至，而獻酬之，咸有薦俎。○昭，常遥反。故堂上觀乎室，堂下觀乎上。謂祭時肅敬之威儀也。詩云：『禮儀卒度，笑語卒獲。』」卒，盡也。獲，得也。言在廟中者，不失其禮儀，皆歡喜得其節也。○度，如字，法度也，徐涂洛反。

子云：「賓禮每進以讓，喪禮每加以遠。浴於中霤，飯於牖下，小斂於户內，大斂於阼，殯於客位，祖於庭，葬於墓，所以示遠也。遠之，所以崇敬也。阼，或爲「堂」。○霤，力救反。飯，扶晚反。牖，音酉。殷人弔於壙，周人弔於家，示民不偝也。」既葬，哀而哭踊，於是弔之。○壙，苦晃反。

子云：「死，民之卒事也，吾從周。周於送死尤備。以此坊民，諸侯猶有薨而不葬者。」

子云：「升自客階，受弔於賓位，教民追孝也。謂反哭時也。既葬矣，猶不由阼階，不忍即父位也。未没喪，不稱君，示民不争也。故魯春秋記晉喪曰：『殺其君之子奚齊，及其君卓。』没，終也。春秋傳曰：「諸侯於其封内，三年稱子；至其臣子，踰年則謂之君矣。」奚齊與卓子，皆獻公之子也。獻公卒，其年奚齊殺；明年，而卓子殺矣。○争，「争鬭」之「争」，下「民争」同。殺，音弑，注及下同，一音如字。卓，敕角反，注同。以此坊民，子猶有弑其父者。」弑父，不子之甚。

子云：「孝以事君，弟以事長，示民不貳也。故君子有君不謀仕，唯卜之日稱二君。不貳，不自貳於尊者也。自貳，謂若鄭叔段者也。君子有君，謂君之子父在者也。不謀仕，嫌遲爲政也。卜之日，謂君有故而爲之卜也。二，當爲「貳」。唯卜之時，辭得曰「君之貳某爾。」晉惠公獲於秦，命其大夫歸，擇立君，曰：「其卜貳圉也。」○弟，音悌。鄭段，徒亂反，本亦云「鄭叔段」也。遲，直志反。而爲，于僞反。圉，魚吕反，晉惠公太子，懷公名。喪父三年，喪君三年，示民不疑也。不疑於君之尊也。君無骨肉之親，不重其服，至尊不明。父母在，不敢有其身，不敢私其財，示民有上下也。身及財，皆當統於父母也。

有，猶專也。故天子四海之内無客禮，莫敢爲主焉。故君適其臣，升自阼階，即位於堂，示民不敢有其室也。臣，亦統於君。父母在，饋獻不及車馬，示民不敢專也。車馬，家物之重者。○饋，本又作「餽」〔一〕，音同。以此坊民，民猶忘其親而貳其君。」

子云：「禮之先幣帛也，欲民之先事而後禄也。此禮，謂所執之摯以見者也。既相見，乃奉幣帛以修好也。或云：「禮之先辭，而後幣帛。」○贄，音至。見，賢遍反。好，呼報反。先財而後禮，則民利；財，幣帛也。利，猶貪也。無辭而行情，則民争。辭，辭讓也。情主利欲也。故君子於有饋者，弗能見則不視其饋。饋，遺也。不能見，謂有疾也。不視，猶不内也。○遺，于季反，下「遺民」同。内，音納，又如字。易曰：『不耕穫，不菑畬，凶。』言必先種之，乃得穫。若先菑，乃得畬也。安有無事而取利者乎？田一歲曰菑，二歲曰畬，三歲曰新田。○穫，户郭反。菑，側其反。畬，音餘。以此坊民，民猶貴禄

〔一〕「餽」，原訛作「媿」，據彙校卷第十三、撫釋一、和本、殿本改。

而賤行。」行，猶事也。言務得其禄，不務其事。○行，下孟反，注同。

子云：「君子不盡利以遺民，不與民争利也。詩云：『彼有遺秉，此有不歛穧，伊寡婦之利。』言穫者之遺餘，捃拾所以爲利。○穧，子賜反，又才計反。捃，君運反。拾，音十。故君子仕則不稼，田則不漁，食時不力珍，大夫不坐羊，士不坐犬。食時，謂食四時之膳也。力，猶務也。天子、諸侯有秩膳。古者殺牲，食其肉，坐其皮，不坐犬羊，是不無故殺之。詩云：『采葑采菲，無以下體。德音莫違，及爾同死。』葑，蔓菁也，陳、宋之間謂之葑。菲，葍類也。下體，謂其根也。采葑菲之菜者，采其葉而可食，無以其根美則并取之，苦則棄之。并取之，是盡利也。此詩故親、今疏言人之交，當如采葑采菲，取一善而已。君子不求備於一人，能如此，則德美之音，不離令名，我願與女同死矣。論語曰：「故舊無大故，則不棄也。」○葑，芳容反。菲，芳尾反。蔓，音萬，徐音蠻。菁，音精，又子丁反。葍，音富，又音福。并，必政反，又如字，下同。離，力智反。女，音汝。以此坊民，民猶忘義而争利，以亡其身。」

子云：「夫禮，坊民所淫，章民之别，使民無嫌，以爲民紀者也。淫，猶貪也。

章，明也。嫌，嫌疑也。故男女無媒不交，無幣不相見，恐男女之無别也。重男女之會，所以遠别之於禽獸也。有幣者，必有媒；有媒者，不必有幣。仲春之月，會男女之時，不必待幣。○媒，音梅，注同。以此坊民，民猶有自獻其身。獻，猶進也。詩云：『伐柯如之何？匪斧不克。取妻如之何？匪媒不得。』『蓺麻如之何？横從其畝。取妻如之何，必告父母。』伐柯，伐木以爲柯也。克，能也。蓺，猶樹也。横從，横行治其田也。言取妻之法，必有媒，如伐柯之必須斧也。取妻之道，必告父母，如樹麻，當先易治其田。○柯，古何反，斧柄。取，七樹反，後皆同。從，子容反，注同。横行治其田，本亦作「遊行治其田」。易，以豉反。

子云：「取妻不取同姓，以厚别也。厚，猶遠也。○不取，如字，又七樹反。故買妾不知其姓，則卜之。妾言買者，以其賤，同之於衆物也。士庶之妾恒多，凡庸有不知其姓者。以此坊民，魯春秋猶去夫人之姓曰吴，其死，曰『孟子卒』。」吴，大伯之後，魯同姓也，昭公取焉，去姬曰吴而已。至其死，亦略云「孟子卒」，不書夫人某氏薨。孟子，蓋其且字。○去，起吕反，注同。大，音泰。

子云：「禮，非祭，男女不交爵。交爵，謂相獻酢。以此坊民，陽侯猶殺繆侯而竊其夫人。同姓也，以貪夫人之色，至殺君而立，其國未聞。○殺，音試，注同，一音如字。繆，音穆。故大饗廢夫人之禮。」大饗，饗諸侯來朝者也。夫人之禮，使人攝。○朝，直遥反。

子云：「寡婦之子，不有見焉，則弗友也，君子以辟遠也。有見，謂睹其才藝也。同志爲友。○見，賢遍反，注及下同。辟，音避。遠，于萬反，下「遠色」同。故朋友之交，主人不在，不有大故，則不入其門。大故，喪病。以此坊民，民猶以色厚於德。」

子云：「好德如好色。此句似不足。論語曰：「未見好德如好色。」疾時人厚於色之甚而薄於德也。○好，呼報反，下及注同。諸侯不下漁色。謂不内取於國中也。内取國中，爲下漁色。昏禮，始納采，謂采擇其可者也。國君而内取，象捕魚然，中網取之，是無所擇。○捕，蒲布反。中網，丁仲反。故君子遠色以爲民紀，故男女授受不親，不親者，不以手相與也。内則曰：「非祭非喪，不相授器。其相授，則女受以篚；其無篚，則皆坐奠之，而後取之。」○篚，音匪。御婦人，則進左手。御者在右，前左手，則身微背之。姑、姊妹、女子子已嫁而反，男子不與同席而坐。女子十年而不出也。嫁及成人，可以出矣。猶不與男子共席而坐，遠别。寡婦不夜哭。嫌思人道。婦人疾，問之，不問其疾。嫌媚，略之也。問增損而已。以此坊民，民猶淫泆而亂於族。」亂族，犯非妃匹也。○泆，音逸，本又作「佚」，同。妃匹，音配，一音如字。

子云：「昏禮：壻親迎，見於舅姑，舅姑承子以授壻，恐事之違也。舅姑，妻之父母也。妻之父爲外舅，妻之母爲外姑。父戒女曰：「夙夜無違命。」母戒女曰：「毋違宫事。」○迎，魚敬反。以此坊民，婦猶有不至者。」不至，不親夫以孝舅姑也。春秋成公九年春二月，伯姬歸於宋。夏五月，季孫行父如宋致女。是時，宋共公不親迎，恐其有違而致之也。○父，音甫。

禮記卷第十五

經伍仟伍伯伍拾叁字

注肆仟柒伯陸拾壹字

音義貳仟貳伯貳拾貳字

仁仲比校訖

禮記卷第十六

中庸第三十一

○陸曰：「鄭云：『以其記中和之爲用也。庸，用也。孔子之孫子思作之，以昭明聖祖之德也。』」

禮記　　鄭氏注

天命之謂性，率性之謂道，脩道之謂教。天命，謂天所命生人者也，是謂性命。木神則仁，金神則義，火神則禮，水神則信，土神則知。孝經説曰：「性者，生之質命，人所稟受度也。」率，循也。循性行之，是謂道。脩，治也。治而廣之，人放傚之，是曰教。○率，所律反。知，音智，下「知者」、「大知」皆同。放，方往反。傚，胡教反。道也者，不可須臾離也，可離非道也。道，猶道路也，出入動作由之，離之惡乎從也？○離，力智反，下及注同。惡，音烏。是故君子戒慎乎其所不睹，恐懼乎其所不聞。小人閒居爲不善，無所不至也。

君子則不然，雖視之無人，聽之無聲，猶戒慎恐懼自脩正，是其不須臾離道。○睹，丁古反。恐，匡勇反，注同。間，音閑，下同。**莫見乎隱，莫顯乎微，故君子慎其獨也。**慎獨者，慎其閒居之所爲。小人於隱者，動作言語，自以爲不見睹，不見聞，則必肆盡其情也。若有佔聽之者，是爲顯見，甚於衆人之中爲之。○見，賢遍反，注「顯見」同，一音如字。佔，勑廉反。**喜怒哀樂之未發，謂之中；發而皆中節，謂之和。中也者，天下之大本也；和也者，天下之達道也。**中爲大本者，以其含喜、怒、哀、樂，禮之所由生，政教自此出也。○樂，音洛，注同。中，丁仲反，下注「爲之中」同。**致中和，天地位焉，萬物育焉。**致，行之至也。位，猶正也。育，生也，長也。○長，丁丈反。

仲尼曰：「君子中庸，小人反中庸。君子之中庸也，君子而時中；小人之中庸也，小人而無忌憚也。」庸，常也。用中爲常，道也。反中庸者，所行非中庸，然亦自以爲中庸也。君子而時中者，其容貌君子，而又時節其中也。小人而無忌憚，其容貌小人，又以無畏難爲常行，是其反中庸也。○「小人之中庸也」，王肅本作「小人之反中庸也」。忌憚，徒旦反。忌，畏也。憚，難也。難，乃旦反。行，下孟反。

子曰：「中庸其至矣乎！民鮮能久矣！」鮮，罕也。言中庸爲道至美，顧人罕能久行。○「中庸其至矣乎」，一本作「中庸之爲德，其至矣乎」。鮮，息淺反，下及注同。罕，呼但反，希也，少也。

子曰：「道之不行也，我知之矣：知者過之，愚者不及也。道之不明也，我知之矣：賢者過之，不肖者不及也。人莫不飲食也，鮮能知味也。」罕知其味，謂愚者所以不及也。過與不及，使道不行，唯禮能爲之中。○知，音智，下文「大知也」、「予知」、注「有知」皆同。肖，音笑，下同。

子曰：「道其不行矣夫。」閔無明君教之。○夫，音扶。

子曰：「舜其大知也與！舜好問而好察邇言，隱惡而揚善，執其兩端，用其中於民，其斯以爲舜乎！」邇，近也。近言而善，易以進人，察而行之也。兩端，過與不及也。用其中於民，賢與不肖，皆能行之也。斯，此也。其德如此，乃號爲「舜」，舜之言充也。○與，音餘，下「强與」皆同。好，呼報反，下同。易，以豉反。

子曰：「人皆曰『予知』，驅而納諸罟擭陷阱之中，而莫之知辟也；人皆曰『予知』，擇乎中庸，而不能期月守也。」予，我也。言凡人自謂有知，人使之入罟，不知辟也。自謂擇中庸而爲之，亦不能久行，言其實愚，又無恒。○罟，音古，罔之揔名。擭，胡化反。尚書傳云：「捕獸機檻。」陷，「陷没」之陷。阱，才性反，本或作「穽」，同。阱，穿地陷獸也。説文云：「穽，或爲『阱』字也。」辟，音避，注「知辟」、「辟害」皆同。期，音基。

子曰：「回之爲人也，擇乎中庸，得一善，則拳拳服膺，而弗失之矣。」拳拳，奉持之貌。○拳，音權，又起阮反，徐羌權反。膺，徐音應，又於陵反。奉，芳勇反。

子曰：「天下國家可均也，爵禄可辭也，白刃可蹈也，中庸不可能也。」言中庸難，爲之難。○蹈，音悼，又徒報反。

子路問强。强，勇者所好也。○强，其良反，下同。好，呼報反。子曰：「南方之强與？北方之强與？抑而强與？言三者，所以爲强者異也。抑，辭也。而之言女也，謂中國也。○女，音汝，下「抑女」同。寬柔以教，不報無道，南方之强也，君子居之。南方以舒緩爲强，不報無道，謂犯而不校也。○校，交孝反，報也。衽金革，死而不厭，北方之强也，而强者居之。衽，猶席也。北方以剛猛爲强。○衽，而審反，又而鴆反。厭，於豔反。故君子和而不流，强哉矯！中立而不倚，强哉矯！國有道，不變塞焉，强哉矯！國無道，至死不變，强哉矯！」此抑女之强也。流，猶移也。塞，猶實也。國有道，不變以趨時；國無道，不變以辟害。有道、無道，一也。矯，强貌。塞，或爲「色」。○矯，居表反，下同。倚，依彼反，徐其蟻反。

子曰：「素隱行怪，後世有述焉，吾弗爲之矣。素，讀如「攻城攻其所傃」之「傃」，傃，猶鄉也，言方鄉辟害，隱身而行佹譎〔一〕，以作後世名也。弗爲之矣，恥之也。○傃，音素。鄉，本又作「嚮」，許亮反，下皆同。佹，久委反，下同。譎，音決。君子遵道而行，半塗而廢，吾弗能已矣。廢，猶罷止也。弗能已矣，汲汲行道，不爲時人之隱行。○汲，音急。隱行，下孟反。君子依乎中庸，遯世不見知而不悔，唯聖者能之。言隱者當如此也。唯舜爲能如此。○遯，本又作「遁」，同徒頓反。君子之道費而隱。言可隱之節也。費，猶佹也。道不費則仕。○費，本又作「拂」，同扶弗反，徐音弗，注同。夫婦之愚，可以與知焉；及其至也，雖聖人亦有所不知焉。夫婦之不肖，可以能行焉；及其至也，雖聖人亦有所不能焉。與，讀爲「贊者皆與」之「與」。言匹夫、匹婦愚耳，亦可以其與有所知，可以其能有所行者。以其知行之極也。聖人有不能如此，舜好察邇言，由此故

〔一〕「佹」，原訛作「詭」，據撫州本、岳本、嘉靖本、八行本、監本、毛本、殿本改。

與？○以與，音預，注「皆與之與」、「以其與」同。好，呼報反。故與，音餘。天地之大也，人猶有所憾。憾，恨也。天地至大，無不覆載，人尚有所恨焉，況於聖人能盡備之乎？○憾，本又作「感」，胡暗反，注同。故君子語大，天下莫能載焉；語小，天下莫能破焉。語，猶說也。所說大事，謂先王之道也；所說小事，謂若愚、不肖夫婦之知行也。聖人盡兼行。詩云：『鳶飛戾天，魚躍于淵。』言其上下察也。察，猶著也。言聖人之德至于天，則鳶飛戾天；至於地，則魚躍于淵。是其著明於天地也。○鳶，悦專反，字又作「鳶」〔一〕。戾，力計、吕結二反。躍，羊灼反。著，張慮反，下同。君子之道，造端乎夫婦；及其至也，察乎天地。」夫婦，謂匹夫、匹婦之所知所行。○造，在老反。

子曰：「道不遠人。人之爲道而遠人，不可以爲道。言道即不遠於人，人不能行也。詩云：『伐柯伐柯，其則不遠。』執柯以伐柯，睨而視之，猶以爲遠。則，法也。言持柯以伐木，將以爲柯近，以柯爲尺寸之法。此法不遠〔二〕，人尚遠之，明爲道不可以

〔一〕「鳶」，原訛作「鳶」，據彙校卷第十四、撫釋一、和本、殿本、阮刻本改。
〔二〕「遠」下，原衍「人」字，據撫州本、八行本删。

遠。○柯，古何反。睨，徐音詣，睥睨也。故君子以人治人，改而止。言人有罪過，君子以人道治之，其人改則止赦之，不責以人所不能。忠恕違道不遠，施諸已而不願，亦勿施於人。違，猶去也。君子之道四，丘未能一焉：所求乎子，以事父，未能也；所求乎臣，以事君，未能也；所求乎弟，以事兄，未能也；所求乎朋友，先施之，未能也。聖人而曰我未能，明人當勉之無已。庸德之行，庸言之謹，有所不足，不敢不勉，有餘不敢盡；言顧行，行顧言，庸，猶常也。言德常行也，言常謹也。聖人之行，實過於人。有餘不敢盡，常爲人法，從禮也。○行行，皆下孟反，注「聖人之行」同，或一讀皆如字。君子胡不慥慥爾！君子，謂衆賢也。慥慥，守實，言行相應之貌。○慥，七到反。行，下孟反。應，於陵反，舊音「應對」之「應」。君子素其位而行，不願乎其外。素富貴，行乎富貴；素貧賤，行乎貧賤；素夷狄，行乎夷狄；素患難，行乎患難：君子無入而不自得焉。素，皆讀爲「傃」〔一〕。不願乎其外，謂思不出其位也。自得，謂所

〔一〕「素讀皆爲傃」，原倒作「傃皆讀爲素」，據撫州本、岳本、嘉靖本、八行本、監本乙正。

鄉不失其道。○難，乃旦反，下同。在上位不陵下，在下位不援上，援，謂牽持之也。○援，音園，注同。正己而不求於人，則無怨。上不怨天，下不尤人。無怨，人無怨之者也。論語曰：「君子求諸己，小人求諸人。」○己，音紀。怨，於願反，又於元反，下及注並同。故君子居易以俟命，小人行險以徼幸。」易，猶平安也。俟命，聽天任命也。險，謂傾危之道。○易，以豉反，注同。徼，古堯反。

子曰：「射有似乎君子，失諸正鵠，反求諸其身。反求於其身，不以怨人。畫曰正，棲皮曰鵠。○正，音征，注同。鵠，古毒反，注同。正、鵠，皆鳥名也。一曰正，正也。鵠，直也。大射則張皮侯而棲鵠，賓射張布侯而設正也。棲，細兮反。君子之道，辟如行遠必自邇，辟如登高必自卑。自，從也。邇，近也。行之以近者、卑者，始以漸致之高遠。○辟，音譬，下同。邇，音爾。卑，音婢，又如字，注同。詩曰：『妻子好合，如鼓瑟琴。兄弟既翕，和樂且耽。宜爾室家，樂爾妻帑。』」瑟琴聲相應和也[一]。翕，合也。耽，亦樂也。古者謂子孫曰帑。此詩言和室家之道，自近者始。○好，呼報反。翕，許急反。樂，音

[一]「瑟琴」，原倒作「琴瑟」，據撫州本、八行本、和本乙正。

洛，下及注同。耽，丁南反。帑，音奴，子孫也，本又作「孥」，同，尚書傳、毛詩箋並云「子也」，杜預注左傳云：「妻子也。」應，「應對」之「應」。和，胡卧反。子曰：「父母其順矣乎。」謂其教令行，使室家順。

子曰：「鬼神之爲德，其盛矣乎！視之而弗見，聽之而弗聞，體物而不可遺。體，猶生也。可，猶所也。不有所遺，言萬物無不以鬼神之氣生也。使天下之人齊明盛服，以承祭祀，洋洋乎如在其上，如在其左右。明，猶潔也。洋洋，人想思其傍僾之貌。○齊，側皆反，本亦作「齋」。洋，音羊。傍皇，薄剛反，謂左右也，徐方岡反。僾，徐於愷反，又音愛。詩曰：『神之格思，不可度思，矧可射思。』格，來也。矧，況也。射，厭也。思，皆聲之助，言神之來，其形象不可億度而知，事之盡敬而已，況可厭倦乎？○格，古百反。度，待洛反，注同。矧，詩忍反，注同。射，音亦。厭，於豔反，字又作「猒」，下同。盡，子忍反。夫微之顯，誠之不可揜如此夫。」言神無形而著，不言而誠。○揜，音掩，於檢反。此夫，音扶。著，張慮反。

子曰：「舜其大孝也與！德爲聖人，尊爲天子，富有四海之內，宗廟饗之，子孫保之。保，安也。○與，音餘。故大德必得其位，必得其祿，必得其名，必得其壽。名，令聞也。○聞，音問，下「令聞」同。故天之生物，必因其材而篤焉。材，謂其質性也。篤，厚也。言善者天厚其福，惡者天厚其毒，皆由其本而爲之。故栽者培之，傾者覆之。栽，讀如「文王初載」之「載」。栽，猶殖也。培，益也。今時人名草木之殖曰栽，築牆立板亦曰栽。栽，或爲「兹」。覆，敗也。○栽，依注音「災」，將才反，注同，植也。培，蒲回反。覆，芳伏反。載之載，並音災，本或作「哉」，同。詩曰：『嘉樂君子，憲憲令德。宜民宜人，受禄于天。保佑命之，自天申之。』故大德者必受命。」憲憲，興盛之貌。保，安也。佑，助也。○嘉，户嫁反，詩本作「假」，音同。假，嘉也，皇音加，善也。憲，音顯，注同，一音如字。佑，音祐，下注同。

子曰：「無憂者，其唯文王乎！以王季爲父，以武王爲子。父作之，子述之。聖人以立法度爲大事，子能述成之，則何憂乎？堯、舜之父子，則有凶頑；禹、湯之父子，則寡令聞。父子相成，唯有文王。武王纘大王、王季、文王之緒，壹戎衣而有天下，身不失天下之顯名。尊爲天子，富有四海之内，宗廟饗之，子孫保之。纘，繼也。緒，業也。戎，兵也。衣，讀如「殷」，聲之誤也。齊人言「殷」聲如「衣」。虞、夏、商、周氏者多矣，今姓有衣者，殷之胄與？「壹戎殷」者，壹用兵伐殷也。○纘，徐音纂，哉管反。大，音泰，下及注「大王」皆同。壹戎衣，依注「衣」作「殷」，於巾反，謂一用兵伐殷也。尚書依字讀，謂一著戎衣而天下大定。胄與，直救反，下音餘。武王末受命，周公成文、武之德，追王大王、王季，上祀先公以天子之禮。斯禮也，達乎諸侯、大夫及士、庶人。父爲大夫，子爲士，葬以大夫，祭以士；父爲士，子爲大夫，葬以士，祭以大夫。期之喪，達乎大夫。三年之喪，達乎天子。父母之喪，無貴賤，一也。」末，猶老也。追王大王、王季者，以王迹起焉，先公組紺以上，至后稷也。斯禮達於諸侯、大夫、士、庶人者，謂葬之，從死者之爵；祭之，用生者之禄也。言大夫葬以大夫，士葬以士，則追王者，改葬之矣。期之喪，達於大夫者，謂旁親所降在大功者，其正統之期，天子、諸侯猶不降也。大夫所降，天子、諸侯絶之不爲服，所不臣乃服之也。承葬、祭説、期三年之喪者，明子事父以孝，不用其尊卑變。○末，亡遏反。追王，于況反，注「追王」同。期，音基，注同。組，音祖。紺，古闇反。組紺，大王之父也，亦曰諸盩。盩，音置留反。以上，時掌反。不爲服，于僞反。

子曰：「武王、周公，其達孝矣乎！夫孝者，善繼人之志，善述人之事者也。春秋脩其祖廟，陳其宗器，設其裳衣，薦其時食。脩，謂埽糞也。宗器，祭器也。裳衣，先祖之遺衣服也。設之當以授尸也。時食，四時祭也。○埽，悉報反。糞，弗運反，本亦作「攅」，亦作「拚」，同。宗廟之禮，所以序昭穆也。序爵，所以辨貴賤也。序事，所以辨賢也。旅酬下爲上，所以逮賤也。燕毛，所以序齒也。序，猶次也。爵，謂公、卿、大夫、士也。事，謂薦羞也。以辨賢者，以其事別所能也。若司徒「羞牛」，宗伯「共雞牲」矣。文王世子曰：「宗廟之中，以爵爲位，崇德也。宗人授事以官，尊賢也。」旅酬下爲上者，謂若特牲饋食之禮。賓弟子、兄弟之子各舉觶於其長也。逮賤者，宗廟之中，以有事爲榮也。燕，謂既祭而燕也，燕以髮色爲坐，祭時尊尊也，至燕親親也。齒，亦年也。○昭穆，常遥反，穆，又作「繆」，音同。逮，本又作「逯」，同音代。燕，於見反，注並同。別，彼列反〔一〕。共，音恭。饋，其位反。觶，音至。長，丁丈反，下「謂長」同。踐其位，行其禮，奏其樂，敬其所尊，愛其所親，事死如事生，事亡如事存，孝之至也。踐，猶升也。其者，其先祖也。踐，或爲「纘」。郊社之禮，所以事上帝也。宗廟之禮，所以祀乎其先也。社，祭地神，不言后土者，省文。○省，色領反。明乎郊社之禮、禘嘗之義，治國其如示

〔一〕「反」，原訛作「皮」，據彙校卷第十四、撫釋一、紹熙本、和本、十行本、閩本、監本、毛本、殿本、阮刻本改。

諸掌乎！」示，讀如「寘諸河干」之「寘」。寘，置也。物而在掌中，易爲知力者也。序爵、辨賢、尊尊、親親，治國之要。○示，依注音「寘」，之豉反。易，以豉反。知力，音智，本亦無「力」字。治之要，治，音直吏反，一本作「治國之要」，治則如字。

○哀公問政。子曰：「文、武之政，布在方策。其人存，則其政舉；其人亡，則其政息。方，版也。策，簡也。息，猶滅也。○方策，初革反。版，音板，本亦作「板」。人道敏政，地道敏樹。敏，猶勉也。樹，謂殖草木也。人之無政，若地無草木矣。敏，或爲「謀」。夫政也者，蒲盧也。蒲盧，蜾蠃，謂土蜂也。詩曰：「螟蛉有子，蜾蠃負之。」螟蛉，桑蟲也。蒲盧取桑蟲之子，去而變化之，以成爲己子。政之於百姓，若蒲盧之於桑蟲然。○蒲盧，並如字。爾雅云：「蜾蠃，蒲盧。」即今之細腰蜂也，一名蠮螉。蜾，音果。螺，力果反，本亦作「蠃」，音同。蜂，芳封反，字亦作「蠭」，同。螟，莫瓶反。蛉，音零。己，音紀。故爲政在人，在於得賢人也。取人以身，脩身以道，脩道以仁。取人以身，言明君乃能得人。仁者，人也，親親爲大；義者，宜也，尊賢爲大。親親之殺，尊賢之等，禮所生也。人也，讀如「相人偶」之人，以人意相存問之言。○殺，色界反，徐所例反。在下位不獲乎上，民不可得而治矣。此句其屬在下，著脱誤重在此。○治，直吏反，一音如字。脱，音奪。重，直用反。故君子不可以不脩身。思脩身，不可以不事親；思事親，不可以不知人；思知人，不可以不知天。言脩身乃知孝，知孝乃知人，知人乃知賢、不肖，知賢、不肖乃知天命所保佑。天下之達道五，所以行之者三。曰：君臣也，父子也，夫婦也，昆弟也，朋友之交也。五者天下之達道也。知、仁、勇三者，天下之達德也，所以行之者一也。達者常行，百王所不變也。○知，音智，下「近乎知」、注「言有知」，皆同。或生而知之，或學而知之，或困而知之；及其知之，一也。困而知之，謂長而見禮義之事，已臨之而有不足，乃始學而知之，此達道也。○長，丁丈反。已，音紀。或安而行之，或利而行之，或勉强而行之；及其成功，一也。」利，謂貪榮名也。勉强，恥不若人。○强，其兩反，注同。

子曰：「好學近乎知，力行近乎仁，知恥近乎勇。知斯三者，則知所以脩身；知所以脩身，則知所以治人；知所以治人，則知所以治天下國家矣。言有知、有仁、有勇，乃知脩身，則脩身以此三者爲基。○好，呼報反。近，「附近」之近，下同。行，皇如字，徐下孟反。凡爲天下國家有九經，曰：脩身也，尊賢也，親親也，敬大臣也，體羣臣也，子庶民也，來百工也，柔遠人也，懷諸侯也。體，猶接納也。子，猶愛也。遠人，蕃國之諸侯也。○子，如字，徐將吏反，下句放此。蕃，方元反。脩身則道立，尊賢則不惑，親親則諸父昆弟不怨，敬大臣則不眩，體羣臣則士之報禮重，子庶民則百姓勸，來百工則財用足，柔遠人則四方歸之，懷諸侯則天下畏之。不惑，謀者良也。不眩，所任明也。○眩，玄遍反。齊明盛服，非禮不動，所以脩身也；去讒遠色，賤貨而貴德，所以勸賢也；尊其位，重其禄，同其好惡，所以勸親親也；官盛任使，所以勸大臣也；忠信重禄，所以勸士也；時使薄斂，所以勸百姓也；日省月試，既廩稱事，所以勸百工也；送往迎來，嘉善而矜不能，所以柔遠人也；繼絶世，舉廢國，治亂持危，朝聘以時，厚往而薄來，所以懷諸侯也。同其好惡，不特有所好惡於同姓，雖恩不同，義必同也。尊重其禄位，所以貴之，不必授以官守，天官不可私也。官盛任使，大臣皆有屬官所任使，不親小事也。忠信重禄，有忠信者，重其禄也。時使，使之以時。日省月試，考校其成功也。既，讀爲「餼」。餼廩，稍食也。稾人職曰：「乘其事，考其弓弩，以下上其食。」○齊，側皆反。去，起吕反。遠，于萬反。好惡，呼報反，下烏路反，又並如字，注同。歛，力驗反。既，依注音「餼」，許氣反。廩，彼錦反，一本又力錦反。稱，尺證反。朝，直遥反。槀，苦報反，一音古老反。上，時掌反。凡爲天下國家有九經，所以行之者一也。凡事豫則立，不豫則廢。言前定則不跲，事前定則不困，行前定則不疚，道前定則不窮。一，謂當豫也。跲，躓也。疚，病也。人不能病之。○跲，其劫反，皇音給。行，下孟反。疚，音救。躓，徐音致。在下位不獲乎上，民不可得而治矣。獲，得也。言臣不得於君，則不得居位治民。獲乎上有道，不信乎朋友，不獲乎上矣。信乎朋友有道，不順乎親，不信乎朋友矣。順乎親有道，反諸身不誠，不順乎親矣。誠身有道，不明乎善，不誠乎身矣。言知善之爲善，乃能行誠。誠者，天之道也。誠之者，人之道也。誠者，不勉而中，不思而得，從容中道，聖人也。誠之者，擇善而固執之者也。言誠者，天性也。誠之者，學而誠之者也。因誠，身説有大至誠。○中，丁仲反，又如字，下「中道」同。從，七容反。

「博學之，審問之，慎思之，明辨之，篤行之。有弗學，學之弗能，弗措也；

有弗問，問之弗知，弗措也；有弗思，思之弗得，弗措也；有弗辨，辨之弗明，弗措也；有弗行，行之弗篤，弗措也。人一能之己百之，人十能之己千之。果能此道矣，雖愚必明，雖柔必强。此勸人學誠其身也。果，猶決也。○措，七路反，下及注皆同，置也。强，其良反。

「自誠明，謂之性。自明誠，謂之教。誠則明矣，明則誠矣。自，由也。由至誠而有明德，是聖人之性者也。由明德而有至誠，是賢人學以成之也。有至誠則必有明德，有明德則必有至誠。

「唯天下至誠，爲能盡其性；能盡其性，則能盡人之性；能盡人之性，則能盡物之性；能盡物之性，則可以贊天地之化育；可以贊天地之化育，則可以與天地參矣。盡性者，謂順理之，使不失其所也。贊，助也。育，生也。助天地之化生，謂聖人受命在王位，致大平。○大，音泰。

「其次致曲，曲能有誠，誠則形，形則著，著則明，明則動，動則變，變則化，唯天下至誠爲能化。其次，謂自明誠者也。致，至也。曲，猶小小之事也。不能盡性，而有至誠於有義焉而已。形，謂人見其功也。盡性之誠，人不能見也。著，形之大者也。明，著之顯者也。動，動人心也。變，改惡爲善也。變之久，則化而性善也。

「至誠之道，可以前知。國家將興，必有禎祥；國家將亡，必有妖孽。見乎蓍龜，動乎四體。禍福將至，善，必先知之；不善，必先知之。故至誠如神。可以前知者，言天不欺至誠者也。前亦先也。禎祥妖孽，蓍龜之占，雖其時有小人、愚主，皆爲至誠能知者出也。四體，謂龜之四足。春占後左，夏占前左，秋占前右，冬占後右。○禎，音貞。妖，於驕反。左傳云：「地反物爲妖。」説文作「祅」[一]，云「衣服、歌謡、草木之怪，謂之祅。」孽，魚列反，説文作「蠥」，云「禽獸、蟲蝗之怪謂之蠥」。見乎，賢遍反，下「不見」、注「著見」同，一本「乎」作「於」。蓍，音尸，注同。爲，于僞反。

「誠者自成也，而道自道也。言人能至誠，所以自成也。有道藝，所以自道達。○自道，音導，注「自道」同。誠者物之終始，不誠無物。物，萬物也，亦事也。大人無誠，萬物不生；小人無誠，則事不成。是故君子誠之爲貴。言貴至誠。誠者非自成己而已

[一]「祅」，原訛作「妖」，據彙校卷第十四、撫釋一、和本、殿本、阮刻本改。

也，所以成物也。成己，仁也；成物，知也。性之德也，合外內之道也，以至誠成己，則仁道立；以至誠成物，則知彌博，此五性之所以爲德也，外內所須而合也。外內，猶上下。○知，音智，注同。故時措之宜也。時措，言得其時而用也。

「故至誠無息。不息則久，久則徵。徵則悠遠，悠遠則博厚，博厚則高明。徵，猶效驗也。此言至誠之德既著於四方，其高厚日以廣大也。徵，或爲「徹」。博厚，所以載物也；高明，所以覆物也；悠久，所以成物也。博厚配地，高明配天，悠久無疆。後言悠久者，言至誠之德，既至博厚、高明，配乎天地，又欲其長久行之。○疆，居良反。如此者，不見而章，不動而變，無爲而成。天地之道，可壹言而盡也，言其德化與天地相似，可一言而盡，要在至誠。其爲物不貳，則其生物不測。言至誠無貳，乃能生萬物多無數也。○不貳，本亦作「貳」，音二。天地之道，博也，厚也，高也，明也，悠也，久也。此言其著見成功也。今夫天，斯昭昭之多，及其無窮也，日月星辰繫焉，萬物覆焉。今夫地，一撮土之多，及其廣厚，載華嶽而不重，振河、海而不洩，萬物載焉。今夫山，一卷石之多，及其廣大，草木生之，禽獸居之，寶藏興焉。今夫水，一勺之多，及其不測，黿鼉、鮫龍、魚鼈生焉，貨財殖焉。此言天之高明，本生昭昭；地之博厚，本由撮土；山之廣大，本起卷石；水之不測，本從一勺，皆合少成多，自小致大。爲至誠者，亦如此乎！昭昭，猶耿耿，小明也。振，猶收也。卷，猶區也。○夫，音扶，下同。昭，章遥反，注同，本亦作「炤」，同。撮，七活反。華嶽，户化、户瓜二反，本亦作「山嶽」。洩，息列反。卷，李音權，又羌權反，范羌阮反，注同。藏，才浪反。勺，徐市若反。黿，音元。鼉，徒河反，一音直丹反。鮫，音交，本又作「蛟」。鼈，必列反。耿，公迥反，又公頂反，舊音孔頂反。區，羌俱反。詩曰：『惟天之命，於穆不已！』蓋曰天之所以爲天也。『於乎不顯！文王之德之純。』蓋曰文王之所以爲文也，純亦不已。天所以爲天，文王所以爲文，皆由行之無已，爲之不止，如天地山川之云也。易曰：「君子以順德，積小以高大」是與[一]。○於穆，上音烏，下「於乎」亦同。乎，好奴反。愼，如字，一本又作「順」。與，音餘。

「大哉聖人之道！洋洋乎發育萬物，峻極于天。育，生也。峻，高大也。○

〔一〕「以」下，原衍「成」字，據撫州本、岳本、八行本删。

洋，音羊。峻，思閏反。優優大哉！禮儀三百，威儀三千。待其人然後行。故曰：『苟不至德，至道不凝焉。』言爲政在人，政由禮也。疑，猶成也。○優，於求反。倡，優也。凝，本又作「疑」，魚澄反。故君子尊德性而道問學，致廣大而盡精微，極高明而道中庸。温故而知新，敦厚以崇禮。德性，謂性至誠者。道，猶由也。問學，學誠者也。廣大，猶博厚也。温，讀如「燖温」之「温」，謂故學之孰矣，後「時習之」，謂之温。○燖，音尋。是故居上不驕，爲下不倍；國有道，其言足以興；國無道，其默足以容。興，謂起在位也。○驕，本亦作「喬」，音嬌。倍，音佩。默，亡北反。詩曰：『既明且哲，以保其身。』其此之謂與！」保，安也。○哲，陟列反，徐本作「知」，音智。與，音餘。

子曰：「愚而好自用，賤而好自專，生乎今之世，反古之道，如此者，烖及其身者也。」反古之道，謂曉一孔之人，不知今王之新政可從。○好，呼報反，下同。烖，音災。非天子，不議禮，不制度，不考文。此天下所共行，天子乃能一之也。禮，謂人所服行也。度，國家宫室及車輿也。文，書名也。今天下車同軌，書同文，行同倫。今，孔子謂其時。○行，下孟反。雖有其位，苟無其德，不敢作禮樂焉；雖有其德，苟無其位，亦不敢作禮樂焉。言作禮樂者，必聖人在天子之位。

子曰：「吾説夏禮，杞不足徵也。吾學殷禮，有宋存焉。吾學周禮，今用之，吾從周。徵，猶明也。吾能説夏禮，顧杞之君不足與明之也。吾從周，行今之道。○杞，音起。王天下有三重焉，其寡過矣乎！三重，三王之禮。○王，于況反，又如字。上焉者雖善無徵，無徵不信，不信民弗從；下焉者雖善不尊，不尊不信，不信民弗從。上，謂君也，君雖善，善無明徵，則其善不信也。下，謂臣也，臣雖善，善而不尊君，則其善亦不信也。徵，或爲「登」。故君子之道，本諸身，徵諸庶民，考諸三王而不繆，建諸天地而不悖，質諸鬼神而無疑，百世以俟聖人而不惑。質諸鬼神而無疑，知天也；百世以俟聖人而不惑，知人也。知天、知人，謂知其道也。鬼神，從天地者也。易曰：「故知鬼神之情狀，與天地相似。」聖人則之，百世同道。徵，或爲「登」。○繆，音謬。悖，布内反，後同。是故君子動而世爲天下道，行而世爲天下法，言而世爲天下則。遠之則有望，近之則不厭。用其法度，想思若其將來也。○遠，如字，又于萬反。近，如字，又「附近」之「近」。厭，於艷反，後皆同。詩曰：『在彼無惡，在此無射。庶幾夙夜，以永終譽。』君子未有不如此而蚤有譽於天下者也。」射，厭也。永，長也。○射，音亦，注同。蚤，音早。

仲尼祖述堯、舜，憲章文、武；上律天時，下襲水土。此以春秋之義，說孔子之德。孔子曰：「吾志在春秋，行在孝經。」二經固足以明之。孔子祖述堯、舜之道而制春秋，而斷以文王、武王之法度。春秋傳曰：「君子曷爲爲春秋？撥亂世，反諸正，莫近諸春秋。其諸君子樂道堯、舜之道與？末不亦樂乎？堯、舜之知君子也。」又曰：「是子也，繼文王之體，守文王之法度。文王之法，無求而求，故譏之也。」又曰：「王者孰謂？謂文王也。」此孔子兼包堯、舜、文、武之盛德而著之春秋，以俟後聖者也。律，述也。述天時，謂編年四時具也。襲，因也，因水土，謂記諸夏之事，山川之異。○行，下孟反。斷，丁亂反。曷爲，于僞反，又如字。撥，半末反。近，「附近」之「近」，又如字。與，音餘。編，必緜反，又甫連反。辟如天地之無不持載，無不覆幬；辟如四時之錯行，如日月之代明。萬物並育而不相害，道並行而不相悖。小德川流，大德敦化。此天地之所以爲大也。聖人制作，其德配天地，如此唯五始可以當焉。幬，亦覆也。小德川流，浸潤萌牙，喻諸侯也。大德敦化，厚生萬物，喻天子也。幬，或作「燾」。○辟，音譬，下同。幬，徒報反。錯，七各反。當，丁浪反，又丁郎反。浸，子鴆反。燾，徒報反。

唯天下至聖，爲能聰明叡知，足以有臨也；寬裕温柔，足以有容也；發强剛毅，足以有執也；齊莊中正，足以有敬也；文理密察，足以有別也。言德不如此，不可以君天下也。蓋傷孔子有其德而無其命。○叡，音鋭。知，音智，下「聖知」同。齊，側皆反。別，彼列反。溥博淵泉，而時出之。言其臨下普徧，思慮深重，非得其時，不出政教。○溥，音普。徧，音遍。思，息嗣反，又如字。溥博如天，淵泉如淵。見而民莫不敬，言而民莫不信，行而民莫不説。是以聲名洋溢乎中國，施及蠻貊。舟車所至，人力所通，天之所覆，地之所載，日月所照，霜露所隊，凡有血氣者，莫不尊親，故曰配天。如天，取其運照不已也。如淵，取其清深不測也。尊親，尊而親之。○見，賢遍反。説，音悦。施，以豉反。貉，本又作「貊」，武伯反，説文云：「北方人也。」隊，直類反。

唯天下至誠，爲能經綸天下之大經，立天下之大本，知天地之化育。至誠，性至誠，謂孔子也。大經，謂六藝，而指春秋也。大本，孝經也。○論，本又作「綸」，同音倫。夫焉有所倚！肫肫其仁，淵淵其淵，浩浩其天。安有所倚，言無所偏倚也。人人自以被德尤厚〔一〕，似偏頗者。肫肫，讀如「誨爾忳忳」之「忳」，忳忳，懇誠貌也。肫肫，或爲「純純」。○焉，於虔反。倚，依綺、於寄二反，注同。肫，依注音之淳反。浩，胡老反。被，皮義反。頗，破河反。懇，苦很反。純，音淳，又之淳反。**苟不固聰明聖知達天德者，其孰能知之？**言唯聖人，乃能知聖人也。春秋傳曰：「末不亦樂乎？堯、舜之知君子。」明凡人不知。

詩曰：「衣錦尚絅」，惡其文之著也。故君子之道，闇然而日章；小人之道，的然而日亡。言君子深遠難知，小人淺近易知。人所以不知孔子，以其深遠。禪爲絅，錦衣之美而君子以絅表之，爲其文章露見，似小人也。○絅，本又作「顈」，詩作「褧」，同口迥反，徐口定反，一音口潁反。惡，烏路反。著，張慮反。闇，於感反，又如字。日，而一反，下同。的，丁曆反。易，以豉反，下「易舉」同。禪爲，音丹。爲其，于僞反。見，賢遍反。**君子之道：淡而不厭，簡而文，温而理，知遠之近，知風之自，知微之顯，可與入德矣。**淡，其味似薄也。簡而文，温而理，猶簡而辨，直而温也。自，謂所從來也。三知者，皆言

〔一〕「人人」上，原衍「故」字，據撫州本、嘉靖本、八行本删。

其睹末察本，探端知緒也。入德，入聖人之德。○淡，徒暫反，又大敢反，下注同。厭，於豔反。睹，音覩。探，音貪。詩云：「潛雖伏矣，亦孔之昭！」故君子內省不疚，無惡於志。孔，甚也。昭，明也。言聖人雖隱遁〔一〕，其德亦甚明矣。疚，病也。君子自省，身無愆病，雖不遇世，亦無損害於己志。○昭，本又作「炤」，同之召反，又章遥反。疚，九又反。遯，大困反，本又作「遁」字，亦同。愆，起虔反。君子所不可及者，其唯人之所不見乎！詩云：「相在爾室，尚不愧于屋漏。」言君子雖隱居，不失其君子之容德也。相，視也。室西北隅謂之屋漏。視女在室獨居耳，猶不愧于屋漏。屋漏非有人也，況有人乎？○相，息亮反，注同。愧，本又作「媿」，同九位反。女，音汝。故君子不動而敬，不言而信。詩曰：「奏假無言，時靡有争。」假，大也。此頌也，言奏大樂於宗廟之中，人皆肅敬，金聲玉色，無有言者，以時太平，和合無所争也。○奏，如字，詩作「鬷」，子公反。假，古雅反。争，「争鬭」之「争」，注同。太平，音泰。是故君子不賞而民勸，不怒而民威於鈇鉞。詩曰：「不顯惟德，百辟其刑之。」不顯，言顯也。辟，君也。此頌也，言不顯乎文王之德，百君盡

〔一〕「遁」，原訛作「居」，據撫州本、嘉靖本、八行本改。

刑之，謂諸侯法之也。○鈇，方于反，又音斧。鉞，音越。辟，音璧，注同。**是故君子篤恭而天下平。詩云**〔一〕**：「予懷明德，不大聲以色。」**予，我也。懷，歸也。言我歸有明德者，以其不大聲爲嚴厲之色以威我也。**子曰：「聲色之於以化民，末也。」詩曰：『德輶如毛。』**輶，輕也。言化民當以德，德之易舉而用，其輕如毛耳。○末，亡葛反。輶，音酉，一音由，注同。易，以豉反。**毛猶有倫；『上天之載，無聲無臭』，至矣！**倫，猶比也。載，讀曰「栽」，謂生物也。言毛雖輕，尚有所比，有所比，則有重。上天之造生萬物，人無聞其聲音者〔二〕，無知其臭氣者。化民之德，清明如神，淵淵浩浩，然後善。○載，依注讀曰「栽」〔三〕，音災，生也，詩音再。比，必履反，下同，或音毗志反，又必利反，皆非也。重，直勇反，又直容反。

〔一〕「云」，原訛作「曰」，據唐石經、撫州本、岳本、八行本改。

〔二〕「者」，原訛作「亦」，據撫州本、岳本、嘉靖本、八行本改。

〔三〕「栽」，原訛作「裁」，據岳本、和本、十行本、閩本、監本、毛本、殿本、阮刻本改。

禮記卷第十六

經叁仟伍伯柒拾玖字

注叁仟柒伯叁拾叁字

音義貳仟柒拾玖字

仁仲比校訖

禮記卷第十七

表記第三十二

○陸曰：「鄭云：『以其記君子之德見於儀表者也。』」

禮記　　鄭氏注

子言之：「歸乎！君子隱而顯，不矜而莊，不厲而威，不言而信。」此孔子行應聘，諸侯莫能用己，心厭倦之辭也。矜，謂自尊大也。厲，謂嚴顔色。○矜，居陵反。應，「應對」之「應」。己，音紀。厭，於豔反。

子曰：「君子不失足於人，不失色於人，不失口於人。是故君子貌足畏也，色足憚也，言足信也。」失，謂失其容止之節也。玉藻曰：「足容重，色容莊，口容止。」○憚，大旦反。甫刑曰：「敬忌而罔有擇言在躬。」甫刑，尚書篇名。忌之言戒也。言己外敬而心戒慎，則無有可擇之言加於身也。

子曰：「裼、襲之不相因也，欲民之毋相瀆也。」不相因者，以其或以裼爲敬，或以襲爲敬。禮盛者，以襲爲敬，執玉龜之屬也。禮不盛者，以裼爲敬，受享是也。○裼襲，思曆反，下音習。毋，音無，下同。瀆，大木反。

子曰：「祭極敬，不繼之以樂；朝極辨，不繼之以倦。」極，猶盡也。辨，分別政事也。祭義曰：「祭之日，樂與哀半。饗之必樂，已至必哀。」○樂，音洛，注同，又音岳。朝，直遥反，下注「朝聘」同。倦，本又作「勌」，其眷反。别，彼列反。已，音以。

子曰：「君子慎以辟禍，篤以不揜，恭以遠恥。」篤，厚也。揜，猶困迫也。○辟，音避。揜，於檢反。遠，于萬反。

子曰：「君子莊敬日強，安肆日偷。」肆，猶放恣也。偷，苟且也。肆，或爲褻。○日強，上人實反，下同，下其良反。肆，音四。偷，他侯反，注同。恣，咨嗣反。君子不以一日使其躬儳焉，如不終日。」儳焉，可輕賤之貌也。如不終日，言人而無禮，死無時。○儳，徐在鑑反，又仕鑑反。

子曰：「齊戒以事鬼神，擇日月以見君，恐民之不敬也。」擇日月以見君，謂臣在邑竟者。○齊，側皆反。見，賢遍反，注同。竟，音境。

子曰：「狎侮，死焉而不畏也。」忕於無敬心也。○狎，下甲反，習也。侮，亡甫反。忕，時世反，又時設反。

子曰：「無辭不相接也，無禮不相見也，欲民之毋相褻也。」辭，所以通情也。禮，謂摯也。春秋傳曰：「古者諸侯有朝聘之事，號辭必稱先君，以相接也。」○褻，息列反。摯，音至，本亦作「贄」。易曰：「初筮告，再三瀆，瀆則不告。」瀆之言褻也〔一〕。○筮，市制反。三，息暫反，又如字。

子言之：「仁者天下之表也，義者天下之制也，報者天下之利也。」報，謂禮也，禮尚往來。

子曰：「以德報德，則民有所勸。以怨報怨，則民有所懲。」懲，謂創艾。○懲，直陵反。創，初亮反，又初良反。乂，或又作「艾」，魚廢反，皇魚蓋反。詩曰：「無言不讎，無德不報。」讎，猶荅也。○讎，音酬。大甲曰：「民非后，無能胥以寧。后非民，無以辟四方。」大甲，湯孫也，書以名篇。胥，相也。民非君，不能以相安。○大，音泰，

〔一〕「也」，原訛作「之」，據十行本、閩本、監本、毛本、殿本、阮刻本改。

注同。「無能胥以寧」，尚書作「罔克胥匡以生」。辟，音璧，君也。

子曰：「以德報怨，則寬身之仁也；以怨報德，則刑戮之民也。」寬，猶愛也，愛身以息怨，非禮之正也。仁，亦當言「民」，聲之誤。○戮，音六，本或作「僇」，音同。

子曰：「無欲而好仁者，無畏而惡不仁者，天下一人而已矣。」是故君子議道自己，而置法以民。一人而已，喻少也。自己，自盡己所能行。○好，呼報反。惡，烏路反。

子曰：「仁有三，與仁同功而異情。」三，謂安仁也、利仁也、强仁也。利仁、强仁，功雖與安仁者同，本情則異。○强，其兩反，下文同。與仁同功，其仁未可知也。與仁同過，然後其仁可知也。仁者安仁，知者利仁，畏罪者强仁。功者，人所貪也。過者，人所辟也。在過之中，非其本情者，或有悔者焉。○知者，音智。辟，音避。仁者右也，道者左也。仁者人也，道者義也。右也、左也，言相須而成也。人也，謂施以人恩也。義也，謂斷以事宜也。春秋傳曰：「執未有言舍之者，此其言舍之何人也？」○斷，丁亂反。厚於仁者薄於義，親而不尊；厚於義者薄於仁，尊而不親。言仁義並行者也，仁多則人親之，義多則人尊之。道有至，義有考。至道以王，義道以霸，考道以爲無失。此讀當言「道有至、有義、有考」，字脱一「有」耳。有至，謂兼仁義者。有義，則無仁矣。有考，考，成也，能取仁義之一成之，以不失於人，非性也。○道有至義，依注，讀爲「道有至、有義」。王，于況反。脱，音奪。

子言之：「仁有數，義有長短小大。」中心憯怛，愛人之仁也。率法而强之，資仁者也。資，取也。數與長短小大，互言之耳。性仁義者，其數長大。取仁義者，其數短小。○數，所住反。憯，七感反。怛，丹葛反。詩云：「豐水有芑，武王豈不仕。詒厥孫謀，以燕翼子。武王烝哉！」數世之仁也。芑，枸檵也。仕之言事也。詒，遺也。燕，安也。烝，君也。言武王豈不念天下之事乎？如豐水之有芑矣，乃遺其後世之子孫以善謀，以安翼其子也。君哉武王！美之也。○豐，芳弓反。芑，音起。詒，以之反。烝，之承反。數，色主反。枸，本亦作「苟」。檵，音計。遺，于季反，下同。國風曰：「我今不閲，皇恤我後。」終身之仁也。閲，猶容也。皇，暇也。恤，憂也。言我今尚恐不能自容，何暇憂我後之人乎？○我今，毛詩作「我躬」。閲，音悦。

子曰：「仁之爲器重，其爲道遠，舉者莫能勝也，行者莫能致也。取數多者，仁也。夫勉於仁者，不亦難乎？」取數多者〔一〕，言計天下之道，仁居其多。○勝，音升。數，色住反。是故君子以義度人，則難爲人，以人望人，則賢者可知已矣。言以先王成法儗度人〔二〕，則難中也。當以時人相比方耳。○度，待洛反，注同。儗，魚起反。中，丁仲反。

子曰：「中心安仁者，天下一人而已矣。」大雅曰：「德輶如毛，民鮮克舉之。我儀圖之，惟仲山甫舉之，愛莫助之。」輶，輕也。鮮，罕也。儀，匹也。圖，謀也。愛，猶惜也。言德之輕如毛耳，人皆以爲重，罕能舉行之者。作此詩者，周宣王之大臣也。言我之匹謀之，仲山甫則能舉行之，美之也。惜乎！時人無能助之者，言賢者少。○輶，音酉，一音由。鮮，息淺反，注及下並同。小雅曰：「高山仰止，景行行止。」仰高勤行者，仁之次也。景，明也。有明行者，謂古賢聖也。○仰止，本或作「仰之」。景行，下孟反，注「明行」

〔一〕「者」，原脱，據撫州本、八行本補。
〔二〕「度」，原訛作「庶」，據撫州本、紹熙本、岳本、八行本、和本、殿本、阮刻本改。

同。行止，詩作「行之」。

子曰：「詩之好仁如此。鄉道而行，中道而廢，忘身之老也，不知年數之不足也，俛焉日有孳孳，斃而后已。」廢，喻力極罷頓，不能復行則止也。俛焉，勤勞之貌。斃，仆也。○好，呼報反，下同。鄉，許亮反。數，色住反。强，其兩反，一本作「俛」，音勉，本或作「僶」，非也。孳，音兹。斃，音弊，仆也，本又作「弊」。已，音以。罷，音皮。頓，如字，又徒困反。復，扶又反。仆，蒲北反，又音赴。

子曰：「仁之難成久矣！人人失其所好。」言仁道不成，人所由不得其志。故仁者之過易辭也。辭，猶解説也。仁者恭儉，雖有過，不爲甚矣。唯聖人無過。○易，以豉反，下同。解，古買反，徐又音蟹。

子曰：「恭近禮，儉近仁，信近情，敬讓以行此，雖有過，其不甚矣。」夫恭寡過，情可信，儉易容也。以此失之者，不亦鮮乎！」言罕以此失之。○近，「附近」之「近」，下同。詩云：「温温恭人，惟德之基。」

子曰：「仁之難成久矣，唯君子能之。」言能成仁道者〔一〕，少也。是故君子不以其所能者病人，不以人之所不能者愧人。病、愧，謂罪咎之。○咎，其九反。是故聖人之制行也，不制以己，使民有所勸勉愧恥，以行其言。以中人爲制，則賢者勸勉，不及者愧恥，聖人之言乃行也。○制行，下孟反。己，音紀。禮以節之，信以結之，容貌以文之，衣服以移之，朋友以極之，欲民之有壹也。移，讀如禾「汜移」之「移」〔二〕，移，猶廣大也。極，致也。壹，謂專心於善。○移，昌氏反，注「汜移之移」、「移猶大也」同，徐又怡者反，一音以示反。汜，芳劍反。小雅曰：「不愧于人，不畏于天。」言人有所行，當慙怖於天人也。○怖，普故反。是故君子服其服，則文以君子之容；有其容，則文以君子之辭；遂其辭，則實以君子之德。遂，猶成也。是故君子恥服其服而無其容，恥有其容而無其辭，恥有其辭而無其德，恥有其德而無其行。無其行，謂不行其德。○行，下孟反，注「無其行」同。是故君子衰絰則有哀色，端冕則有敬色，甲胄則

〔一〕「仁道」，原訛作「人道」，據撫州本、嘉靖本、八行本改。

〔二〕「禾」，原訛作「水」，據撫州本、八行本、阮刻本改。

有不可辱之色。言色稱其服也。○衰，七雷反。絰，田節反。冑，直又反。稱，尺證反，下文并注同。詩云：「惟鵜在梁，不濡其翼。彼記之子，不稱其服。」鵜，鵜胡，污澤也。污澤善居泥水之中，在魚梁以不濡污其翼爲才，如君子以稱其服爲有德。○鵜，音啼，徒兮反。鵜，鵜胡，污澤之鳥，一名淘河。濡，而朱反。記，本又作「己」，音同，徐紀吏反。污澤，一音烏，本又作「洿」，一音火故反。濡污，「污辱」之「污」。

子言之：「君子之所謂義者，貴賤皆有事於天下。天子親耕，粢盛秬鬯，以事上帝，故諸侯勤以輔事於天子。」言無事而居位食禄，是不義而富且貴。○粢盛，音咨。杜預云：「黍稷曰粢，在器曰盛。」秬音巨，黑黍。鬯，勑亮反，香酒也。

子曰：「下之事上也，雖有庇民之大德，不敢有君民之心，仁之厚也。」庇，覆也。無君民之心，是思不出其位。○庇，必利反，徐方至反，又音秘。是故君子恭儉以求役仁，信讓以求役禮；不自尚其事，不自尊其身；儉於位而寡於欲，讓於賢；卑己而尊人，小心而畏義，求以事君；役之言爲也。求以事君者，欲成其忠臣之名也。得之自是，不得自是，以聽天命。言不易道，徼禄利也。○易，音亦。徼，古堯反。詩云：「莫莫葛藟，施于條枚。凱弟君子，求福不回。」凱，樂也。弟，易也。言樂易之君子，其求福修德以俟之，不爲回邪之行以要之，如葛藟之延蔓於條枚，是其性也。○藟，音誄，力水反。施，以豉反。條枚，亡回反。毛詩傳云：「枝曰條，幹曰枚。」凱，本亦作「愷」，又作「豈」，同開待反，後放此。弟，如字，本又作「悌」，音同，注及下皆同。樂，音洛，下同。易，以豉反，下同。邪，似嗟反，曲也。行，下孟反，下至下文「行之浮於名也」文、注皆同。要，一遥反。蔓，音萬。其舜、禹、文王、周公之謂與！有君民之大德，有事君之小心。言此德當不回也。○與，音餘。詩云：「惟此文王，小心翼翼。昭事上帝，聿懷多福。厥德不回，以受方國。」昭，明也。上帝，天也。聿，述也。懷，至也。言述行上帝之德，以至於多福也。方，四方也。受四方之國，謂王天下。○聿，尹必反。謂王，于況反。

子曰：「先王謚以尊名，節以壹惠，恥名之浮於行也。」謚者，行之迹也。名者，謂聲譽也。言先王論行以爲謚。以尊名者，使聲譽可得而尊言也。壹，讀爲「一」。惠，猶善也。言聲譽雖有衆多者，節以其行一大善者爲謚耳〔一〕。在上曰浮，君子勤行成功，聲譽踰

〔一〕「節」，原訛作「即」，據撫州本、八行本改。

行是所恥。○謚，音示。是故君子不自大其事，不自尚其功，以求處情；過行弗率，以求處厚；彰人之善而美人之功，以求下賢。率，循也。過行，不復循行，猶不二過。○下，户嫁反。復，扶又反。是故君子雖自卑而民敬尊之。言謙者，所以成行立德。

子曰：「后稷天下之爲烈也，豈一手一足哉！烈，業也。言后稷造稼穡，天下世以爲業，豈一手一足？喻用之者多無數也。唯欲行之浮於名也。故自謂便人。」亦言其謙也，辟仁聖之名。云自便習於此事之人耳。○行，下孟反。便，婢面反，又婢綿反，注同。辟，音避。

子言之：「君子之所謂仁者，其難乎！」詩云：「凱弟君子，民之父母。」凱以强教之，弟以説安之。樂而毋荒，有禮而親，威莊而安，孝慈而敬，使民有父之尊，有母之親，如此而后可以爲民父母矣。非至德其孰能如此乎？有父之尊，有母之親，謂其尊親己如父母。○强，其良反，徐其兩反。説，音悦。毋荒，音無。今父之親子也，親賢而下無能；母之親子也，賢則親之，無能則憐之。母親而不尊，父尊而不親。水之於民也，親而不尊；火尊而不親。土之於民也，親而不尊；天尊而不親。命之於民也，親而不尊；鬼尊而不親。或見尊，或見親，以其嚴與恩所尚異也。命，謂四時政令，所以教民勤事也。鬼，謂四時祭祀，所以訓民事君也。○憐，力田反。

子曰：「夏道尊命，事鬼敬神而遠之，近人而忠焉，先祿而後威，先賞而後罰，親而不尊；遠鬼神、近人，謂外宗廟，內朝廷。○遠，于萬反，注及下同。近，「附近」之「近」，注及下同。朝，直遥反，下同。其民之敝，惷而愚，喬而野，朴而不文。以本不困於刑罰，少詐諼也。敝，謂政教衰失之時也。○惷，傷容反，徐昌容反，范陽江反，又丁絳反，字林音丑降反，又丑凶反。喬，音驕。朴，普角反。諼，況袁反，詐也，忘也。殷人尊神，率民以事神，先鬼而後禮，先罰而後賞，尊而不親；先鬼後禮，謂內宗廟，外朝廷也。禮者，君臣朝會，凡以摯交接相施予。○以摯，音至。相施，始豉反，下文同。其民之敝，蕩而不靜，勝而無恥。以本怢於鬼神虛無之事，令其心放蕩無所定，困於刑罰，苟勝免而無恥也。月令曰：「無作淫巧，以蕩上心。」○勝而，始證反。怢，音誓。與上

「怢於」同。令其，力呈反。巧，苦教反，又如字。周人尊禮尚施，事鬼敬神而遠之，近人而忠焉，其賞罰用爵列，親而不尊；賞罰用爵列，以尊卑爲差。其民之敝，利而巧，文而不慙，賊而蔽。以本數交接以言辭，尊卑多獄訟。○蔽，畢世反，又音弊。數，色角反。

子曰：「夏道未瀆辭，不求備，不大望於民，民未厭其親。殷人未瀆禮，而求備於民。周人强民，未瀆神，而賞爵刑罰窮矣。」未瀆辭者，謂時王不尚辭，民不褻爲也。不求備，不大望，言其政寬，貢税輕也。强民，言承殷難變之敝也。賞爵刑罰窮矣，言其繁文備設。○厭，於豔反。强，其兩反，注同。税，申鋭反。

子曰：「虞、夏之道，寡怨於民；殷、周之道，不勝其敝。」勝，猶任也。言殷、周極文，民無恥而巧利。後世之政難復。○勝，音升，注同。敝，音弊。任，如金反。復，音伏。

子曰：「虞、夏之質，殷、周之文，至矣！言後有王者，其作質、文，不能易之。○易，音亦。虞、夏之文，不勝其質；殷、周之質，不勝其文。言王者相變，質、文各有所多。○勝，世證反，又音升。

子言之曰：「後世雖有作者，虞帝弗可及也已矣。」〔一〕君天下，生無私，死不厚其子；子民如父母，有憯怛之愛，有忠利之教；親而尊，安而敬，威而愛，富而有禮，惠而能散；其君子尊仁畏義，恥費輕實，忠而不犯，義而順，文而靜，寬而有辨。死不厚其子，言既不傳位，又無以豐饒於諸臣也。恥費，不爲辭費出空言也。實，謂財貨也。辨，别也，猶寬而栗也。静，或爲「情」。〇憯，七感反。怛，旦達反。費，芳貴反，注同。傳，丈專反。别，彼列反，下「不别」同。甫刑曰：「德威惟威，德明惟明。」非虞帝其孰能如此乎？德所威，則人皆畏之，言服罪也。德所明，則人皆尊寵之，言得人也。〇曰，音越。威，如字。威，畏也，讀者亦依尚書音「畏」也。

子言之：「事君先資其言，拜自獻其身，以成其信。」資，謀也。獻，猶進也。言臣事君，必先謀定其言，乃後親進爲君言也。是故君有責於其臣，臣有死於其言，故其受禄不誣，其受罪益寡。死其言者，竭力於其所言之事。死而不負，於事不信，曰誣。

〔一〕「虞帝」，原訛作「虞舜」，據唐石經、撫州本、八行本、和本、十行本、閩本、監本、毛本、殿本、阮刻本改。

○誣，音無。

子曰：「事君，大言入則望大利，小言入則望小利。」大言，可以立大事也。小言，可以立小事也。入，爲君受之。利，禄賞也。入，或爲「人」。○爲君，于僞反。故君子不以小言受大禄，不以大言受小禄。言臣受禄，各用其德能也。易曰：「不家食，吉。」此大畜彖辭也。彖曰：「不家食，吉，養賢也。」言君有大畜積，不與家食之而已。必以禄賢者，賢有大小，禄有多少。○畜，勑六反，下同。彖，吐亂反。

子曰：「事君不下達，不尚辭，非其人弗自。」不下達，不以私事自通於君也。不尚辭，不多出浮華之言也。弗自，不身與相親。小雅曰：「靖共爾位，正直是與。神之聽之，式穀以女。」靖，治也。爾，女也。式，用也。穀，禄也。言敬治女位之職事，正直之人，乃與爲倫友。神聽女之所爲，用禄與女。○共，音恭，本亦作「恭」，同。女，音汝，注同。

子曰：「事君遠而諫，則讇也。近而不諫，則尸利也。」尸，謂不知人事，無辭讓也。○讇，本亦作「諂」，勑檢反。

子曰：「邇臣守和，宰正百官，大臣慮四方。」邇，近也。和，謂調和君事者也。

齊景公曰：「唯據與我和。」宰，冢宰也。冢宰主治百官。

子曰：「事君欲諫不欲陳。」陳，謂言其過於外也。詩云：「心乎愛矣，瑕不謂矣。中心藏之，何日忘之！」瑕之言胡也。謂，猶告也。○藏，如字，鄭解詩作「臧」，云「善」也。

子曰：「事君，難進而易退，則位有序；易進而難退，則亂也。」亂，謂賢否不別。○易，以豉反，下及注「易絶」同。故君子三揖而進，一辭而退，以遠亂也。進難者，爲主人之擇已也。退速者，爲君子之倦也。○遠，于萬反。爲主人，于僞反，下同。

子曰：「事君，三違而不出竟，則利禄也。人雖曰『不要』，吾弗信也。」違，猶去也。利禄，言爲貪禄留也。臣以道去君，至於三而不遂去，是貪禄，必以其强與君要也。○竟，音境。要，於遥反，注同。言爲，于僞反。强，其良反，舊其兩反。

子曰：「事君慎始而敬終。」輕交易，絶君子所恥。

子曰：「事君可貴可賤，可富可貧，可生可殺，而不可使爲亂。」亂，謂違廢事君之禮。

子曰：「事君，軍旅不辟難，朝廷不辭賤。言尚忠且謙也。○辟，音避。難，乃旦反。朝，直遥反。**處其位而不履其事，則亂也。」**履，猶行也。**故君使其臣，得志則慎慮而從之，否則孰慮而從之，終事而退，臣之厚也。**使，謂使之聘問師役之屬也。慎慮而從之者，此己志也，欲其必有成也。否，謂非己志也。孰慮而從之，又計於己利害也。終事而退，非己志者，事成則去也。事，或爲身。○慎，本亦作古「昚」字。**易曰：「不事王侯，高尚其事。」**言臣致仕而去，不復事君也。君猶高尚其所爲之事，言尊大其成功也。○復，扶又反。

子曰：「唯天子受命于天，士受命于君。」言皆有所受，不敢專也。唯，當爲「雖」，字之誤也。○唯天子，唯音雖，出注。**故君命順，則臣有順命；君命逆，則臣有逆命。**言臣受順，則行順；受逆，則行逆。如其所受於君，則爲君不易矣。○易，以豉反。**詩曰：「鵲之姜姜，鶉之賁賁。人之無良，我以爲君。」**姜姜、賁賁，爭鬭惡貌也。良，善也。言我以惡人爲君，亦使我惡，如大鳥姜姜於上，小鳥賁賁於下。○鵲，字林作「鵲」，説文作「䧿」，音七略反。姜，居良反。鶉，士倫反。賁，音奔，注同。

子曰：「君子不以辭盡人。不見人之言語則以爲善，言其餘行，或時惡也。○行，下孟反，下文并注同。故天下有道，則行有枝葉；天下無道，則辭有枝葉。」行有枝葉，所以益德也。言有枝葉，是衆虚華也。枝葉依幹而生，言行亦由禮出。是故君子於有喪者之側，不能賻焉，則不問其所費；於有病者之側，不能饋焉，則不問其所欲；有客不能館，則不問其所舍。皆辟有言而無其實。○賻，音附。費，芳貴反。饋，其位反。辟，音避。故君子之接如水，小人之接如醴；君子淡以成，小人甘以壞。水相得合而已，酒醴相得則敗，淡無酸酢，少味也。接，或爲「交」。○醴，徐音禮。淡，大敢反，又大暫反，徐徒闞反，注同。酸，悉官反。酢，七故反。小雅曰：「盗言孔甘，亂是用餤。」盗，賊也。孔，甚也。餤，進也。○餤，音談，徐本作「鹽」，以占反。

子曰：「君子不以口譽人，則民作忠。」譽，繩也。○譽，音餘，注同。繩，市升反。左傳：「以繩爲譽」。故君子問人之寒則衣之，問人之飢則食之，稱人之美則爵之。皆爲有言，不可以無實。○衣，於既反。食，音嗣。爲，于僞反。國風曰：「心之憂矣，於我歸説。」欲歸其所説忠信之人也。○説，音悦，又始鋭反，注同。

子曰：「口惠而實不至，怨菑及其身。」善言而無信，人所惡也。○菑，音災。惡，烏路反。是故君子與其有諸責也，寧有已怨。已，謂不許也。言諸而不與，其怨大於不許。○已，音以。國風曰：「言笑晏晏，信誓旦旦。不思其反。反是不思，亦已焉哉！」此皆相與爲昏禮，而不終也。言始合會，言笑和說，要誓甚信，今不思其本，恩之反覆，反覆之不思，亦已焉哉。無如此人，何怨之深也。○晏，於諫反。信誓，本亦作「矢誓」。旦，如字，字林作「⿱旦心」。亦已，音以。說，音悅。覆，反覆，並芳服反。

子曰：「君子不以色親人。情疏而貌親，在小人則穿窬之盜也與？」

子曰：「情欲信，辭欲巧。」巧，謂順而說也。○穿，音川。窬，范羊朱反，徐音豆。與，音餘。說，音悅。

子言之：「昔三代明王，皆事天地之神明，無非卜筮之用，不敢以其私褻事上帝。」言動任卜筮也。神明，謂羣神也。是故不犯日月，不違卜筮。日月，謂冬夏至、正月及四時也。所不違者，日與牲、尸也。○夏，户嫁反。卜、筮不相襲也。襲，因也。大事則卜，小事則筮。大事有時日；大事，有事於大神，有常時、常日也。小事無時日，有筮。有事於小神，無常時、常日。有筮，臨有事筮之。外事用剛日，內事用柔日。順陰陽也。陽爲外，陰爲内。事之外内，别乎四郊。○别，彼列反。不違龜筮。

子曰：「牲牷、禮樂、齊盛，是以無害乎鬼神，無怨乎百姓。」牷，猶純也。○牷，音全，純色也，本亦作「全」，注同。齊，音粢，本亦作「齍」〔一〕。

子曰：「后稷之祀易富也，其辭恭，其欲儉，其禄及子孫。」富之言備也。以傳世之禄，共儉者之祭，易備也。○易，以豉反，注同。傳，丈專反，下同。共，音恭。詩曰：「后稷兆祀，庶無罪悔，以迄于今。」兆，四郊之祭處也。迄，至也。言祀后稷於郊以配天，庶幾其無罪悔乎？福禄傳世，乃至於今。○迄，許訖反。處，昌慮反，下「建國之處」同。

子曰：「大人之器威敬。」言其用之尊嚴。天子無筮。謂征伐、出師若廵守也。天子至尊，大事皆用卜也。春秋傳曰：「先王卜征五年，歲襲其祥。」○守，手又反。諸侯有守筮。守筮，守國之筮。國有事則用之。天子道以筮。始將出，卜之。道有小事則用筮。諸侯非其國，不以筮；卜宅寢室。入他國，則不筮，不敢問吉凶於人之國也。諸侯受封

〔一〕「齍」，原訛作「齏」，據彙校卷十四、撫釋一、殿本、阮刻本改。

乎天子，因國而國，唯宫室欲改易者，得卜之耳。天子不卜處大廟。卜可建國之處吉，則宫廟吉可知。○大，音泰。

子曰：「君子敬則用祭器。」謂朝聘待賓客崇敬，不敢用燕器也。○朝，直遥反。是以不廢日月，不違龜筮，以敬事其君長。用龜筮，問所貢獻也。○長，丁丈反。是以上不瀆於民，下不褻於上。言上之於下以直，則下應之以正，不褻慢也。○應，「應對」之「應」。慢，字又作「僈」，武諫反。

緇衣第三十三

○陸曰：「鄭云：『善其好賢者之厚，故述其所稱之詩以爲其名也。緇衣，鄭詩，美武公也。』劉瓛云：『公孫尼子所作也。』」

禮記　　鄭氏注

子言之曰：「爲上易事也，爲下易知也，則刑不煩矣。」言君不苛虐，臣無姦心，則刑可以措。○「子言之曰」，此篇二十四章，唯此一「子言之」，後皆作「子曰」。易，以豉反，下同。苛，音何。錯，七故反，本亦作「措」，同。

子曰：「好賢如緇衣，惡惡如巷伯，則爵不瀆而民作愿，刑不試而民咸服。緇衣、巷伯，皆詩篇名也。緇衣首章曰：「緇衣之宜兮，敝予又改爲兮。適子之館兮，還予授子之粲兮。」言此衣緇衣者，賢者也，宜長爲國君。其衣敝，我願改制，授之以新衣，是其好賢，欲其貴之甚也。巷伯六章曰：「取彼讒人，投畀豺虎。豺虎不食，投畀有北。有北不受，投畀有昊。」此其惡惡，欲其死亡之甚也。爵不瀆者，不輕爵人也。試，用也。咸，皆也。○好，呼報反，注同。緇，側其反。惡惡，上烏路反，下如字，注同。巷，户降反。巷伯，小雅篇名。愿，音願。還，音旋。粲，七旦反。衣緇衣，上於既反，下如字。讒人，本又依詩作「譖人」。投畀，必利反，下同。豺，仕皆反。昊，胡老反，本或作「皓」，同。大雅曰：『儀刑文王，萬國作孚。』」刑，法也。孚，信也。儀法文王之德而行之，則天下無不爲信者也。文王爲政，克明德慎罰。

子曰：「夫民教之以德，齊之以禮，則民有格心；教之以政，齊之以刑，則民有遯心。」格，來也。遯，逃也。○格，古伯反。遯，徒遜反，亦作遁。故君民者，子以愛之，則民親之；信以結之，則民不倍；恭以涖之，則民有孫心。涖，臨也。孫，順也。○倍，音佩，下注同。涖，音利，又音類。孫，音遜，注同。甫刑曰：『苗民匪用命，制以刑，惟作五虐之刑曰法。』是以民有惡德，而遂絶其世也。」甫刑，尚書篇名。匪，非也。命，謂政令也。高辛氏之末，諸侯有三苗者作亂，其治民不用政令，專制御之以嚴刑，乃作五虐蚩尤之刑，以是爲法，於是民皆爲惡，起倍畔也。三苗由此見滅，無後世，由不任德。○蚩，尺之反。畔，本或作「叛」，俗字，非也。任，而鴆反。

子曰：「下之事上也，不從其所令，從其所行。言民化行，不拘於言。○行，下孟反，注同，又如字。拘，音俱。上好是物，下必有甚者矣。甚者，甚於君也。○好，呼報反，下皆同。故上之所好惡，不可不慎也，是民之表也。」言民之從君，如影逐表。○惡，烏路反。景，如字，一音英領反。

子曰：「禹立三年，百姓以仁遂焉，豈必盡仁？言百姓傚禹爲仁，非本性能仁也。遂，猶達也。○傚，胡孝反。詩云：『赫赫師尹，民具爾瞻。』甫刑曰〔一〕：『一人有慶，兆民賴之。』大雅曰：『成王之孚，下土之式。』」皆言化君也。孚，信也。式，法也。○赫，許百反。王，如字，徐于況反。

〔一〕「曰」，原訛作「云」，據唐石經、撫州本、八行本、阮刻本改。

子曰：「上好仁，則下之爲仁爭先人。故長民者章志、貞教、尊仁，以子愛百姓；民致行已，以説其上矣。章，明也。貞，正也。民致行己者，民之行皆盡己心。○長，丁丈反。説，音悦。詩云：『有梏德行，四國順之。』」梏，大也，直也。○梏，音角，詩作「覺」。行，下孟反。

子曰：「王言如絲，其出如綸；王言如綸，其出如綍。言言出彌大也。綸，今有秩嗇夫所佩也。綍，引棺索也。○綸，音倫，又古頑反，綬也。如綍，音弗，大索。嗇，音色。索，悉洛反。故大人不倡游言。游，猶浮也。不可用之言也。○倡，昌尚反。可言也，不可行，君子弗言也；可行也，不可言，君子弗行也。則民言不危行，而行不危言矣。危，猶高也。言不高於行，行不高於言，言行相應也。○行、而行，皆下孟反，注及下皆同。應，「應對」之「應」。詩云：『淑慎爾止，不諐于儀。』」淑，善也。諐，過也。言善慎女之容止，不可過於禮之威儀也。○諐，起虔反。女，音汝。

子曰：「君子道人以言，而禁人以行。」禁，猶謹也。○道，音導。故言必慮其所終，而行必稽其所敝，則民謹於言而慎於行。稽，猶考也，議也。○稽，古兮反。

詩云：『慎爾出話，敬爾威儀。』話，善言也。○話，胡快反。大雅曰：『穆穆文王，於緝熙敬止。』」緝、熙，皆明也，言於明明乎敬其容止。○於，音烏，注同。緝，七入反。熙，許其反。毛詩傳云：「緝熙，光明也。」

子曰：「長民者，衣服不貳，從容有常，以齊其民，則民德壹。貳，不壹也。○長，丁丈反，下「君長」同。貳，本或作「⿰亻貳」〔一〕，同音二，下同。從，七凶反。詩云：『彼都人士，狐裘黄黄。其容不改，出言有章。行歸于周，萬民所望。』」黄衣，則狐裘大蜡之服也。詩人見而説焉。章，文章也。忠信爲周。此詩毛氏有之，三家則亡。○黄，徐本作「横」，音黄。蜡，仕嫁反。説，音悦。

子曰：「爲上可望而知也，爲下可述而志也，則君不疑於其臣，而臣不惑於其君矣。志，猶知也。尹吉曰：『惟尹躬及湯，咸有壹德。』吉，當爲「告」。告，古文「誥」，字之誤也。尹告，伊尹之誥也。書序以爲咸有壹德，今亡。咸，皆也。君臣皆有壹德不貳，則無疑惑也。○吉，依注爲「告」，音誥，羔報反。詩云：『淑人君子，其儀不忒。』」

〔一〕「⿰亻貳」，原訛作「貸」，據彙校卷第十四、阮刻本改。

子曰：「有國者章義𤺺惡，以示民厚，則民情不貳。章，明也。𤺺，病也。○忒，他得反，本或作「貳」，音二。章義，如字，尚書作「善」，皇云：「義，善也。」𤺺，丁但反。詩云：『靖共爾位，好是正直。』」○共，音恭，本亦作「恭」。好，呼報反〔一〕。

子曰：「上人疑則百姓惑，下難知則君長勞。難知，有姦心也。故君民者，章好以示民俗，慎惡以御民之淫，則民不惑矣。淫，貪侈也。孝經曰：「示之以好惡，而民知禁。」○好，如字，又呼報反，注同。惡，如字，又烏路反，注同。侈，昌氏反，又式氏反。臣儀行，不重辭，不援其所不及，不煩其所不知，則君不勞矣。儀，當爲「義」，聲之誤也。言臣義事則行也〔二〕。重，猶尚也。援，猶引也。引君所不及，謂必使其君所行如堯、舜也，不煩以其所不知，謂必使其知慮如聖人也。凡告喻人，當隨其才以誘之。○行，如字。援，音袁，注同。知慮，音智。詩云：『上帝板板，下民卒𤺺。』上帝，喻君也。板板，辟也。卒，盡也。𤺺，病也。此君使民惑之詩。○版，布綰反，注同。亶，丁但反，本亦作

〔一〕「共音恭本亦作恭好呼報反」十一字，原亂在注文「有姦心也」下，據和本、閩本、監本、毛本、殿本乙正。
〔二〕「事」下，原衍「君」，據撫州本、岳本、八行本删。

「瘖」。辟，匹亦反，字亦作「僻」，同。小雅曰：『匪其止共，惟王之邛。』[一]匪，非也。邛，勞也。言臣不止於恭敬其職，惟使王之勞。此臣使君勞之詩也。○共，音恭，皇本作「躬」，云「躬，恭也」。邛，其恭反。

子曰：「政之不行也，教之不成也，爵禄不足勸也，刑罰不足恥也，故上不可以褻刑而輕爵。言政教，所以明賞罰。○褻，息列反。康誥曰：『敬明乃罰。』甫刑曰：『播刑之不迪。』」康，康叔也，作誥，尚書篇名也。播，猶施也。「不」，衍字耳。迪，道也，言施刑之道。○播，徐補餓反。迪，音狄。衍，延善反。

子曰：「大臣不親，百姓不寧，則忠敬不足，而富貴已過也。大臣不治，而邇臣比矣。忠敬不足，謂臣不忠於君，君不敬其臣。邇，近也。言近以見遠，言大以見小，互言之。比[二]，私相親也。○治，音值。比，毗志反，注同，親也。見，賢遍反，下同。故大臣不可不敬也，是民之表也；邇臣不可不慎也，是民之道也。民之道，言民循從也。

[一]「邛」，原訛作「卭」，據唐石經、撫州本改。
[二]「比」，原訛作「此」，據撫州本、岳本、嘉靖本、八行本、閩本、監本、毛本、殿本、阮刻本改。

君毋以小謀大，毋以遠言近，毋以內圖外，圖，亦謀也。言凡謀之，當各於其黨，知其過，審也。大臣柄權於外，小臣執命於內，或時交爭，轉相陷害。○毋，音無，下同。柄，音秉，兵永反。爭，「爭鬬」之爭。則大臣不怨，邇臣不疾，而遠臣不蔽矣。疾，猶非也。○蔽，必世反。葉公之顧命曰：『毋以小謀敗大作，毋以嬖御人疾莊后，毋以嬖御士疾莊士、大夫、卿、士。』」葉公，楚縣公葉公子高也，臨死遺書曰顧命。小謀，小臣之謀也。大作，大臣之所爲也。嬖御人，愛妾也。疾，亦非也。莊后，適夫人齊莊得禮者。嬖御士，愛臣也。莊士，亦謂士之齊莊得禮者，今爲大夫、卿、士。○葉，舒涉反，注同。葉公，楚大夫沈諸梁也，字子高，爲葉縣尹，僭稱公也。敗，補邁反。嬖，必惠反，徐甫詣反，又補弟反，字林方豉反。賤而得幸曰「嬖」，云「便嬖」、「愛妾」。莊后，側良反，齊莊也，下及注同。適，丁歷反。齊莊，側皆反，下同。

子曰：「大人不親其所賢，而信其所賤，民是以親失，而教是以煩。親失，失其所當親也。教煩，由信賤也。賤者，無壹德也。詩云：『彼求我則，如不我得。執我仇仇，亦不我力。』言君始求我，如恐不得我。既得我，持我仇仇然不堅固，亦不力用我，是不親信我也。○仇，音求，爾雅云：「敹也。」〔一〕**君陳曰：『未見聖，若己弗克見。既見聖，亦不克由聖。』**克，能也。由，用也。○陳，本亦作「敶」〔二〕，古「陳」字。若己弗克見，音紀，尚書無「己」字。

子曰：「小人溺於水，君子溺於口，大人溺於民，皆在其所褻也。言人不溺於所敬者。溺，謂覆没不能自理出也。○溺，乃歷反。覆，芳服反。**夫水近於人而溺人，德易狎而難親也，易以溺人。**言水，人所沐浴自絜清者。至於深淵、洪波，所當畏慎也，由近人之故，或泳之游之，褻慢而無戒心，以取溺焉，有德者，亦如水矣。初時學其近者、小者，以從人事，自以爲可，則侮狎之。至於先王大道，性與天命，則遂扞格不入，迷惑無聞，如溺於大水矣。難親，親之當肅敬，如臨深淵。○近，「附近」之「近」，注「由近人」同。易，以豉反，下同。狎，徐户甲反。清，如字，又才性反。洪，本又作「鴻」。泳，音詠，潛行爲泳。游，音由。侮，亡甫反。扞，胡旦反。格，户白反。**口費而煩，易出難悔，易以溺人。**費，猶惠也。

〔一〕「敹」，原訛作「讎」，據彙校卷第十四、撫釋一改。
〔二〕「敶」，原脱，據彙校卷第十四補。

言口多空言，且煩數也。過言一出，駟馬不能及，不可得悔也。口舌所覆，亦如溺矣。費，或爲「哱」，或爲「悖」。○費，芳貴反，注同。數，色角反。覆，芳服反，又芳又反。哱，或爲「悖」，並布内反。夫民閉於人而有鄙心，可敬不可慢，易以溺人。言民不通於人道，而心鄙詐，難卒告諭，人君敬慎以臨之則可，若陵虐而慢之，分崩怨畔〔一〕，君無所尊，亦如溺矣。○慢，本又作「僈」〔二〕，音武諫反。卒，寸忽反。故君子不可以不慎也。慎所可褻，乃不溺矣。太甲曰：『毋越厥命，以自覆也。若虞機張，往省括于厥度，則釋。』越之言蹷也。厥，其也。覆，敗也。言無自顛蹷女之政教，以自毁敗。虞，主田獵之地者也。機，弩牙也。度，謂所擬射也。虞人之射禽，弩已張，從機間視括與所射參相得，乃後釋弦發矢。爲政亦當以己心參於羣臣及萬民〔三〕，可，乃後施也。○大，音泰。覆，芳服反，注同。括，古活反。于厥度，如字，又大各反，注同，尚書無「厥」字。蹷，其厥反，又紀衛反，一音厥。女，音汝。儗，魚起反，本亦作「擬」。射，食亦反，下同。兑命曰：『惟口起羞，惟甲冑起兵，惟衣裳

〔一〕「畔」，原訛作「伴」，據撫州本、紹熙本、岳本、嘉靖本、八行本、和本、十行本、閩本、監本、毛本、殿本、阮刻本改。

〔二〕「僈」，原訛作「漫」，據彙校卷第十四、撫釋一、殿本改。

〔三〕「當」，原脱，據撫州本、八行本、和本、十行本、閩本、監本、毛本、岳本、阮刻本補。

在笥，惟干戈省厥躬。』兑，當爲「説」，謂殷高宗之臣傅説也，作書以命高宗，尚書篇名也。羞，猶辱也。衣裳，朝祭之服也。惟口起辱，當慎言語也。惟甲冑起兵，當慎軍旅之事也。惟衣裳在笥，當服以爲禮也。惟干戈省厥躬，當恕己不尚害人也。◯兑，依注作「説」，本亦作「説」。兵，尚書作戎。笥，司吏反。爲説，音悦，下「傳説」同。朝，直遥反。太甲曰：『天作孽，可違也。自作孽，不可以逭。』違，猶辟也。逭，逃也。◯孽，魚列反，下同。尚書作「天作孽，猶可違也。」「不可以逭」，本又作「逭」，乎亂反，尚書作「弗可逭」，無「以」字。辟，音避。尹吉曰：『惟尹躬天見于西邑夏，自周有終，相亦惟終。』」尹吉，亦尹誥也。天，當爲「先」字之誤。忠信爲周。相，助也，謂臣也。伊尹言：尹之先祖，見夏之先君臣，皆忠信以自終。今天絶桀者，以其自作孽。伊尹始仕於夏，此時就湯矣。夏之邑在亳西。見，或爲「敗」。邑，或爲「予」。◯吉，音誥，出注，羔報反。天，依注作「先」，西田反。相，息亮反。亳，步各反。

子曰：「民以君爲心，君以民爲體。心莊則體舒，心肅則容敬。心好之，身必安之。君好之，民必欲之。心以體全，亦以體傷；君以民存，亦以民亡。莊，齊莊也。◯好，呼報反，下同。齊，側皆反。詩云：『昔吾有先正，其言明且清。國家以寧，都邑以成，庶民以生。誰能秉國成？不自爲正，卒勞百姓。』先正，先君長也。誰能秉國成，傷今無此人也。成，邦之八成也。誰能秉行之，不自以所爲者正，盡勞來百姓憂念之者與？疾時大臣專功爭美。○「昔吾有先正」，從此至「庶民以生」，揔五句，今詩皆無此語，餘在小雅節南山篇，或皆逸詩也。清，舊才性反。一云此詩協韻，宜如字。上「先正」，當音征。「誰能秉國成」，毛詩無「能」字。勞，力報反，注「勞來」同，詩依字讀。長，丁丈反。來，力再反。與，音餘。君雅曰：『夏日暑雨，小民惟曰怨。資冬祁寒[一]，小民亦惟曰怨。』君雅，書序作「牙」，假借字也。君雅，周穆王司徒作，尚書篇名也。資，當爲「至」，齊、魯之語，聲之誤也。祁之言是也，齊西偏之語也。夏日暑雨，小民怨天。至冬是寒，小民又怨天，言民恒多怨，爲其君難。○雅，音牙，注同，尚書作「牙」。夏日，户嫁反，注同，尚書無「日」字。資，依注音「至」，尚書作「咨」，連上句云「怨咨」。祁，巨依反，徐巨尸反，字林上尸反。

子曰：「下之事上也，身不正，言不信，則義不壹，行無類也。」類，謂比式。

[一]「祁」，原訛作「祈」，據唐石經、撫州本、岳本、八行本、阮刻本改，注文、釋文同。

○行，下孟反，下「行有格」同。比式，如字，比方法式。

子曰：「言有物而行有格也，是以生則不可奪志，死則不可奪名。物，謂事驗也。格，舊法也。○是故，一本作「是以」〔一〕。故君子多聞，質而守之；多志，質而親之；精知，略而行之。」質，猶少也。多志，謂博交汎愛人也。精知，孰慮於衆也。精，或爲「清」。○知，如字，一音智，注同。汎，音泛。君陳曰：『出入自爾師虞，庶言同。』自，由也。師、庶，皆衆也。虞，度也。言出内政教，當由女衆之所謀度，衆言同，乃行之，政教當由壹也〔二〕。○度，待洛反，下同。詩云：『淑人君子，其儀一也。』」

子曰：「唯君子能好其正，小人毒其正。正，當爲「匹」，字之誤也。匹，謂知識朋友。○好，呼報反，下皆同。正，音匹，出注，下同。故君子之朋友有鄉，其惡有方。鄉、方，喻輩類也。小人徼利，其友無常也。○鄉，許亮反，又音香，注同。輩，布内反。徼，古堯反，下同。是故邇者不惑，而遠者不疑也。言其可望而知。邇，近也。詩云：『君子

〔一〕「是」，原脱，據彙校卷第十四、撫釋一補。
〔二〕「壹」，原訛作「一」，據撫州本、岳本、八行本改。

好仇。』」仇，匹也。

子曰：「輕絶貧賤而重絶富貴，則好賢不堅而惡惡不著也。人雖曰不利，吾不信也。」言此近徼利也。○惡惡，上烏路反，下如字。著，張慮反。近，「附近」之「近」。詩云：『朋友攸攝，攝以威儀。』」攸，所也。言朋友以禮義相攝正，不以貧富貴賤之利也。

子曰：「私惠不歸德，君子不自留焉。私惠，謂不以公禮相慶賀，時以小物相問遺也。言其物不可以爲德，則君子不以身留此人也。相惠以褻瀆、邪辟之物，是爲不歸於德，歸，或爲「懷」。○遺，于季反。邪，似嗟反，徐以車反。辟，匹亦反。詩云：『人之好我，示我周行。』」行，道也。言示我以忠信之道。○行，户剛反，又如字。

子曰：「苟有車，必見其軾。苟有衣，必見其敝。人苟或言之，必聞其聲；苟或行之，必見其成。言凡人舉事，必有後驗也。見其軾，謂載也。敝，敗衣也。衣或在内，新時不見。○軾，音式。敝，鄭婢世反，敗也，庾必世反，隱蔽也。「人苟或言之」，一本無「人」字。不見，如字，又賢遍反。葛覃曰：『服之無射。』」射，厭也，言己願采葛，以爲君子之衣，令君子服之。無厭，言不虚也。○覃，徒南反。射，音亦，注同。厭，於豔反，後皆同。

令，力呈反。

子曰：「言從而行之，則言不可飾也。行從而言之，則行不可飾也。從，猶隨也。○行從，下孟反，下「則行」、下注「以行」同。故君子寡言而行，以成其信，則民不得大其美而小其惡。以行爲驗，虚言無益於善也。寡，當爲「顧」，聲之誤也。○寡，音顧，出注。詩云：『白圭之玷，尚可磨也。斯言之玷，不可爲也。』玷，缺也。言圭之缺，尚可磨而平之，言之缺，無如之何。○玷，丁簟反，又丁念反，下及注同。磨，莫何反。小雅曰：『允也君子，展也大成。』允，信也。展，誠也。君奭曰：『昔在上帝，周田觀文王之德，其集大命于厥躬？』」奭，召公名也，作尚書篇名也。古文「周田觀文王之德」爲「割申勸寧王之德」，今博士讀爲「厥亂勸寧王之德」，三者皆異，古文似近之。「割」之言「蓋」也，言文王有誠信之德，天蓋申勸之，集大命於其身，謂命之使王天下也。○奭，音釋。「周田觀文」，依注讀爲「割申勸寧」。召，尚照反，本亦作「邵」。近，「附近」之「近」。王，于況反。

子曰：「南人有言曰：『人而無恒，不可以爲卜筮。』古之遺言與？龜筮猶不能知也，而況於人乎？」恒，常也。不可爲卜筮，言卦兆不能見其情，定其吉凶也。

○與，音餘。詩云：『我龜既厭，不我告猶。』猶，道也。言褻而用之，龜厭之，不告以吉凶之道也。兑命曰：『爵無及惡德，民立而正。事純而祭祀，是爲不敬，事煩則亂，事神則難。』惡德，無恒之德。純，猶皆也。言君祭祀，賜諸臣爵，毋與惡德之人也。民將立以爲正，言放傚之疾。事皆如是，而以祭祀，是不敬鬼神也。惡德之人使事煩，事煩則亂。使事鬼神，又難以得福也。純，或爲「煩」。○兑，音悦。毋，音無。放，方往反。傚，户教反。易曰：『不恒其德，或承之羞。』『恒其德，偵。婦人吉，夫子凶。』羞，猶辱也。偵，問也，問正爲偵。婦人，從人者也。以問正爲常德則吉，男子當專行幹事，而以問正爲常德，是亦無恒之人也。○偵，音貞。周易作貞。幹，古半反。

禮記卷第十七

經肆仟壹伯壹拾捌字

注肆仟陸伯丹肆字

音義貳仟柒伯叁拾肆字

余仁仲刊于家塾

禮記卷第十八

奔喪第三十四

○陸曰：「鄭云：『奔喪者，居於他邦，聞喪奔歸之禮。實曲禮之正篇也。』」

禮記　　　　鄭氏注

奔喪之禮：始聞親喪，以哭荅使者，盡哀；問故，又哭，盡哀。親，父母也。以哭荅使者，驚怛之哀無辭也。問故，問親喪所由也。雖非父母，聞喪而哭，其禮亦然也。○奔喪，此正字也。説文云「從哭亡，亡亦聲」也。哭，空木反。使，色吏反，注同。怛，都達反。遂行，日行百里，不以夜行。雖有哀戚，猶辟害也。晝夜之分，別於昏明。哭則遂行者，不爲位。○辟，音避。分，扶問反，又方云反。別，彼列反。唯父母之喪，見星而行，見星而舍。侵晨冒昏，彌益促也。言「唯」，著異也。○冒，亡北反，又亡報反。著，張慮反。若未得行，則成服而后行。謂以君命有爲者也。成喪服，得行則行。○爲，于僞反，一音如字。過國至竟哭，盡哀而止。感此念親。○竟，音境，下同。哭辟市朝。爲驚衆也。○辟，音避。朝，直遥反。爲，于僞反。望其國竟哭。斬衰者也，自是哭且遂行。○衰，七雷反，後皆同。

至於家，入門左，升自西階，殯東。西面坐，哭盡哀，括髮袒。括髮袒者，去飾也。未成服者，素委貌、深衣；已成服者，固自喪服矣。○括，古活反。袒，徒旱反。去，羌吕反。降，堂東即位，西鄉哭，成踊。已殯者位在下。○鄉，許亮反，下「西鄉」同。襲經于序東，絞帶，反位。拜賓，成踊。襲，服衣也。不於又哭乃經者，發喪已踰日，節於是可也。其未小斂而至，與在家同耳。不散帶者，不見尸柩。凡拜賓者，就其位。既拜，反位哭踊。○絞，古卯反，下同，徐户交反。成踊，音勇。散，悉但反。送賓，反位。有賓後至者，則拜之成踊，送賓皆如初。衆主人、兄弟皆出門，出門哭止，闔門，相者告就次。次，倚廬也。○闔，户臘反。相，息亮反，下「相者」皆同。倚，於綺反。於又哭，括髮袒，成踊。又哭，至明日朝也。於三哭，猶括髮袒，成踊。三哭，又其明日朝也。皆升堂括髮袒，如始至。必又哭、三哭者，象小斂、大斂時也。雜記曰：「士三踊。」其夕哭從朝。

夕哭不括髮，不袒，不踊，不以爲數。○不以數也，色主反，本亦作「不以爲數」，數，色具反。三日成服，拜賓、送賓皆如初。三日，三哭之明日也。既哭，成其喪服〔一〕，杖於序東。

奔喪者非主人，則主人爲之拜賓、送賓。奔喪者自齊衰以下，入門左，中庭北面，哭盡哀；免麻于序東，即位袒，與主人哭成踊。不升堂哭者，非父母之喪，統於主人也。麻，亦絰帶也。於此言「麻」者，明所奔喪雖有輕者，不至喪所，無改服也。凡袒者於位，襲於序東，袒、襲不相因位。此麻乃袒，變於爲父母也。○爲，于僞反，注「變於爲父」、下注「爲母」皆同。齊，音咨，下同。免，音問，下及注皆同。於又哭、三哭，皆免袒。有賓，則主人拜賓、送賓。又哭、三哭，亦入門左，中庭北面，如始至時也。丈夫婦人之待之也，皆如朝夕哭位，無變也。待奔喪者無變，嫌賓客之也。於賓客以哀變爲敬，此骨肉，哀則自哀矣。於此乃言「待之」，明奔喪者至三哭，猶不以序入也。

奔母之喪，西面哭，盡哀，括髮袒。降，堂東即位，西鄉哭，成踊；襲免絰于序東，拜賓、送賓，皆如奔父之禮。於又哭，不括髮。爲母於又哭而免，輕於父

〔一〕「其」下，原衍「服」字，據撫州本、岳本、八行本删。

也，其他則同。○而免，本或作「而不免者」，非。

婦人奔喪，升自東階，殯東，西面坐，哭盡哀。東髽，即位，與主人拾踊。婦人，謂姑、姊妹、女子子也。東階，東面階也。婦人入者由闈門。東髽，髽於東序。不髽於房，變於在室者也。去纚大紒曰髽。拾，更也。主人與之更踊，賔客之。○髽，側爪反。拾，其劫反，注同。闈，音違，舊音暉。去，起吕反。纚，色買、所綺二反。紒，音計。更，音庚，下同。

奔喪者不及殯，先之墓，北面坐，哭盡哀。主人之待之也，即位於墓左，婦人墓右。成踊，盡哀，括髪。東即主人位，絰絞帶，哭成踊。拜賔，反位成踊。相者告事畢。主人之待之，謂在家者也。哭於墓，爲父母則袒。告事畢者，於此後無事也。○相，息亮反，下同。爲，于僞反。遂冠，歸入門左，北面，哭盡哀，括髪袒，成踊。東即位，拜賔，成踊。賔出，主人拜送。有賔後至者，則拜之成踊，送賔如初。衆主人、兄弟皆出門，出門哭止，相者告就次。於又哭，括髪成踊。於三哭，猶括髪成踊。三日成服。於五哭，相者告事畢。又哭、三哭不袒者，哀戚已久，殺之也。逸奔喪禮説不及殯曰：「於又哭，猶括髪，即位，不袒。」告事畢者，五哭而不復哭也。成服之朝爲四哭。此謂既期乃後歸至者也。其未期，猶朝夕哭，不止於五哭。○冠，音官。袒，音但。殺，色界反，下「哀殺」同。復，扶又反。期，音基，下同。爲母所以異於父者，壹括髮，其餘免以終事，他如奔父之禮。壹括髮，謂歸入門哭時也。於此乃言「爲母異於父」者，明及殯、不及殯，其異者同。○爲，于僞反，注及下「爲父」同。

齊衰以下，不及殯，先之墓，西面，哭盡哀。不北面者，亦統於主人。免麻于東方，即位，與主人哭，成踊，襲。有賓，則主人拜賓、送賓；賓有後至者，拜之如初。相者告事畢。不言「袒」言「襲」者，容齊衰親者或袒可。遂冠，歸，入門左，北面，哭盡哀，免袒，成踊。東即位，拜賓，成踊。賓出，主人拜送。於又哭，免袒，成踊。於三哭，猶免袒，成踊。三日成服。於五哭，相者告事畢。爲父於又哭，括髮而不袒，此又哭、三哭皆言「袒」。「袒」，衍字也。

聞喪不得奔喪，哭盡哀；問故，又哭盡哀。乃爲位，括髮袒，成踊。襲，絰絞帶，即位。聞父母喪而不得奔，謂以君命有事。不然者，不得爲位。位有鄭列之處，如於家朝夕哭位矣。不於又哭乃絰者，喪至此踰日，節於是可也。○鄭，子短反。處，昌慮反，下

「之處」同。拜賓，反位，成踊。賓出，主人拜送于門外，反位。若有賓後至者，拜之，成踊，送賓如初。於又哭，括髮袒，成踊。於三哭，猶括髮袒，成踊。三日成服。於五哭，拜賓、送賓如初。不言「就次」者，當從其事，不可以喪服廢公職也。其在官，亦告就次。言五哭者，以迫公事，五日哀殺，亦可以止。

若除喪而后歸，則之墓，哭成踊。東括髮袒，絰，拜賓，成踊。送賓，反位，又哭盡哀，遂除。於家不哭。東，東即主人位。如不及殯者也。遂除，除於墓而歸。主人之待之也，無變於服，與之哭，不踊。無變於服，自若時服也。亦即位于墓左，婦人墓右。自齊衰以下，所以異者免麻。

凡爲位，非親喪，齊衰以下皆即位，哭盡哀，而東免絰，即位，袒成踊。謂無君事，又無故，可得奔喪，而以己私未奔者也。唯父母之喪〔一〕，則不爲位，其哭之，不離聞喪之處。齊衰以下，更爲位而哭，皆可行乃行。○離，力智反。襲，拜賓，反位，哭成踊；送

〔一〕「唯」，原脱，據撫州本、岳本、八行本補。

賓，反位，相者告就次。三日五哭，卒，主人出送賓，衆主人、兄弟皆出門，哭止。相者告事畢。成服，拜賓。卒，猶止也。三日五哭者，始聞喪，訖夕爲位，乃出就次，一哭也；與明日、又明日之朝夕而五哭。不五朝哭，而數朝夕，備五哭而止，亦爲急奔喪，己私事當畢。亦明日乃成服。凡云「五哭」者，其後有賓，亦與之哭而拜之。〇之朝，朝，旦也，下同。數，色主反。爲，于僞反。若所爲位家遠，則成服而往。謂所當奔者外喪也。外喪緩而道遠，成服乃行，容待齎也。〇齎，子西反，資糧也，一音咨。

齊衰望鄉而哭，大功望門而哭，小功至門而哭，緦麻即位而哭。奔喪哭，親疏遠近之差也。〇差，初佳反，又初宜反，下同。哭父之黨於廟，母、妻之黨於寢，師於廟門外，朋友於寢門外，所識於野張帷。此因五服聞喪而哭，列人恩諸所當哭者也。黨，謂族類無服者也。逸奔喪禮曰：「哭父族與母黨於廟，妻之黨於寢，朋友於寢門外，壹哭而已，不踊。」言「壹哭而已」，則不爲位矣。凡爲位不奠。以其精神不存乎是。哭天子九，諸侯七，卿大夫五，士三。此臣聞君喪而未奔，爲位而哭，尊卑日數之差也。士亦有屬吏，賤不得君臣之名。大夫哭諸侯，不敢拜賓。謂哭其舊君，不敢拜賓，辟爲主。〇辟，音避。諸臣在他國，爲位而哭，不敢拜賓。謂大夫、士使於列國。○使，色吏反。與諸侯爲兄弟，亦爲位而哭。族親昏姻在異國者。凡爲位者壹袒。謂於禮正，可爲位而哭也。始聞喪，哭而袒，其明日則否。父母之喪，自若三袒也。所識者弔，先哭于家，而後之墓，皆爲之成踊，從主人北面而踊。從主人而踊，拾踊也。北面，自外來便也。主人墓左西面。○爲，于僞反，下注「各爲」同。拾，其劫反。便，婢面反。

凡喪：父在，父爲主；與賓客爲禮，宜使尊者。父没，兄弟同居，各主其喪。各爲其妻、子之喪爲主也。祔則宗子主之。○祔，音附。親同，長者主之；父母没，如昆弟之喪，宗子主之。○長，丁丈反。如，若也。不同，親者主之。從父昆弟之喪。聞遠兄弟之喪，既除喪而后聞喪，免袒，成踊，拜賓則尚左手。小功、緦麻不税者也。雖不服，猶免袒。尚左手，吉拜也。逸奔喪禮曰：「凡拜，吉喪皆尚左手。」○税，吐外反。無服而爲位者，唯嫂叔及婦人降而無服者，麻。雖無服，猶弔服加麻，袒免，爲位哭也。正言嫂叔，尊嫂也。兄公於弟之妻則不能也。婦人降而無服，族姑、姊妹嫁者也。逸奔喪禮曰：

「無服袒免爲位者，唯嫂與叔。凡爲其男子服，其婦人降而無服者，麻。」○嫂，悉早反。凡爲，于僞反，下注同。**凡奔喪，有大夫至，袒，拜之，成踊而后襲；於士，襲而后拜之。**主人袒降哭，而大夫至，因拜之，不敢成己禮，乃禮尊者。或曰：「大夫後至者，袒，拜之，謂之成踊。」

問喪第三十五

○陸曰：「鄭云：『問喪者，善其問，以知居喪之禮所由也。』」 鄭氏注

親始死，雞斯，徒跣，扱上衽，交手哭。惻怛之心，痛疾之意，傷腎、乾肝、焦肺，水漿不入口，三日不舉火，故鄰里爲之糜粥以飲食之。親，父母也。雞斯，當爲「笄纚」，聲之誤也。親始死，去冠，二日乃去笄纚，括髮也。今時始喪者邪巾貊頭，笄纚之存象也。徒，猶空也。上衽，深衣之裳前。五藏者，腎在下，肝在中，肺在上，舉三者之焦傷，而心、脾在其中矣。五家爲鄰，五鄰爲里。○雞斯，依注爲「笄纚」，笄，音古兮反。纚，色買反，徐所綺反。跣，悉典反。扱，初洽反。衽，而鴆反，又而甚反，注同。怛，都達反。腎，市軫反。乾肝，並音干。肺，方廢反。漿，本亦作「[illegible]」，子羊反。糜，武皮反，本亦作「糜」，同。粥，之六反，字林與六反，云「淖糜」也。飲，音蔭。食，音嗣。去冠，起吕反。邪，似嗟反，亦作「耶」。袹，亡

瞎反，本亦作「貊」。藏，才浪反。脾，婢支反。夫悲哀在中，故形變於外也。痛疾在心，故口不甘味，身不安美也。言人情之中外相應。○夫，音扶。應，「應對」之應。

三日而斂，在牀曰尸，在棺曰柩。動尸舉柩，哭踊無數。惻怛之心，痛疾之意，悲哀志懣氣盛，故袒而踊之，所以動體、安心、下氣也。婦人不宜袒，故發胸、擊心、爵踊，殷殷田田，如壞牆然，悲哀痛疾之至也。故曰「辟踊哭泣，哀以送之」。送形而往，迎精而反也。故袒而踊之，言聖人制法，故使之然也。爵踊，足不絶地。辟，拊心也。哀以送之，謂葬時也。迎其精神而反，謂反哭及日中而虞也。○斂，力驗反，下同。柩，其又反。懣，亡本反，又音滿，范音悶，下同。殷殷，並音隱。壞，音怪，字林作「數」，音同。辟，婢尺反，徐扶亦反，注及下皆同。拊，芳甫反。

其往送也，望望然，汲汲然，如有追而弗及也。其反哭也，皇皇然，若有求而弗得也。故其往送也如慕，其反也如疑。望望，瞻望之貌也。慕者，以其親之在前。疑者，不知神之來否。○汲，音急。求而無所得之也，入門而弗見也，上堂又弗見也，入室又弗見也，亡矣，喪矣，不可復見已矣！故哭泣辟踊，盡哀而止矣。說反哭之義也。○上，時掌反。復，扶又反，又下「復反」、「復生」皆同。心悵焉愴焉，惚焉愾焉，心絶志悲而已矣。祭之宗廟，以鬼饗之，徼幸復反也。説虞之義。○悵，勑亮反。愴，初亮反。惚，音忽。愾，徐音慨，苦代反。徼，古堯反。成壙而歸，不敢入處室，居於倚廬，哀親之在外也。寢苫枕塊，哀親之在土也。言親在外在土，孝子不忍反室自安也。「入處室」，或爲「入宫」。○壙，古晃反。倚，於綺反。苫，始占反，草也。枕，之蔭反。塊，苦對反，又苦怪反，土也。故哭泣無時，服勤三年，思慕之心，孝子之志也，人情之實也。勤，謂憂勞。

或問曰：「死三日而后斂者，何也？」怪其遲也。曰：「孝子親死，悲哀志懣，故匍匐而哭之，若將復生然，安可得奪而斂之也？故曰『三日而后斂者，以俟其生也』。三日而不生，亦不生矣，孝子之心，亦益衰矣；家室之計，衣服之具，亦可以成矣；親戚之遠者，亦可以至矣。是故聖人爲之斷決，以三日爲之禮制也。」匍匐，猶顛蹷，或作「扶服」。○匍，音蒲，又音扶。匐，蒲北反，又音服。衰，色追反。爲，于僞反，下注「相爲」、「爲褻」同。斷決，丁叚反，下古穴反。猶傎，丁年反。蹷，求月反，又九月反。

或問曰：「冠者不肉袒，何也？」怪冠、衣之相爲也。○冠，音官。曰：「冠至尊也，不居肉袒之體也。故爲之免以代之也。言身無飾者不敢冠，冠爲褻尊服。肉袒則著免。免狀如冠而廣一寸。○免，音問，注及下皆同。褻，息列反。著，張慮反，又張略反。廣，古曠反。然則禿者不免，傴者不袒，跛者不踊，非不悲也，身有錮疾，不可以備禮也。故曰：『喪禮唯哀爲主矣。』女子哭泣悲哀，擊胸傷心；男子哭泣悲哀，稽顙觸地無容，哀之至也。」將踊先袒，將袒先免，此三疾俱不踊、不袒、不免，顧其所以否者，各爲一耳。擊胸傷心，稽顙觸地，不踊者若此而可。或曰：「男女哭踊。」○禿，吐禄反，無髮也。傴，於縷反，一音紆矩反，背曲也。跛，補禍反，又彼我反，足廢也。錮，音故。稽，音啟，注同。顙，桑朗反，下注同。

或問曰：「免者以何爲也？」怪本所爲施也。○何爲，于僞反，盡篇末文、注皆同。曰：「不冠者之所服也。禮曰：『童子不緦，唯當室緦。』緦者其免也，當室則免而杖矣。」不冠者，猶未冠也。當室，謂無父兄而主家者也。童子不杖，不杖者不免，當室則杖而免。免冠之細〔一〕，以次成人也。緦者其免也，言免乃有緦服也。○緦，音思。冠之，古亂反。

或問曰：「杖者何也？」怪其義各異。曰：「竹、桐一也。故爲父苴杖，苴杖，竹也；爲母削杖，削杖，桐也。」言所以杖者義一也，顧所用異耳。○苴，七餘反。削，悉若反。

或問曰：「杖者以何爲也？」怪所爲施。曰：「孝子喪親，哭泣無數，服勤三年，身病體羸，以杖扶病也。言得杖乃能起也。數，或爲「時」。○羸，力垂反，劣也，疲也。則父在不敢杖矣，尊者在故也。堂上不杖，辟尊者之處也。堂上不趨，示不遽也。此孝子之志也，人情之實也，禮義之經也。非從天降也，非從地出也，人情而已矣。」父在不杖，謂爲母喪也。尊者在不杖，尊者之處不杖〔二〕，有事不趨，皆爲其感動，使之憂戚也。○辟，音避。處，昌慮反，下同。遽，其慮反。

〔一〕「細」下原衍「别」字，據撫州本、考異删。
〔二〕「尊」上原衍「辟」字，據撫州本删。

服問第三十六

○陸曰：「鄭云：『服問者，善其問，以知有服而遭喪所變易之節也。』」

鄭氏注

傳曰「有從輕而重」，公子之妻爲其皇姑；皇，君也。諸侯妾子之妻爲其君姑齊衰，與爲小君同，舅不厭婦也。○傳，此引大傳文也。從，如字，范才用反。爲其，于僞反，注及下皆同。齊衰，上音咨，下七雷反，後放此。厭，於涉反，下同。「有從重而輕」，爲妻之父母；妻齊衰而夫從緦麻，不降一等，言非服差。○差，初佳反，又初宜反，下同。「有從無服而有服」，公子之妻爲公子之外兄弟；謂爲公子之外祖父母、從母緦麻。「有從有服而無服」，公子爲其妻之父母。凡公子厭於君，降其私親。女君之子不降也。

傳曰：「母出則爲繼母之黨服，母死則爲其母之黨服。」爲其母之黨服，則不爲繼母之黨服。雖外親，亦無二統。

三年之喪既練矣，有期之喪既葬矣，則帶其故葛帶，絰期之絰，服其功衰。帶其故葛帶者，三年既練，期既葬，差相似也。絰期之葛絰，三年既練，首絰除矣。爲父既練〔一〕，衰七升；母既葬，衰八升。凡齊衰既葬，衰或八升，或九升。服其功衰，服麤衰。○期，音基，下及注皆同。**有大功之喪，亦如之。**大功之麻，變三年之練葛。其既葬之葛帶〔二〕，小於練之葛帶，又當有絰，亦反服其故葛帶，絰期之絰，差之宜也。此雖變麻服葛，大小同耳，亦服其功衰。凡三年之喪，既練，始遭齊衰、大功之喪，絰、帶皆麻。**小功，無變也。**無所變於大功、齊、斬之服，不用輕累重也。○累，劣彼反，又劣僞反。

麻之有本者，變三年之葛。有本，謂大功以上也。小功以下，澡麻斷本。○上，時掌反。澡，音早。斷，丁管反，下文同。**既練，遇麻斷本者，於免，絰之；既免，去絰。每可以絰必絰，既絰則去之。**雖無變，緣練無首絰，於有事則免絰如其倫。免無不絰，絰有不免，其無事則自若練服也。○免，音問，下及注「不免者」皆同。去，起呂反，下同。**小功不易喪之練冠，如免，則絰其緦、小功之絰，因其初葛帶。緦之麻，不變小**

〔一〕「爲父既練」下，原衍「首絰除矣爲父既練」八字，據撫州本、岳本、八行本刪。

〔二〕「其」，原訛作「期」，據考異改。考異曰：「『期』當作『其』，『其』者，其大功也。今各本『其』作『期』者，誤字耳，今特訂正之。」

功之葛；小功之麻，不變大功之葛。以有本爲税。税亦變易也。小功以下之麻，雖與上葛同，猶不變也。此要其麻有本者，乃變上耳。雜記曰：「有三年之練冠，則以大功之麻易之，唯杖、屨不易也。」○爲税，上如字，下吐外反，注及下皆同。要，一遥反。

殤長、中，變三年之葛，終殤之月筭，而反三年之葛。是非重麻，爲其無卒哭之税。下殤則否。謂大功之親，爲殤在緦、小功者也。可以變三年之葛，正親親也。三年之葛，大功變既練，齊衰變既虞、卒哭。凡喪卒哭，受麻以葛。殤以麻終喪之月數，非重之而不變，爲殤未成人，文不縟耳。下殤則否，言賤也。男子爲大功之殤，中從上，服小功；婦人爲之，中從下，服緦麻。○長，丁丈反。筭，徐音蒜，悉亂反。重，直勇反，徐治龍反，注同。爲，于僞反，注除「爲殤在緦」皆同。縟，音辱，繁綵飾也。

君爲天子三年，夫人如外宗之爲君也。外宗，君外親之婦也。其夫與諸侯爲兄弟，服斬，妻從服期。諸侯爲天子服斬，夫人亦從服期。喪大記曰：「外宗，房中南面。」○君爲，于僞反，後文皆同〔一〕，注「諸侯爲天子」、下注「亦爲此三人」、「士爲國君」同。世子不爲

〔一〕「文」，原訛作「音」，據彙校卷十四、撫釋一、殿本改。

天子服。遠嫌也。不服，與畿外之民同也。○遠，于萬反。畿，音祈。

君所主，夫人妻、大子、適婦。言「妻」，見大夫以下，亦爲此三人爲喪主也。○大子，音泰，下及注同。適，丁歷反，下同。見，賢遍反。大夫之適子，爲君、夫人、大子，如士服。大夫不世子，不嫌也。士爲國君斬、小君期。大子君服斬，臣從服期。君之母，非夫人，則羣臣無服，唯近臣及僕、驂乘從服，唯君所服服也。妾，先君所不服也。禮，庶子爲後，爲其母緦。言「唯君所服」，伸君也。春秋之義，有以小君服之者。時若小君在，則益不可。○驂，七南反。乘，音剩。爲，于僞反，下「爲其母」同。伸，音申。

公爲卿大夫錫衰以居，出亦如之，當事則弁絰。大夫相爲亦然。爲其妻，往則服之，出則否。弁絰，如爵弁而素加絰也。不當事則皮弁。出，謂以他事不至喪所。○錫，思歷反。

凡見人，無免絰。雖朝於君，無免絰。唯公門有稅齊衰。傳曰：「君子不奪人之喪，亦不可奪喪也。」見人，謂行求見人也。無免絰，絰重也。稅，猶免也，古者「說」，或作「稅」。有免齊衰，謂不杖齊衰也。於公門有免齊衰，則大功有免絰也。○免絰，音又始鋭反。

勉，去也，下「無免絰」并注皆同，徐並音問，恐非。朝，直遥反。税，吐活反，注同。説，吐活反，

傳曰：「罪多而刑五，喪多而服五，上附下附，列也。」列，等比也。○罪，本或作「辠」，正字也；秦始皇以其似「皇」字，改爲「罪」也。上，時掌反。列，徐音例，注同，本亦作「例」。比，必利反。

間傳第三十七

○陸曰：「鄭云：『名間傳者，以其記喪服之間輕重所宜也。』」

鄭氏注

斬衰何以服苴？苴，惡貌也，所以首其内而見諸外也。斬衰貌若苴，齊衰貌若枲，大功貌若止，小功、緦麻容貌可也。此哀之發於容體者也。有大憂者，面必深黑。止，謂不動於喜樂之事。枲，或爲「似」。○苴，七余反。見，賢遍反。齊，音咨，下同。枲，思里反。樂，音洛。

斬衰之哭，若往而不反；齊衰之哭，若往而反；大功之哭，三曲而偯；小功、緦麻，哀容可也。此哀之發於聲音者也。三曲，一舉聲而三折也。偯，聲餘從容

也。○偯，於起反，説文作「⿱依心」，云「痛聲」。折，之設反。從，七容反。

斬衰唯而不對，齊衰對而不言，大功言而不議，小功、緦麻議而不及樂。此哀之發於言語者也。議，謂陳説非時事也。○唯，于癸反，徐以水反。

斬衰三日不食，齊衰二日不食，大功三不食，小功、緦麻再不食。士與斂焉，則壹不食。故父母之喪，既殯食粥，朝一溢米，莫一溢米；齊衰之喪，疏食水飲，不食菜果；大功之喪，不食醯醬；小功、緦麻，不飲醴酒。此哀之發於飲食者也。父母之喪，既虞、卒哭，疏食水飲，不食菜果；期而小祥，食菜果；又期而大祥，有醯醬；中月而禫，禫而飲醴酒。始飲酒者，先飲醴酒。始食肉者，先食乾肉。先飲醴酒、食乾肉者，不忍發御厚味。○與，音預。斂，力驗反。粥，之六反。溢，音逸，劉音實，二十兩也。莫，音暮。疏食，音嗣，下「疏食」同。醯，本亦作「醘」，呼兮反，下同。醴，音禮。期，音基，下及注皆同。中，如字，徐丁仲反。禫，大感反。

父母之喪，居倚廬，寢苫枕塊，不説絰帶；齊衰之喪，居堊室，芐翦不納；大功之喪，寢有席；小功、緦麻，牀可也。此哀之發於居處者也。父母之喪，既虞、卒哭，柱楣翦屏，芐翦不納；期而小祥，居堊室，寢有席；又期而大祥，居復寢；中月而禫，禫而牀。芐，今之蒲苹也。○倚，於綺反。寢，本亦作「寑」，七審反。苫，始占反。枕，之鴆反。塊，苦對反，又苦怪反。稅，吐活反。芐，户嫁反。翦，子踐反。牀，徐仕良反。柱，知矩反，一音張炷反。楣，音眉。復，音伏。

斬衰三升，齊衰四升、五升、六升，大功七升、八升、九升，小功十升、十一升、十二升，緦麻十五升去其半。有事其縷，無事其布，曰緦。此哀之發於衣服者也。此齊衰多二等〔一〕，大功、小功多一等，服主於受，是極列衣服之差也。○去，起呂反，下「去麻」同。縷，力主反。差，初佳反，後放此。斬衰三升，既虞、卒哭，受以成布六升，冠七升。爲母疏衰四升，受以成布七升，冠八升。去麻服葛，葛帶三重。期而小祥，練冠縓緣，要絰不除。男子除乎首，婦人除乎帶。男子何爲除乎首也？婦人何爲除乎帶也？男子重首，婦人重帶，除服者先重者，易

〔一〕「二」，原訛作「一」，據撫州本、岳本、嘉靖本、八行本、十行本、閩本、監本、毛本、殿本、阮刻本改。

服者易輕者。又期而大祥，素縞麻衣。中月而禫，禫而纖，無所不佩。葛帶三重，謂男子也，五分去一而四糾之。帶輕，既變，因爲飾也。婦人葛絰，不葛帶。舊説云：「三糾之，練而帶去一股。」去一股，則小於小功之絰，似非也。易服，謂爲後喪所變也。婦人重帶，帶在下體之上，婦人重之，辟男子也。其爲帶，猶五分絰去一耳。喪服小記曰：「除成喪者，其祭也朝服縞冠。」此素縞者，玉藻所云：「縞冠素紕，既祥之冠。」麻衣，十五升布深衣也。謂之麻者，純用布，無采飾也。大祥除衰杖，黑經白緯曰纖。舊説：「纖，冠者采纓也。」無所不佩，紛帨之屬，如平常也。纖，或作「綅」。○爲母，于僞反，下注「爲後」同。重，直龍反，注「三重」同。縓，七戀反。緣，徐音掾，悦絹反。要，一遥反。縞，古老反，又古報反，注同。纖，息廉反，注同。去，起吕反，下同。糾，居黝反，下同。股，音古。辟，音避。朝，直遥反。紕，婢支反，又音綼。緯，音謂。紛，芳云反。帨，始鋭反。綅，徐息廉反，又音侵。

易服者何爲易輕者也？因上説而問之。**斬衰之喪，既虞、卒哭，遭齊衰之喪，輕者包，重者特。**説所以易輕者之義也。既虞、卒哭，謂齊衰可易斬服之節也。輕者可施於卑，服齊衰之麻，以包斬衰之葛，謂男子帶，婦人絰也。重者宜主於尊，謂男子之絰，婦人之帶，特其葛不變之也。此言「包」、「特」者，明於卑可以兩施，而尊者不可貳。**既練，遭大**

功之喪，麻葛重。此言大功可易斬服之節也。斬衰已練，男子除絰而帶獨存，婦人除帶而絰獨存，謂之单。单，獨也。遭大功之喪，男子有麻絰，婦人有麻帶，又皆易其輕者以麻，謂之重麻。既虞、卒哭，男子帶其故葛帶，絰期之葛絰，婦人絰其故葛絰，帶期之葛帶，謂之重葛。○重，直龍反，注及下「不言重」、「言重者」同。**齊衰之喪，既虞、卒哭，遭大功之喪，麻葛兼服之。**此言大功可易齊衰期服之節也。兼，猶兩也。不言「包」、「特」而兩言者，「包」、「特」著其義，兼者明有絰有帶耳。不言「重」者，三年之喪既練，或無絰，或無帶。言「重」者，以明今皆有。期以下固皆有矣。兩者，有麻、有葛耳。葛者亦特其重，麻者亦包其輕。○著，張慮反。**斬衰之葛與齊衰之麻同，齊衰之葛與大功之麻同，大功之葛與小功之麻同，小功之葛與緦之麻同。麻同則兼服之。**此竟言有上服，既虞、卒哭，遭下服之差也。唯大功有變三年既練之服，小功以下，則於上皆無易焉。此言「大功之葛與小功之麻同，小功之葛與緦之麻同」，主爲大功之殤長、中言之。○爲，于僞反。長，丁丈反。**兼服之服重者，則易輕者也。**服重者，謂特之也。則者，則男子與婦人也。凡下服，虞、卒哭，男子反其故葛帶，婦人反其故葛絰。其上服除，則固自受以下服之受矣。

三年問第三十八

○陸曰：「鄭云：『名三年問者，善其以知喪服年月所由也。』」

鄭氏注

三年之喪，何也？曰：稱情而立文，因以飾羣，別親疏貴賤之節，而弗可損益也。故曰：無易之道也。稱情而立文，稱人之情輕重而制其禮也。羣，謂親之黨也。無易，猶不易也。○稱，尺證反，注及下皆同。別，彼列反。易，音亦，注同。創鉅者其日久，痛甚者其愈遲。三年者，稱情而立文，所以爲至痛極也。斬衰，苴杖，居倚廬，食粥，寢苫枕塊，所以爲至痛飾也。飾，情之章表也。○創，音瘡，初良反。鉅，音巨，大也。愈，徐音庾，差也。遲，徐直移反。倚，於綺反。枕塊，之鴆反。三年之喪，二十五月而畢。哀痛未盡，思慕未忘，然而服以是斷之者，豈不送死有已，復生有節也哉？復生，除喪反生者之事也。○思，如字，一音息吏反。斷，丁亂反。復，音伏。

凡生天地之間者，有血氣之屬必有知，有知之屬莫不知愛其類。今是大鳥獸則失喪其羣匹，越月踰時焉，則必反巡，過其故鄉，翔回焉，鳴號焉，蹢躅焉，踟蹰焉〔一〕，然後乃能去之。小者至於燕雀，猶有啁噍之頃焉，然後乃能去之。故有血氣之屬者，莫知於人，故人於其親也，至死不窮。匹，偶也。言燕雀之恩不如大鳥獸，大鳥獸不如人，含血氣之類，人最有知而恩深也。於其五服之親，念之至死無止已。○屬，音蜀。喪，息浪反，又如字。巡，徐詞均反。過，徐音戈，一音古卧反。號，音豪，户羔反。蹢，本又作「躑」，直亦反，徐治革反。躅，直録反，徐治六反。蹢躅，不行也。踶，徐音馳，字或作「踟」。蹰，音厨。燕，於見反。雀，本又作「爵」。啁，張留反。噍，子流反。啁噍，聲。頃，苦潁反。知，音智。將由夫患邪淫之人與？則彼朝死而夕忘之，然而從之，則是曾鳥獸之不若也，夫焉能相與羣居而不亂乎？言惡人薄於恩，死則忘之，其相與聚處，必失禮也。○由夫，音扶，下皆同。邪，似嗟反。人與，音餘，下「君子與」同。曾，則能反。焉，於虔反。將由夫脩飾之君子與？則三年之喪，二十五月而畢，若駟之過隙，然而遂之，則是無窮也。駟之過隙，喻疾也。遂之，謂不時除也。○駟，

〔一〕「踟」，原訛作「蜘」，據撫州本、岳本、八行本、閩本、監本、毛本、殿本、阮刻本改，下釋文同。

音四，馬也。過，古卧反，徐音戈。隙，本又作「郤」，去逆反，空隙之地也。故先王焉爲之立中制節，壹使足以成文理，則釋之矣。立中制節，謂服之年月也。釋，猶除也，去也。○爲，于僞反，下注「爲母」同。中，如字，又丁仲反，注同。去，起吕反。

然則何以至期也？言三年之義如此，則何以有降至於期也？期者，謂爲人後者，父在爲母也。○期，音基，注及下同。曰：至親以期斷。言服之正，雖至親，皆期而除也。○斷，丁亂反，下注同。是何也？問服斷於期之義也。曰：天地則已易矣，四時則已變矣，其在天地之中者，莫不更始焉，以是象之也。法此變易，可以期也。

然則何以三年也？言法此變易可以期，何以乃三年爲？曰：加隆焉爾也，焉使倍之，故再期也。言於父母，加隆其恩，使倍期也。下「焉」猶「然」。○加隆焉爾，一本作「加隆爲爾」。焉，徐如字，一音於乾反。焉，猶然也，一云「發聲也」，注及下同。倍，步罪反，注同。由九月以下，何也？曰：焉使弗及也。言使其恩，不若父母。故三年以爲隆，緦、小功以爲殺，期、九月以爲間。上取象於天，下取法於地，中取則於人，人之所以羣居和壹之理盡矣。取象於天地，謂法其變易也。自三年以至緦，皆歲時之數也。言既象天地，又足以盡人聚居純厚之恩也。○殺，色界反，徐所例反〔一〕。故三年之喪，人道之至文者也。夫是之謂至隆，言三年之喪，喪禮之最盛也。是百王之所同，古今之所壹也，未有知其所由來者也。不知其所從來，喻此三年之喪，前世行之久矣。孔子曰：「子生三年，然後免於父母之懷。夫三年之喪，天下之達喪也。」達，謂自天子至於庶人。

深衣第三十九

○陸曰：「鄭云：『以其記深衣之制也。名曰深衣者，謂連衣、裳而純之以采也。有表則謂之中衣，以素純則曰長衣也。』」

鄭氏注

古者深衣，蓋有制度，以應規、矩、繩、權、衡。言聖人制事，必有法度。○應，於證反。短毋見膚，衣取蔽形。○毋，音無，下同。見，賢遍反。長毋被土。爲汙辱也。○被，彼義反。爲，于僞反。汙，「汙辱」之「汙」，一音烏卧反。續衽鉤邊，續，猶屬也。衽，在裳

〔一〕「反」，原訛作「矣」，據彙校卷十四、撫釋一、和本、十行本、閩本、監本、毛本、殿本、阮刻本改。

旁者也。屬連之，不殊裳前後也。鉤，讀如「烏喙必鉤」之「鉤」。鉤邊，若今曲裾也。續，或爲「裕」。○衽，而審反，又而鴆反。鉤，古侯反。屬，音燭，下皆同。喙，許穢反。裕，以樹反。**要縫半下。**三分要，中減一以益下，下宜寬也。要，或爲「優」。○要，一遥反，注同。縫，扶用反，下注同。**袼之高下，可以運肘。**肘不能不出入。袼，衣袂當掖之縫也。○袼，本亦作「胳」，音各，腋也。肘，竹九反，又張柳反。掖，本又作「腋」，音亦。**袂之長短，反詘之及肘。**袂屬幅於衣，詘而至肘，當臂中爲節。臂骨上下各尺二寸，則袂，肘以前尺二寸。肘，或爲「腕」。○袂，彌世反，袪末曰袂。詘，丘勿反。腕，烏亂反。**帶，下毋厭髀，上毋厭脅，當無骨者。**當骨，緩急難爲中也。○厭，於甲反，徐於涉反，下同。髀，畢婢反，徐亡婢反，一音步啟反。脅，許劫反。當，丁浪反，注同，又丁郎反。中，丁仲反，又如字。

制：十有二幅，以應十有二月，裳六幅，幅分之，以爲上下之殺。應，「應對」之「應」，下同。○殺，色界反，徐所例反。**袂圜以應規，**謂胡下也。○圜，音圓。胡下，下垂曰胡。**曲袷如矩以應方，**袷，交領也。古者方領，如今小兒衣領。○袷，音劫，下注同。**負繩及踝以應直，**繩，謂裻與後幅相當之縫也。踝，跟也。○踝，胡瓦反。裻，音督。跟，音根。

下齊如權衡以應平。齊，緝。○齊，音咨，亦作「齋」，下同。緝，七入反。故規者，行舉手以爲容。行舉手，謂揖讓。負繩抱方者，以直其政、方其義也。故易曰：「坤六二之動，直以方也。」言深衣之直方，應易之文也。政，或爲「正」。下齊如權衡者，以安志而平心也。心平志安，行乃正。或低若仰〔一〕，則心有異志者與？○行，下孟反，又如字。卬，音仰，本又作「仰」，一音五郎反。與，音餘。五法已施，故聖人服之。言非法不服也。故規、矩取其無私，繩取其直，權、衡取其平，故先王貴之。貴此衣也。故可以爲文，可以爲武，可以擯相，可以治軍旅，完且弗費，善衣之次也。完且弗費，言可苦衣而易有也。深衣者，用十五升布，鍜濯灰治，純之以采。善衣，朝、祭之服也。自士以上，深衣爲之次。庶人吉服，深衣而已。○相，息亮反。完，音丸。費，芳貴反，又孚沸反，注同。苦衣，於既反。易，以豉反。鍜，丁亂反。濯，音濁。純，之允反，又之閏反，後皆同。朝，直遥反。上，時掌反。

具父母、大父母，衣純以績；具父母，衣純以青；如孤子，衣純以素。尊者

〔一〕「若」，原訛作「或」，據撫州本、八行本、考異改。

存，以多飾爲孝。繢，畫文也。三十以下，無父稱孤。○大父母，音泰。大父母，祖父母也。繢，胡對反。

純袂、緣，純邊，廣各寸半。純，謂緣之也。緣袂，謂其口也。緣，緆也。緣邊，衣裳之側。廣各寸半，則表裏共三寸矣。唯袷廣二寸。○緣，悦絹反，注同。廣，古曠反，注同〔一〕。緆，徐音以豉反，皇音錫。案鄭注既夕禮云：「飾衣領袂口曰純，裳邊側曰綼，下曰緆也。」

禮記卷第十八

經叁仟陸伯叁拾肆字

注叁仟柒伯丹伍字

音義貳仟壹伯柒拾伍字

余氏刊于萬卷堂

〔一〕「曠」，原訛作「擴」，據彙校卷第十四、撫釋一、和本、監本、毛本、殿本、阮刻本改。

禮記卷第十九

投壺第四十

○陸曰：「鄭云：『投壺者，主人與客燕飲、講論才藝之禮也。』别録屬吉禮，亦實曲禮之正篇也。』皇云：『與射爲類，宜屬嘉禮。』或云：『宜屬賓禮也。』」

禮記　　鄭氏注

投壺之禮。主人奉矢，司射奉中，使人執壺。矢，所以投者也。中，士則鹿中也。射人奉之者，投壺，射之類也。其奉之，西階上，北面。○投壺，壺，器名，以矢投其中，射之類。奉，音捧，芳勇反，下及注皆同，徐音如字，下「奉中」同。主人請曰：「某有枉矢哨壺，請以樂賓。」賓曰：「子有旨酒嘉肴，某既賜矣，又重以樂，敢辭。」燕飲酒，既脱屨升坐，主人乃請投壺也。否則或射，所謂燕射也。枉、哨，不正貌，爲謙辭。○枉，紆往反。哨，七笑反，徐又以救反。枉、哨，不正貌。王肅云：「枉，不直。哨，不正也。」樂賓，音洛，下同，一讀下「以樂」，音岳，言投壺以樂。肴，户交反。重，直用反，下及注同。稅，本亦作「脱」，吐活反。請，七井反，下文同。主人曰：「枉矢哨壺，不足辭也，敢固以請。」賓曰：「某既賜矣，又重以樂，敢固辭。」固之言如故也，言如故辭者，重辭也。主人曰：「枉矢哨壺，不足辭也，敢固以請。」賓曰：「某固辭不得命，敢不敬從。」不得命，不以命見許。賓再拜受，主人般還，曰：「辟」。賓再拜受，拜受矢也。主人既辟，進授矢兩楹之間也。○般，步干反，下同。還，音旋，下同。辟，音避，徐扶亦反，注及下同。主人阼階上拜送，賓般還，曰：「辟。」拜送，送矢也。辟亦於其階上。已拜受矢，進即兩楹間。退反位，揖賓就筵。主人既拜送矢，又自受矢。進即兩楹間者，言將有事於此也。退乃揖賓即席，欲與偕進，明爲偶也。賓席、主人席，皆南鄉，間相去如射物。○鄉，許亮反。

司射進度壺，間以二矢半，反位，設中，東面，執八筭，興。度壺，度其所設之處也。壺去坐二矢半，則堂上去賓席、主人席邪行各七尺也。反位，西階上位也。設中，東面，既設中，亦實八筭於中，橫委其餘於中西，執筭而立，以請賓俟投。○度，徒洛反，注同。「以二矢半」，一本無此四字，依注則有。筭，悉亂反，下皆同。處，昌慮反。坐，才卧反，又如字，下同。邪，似嗟反。請賓曰：「順投爲入，比投不釋，勝飲不勝者。正爵既行，請爲勝者立馬。一馬從二馬，三馬既立，請慶多馬。」請主人亦如之。請，猶告也。順投，矢本入也。比投，不拾也。勝飲不勝，言以能養不能也。正爵，所以正禮之爵也。或以罰，或以慶。馬，勝筭也。謂之馬者，若云技藝如此，任爲將帥乘馬也。射、投壺，皆所以習武，因爲樂。○比，毗志反，頻也，徐扶質反，注同。勝飲，上尸證反，下於鴆反，注及下同。爲，于僞反。勝者立馬，俗本或此句下有「一馬從二馬」五字，誤。拾，其劫反，下文及注皆同。技，其綺反。任，而林反。將，子匠反。帥，色類反。樂，音洛。命弦者曰：「請奏貍首，間若一。」大師曰：「諾。」弦，鼓瑟者也。貍首，詩篇名也，今逸。射義所云：「詩曰：『曾孫侯氏』是也。」間若一者，投壺當以爲志，取節焉。○貍，吏持反。間，「間厠」之「間」，注同。大，音泰。

左右告矢具，請拾投。有入者，則司射坐而釋一筭焉。賓黨於右，主黨於左。拾，更也。告矢具，請更投者，司射也。司射東面立，釋筭則坐。以南爲右，北爲左也。已投者退，各反其位。○更，古衡反，下同。

卒投，司射執筭曰：「左右卒投，請數。」二筭爲純，一純以取，一筭爲奇。

遂以奇筭告曰：「某賢於某若干純。」奇則曰「奇」，鈞則曰「左右鈞」。卒，已也。賔主之黨畢已投，司射又請數其所釋左右筭，如數射筭，一純以取，實於左手，十純則縮而委之。每委異之，有餘則横諸純下。一筭爲奇，奇則縮諸純下。兼斂左筭，實於左手，一純以委，十則異之。其他如右獲。畢則司射執奇筭，以告於賔與主人也。若告云「某賢於某」者，未斥主黨勝與，賔黨勝與。以勝爲賢，尚技藝也。鈞，猶等也。等則左右手各執一筭以告。○數，色主反，注同。爲純，音全，下及注同；鄭注儀禮如字，云「純，全也」。奇，紀宜反，下同。遂以奇筭告，一本此句上更有「有勝者司射」五字〔一〕，誤。鈞，居旬反。縮，色六反，直也。其它，音他。勝與，音餘，下「勝與」同。技，其綺反。

命酌曰：「請行觴。」酌者曰：「諾。」司射又請於賔與主人，以行正爵。酌者，勝黨之弟子。○觴，失羊反，字或作「鶮」，同。**當飲者皆跪奉觴曰：「賜灌。」勝者跪曰：「敬養。」**酌者亦酌奠於豊上。不勝者坐取，乃退而跪飲之。灌，猶飲也。言「賜灌」者，服而爲尊敬辭也。周禮曰：「以灌賔客。」賜灌、敬養，各與其偶於西階上，如飲射爵。○跪，其

〔一〕「有有」，原脱一「有」字，據彙校卷第十四、撫釋一、殿本補。

委反。奉，芳勇反，下注「奉觴」同。灌，古亂反。養，羊尚反，注同。飲，於鴆反，下「飲不勝」同。

正爵既行，請立馬，馬各直其筭。一馬從二馬，以慶。慶禮曰：「三馬既備，請慶多馬。」賓主皆曰：「諾。」飲不勝者畢，司射又請爲勝者立馬，當其所釋筭之前。三立馬者，投壺如射，亦三而止也。三者，一黨不必三勝，其一勝者，并其馬於再勝者以慶之，明一勝不得慶也。飲慶爵者，偶親酌，不使弟子，無豊。○直，如字，又持吏反。爲，于僞反。**正爵既行，請徹馬。**投壺禮畢，可以去其勝筭也。既徹馬，無筭爵乃行。○去，起吕反。

筭多少，視其坐。筭用當視坐投壺者之衆寡爲數也。投壺者人四矢，亦人四筭。○坐，如字，又才卧反，注同。**籌，室中五扶，堂上七扶，庭中九扶。**籌，矢也。鋪四指曰扶，一指案寸。春秋傳曰：「膚寸而合。」投壺者或於室，或於堂，或於庭，其禮褻，隨晏早之宜，無常處。○籌，直由反。扶，芳于反，下及注同。鋪，普烏反，又芳夫反。褻，息列反。處，昌慮反。**筭，長尺二寸。**其節三扶可也。或曰：「筭長尺有握。」握，素也。○長，直亮反，注同。**壺，頸脩七寸，腹脩五寸，口徑二寸半，容斗五升。壺中實小豆焉，爲其矢之**

躍而出也。壺去席二矢半。脩，長也。腹容斗五升，三分益一，則爲二斗，得圜囷之象，積三百二十四寸也。以腹脩五寸約之所得，求其圜周，圜周二尺七寸有奇，是爲腹徑九寸有餘也。實以小豆，取其滑且堅。○頸，吉井反，又九領反，徐其聲反。爲，于僞反。躍，羊略反。圜，音圓。囷，去倫反。奇，紀宜反。滑，乎八反。矢，以柘若棘，毋去其皮。取其堅且重也。舊説云：「矢大七分。」或言去其皮節。○柘，止夜反，木名。毋，音無，下皆同。去，起呂反，注同。

魯令弟子辭曰：「毋憮，毋敖，毋偝立，毋踰言。偝立、踰言，有常爵。」薛令弟子辭曰：「毋憮，毋敖，毋偝立，毋踰言。若是者浮！」弟子，賓黨、主黨年穉者也，爲其立堂下相褻慢，司射戒令之。記魯、薛者，禮衰乖異，不知孰是也。憮、敖，慢也。偝立，不正鄉前也。踰言，遠談語也。常爵，常所以罰人之爵也。浮，亦謂是也。晏子春秋曰：「酌者奉觴而進曰：君令浮。」晏子時以罰梁丘據。浮，或作「匏」，或作「符」。踰，或爲「遥」。○憮，好吾反，下同，敖也。敖，五報反，舊五羔反。敖，慢也。偝，音佩，徐符代反，舊又蒲來反。浮，縛謀反，罰也。穉，直吏反。爲，于僞反。敖，五報反，又五羔反，下同。傲也，五報反。鄉，許亮反。據，本又作「處」，同音据。匏，薄交反。

鼓：○□○○□□○□○○□半○□○□○○○□□○□○，魯鼓。○□○○○□□○□○○□□○□○○□□○半○□○○○□□○，薛鼓。此魯、薛擊鼓之節也。圜者擊鼙，方者擊鼓。古者舉事，鼓各有節，聞其節，則知其事矣。○圜，音圓。鼙，薄迷反，鄭呼爲鼙也，其聲下，其音榻榻然。榻，音吐臘反。□，方鼓，鄭呼爲鼓也，其聲高，其音鏜鏜然。鏜，音吐郎反。取「半」以下爲投壺禮，盡用之爲射禮。投壺之鼓，半射節者，投壺，射之細也。射，謂燕射。

司射、庭長及冠士立者，皆屬賓黨。樂人及使者、童子，皆屬主黨。庭長，司正也。使者，主人所使薦羞者。樂人，國子能爲樂者。此皆與於投壺。○長，丁丈反，注同。冠，古亂反。與，音預。

魯鼓：○□○○□□○○半○□○□○○○□○□○。薛鼓：○□○○○○□○□○□○○○□○□○○□○半○□○□○○○□○。此二者，記兩家之異，故兼列之。

儒行第四十一

○陸曰：「行，音下孟反。鄭云：『以其記有道德之所行。儒之言優也，和也，言能安人、能服人也。』此注云：『儒行之作，蓋孔子自衛初反魯之時也。』」

禮記 鄭氏注

魯哀公問於孔子曰：「夫子之服，其儒服與？」哀公館孔子，見其服與士大夫異，又與庶人不同，疑爲儒服而問之。○服與，音餘。孔子對曰：「丘少居魯，衣逢掖之衣；長居宋，冠章甫之冠。丘聞之也，君子之學也博，其服也鄉。丘不知儒服。」逢，猶大也。大掖之衣，大袂禪衣也，此君子有道藝者所衣也。孔子生魯，長而之宋而冠焉。宋，其祖所出也。衣少所居之服，冠長所居之冠，是之謂鄉。言不知儒服，非哀公意不在於儒，乃今問其服。庶人禪衣，袂二尺二寸，袪尺二寸。○少，詩照反，注同。衣，於既反，注「所衣也」、「衣少所居」同。逢掖，上如字，下音亦。長，丁丈反，注同。冠章，古亂反，注「而冠焉」、「冠長所居」同。章甫，殷冠也。單衣，本亦作「禪」，音丹。袪，去居反。哀公曰：「敢問儒行？」孔子對曰：「遽數之不能終其物，悉數之乃留，更僕未可終也。」遽，猶卒也。物，猶事也。留，久也。僕，大僕也，君燕朝，則正位、掌擯相。更之者，爲久將倦，使之相代。〇行，下孟反，下「力行」同。遽，其據反，急也。數，色主反，下同。更，古衡反，代也，注同，一音加孟反。卒，七忽反。大，音泰。朝，直遥反。擯，必慎反。相，息亮反。爲，于僞反，下「爲孔子」同〔一〕。

哀公命席。爲孔子布席於堂，與之坐也。君適其臣，升自阼階，所在如主。孔子侍曰：「儒有席上之珍以待聘，夙夜强學以待問，懷忠信以待舉，力行以待取，其自立有如此者。席，猶鋪陳也。鋪陳往古堯、舜之善道，以待見問也。大問曰聘。舉，見舉用也。取，進取位也。〇鋪，普吾反，又音孚，下同。

「儒有衣冠中，動作慎，其大讓如慢，小讓如僞，大則如威，小則如愧，其難進而易退也，粥粥若無能也。其容貌有如此者。中，中間，謂不嚴厲也。如慢如僞，言之不愊怛也。如威如愧，如有所畏。〇慢，音慢。易，以豉反，下「險易」同。粥，徐本作「鬻」，章六反，卑謙貌，一音羊六反。愊，普力反，一音逼，謂愊怛也。怛，丹達反，驚怛也，本或

〔一〕「下」，原訛作「一」，據彙校卷十四、撫釋一、和本、閩本、監本、毛本、殿本、阮刻本改。

作「恨」者，非。

「儒有居處齊難，其坐起恭敬，言必先信，行必中正，道塗不争險易之利，冬夏不争陰陽之和，愛其死以有待也，養其身以有爲也，其備豫有如此者。齊難，齊莊可畏難也。行不争道，止不選處，所以遠鬬訟。○齊，側皆反，注同。難，乃旦反，注同。行，皇如字，舊下孟反。夏，户嫁反。爲，于僞反。處，昌慮反。遠，于萬反。

「儒有不寶金玉，而忠信以爲寶，不祈土地，立義以爲土地，不祈多積，多文以爲富，難得而易禄也，易禄而難畜也。非時不見，不亦難得乎！非義不合，不亦難畜乎！先勞而後禄，不亦易禄乎！其近人有如此者。祈，猶求也。立義以爲土地，以義自居也。難畜，難以非義久留也。勞，猶事也。積，或爲「貨」。○積，子賜反，又如字。易，以豉反，又如字。畜，許六反。見，賢遍反。近，「附近」之「近」，下「可近」同。

「儒有委之以貨財，淹之以樂好，見利不虧其義，劫之以衆，沮之以兵，見死不更其守，鷙蟲攫搏，不程勇者，引重鼎，不程其力，往者不悔，來者不豫，過言不再，流言不極，不斷其威，不習其謀，其特立有如此者。淹，謂浸漬之劫。

劫，脅也。沮，謂恐怖之也。鷙蟲，猛鳥猛獸也，字從鳥，鷙省聲也。程，猶量也。重鼎，大鼎也。摶猛引重，不量勇力堪之與否，當之則往也，雖有負者，後不悔也。其所未見，亦不豫備，平行自若也。不再，猶不更也。不極，不問所從出也。不斷其威，常可畏也。不習其謀，口及則言，不豫其說而順也。斷，或爲「繼」。○淹，於廉反。樂，五孝反，又音岳。好，呼報反。劫，居業反。沮，在呂反，注同。鷙，與「摯」同音「至」。攫，俱縛反，一音九碧反。摶，音博。程，音呈。斷，音短，直卵反，絶也，又丁亂反，注同。浸，子鴆反。漬，才賜反。脅，許劫反。恐，曲勇反。怖，普路反。省，所景反。量，音亮，又音良，下同。更，居孟反。

「儒有可親而不可劫也，可近而不可迫也，可殺而不可辱也，其居處不淫，其飲食不溽，其過失可微辨而不可面數也，其剛毅有如此者。淫，謂傾邪也。恣滋味爲溽，溽之言欲也。○溽，音辱。數，所具反。毅，魚既反。邪，似嗟反。

「儒有忠信以爲甲胄，禮義以爲干櫓，戴仁而行，抱義而處，雖有暴政，不更其所，其自立有如此者。甲，鎧。胄，兜鍪也。干櫓，小楯、大楯也。○胄，直又反。櫓，音魯。載，音戴，本亦作「戴」。鎧，開代反。兜，丁侯反。鍪，莫侯反。小楯，時準反，又音允，徐辭尹反。

「儒有一畝之宮，環堵之室，篳門圭窬，蓬户甕牖，易衣而出，并日而食，上荅之，不敢以疑，上不荅，不敢以諂〔一〕，其仕有如此者。言貧窮屈道，仕爲小官也。宮，爲牆垣也。環堵，面一堵也。五版爲堵，五堵爲雉。篳門，荆竹織門也。圭窬，門旁窬也，穿牆爲之如圭矣。并日而食，二日用一日食也。上荅之，謂君應用其言。○堵，音覩，方丈爲堵。篳，徐音畢，杜預云：「柴門也。」圭窬，徐音豆。説文云：「穿木户也。」郭璞三蒼解詁云：「門旁小窬也，音臾。」左傳作「竇」，杜預云：「圭竇，小户也。上鋭下方，狀如圭形也。」蓬，步紅反。蓬户，以蓬爲户也。甕，烏貢反。牖，音酉，以甕爲牖。并，必政反，注同。日，而一反。諂，本又作「讇」，勑檢反。穿，音川。應，「應對」之「應」。

「儒有今人與居，古人與稽，今世行之，後世以爲楷，適弗逢世，上弗援，下弗推，讒諂之民有比黨而危之者，身可危也，而志不可奪也，雖危，起居竟信其志，猶將不忘百姓之病也，其憂思有如此者。稽，猶合也。古人與合，則不合於今人也。援，猶引也，取也。推，猶進也，舉也。危，欲毁害之也。起居，猶舉事動作。信，讀如「屈伸」之「伸」，

〔一〕「諂」，原訛作「謟」，據唐石經、撫州本、八行本改，下「讒諂」、釋文同。

假借字也。猶，圖也。信，或爲「身」。○稽，古奚反，注同。楷，苦駭反，法式也。援，音袁，注下同。推，昌誰反，注同。讒，仕咸反。比，毗志反，徐扶至反。信，依注爲「伸」，音申。思，息嗣反。

「儒有博學而不窮，篤行而不倦，幽居而不淫，上通而不困，禮之以和爲貴，忠信之美，優游之法，慕賢而容衆[一]，毀方而瓦合，其寬裕有如此者。不窮，不止也。幽居，謂獨處時也。上通，謂仕道達於君也。既仕，則不困於道德不足也。忠信之美，美忠信者也。優游之法，法和柔者也。毀方而瓦合，去己之大圭角，下與衆人小合也。必瓦合者，亦君子爲「道不遠人」。○行，下孟反。上，時掌反，又如字，注同。裕，羊樹反。去，起吕反。遠，于萬反，又如字。

「儒有内稱不辟親，外舉不辟怨，程功積事，推賢而進達之，不望其報，君得其志，苟利國家，不求富貴，其舉賢援能有如此者。君得其志者，君所欲爲，賢臣成之。○辟，音避，下同。怨，於元反，又於願反。「推賢而進達之」，舊至此絶句，皇以「達之」連下爲句。

「儒有聞善以相告也，見善以相示也，爵位相先也，患難相死也，久相待

[一]「慕」，原訛作「舉」，據唐石經、撫州本、八行本、閩本、監本、毛本、殿本改。

也，遠相致也，其任舉有如此者。相先，猶相讓也。久相待，謂其友久在下位不升，己則待之乃進也。遠相致者，謂己得明君而仕，友在小國不得志，則相致達也〔一〕。○難，乃旦反。舉，如字，徐音據。

「儒有澡身而浴德，陳言而伏，静而正之，上弗知也，麤而翹之，又不急爲也，不臨深而爲高，不加少而爲多，世治不輕，世亂不沮，同弗與，異弗非也。其特立獨行有如此者。麤，猶疏也，微也。君不知己有善言正行，則觀色緣事而微翹發其意使知之，又必舒而脱脱焉。己爲之疾，則君納之速；君納之速，怪妬所由生也。不臨深而爲高，臨衆不以己位尊自振貴也。不加少而爲多，謀事不以己小勝自矜大也。世治不輕，不以賢者並衆，不自重愛也。世亂不沮，不以道衰廢壞己志也。○澡，音早。静，如字，徐本作「諍」，音爭。麤，本又作「麄」，七奴反。翹，祈饒反。治，直吏反，注同。沮，徐在吕反，注同。行，下孟反，注及下注同，又如字。脱，吐外反〔二〕。妬，丁路反。壞，乎怪反，又音怪。

〔一〕「達」，原訛作「遠」，據撫州本、岳本、嘉靖本、八行本、和本改。
〔二〕「吐」上，原衍「並」字，據彙校卷第十四、撫釋一删。

「儒有上不臣天子，下不事諸侯；慎静尚寛〔一〕，强毅以與人，博學以知服；近文章，砥厲廉隅；雖分國，如錙銖，不臣不仕。其規爲有如此者。强毅以與人，彼來辨言行而不正，不苟屈以順之也。博學以知服，不用己之知，勝於先世賢知之所言也。雖分國，如錙銖，言君分國以禄之，視之輕如錙銖矣。八兩曰錙。○近，「附近」之「近」。砥，音脂，又音旨。厲，力世反。分，如字。錙，側其反，説文云：「六銖。」銖，音殊。説文云：「權十分黍之重。」〔二〕賢知，音智。

「儒有合志同方，營道同術，並立則樂，相下不厭，久不相見，聞流言不信，其行本方立義，同而進，不同而退，其交友有如此者。同方同術，等志行也。聞流言不信，不信其友所行如毁謗也。○並，如字，又步頂反，本亦作「竝」。樂，音洛，又音岳。下，户嫁反。厭，於豔反。行，皇音衡，又下孟反。「本方」絶句，「立義」絶句。志行，下孟反，下注「儒行」同。謗，補浪反。

〔一〕「尚」上，原衍「而」字，據唐石經、考異删。考異曰：「此經本是『慎静尚寛』，有唐石本可據，監本及撫本皆誤『尚』作『而』，建大字等本當因校改『而』作『尚』，遂誤兩有耳，不當從也。」

〔二〕「十分」，原倒作「分十」，據彙校卷第十四黄焯案語乙正。

「温良者，仁之本也。敬慎者，仁之地也。寬裕者，仁之作也。孫接者，仁之能也。禮節者，仁之貌也。言談者，仁之文也。歌樂者，仁之和也。分散者，仁之施也。儒皆兼此而有之，猶且不敢言仁也。其尊讓有如此者。此兼上十有五儒，蓋聖人之儒行也。孔子嫌若斥己，假仁以爲説。仁，聖之次也。○孫，音遜。接，似輒反，又如字。分，方云反，徐扶問反。施，始豉反。斥，音尺。

「儒有不隕穫於貧賤，不充詘於富貴，不慁君王，不累長上，不閔有司，故曰儒。隕穫，困迫失志之貌也。充詘，喜失節之貌。慁，猶辱也。累，猶係也。閔，病也。言不爲天子、諸侯、卿大夫、羣吏所困迫而違道，孔子自謂也。充，或爲「統」。閔，或爲「文」。○隕，于敏反。穫，本又作「獲」，同户郭反，注同。詘，求勿反，注同，徐音丘勿反。慁，胡困反，注同。累，力僞反，注同，一音力追反。長，丁丈反。閔，本亦作「愍」，武謹反。不爲，于僞反。今衆人之命儒也妄常，以儒相詬病。」妄之言無也，言今世名儒，無有常人，遭人名爲儒，而以儒靳故相戲。此哀公輕儒之所由也。詬病，猶恥辱也。○命儒，命名也。妄，鄭音亡，亡，無也，王音忘尚反，虚妄也。詬，徐音遘，又呼候反。靳，居覲反。杜預云：「戲而相媿爲靳也。」

孔子至舍，哀公館之。聞此言也，言加信，行加義：「終没吾世，不敢以儒爲戲。」儒行之作，蓋孔子自衛初反魯時也。孔子歸至其舍，哀公就而以禮館之〔一〕，問儒服，而遂問儒行，乃始覺焉。言「没世不敢以儒爲戲」，當時服。○行加，下孟反，注同。

大學第四十二

○陸曰：「鄭云：『大學者，以其記博學，可以爲政也。』」

鄭氏注

大學之道，在明明德，在親民，在止於至善。知止而后有定，定而后能静，静而后能安，安而后能慮，慮而后能得。物有本末，事有終始，知所先後，則近道矣。明明德，謂顯明其至德也。止，猶自處也。得，謂得事之宜也。○大，舊音泰，劉直帶反。近，「附近」之「近」。古之欲明明德於天下者，先治其國；欲治其國者，先齊其家；欲齊其家者，先脩其身；欲脩其身者，先正其心；欲正其心者，先誠其意；欲誠其意者，先致其知；知，謂知善惡吉凶之所終始也。○其知，如字，徐音智，下「致知」同。致知在格物。格，來也。物，猶事也。其知於善深，則來善物；其知於惡深，

〔一〕「以」，原脱，據撫州本、八行本補。

則來惡物，言事緣人所好來也。此致，或爲「至」。○格，古百反。好，呼報反。物格而后知至，知至而后意誠，意誠而后心正，心正而后身脩，身脩而后家齊，家齊而后國治，國治而后天下平。自天子以至於庶人，壹是皆以脩身爲本，其本亂而末治者否矣；其所厚者薄，而其所薄者厚，未之有也。此謂知本，此謂知之至也。壹是，專行是也。○治國治，並直吏反，下同。

所謂誠其意者，毋自欺也，如惡惡臭，如好好色，此之謂自謙。故君子必慎其獨也。小人閒居爲不善，無所不至，見君子而后厭然揜其不善而著其善。人之視己，如見其肺肝然，則何益矣！此謂誠於中，形於外，故君子必慎其獨也。謙，讀爲「慊」，慊之言厭也。厭，讀爲「黶」，黶，閉藏貌也。○毋，音無。惡惡，上烏路反，下如字。臭，昌救反。好好，上呼報反，下如字。謙，依注讀爲「慊」，徐苦簟反。閒，音閑。厭，讀爲「黶」，烏斬反，又烏簟反。揜，於檢反。著，張慮反，後同〔一〕。肺，芳廢反。肝，音

〔一〕「後」，原訛作「注」，據彙校卷第十四、撫釋一改。

干。言厭，於琰反，一音於涉反。曾子曰：「十目所視，十手所指，其嚴乎！」富潤屋，德潤身，心廣體胖，故君子必誠其意。嚴乎，言可畏敬也。胖，猶大也。三者，言有實於內，顯見於外。○胖，步丹反，注及下同。見，賢遍反。

詩云：「瞻彼淇澳，菉竹猗猗。有斐君子，如切如磋，如琢如磨。瑟兮僩兮，赫兮喧兮。有斐君子，終不可諠兮！」「如切如磋」者，道學也。「如琢如磨」者，自脩也。「瑟兮僩兮」者，恂慄也。「赫兮喧兮」者，威儀也。「有斐君子，終不可諠兮」者，道盛德至善，民之不能忘也。此「心廣體胖」之詩也。澳，隈崖也。菉竹猗猗，喻美盛。斐，有文章貌也。諠，忘也。道，猶言也。恂，字或作「峻」，讀如「嚴峻」之「峻」，言其容貌嚴栗也。民不能忘，以其意誠而德著也。○淇，音其。澳，本亦作「奥」，於六反，本又作「隩」，一音烏報反。菉，音緑。猗，於宜反。斐，芳尾反，一音匪，文章貌。磋，七何反。琢，丁角反。摩，本亦作「磨」，末何反。爾雅云：「骨曰切，象曰磋，玉曰琢，石曰磨。」僩，下板反，又胡板反。赫，許百反。喧，本亦作「咺」，況晚反。諠，許袁反，詩作「諼」，或作「喧」，音同。恂，依注音「峻」，思俊反，一音思旬反。慄，利悉反。澳，於六反。隈，烏回反。

詩云：「於戲！前王不忘。」君子賢其賢而親其親，小人樂其樂而利其利，此以没世不忘也。聖人既有親賢之德，其政又有樂利於民，君子、小人，各有以思之。○於，音烏，下「於緝熙」同。戲，好胡反，徐、范音羲。樂其樂，並音岳，又音洛，注同。

康誥曰：「克明德。」大甲曰：「顧諟天之明命。」帝典曰：「克明峻德。」皆自明也。皆自明，明德也。克，能也。顧，念也。諟，猶正也。帝典，堯典，亦尚書篇名也。峻，大也。諟，或爲「題」。○誥，古報反。大，音泰。顧諟，上音故，本又作「頋」，同，下音是。峻，徐音俊，又私俊反。題，徐徒兮反。

湯之盤銘曰：「苟日新，日日新，又日新。」康誥曰：「作新民。」詩曰：「周雖舊邦，其命惟新。」是故君子無所不用其極。盤銘，刻戒於盤也。極，猶盡也。君子日新其德，常盡心力，不有餘也。○盤，步干反。銘，徐音冥，亡丁反。

詩云：「邦畿千里，惟民所止。」詩云：「緡蠻黄鳥，止于丘隅。」子曰：「於止！知其所止。可以人而不如鳥乎？」於止，於鳥之所止也。就而觀之，知其所止，知鳥擇岑蔚安閒而止處之耳〔一〕。言人亦當擇禮義樂土而自止處也。論語曰：「里仁爲美。」

〔一〕「岑」，原訛作「岺」，據撫州本、岳本、嘉靖本、八行本、和本、閩本、監本、毛本、殿本、阮刻本改。

擇不處仁，焉得知？」○譏，音祈，又作「幾」，音同。緡蠻，音緜，一音亡巾反，毛詩作「緜」，傳云：「緜蠻，小鳥貌。」岑，仕金反。蔚，音鬱，又音尉。閒，音閑。處，齒渚反。樂，音洛。焉，於虔反。知，音智。**詩云：「穆穆文王，於緝熙敬止！」爲人君，止於仁；爲人臣，止於敬；爲人子，止於孝；爲人父，止於慈；與國人交，止於信。**緝熙，光明也。此美文王之德光明，敬其所以自止處。○緝，七入反。熙，許其反。**子曰：「聽訟吾猶人也，必也使無訟乎！」無情者不得盡其辭，大畏民志。**情，猶實也。無實者，多虛誕之辭。聖人之聽訟，與人同耳，必使民無實者不敢盡其辭，大畏其心志，使誠其意，不敢訟。○吾聽訟，似用反。猶人也，論語作「聽訟吾猶人也」。毋訟，音無。誕，音但。**此謂知本。**本，謂誠其意也。

所謂脩身在正其心者，身有所忿懥，則不得其正；有所恐懼，則不得其正；有所好樂，則不得其正；有所憂患，則不得其正。心不在焉，視而不見，聽而不聞，食而不知其味。此謂脩身在正其心。懥，怒貌也，或作「懫」，或爲「疐」。○忿，弗粉反。懥，勑值反，范音稚，徐丁四反，又音勩。恐，丘勇反。好，呼報反，下「故好而知」同。樂，徐五孝反，一音岳。懫，音致。疐，音致，又得計反。

所謂齊其家在脩其身者，人之其所親愛而譬焉〔一〕，之其所賤惡而譬焉，之其所畏敬而譬焉，之其所哀矜而譬焉，之其所敖惰而譬焉，故好而知其惡、惡而知其美者，天下鮮矣。故諺有之曰：「人莫知其子之惡，莫知其苗之碩。」此謂身不脩不可以齊其家。之，適也。譬，猶喻也。言適彼而以心度之，曰：吾何以親愛此人，非以其有德美與？吾何以敖惰此人，非以其志行薄與？反以喻己，則身脩與否，可自知也。鮮，罕也。人莫知其子之惡，猶愛而不察。碩，大也。○辟，音譬，下及注同，謂譬喻也。賤惡，烏路反，下「惡而知」同。敖，五報反。惰，徒卧反。其惡惡，上如字，下烏路反。鮮，仙善反，注同。諺，魚變反，俗語也。度，徒洛反。與，音余，下「薄與」同。行，下孟反。

所謂治國必先齊其家者，其家不可教而能教人者，無之。故君子不出家而成教於國。孝者，所以事君也；弟者，所以事長也；慈者，所以使衆也。康誥曰：「如保赤子。」心誠求之，雖不中不遠矣。未有學養子而后嫁者也。養

〔一〕「譬」，原訛作「辟」，據唐石經、撫州本、嘉靖本、八行本、考異改，下同。

子者，推心爲之，而中於赤子之耆欲也。○弟，音悌。長，丁丈反，下「長長」并注同。中，丁仲反，注同。耆欲，時志反。一家仁，一國興仁；一家讓，一國興讓；一人貪戾，一國作亂。其機如此。此謂一言僨事，一人定國。一家、一人，謂人君也。戾之言利也。機，發動所由也。僨，猶覆敗也。春秋傳曰：「登戾之。」又曰：「鄭伯之車僨於濟。」戾，或爲「吝」。僨，或爲「犇」。○戾，力計反。賁，徐音奮，本又作「僨」，注同。覆，芳福反。濟，子禮反。犇，音奔。堯、舜率天下以仁而民從之。桀、紂率天下以暴而民從之，其所令反其所好而民不從。言民化君行也。君若好貨而禁民淫於財利，不能止也。○好，呼報反，注同。行，下孟反，或如字。是故君子有諸己而后求諸人，無諸己而后非諸人。所藏乎身不恕而能喻諸人者，未之有也。故治國在齊其家。有於己，謂有仁讓也。無於己，謂無貪戾也。詩云：「桃之夭夭，其葉蓁蓁。之子于歸，宜其家人。」宜其家人而后可以教國人。詩云：「宜兄宜弟。」宜兄宜弟而后可以教國人。詩云：「其儀不忒，正是四國。」其爲父子兄弟足法而后民法之也。此謂治國在齊其家。夭夭、蓁蓁，美盛貌。之子者，是子也。○夭，於驕反。蓁，音臻。忒，他得反。

所謂平天下在治其國者，上老老而民興孝，上長長而民興弟，上恤孤而民不倍，是以君子有絜矩之道也。老老、長長，謂尊老敬長也。恤，憂也。民不倍，不相倍棄也。絜，猶結也，挈也。矩，法也。君子有挈法之道，謂常執而行之，動作不失之。倍，或作「偝」。矩，或作「巨」。○弟，音悌。倍，音佩，注同。絜，音結。拒之，音矩，本或作「矩」。偝棄，音佩，本亦作「倍」，下同。挈也，苦結反。巨，音拒，本或作「拒」，其吕反。所惡於上，毋以使下；所惡於下，毋以事上；所惡於前，毋以先後；所惡於後，毋以從前；所惡於右，毋以交於左；所惡於左，毋以交於右。此之謂絜矩之道。絜矩之道，善持其所有，以恕於人耳。治國之要盡於此。○惡，烏路反，下皆同。毋，音無，下同。

詩云：「樂只君子，民之父母。」民之所好好之，民之所惡惡之，此之謂民之父母。言治民之道無他，取於己而已。○只，音紙。好好，皆呼報反。詩云：「節彼南山，維石巖巖。赫赫師尹，民具爾瞻。」有國者不可以不慎，辟則爲天下僇矣。巖巖，喻師尹之高嚴也。師尹，天子之大臣，爲政者也。言民皆視其所行而則之，可不慎其德乎？邪辟失道，則有大刑。○節，徐音截，前切反，又音如字。巖，五銜反〔一〕。辟，匹亦反，注同。僇，音六。行，下孟反，又如字。邪，似嗟反。詩云：「殷之未喪師，克配上帝。儀監于殷，峻命不易。」道得衆則得國，失衆則失國。是故君子先慎乎德。有德此有人，有人此有土，有土此有財，有財此有用。德者，本也；財者，末也。外本内末，争民施奪。是故財聚則民散，財散則民聚。是故言悖而出者，亦悖而入；貨悖而入者，亦悖而出。師，衆也。克，能也。峻，大也。言殷王帝乙以上，未失其民之時。德亦有能配天者，謂天享其祭祀也。及紂爲惡，而民怨神怒，以失天下。監視殷時之事，天之大命，持之誠不易也。道，猶言也。用，謂國用也。施奪，施其劫奪之情也。悖，猶逆也，言君有逆命，則民有逆辭也。上貪於利，則下人侵畔。老子曰：「多藏必厚亡。」○喪，息浪反。峻，恤俊反。易，以豉反，注同。争，「争鬭」之「争」。施，如字。悖，布内反，下同。上，時掌反。藏，才浪反。康誥曰：「惟命不于常。」道善則得之，不善則失之矣。于，於也。天命不於常，言不專祐一家也。○專祐，音又。楚書曰：「楚國無以爲寶，惟善

〔一〕「銜」，原訛作「衘」，據校卷第十四、撫釋一、和本、閩本、監本、毛本、殿本、阮刻本改。

以爲寶。」楚書，楚昭王時書也。言以善人爲寶，時謂觀射父、昭奚恤也。○射父，食亦反，又食夜反，父音甫。舅犯曰：「亡人無以爲寶，仁親以爲寶。」舅犯，晉文公之舅狐偃也。亡人，謂文公也。時辟驪姬之讒，亡在翟，而獻公薨，秦穆公使子顯弔，因勸之復國，舅犯爲之對此辭也。仁親，猶言親愛仁道也。明不因喪規利也。○辟，音避。驪，力宜反，本又作「麗」，亦作「孋」，同。翟，音狄。顯，許遍反。爲之，于僞反。

秦誓曰：「若有一个臣，斷斷兮無他技，其心休休焉，其如有容焉。人之有技，若己有之，人之彥聖，其心好之，不啻若自其口出，寔能容之，以能保我子孫黎民，尚亦有利哉！人之有技，娼疾以惡之，人之彥聖，而違之俾不通，寔不能容，以不能保我子孫黎民，亦曰殆哉！」秦誓，尚書篇名也。秦穆公伐鄭，爲晉所敗於殽，還誓其羣臣，而作此篇也。斷斷，誠一之貌也。他技，異端之技也。有技，才藝之技也。「若己有之」，「不啻若自其口出」，皆樂人有善之甚也。美士爲彥。黎，衆也。尚，庶幾也。娼，妬也。違，猶戾也。俾，使也。佛戾賢人所爲，使功不通於君也。殆，危也。彥，或作「盤」。○一个，古賀反，一讀作介，音界。臣，此所引與尚書文小異。斷，丁亂反。無它，音他。技，其綺反，下及注同。休休，許虯反，尚書傳曰「樂善也」，鄭注尚書云「寬容貌」，何休注公羊云「美大之貌」。好，呼報反。啻，音試，詩豉反。媢，莫報反，尚書作冒，音同，謂覆蔽也。惡，烏路反，下「能惡人」同。俾，本又作「卑」，必爾反。敗，必邁反。殽，户交反。樂，音岳，又音洛。妬，丁路反。佛戾，上扶弗反，下力計反。**唯仁人放流之，迸諸四夷，不與同中國。此謂唯仁人爲能愛人，能惡人。**放去惡人媢嫉之類者，獨仁人能之。如舜放四罪而天下咸服。○迸，比孟反，又逼諍反。諍，音「争鬭」之「争」。皇云：「迸，猶屏也。」去，丘吕反。**見賢而不能舉，舉而不能先，命也；見不善而不能退**〔一〕**，退而不能遠，過也。**命，讀爲「慢」，聲之誤也。舉賢而不能使君以先己，是輕慢於舉人也。○命，依注音「慢」，武諫反。遠，于萬反。**好人之所惡，惡人之所好，是謂拂人之性，菑必逮夫身。**拂，猶佹也。逮，及也。○好，呼報反，下皆同。惡，烏路反，下同。拂，扶弗反，注同。菑，音哉，下同。逮，音代，一音大計反。夫，音扶。佹，九委反。**是故君子有大道，必忠信以得之，驕泰以失之。**道，行所由。**生財有大道，生之者衆，食之者寡，爲之者疾，用之者舒，則財恒足矣。**是

〔一〕「不善」，原脱「不」字，據唐石經、撫州本、岳本、嘉靖本、八行本、和本、閩本、監本、毛本、殿本、阮刻本補。

不務禄不肖，而勉民以農也。○肖，音笑。仁者以財發身，不仁者以身發財。發，起也。言仁人有財，則務於施與以起身，成其令名。不仁之人有身，貪於聚斂以起財，務成富。○施，始豉反。予，由汝反。未有上好仁而下不好義者也，未有好義其事不終者也，未有府庫財非其財者也。言君行仁道，則其臣必義，以義舉事無不成者，其爲誠然，如己府庫之財爲己有也。孟獻子曰：「畜馬乘，不察於雞豚；伐冰之家，不畜牛羊；百乘之家，不畜聚斂之臣。與其有聚斂之臣，寧有盜臣。」此謂國不以利爲利，以義爲利也。孟獻子，魯大夫仲孫蔑也。畜馬乘，謂以士初試爲大夫也。伐冰之家，卿大夫以上，喪祭用冰。百乘之家，有采地者也。雞豚牛羊，民之所畜養以爲財利者也。國家利義不利財，盜臣損財耳，聚斂之臣乃損義。論語曰：「季氏富於周公，而求也爲之聚斂，非吾徒也，小子鳴鼓而攻之可也。」○畜，許六反，下同。乘，徐繩證反，下及注同。蔑，莫結反。以上，時掌反。采，七代反，本亦作「菜」。爲之，于僞反。長國家而務財用者，必自小人矣。言務聚財爲己用者必忘義，是小人所爲也。○長，丁丈反。彼爲善之，小人之使爲國家，菑害並至，雖有善者，亦無如之何矣！彼，君也。君將欲以仁義善其政，而使小人治其國家之事，患難猥至。雖云有善，不能救之，以其惡之已著也。○難，乃旦反。猥，烏罪反。捄，音救，本亦作「救」。著，張慮反。**此謂國不以利爲利，以義爲利也。**

禮記卷第十九

經叄仟肆伯伍拾伍字

注叄仟肆伯捌拾玖字

音義貳仟柒伯叄拾玖字

仁仲比校訖

禮記卷第二十

冠義第四十三○陸曰：「冠，音古亂反。鄭云：『名冠義者，以其記冠禮成人之義。』」

禮記　　鄭氏注

凡人之所以爲人者，禮義也。禮義之始，在於正容體，齊顏色，順辭令。言人爲禮，以此三者爲始。容體正，顏色齊，辭令順，而后禮義備。以正君臣，親父子，和長幼。言三始既備，乃可求以三行也。○長，丁丈反，下同。行，下孟反。君臣正，父子親，長幼和，而后禮義立。立，猶成也。故冠而后服備，服備而后容體正，顏色齊，辭令順。言服未備者，未可求以三始也。童子之服，采衣紒。○冠，古亂反，除下文「玄冠」及注「緇布冠、玄冠」以外，並同。紒，音計。故曰：「冠者，禮之始也。」是故古者聖王重冠。

古者冠禮：筮日、筮賓，所以敬冠事，敬冠事所以重禮，重禮所以爲國本也。國以禮爲本。○筮，市至反，蓍曰筮。重，直用反，後同。故冠於阼，以著代也。醮於客位，三加彌尊，加有成也。阼，謂主人之北也。適子冠於阼，若不醴，則醮用酒於客位，敬而成之也。户西爲客位。庶子冠於房户外，又因醮焉，不代父也。冠者，初加緇布冠，次加皮弁，次加爵弁，每加益尊，所以益成也。○阼，才故反。著，張慮反。醮，子笑反。彌，音弥。適，音嫡。醴，音禮。已冠而字之，成人之道也。字，所以相尊也。見於母，母拜之；見於兄弟，兄弟拜之，成人而與爲禮也。玄冠、玄端，奠摯於君，遂以摯見於鄉大夫、鄉先生，以成人見也。鄉先生，同鄉老而致仕者。服玄冠、玄端，異於朝也。○見，賢遍反，下皆同。摯，本亦作「贄」，同音至。鄉大夫、鄉先生，並音香，注同。朝，直遥反。成人之者，將責成人禮焉也。責成人禮焉者，將責爲人子、爲人弟、爲人臣、爲人少者之禮行焉。將責四者之行於人，其禮可不重與！言責人以大禮者，已接之，不可以苟。○少，詩照反。之行，下孟反，下同。與，音餘。

故孝弟忠順之行立而后可以爲人，可以爲人而后可以治人也，故聖王重禮，故曰：「冠者，禮之始也，嘉事之重者也。」是故古者重冠，重冠故行之於廟，行之於廟者，所以尊重事，尊重事而不敢擅重事，不敢擅重事，所以自卑而尊先祖也。嘉事，嘉禮也。宗伯掌五禮，有吉禮、有凶禮、有賓禮、有軍禮、有嘉禮，而冠屬嘉禮。周禮曰：「以昏冠之禮，親成男女也。」○弟，音悌。治，直吏反。擅，市戰反。

昏義第四十四

○陸曰：「鄭云：『昏義者，以其記娶妻之義，內教之所由成也。』」

鄭氏注

昏禮者，將合二姓之好，上以事宗廟，而下以繼後世也，故君子重之。是以昏禮納采、問名、納吉、納徵、請期，皆主人筵几於廟，而拜迎於門外，入，揖讓而升，聽命於廟，所以敬慎重正昏禮也。聽命，謂主人聽使者所傳壻家之命。○昏者，一本作「昏禮者」。婚禮用昏，故經典多止作昏字。合，如字，徐音閤。好，呼報反。采，七在反，采擇也。請〔一〕，徐音情，又如字。筵，音延。使，色吏反。傳，直專反。

父親醮子而命之迎，男先於女也。子承命以迎，主人筵几於廟，而拜迎于門外。壻執鴈入，揖讓升堂，再拜奠鴈，蓋親受之於父母也。降，出，御婦車而壻授綏，御輪三周，先俟于門外。婦至，壻揖婦以入，共牢而食，合巹而酳，所以合體、同尊卑，以親之也。酳而無酬酢曰醮，醮之禮，如冠醮，與其異者，於寢耳。壻御婦車輪三周，御者代之，壻自乘其車，先道之歸也。共牢而食，合巹而酳，成婦之義。○醮，子妙反。迎，魚敬反，下「以迎」同。先，悉薦反。「子承命」，本或作「子承父命」，誤。壻，本又作「聟」，悉計反，女之夫也，依字從「士」從「胥」，俗從「知」下作「耳」。奠，大見反。綏，音雖。合，徐音閤，又如字。巹，徐音謹，破瓢爲卺也，説文作「𧯠」，云「蠡」也，字林几敏反，以此巹爲警身有所承，説文云讀若「赤舄几」。酳，徐音胤，又仕覲反。酢，音昨。如冠，古亂反，下文「始於冠」同。與，音餘。道，音導。

敬慎重正而后親之，禮之大體，而所以成男女之別，而立夫婦之義也。男女有別而后夫婦有義，夫婦有義而后父子有親，父子有親而后君臣有正。

〔一〕「請」，原訛作「期」，據彙校卷十四、撫釋一、岳本、殿本改。

故曰：「昏禮者，禮之本也。」言子受氣性純則孝，孝則忠也。○别，彼列反，下同。

夫禮，始於冠，本於昏，重於喪祭，尊於朝聘，和於射鄉，此禮之大體也。始，猶根也。本，猶幹也。鄉，鄉飲酒。○朝聘，直遥反，下匹政反。

夙興，婦沐浴以俟見。質明，贊見婦於舅姑，執笲棗、栗、段脩以見，贊醴婦，婦祭脯醢，祭醴，成婦禮也。成其爲婦之禮也。贊醴婦，當作「禮」，聲之誤也。○沐，音木。浴，音欲。見，賢遍反，下及注同。笲，音煩，一音皮彦反，器名，以葦若竹爲之，其形如筥，衣之以青繒，以盛棗、栗、腶脩之屬。棗，音早。爾雅云：「棘實謂之棗。」俗作「𣗥」，誤〔一〕。段脩，丁亂反，本又作「腶」，或作「鍛」，同；脩，脯也，加薑桂曰腶脩。何休云：「婦執腶脩者，取其斷斷自脩飾也。」贊醴，依注作「禮」。醢，音海。舅姑入室，婦以特豚饋，明婦順也。以饋明婦順者，供養之禮，主於孝順。○婦以特豚饋，其位反，一本無「婦」字。供，俱用反。養，羊尚反。厥明，舅姑共饗婦以一獻之禮。奠酬，舅姑先降自西階，婦降自阼階，以著代也。言既獻之，而授之以室事也。降者，各還其燕寢。婦見，及饋饗於適寢，昏

〔一〕「俗作𣗥誤」，原訛作「俗作𣗥設」，據撫釋一、和本、監本、毛本、殿本改。

禮不言「厥明」，此言之者，容大夫以上禮多，或異日。○適，丁歷反。上，時掌反。

成婦禮，明婦順，又申之以著代，所以重責婦順焉也。婦順者，順於舅姑，和於室人，而后當於夫，以成絲麻布帛之事，以審守委積蓋藏。室人，謂女妐、女叔、諸婦也。當，猶稱也。後言「稱夫」者，不順舅姑，不和室人，雖有善者，猶不爲稱夫也。○當，丁浪反，一音丁郎反，下注同，下注「和當」亦同。委，於僞反。積，子賜反。藏，才浪反。猶稱，尺證反，下同。是故婦順備而后内和理，内和理而后家可長久也。故聖王重之。順備者，行和當，事成審也。○行，下孟反。

是以古者婦人先嫁三月，祖廟未毁，教于公宫；祖廟既毁，教于宗室。教以婦德、婦言、婦容、婦功。教成祭之，牲用魚，芼之以蘋藻，所以成婦順也。謂與天子、諸侯同姓者也。嫁女者，必就尊者教成之。教之者〔一〕，女師也。祖廟，女所出之祖也。公，君也。宗室，宗子之家也。婦德，貞順也。婦言，辭令也。婦容，婉娩也。婦功，絲麻也。祭之，祭其所出之祖也。魚、蘋藻，皆水物，陰類也。魚爲俎實，蘋藻爲羹菜。祭無牲牢，告事耳，

〔一〕「教」下，原衍「成」字，據撫州本、八行本删。

非正祭也，其齊盛用黍云。君使有司告之宗子之家，若其祖廟已毁，則爲壇而告焉。○先，悉薦反。芼，莫報反。蘋，音頻。藻，音早。毛詩傳云：「蘋，大萍。藻，聚藻。」詩箋云：「蘋之言賓，藻之言早。」婉，紆免反。娩，音晚。詩箋云：「婉娩，貞順貌。」又音挽。齊，音咨。壇，徒丹反。

古者，天子后立六宫、三夫人、九嬪、二十七世婦、八十一御妻，以聽天下之内治，以明章婦順，故天下内和而家理。天子立六官、三公、九卿、二十七大夫、八十一元士，以聽天下之外治，以明章天下之男教，故外和而國治。故曰：天子聽男教，后聽女順；天子理陽道，后治陰德；天子聽外治，后聽内職。教順成俗，外内和順，國家理治，此之謂盛德。天子六寢，而六宫在後，六官在前，所以承副，施外内之政也。三夫人以下，百二十人，周制也。三公以下，百二十人，似夏時也〔一〕。合而言之，取其相應，有象天數也。内治，婦學之法也。陰德，謂主陰事陰令也。○嬪，毗人反。治，直吏反，下及注除「后治陰德」皆同。應，如字，音「應對」之「應」。

是故男教不修，陽事不得，適見於天，日爲之食。婦順不修，陰事不得，

〔一〕「似」，原訛作「以」，據撫州本、岳本、嘉靖本、八行本、閩本、監本、毛本、殿本、阮刻本改。

適見於天，月爲之食。是故日食則天子素服而脩六官之職，蕩天下之陽事；月食則后素服而脩六宮之職，蕩天下之陰事。故天子之與后，猶日之與月，陰之與陽，相須而後成者也。適之言責也。食者，見道有虧傷也。蕩，蕩滌去穢惡也。○適，直革反，下注同。見，賢遍反，下及注同。日爲，于僞反，下文皆同。蕩，徒浪反。滌，直曆反，又杜亦反。去，起吕反。穢，紆廢反。天子脩男教，父道也；后脩女順，母道也。故曰：天子之與后，猶父之與母也。故爲天王服斬衰，服父之義也；爲后服資衰，服母之義也。父母者，施教令於婦子者也，故其服同。資，當爲「齊」，聲之誤也。○衰，七雷反，下同。資，依注作「齊」，音咨，注又作「齋」者同。

鄉飲酒義第四十五

○陸曰：「鄭云：『鄉飲酒義者，以其記鄉大夫飲賓於庠序之禮，尊賢養老之義也。別録屬吉禮。』」

鄭氏注

鄉飲酒之義。主人拜迎賓于庠門之外，入，三揖而后至階，三讓而后升，所以致尊讓也。庠，鄉學也。州、黨曰序。○庠，音詳。學記云：「古之教者，家有塾，黨有庠，術有序，國有學。」盥洗揚觶，所以致絜也。揚，舉也，今禮皆作「騰」。○盥，音管。觶，之豉反；説文云：「鄉飲酒角也。」字林音支。絜，音結，下同，一本作「致絜敬也」。拜至、拜洗、拜受、拜送、拜既，所以致敬也。拜至，謂始升時拜，拜賓至。尊讓、絜、敬也者，君子之所以相接也。君子尊讓則不争，絜、敬則不慢。不慢不争則遠於鬭辨矣，不鬭辨則無暴亂之禍矣，斯君子之所以免於人禍也〔一〕。故聖人制之以道。道，謂此禮。○争，「争鬭」之「争」，下同。遠，于萬反。辨，如字，徐甫免反，下同。

鄉人、士、君子，尊於房户之間，賓主共之也。尊有玄酒，貴其質也。鄉人，鄉大夫也。士，州長、黨正也。君子，謂卿大夫、士也。卿大夫、士飲國中賢者，亦用此禮也。共尊者，人臣卑，不敢專大惠。○鄉人、士、君子，周禮：「天子六鄉。」鄭司農云：「百里内爲六鄉，外爲六遂。」司徒職云：「五家爲比，五比爲閭，四閭爲族，五族爲黨，五黨爲州，五州爲鄉。」鄉大夫，每鄉卿一人；州長，每州中大夫一人；黨正，每黨下大夫一人；族師，每族上士一

〔一〕「之」，原脱，據唐石經、撫州本、岳本、八行本補。

人；閭胥，每閭中士一人；比長，五家下士一人。諸侯則三鄉。長，丁丈反，篇内皆同。謂卿，去京反，注同。飲，於鴆反。羞出自東房，主人共之也。羞，燕私可以自專也。○羞，音脩。共，音恭。洗當東榮，主人之所以自絜而以事賓也。絜，猶清也。○榮，如字，屋翼也，劉音營。清，如字，皇才性反。賓、主，象天地也；介、僎象陰陽也；三賓，象三光也。讓之三也，象月之三日而成魄也。四面之坐，象四時也。陰陽，助天地養成萬物之氣也。三賓象天三光者，繫於天也。古文禮「僎」皆作「遵」。○介，音戒，下放此，輔賓者。僎，音遵，輔主人者。魄，普百反，説文作「霸」，云「月始生魄然也」。坐，才卧反，又如字。天地嚴凝之氣，始於西南而盛於西北，此天地之尊嚴氣也，此天地之義氣也。天地温厚之氣，始於東北而盛於東南，此天地之盛德氣也，此天地之仁氣也。凝，猶成也。○凝，魚矜反。主人者尊賓，故坐賓於西北，而坐介於西南以輔賓。賓者，接人以義者也，故坐於西北。賓者接人以義，言賓來以成主人之德。主人者，接人以仁以德厚者也〔一〕，故坐於東南，而坐僎於東北，以輔主人也。

〔一〕「以仁」，原脱，據唐石經、撫州本、岳本、嘉靖本、八行本、和本、閩本、監本、毛本、殿本補。

以僎輔主人，以其仕在官也。仁義接，賓主有事，俎豆有數，曰聖。聖立而將之以敬曰禮，禮以體長幼曰德。聖，通也，所以通賓主之意也。將，猶奉也。德也者，得於身也。故曰古之學術道者，將以得身也，是故聖人務焉。術，猶藝也。得身者，謂成己令名，免於刑罰也。言學術道，則此說賓賢能之禮。

祭薦，祭酒，敬禮也。嚌肺，嘗禮也。啐酒，成禮也。於席末，言是席之正，非專爲飲食也，爲行禮也。此所以貴禮而賤財也。卒觶，致實於西階上，言是席之上，非專爲飲食也，此先禮而後財之義也。先禮而後財，則民作敬讓而不争矣。非專爲飲食，言主於相敬以禮也。致實，謂盡酒也。酒爲觴實。祭薦、祭酒、嚌肺於席中，唯啐酒於席末也。○祭薦，本亦作「薦」，同。嚌，才細反。肺，芳廢反。啐，七内反。專爲，于僞反，下及注「專爲」同。

鄉飲酒之禮：六十者坐，五十者立侍，以聽政役，所以明尊長也。六十者三豆，七十者四豆，八十者五豆，九十者六豆，所以明養老也。民知尊長養老，而后乃能入孝弟；民入孝弟，出尊長養老，而后成教；成教而后國可安也。君子之所謂孝者，非家至而日見之也，合諸鄉射，教之鄉飲酒之禮，而孝弟之行立矣。此説鄉飲酒，謂黨正「國索鬼神而祭祀，則以禮屬民而飲酒于序，以正齒位」之禮也。其鄉射，則州長「春秋以禮會民而射于州序」之禮也。謂之鄉者，州、黨，鄉之屬也，或則鄉之所居州、黨，鄉大夫親爲主人焉。如今郡國下令長於鄉射飲酒，從大守相臨之禮也。○弟，音悌，下同。行，下孟反。索，色百反。屬，音燭。大守，音泰，下手又反。相，息亮反。漢制，郡有大守，國有相，或息羊反，則以連下句。孔子曰：「吾觀於鄉而知王道之易易也。」鄉，鄉飲酒也。易易，謂教化之本，尊賢尚齒而已。○易易，皆以豉反，注及下「易易」同。

主人親速賓及介，而衆賓自從之。至于門外，主人拜賓及介，而衆賓自入。貴賤之義別矣。速，謂即家召之。別，猶明也。○別，彼列反，注及下注同。三揖至于階，三讓以賓升，拜至、獻酬辭讓之節繁；及介，省矣。至于衆賓，升受，坐祭，立飲，不酢而降。隆殺之義辨矣。繁，猶盛也。小減曰省。辨，猶別也。尊者禮隆，卑者禮殺，尊卑別也。○省，所領反，徐疏幸反，注同。酢，音昨。殺，色戒反，注及下同。工入，升歌三終，主人獻之。笙入三終，主人獻之。間歌三終，合樂三終。工告樂備，遂出。一人揚觶，乃立司正焉。知其能和樂而不流也。工，謂樂正也。樂正既告備而降。言「遂出」者，自此至去，不復升也。流，猶失禮也。立司正以正禮，則禮不失可知。一人，或爲「二人」。○笙，音生。間，「間厠」之「間」。合，如字，徐音閤。復，扶又反。賔酬主人，主人酬介，介酬衆賔，少長以齒，終於沃洗者焉。知其能弟長而無遺矣。遺，猶脱也，忘也。○少，詩召反。沃，於木反。弟，音悌，下「弟長」同。脱，徒活反，又音奪。降，説屨，升坐，脩爵無數。飲酒之節，朝不廢朝，莫不廢夕。賔出，主人拜送，節文終遂焉。知其能安燕而不亂也。朝、夕，朝、莫聽事也。不廢之者，既朝乃飲，先夕則罷，其正也。終遂，猶充備也。○廢朝，直遥反，注「朝夕」、「既朝」同。莫，音暮，下同。先，悉薦反。貴賤明，隆殺辨，和樂而不流，弟長而無遺，安燕而不亂，此五行者，足以正身安國矣，彼國安而天下安。故曰：「吾觀於鄉而知王道之易易也。」

鄉飲酒之義：立賔以象天，立主以象地，設介僎以象日月，立三賔以象三光。古之制禮也，經之以天地，紀之以日月，參之以三光，政教之本也。日出於東，僎所在也。月生於西，介所在也。三光，三大辰也。天之政教，出於大辰焉。○行，下孟反。亨狗於東方，祖陽氣之發於東方也。祖，猶法也。狗所以養賓，陽氣主養萬物。○亨，普萌反。洗之在阼，其水在洗東，祖天地之左海也。海，水之委也。○阼，才路反。委，於僞反。尊有玄酒，教民不忘本也。大古無酒，用水而已。○大，音泰。賓必南鄉。東方者春，春之爲言蠢也，産萬物者聖也。南方者夏，夏之爲言假也，養之、長之、假之，仁也。西方者秋，秋之爲言愁也，愁之以時察，守義者也。北方者冬，冬之爲言中也，中者藏也。是以天子之立也，左聖鄉仁，右義偝藏也。春，猶蠢也。蠢，動生之貌也。聖之言生也。假，大也。愁，讀爲「揫」。揫，歛也。察，猶察察，嚴殺之貌也。南鄉，鄉仁，貴長大萬物也。察，或爲「殺」。○鄉，許亮反，下及注「鄉仁」、「南鄉」、「東鄉」皆同。蠢，尺允反。蠢，動生之貌。夏，户嫁反，下同。假，古雅反，下同。愁，依注讀爲「揫」，子留反，下同。爾雅云：「揫，聚也。」藏，如字，下同，徐才浪反。偝，音佩。殺，如字，又色戒反。介必東鄉，介賓主也。獻酬之禮，主人將西，賓將南，介覸其間也。○覸，音「間厠」之「間」。主人必居東方。東方者春，春之爲言蠢也，産萬物者也。

主人者造之，産萬物者也。言禮之所共，由主人出也。○共，音恭。月者，三日則成魄，三月則成時。是以禮有三讓，建國必立三卿。三賔者，政教之本，禮之大參也。言禮者[一]，陰也，大數取法於月也。○卿，去京反。參，七南反。

射義第四十六

○陸曰：「鄭云：『射義者，以其記燕射、大射之禮，觀德行取其士之義也。別録屬吉禮。』」

古者諸侯之射也，必先行燕禮；卿、大夫、士之射也，必先行鄉飲酒之禮。故燕禮者，所以明君臣之義也；鄉飲酒之禮者，所以明長幼之序也。言別尊卑老穉，然後射，以觀德行也。○長，丁丈反。別，彼列反。穉，音值。行，下孟反，下文、注「德行」皆同。故射者，進退周還必中禮。内志正，外體直，然後持弓矢審固；持弓矢審固，然後可以言中。此可以觀德行矣。内正外直，習於禮樂有德行者也。正、鵠

[一]「者」，原訛作「也」，據撫州本、岳本、嘉靖本、八行本、和本、十行本、閩本、監本、毛本、殿本、阮刻本改。

之名，出自此也。○中，丁仲反，下同。正，音征。鵠，古毒反，徐又如字。

其節：天子以騶虞爲節，諸侯以貍首爲節，卿、大夫以采蘋爲節，士以采繁爲節。騶虞者，樂官備也。貍首者，樂會時也。采蘋者，樂循法也。采繁者，樂不失職也。是故天子以備官爲節，諸侯以時會天子爲節，卿、大夫以循法爲節，士以不失職爲節。故明乎其節之志，以不失其事，則功成而德行立；德行立則無暴亂之禍矣，功成則國安。故曰：射者所以觀盛德也。騶虞、采蘋、采繁，今詩篇名。貍首逸，下云「曾孫侯氏」是也。樂官備者，謂騶虞曰：「壹發五豝。」喻得賢者多也。「于嗟乎騶虞」，嘆仁人也。樂會時者，謂貍首曰：「小大莫處，御于君所。」樂循法者，謂采蘋曰：「于以采蘋，南澗之濱。」循澗以采蘋，喻循法度以成君事也。樂不失職者，謂采繁曰：「被之童童，夙夜在公。」○騶，側尤反，徐側侯反。貍，力之反，貍之言不來也。首，先也。此逸詩也。鄭以下所引「曾孫侯氏」爲貍首之詩也。蘋，音頻。繁，音煩。循，徐辭均反。豝，百麻反，獸一歲曰豝。詩傳云：「豕牝曰豝。」澗，音諫，山夾水曰澗。濱，音賓，涯也。被，皮義反，徐扶義反。僮，音童，本亦作「童」，毛詩傳云：「竦敬也。」是故古者天子以射選諸侯、卿、大夫、士。射者，男子之事也，因而飾之以禮樂也。故事之盡禮樂而可數爲以立德行者，莫若射，故聖王務焉。選士者，先考德行，乃後决之於射。男子生而有射事，長學禮樂以飾之。○數，色角反，下同。長，丁丈反。

是故古者天子之制，諸侯歲獻，貢士於天子，天子試之於射宫。其容體比於禮，其節比於樂，而中多者，得與於祭；其容體不比於禮，其節不比於樂，而中少者，不得與於祭。數與於祭而君有慶，數不與於祭而君有讓。數有慶而益地，數有讓而削地。故曰：射者，射爲諸侯也。歲獻，獻國事之書及計偕物也。三歲而貢士。舊説云：「大國三人，次國二人，小國一人。」○比，毗志反，下同，親合也。中，丁仲反，下同。得與，音預，下皆同。削，胥略反。偕，音皆，俱也。是以諸侯君臣盡志於射以習禮樂。夫君臣習禮樂而以流亡者，未之有也。流，猶放也。書曰：「流共工於幽州。」○共，音恭。故詩曰：「曾孫侯氏，四正具舉。大夫君子，凡以庶士，小大莫處，御于君所。以燕以射，則燕則譽。」言君臣相與盡志於射以習禮樂，則安則譽也。是以天子制之，而諸侯務焉。此天子之所以養諸侯而兵不用，諸侯自爲正之具也。此「曾孫」之詩，諸侯之射節也。四正，正爵四行也。四行者，獻賓、獻公、獻卿、獻大夫，乃後樂作而射也。莫處，無安居其官次者也。御，猶侍也。以燕以射，先行燕禮乃射也。則燕則譽，言國安則有名譽。譽，或爲「與」。

孔子射於矍相之圃，蓋觀者如堵牆。矍相，地名也。樹菜蔬曰圃。○矍，俱縛反，注同。相，息亮反。矍相，地名。圃，音補，徐音布。觀，如字，又古亂反。堵，丁古反。蔬，一本作「疏」，所魚反。射至於司馬，使子路執弓矢出延射，曰：「賁軍之將，亡國之大夫，與爲人後者，不入，其餘皆入。」蓋去者半，入者半。先行飲酒禮，將射，乃以司正爲司馬。子路執弓矢出延射，則爲司射也。延，進也。出進觀者欲射者也。賁，讀爲「僨」，僨，猶覆敗也。亡國，亡君之國者也。與，猶奇也。後人者，一人而已，既有爲者，而往奇之，是貪財也。子路陳此三者，而觀者畏其義，則或去也。延，或爲「誓」。○賁，依注讀爲「僨」，音奮，覆敗也。將，子匠反。與，音預，注同。不入，一本作「不得入」者，非也。賁讀，音「奔」。覆，芳卜反。奇，居宜反，下同。後，如字，又音候。又使公罔之裘、序點揚觶而語。公罔之裘揚觶而語曰：「幼壯孝弟，耆耋好禮，不從流俗，脩身以俟死，者不？在此位也。」蓋去者半，處者半。序點又揚觶而語曰：「好學不倦，好禮不變，旄期稱道不亂，者不？在此位也。」蓋廑有存者。之，發聲也。射畢，又使此二人舉觶者，古者於旅也語。語，謂説義理也。三十曰壯。耆、耋，皆老也。流俗，失俗也。處，猶留也。八十、九十曰旄，百年曰期，頤。稱，猶言也，行也。者不，言有此行不？可以在此賔位也。序點，或爲「徐點」。壯，或爲「將」。旄期，或爲「旄勤」。今禮「揚」皆作「騰」。○公罔，人姓也，又作「囦」。之裘，裘，名也；之，語助。序點，多簟反，序，姓；點，名也。觶，之豉反。弟，音悌。耆，音祁，巨支反。六十曰耆。耋，大結反，七十曰耋，一云「八十曰耋」。好，呼報反，下同。「脩身以俟死」，絶句。「者不」，此二字一句，下及注皆同。旄，本又作「耄」，莫報反。八十、九十曰耄。期，本又作「旗」，音其，如字，百年曰期，頤。頤，養也。稱，如字。「不亂」，絶句，本或作「而不亂」。勷，音勤，又音覲，少也。期頤，以支反。鄭注曲禮云：「期，要也。頤，養也。」「言有此行不」，絶句。行，音下孟反。

射之爲言者，繹也，或曰舍也。繹者，各繹己之志也。故心平體正，持弓矢審固；持弓矢審固，則射中矣。故曰：爲人父者，以爲父鵠；爲人子者，以爲子鵠；爲人君者，以爲君鵠；爲人臣者，以爲臣鵠。故射者各射己之鵠。故天子之大射，謂之「射侯」。射侯者，射爲諸侯也。射中則得爲諸侯，射不中則不得爲諸侯。大射，將祭擇士之射也。以爲某鵠者，將射，還視侯中之時，意曰：此鵠乃爲某之鵠，吾中之則成人，不中之則不成人也。得爲諸侯，謂有慶也；不得爲諸侯，謂有讓也。○繹，音亦，徐音釋。舍，如字，舊音捨。中，丁仲反，下及注皆同。鵠，古毒反，徐如字，注同。射，食亦反，下「射天地四方」同。

天子將祭，必先習射於澤。「澤」者，所以擇士也。已射於澤而后射於射宫。射中者得與於祭，不中者不得與於祭。不得與於祭者有讓，削以地；得與於祭者有慶，益以地。進爵絀地是也。澤，宫名也。士，謂諸侯朝者，諸臣及所貢士也。皆先令習射於澤，已乃射於射宫，課中否也。諸侯有慶者先進爵，有讓者先削地。○與，音預，下皆同。絀，勑律反。朝，直遥反。令，力呈反。已，音以。課，口卧反。故男子生，桑弧蓬矢六以射天地四方。天地四方者，男子之所有事也。故必先有志於其所有事，然後敢用穀也，飯食之謂也。男子生則設弧於門左，三日負之，人爲之射，乃卜食子也。○桑弧，音胡，以桑木爲弓。蓬，步工反。飯，扶晚反。食，音嗣，注同。爲，于僞反。

射者，仁之道也。射求正諸己，己正而后發。發而不中，則不怨勝己者，求反諸己而已矣〔一〕。諸，猶於也。孔子曰：「君子無所争，必也射乎！揖讓而升下，而飲。其争也君子。」必也射乎，言君子至於射，則有争也。下，降也。飲射爵者，亦揖讓而升降。勝者袒、決、遂，執張弓；不勝者襲，説決、拾，卻左手，右加弛弓於其上而升飲。君子恥之，是以射則争中。○争，「争鬭」之「争」，下及注「有争」皆同。「揖讓而升下」，絶句。「而飲」，一句。袒，音但。決，古穴反。説，吐活反。拾，音十。卻，丘逆反，又羌略反。弛，式氏反，又始氏反。中，丁仲反，下文、注同。

孔子曰：「射者何以射？何以聽？循聲而發，發而不失正鵠者，其唯賢者乎！若夫不肖之人，則彼將安能以中？」何以，言其難也。聲，謂樂節也。畫曰正，棲皮曰鵠。正之言正也，鵠之言梏也，梏，直也。言人正直乃能中也。發，或爲「射」。○正，音征，注同。夫，音扶。肖，音笑。棲，音西。梏，音角，下同。詩云：「發彼有的，以祈爾爵。」祈，求也，求中以辭爵也。酒者，所以養老也，所以養病也。求中以辭爵者，辭養也。發，猶射也。的，謂所射之識也。言射的必欲中之者，以求不飲女爵也。辭

〔一〕「求反」，原倒作「反求」，據唐石經、撫州本、八行本乙正。

養，讓見養也。爾，或爲「有」。○的，丁歷反。養，如字，徐羊尚反。職，音式，一音志。女，音汝。

燕義第四十七

○陸曰：「鄭云：『名燕義者，以記君與臣燕飲之禮，上下相報之義也。』」

鄭氏注

古者周天子之官有庶子官。庶子官職諸侯、卿、大夫、士之庶子之卒，掌其戒令與其教治，別其等，正其位。職，主也。庶子，猶諸子也。周禮諸子之官，司馬之屬也。卒，讀皆爲「倅」。諸子，副代父者也。戒令，致於大子之事。教治，脩德學道。位，朝位也。○卒，依注音「倅」，七對反，又蒼忽反，副也。治，直吏反，注及下同。別，彼列反。大子，音泰，後「大子」、「大學」同。朝，直遥反。國有大事，則率國子而致於大子，唯所用之。若有甲兵之事，則授之以車甲，合其卒伍，置其有司，以軍法治之，司馬弗正。國子，諸子也。軍法，百人爲卒，五人爲伍。弗，不也。國子屬大子，司馬雖有軍事，不賦也。○合，如字，徐音閤。卒伍，子忽反，注同。伍，音五。正，音征。凡國之政事，國子存游卒，使之脩德學道，春合諸學，秋合諸射，以考其藝而進退之。游卒，未仕者也。學，大學也。射，射宫也。燕禮有庶子官，是以義載此以爲説。○卒，七内反，注同。

諸侯燕禮之義：君立阼階之東南，南鄉爾卿、大夫，皆少進，定位也。君席阼階之上，居主位也。君獨升立席上，西面特立，莫敢適之義也。定位者，爲其始入蹴踖，揖而安定也。○鄉，許亮反。適，音敵，大歷反，本亦作「敵」。爲，于僞反，下文「爲疑」同。蹴，本亦作「蹴」，子六反。踖，子昔反，又積亦反。設賓主，飲酒之禮也。使宰夫爲獻主，臣莫敢與君亢禮也。不以公卿爲賓而以大夫爲賓，爲疑也，明嫌之義也。賓入中庭，君降一等而揖之，禮之也。設賓主者，飲酒致歡也。宰夫，主膳食之官也。天子使膳宰爲主人。公，孤也。疑，自下上至之辭也。公卿尊矣，復以爲賓，則尊與君大相近。○亢，苦浪反。使宰夫，本亦作「使膳夫」。上，時掌反。復，扶又反。大，音泰，舊他佐反。近，「附近」之近。

君舉旅於賓，及君所賜爵，皆降，再拜稽首，升，成拜，明臣禮也。君荅拜之，禮無不荅，明君上之禮也。臣下竭力盡能以立功於國，君必報之以爵禄，故臣下皆務竭力盡能以立功，是以國安而君寧。禮無不荅，言上之不虚取於下也。上必明正道以道民，民道之而有功，然後取其什一，故上用足而下不匱也。是以上下和親而不相怨也。和寧，禮之用也。此君臣上下之大義也。故曰：燕禮者，所以明君臣之義也。言聖人制禮，因事以託政。臣再拜稽首，是其竭力也。君荅拜之，是其報以禄惠也。○稽，徐本作「䭫」，音啟。以道，音導，下同。什，音十。匱，求位反。

席，小卿次上卿，大夫次小卿，士、庶子以次就位於下。獻君，君舉旅行酬；而后獻卿，卿舉旅行酬；而后獻大夫，大夫舉旅行酬；而后獻士，士舉旅行酬；而后獻庶子。俎豆、牲體、薦羞，皆有等差。所以明貴賤也。牲體，俎實也。薦，謂脯醢也。羞，庶羞也。○差，初佳反，又初宜反。醢，音海。

聘義第四十八○陸曰：「鄭云：『名聘義者，以其記諸侯之國交相聘問，重禮輕財之義。』」

鄭氏注

聘禮，上公七介，侯、伯五介，子、男三介，所以明貴賤也。此皆使卿出聘之介數也。大行人職曰：「凡諸侯之卿，其禮各下其君二等。」○介，音界，下及注同。下，户嫁反。介紹而傳命，君子於其所尊弗敢質，敬之至也。質，謂正自相當。○傳，丈專反，下同。三讓而后傳命，三讓而后入廟門，三揖而后至階，三讓而后升，所以致尊讓也。此揖讓，主謂賓也。三讓而後傳命，賓至門[一]，主人請事時也。賓見主人陳擯，以大客禮當己，則三讓之；不得命，乃傳其君之聘命也。三讓而後入廟門，讓主人廟受也。小行人職曰：「凡四方之使者，大客則擯，小客則受其幣，聽其辭。」○擯，必刃反，本又作「儐」，下文及注皆同。説文云：擯，或「儐」字。使，所吏反。君使士迎于竟，大夫郊勞。君親拜迎于大門之内而廟受，北面拜貺。拜君命之辱，所以致敬也。貺，賜也。賓致命，公當楣再拜，拜聘君之恩惠，辱命來聘者也。○竟，音境。勞，力報反。拜況，本亦作「貺」，音同。楣，音眉。敬讓也者，君子之所以相接也。故諸侯相接以敬讓，則不相侵陵。君子之相接，賓讓而主人敬也。

卿爲上擯，大夫爲承擯，士爲紹擯。君親禮賓，賓私面、私覿。致饔餼，

[一]「至」下，原衍「廟」字，據孔穎達正義、考異删。

還圭璋，賄贈，饗、食、燕，所以明賓客、君臣之義也。設大禮則賓客之也。或不親而使臣，則爲君臣也。○覿，大曆反，見也。雍，字又作「饔」，音同。餼，許既反。還，音旋，下及注同。璋，音章。賄，呼罪反，字林音悔。享，許兩反，本又作「饗」。食，音嗣，下同。

故天子制諸侯，比年小聘，三年大聘，相厲以禮。使者聘而誤，主君弗親饗食也，所以愧厲之也。諸侯相厲以禮，則外不相侵，内不相陵。此天子之所以養諸侯，兵不用而諸侯自爲正之具也。比年小聘，所謂「歲相問」也。三年大聘，所謂「殷相聘」也。○比，必履反。使，色吏反。媿，本又作「愧」，音同。

以圭璋聘，重禮也。已聘而還圭璋，此輕財而重禮之義也。諸侯相厲以輕財重禮，則民作讓矣。圭，瑞也。尊圭璋之類也。用之還之，皆爲重禮。禮必親之，不可以己之有，遥復之也。財，謂璧、琮、享幣也。受之爲輕財者，財可遥復，「重賄反幣」是也。○皆爲，于僞反。琮，才工反。

主國待客，出入三積，餼客於舍，五牢之具陳於内，米三十車，禾三十車，芻薪倍禾，皆陳於外，乘禽日五雙，羣介皆有餼牢，壹食再饗，燕與時賜無數。所以厚重禮也。厚重禮，厚此聘禮也。○積，子賜反。芻，初俱反。倍，步罪反。乘，繩證反。一食，一又作「壹」。食，音嗣。古之用財者不能均如此，然而用財如此其厚者，言盡之於禮也。盡之於禮，則内君臣不相陵而外不相侵，故天子制之而諸侯務焉爾。不能均如此，言無則從其實也。言盡之於禮，欲令富者不得過也。

聘、射之禮，至大禮也。質明而始行事，日幾中而后禮成，非强有力者弗能行也。故强有力者將以行禮也。禮成，禮畢也，或曰「行成」。○幾，徐音畿，又音基。行成，下孟反。酒清，人渴而不敢飲也；肉乾，人飢而不敢食也；日莫人倦，齊莊正齊而不敢解惰。以成禮節，以正君臣，以親父子，以和長幼。此衆人之所難而君子行之，故謂之有行。有行之謂有義，有義之謂勇敢。故所貴於勇敢者，貴其能以立義也；所貴於立義者，貴其有行也；所貴於有行者，貴其行禮也。故所貴於勇敢者，貴其敢行禮義也。故勇敢强有力者，天下無事則用之於禮義，天下有事則用之於戰勝。用之於戰勝則無敵，用之於禮義則順治。外無敵，内順治，此之謂盛德。故聖王之貴勇敢强有力如此也。勇敢强有力而不用之於禮義、戰勝，而用之於争鬬，則謂之亂人。刑罰行於國，所誅者亂人也。如此，則民順治而國安也。勝，克敵也，或爲「陳」。○渴，苦葛反。乾，音干。莫，音暮。齊，側皆反。解，佳買反。惰，徒臥反。長，丁丈反。有行、有行，並下孟反，下「有行」同。治，直吏反。陳，直靳反。

子貢問於孔子曰：「敢問君子貴玉而賤碈者何也？爲玉之寡而碈之多與？」碈，石似玉，或作「玟」也。○碈，武巾反，字亦作「瑉」，似玉之石。爲，于僞反，下同。與，音餘。玟，武巾反，又音枚〔一〕。

孔子曰：「非爲碈之多故賤之也，玉之寡故貴之也。夫昔者，君子比德於玉焉。温潤而澤，仁也；色柔温潤，似仁也。潤，或爲「濡」。○濡，音儒。縝密以栗，知也；縝，緻也。栗，堅貌。○縝，音軫，一音真。知，音智。致，直置反，本亦作「緻」。廉而不劌，義也；劌，傷也。義者，不苟傷人也。○劌，九衛反，字林云：「利傷也。」又音己芮反。垂之如隊，禮也；禮尚謙卑。○隊，直位反，又音「遂」。叩之，其聲清越以長，其終詘然，

〔一〕「枚」，原訛作「救」，據彙校卷十四、撫釋一改。

樂也；樂作則有聲，止則無也。越，猶揚也。詘，絶止貌也。樂記曰：「止如槀木。」○叩，音口。詘，其勿反。槀木，苦老反，亦作「槁」。瑕不揜瑜，瑜不揜瑕，忠也；瑕，玉之病也。瑜，其中間美者。玉之性，善惡不相揜，似忠也。○瑕，音遐。揜，音掩。瑜，羊朱反，玉中美。孚尹旁達，信也；孚，讀爲「浮」。尹，讀如竹箭之「筠」。浮筠，謂玉采色也。采色旁達，不有隱翳，似信也。孚，或作「姇」，或爲「扶」。○孚，依注音「浮」。尹，依注音「筍」，又作「筠」，于貧反。翳，於計反。姇，音孚，徐方附反。氣如白虹，天也；精神見于山川，地也；精神，亦謂精氣也。虹，天氣也。山川，地所以通氣也。○虹，音紅。見，賢遍反。圭璋特達，德也。特達，謂以朝聘也。璧、琮則有幣，惟有德者，無所不達，不有須而成也。○朝，直遥反。天下莫不貴者，道也。道者，人無不由之。詩云：『言念君子，温其如玉。』故君子貴之也。」言，我也。貴玉者，以其似君子也。

喪服四制第四十九

○陸曰：「鄭云：『以其記喪服之制，取其仁、義、禮、智四者也。別録屬喪禮。』」

凡禮之大體，體天地，法四時，則陰陽，順人情，故謂之禮。訾之者，是不知禮之所由生也。禮之言體也，故謂之禮。言本有法則而生也。口毀曰訾。○訾，徐音紫，毀也，一音才斯反。

夫禮，吉凶異道，不得相干，取之陰陽也。吉禮、凶禮異道，謂衣服、容貌及器物也。喪有四制，變而從宜，取之四時也。有恩有理，有節有權，取之人情也。恩者仁也，理者義也，節者禮也，權者知也。仁、義、禮、知，人道具矣。取之四時，謂其數也。取之人情，謂其制也。○知，音智，下同。其恩厚者其服重，故爲父斬衰三年，以恩制者也。服莫重斬衰也。○爲，于僞反，下及注同。衰，七回反，注及下同。門内之治恩揜義，門外之治義斷恩。資於事父以事君而敬同，貴貴尊尊，義之大者也。故爲君亦斬衰三年，以義制者也。資，猶操也。貴貴，謂爲大夫、君也。尊尊，謂爲天子、諸侯也。○治，直吏反，下同。揜，於檢反。斷，丁亂反。操，七刀反，皇云「持」也。

三日而食，三月而沐，期而練，毀不滅性，不以死傷生也。喪不過三年，苴衰不補，墳墓不培。祥之日，鼓素琴，告民有終也，以節制者也。資於事父以事母而愛同。天無二日，土無二王，國無二君，家無二尊，以一治之也。故父在爲母齊衰期者，見無二尊也。食，食粥也。沐，謂將虞祭時也。補、培，猶治也。鼓素琴，始存樂也。三年不爲樂，樂必崩。○期，音基，下同。苴，七餘反。墳，扶云反。培，步回反，徐扶來反。爲，于僞反，下注「爲君」同。齊，音咨。見，賢遍反。粥，之六反。

杖者何也？爵也。三日授子杖，五日授大夫杖，七日授士杖。或曰擔主，或曰輔病。婦人、童子不杖，不能病也。百官備，百物具，不言而事行者，扶而起；言而后事行者，杖而起；身自執事而后行者，面垢而已。禿者不髽，傴者不袒，跛者不踊，老病不止酒肉。凡此八者，以權制者也。五日、七日授杖，謂爲君喪也。扶而起，謂天子、諸侯也。杖而起，謂大夫、士也。面垢而已，謂庶民也。髽，婦人也。男子免而婦人髽。髽，或爲「免」。○擔，是豔反，又食豔反，又餘瞻反。不言而事行者扶而起，一本作「扶而後起」。扶，或作「杖」，非。垢，音茍。禿，吐木反。髽，側爪反。傴，紆主反。袒，徒旱反。跛，彼我反。免，音問，下同。

始死，三日不怠，三月不解，期悲哀，三年憂，恩之殺也。聖人因殺以制節。不息，哭不絶聲也。不解，不解衣而居，不倦息也。○解，佳買反。期，音基。之殺，色戒反。解衣，古買反。此喪之所以三年，賢者不得過，不肖者不得不及，此喪之中庸也，王者之所常行也。書曰：「高宗諒闇，三年不言。」善之也。諒，古作「梁」，楣謂之梁。闇，讀如「鶉鵪」之「鵪」。闇，謂廬也。廬有梁者，所謂柱楣也。○肖，音笑。諒闇，依注「諒」讀爲「梁」，「闇」讀爲「鵪」，音烏南反，下同，徐又並如字。案徐後音是依杜預義。鄭謂卒哭之後，翦屏柱楣，故曰諒闇，闇即廬也，孔安國讀爲「諒陰」，諒，信也，陰，默也。楣，音眉。鶉，音淳。柱，知主反。王者莫不行此禮，何以獨善之也？曰：高宗者，武丁，武丁者，殷之賢王也，繼世即位，而慈良於喪。當此之時，殷衰而復興，禮廢而復起，故善之。善之，故載之書中而高之，故謂之「高宗」。三年之喪，君不言，書云「高宗諒闇，三年不言」，此之謂也。然而曰「言不文」者，謂臣下也。言不文者，謂喪事辨不，所當共也。孝經説曰：「言不文者，指士民也。」○衰，色追反。復，扶又反，下同。文，如字，徐音問。辨，本又作「辯」，同皮莧反。共，音恭。

禮：斬衰之喪，唯而不對；齊衰之喪，對而不言；大功之喪，言而不議；

緦、小功之喪，議而不及樂。此謂與賓客也。唯而不對，侑者爲之應耳。言，謂先發口也。○唯，余癸反，徐以水反，注同。齊，音咨，本又作「齎」。侑，音又。爲，于僞反。應，「應對」之應。父母之喪，衰冠、繩纓、菅屨，三日而食粥，三月而沐，期十三月而練冠，三年而祥。比終兹三節者，仁者可以觀其愛焉，知者可以觀其理焉，强者可以觀其志焉。禮以治之，義以正之。孝子、弟弟、貞婦，皆可得而察焉。仁，有恩者也。理，義也。察，猶知也。○衰，七雷反。菅，音姦。屨，徐紀具反。粥，之六反。期，音基。比，必利反。知，音智，本或作「智」。弟弟，上音悌，下如字。

禮記卷第二十

經伍仟壹伯玖拾陸字

注叁仟貳拾壹字

音義貳仟捌伯伍拾字

仁仲比校訖